中国少数民族设计全集

The Design Collection of Chinese Ethnic Minorities

傈僳族

中国少数民族设计全集编纂委员会 编

图书在版编目（CIP）数据

中国少数民族设计全集. 傈僳族 / 中国少数民族设计全集编纂委员会编；余强，马蓉，向海涛著. —太原：山西人民出版社，2019.8

ISBN 978-7-203-10854-2

Ⅰ. ①中… Ⅱ. ①中… ②余… ③马… ④向… Ⅲ. ①傈僳族 – 民族文化 – 研究 – 中国 Ⅳ. ①K28

中国版本图书馆CIP数据核字（2019）第093850号

中国少数民族设计全集. 傈僳族

编　　者：	中国少数民族设计全集编纂委员会
著　　者：	余　强　马　蓉　向海涛
责任编辑：	吕绘元
复　　审：	刘小玲
终　　审：	姚　军
装帧设计：	谢　成

出 版 者：	山西人民出版社　人民美术出版社
地　　址：	太原市建设南路21号
邮　　编：	030012
发行营销：	0351 – 4922220　4955996　4956039　4922127（传真）
天猫官网：	https://sxrmcbs.tmall.com　电话：0351 – 4922159
E — mail：	sxskcb@163.com　发行部
	sxskcb@126.com　总编室
网　　址：	www.sxskcb.com
经 销 者：	山西出版传媒集团·山西人民出版社
承 印 者：	山西出版传媒集团·山西新华印业有限公司
开　　本：	889mm×1194mm　1/16
印　　张：	32
字　　数：	384千字
印　　数：	1—1 000册
版　　次：	2019年8月　第1版
印　　次：	2019年8月　第1次印刷
书　　号：	ISBN 978-7-203-10854-2
定　　价：	390.00元

如有印装质量问题请与本社联系调换

中国少数民族设计全集编纂委员会

总 主 编 （按年龄排序）
　　　　　　张夫也　王立端　戴晋明　廖　军　王　琥　李豫闽　过伟敏　顾　平
　　　　　　王　强　李　岗
执行主编　王　琥
编务统筹　张明山

中国少数民族设计全集编辑工作委员会

主　　任　刘伟冬
编　　委　（排名不分先后）
　　　　　　王　琥　王　峰　王　强　王立端　王浩滢　白　波　过伟敏　许　星
　　　　　　许边疆　李　岗　李　丽　李豫闽　成光虎　肖　飞　余　强　汪传跃
　　　　　　罗　力　杨明朗　陈　述　陈见东　邱　珂　胡万明　顾　平　郑　静
　　　　　　郭立忠　姬　莹　张夫也　张泽国　张明山　张秋平　张耀引　梁盛平
　　　　　　樊　进　谢　玮　熊　伟　熊　微　熊建新　蔡克中　葛　芳　鞠　斐
　　　　　　魏　洁　廖　军　戴晋明

中国少数民族设计全集出版工作委员会

主　　任　胡彦威　周　伟
执行主任　姚　军　欧京海
编务统筹　阎卫斌　周小龙
编　　辑　（排名不分先后）
　　　　　　王新斐　史美珍　冯　昭　冯灵芝　吉　昊　吕绘元　刘小玲　任秀芳
　　　　　　孙　琳　孙宇欣　李广洁　李建业　李　靖　员荣亮　张小芳　张志杰
　　　　　　张书剑　何赵云　陈俞江　吴春华　武　静　周小龙　柳承旭　郝文霞
　　　　　　赵　玉　赵晓丽　席　青　秦继华　高　雷　郭向南　阎卫斌　崔人杰
　　　　　　傅晓红　蔡咏卉　翟丽娟　樊　中　薛正存　魏　红　魏美荣
整体设计　谢　成

中国少数民族设计全集·傈僳族

本册著者 余　强　马　蓉　梁　婷　毛宸霞
　　　　　　向海涛
参与编写 赵卫东　张　琼　刘晓蓉　李雪婷
　　　　　　程　珊　刘银银　程琼博　郑伊晏
　　　　　　蓝玉佳　李佳怡　石永欣　余美槿
　　　　　　杨　林　刘晓蕾　丁梦玲　张旻雯
　　　　　　马林明　胡　越　贾述涵　杨　劼
　　　　　　王　刚　刘　檬　李　超　杨万豪
　　　　　　李雅琼　江显豪　罗　利　钟　虎
　　　　　　张立源　钟　浩　高云曦　刘　玲
　　　　　　张习文　彭　茜　李爱莲　杨怡嘉
　　　　　　陈黎黎　叶　宇

求同存异　和合共荣

刘伟冬

中华民族，是一个由56个民族组成的大家庭。在漫长的文明发展史中，汉族和各少数民族都为中华文明的繁荣发展贡献了自己的聪明才智。纵观中华文明史，其实就是一部各族群之间"求同存异，和合共荣"的文化演进史。

从根子上讲，4000年前的"中国"，仅指北方中原地区，居住在这里的相传是上古时期黄帝部落和炎帝部落的后裔，故而自称"炎黄子孙"。其时的"中国"，不过是黄河中下游（西起陇山，东至泰山）区域。在千年发展与民族融合之后，尤其是晋末"衣冠南渡"，南迁的中原汉族与南方百越民族彻底融合，来自北方的鲜卑等民族融入汉族，使汉族前所未有地壮大发展，逐渐形成后来疆域辽阔、人口众多、物产繁盛、文化昌明的中华民族的主体族群。特别值得强调的是，自从作为一个民族整体之后，中华民族就从未中断过自己的民族发展史——这在世界历史上是硕果仅存、独一无二的。

中华民族具备兼容并蓄、虚心好学的民族天性。仅以设计学范畴的事例讲：在数千年文明发展历史中，中华民族在不断向外输出优秀的文明成果（如烧造之陶瓷砖瓦、营造之榫卯斗拱、织造之丝绸刺绣、锻造之"失蜡"分模等），影响全人类的日

常生活与生产方式的同时，也不断地吸纳域外各民族的优秀文明成果，如汉魏之印度佛教和西域音乐、隋唐之西亚服饰和家具、宋元之东洋印染和漆艺、明清之西洋机器与建筑……在中华民族内部，这样的文化交流更是从未停止过，而且是风生水起、枝繁叶茂，愈发流畅、深入，中华民族各族群之间"求同存异，和合共荣"的文化大演进，共同创造了中华民族极为灿烂辉煌的造物文明历史。仍以设计学范畴为例：原本是匈奴人发明的单足绳圈，被晋代的汉族人设计成铁质双镫；最早是鲜卑人原创的毡毯卷边，被晋代的汉族人改造成"高桥马鞍"，这宗中国式马具设计案例，被誉为"13世纪中国传入欧洲的最重要文化成果"（李约瑟语）。再如，西域（今新疆地区）是全世界最早的皮靴生产地，哈尼族为主的红河地区出现了全世界最早的梯田。再如，全世界最早的"干栏式建筑"和全世界最早的稻米人工育种、栽培，均起源于长江中下游的百越地区；全世界最早的竹藤编结器物起源于闽越地区……由中华民族共同创造、发明，后来又影响了全人类文明进程的优秀造物设计案例很多，不胜枚举。几千年中华民族的文明史，就是各种文化多元融合、共同发展的最好例证。不了解中华民族内部各族群的文明交流史，就无法真正理解中国文化史，也不能理解为什么中华民族总是能在逆境中成长强大。甚至可以说，能否完整地理解中华民族的文化史，是检验每一个当代中国知识分子（特别是文史哲专业的学者）文化立场的"试金石"。

随着改革开放的逐渐深入，各民族地区的经济与社会状态已发生了天翻地覆的变化。令人遗憾和担心的是，由于各地区政策执行力度不平衡，保护措施不得力，少数民族的文化特性正在逐步衰退，有些地区的少数民族文化特征甚至已经消失殆尽，仅仅存在于徒具形式，充满口号、标语的民族文化村旅游景点中。有学者预言，再不加快整理抢救工作，中国的少数民族可能在物质形态和文化内涵的特征上，若干年后将不复存在。

从少数民族地区反映古代中国社会某些面貌的文化遗存看，这些少数民族之所以一直与汉族地区差距巨大，存在多方面的原因，其中历代汉族统治者对少数民族的歧视政策是主要原因。此外这些地区本身就处于偏僻荒地，不是沙漠就是山区，自然条件远不及汉族聚集地区，社会发展水平滞后。20世纪50年代，有相当比例的少数民族在当时仍处于原始农耕社会或奴隶制社会，不要说通电、通水、通汽车，不少人一辈子连铁器长什么样都没见过。部分少数民族聚集地的各种自然条件也较差，缺肥少水，基本生活来源，一靠老天爷恩赐的"望天收"农作物；二靠家庭手工作坊制作些竹藤编结物和土织、土陶等土特产来换取粮食；三靠养猪、兔、羊和鸡、鸭、鹅等家禽来换取日用品，如灯油、农具、衣物和油盐酱醋等；四靠为土司、头人和大户们出卖劳力（社会底层奴隶身份），年老即被抛弃。中华人民共和国成立后，党和政府在这些地区实行社会主义改造，打倒以土司、巫师和头人为首的剥削阶级，将土地和生产资料一律收归集体所有，解放了全体少数民族民众，使他们历史上第一次有了自由劳作和生活的权利。

中华人民共和国成立之初，党和政府就高度关注民族事务问题，为如何保护、关心各少数民族制定了一系列方针、政策，也为当代中国社会处理民族问题、保护民族文化树立了光辉典范。中央人民政府政务院于20世纪50年代初发布了《关于民族事务的几项决定》，为新中国民族政策奠定了最初的思想基础，其主要内容是：一、各大行政区军政委员会（人民政府）须指导各有关

省、市、行署人民政府认真推行民族区域自治及民族民主联合政府的政策和制度，并随时向政务院报告推行经验，请示者须事前向政务院请示。二、各大行政区军政委员会（人民政府）须指导各有关省、市、行署人民政府认真并有计划地实行政务院在1950年颁发的《培养少数民族干部试行方案》，并将该项工作进行情况定期加以检查，每半年向政务院报告一次。中央民族学院及西北、西南、中南各军政委员会和新疆省人民政府的民族学院，必须依计划实行，并向政务院报告。三、政务院于1951年下半年适当时间将同时召开有关少数民族的卫生、教育及贸易三个专业会议，责成政务院文教委员会、中财委指导中央卫生部、教育部、贸易部开始筹备，并责成中央民族事务委员会协助进行。有关部门如农业部、文化部也须派人参加。四、责成中央人民政府各委、部、会、院、署、行注意建立有关民族事务的业务。五、在政务院文教委员会内设民族语言文字研究指导委员会，指导和组织少数民族语言文字的研究工作，帮助尚无文字的民族创立文字，帮助文字不完备的民族逐渐充实其文字。六、扩大中央民族事务委员会委员名额，责成中央民族事务委员会提出补充名单的建议，并于1951年下半年召开中央民族事务委员会扩大会议，检查与总结关于推行民族区域自治及民族民主联合政府的经验。

20世纪50年代，中央人民政府和政务院，曾多次组织"中央慰问团""土改工作队"和"普查工作队"等，花费大量人力和物力，深入各少数民族地区，进行了大量较为翔实的社会历史调查。50年代这轮由政府统筹、由中央民委组织行政领导和人类学、社会学专家学者以及民族同志组成工作队与考察队的少数民族大考察活动，1953年正式启动，1956年结束（个别地区延期至1958年才结束）。直接成果之一，就是为1956年国务院公布的55

个少数民族的正式定名和划分，提供了可靠的依据。

从当时考察的资料看，各少数民族的社会发展水平参差不齐，不少民族呈现类似汉族曾经历过的各种历史发展状况，为我们今天考察、了解并研究过去的历史以及各学术分支问题，提供了绝好的活体范本。比如以"设计发生学"研究为例，以山寨（村落）为主的初级社会组织形态，原始手工业在农耕环境中的地位，原始造物的手工技艺与设备、工具等，都是我们极感兴趣的研究对象。

在西北、西南和东北各少数民族聚集地区，有些古时流传下来的本民族手工造物技术，迄今仍保存良好。其吸收了汉族和其他兄弟民族的技术长处之后演变出来的各时段手工造物技术，则印证了各民族互相融合、取长补短的史实。更有些原始手工艺，特别具有艺术和历史研究价值。以维吾尔族人为例，本世纪初，笔者在新疆喀什城艾格孜艾日克老街看到几样手工艺绝活：其一是整条街的维吾尔族乐器店，除了热瓦普、曼陀林和冬不拉等少数维吾尔族知名乐器外，全是些笔者叫不上名来却似曾相识的弹拨乐器和拉弦乐器，于是从心里认可了"西域古乐成就了中国传统民乐"这句话所言不谬。其二是亲眼所见一个拖着鼻涕的不到10岁的维吾尔族小男孩，拿着电砂轮在铜壶上信手飞快地刻着精美细腻的图案，一不要底稿，二没有图纸，真是佩服得五体投地，也相信了"汉族人长于热铸，西域人长于冷锻"这个说法。其三是在喀什近郊著名的大巴扎"金器一条街"上看见近百家金店生意红火，家家门前毡毯上都围坐着一群金店伙计和顾客，正在热烈讨论、共同设计着花样繁多的未来金饰嫁妆，感受到了"中国传统样式的金银首饰工艺，最富有创意的设计和最先进的工艺制作，原来在维吾尔族人手里"这句大实话。还有，笔者

在云南景洪县城集市上，曾亲眼见过景颇族老乡用古老的"焖烧法"烧出的红彤彤的土陶——跟笔者一知半解的仰韶彩陶的烧制工艺几乎一模一样。还有，笔者在大西北甘陕宁各省亲眼所见的回族、保安族、裕固族和东乡族老乡巧手做出的那些花样繁多、样式复杂的面塑造型，真是个个精妙绝伦。这方面的事例实在太多了。

50年代的少数民族地区社会大普查，以及半个多世纪以来社会各界对其丰富而珍贵的考察、研究，意义深远，价值极为重大。这些地区客观上保存的较为完整的、与数千年前中国原始社会最初形态近似的许多社会特征，为我们研究社会的最初形态形成和当时的经济、文化、政治的基本状况以及"设计发生学"的相关课题，提供了珍贵的类型学"活化石"范本，价值非凡。改革开放以来，这些少数民族地区也获得了前所未有的巨大发展，人民生活日新月异；但与此同时，少数民族地区的民族性在不可避免地愈发衰减、退化，甚至消失。如果我们再不采取保护措施，若干年后，各少数民族的许多宝贵民族文化遗产将无法挽救地彻底消亡，这部分同属于全人类精神财富和中华民族集体智慧的宝藏，我们将再也看不到了。

在"设计发生学"问题上，我们一向秉持文化多元论的观点，认为人类文明是全世界人民共同创造的，各国家、地区、民族均做出过大小不一、形态各异的贡献；同理，中华民族的灿烂文明是中国的各族人民共同创造的，每个民族都对中华传统文化做出过贡献，也都应当得到尊敬和肯定。中国的各少数民族在中华文明漫长的演化过程中，都曾经以自己独特而充满智慧的文明成果，补充、完善甚至改良着中华文明。比如，古代西域的龟兹古国各民族创造或引自西亚的弹拨乐器和拉弦乐器以及音律、曲式，彻底改造了中国古代音乐，新创作出代表中国古乐精髓的江南丝竹；南疆的维吾尔族和北疆的哈萨克、塔塔尔、塔吉克等族首创了制革术，并引进古波斯革皮书籍装帧术和制靴术、制毡术、毛衣编结术；海南岛的黎族率先种植棉花并纺织棉布，传入内地后棉织业逐渐形成中国古代手工行业的"天下第一营生"……保护少数民族的民族文化特性，就是保护我们的历史遗产，就是传承我们的文明。我们应进一步发扬文化兼容的优良传统，把振兴中华的百年民族复兴梦，逐步落实为将大中华建设成为中国各民族共同拥有的美好家园。

由上千名来自全国各高等艺术院校的教授、研究生组成的55支团队参与编撰的《中国少数民族设计全集》（55卷），正是有识之士基于对各少数民族的民族文化特性正在快速衰减、消亡的严重现实问题的深切忧虑而进行的抢救、发掘、整理中国少数民族文化遗产的重要文化工程。经过两年精心筹划，六年努力写作，在国家出版基金管理部门的支持下，在山西人民出版社和人民美术出版社的策划和组织下，目前《中国少数民族设计全集》的书稿编撰工作已基本完成，即将付梓。在长达八年的漫长过程中，全国兄弟院校各团队涌现出的各种可歌可泣的事迹经常感动着笔者，并不时鞭策着全体作者克服千难万险，一路向前。有的分卷作者身患绝症仍不眠不休地忘我工作，有的分卷作者遭遇各种意外仍坚持工作。特别是，很多民族同志公而忘私、不计较个人得失，有人不惜将自己赚钱的企业关张歇业，全身心地投入各自所负责分卷的繁重编撰工作中；有人义无反顾地将自己珍藏多年的本民族实物、资料和研究成果无偿提供给相关分卷作者。大家万众一心，克服各种复杂得难以想象的困难，以确保这部凝聚了众人八年心血的巨著，能按计划如期完成。借此机会，笔者谨

求同存异 和合共荣

代表本丛书编委会全体成员,向领导、编辑和作者们表示衷心的感谢!

作为一项文化创举,笔者深信《中国少数民族设计全集》必将在未来岁月的长期检验中,愈发显现其非凡的、独特的文化价值。

2017年夏季于南京

前言

一、傈僳族传统造物历史概述

（一）族群来源

傈僳族族称唐代即已见诸史端。作为民族自称音译的"傈僳"二字，历史上曾有"栗粟""力苏""力些""力梭""黎苏""俚苏"等不同写法。傈僳族源于南迁的古氐羌人，属于蒙古人种南亚类型。从语言系属、氏族图腾、地理分布、风俗习惯等方面考察，傈僳族与彝族同属一个族源。傈僳族世代流传的《创世纪》传说与大小凉山彝族、纳西族、哈尼族的创世传说有许多共同之处，这说明作为彝语支的各个族群，从古代以来便有着密切的亲属关系。在古代，他们属于同一族源，经过漫长的历史发展，逐渐发生分化形成不同的部落，后来才形成单一民族。傈僳这一名称，除有关史籍用字稍有不同外，一千多年来沿用至今。傈僳语称一群由同一祖先的后代所组成的部落为"初俄"，即氏族。各个氏族有自己的名称。在傈僳族姓氏中，主要以动物和植物命名，也是他们的图腾崇拜物，有虎、熊、猴、蛇、羊、鱼、鸡、蜂、荞、麻、叶、竹、谷等二十多个氏族。氏族组织是傈僳族社会重要的纽带。由于战乱、迁徙频繁，其氏族组织逐渐趋于解体。在现实生活中，家族及村社组织起着重要的作用。傈僳语称家族为"体俄"。家族有自己的姓氏，有自己的小聚居区域和耕地。傈僳语称村寨为"卡"，意即由一群血亲关系相近的共同体所居住的地方。每个村社保持着相对的独立性。村社的组成有以下三种情况：以一个氏族内的一个大家族为单位组成，由氏族内的两个家族或多个家族联合组成，由几个不同氏族的

家族混杂组成。姓氏文化作为民族文化的重要组成部分，在傈僳族文化中反映了傈僳族起源、族群分化、图腾、道德习尚、婚姻家庭、宗教信仰和民族心理等特殊文化内涵。

（二）历史迁徙与定居

傈僳族在其形成过程中，经历了几次大的迁徙。早期傈僳族先民分布在四川沿金沙江东岸的邛都（今四川西昌）、台登（今四川冕宁）一带以及丽江境内。西汉前，傈僳族分属于"劳浸""靡莫"和"巂""昆明"部落，统称"蛮夷"。西晋时，傈僳族称为"乌蛮"，属彝语支的一个族群。唐代，傈僳族称为"施蛮""顺蛮"，同属"乌蛮"。樊绰《蛮书》卷四说"施蛮本乌蛮种族也"，"顺蛮本乌蛮种类"。唐咸通三年（862），"施蛮""顺蛮"大部居今兰坪、维西一带，形成与"乌蛮"不同的一个民族，随之被称为"卢蛮"。14世纪，傈僳族先民被进一步明确为罗罗别种，即彝语支中的另一族群。明景泰《云南图经志》卷四载："有名栗粟者，亦罗罗之别种也。"明代后，傈僳族逐渐向云南西北部的澜沧江和怒江迁徙。傈僳族先民逐渐从母体中分离出来，形成独立的民族。由于这种大分散的居住格局，决定了不同地方的傈僳族受自然环境和相邻民族的影响，其社会经济发展水平也就各不相同。傈僳族现今可分为南北两群，北群依服装颜色可分为白傈僳和黑傈僳，主要聚居于云南怒江傈僳族自治州，其他分布在丽江、迪庆藏族自治州，大理白族自治州，四川凉山彝族自治州的盐源、木里、德昌等县，以及西藏的察隅县；南群主要为花傈僳，聚居在德宏傣族景颇族自治州的盈江县、保山市、临沧市。他们多数与汉、白、彝、纳西等民族相杂居，形成大分散小聚居的特点。傈僳族信奉原始宗教。20世纪初，一些西方传教士进入怒江、德宏地区，传入基督教和天主教。根据2000年第五次全国人口普查统计，傈僳族人口数为634 912。傈僳族有自己的语言，语言属汉藏语系藏缅语族彝语支。

（三）家庭基本情况

傈僳族过去通常在男女幼年时，即由父母代为订婚，有的甚至指腹为婚。聘礼很重。姑舅表优先婚配权也很盛行。傈僳族有句俗语："树最大是杉树，人最大的是舅舅。"因此，傈僳族形成"有女先问舅"的习俗。今天，傈僳族男女青年婚恋自由，婚姻家庭建立在自由恋爱的基础上。个体家庭是傈僳族社会的基本单元。傈僳族婚姻的主要形式是一夫一妻制。家庭一般包括父母和未成婚的子女两代，儿子自结婚之日起或一年后便另建房屋，父母分给一些土地、锄头等生产资料和锅碗等生活用品。按照傈僳族的习惯，幼子和独子不与父母分居，赡养父母，继承财产。绝嗣可收养子，或过继或招赘，财产由其继承，如老死后无子，财产归家族中最亲的一支所有。尊老爱幼是其传统美德，婆媳、姑嫂都能和睦相处。

二、傈僳族村寨分布与自然条件

（一）村寨分布状况

许多傈僳族人把自己称为"大山的儿子""大江的主人"等，主要是指傈僳族居住的地方都有大江、大山。傈僳族主要居住于怒江、澜沧江、金沙江三个流域的高山峡谷中，呈大杂居小聚集的格局。为了适应当地的气候条件，民居建筑的布局遵循坐北朝南、背山面水的基本原则，主建筑一般朝南，依地形的变化略偏向东南或西南。

由于居于深山地广人稀，民居大多顺应地形散落分布，各院落之间有一定的距离，几户相距较近的民居形成一个小中心，与其他民居之间距离较远，形成大分散小聚居的格局。只有在村镇的中心，民居院落才呈较为紧密的布局状态。

傈僳族一般居住在高山和半山区，只有少量的人居住在坝区。村寨大部分建在近水靠山的向阳坡上，大的上百户，小的三四十户。

村寨大多以同一个氏族和部落组成，血缘氏族是构成村寨的主要核心，即便同一个村寨有不同血缘氏族杂居的，也必须以一个血缘氏族为主。靠江边地区户数集中，山区分散，村寨之间也相距较远，人烟稀少，交通不便，主要靠徒步和马驮运。人们习惯在居住的院落中饲养家禽、牲畜，堆放农具、农产品，甚至在院落中进行一些农产品的加工。傈僳族民风淳朴，民居院落一般不设围墙，或仅设矮墙与柴垛增加院落的围合感。

（二）农时和地理、气候条件

傈僳族主要分布于云南山区，气候异常复杂，如云岭、怒山、高黎贡山、沙鲁山以及缅甸北部的甘高山脉等，海拔最高6000多米，最低仅数百米，平均海拔1000米左右。山脉走向由北向南，气候总体属亚热带和热带，但在怒山、高黎贡山、云岭北部，从山脚到山顶分热、温、寒三带气候，垂直分布明显，形成"一山分四季，十里不同天"的立体气候，往往山上刚栽完秧或点种玉米，山下已收获；或山上寒气逼人，山下酷暑难当，适宜发展立体农业。长期以来，傈僳族人民根据地形分布的海拔高度的时序，科学地掌握生产节令和安排作物品种。傈僳族聚居区的立体农业发展显著，不同地区依据高差实行轮耕制：河谷种稻谷，半山腰种玉米、旱谷、高粱及核桃、板栗、柿子等经济农作物，山顶适宜发展畜牧业。

（三）水源条件

金沙江、怒江和澜沧江的源头流域是傈僳族的主要聚居地，傈僳族的饮用水大多为雪山融水。傈僳族历史上久经战乱，居住在半山上，靠人工背水上山。直到现在，很多傈僳族村落没有自来水，还是依靠人工背水。溪水清澈，无污染，可直接饮用。又因溪水落差大，还可作为动力来加工粮食。因此，傈僳族山区河谷地带会常见两排水磨房。

(四)物产条件

傈僳族聚居的地方,由于高山峡谷相间,造成气候、土壤和植被从上而下垂直分布明显不同。河谷是亚热带的常绿阔叶林和暖温带的落叶阔叶林,山腰是温带的针阔叶混交林,山顶则是寒温带针叶林,森林资源异常丰富。

傈僳族人大多生活在海拔1000米左右的河谷坡地,适宜农耕。水田和旱地是最基本的农耕资源,粮食作物以玉米、稻谷、旱谷、小麦、荞麦、高粱为主,瓜果蔬菜有黄瓜、南瓜、冬瓜、洋丝瓜、萝卜、茄子、大蒜、白菜等,经济作物有油桐、漆树、核桃、板栗等。农业以传统种植业为主,采集、狩猎、渔业等为辅。傈僳族的生产分工与组织比较简单,一般由女人承担采集、纺织、家务等工作,男子则从事狩猎、渔业等。千百年来,在与大自然的斗争中,傈僳族人为了自身的生存和发展,逐渐积累了一套适应当地自然环境条件的具有朴素的可持续发展的生态意识。这里森林密布,他们的衣食住行都与森林有着密切的关系,知道如何从森林中获取生产生活资料,他们崇拜自然、利用自然、适应自然。他们因地制宜,形成了水田、低山村寨周边耕地、中山轮歇地以及高山牧场组成的垂直农业体系,这一复合型、多样化的生计模式,使各部分相互补充,能够有效地减少自然灾害造成的损失。

三、傈僳族造物文化传统溯源

民族造物设计是区别不同民族的一个重要标志,它以符号化视觉语言透视出本民族的生活习俗、审美理念和思想感情,标志着本民族符号性的文化选择,并体现本民族传统审美文化体系的历史延续。不同民族、不同时期、不同地域文化的差异,反映在民族造物方面则具有各自不同的内涵和外延,但都体现出实用与审美的集中统一,体现出各自民族符号性的表征意义及明显的地域特征,甚至

成为一个民族的重要标志。

（一）明清以来的生产与生活方式

傈僳族先民最早生活在四川省的雅砻江和金沙江两岸的广大地区。明初，傈僳族仍以狩猎、采集为主，以兽皮纳税，处于受官家剥削的社会地位。到了明代中叶，由于木氏土司的残酷压迫，傈僳族人民在头人木必扒的率领下，渡过澜沧江，翻过碧罗雪山，迁到怒江地区。在17～19世纪的200年间，傈僳族人民不堪忍受清王朝的压迫，被迫多次迁徙。清嘉庆八年（1803）、道光元年（1821）、光绪三十年（1904）三次大迁徙，傈僳族迁移到澜沧江、怒江、德宏、临沧、耿马、禄劝、大姚等地，使傈僳族居住区域不断扩大。民国年间，绝大部分傈僳族已进入封建地主经济，以农业为主，但生产工具极为简陋，使用的铁质农具只有小铁锄、小铁犁、砍刀、斧头等四五种，木制的有背枷、背篮等。耕地多是陡坡山地，耕牛为数极少，刀耕火种，轮歇粗放，粮食产量很低，仅够半年食用，不足部分还得靠采集或狩猎补充。男子主要从事狩猎、捕鱼、编制竹篾器等，妇女主要从事织麻、锄地、喂养家畜等。虽产生了少量的家庭手工业，但生产的目的是为了满足自身家庭的需要。

傈僳族男女都穿自织自缝的麻布衣。妇女普遍穿右衽上衣、麻布长裙，头戴黑布绕子，脚穿绣花尖头布鞋。已婚妇女耳戴大铜环，以珊瑚、料珠为头饰。年轻姑娘喜欢胸佩一串玛瑙、海贝或银币，海贝上刻有简单的横竖纹或钻以小孔。男子穿有七对纽扣的短对襟衣衫和大裆裤，裤长及膝，头绕蓝布或黑布包头，有的还喜蓄长辫缠于脑后。头人或富裕之家的男子在左耳戴一串大红珊瑚。

傈僳族的住房很简陋，多为把木材两头砍口垛集成墙，屋顶用木片或茅草覆盖。房屋较大的分两间，小的仅一间，多在侧面开门，中间置火塘，家人即围火塘而卧。房屋的形式除了与气候密切相关外，

也受建筑材料和生产方式的制约。

傈僳族人民祖祖辈辈生活在崇山峻岭之中,几个世纪以来居住于怒江、丽江地区的傈僳族人靠一些简陋的工具,就地取材,开出了村寨联系的简易道路。人们吃的粮食、盐巴,穿的棉布,用的砍刀、锄头,全靠人力背负。怒江两岸的傈僳族人在秋冬水流平缓时,就以大树挖成的独木舟过江,夏季水急浪大就在江上拉起用竹篾编成绳索的溜索桥。

(二)傈僳族手工艺传承方式

在漫长的历史长河中,傈僳族在生产生活中积累流传下来许多手工艺,有纺织、编织、刺绣、挑花、木刻、铸造等。傈僳族手工艺有其别具一格的制作工艺和审美情趣,蕴含了傈僳人的生存智慧和创造精神。傈僳族的设计与他们的生活方式息息相关,也与生活的自然环境相适应。纺织是傈僳族妇女的传统手工艺,她们七八岁就开始学绩麻,麻皮随身携带,无论是全家围坐烤火、劳动休息,还是背着筐子走路,双手总是不停地绩麻。心灵手巧的姑娘会得到本族青年男子的青睐。因此,织染、挑花、刺绣等工艺,成为傈僳族一种重要的文化载体,对女性具有特殊的意义。傈僳族歌谣里就有:"阿妈养女有七岁,一直养成大姑娘,姑娘应当学纺麻,学会纺麻好当家。"

傈僳族选用的材料一般都是当地具有的自然资源,制作方法较为固定。傈僳族手工艺的传承,大体说来有"传内不传外"的家传式,也有口传心授的师徒式,尤其是铜器、银器的制作和刺绣、挑花的工艺更是如此。傈僳族建房必须一日之内完成,所以每户建房几乎是全寨子的人一齐动手。当地竹子资源丰富,竹制的箩、筐、筛、凉席和篱笆等较普遍,形状与汉族竹具基本相似。

(三)以自然型材为主的造物方式

自然材料与人类生活密切相关,人类最早的造物设计就是将自

然物经过加工而制成的劳动工具及生活用品。因此，自然材料在人类文明的进程中起着重要的作用。

傈僳族所处的自然环境，资源十分丰富，他们善于利用这些有利条件，设计和制作生活所用的必需品。傈僳族自织的布俗称火草麻布。火草麻布现仅存在德昌傈僳族和云南彝族的一支——他留人里。其加工环节需经种、割、晒、淋、泡、理、漂、绕、纺织等二十多道，其工艺十分独特。编织时有两梭，一梭为麻线，一梭为火草线，然后交织而成。火草线是用山上生长的一种当地人称火草的植物叶背上的白色绒毛，晾干或晒干后捻成线，织入布中，形成独特的麻布。火草麻布绵软洁白，结实耐磨，冬暖夏凉，因此是麻布中的极品，在中国纺织史上十分罕见，可以说是傈僳族的一项重要创造发明。

纺织是傈僳族生活中必不可少的生产工艺，也是傈僳族人做服饰的第一道工艺。服装面料所染的五颜六色，也来自山野竹林中的各种植物汁液。男子脚穿自家编织的草鞋或用麻线编织的麻草鞋，柔软耐磨，编法和形状与汉族草鞋区别不大。成年男子左佩砍刀，右挎弩弓和用熊皮或猴皮缝制而成的箭包，腰系一长带子。银饰是傈僳族远古就有的工艺品。傈僳族女性不论老少，都喜欢佩戴耳环、项链、领泡、手镯等，造型各异，精巧美观。她们身着用火草或白布、青布加工制作的百褶裙，多数腰系自制的白麻布腰带，带上绣有花、叶图案。已婚妇女则多喜欢头戴珠帽额勒。额勒是用珊瑚、海贝、小铜珠等编织而成的精美头饰。年轻女性喜欢在胸前戴一串玛瑙、海贝或银饰，并在海贝上刻有简单的横竖纹或钻以小圆孔，傈僳语称这种胸饰为"拉白里底"。此外，用银或铜铸成几何图形纹样的烟斗也是傈僳族男子的心爱之物。傈僳族编织有麻编、草编和竹编，用麻线编织"挪扒"是傈僳妇女普遍爱好的一种手工艺。"挪扒"

为呈猪腰子形挎包，是傈僳族男女的随身之物，编织有固定的款式，大小不一，精美之处在于"挪扒"不同的织纹和刺绣。"挪扒"经久耐用，集美观与实用为一体，是傈僳族姑娘的定情之物。

傈僳族住房遵循就地取材的设计原则，不同地区有不同的建筑形式，主要有竹篾房和木楞房、土墙茅草房三种。除了分布在丽江山区的土墙茅草房以外，竹篾房是傈僳族最为普遍的建筑之一。竹篾房为干栏式竹木结构，分上下两层，下面圈养牲畜，上面住人。屋顶葺茅草的叫草房，覆木板的叫板房。木楞房是用圆木凿榫横着垒起，这种房子牢固，抗震性强。土木结构的土墙茅草房，先打地基，然后用土夯墙，房顶葺覆茅草或木板。材料以当地木、石、土、竹材料为主。土墙茅草房直接以凸凹不平的黄土地为地面，建筑体量较小。

当地森林资源丰富，在器具的设计中大量使用木材和竹子。生活中也大量使用泥土烧制的陶锅和陶罐等。这些材料都是可再生资源，不会对生态环境造成破坏，将尊重自然、顺应自然、保护自然的生态文明理念融入了整个造物设计之中。

傈僳族居住的高山峡谷区，各种飞禽猛兽出没林间。在长期的生活实践中，他们发明创造了各种各样的生产工具，练就了一整套与凶禽猛兽搏斗的技能与本领，弩弓便是其中的代表。傈僳族的弩弓独具特色，是一种利用机械力量射箭的弓。弩弓由弩身、弩担、箭槽、弩弦、弩牙和扳机组成。弩担用坚硬而又富有弹性的桑木或竹制成，大小不一。弩弦用四股粗细适当的精细麻线扭制而成。弩牙和扳机均用骨头制作。使用时，把坚韧的弩弦拉到弩牙，箭放在弩身之上，瞄准目标后扳动扳机，利用弩担、弩弦的弹力把箭射出。

傈僳族乐器主要有琵琶、笛子、葫芦笙、口弦等。傈僳族在日常生活、生产劳动、逢年过节、红白喜事中都离不开这些乐器。

四、傈僳族传统手工业现状

傈僳族男女老幼在节日期间，都喜欢穿民族服装。各地服装大同小异，根据所穿麻布衣服的颜色不同，分为白傈僳、黑傈僳和花傈僳。对妇女裙子臀位缀有六块彩色方格图案的又称花臀傈僳。服装材料多为自织的火草布，用简易的自制织布机来编织。用这种织布机可以织出单层和双层布料，也可以织出带斜方格的图案、带花边的腰带。傈僳族妇女不断创新织布技艺，有些傈僳族妇女甚至学会了徒手织火草布的工艺。傈僳族家庭所有成员的穿戴，均由妇女编织、缝制。现在傈僳族妇女利用农闲，编织、缝制各种服饰、挎包、绣片等，在旅游景点销售，以增加收入。

傈僳族在节日期间，唱歌跳舞，离不开乐器，如今许多村寨仍保留有传统乐器的生产和制作。现在不少年轻人专门从事乐器制作，一方面时为满足本民族的需要；另一方面是作为当地旅游文化纪念品销售，成为代表性的工艺品之一。

每年农历正月初一至初三，傈僳族男子都要举行射弩比赛，并评选出最优秀的射手。弩弓成为傈僳族男子勇敢、威武的象征。弩弓选材考究，制作精细，既是生活用品，又是精美的工艺品。现在傈僳族人将弩弓作为一种旅游纪念品销售。

木酒壶是傈僳族人用以盛酒的器皿。木酒壶的壶脖细长而壶腹肥大，壶外部还刻有阴阳条纹图案，然后涂以黑漆，极精致美观，也是傈僳族主要的旅游纪念品之一。

傈僳族的建筑、纺织、服饰、乐器、弩弓等已被当地有关部门列入非物质文化遗产加以保护。

五、傈僳族造物设计研究价值

（一）民族服饰文化的确证

民族服饰款式的多样，意味着族群文化的发展，也是人的文化性需要强化的标志。原来仅以满足身体之需的衣服在形制、种类等方面日渐丰富起来，附着上了政治、伦理、宗教、审美等诸多文化功能。在形制上，已由单层整块裹体或局部遮护，变为多层分装穿着，包括内衣、外衣、上衣、下衣等越来越多样化。在种类上，则将衣着分为若干类型，比如，按性别有男装、女装；按年龄有童装、青年装、老年装等形形色色的礼服、便装和行业服装。尽管这些民族服饰令人眼花缭乱，但它们终究还是按一定方式或样式来设计和制作。这便是以人体为标尺并蕴含有本民族文化所指内涵的传统规范。傈僳族服饰从起源的那天起，人们就将其生活习俗、审美情趣、色彩爱好以及种种文化心态、宗教观念，都沉淀于服饰之中，构筑了服饰艺术的内涵，形成了富有地方特色的民族服饰文化。

（二）自然材料的研究价值

在对自然材料感知的研究中，人们对自然材料所带来的生理及心理感受越来越感兴趣。对于自然材料而言，一方面其天然、纯粹的特质符合当下流行文化中强调个性化、返璞归真、回归自然与人文关怀的趋势，另一方面由于自然材料本身的地域性特点，被赋予了地域文化背景。美国建筑师劳埃德·赖特认为："每一种材料有自己的语言，每一种材料有自己的故事。"而傈僳族服饰设计所采用的天然纤维，造物所用的木、竹、石、草等材料，承载着几千年来傈僳族人对生活的体验，也是表达地域文化情感的重要手段，具有历史文化价值。

（三）火草织布与染色工艺的可持续生态观

傈僳族火草织布技艺，是利用天然纤维织造服饰面料的特有方式，体现了"就材加工，量材为用"的设计原则，在材质、工艺、环境等因素制约下，最大限度地满足了劳作时经济性和便捷性等方面的需求，实现便捷性和适应性部分工艺技术的结合，并突出表现

在织造过程的独具匠心上,是其宝贵的非物质文化遗产。从植物中提取染液则是有效利用当地资源的绝佳案例。植物染色工艺,在古代称为"草木染",历史悠久。傈僳族丰富的服饰色彩正是来源于这一传统的染色方法。在崇尚绿色设计的当代,傈僳族传统染织工艺为现代设计提供了具有传统生态学意义的有效范式。

（四）以实用为目的的造物工具研究

设计的目的是解决人的合理需求和生存问题。傈僳族的工具设计体现的是朴素务实、物以致用的工艺思想。

弩和箭在傈僳族中使用十分普遍,其设计看似简单,其实不然。其形状的确定、材料的选择、箭镞的安装、箭尾的设计等,符合科学原理,体现了实用、审美于一体的基本原则和设计本质,具有朴素、刚健的品质,反映了傈僳族人民的造物文化与设计智慧。从人类学考察,弩弓延伸了手臂,技术的推进和技术客体的演变成为人类生物进化的延续。

傈僳族锄头,较之其他地区的锄头设计要短,且更宽,主要是因为山坡土质普遍较薄和松软。其设计具备自然、大方、实用、坚固耐用的特点,体现了"物顺自然、致用为本"的工艺思想,反映了以实用为目的工具设计的第一要义。

各种竹编用具、酒具的设计无不是因地制宜的产物。正是傈僳族人通过对自然的观察和巧妙的利用,使这些工具在设计和使用上实现了对生活的延伸。

目录

第一章　傈僳族传统建筑

傈僳族院落　002
傈僳族土墙茅草屋　006
傈僳族水磨房　011
傈僳族竹篾房　017
傈僳族石墙竹篾房　023
傈僳族稻草房　031
傈僳族木楞房　036
傈僳族独木梯　042
傈僳族木梯　047
傈僳族竹篾席　052
傈僳族木房板　056
傈僳族火塘　061
傈僳族施底姆桥　068

第二章　傈僳族传统服饰

傈僳族男式棉麻长衫　074
保山傈僳族男式棉麻短衫　079
玉龙傈僳族男式棉麻短衫　084
香格里拉傈僳族男式短衫　089
傈僳族男式棉背心　094
傈僳族男式黑马褂　100
禄劝傈僳族女式中长衫　104
永胜傈僳族右衽短襟棉麻布女式短衫　110
东风傈僳族女式短衫　115
丽江傈僳族女式上衣　120

傈僳族女式棉布裙　125
维西傈僳族百褶裙　130
永胜傈僳族百褶裙　136
傈僳族女式背心　142
傈僳族草鞋　147
傈僳族牛皮鞋　152
傈僳族绑腿　157
傈僳族黑布帽　161
傈僳族额勒帽　166
傈僳族绒球彩帽　172
傈僳族大圆帽　180
傈僳族黑圆帽　186
傈僳族三角锥帽　192
傈僳族羊毛毡帽　199
傈僳族花包头　206
傈僳族男式挎包　210
傈僳族女式挎包　216
傈僳族女式斜挎包　223
丽江傈僳族花围裙　227
维西傈僳族花围裙　232
永胜傈僳族花围裙　238
傈僳族男女腰带　242
傈僳族皮烟袋　247
傈僳族大耳环　252
傈僳族中小耳环　257
傈僳族藤编手镯　262

第三章　傈僳族传统餐饮

　　傈僳族撒洒饭　266
　　傈僳族煎粑粑　268
　　傈僳族苦荞粑粑　270

第四章　傈僳族传统生活用具

　　傈僳族单弦　274
　　傈僳族吉吱　278
　　傈僳族笛哩吐　282
　　傈僳族扁桶　286
　　傈僳族木柜　291
　　傈僳族升子　297
　　傈僳族竹编筷子笼　303
　　傈僳族甲背篓　306
　　傈僳族七口锅　310
　　傈僳族木瓢子　314
　　傈僳族竹编碗架　317
　　傈僳族饲料槽　320
　　傈僳族滤酒笞　323
　　傈僳族肩背板　327
　　傈僳族木盆　331
　　傈僳族粮食柜　334
　　傈僳族摘苹果工具　338
　　傈僳族木碟　341
　　傈僳族油灯　344
　　傈僳族烟斗　348

僳僳族木水桶　351
僳僳族箩筐　355
僳僳族独轮车　358
僳僳族马架子　364
僳僳族背篓　369

第五章　僳僳族传统生产工具

僳僳族砍刀　376
僳僳族火镰　381
僳僳族挖锛　384
僳僳族打挖锛　387
僳僳族粮杆　390
华坪、永胜僳僳族木臼　394
僳僳族擀面杖　398
僳僳族脚碓　401
僳僳族垛仓　404
僳僳族石磨　409
僳僳族削竹刀　416
僳僳族蜂桶　419
僳僳族捕鱼网　423
僳僳族弩弓　428
僳僳族鼠弓　432
僳僳族竹箭盒　438
僳僳族平锄和尖锄　441
僳僳族木锄　444
僳僳族四齿耙　446

傈僳族木扒　450
傈僳族竹扁担　454
傈僳族棉花机　459
傈僳族挽麻架　468
傈僳族火草织布机　473
傈僳族酿酒器　477

第一章 傈僳族传统建筑

傈僳族院落

图一　傈僳族院落主图

　　云南迪庆维西县叶枝镇同乐村傈僳族院落，是以家庭为单位的分居模式，多为三两间房前后并排，朝向一致。此院落采集于同乐村和自光家，位于村落主干道旁，占地面积110平方米，主要由独栋粮房、两间相连的主屋和次屋、门前小院构成，两栋建筑因地面形成落差，且崎岖不平，院落布局依地形呈阶梯状分布。

　　由于滇西北高原地区紫外线强，白天天气炎热。同乐村傈僳族院落依山傍水，院落内没有刻意人工造景，几乎都是天然景观，形成了一道美丽的风景线。院落内有菜园和核桃树，为庭院增添了绿意。傈僳族人冬天的主要活动空间在火塘，夏天则是在院内核桃树下纳凉，坐在几块大石头椅上闲聊玩耍。维西位于滇西北云岭、碧罗雪山的高原深谷切割地段，山高谷深，同乐村则依山建于半山腰上。聪明的傈僳族人并未对山体原有面貌进行大刀阔斧的改造，而是背靠山坡层层叠叠建造房屋，底层采用木桩支撑，适应山区坡度地形，木桩也被巧妙地设计成牲畜棚，既充分利用了空间，也顺应了自然规律。两栋建筑的墙面、牲畜棚围栏和堡坎形成天然的围墙，既保证了一定的隐私，而敞开式院落又可拉近与邻里之间的距离。院落的两栋建筑用木楞、土墙和木板混合搭建，屋顶盖木板，用石块固定。

　　傈僳族人长年生活在高山上，根据高山

坡地建造高低不一的院落。从远处望去，错落有致的木楞房和傍晚的炊烟形成一幅安乐幽静的生活画面。

图片来源

图一至图四　刘樱　制图
图五至图六　梁婷　摄影

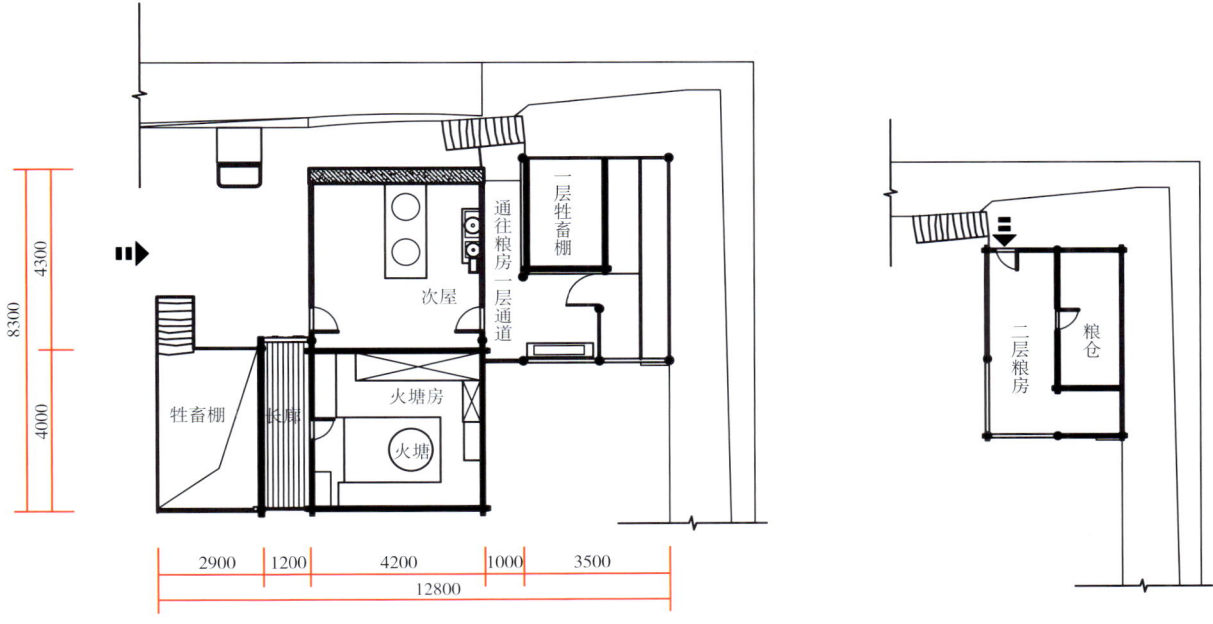

图二　傈僳族院落平面、尺寸图（1∶150　单位：mm）

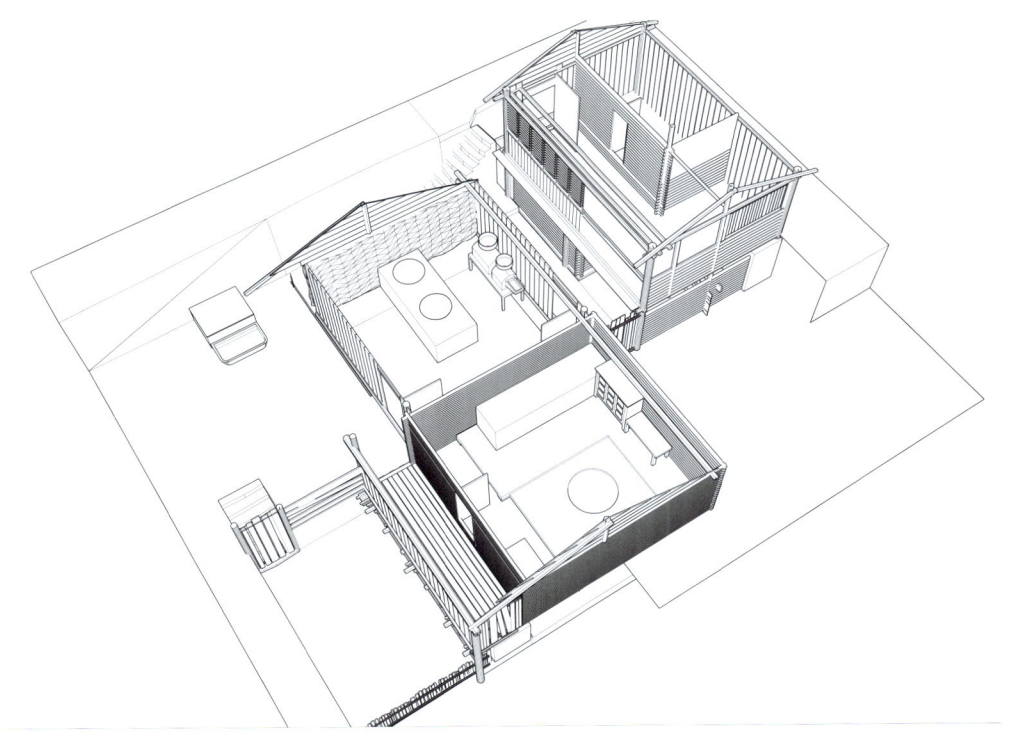

图三　傈僳族院落空间图

图四 傈僳族院落粮房模型图

图五 傈僳族院落牲畜棚效果示意图

图六　傈僳族院落前院效果示意图

第一章　傈僳族传统建筑

傈僳族土墙茅草屋

图一　傈僳族土墙茅草屋主图

土墙茅草屋采集于云南丽江永胜县东风乡，这里平均海拔 1500 米，形成河谷热、坝区暖、山区凉、高山寒的特点，建筑群多集中于平缓的高山坝区。正房、厨房、次屋都是一栋栋联排的建筑体，每个功能区都为单独房间。该地区土墙茅草屋均为成人居住的正房或单独居住的火塘房，面积不大。

土墙茅草屋的材料如黄沙土、竹条、野生干杂草、石块、木料等均来源于当地。未经耕种过的黄沙土用于筑墙比较好，收缩较小，一般墙厚 32～35 厘米，干燥之后缩为 31 厘米。杂草和竹条用于做墙筋，增加墙体的韧性。石块用于砌基础墙。木料用于做墙模板、夹具、墙锤和横梁等。

土墙茅草屋的建造过程和工艺大致为：

挖基坑：将基地填平整，在需要夯筑墙体的地方挖基坑。基坑深度和基坑的处理要根据地基而定。一般深 15～30 厘米，宽度为墙的厚度。然后，用水泥砂浆抹平，再铺厚约 30 厘米的片石，再用砂浆填平。

石砌墙脚：在已经挖好的基坑上用片石块砌墙脚，石砌墙脚的高度越高，防潮效果越好。片石的尺寸不等，也没有特殊规定，只需打制成大小等同即可。一些局部或转角处辅料的长度视情况而定。墙脚石缝的处理方法是"塞包落座"，就是将料石放到基坑之后，在石缝之间塞碎石块。墙脚砌到地面以上时要预留门洞。

夯土墙：夯土墙的主要工具是模板，模板是由两块侧板和一块端板组成。在地面上将模板组装好，然后开始夯土墙，一面墙需经三次筑成。在整个墙体完成之后，无须等墙干燥，在需要开窗的地方或者上梁的地方直接用工具开挖出所需大小的窗洞即可。

上梁和盖屋顶：在墙体完工并干燥后，再在墙体上架横梁盖屋顶。屋顶仅用三根横梁，然后在横梁上放置等距离木椽，再铺上一层木条或竹棍，用竹条固定，再在木条上盖厚度约 20 厘米的杂草。立面墙体上会有很多孔（如图一示），这些孔也是用来架横梁用的，因为屋内还有一层隔板，在横梁上铺上一层隔板不仅可以防止屋顶杂草掉落，还可以堆放杂物。

傈僳族人建造房屋就地取材，造价低廉，技术简单，保温与隔热性能优越，土墙倒塌或拆除后可回归土地，不会造成严重的环境污染。

傈僳族人因地制宜，利用当地丰富的自然资源，凭借勤劳和聪慧创造出适宜居住的生存空间。

图片来源
图一　江显豪　制图
图二至图五　罗利　制图
图六至图七　梁婷　摄影

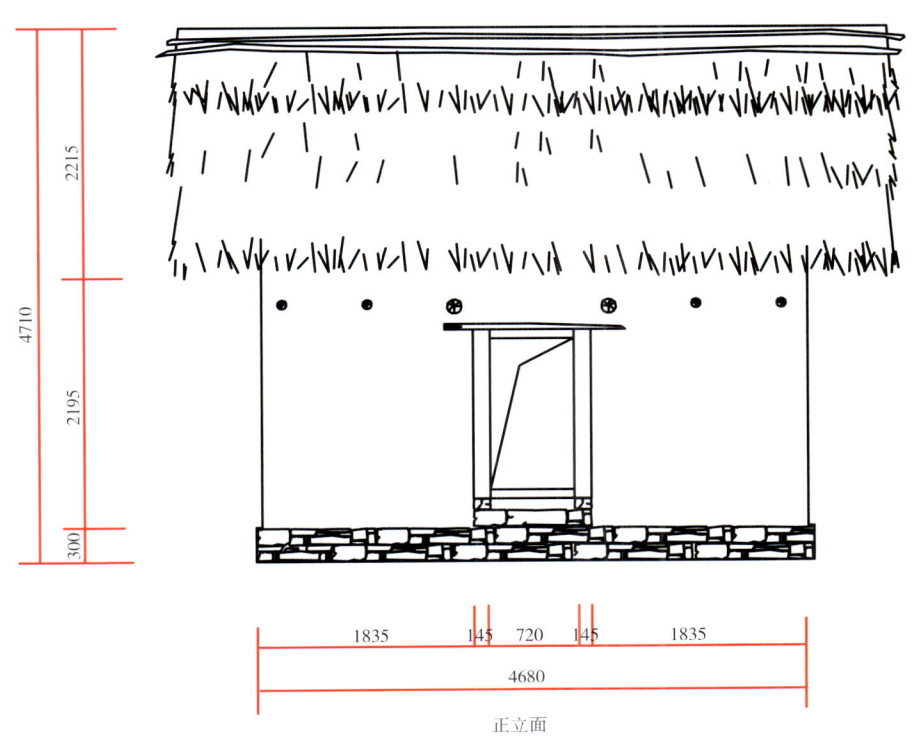

图二　傈僳族土墙茅草屋立面、尺寸图（1∶72　单位：mm）

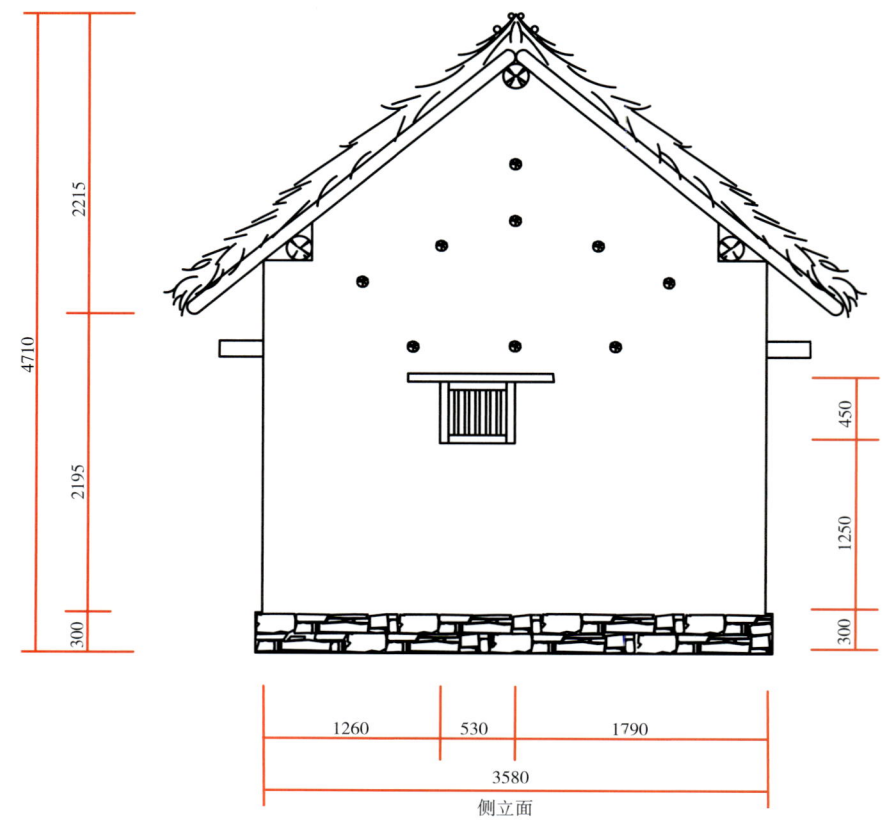

图二（续） 傈僳族土墙茅草屋立面、尺寸图（1∶72 单位：mm）

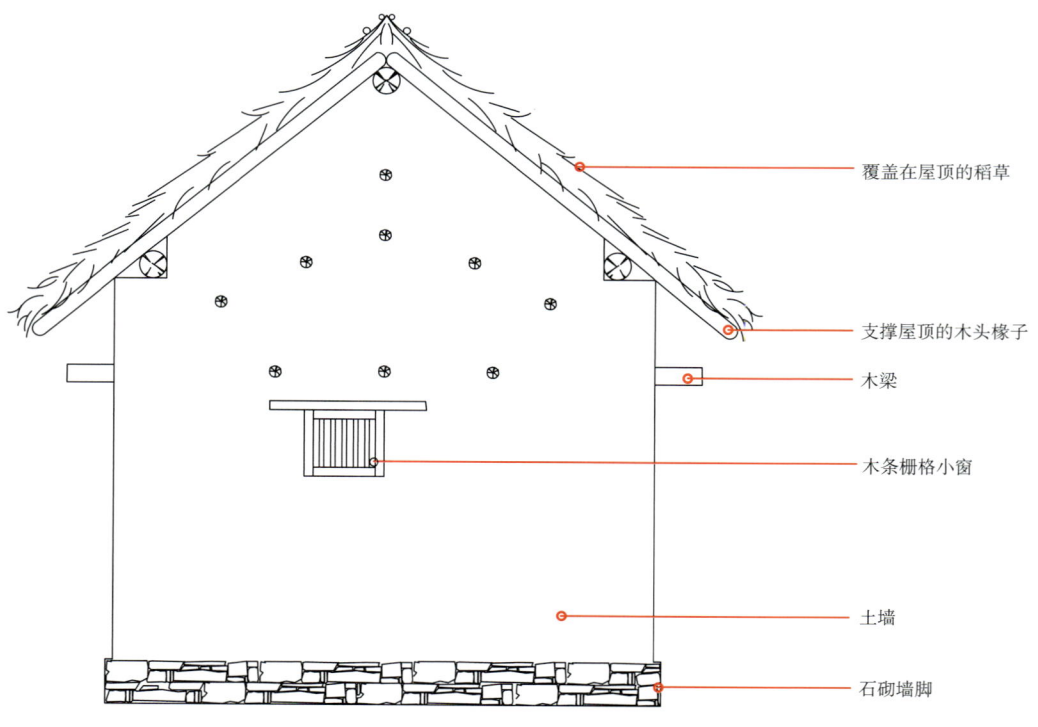

图三 傈僳族土墙茅草屋立面结构名称图

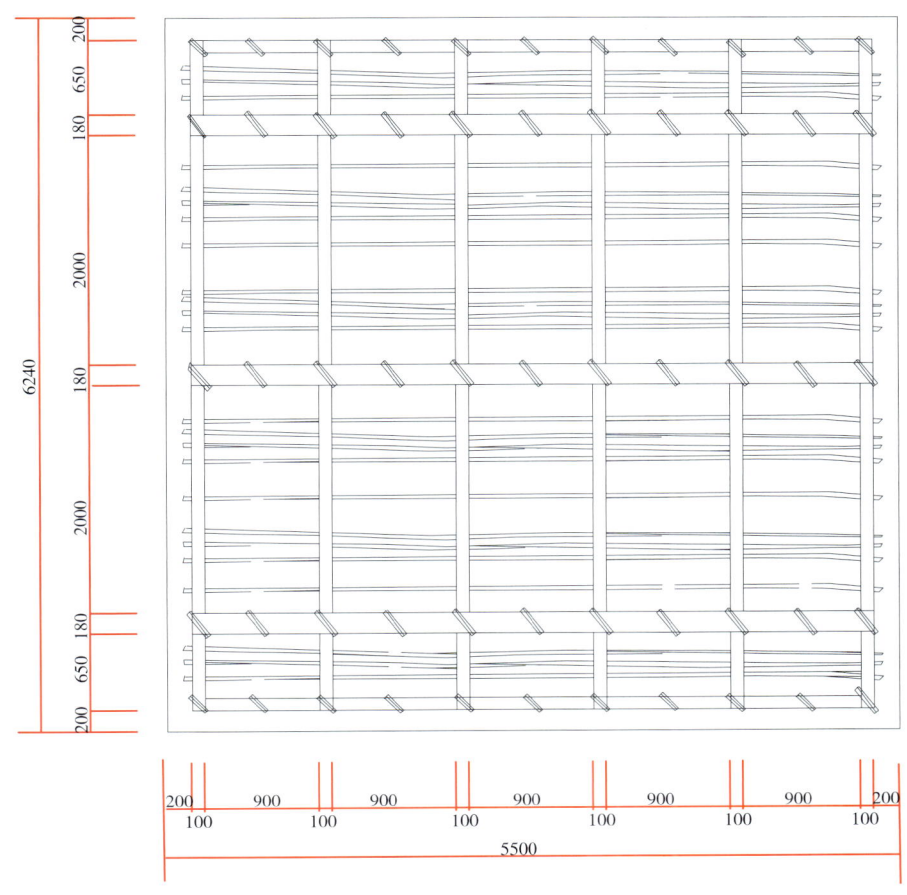

图四　傈僳族土墙茅草屋屋顶尺寸图（1∶72　单位：mm）

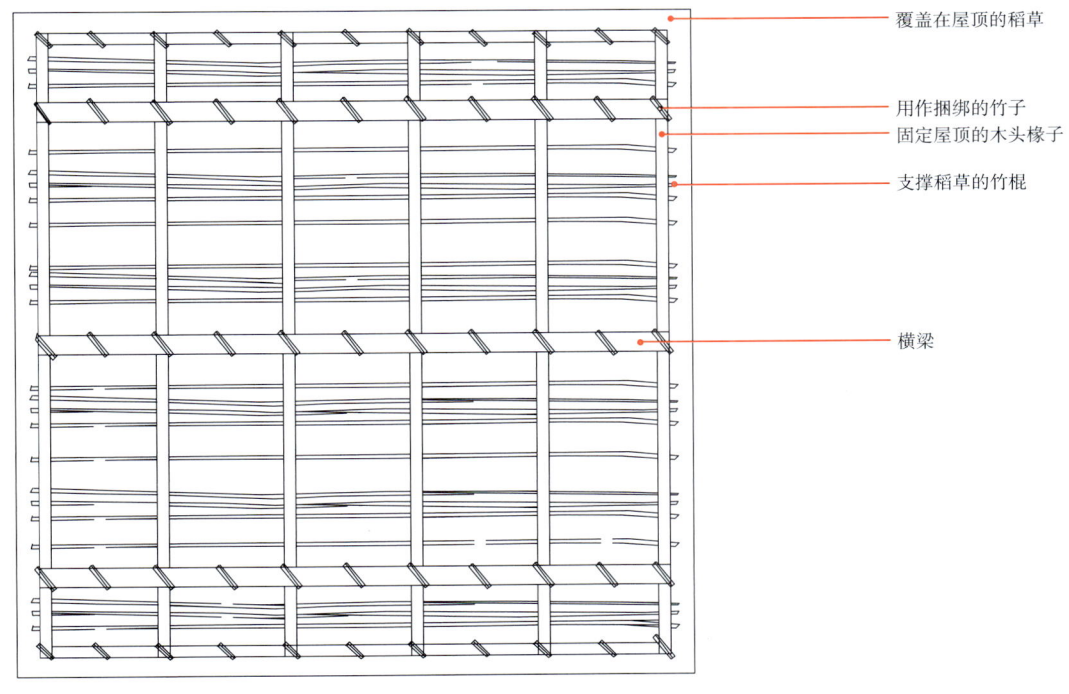

图五　傈僳族土墙茅草屋屋顶结构名称图

覆盖在屋顶的稻草
用作捆绑的竹子
固定屋顶的木头椽子
支撑稻草的竹棍
横梁

第一章　傈僳族传统建筑

图六　傈僳族土墙茅草屋屋檐局部效果示意图

图七　傈僳族土墙茅草屋背面效果示意图

傈僳族水磨房

图一　傈僳族水磨房主图

水磨房由引水道、水轮、磨盘、磨轴和建筑物等几个部分组成，是傈僳族修建于山谷河流边，利用河流的冲击力带动石磨碾压粮食的加工坊。水磨房成方形，长宽均为2.9米，凌驾于河流之上，距离河流3.2～3.5米。水磨房给傈僳族粮食加工带来很大的方便，也是一道壮丽的生活景观。此案例采集于云南迪庆维西县叶枝镇同乐村。

水磨房主要用松树、红豆杉和漆树建造，防腐和抗氧化性强，长年水流冲刷，不易腐朽。

石磨：水磨房有一套石磨盘，磨盘上方吊着圆柱形木桶，木桶内盛放粮食。木桶下方的出料口上绑有一可控制粮食数量的木棍，木棍一头插入出料口，一头担在磨盘上。当水流冲击磨盘转动时，木棍上下跳动，可使桶内的粮食慢慢流入磨盘内，无须人为控制。磨盘在转动的过程中，将掉进磨盘中央圆口的粮食磨成粉状并从磨盘边缘的缝隙出来。

面粉粗细调节：磨盘研磨粮食有粗细之分，取决于磨盘左侧的手动调节器，手动调节器连接磨盘和磨轴，若将调节器下的木块抽取，磨轴位置降低，水轮抬升，石磨的间距缩小，磨成的面粉就越细；反之，若在调节器下方增加木块，磨成的面粉就越粗。

水渠和水轮：水轮控制磨盘的转动或停止。如果石磨转动，则抽取水槽中的挡水板，水会流入水槽内，水槽前段（水磨房下面）的木质大水轮在水流的冲击下随即转动，从而带动磨盘转动。如果一天的工作完成，将挡水板插回水槽，控制水流进入，可防止水轮和石磨由于长期工作而造成磨损。

水磨房是傈僳族人充分利用河流的落差产生动力用于粮食加工的作坊。相对于机械加工，石磨加工不仅充分节约了能源和防止了环境污染，而且也是对人力成本的节约。

图片来源
图一　梁婷　摄影
图二至图五　刘檬　制图
图六至图七　钟虎　制图

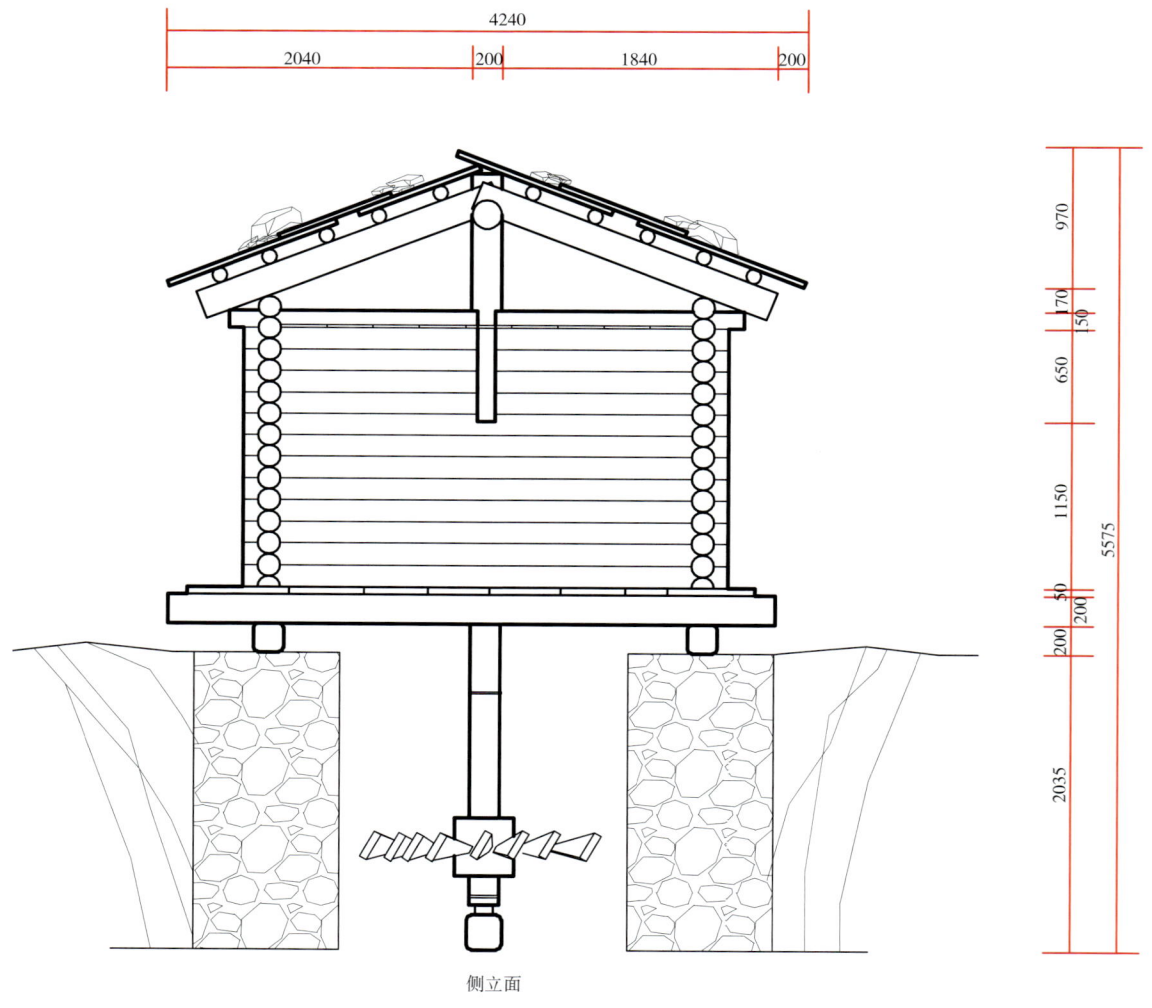

图二　傈僳族水磨房立面、尺寸图（1∶60　单位：mm）

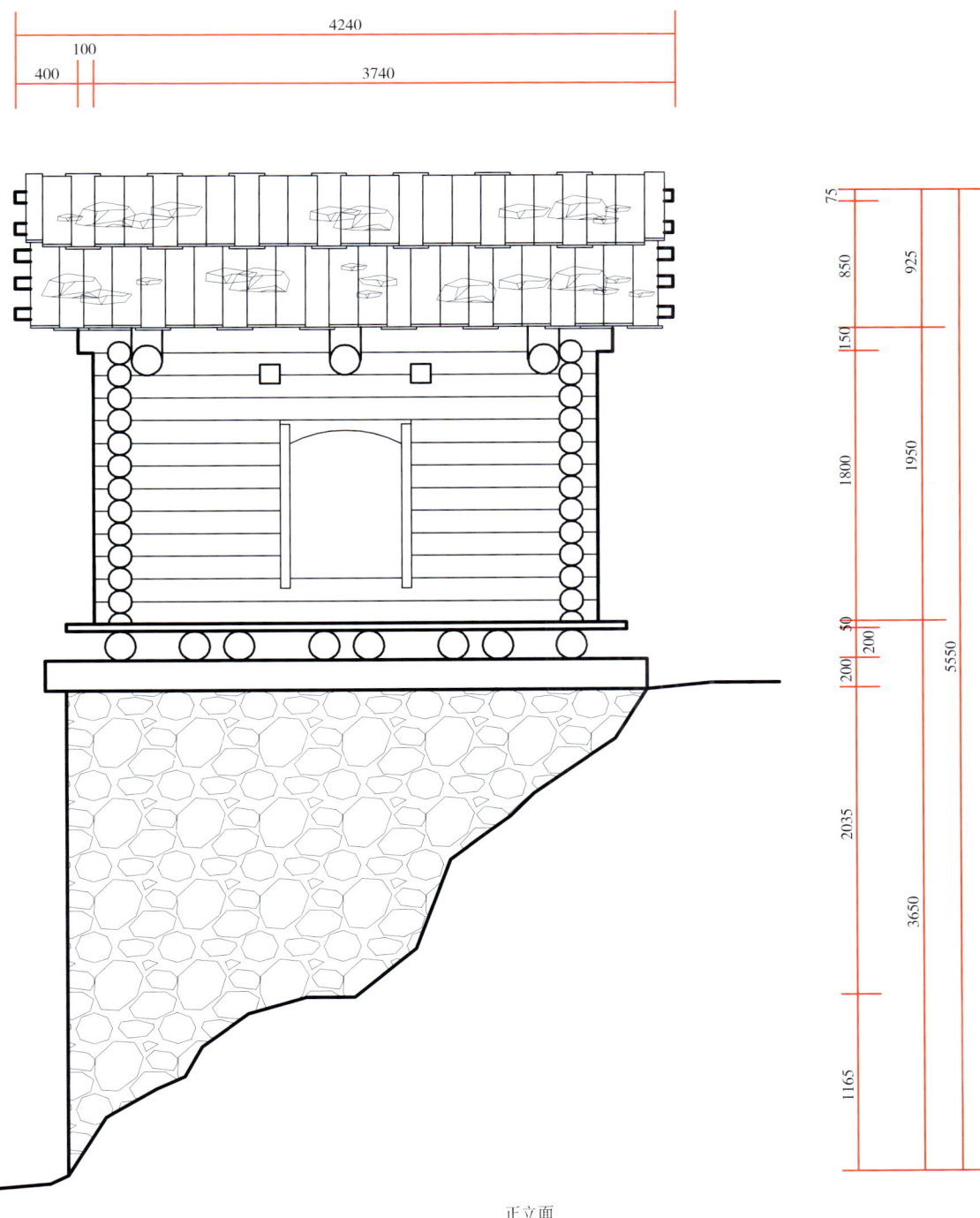

正立面

图二（续） 傈僳族水磨房立面、尺寸图（1∶60 单位：mm）

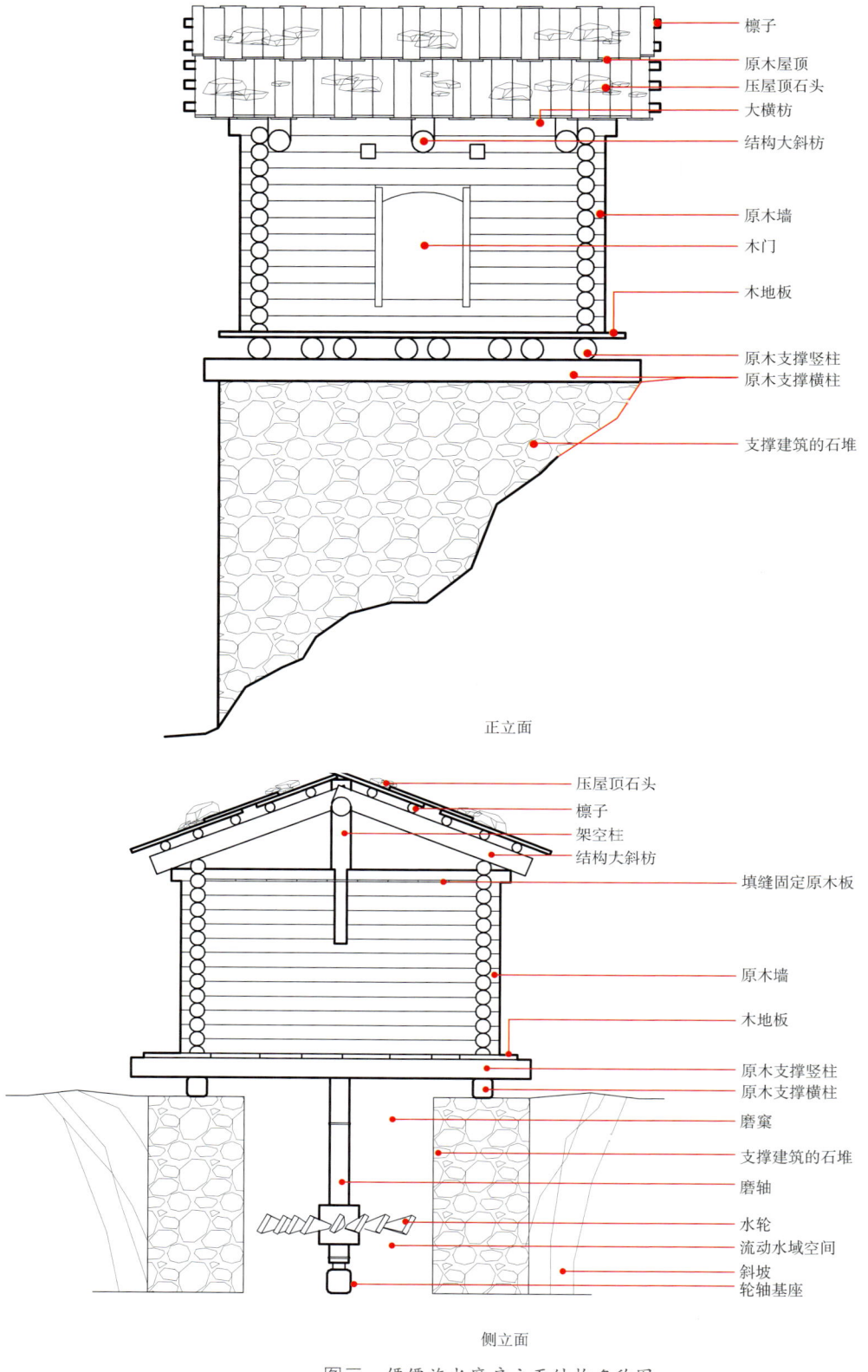

图三　傈僳族水磨房立面结构名称图

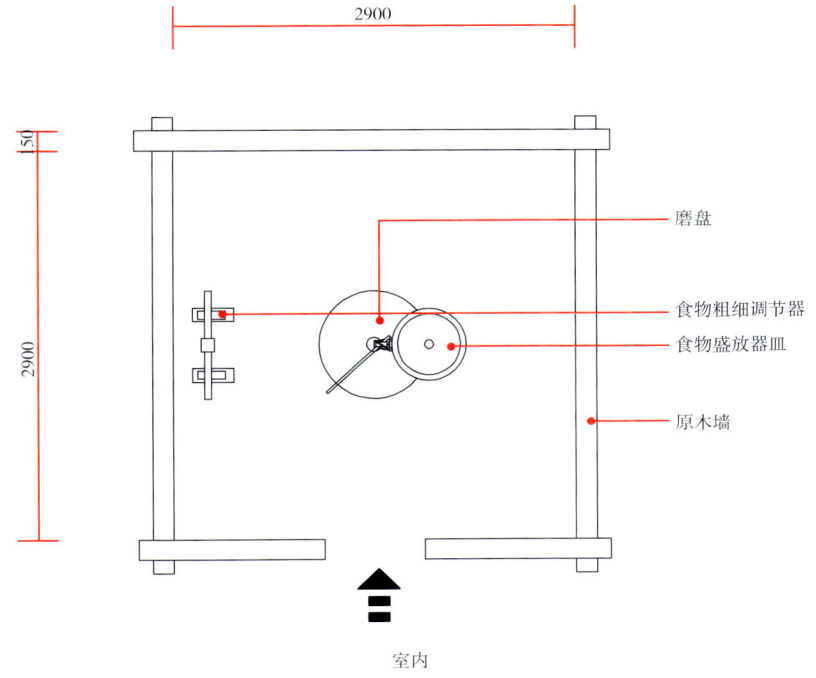

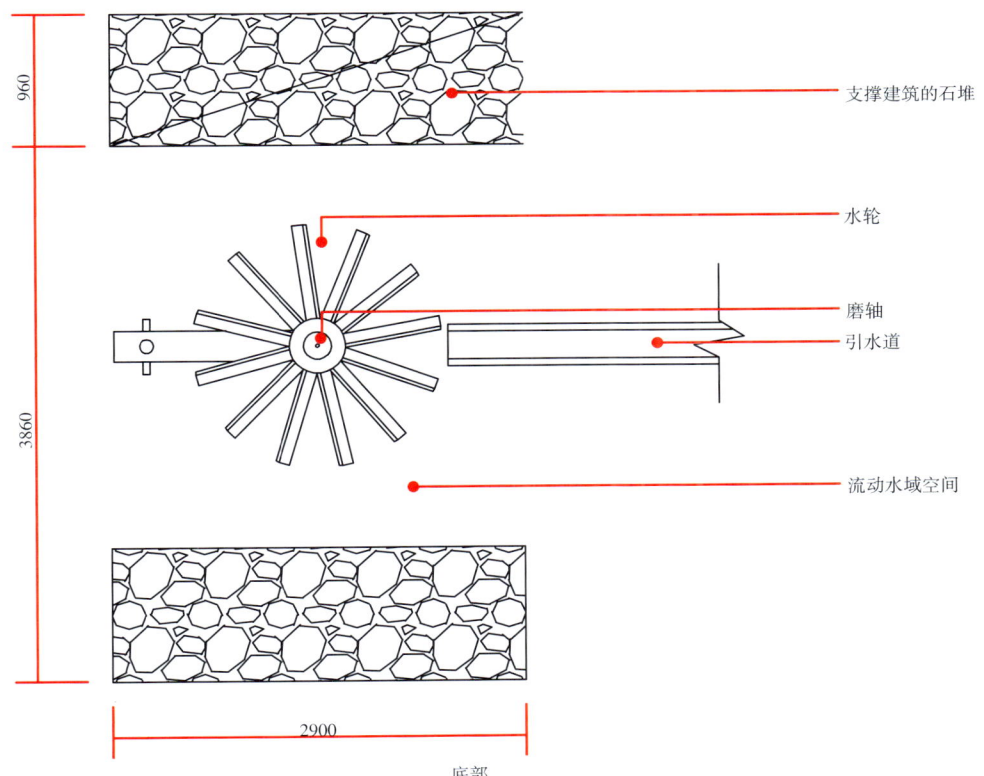

图四 傈僳族水磨房平面、尺寸图（1∶60 单位：mm）

图五　傈僳族水磨房水磨操作示意图

图六　傈僳族水磨房模型图

图七　傈僳族水磨房内部效果示意图

傈僳族竹篾房

图一　傈僳族竹篾房主图

竹篾房又称"千脚落地房"，是怒江傈僳族基本建筑形式之一。竹篾房是干栏式建筑，建筑墙体由竹篾篱笆构成，竖立的木桩和横梁承重。竹篾房呈长方形，长约7米，高约4米，由火塘房和次屋组成。此案例采集于云南怒江福贡县上帕镇双米底村，七八年前翻修过一次。

怒江地区地势险要，山洪和泥石流等自然灾害频发。该地区傈僳族竹篾房一般建于山凹台地的向阳坡面上，山凹台地平缓，不仅容易避开自然灾害，还方便修建民居。竹篾房全部取自当地自然材料，主要有杉木和毛竹。建造时，首先在斜坡下竖立几十根坚硬耐腐、笔直粗长的木柱，木柱直插地里；坡上用较短的木柱，与坡下木柱在同一水平线上；然后在长短不一（但在同一水平）的木柱上架横木，用竹篾绑定。在这一层横木上再架一层密集的横木，这一层横木与第一层垂直。竹篾房以木板或竹篾席为地板，墙体用竹篾编织的篱笆，屋内分隔有火塘房和次屋两间房。火塘房中央设一火塘，火塘四周有一圈桌椅，既可作为椅子，也可作为床铺。次屋用于男女主人居住。傈僳族人充分利用竹篾房一层木柱空间，将一层用竹篾包围和木板隔开，可形成大小不一的牲畜棚，饲养牲畜。

建造竹篾房必须先用木柱平整地基，而非挖平地面，防止建造中破坏原有地形，导致山体滑坡。这种前脚落地的形式不仅防潮避湿、防蛇虫，且充分利用空间，设有牲畜棚，具有实用性，也是傈僳族人顺应自然规律的体现。

图片来源
图一　梁婷　摄影
图二至图七　王刚　制图
图八　彭茜　制图

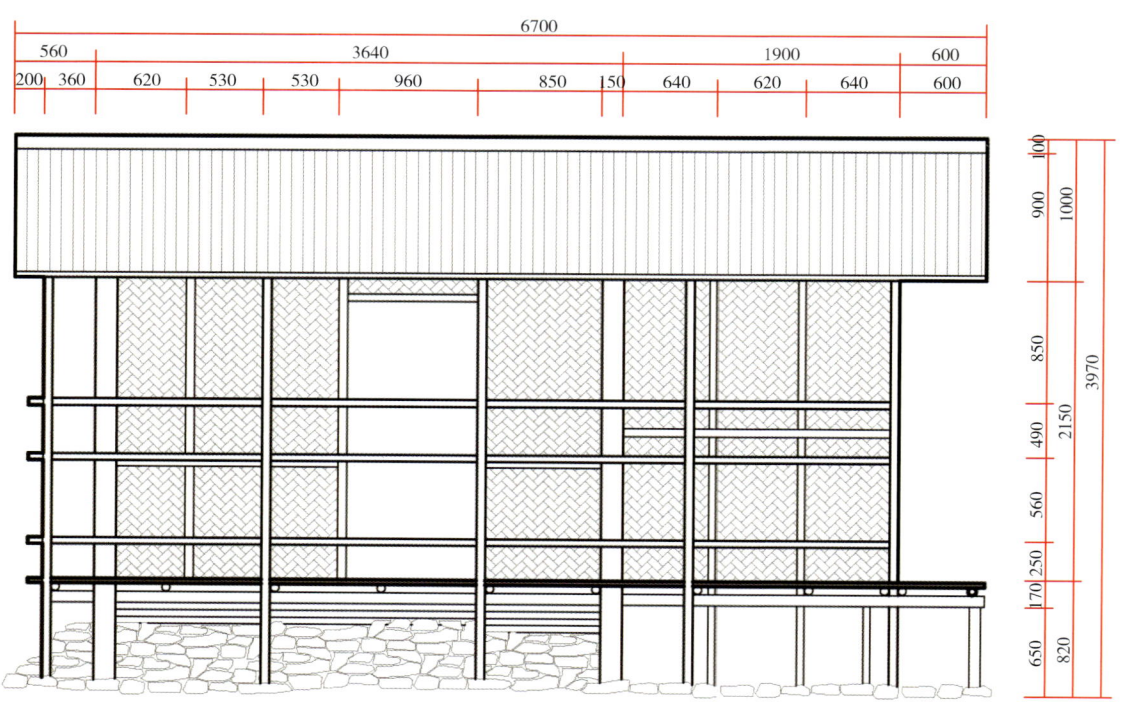

正立面

图二　傈僳族竹篾房立面、尺寸图（1∶50　单位：mm）

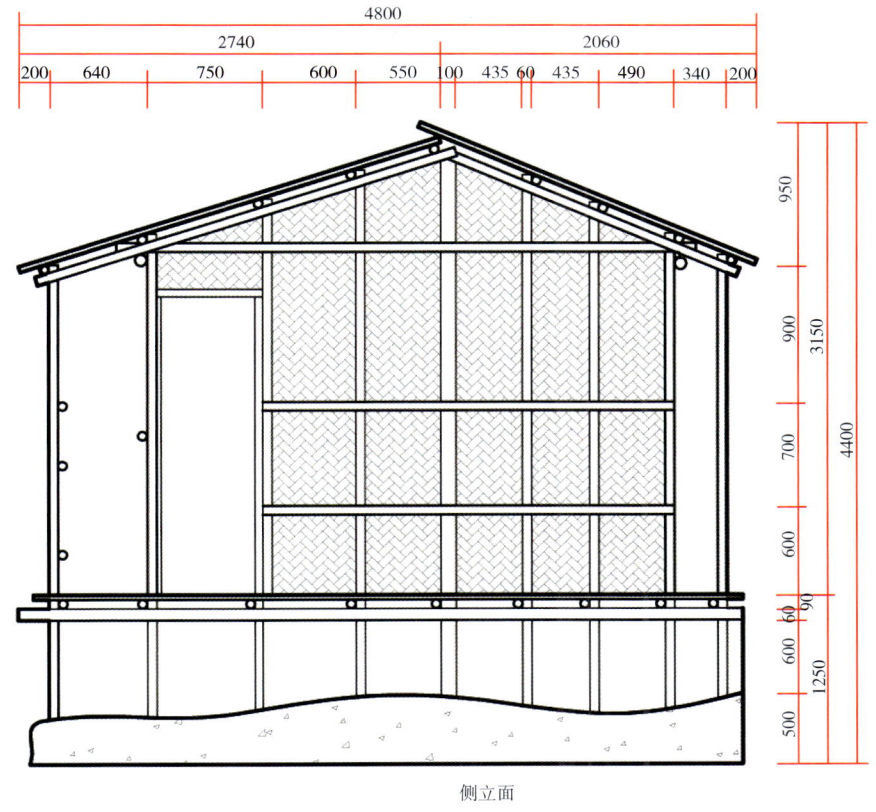

图二（续） 傈僳族竹篾房立面、尺寸图（1∶50 单位：mm）

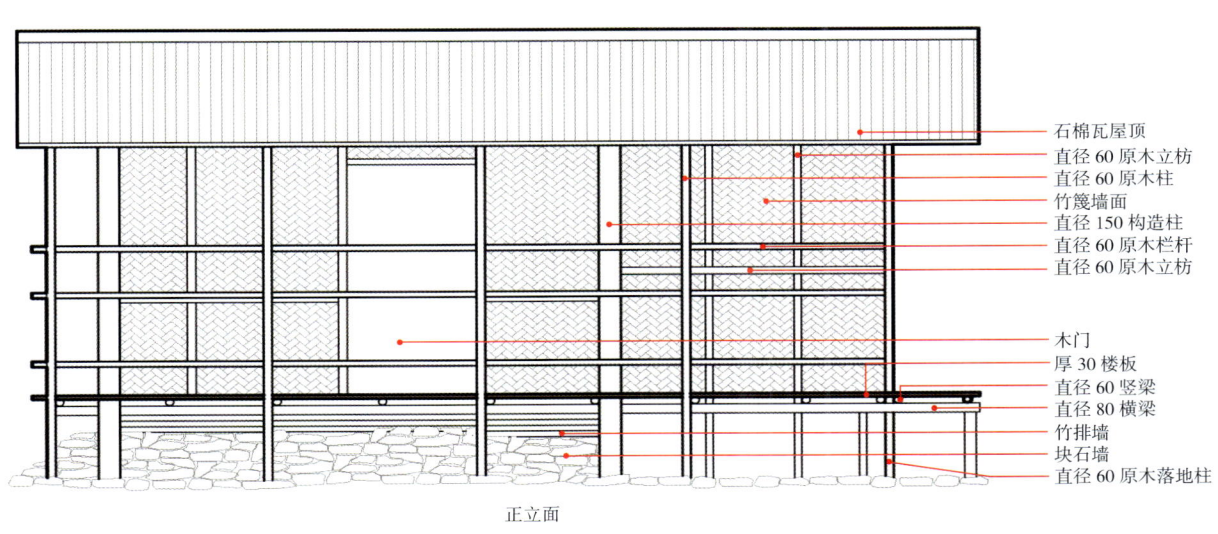

图三 傈僳族竹篾房立面结构名称、尺寸图（1∶50 单位：mm）

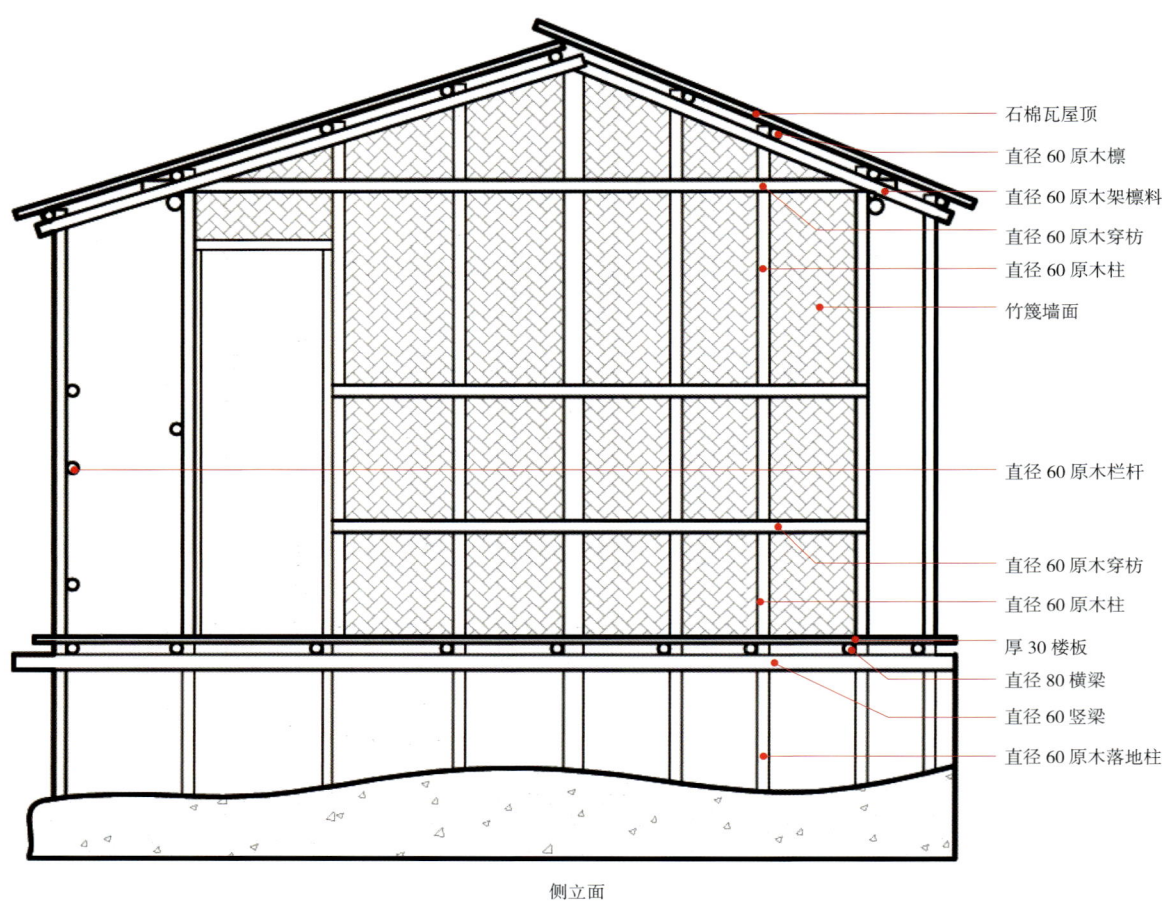

图三（续） 傈僳族竹篾房立面结构名称、尺寸图（1:50 单位：mm）

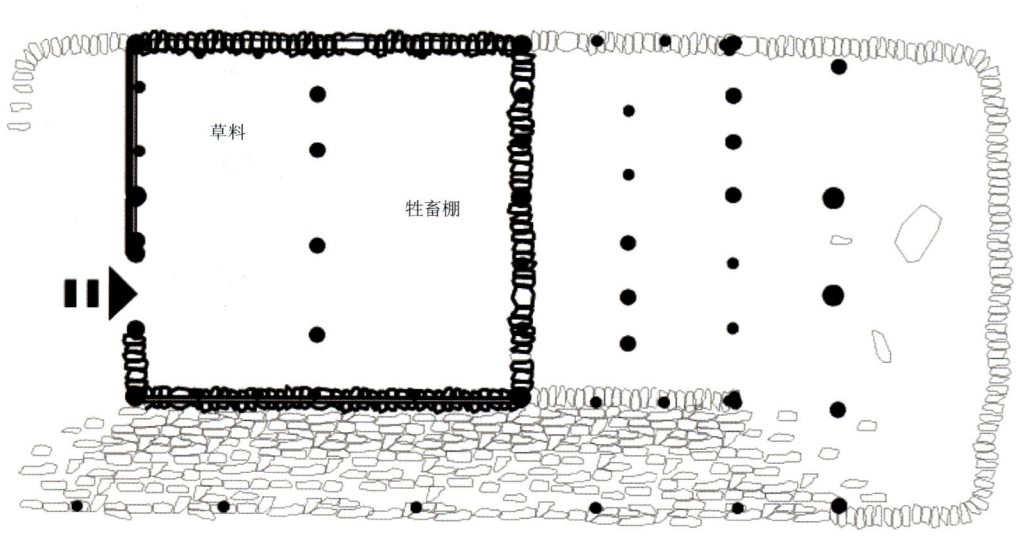

图四 傈僳族竹篾房一层平面图（1:40）

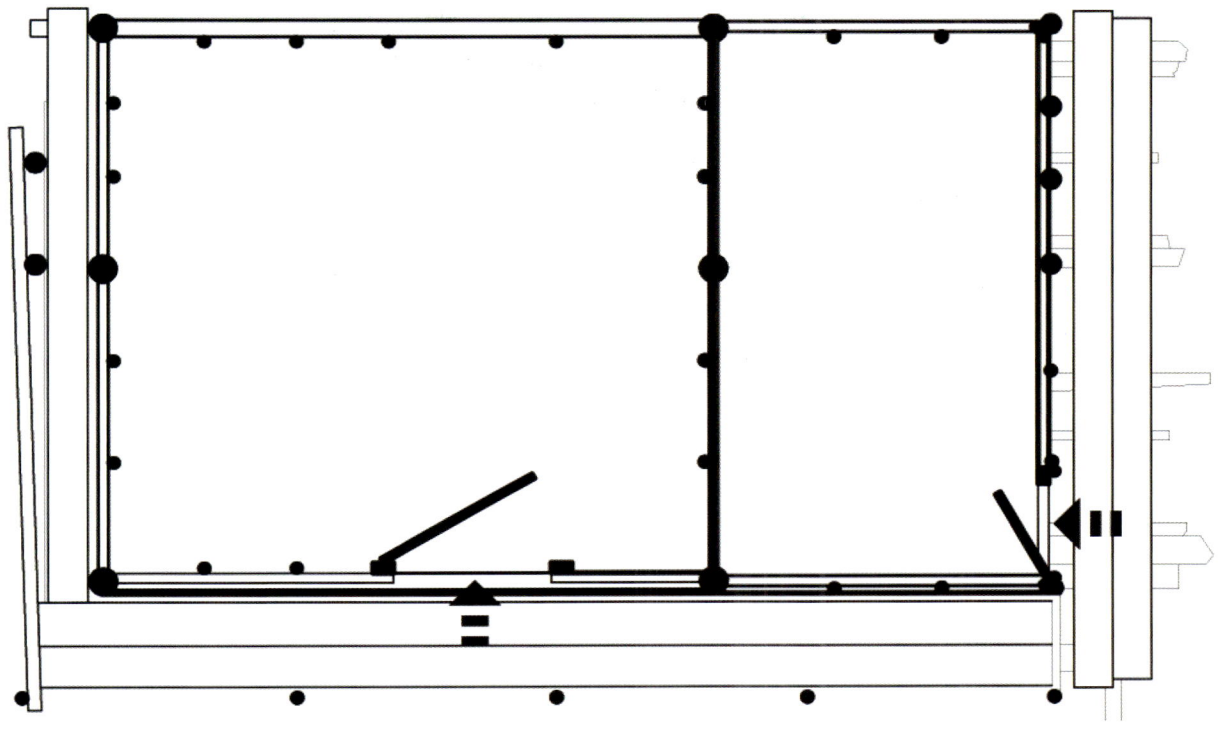

图五　傈僳族竹篾房二层平面图（1∶60）

图六　傈僳族竹篾房结构模型图

第一章　傈僳族传统建筑

021

图七　傈僳族竹篾房模型图

图八　傈僳族竹篾房线描图

傈僳族石墙竹篾房

图一 傈僳族石墙竹篾房主图

云南怒江福贡县傈僳族石墙竹篾房是由石墙和竹篾墙共同构成，建筑主体呈长方形，长8.5米。同一座建筑因地势高低起伏不一，高度不同，人字顶。本案例采集于怒江福贡县双米底村丹施器底组组长家，建于20世纪90代，是双米底村最普遍的建筑类型之一。

石墙竹篾房的建筑主体是由石墙垒砌而成（包括侧立面墙和背面墙），建筑正立面由竹篾片构成。建筑分两层：一层饲养牲畜或堆放杂物，二层供人居住。因山区地势不平，依山而建，建筑用大量的树桩支撑，形成了"千脚落地"的形式。二层用竹篾墙隔开形成两间房，一间为火塘房，有两张床；另一间为次屋，两房间外有一走廊连接。火塘房是傈僳族人的主要活动空间，包括吃住、待客和娱乐。小孩和老人住火塘房，男女主人住次屋。一层牲畜棚也因地形高低形成大小和高低不一的空间，地势较高，脚桩就较低，牲畜棚也就越低矮，反之越高，呈阶梯状布局。低矮的牲畜棚用来圈养鸡或者乳猪，较高的圈养个头较大的牲畜，如牛、马、羊等。石墙竹篾房取材于当地的自然资源，包括石块、黄泥、毛竹、杉树和松树等。石块和黄泥砌成建筑的承重墙，并配合松木承重，整体框架搭好后，再将事先编织好的竹篾篱笆做外墙和隔墙。整个建筑的基本框架完工后，重点是室内竹篾地板的编织，需要在室内编织完成，也叫竹篾席。墙体和地板均用竹篾编织，用途不一、粗细不同，但编织方法一样。竹篾墙和地板具有通风透气的功效，但竹篾墙的稳定性和牢固性较差。构成建筑主体框架的石墙可防止自然灾害（大风、地震等）的破坏，这也是傈僳族人常年生活在怒江山区的经验所得。

石墙竹篾房对傈僳族人的生活影响深远，直到现代社会，受外来文化影响下的傈僳族人仍然坚持本民族的生活习惯，建造适合本地区和生活方式的建筑。

图片来源
图一　梁婷　摄影
图二至图十一　王刚　制图
图十二　李爱莲　制图

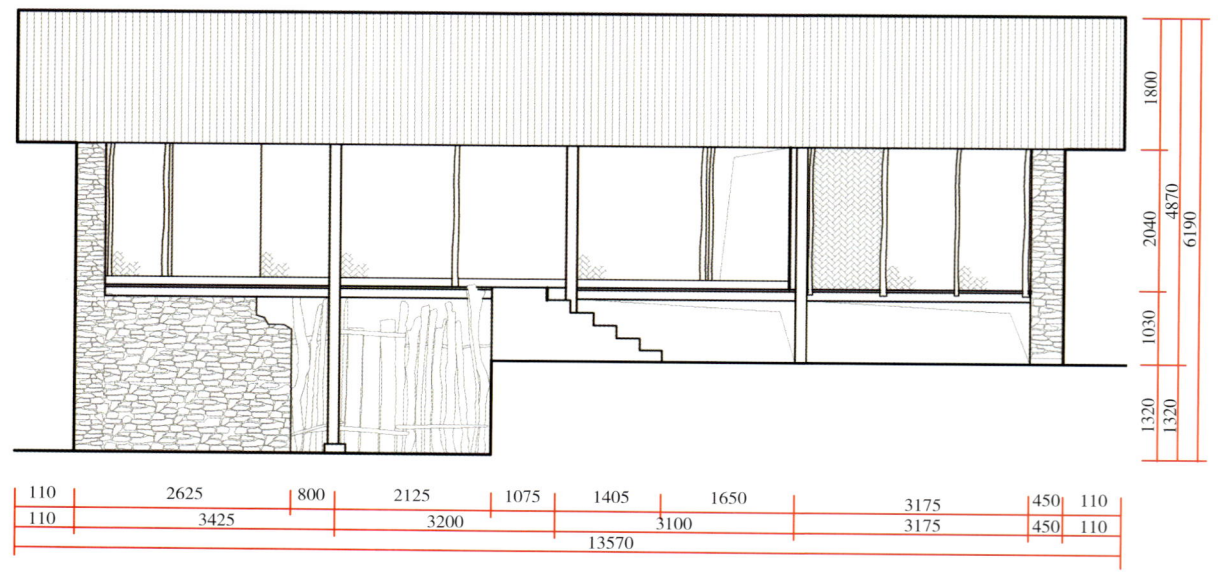

图二　傈僳族石墙竹篾房正立面、尺寸图（1∶60　单位：mm）

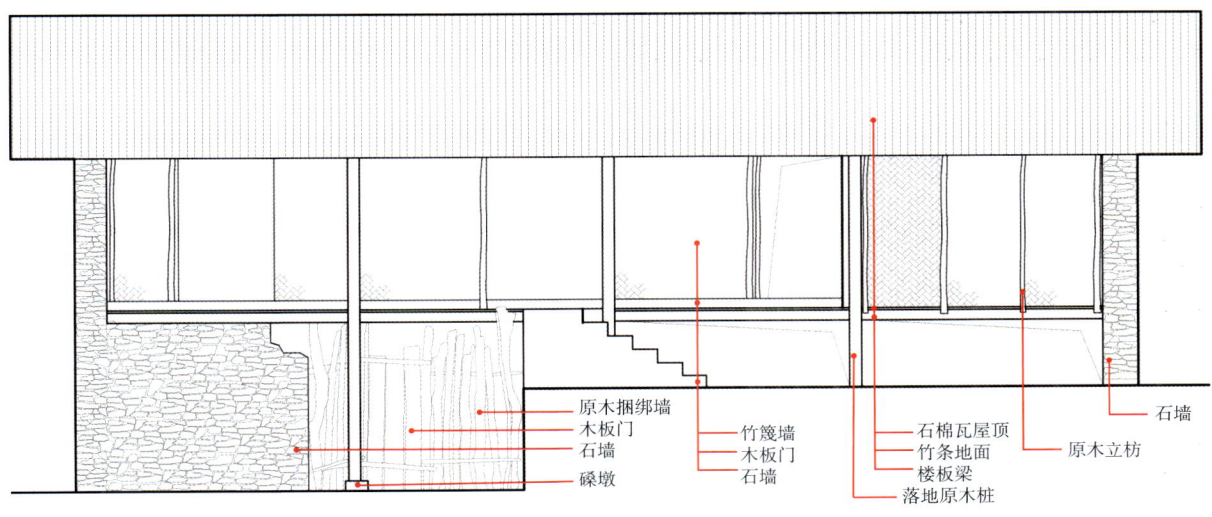

正立面

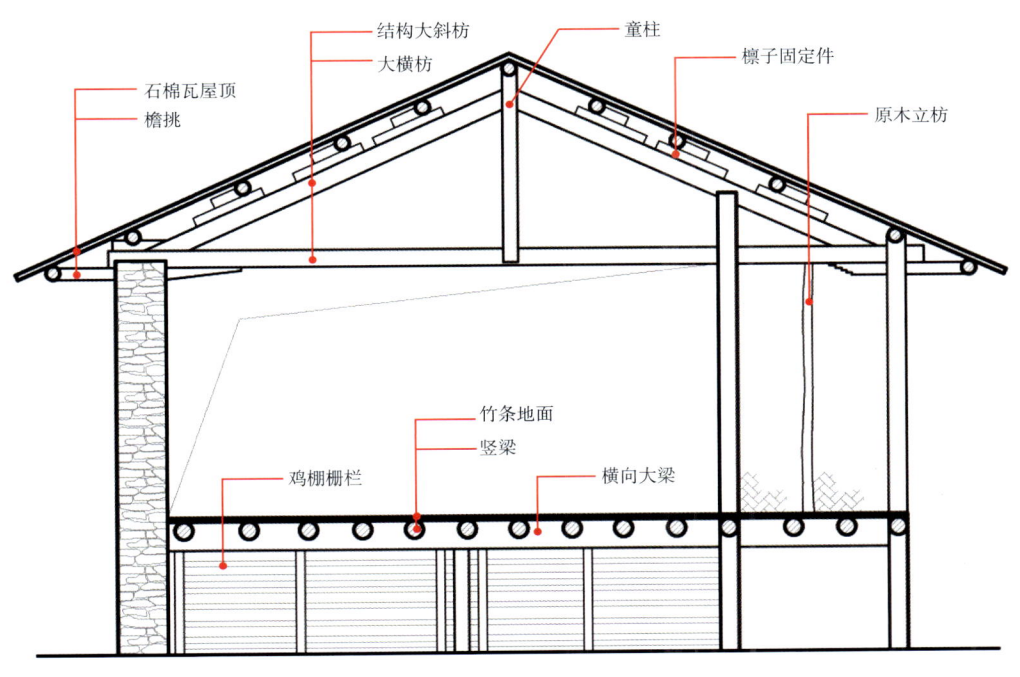

右侧剖立面

图三 傈僳族石墙竹篾房立面结构名称图

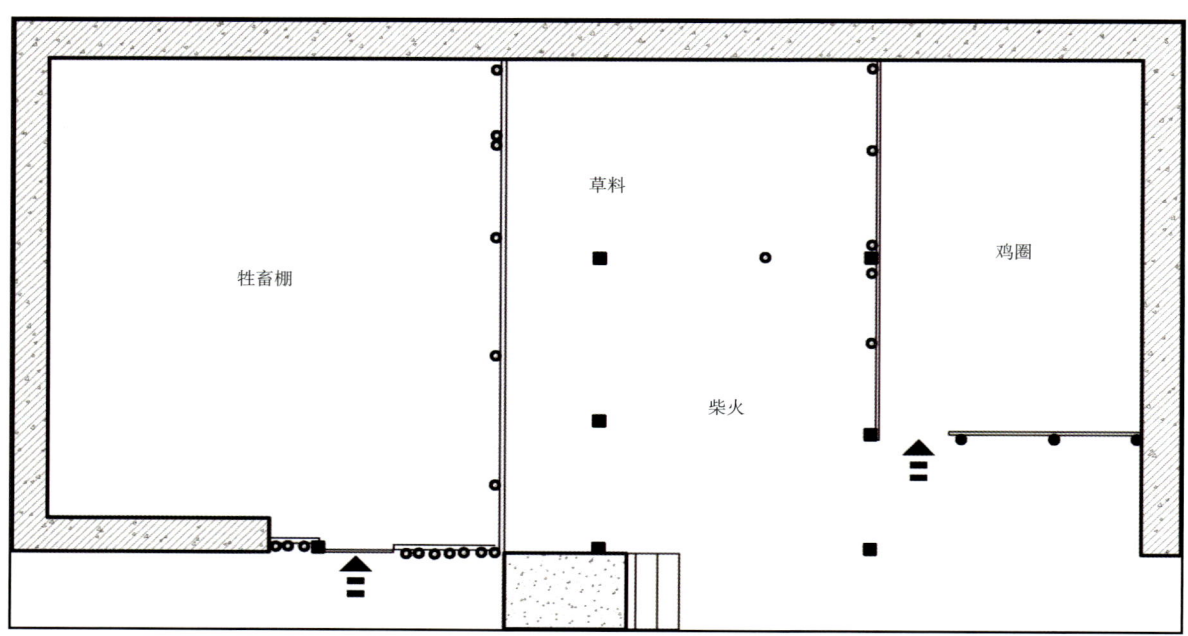

图四 傈僳族石墙竹篾房一层平面图

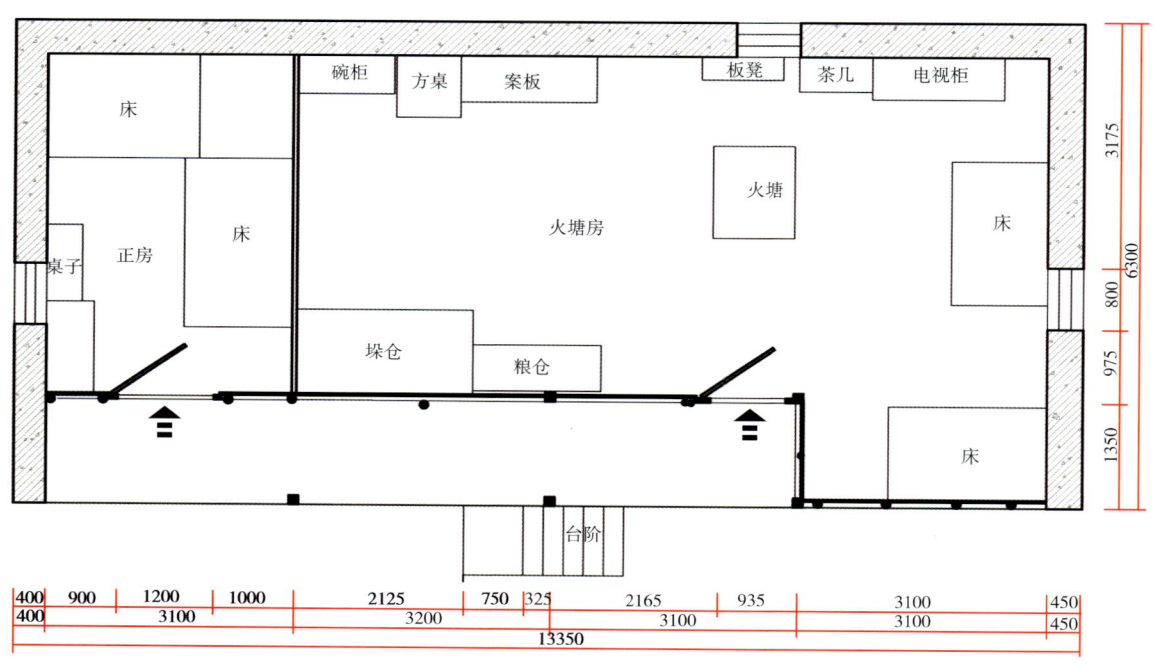

图五 傈僳族石墙竹篾房二层平面、尺寸图（1∶60 单位：mm）

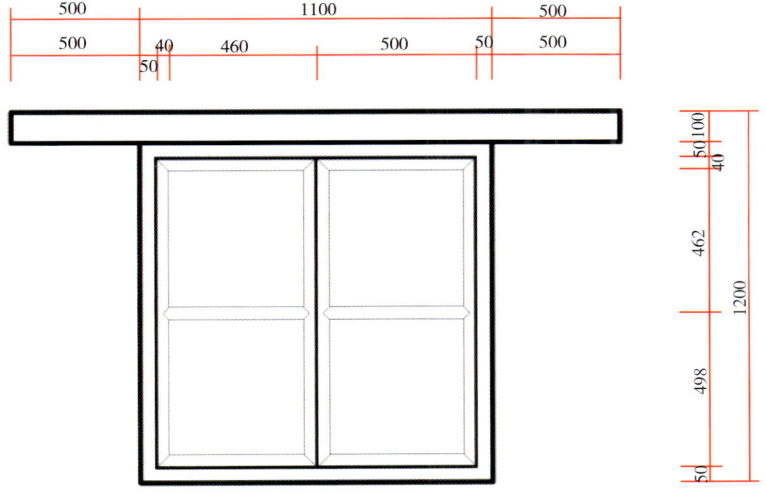

图六　傈僳族石墙竹篾房窗户尺寸图1（1∶30　单位：mm）

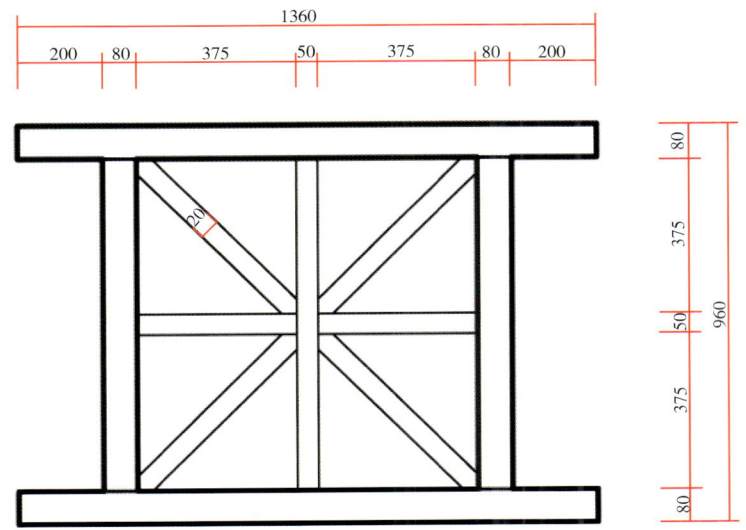

图七　傈僳族石墙竹篾房窗户尺寸图2（1∶25　单位：mm）

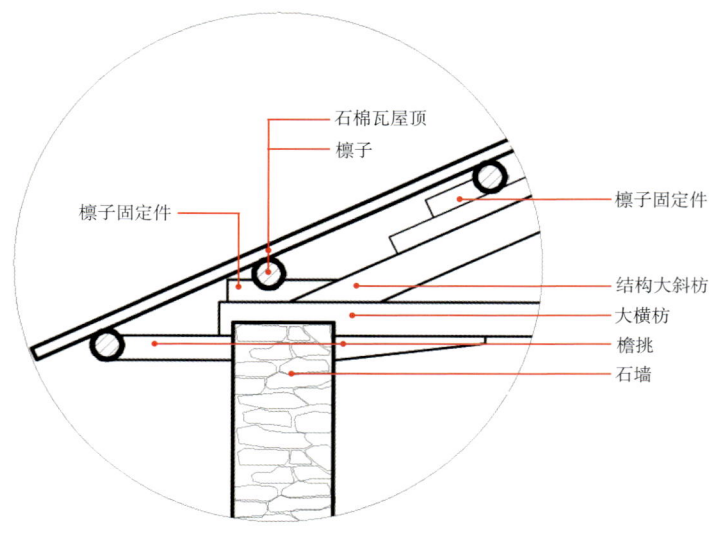

图八　傈僳族石墙竹篾房原木立枋结构名称图

图九　傈僳族石墙竹篾房屋顶结构模型图

图十　傈僳族石墙竹篾房室内局部结构模型图

图十一　傈僳族石墙竹篾房效果示意图

图十二　傈僳族石墙竹篾房线描图

傈僳族稻草房

图一　傈僳族稻草房主图

稻草房是云南迪庆维西县叶枝镇同乐村傈僳族人用来储存玉米秆、麦秆和稻草的木屋，并且同一个村的稻草房集中建在一起。一般都远离村寨，位于河谷半山坡上。同乐村的稻草房集中在村寨对山的溪边，且靠近半山腰的马路。同乐村傈僳族人常年以高山农业和畜牧业为生，生产的粮食运回家，而稻草则集中堆放在稻草房，作为牲畜饲料，还可以用作农耕材料。这种稻草房是榫卯结构，房屋牢固，没有墙面，屋顶呈人字形，屋顶上盖上木房板。

搭建稻草房的材料均来自当地，榫卯结构多取自当地的松树，而屋顶木材是冷杉。首先将山上砍回来的木材剥皮，用水浸泡一天，然后将木材截成所需长度，根据榫卯结构的需要，对木材处理，最后统一接上即可，有些是在建造过程中根据需要及时处理木材。只要将材料提前准备好，建造的过程非常快，最主要的承重部位的木材，需要裁成方形，将承重柱搭建好后，才能完成护栏和屋顶。每个侧立面用三根方木作为承重柱，中间的方木最大最高，一根方形横档横穿在三根承重柱中间，屋顶三根横梁木，承重柱高约3米（最中间的承重柱高达3.1～3.4米），方形横档长 3.7 米。人字形屋顶，方便屋顶排水。在承重柱间插入横档，不仅可以减轻承重柱的重量，还可以起到护栏的作用，防止稻草外溢。屋顶则铺木板，并压上大块石头防止滑落。

稻草房造型简单，却有着无可比拟的价值，是同乐村傈僳族人不可缺少的建筑之一。玉米秆和麦秆等很容易燃烧，稍不注意就会引起火灾。因此，稻草房的坐落形态临近大道，远离村落，不仅方便把秸秆运输到山上和田地，还具有消灾防火的功能，体现了傈僳族人早期形成的消防意识。

图片来源
图一、图八　梁婷　摄影
图二至图五　张立源　制图
图六至图七　钟浩　制图

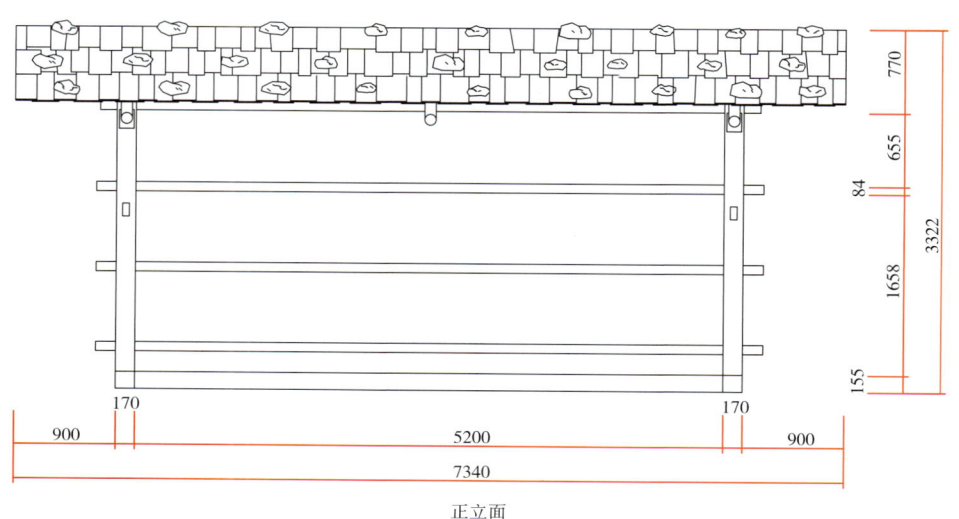

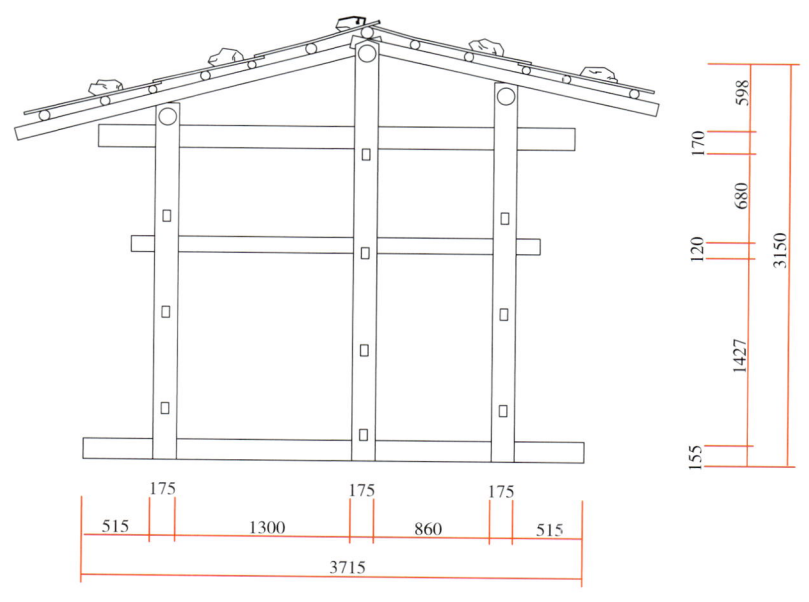

图二　傈僳族稻草房立面、尺寸图（1∶75　单位：mm）

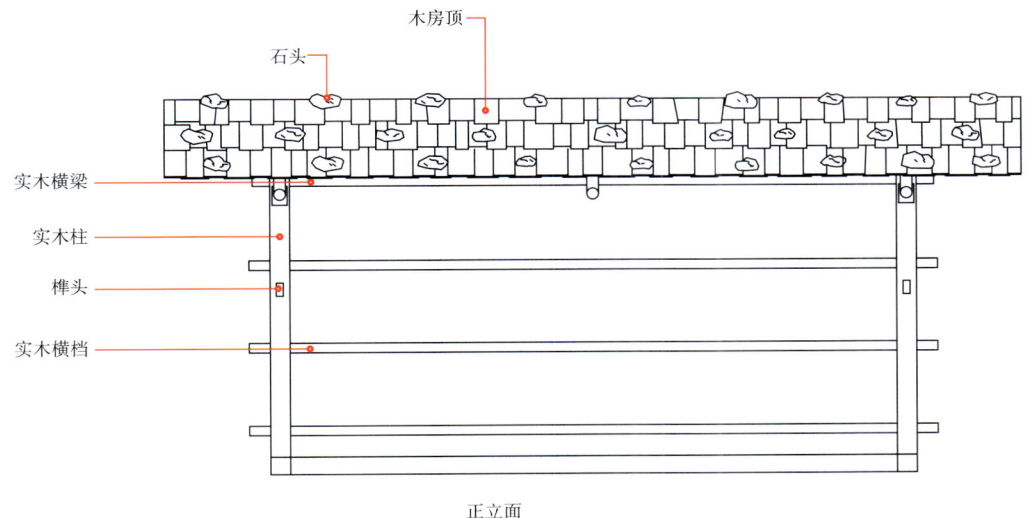

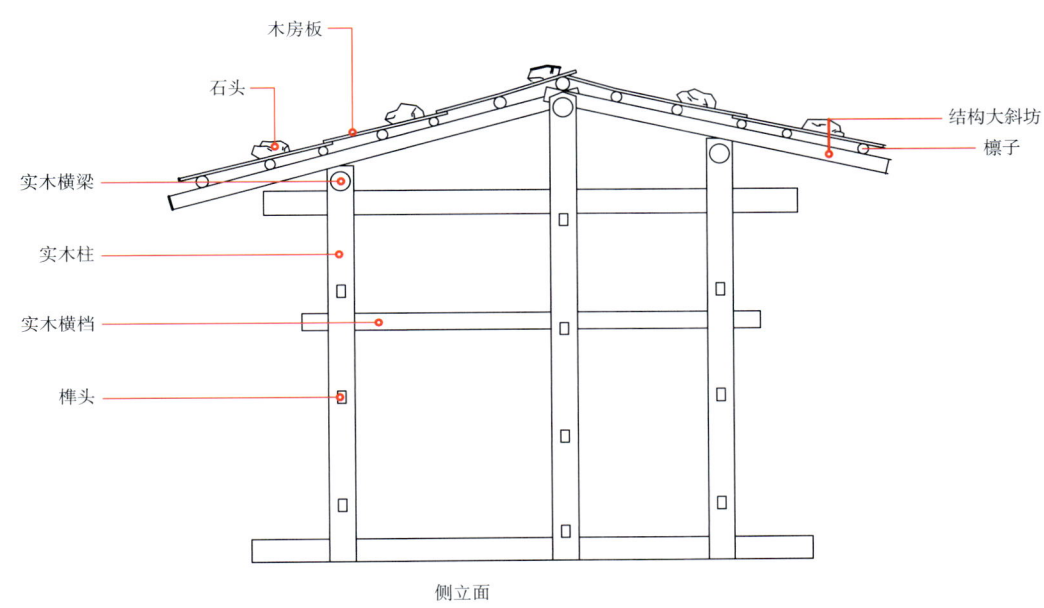

图三 傈僳族稻草房立面结构名称图

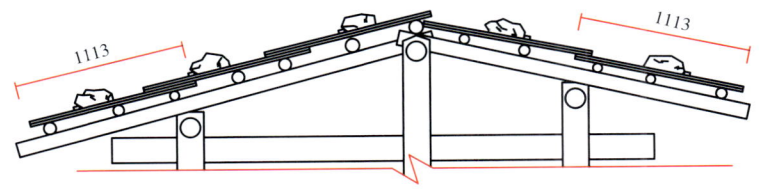

图四 傈僳族稻草房屋顶尺寸图（1∶75 单位：mm）

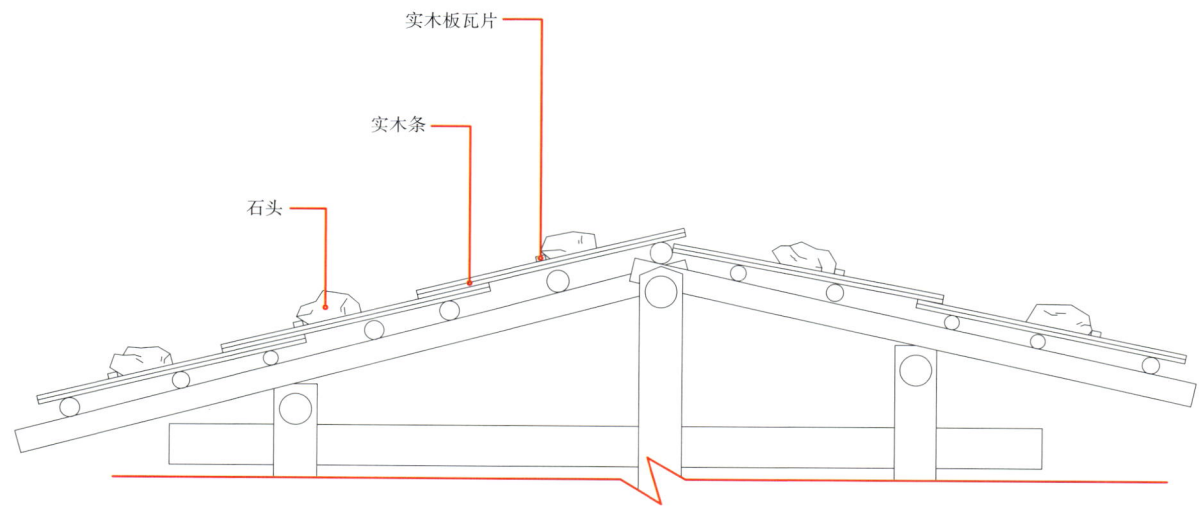

图五　傈僳族稻草房屋顶结构名称图

图六　傈僳族稻草房模型图1

图七　傈僳族稻草房模型图 2

图八　傈僳族稻草房使用情境图

傈僳族木楞房

图一　傈僳族木楞房主图

木楞房，即木垒墙房，在傈僳族称作"字黑"。在云南丽江永胜县东风乡除了土墙房就是木楞房。这里森林资源丰富，以木建房，就地取材方便。东风乡木楞房与其他地区的木楞房有些许差异：一般有两层，较低矮。底层为牲畜棚，上层小孩住或者作为粮食储藏室，总高不到2米，所以大人一般不住木楞房，而住土墙房；东风乡木楞房的间隙较大，原木之间糊上了黄泥，用来挡风避雨。

木楞房选料比较讲究，尤其是房主体的木楞材料。木楞的木材多是当地的松木和冷杉，砍伐时间多在9月份之后，这时已经过了雨季，树木内水分少，这样的材料比较好。在建房前，首先要选好木材，选择直径0.2米左右比较直、等大小的松原木，门两侧的墙体原木则需要根据门的大小来裁切长度。然后将选好的这些原木材料两端分别砍凿成榫和槽口。前期材料准备工作完成后，就可以开始平整出所需长宽的地基。因为这里的木楞房多修建在坡度较大的坝区，所以在平整地基时，需要用大块方石将地砌平，称作石脚。建房时，将原木从四面榫槽相接，依次垒放，垒至七八层时，横放一排原木，上铺木板，与下层分开。再向上四面垒放九十层原木，支上人字木架，系上木椽数十根，最后盖上屋顶，上下两层的木楞房就建造完备。上层住人，下层圈牲畜，不设窗户，仅留有一扇小木门，光线阴暗。

傈僳族木楞房是根据当地自然环境建造的适宜高山环境居住的传统民居，具有坚固耐用、温暖、防潮、防湿、防震的特点。古代傈僳族人饱受战争苦难，长期迁徙，这种形式的木楞房还便于拆迁。

图片来源
图一、图四至图七　梁婷　摄影
图二至图三　张立源　制图

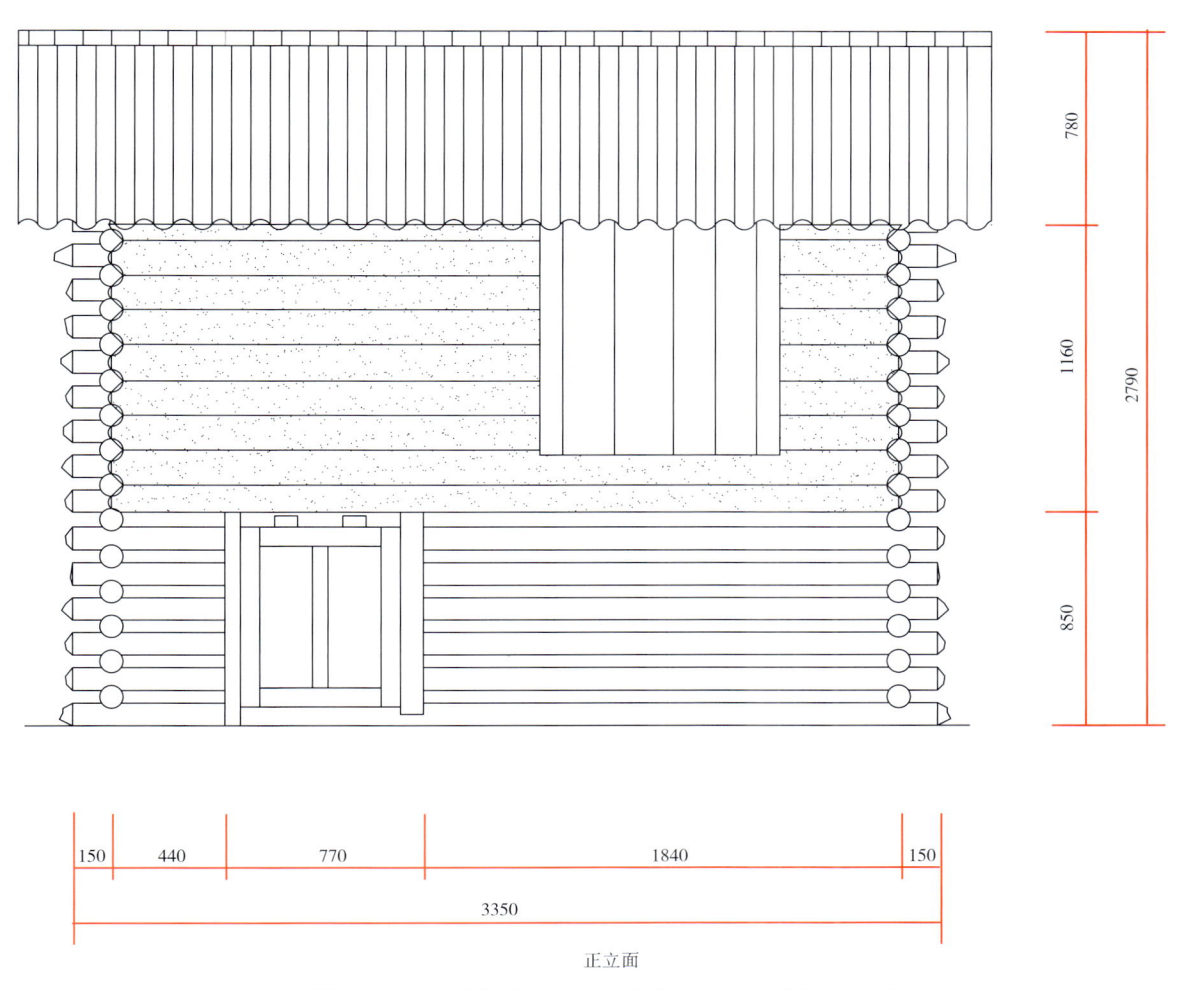

图二　傈僳族木楞房立面、尺寸图（1∶30　单位：mm）

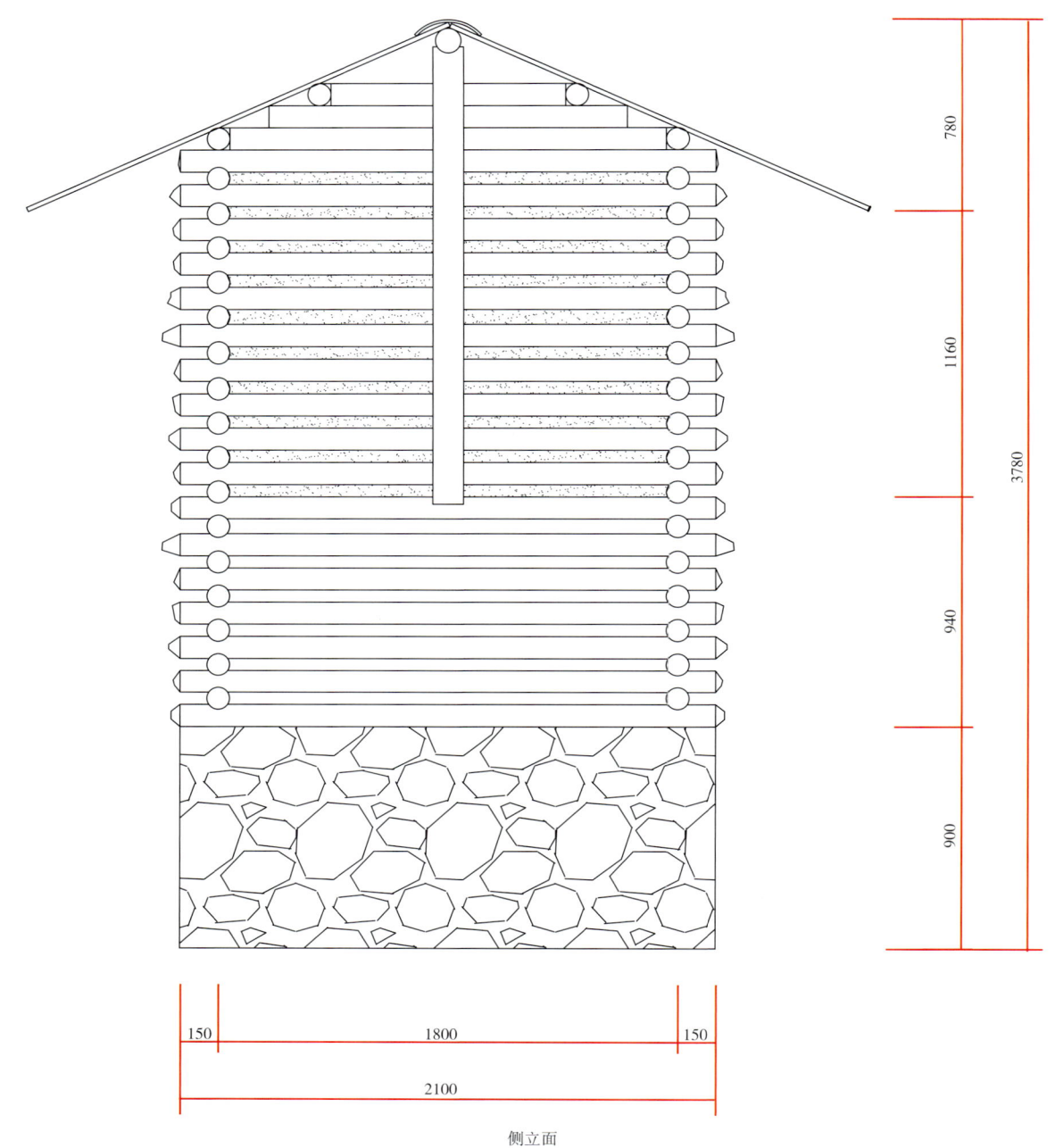

侧立面

图二（续） 傈僳族木楞房立面、尺寸图（1∶30 单位：mm）

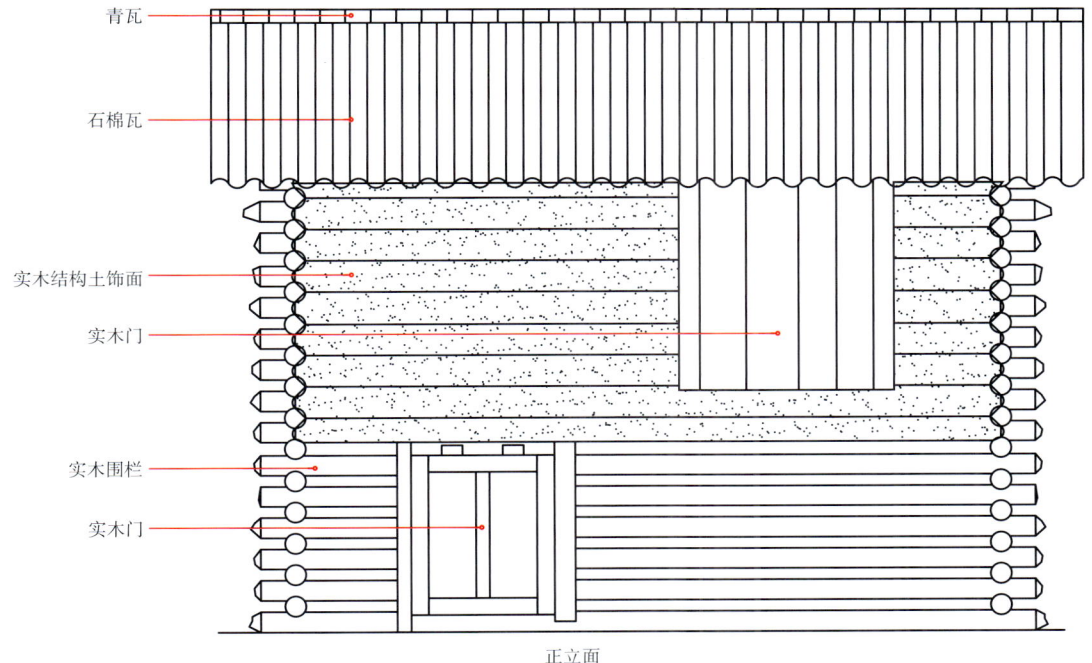

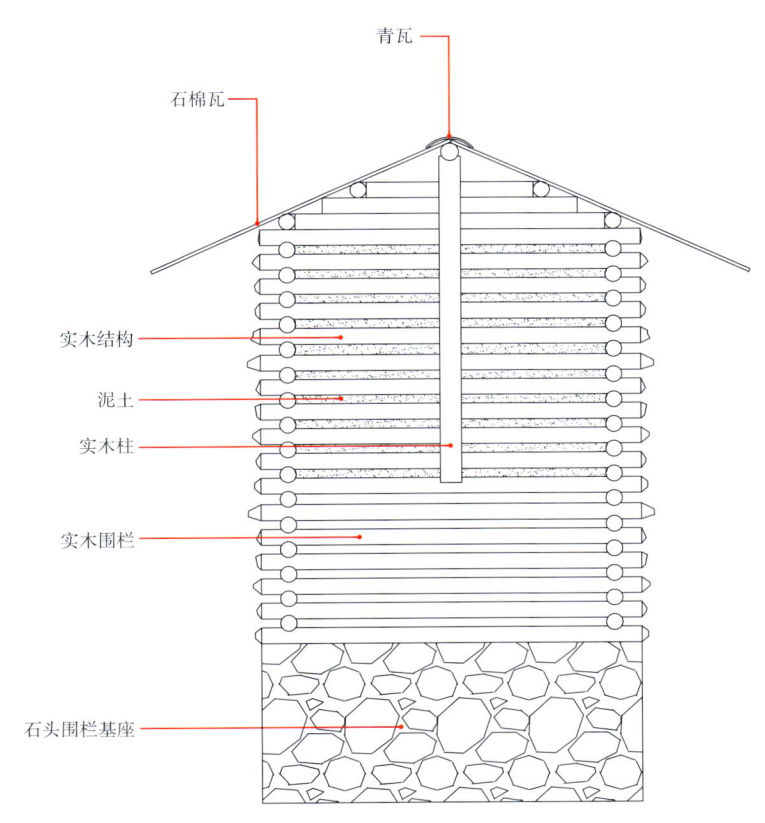

图三 傈僳族木楞房立面结构名称图

图四 傈僳族木楞房外墙垒砌局部效果示意图

图五 傈僳族木楞房室内局部效果示意图

图六　傈僳族木楞房背面效果示意图

图七　傈僳族木楞房整体效果示意图

傈僳族独木梯

图一　傈僳族独木梯主图

独木梯，是将一整根原木切割、剔掉一部分而形成的阶梯状木梯子，通高根据每个建筑物的高度而定，约 2.5 ~ 3 米。云南丽江永胜县东风乡傈僳族木楞房有两层，底层饲养牲畜，二层住人或储存粮食和重要物品。有些会在底层放置一两块大石头，作为阶梯，更多的则是自制独木梯。

这种独木梯呈阶梯状，连接上下两层房屋。木梯多采自当地杉树，不论大小粗细均可以作为梯子的材料。只是小而细的木梯没有较大的木梯稳定，较小的木梯一般通高 130 厘米，宽 12 厘米，共四个阶梯，但是这种高度和粗细对于建筑来说完全足够，因为这里的木楞房底层高度为80～100厘米。小而细的木梯的稳固性较差，但是当地傈僳族人这样设计是有其道理的：如图五示，梯子斜靠在木楞房横出来的原木上，对木梯起到依靠作用，保证木梯在使用过程中不会倒落。木梯的制作工艺简单，将砍回来的原木剥皮，然后将原木一侧削平，另一侧砍削成阶梯状即可使用。在切割过程中一定要注意力度，不能用力过度而造成木梯太薄易断裂。

木梯造型简单，却是木楞房所必需，给傈僳族人带来很多生活上的方便，尤其是老人小孩更方便。因为底层高度为80～100厘米，老人和小孩进出第二层就很不方便。木梯可以锻炼小孩的灵活度，老人可以扶着木梯或木楞房横出来的原木攀爬到第二层。这种考虑周到、合理的设计启发我们现代设计师在设计过程中，也要关注特殊人群。

图片来源

图一至图二　钟虎　制图
图三、图五　高云曦　制图
图四　梁婷　摄影

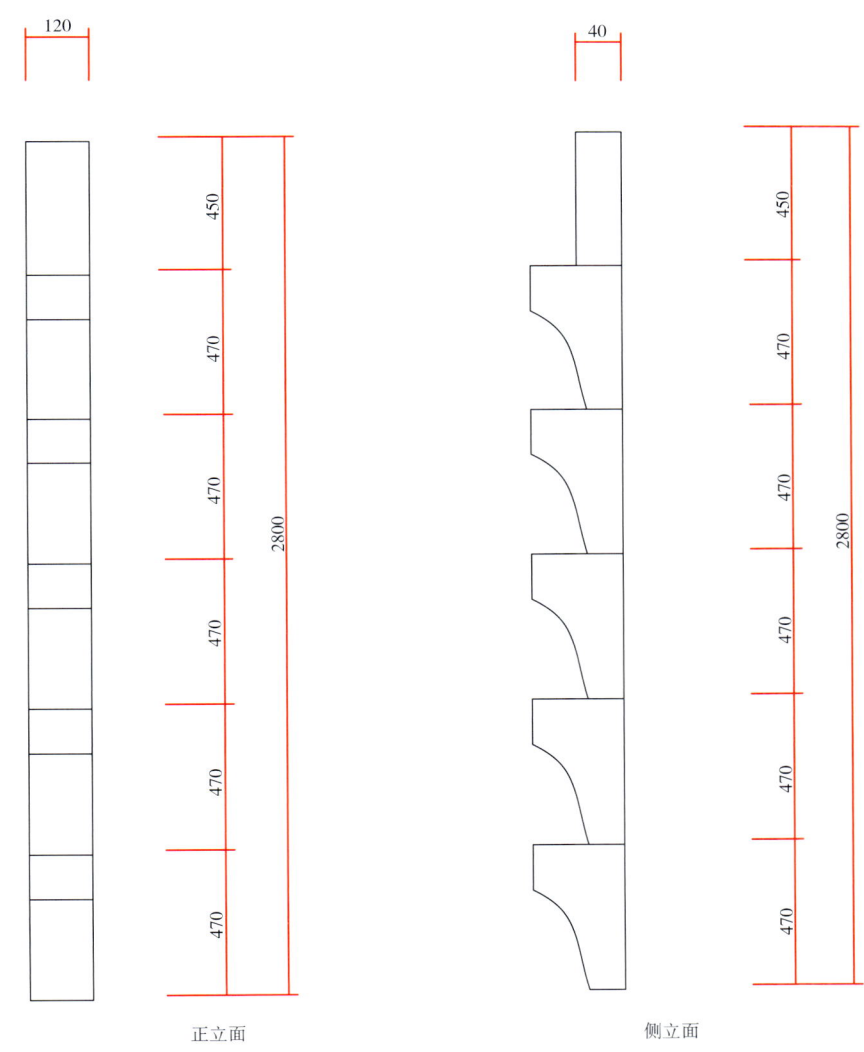

图二　傈僳族独木梯立面、尺寸图（单位：mm）

1. 伐木

2. 截面

图三　傈僳族独木梯制作流程图

图四　傈僳族独木梯效果示意图

图五　傈僳族独木梯使用情境图

傈僳族木梯

图一　傈僳族木梯主图

木梯，是云南怒江福贡县上帕镇傈僳族人创造的适用于竹篾房和"千脚落地房"的一种简单而又传统的梯子，梯子长度由建筑离地面的高度而定。此案例木梯长2.1米，采集于云南怒江福贡县上帕镇双米底村。木梯是对傈僳族先民造物设计的延续，目前仍在普遍使用。

相对于丽江傈僳族独木梯，这种H形木梯更加稳固，且有扶手。木梯取材于当地的杉树或松木以及竹子，未使用任何现代方式和材料枨建，各个部件全部采用竹篾。将木材和竹子砍下后，剥掉树皮，将木材和竹材用水浸泡，防止干裂；再将原木截成所需长度，并选取较大一棵树，劈成两半，裁成木板，竹子剔出竹篾并继续用水浸泡。所有材料准备完毕后，取两根长为2.1米的原木和一块长为2.1米的木板平衡放地面，然后取一截长为42厘米的原木横跨在地面的原木和木板上，在一侧的木材处，用竹篾将原木和横跨原木绑定，再从底部穿过木块，用竹篾将另一侧原木与横跨原木绑定，这样原木、木板和横跨原木即可固定，其他横跨原木也是通过同样的方法固定。所有横跨原木与木板、原木固定好后，将成型的木梯搬到门口，用竹篾将木梯与门口处的建筑固定即可。木板不仅可以增加木梯的稳定性，还可以防止人在上下木梯时滑落。

木梯取材经济、方便，制作简单，是傈僳族人勤劳智慧的体现。

图片来源
图一、图六　梁婷　摄影
图二至图三、图五　王刚　制图
图四　陈黎黎　制图

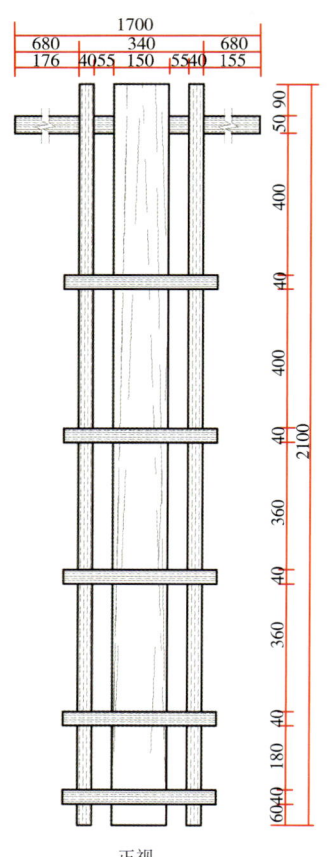
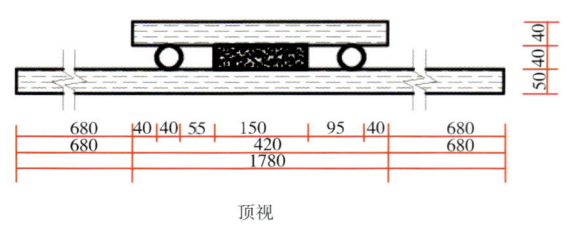
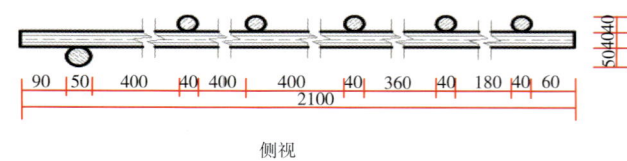

图二　傈僳族木梯三视、尺寸图（1∶15　单位：mm）

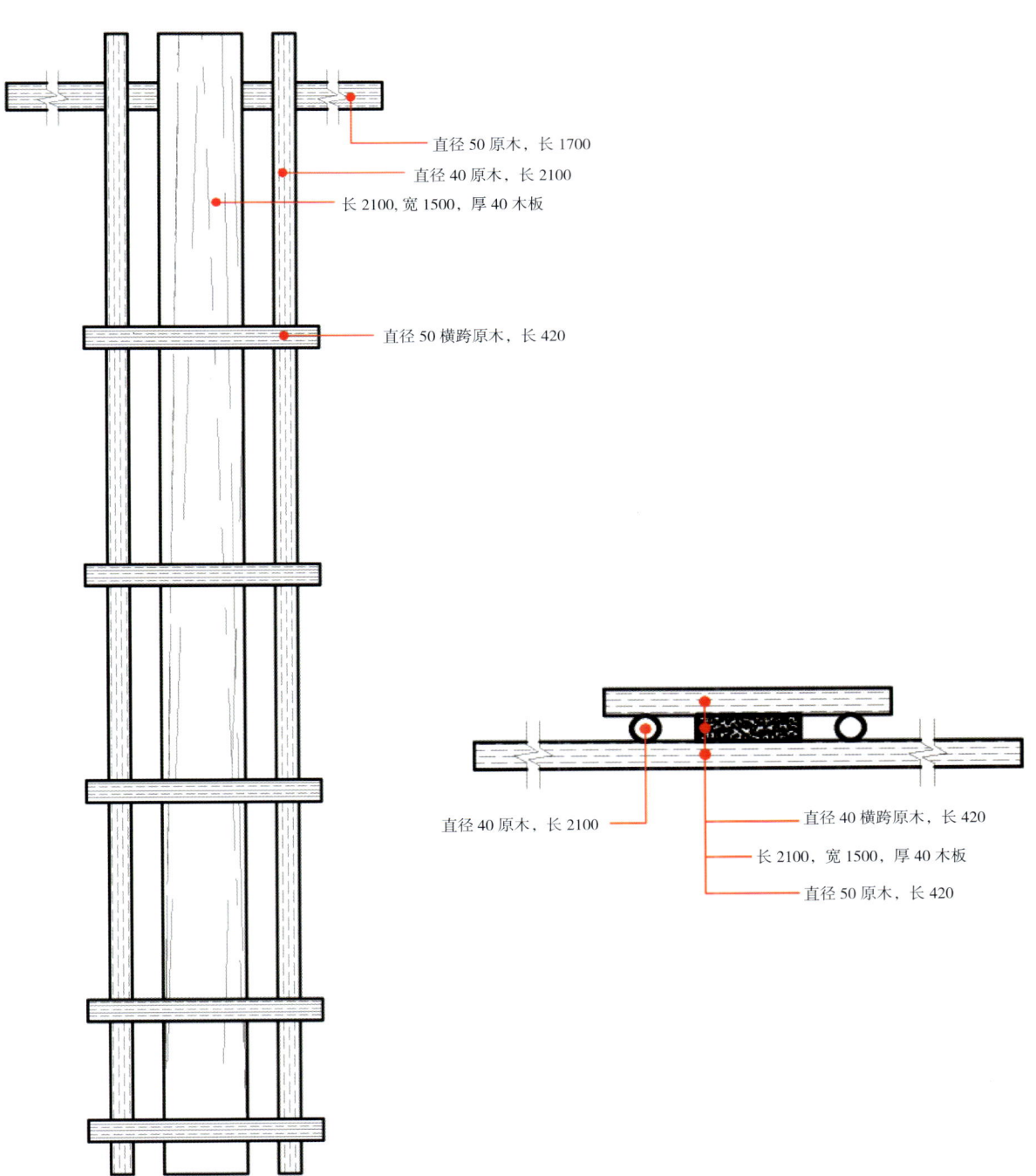

图三　傈僳族木梯结构名称、尺寸图（1∶15　单位：mm）

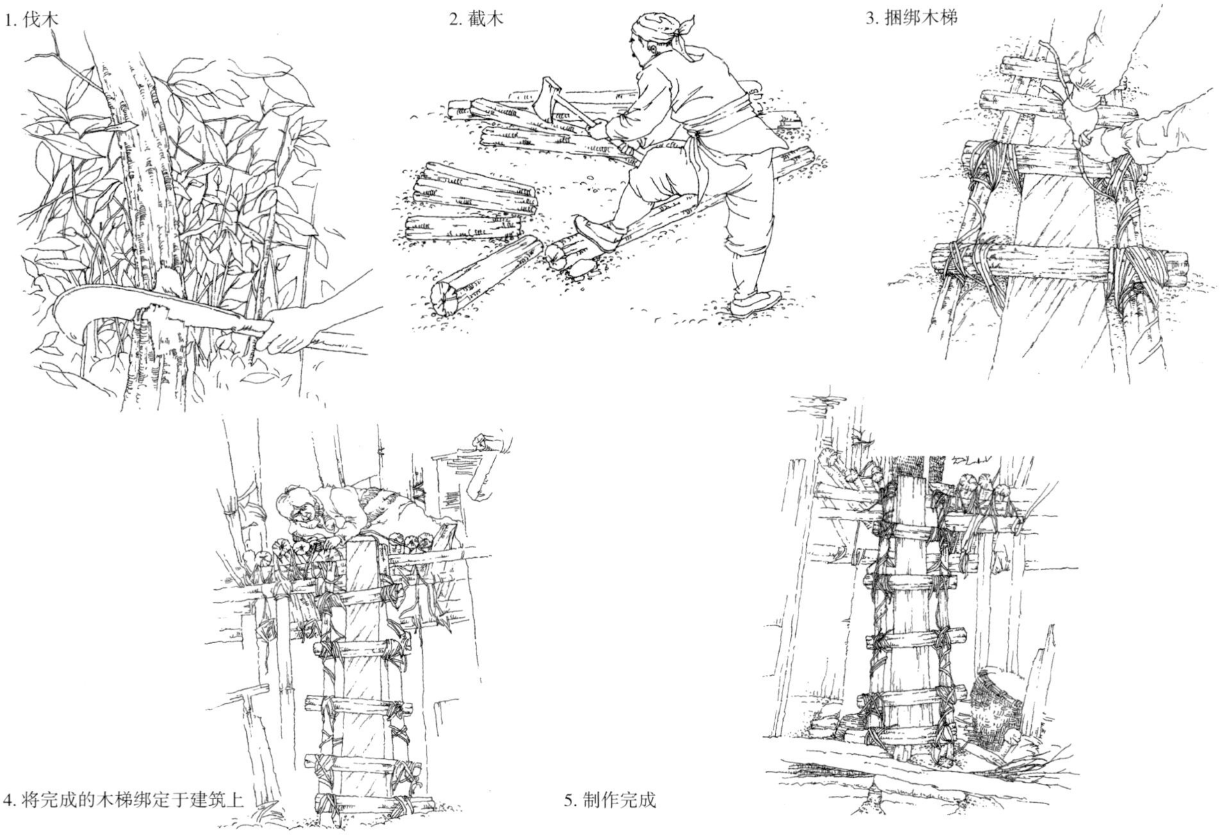

1. 伐木　　2. 截木　　3. 捆绑木梯

4. 将完成的木梯绑定于建筑上　　5. 制作完成

图四　傈僳族木梯制作流程图

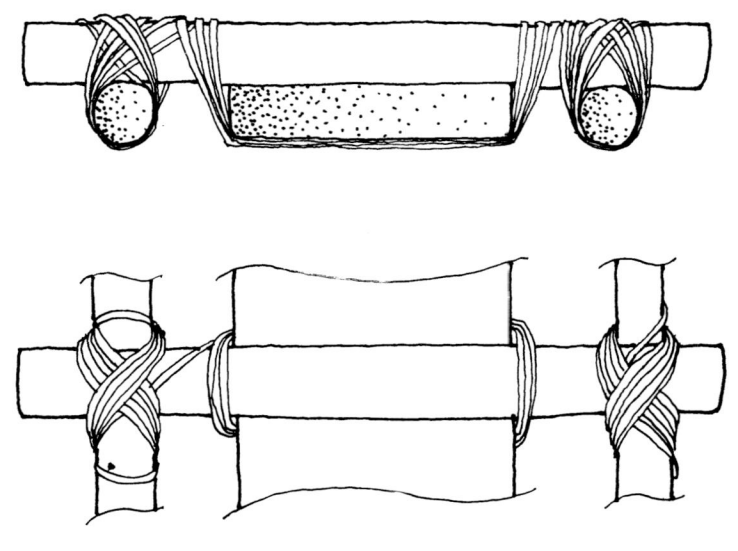

图五　傈僳族木梯捆绑工艺分析图

图六 傈僳族木梯使用情境图

傈僳族竹篾席

图一　傈僳族竹篾席主图

竹篾席，是傈僳族民居室内地板，因用竹篾编织就像铺在地面的凉席，而被称为竹篾席。竹篾席的大小因民居建筑大小而异，在传统及现代云南怒江福贡地区竹篾房和石墙房民居中，有木板和竹篾席两种地板，竹篾席常用于竹篾房中。傈僳族依山而居、择林而住，茫茫林海给傈僳族人提供了丰富的生产生活资料。

竹篾席夏季可以直接作为凉席，质地硬朗，清凉透气。竹篾席的材料采自怒江福贡当地产量丰富的空心毛竹，高可达20米以上，粗达18厘米，且毛竹具有强度大、韧性强、弹性好、收缩膨胀变化不大等优势。将山上毛竹砍下后，不能暴晒，放置阴凉处，防止水分快速蒸发，然后将毛竹搬运至离家较近的河流或水渠中浸泡，防止干裂、变形。待毛竹泡半天或一天后，用砍刀剔出竹篾，将竹篾继续用水浸泡，待建筑基本框架建造完工后，再编织竹篾席。编织竹篾席，首先将室内地面上搭一层横木，横木上再铺一层实心竹子编结的地面才开始编织，从火塘中心开始编织，由中心向四周扩散，在室内四周木桩或横木上收尾。竹篾席的编织采用十字编织法，先将经线竹篾固定在火塘中央的木桩上，四根经线竹篾为一组，待经线固定好后，经纬四根为一组十字交叉编织。毛竹高度长达20米以上，因此一根竹篾基本可以编到收尾，但编织过程竹篾难免折断，这就需要连接一根新的竹篾继续编织。从美观的角度来说，熟练的工匠在前期材料选择和加工处理上非常用心，基本能保证一根竹篾编织到尾，避免地面凹凸不平影响美观和竹篾连接处割伤脚。

通过现代手段加工的凉席，用线将竹篾固定，没有传统傈僳族竹篾席牢固耐用且使用面积广。

图片来源
图一、图六　梁婷　摄影
图二至图五　杨怡嘉　制图

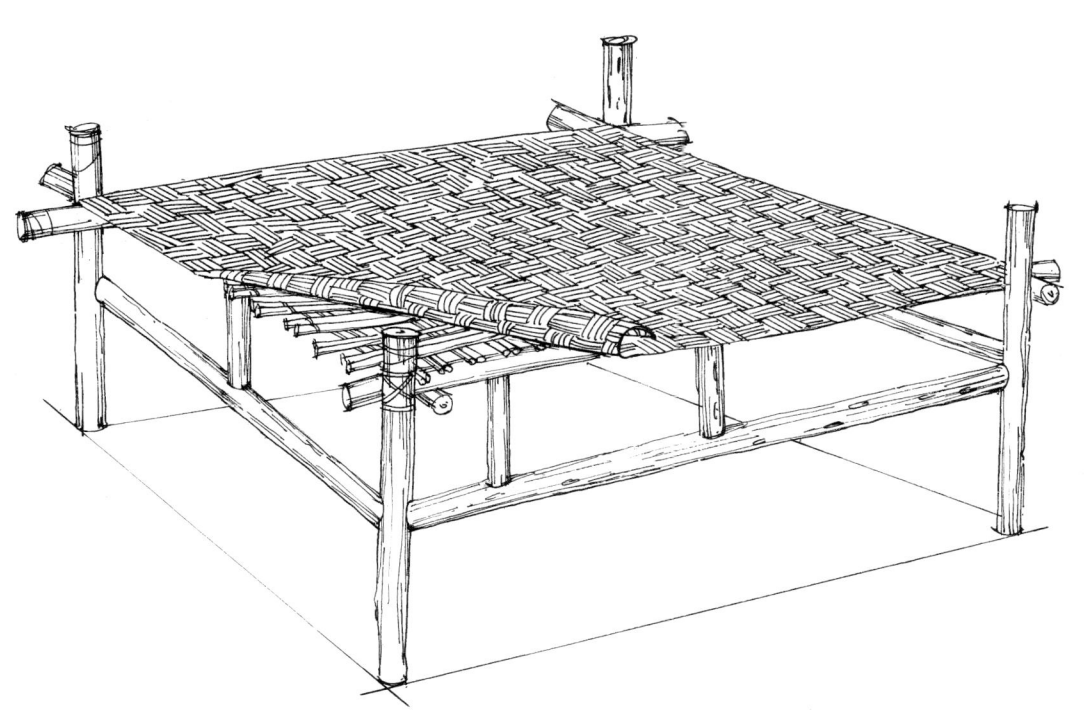

图二　傈僳族竹篾席地板与建筑结构图

1. 伐竹　　2. 剔除竹叶　　3. 浸泡竹子

4. 将竹子劈成四等份　　5. 剔出竹篾

图三　傈僳族竹篾席竹篾制作流程图

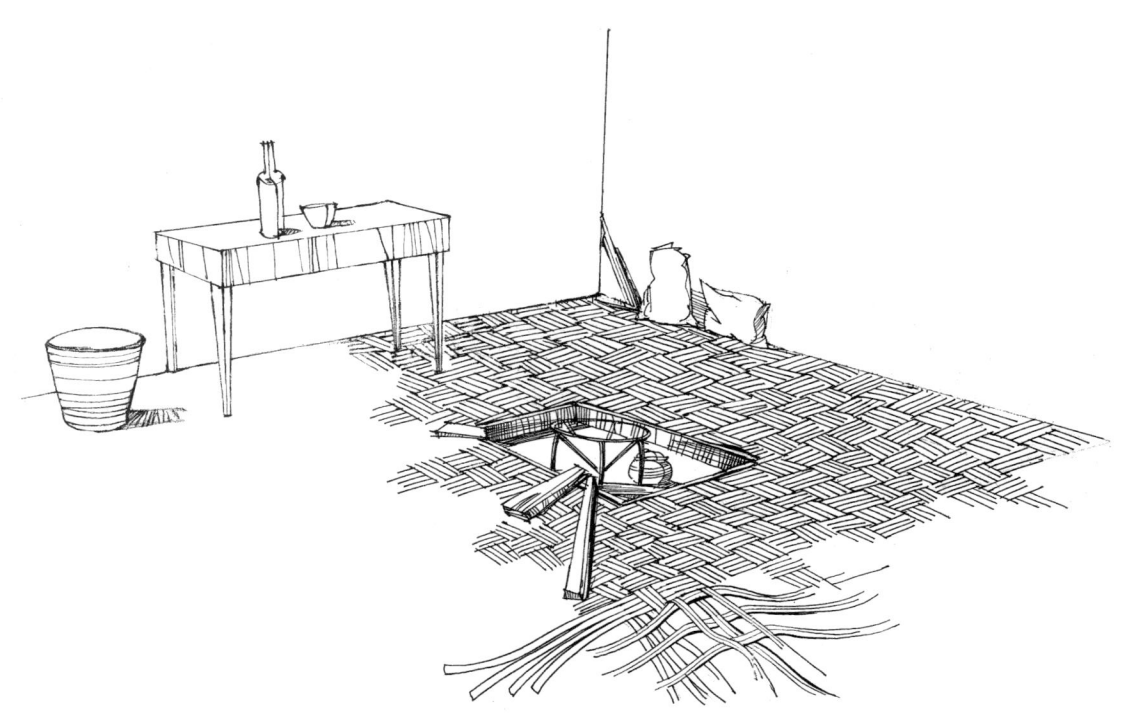

图四　傈僳族竹篾席编织示意图

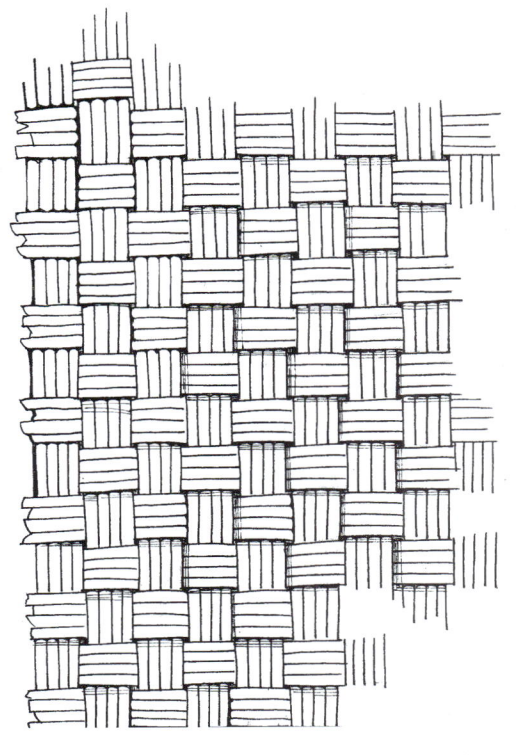

图五　傈僳族竹篾席纹样效果示意图

图六　傈僳族竹篾席使用情境图

傈僳族木房板

图一 傈僳族木房板主图

房板，即汉语里所说的瓦片。因为傈僳族木楞房瓦片是木质的，俗称木房板。云南维西傈僳族人充分利用当地丰富的木材资源建造房屋，还将木材裁成房板盖屋顶。同乐村的木房板宽约20厘米，长为1.2～1.5米。这些木房板盖的屋顶上压大块石头，防止房板滑落或被大风吹散。

房板的木材通常选择白杉，一般在4月份砍伐。将砍下的木材截成长1.2～1.5米的树桩，然后用木楔裁切成宽20厘米左右，厚2厘米左右的木板。一所房屋所需要木房板在300～400块。盖房板要讲究技巧，不然房屋会漏水。首先在人字形横梁上架上木椽子，然后从一边屋脊处开始盖木房板，先在木椽子上盖一层木房板，然后再在第一层木房板的缝隙处再盖一层，形成上下两层。在第一层木房板上横向放置长约1米，宽6～10厘米的木板，再将大块石头压在木板上，第一层就完工了。第二层盖板中，位置低于第一层，从第一层木房板尾部15厘米左右进行第二层，这样可以防止雨水漏到屋内。后面的以此类推，人字形屋顶一侧需要盖5～6层。另一边的木房板盖法也是这样，但是屋脊处两侧房板必须一边高一边低，这样才可以防止水从房屋脊顶漏下。

云南迪庆维西县叶枝镇同乐村傈僳族建筑的屋顶全部采用木房板，这种屋顶会使雨水沉浸在木房板上，但雨水又不会完全浸透木板漏到屋内。浸透掉一部分雨水后，就不会在屋檐下形成一股巨大水流。同乐村每户人家之间房屋的间距小，屋檐流下的一点雨水不会影响行人或溅到另外一户。这种生态环保的木房板是维西叶枝傈僳族最为壮观的景观之一。

图片来源
图一　梁婷　摄影
图二　张立源　制图
图三　彭茜　制图
图六　叶宇　制图
图四至图五、图七至图八　高云曦　制图

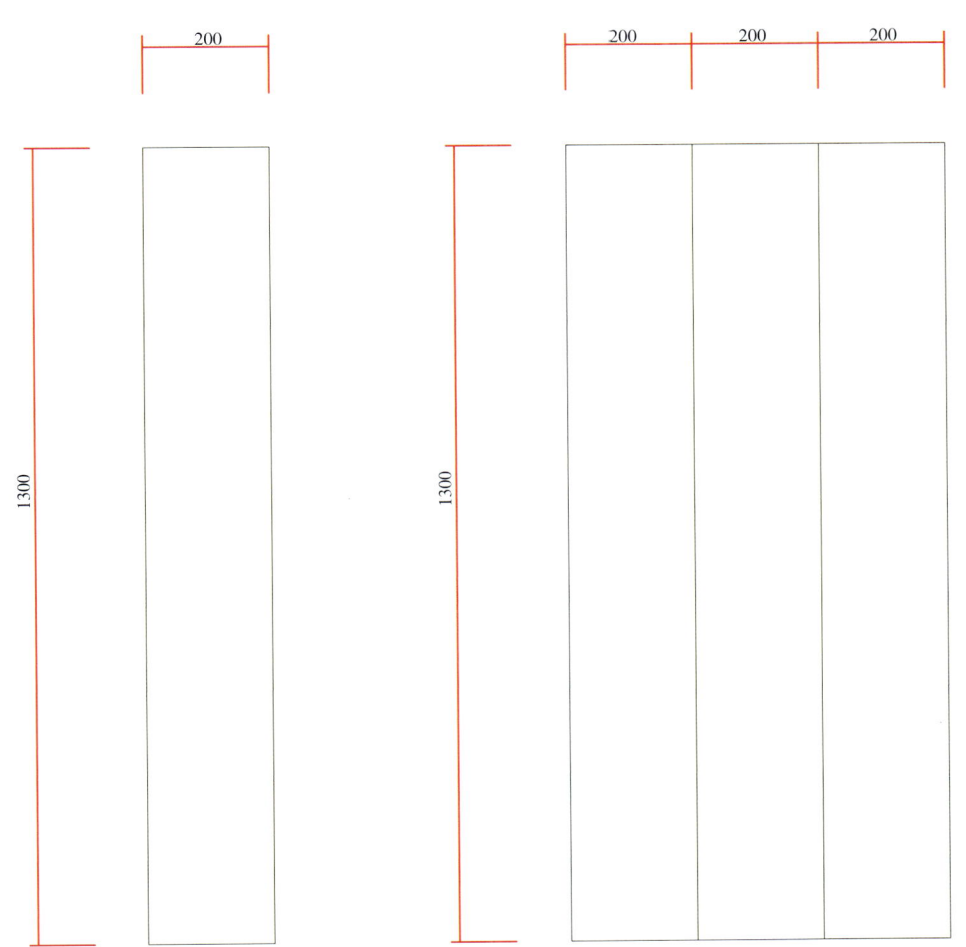

图二　傈僳族木房板尺寸图（单位：mm）

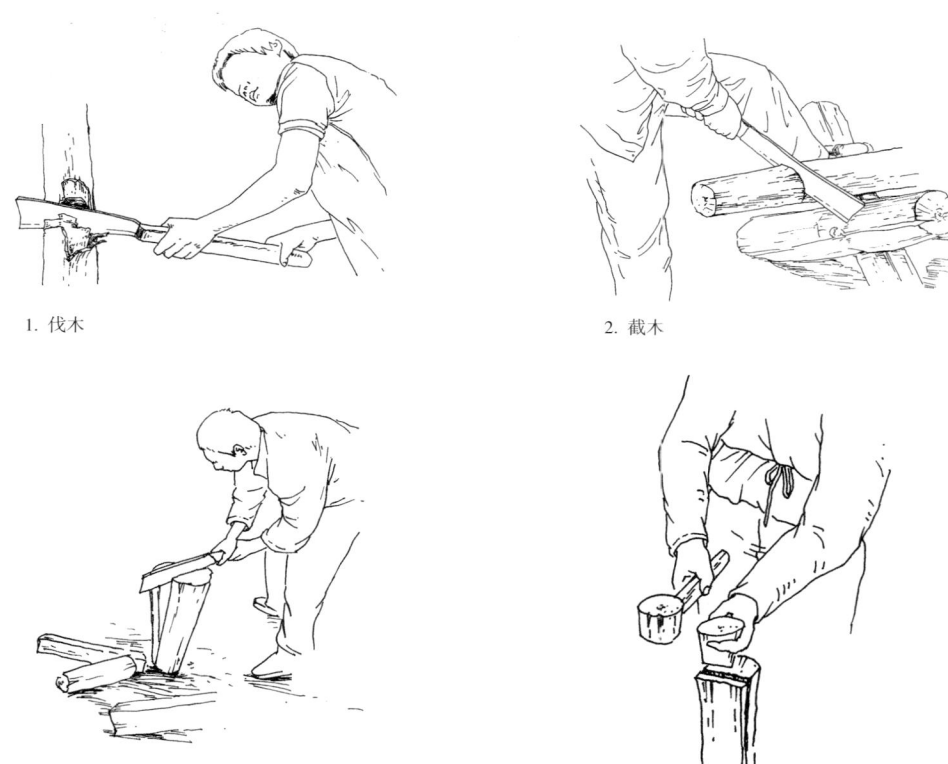

1. 伐木　　2. 截木

3. 将木劈成四等份或二等份　　4. 借助木楔子裁切

图三　傈僳族木房板制作流程图

图四　傈僳族木房板搭建图

图五 傈僳族木房板底部效果示意图

图六 傈僳族木房板底部线描图

第一章 傈僳族传统建筑

059

图七　傈僳族木房板屋顶整体效果示意图

图八　傈僳族木房板全景模型图

傈僳族火塘

图一　傈僳族火塘主图

火塘，是傈僳族人生活中重要的一部分。火塘呈方形，长宽约1.1米，因傈僳族建筑"千脚落地房"的特殊性，火塘凌驾于地面之上，地势高低不一，火塘高度也不同。此案例采集于云南怒江福贡县双米底村丹施器底组赵回冷家，火塘距离地面高达2.21米。现在的傈僳族火塘主要是生活使用功能，是山区傈僳族最主要的活动和生活区域。

傈僳族火塘终年烟火缭绕，构成与日常生活息息相关的生存空间。接待客人、烧火做饭围绕着火塘，老人小孩睡觉取暖在火塘房中，祭祀活动也是在火塘房中进行，火塘的功能囊括了日常生活的各个方面。傈僳族火塘房为放置一张或两张床，有些火塘边也可直接睡。怒江福贡地区建筑的地板是竹篾席。在竹篾席编织过程中，常常以火塘为中心，向四周散开编织，编织到墙体下收尾。在竹篾地板下，也就是建筑的一层，需要搭建支撑火塘的支架。首先，搭建四根竖立的松木或栗木原木木桩（与建筑"千脚落地房"的木桩一样），形成方形空间，并在四根木桩上搭建四根木头，采用榫卯结构连接并用竹篾固定。然后，再铺一层毛竹编结的竹筏，竹筏上再放置一层竹篾席，防止火塘灰掉落。

在火塘上方，用四块木板圈出火塘区域，将火塘与室内竹篾席隔离，不仅防止火塘灰散落，还防止火塘火花溅落在竹篾席上，引发火灾。建造火塘只需毛竹、松木或栗木等材料。火塘原是傈僳族非常神圣的地方，虽然现在它的宗教性质和神秘感渐渐淡去，生活气息愈加浓烈，主要用于接待客人、烧火做饭、睡觉和取暖，但仍然保持火塘祭祀的传统。

怒江福贡地区的建筑悬空于地面上，而火塘的建造也是从地形考虑，凌驾于地面上，适应了山区地形地势的特殊性，是傈僳族人创造性的集中体现。

图片来源
图一　梁婷　摄影
图二至图四、图七、图十　王刚　制图
图五至图六、图八至图九　刘玲　制图

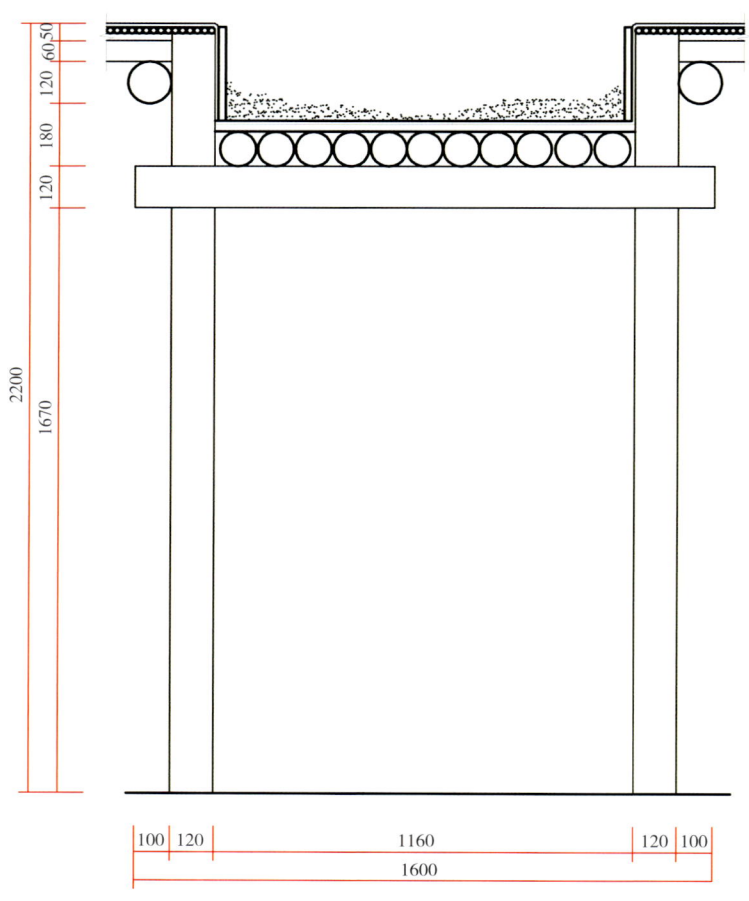

图二　傈僳族火塘剖面、尺寸图（1∶20　单位：mm）

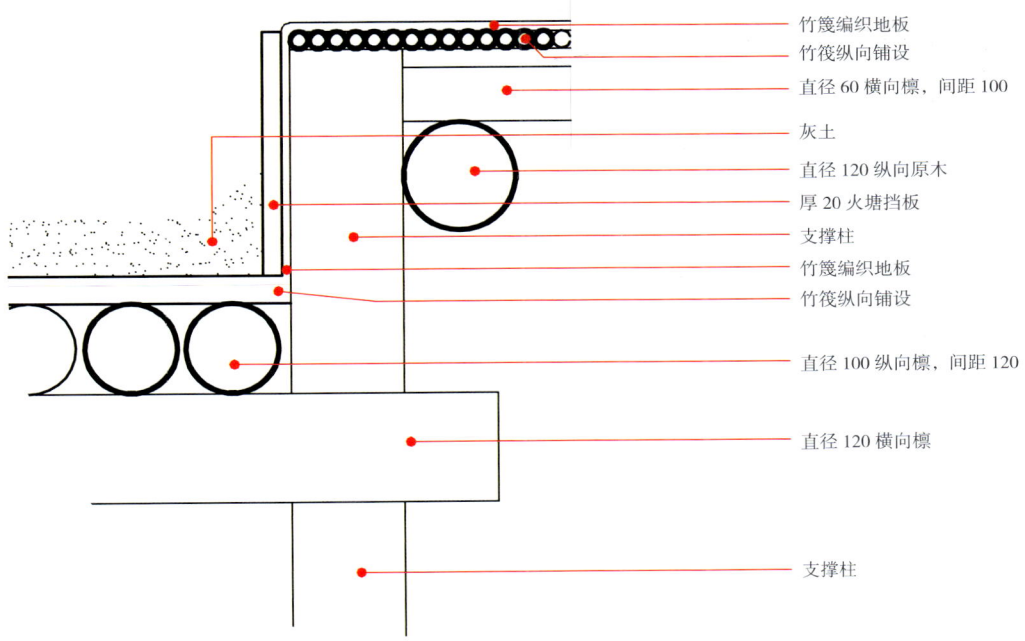

图三 傈僳族火塘剖面结构名称、尺寸图（1∶10　单位：mm）

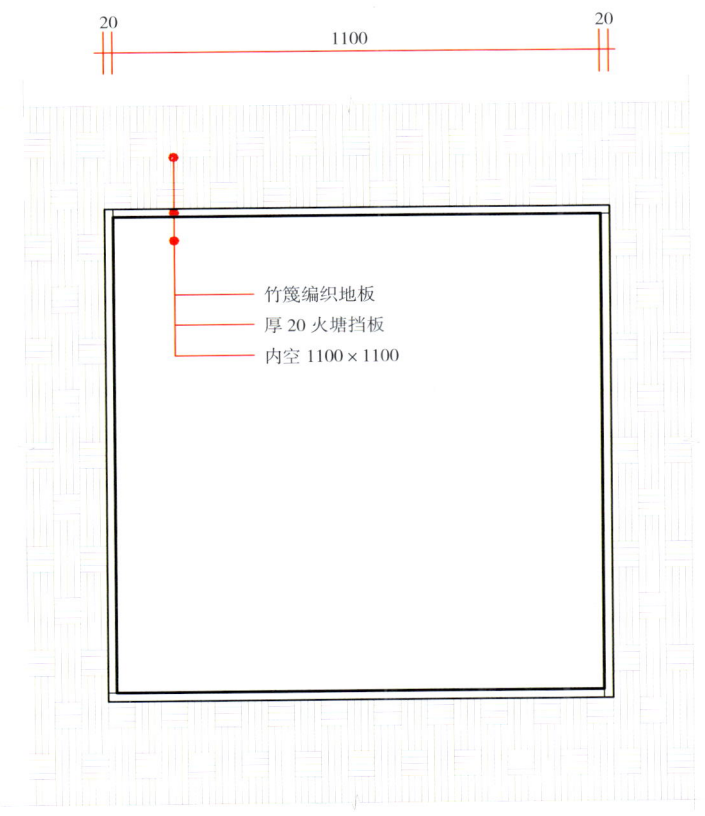

图四 傈僳族火塘平面、尺寸图（1∶20　单位：mm）

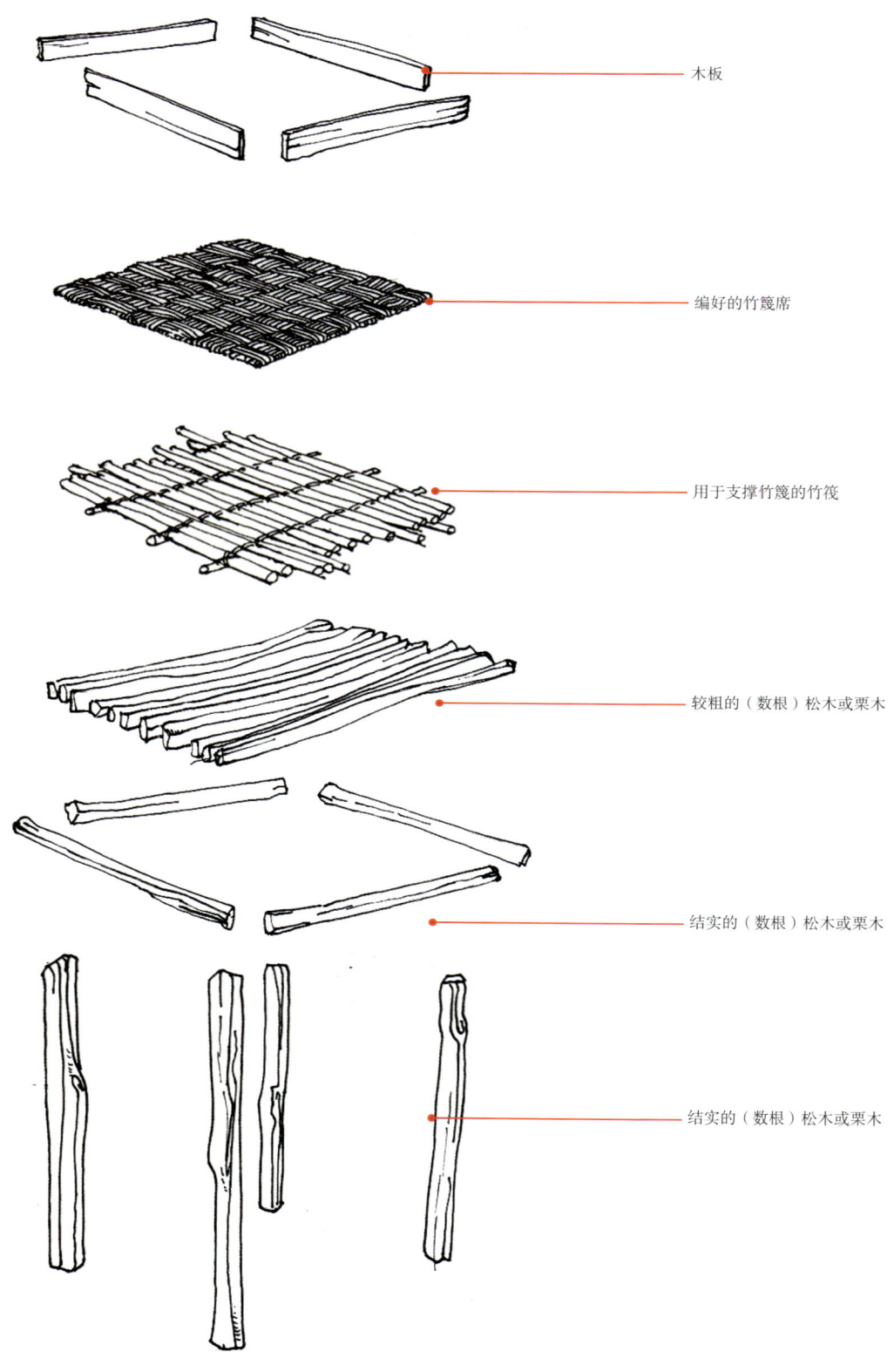

图五 傈僳族火塘层序图

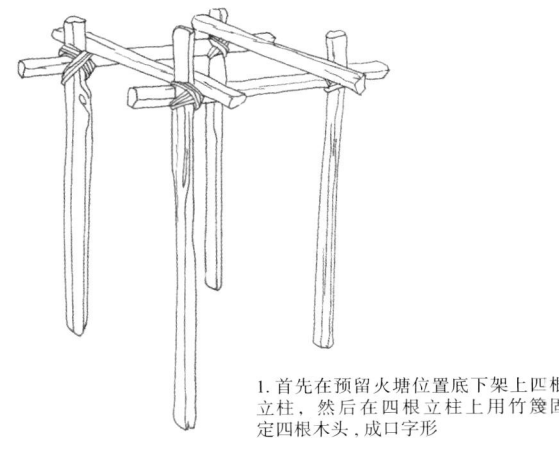
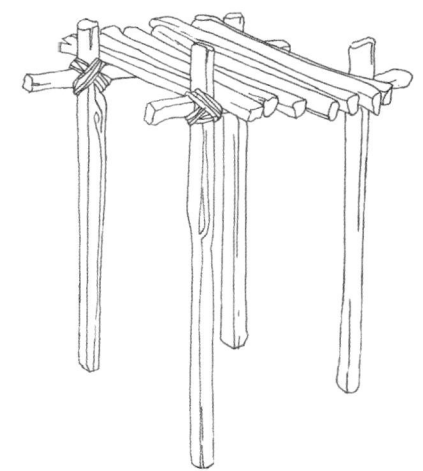

1. 首先在预留火塘位置底下架上四根立柱，然后在四根立柱上用竹篾固定四根木头，成口字形

2. 在口字形木头上搭一层较粗的横木

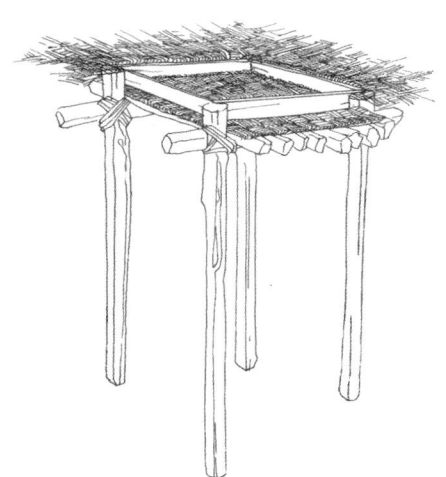

3. 然后在较粗的横木上先后放置一层竹筏、竹篾席和一层享厚的泥土，防止柴火烧尽后掉落。最后在火塘的内立面用四块木板框出火塘以防止灰土掉落

图六　傈僳族火塘制作流程图

图七　傈僳族火塘底部效果示意图

图八　傈僳族火塘底部线描图

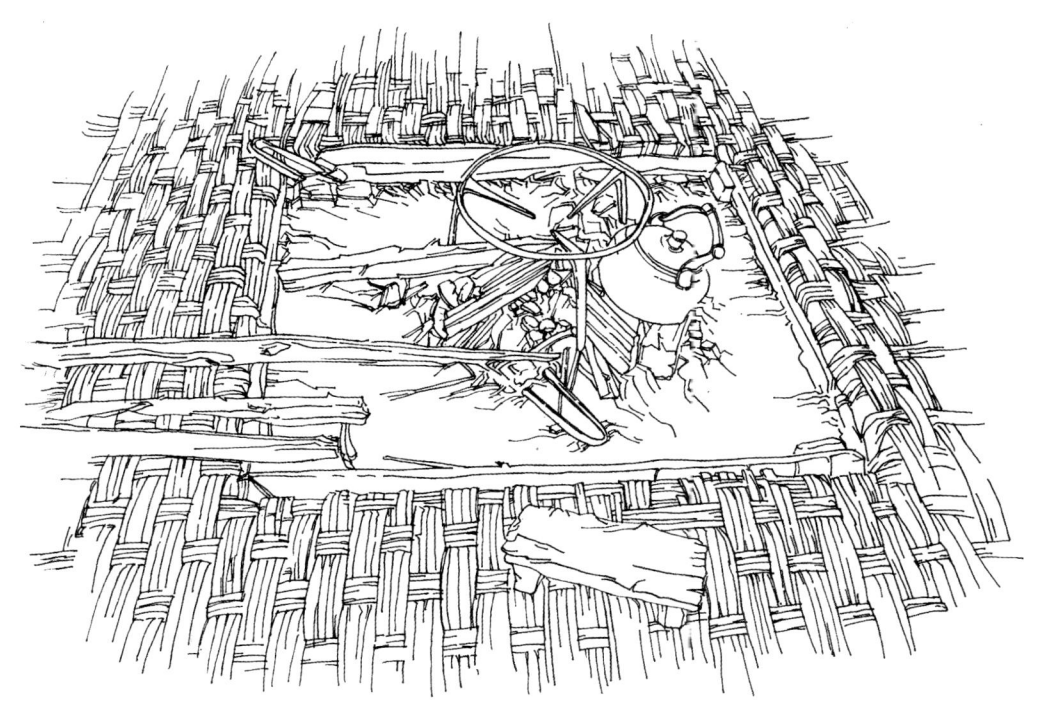

图九　傈僳族火塘上部线描图

图十　傈僳族火塘使用情境图

傈僳族施底姆桥

图一　傈僳族施底姆桥主图

施底姆桥，是根据地名命名的一座人行吊桥。施底姆桥位于云南怒江福贡县上帕镇施底姆村，因此被称为施底姆桥，长约110米。怒江流域有许多通往河岸村庄的吊桥，仅允许人和动物通行，这种吊桥取代了傈僳族原来的竹溜索过河工具。

怒江福贡傈僳族多居住在怒江流域的山区，20世纪八九十年代，国家为了方便傈僳族人出行，在怒江上架起吊桥，代替古老而又危险的竹溜索。吊桥在现代傈僳族地区非常普遍，是连接傈僳族与外界的重要桥梁。用现代设计语言来说，怒江吊桥主要由主缆、吊索、索夹、锚锭、木板组成。锚锭均用钢筋混凝土浇筑，坚固而又防腐，通过锚锭固定主缆，并将主缆中的拉力传递给地基；从桥两头锚锭上下拉四根钢缆绳，作为吊桥的主缆，吊桥每一侧都有上下两根主缆，上下两根主缆之间再用索夹连接竖式吊索。桥面铺设木块，用铁丝将木块固定在主缆上。施底姆桥共使用木板450块左右，每块木板间距4厘米。值得注意的是，由于桥中央是整个桥梁的中心点，中心部位由于重力会往下沉，容易形成一个凹槽，因此会在桥身每隔一段间距拉一根钢缆绳连接到河流中的大石块或者河底，以防止吊桥中心往下沉。

怒江流域无处不见的吊桥，改变了怒江峡谷以往闭塞的交通状况，方便了傈僳族人下山，加强了与外界的沟通。

图片来源
图一　梁婷　摄影
图二至图六　王刚　制图

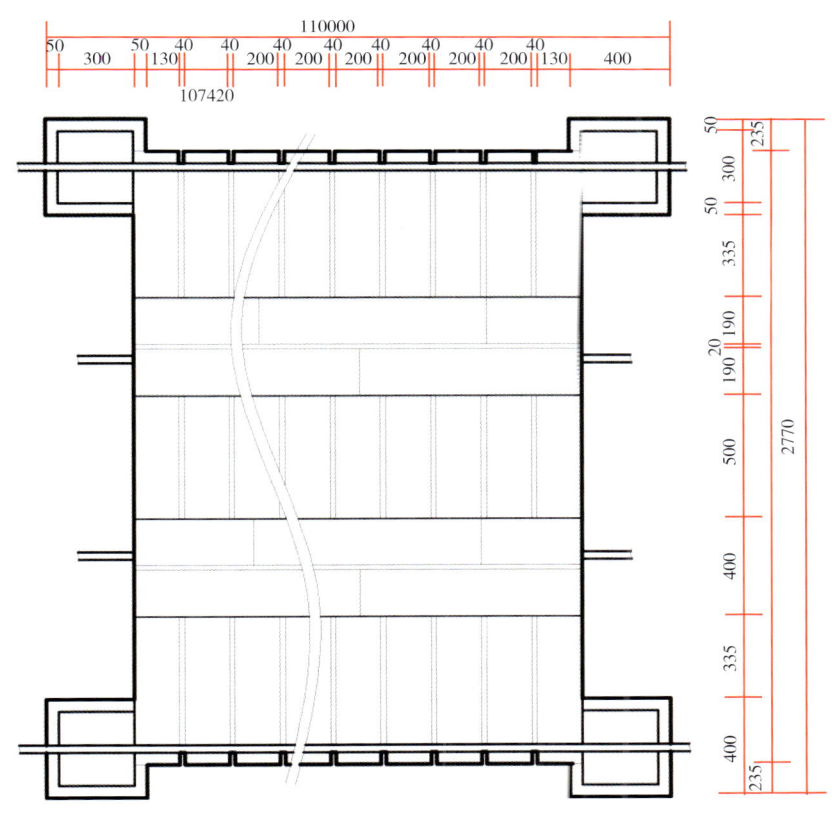

图二　傈僳族施底姆桥平面、尺寸图（1∶30　单位：mm）

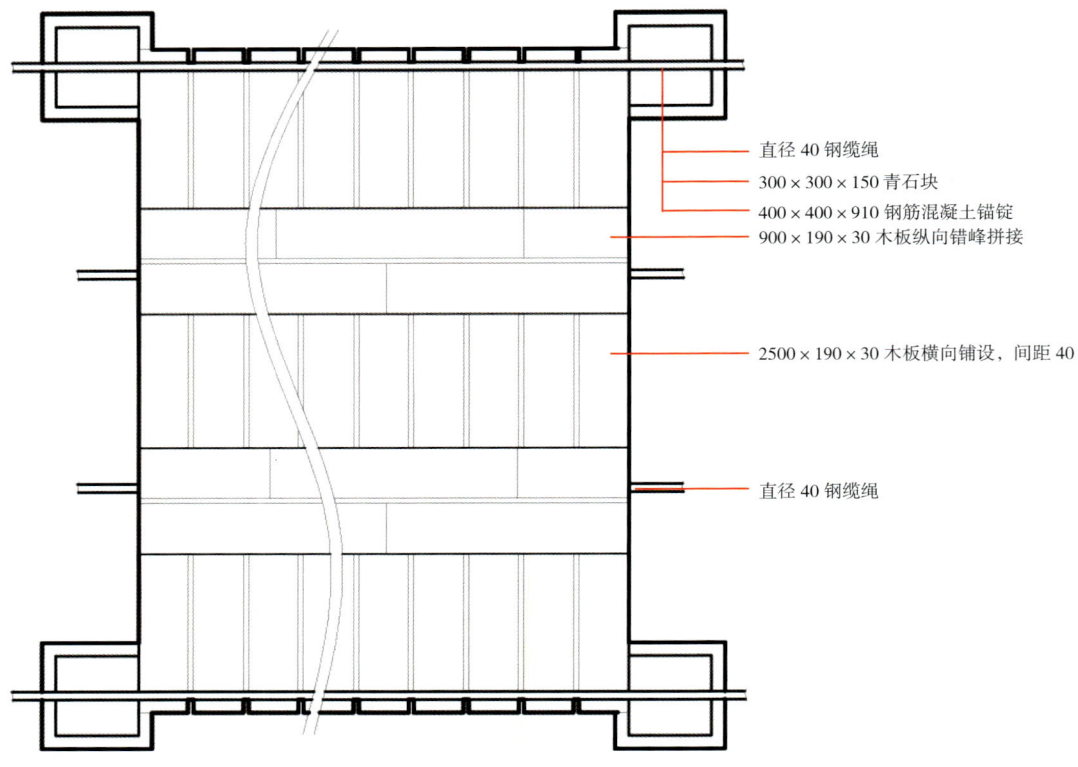

图三 傈僳族施底姆桥结构名称、尺寸图（1:30 单位：mm）

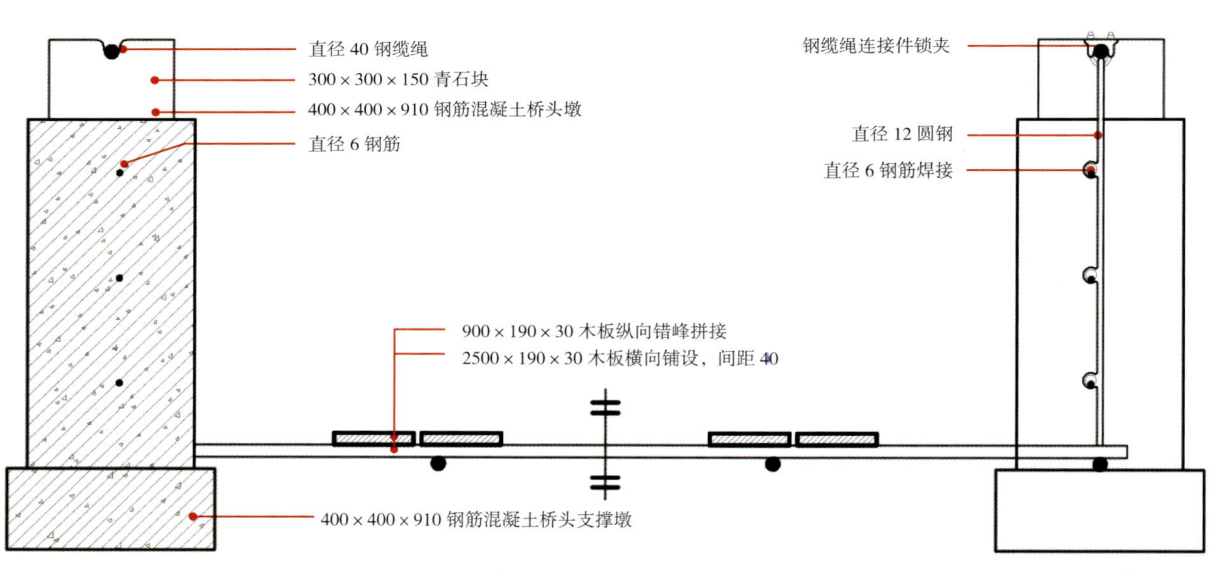

图四 傈僳族施底姆桥剖面、尺寸图1（1:20 单位：mm）

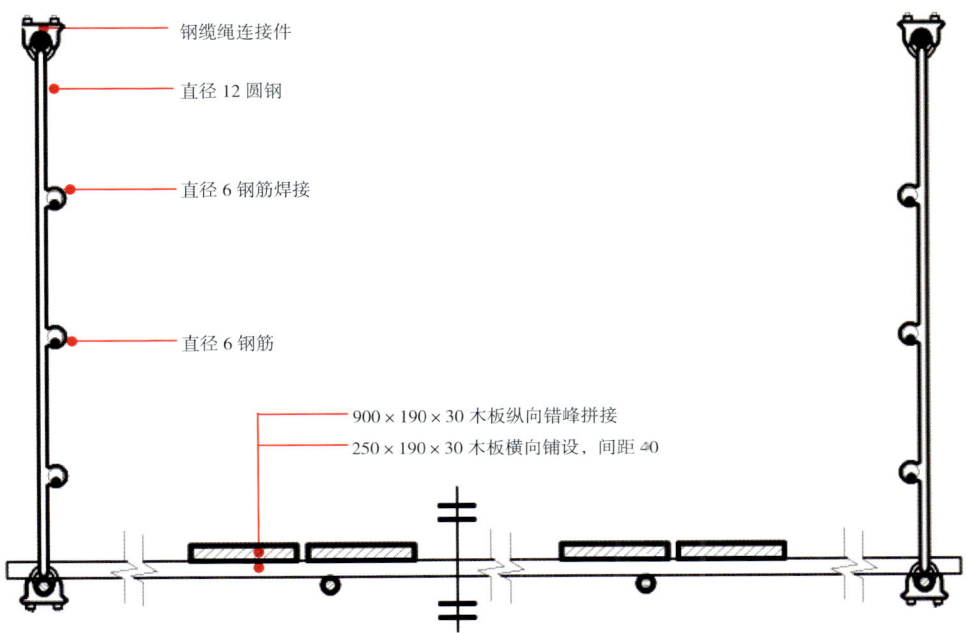

图五　傈僳族施底姆桥剖面、尺寸图2（1∶20　单位：mm）

图六 傈僳族施底姆桥桥面模型图

第二章 傈僳族传统服饰

傈僳族男式棉麻长衫

图一　傈僳族男式棉麻长衫主图

　　傈僳族男式棉麻长衫通体无纹饰，有两叶大衣领，无扣，中间开衫，通长125厘米，宽170厘米。这件男式棉麻长衫制作于20世纪五六十年代，采集于云南迪庆维西县叶枝镇同乐村。男式棉麻长衫多在春秋季节穿，在山地上行动或劳作时，厚实的棉麻长衫可以抵御寒冷，保暖效果好。现在同乐村傈僳族男式棉麻长衫多在重大节日和活动期间穿着。

　　傈僳族男式棉麻长衫通体用棉麻素布。长衫的制作工艺简单，将织好的布料拼接缝制即可成衣，但是织布工时漫长，一天只能织1～2米。这种男式棉麻长衫布料多以麻线为经线，棉线为纬线。准备工作做好以后，将棉线放入梭中开始织布。人水平坐在织机上，多用侧织法和正织法。上机后，右脚踏蹑，前综升，经纱开口，左手持梭穿引至右边，右手接梭放下，以右手握筘拍压纬纱，使其紧密，继而左脚踏左蹑，后综升起形成第二次开口，右手拾梭，穿引至左，左手接梭，右手握箱压纬以使其紧密，依次不停替换，直至整块织完。将织好的多块布料拼接（如图六示），缝制成衣服。男式棉麻长衫长及膝盖，可以御寒；两边开口方便上山或山地劳作中将下摆系在腰间，非常适宜高山环境。

傈僳族人没有因为外界环境的影响而改变本民族服饰，而是继续发扬适合于本民族的服饰文化。

图片来源
图一、图七　梁婷　摄影
图二至图六　李雪婷　制图

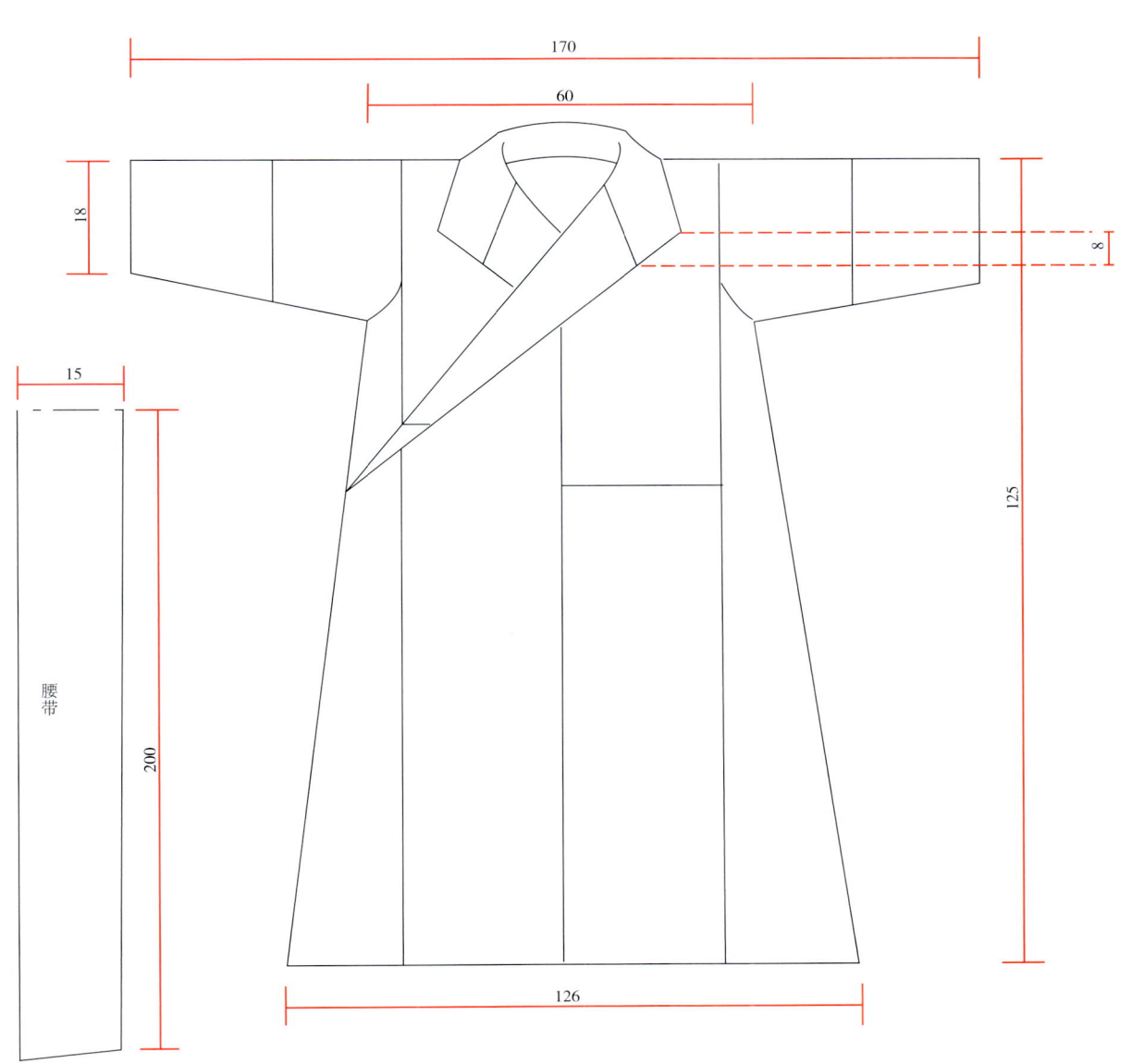

图二　傈僳族男式棉麻长衫尺寸图（单位：cm）

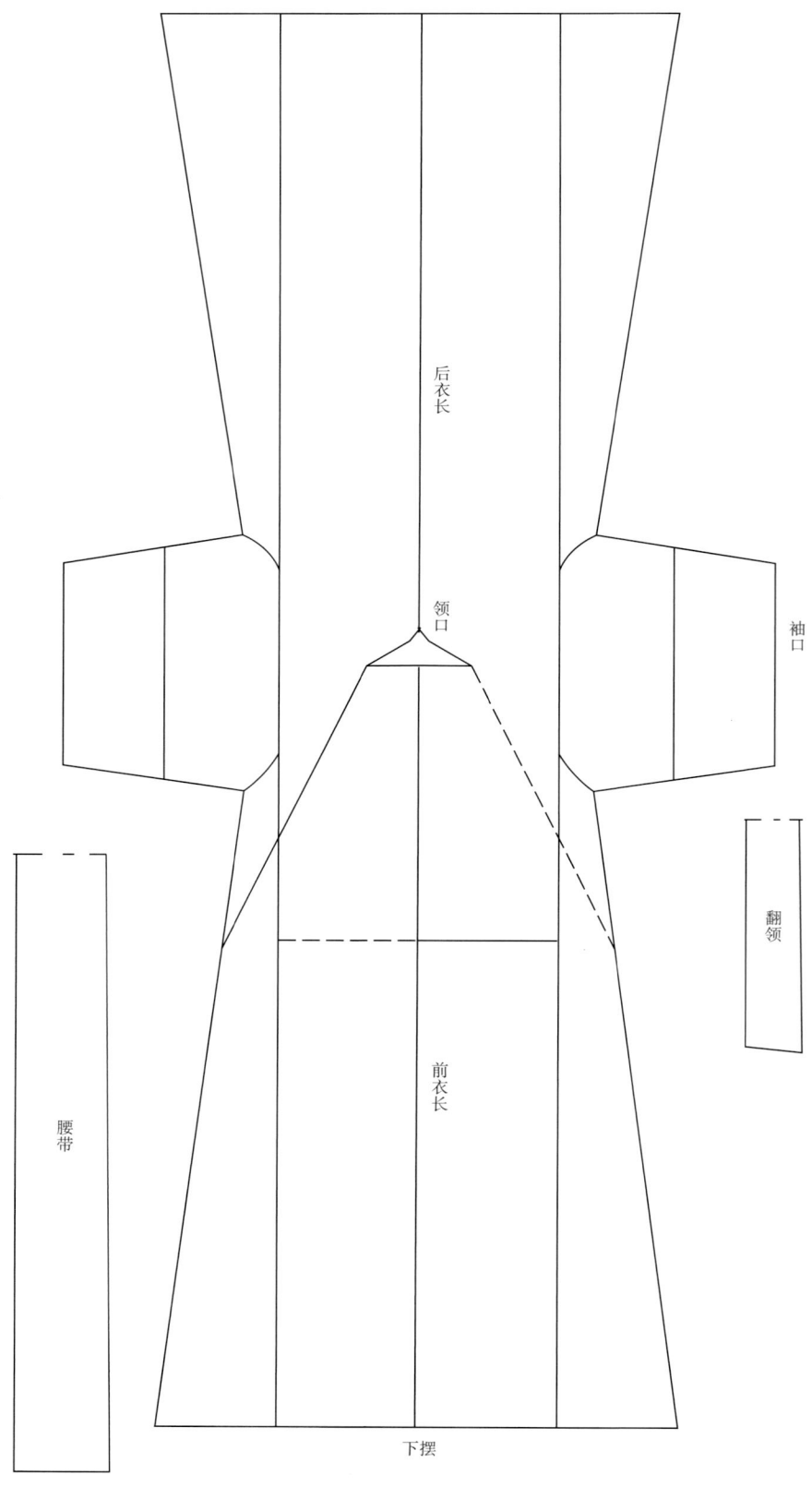

图三　傈僳族男式棉麻长衫开片图

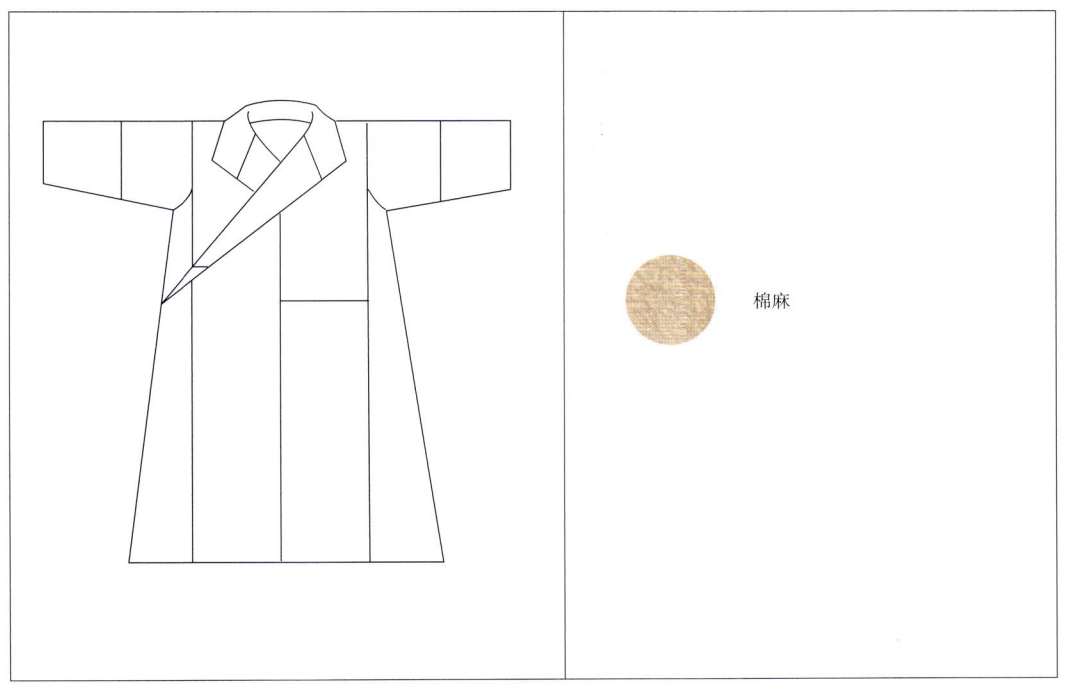

图四　傈僳族男式棉麻长衫材料分析图

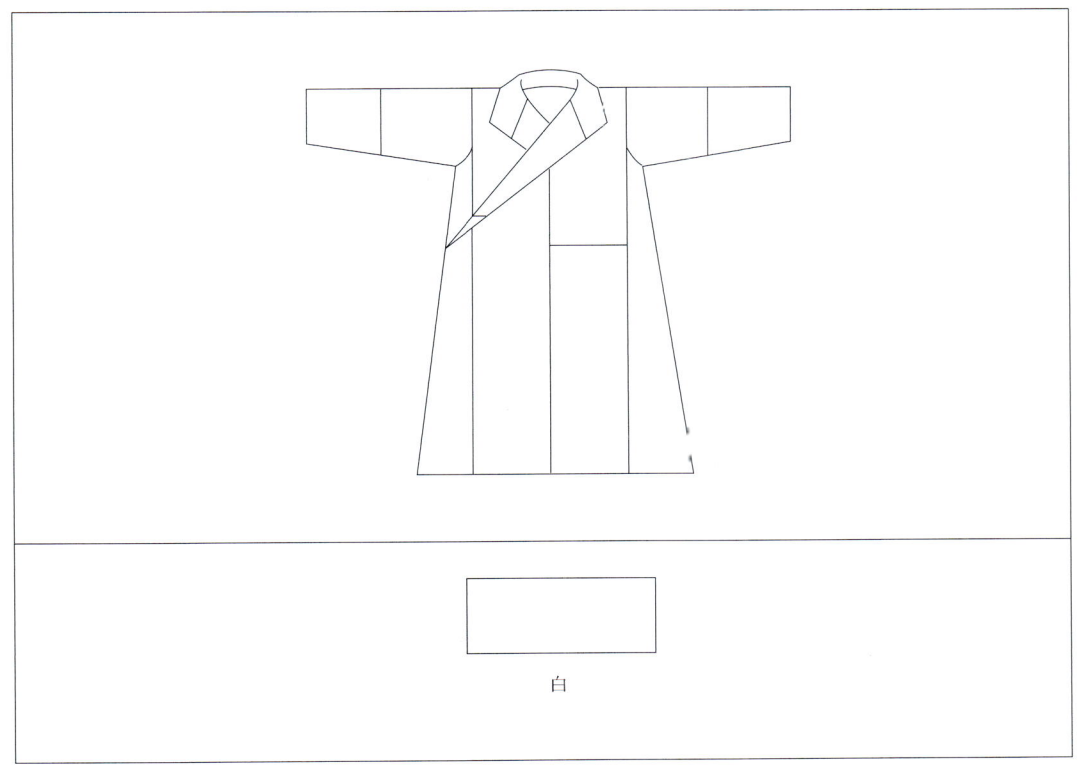

图五　傈僳族男式棉麻长衫色彩分析图

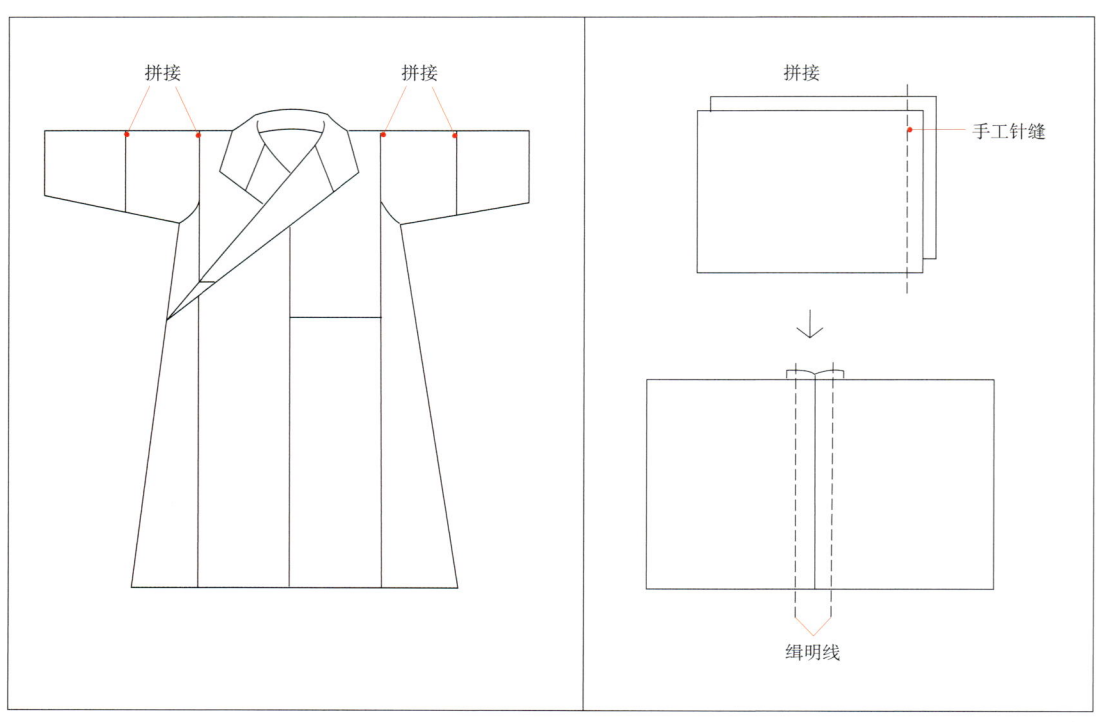

图六　傈僳族男式棉麻长衫工艺分析图

图七　傈僳族男式棉麻长衫穿着效果示意图

保山傈僳族男式棉麻短衫

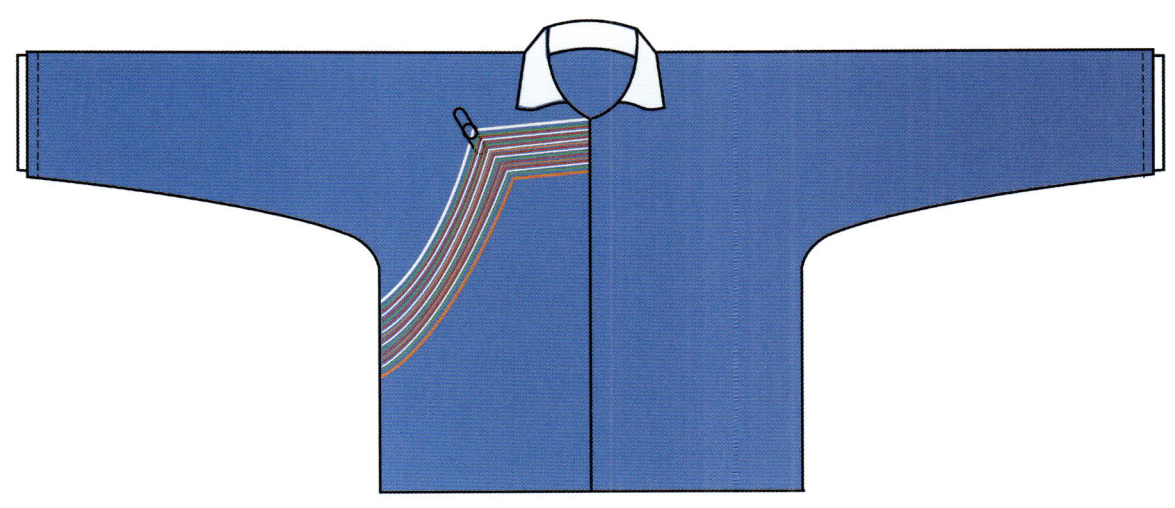

图一　保山傈僳族男式棉麻短衫主图

　　保山傈僳族男式棉麻短衫，右衽斜襟，有扣，通长65厘米，宽160厘米，及腰。这件傈僳族男式短衫采集于云南保山地区，是傈僳族男子最普遍的装扮，主要在春秋季节外穿。

　　传统的傈僳族常用比较厚实的麻布做衣、裤、裙子，便于防风避寒，而现在服饰制作的材料越来越丰富。这件男式棉麻短衫选用的是更为舒适的棉麻材料，服饰主要色彩为蓝色，配红色、黄色多彩装饰。男式棉麻短衫的制作工艺简单，将短衫主体所需的布料裁成一块块状，然后缝制即可。主体缝制好后，进而对短衫进行装饰加工。首先是对衣袖进行缀边（如图六示），在衣袖内用自织的条纹麻布和棉布缀一圈，并露出衣袖1厘米左右。这种自织的条纹麻布和棉布，以白色为底，上起黑色或彩色直条花纹。据了解，这种纹路有不同粗细，表示一股股从高山淌下来的清泉，傈僳族流传的这种说法表明了傈僳族的居住环境对他们的生活产生了重要的影响以及傈僳族人对于这片土地的热爱。在右衽衣襟边缘，镶嵌了用布材料缝制的条纹（如图七示）。

　　保山傈僳族大多生活在交通不便、气候较寒冷的山区和半山区，温差大。这种特殊的地理环境、气候和交通，对他们的服饰产生了直接的影响。保山傈僳族服饰结构简洁、轻巧、紧凑，适合在山间行走和在山地劳作。短衫款式比较简便，讲究实用功能和便捷性，服饰整体感觉素雅、沉着，以显男子的英武和阳刚之气。

图片来源
图一至图七　李雪婷　制图
图八　何文琴　摄影

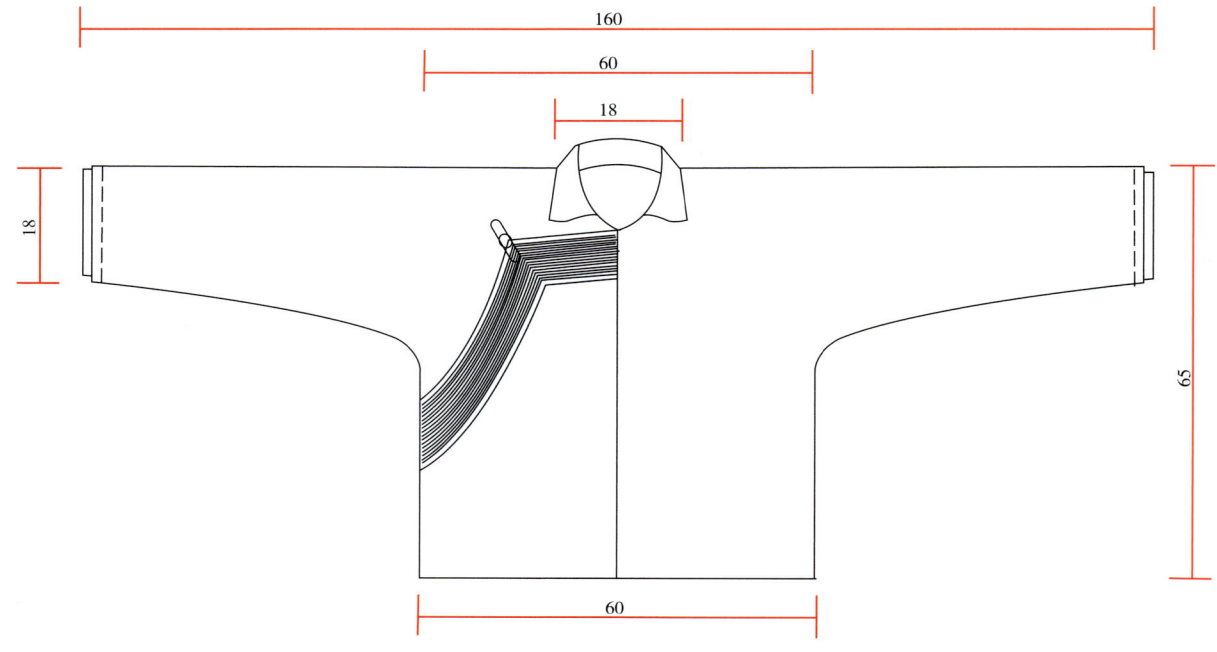

图二 保山傈僳族男式棉麻短衫尺寸图（单位：cm）

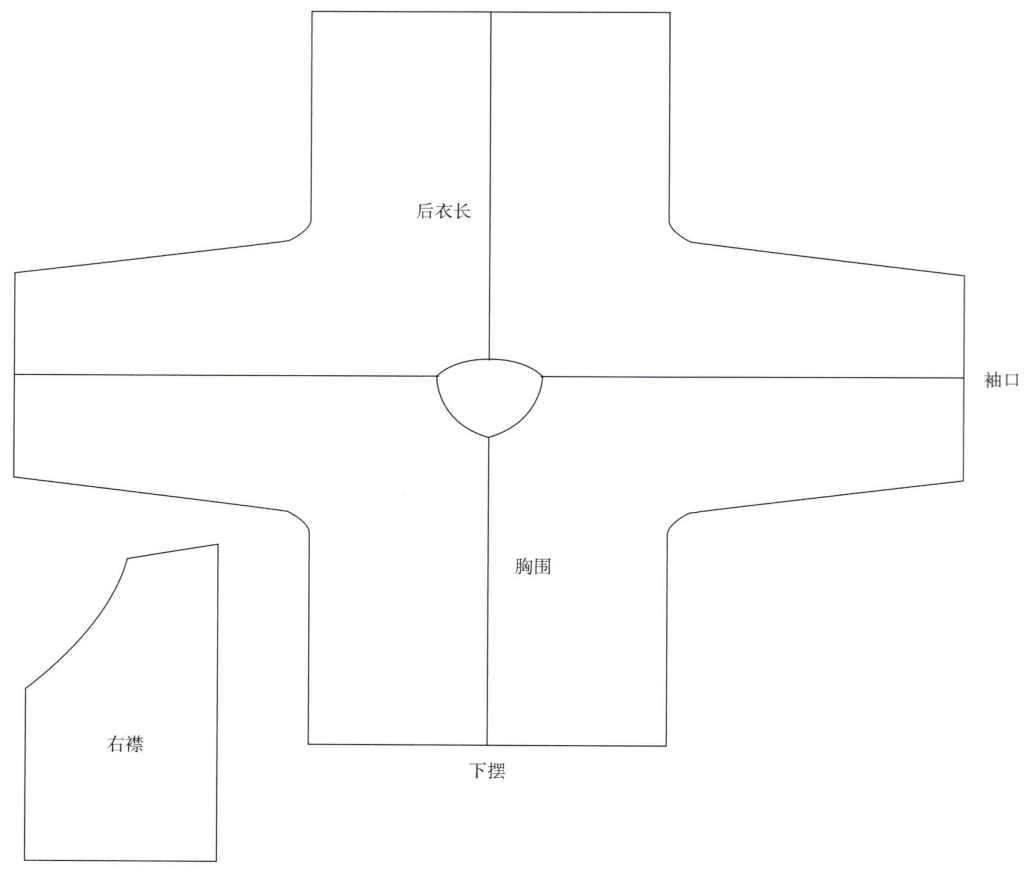

图三 保山傈僳族男式棉麻短衫开片图

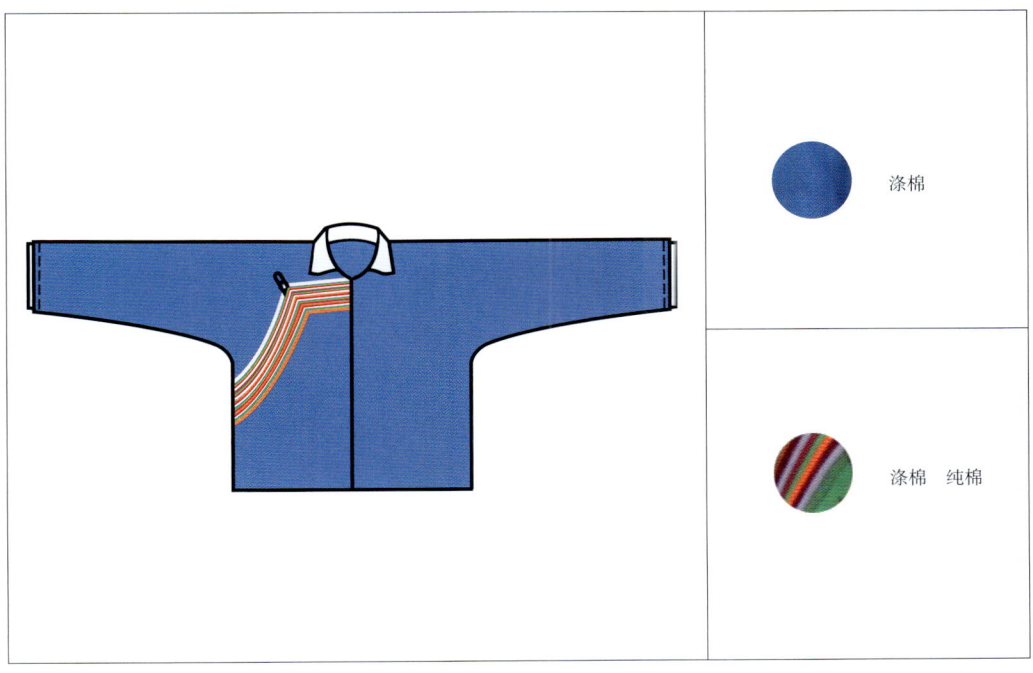

图四 保山傈僳族男式棉麻短衫材料分析图

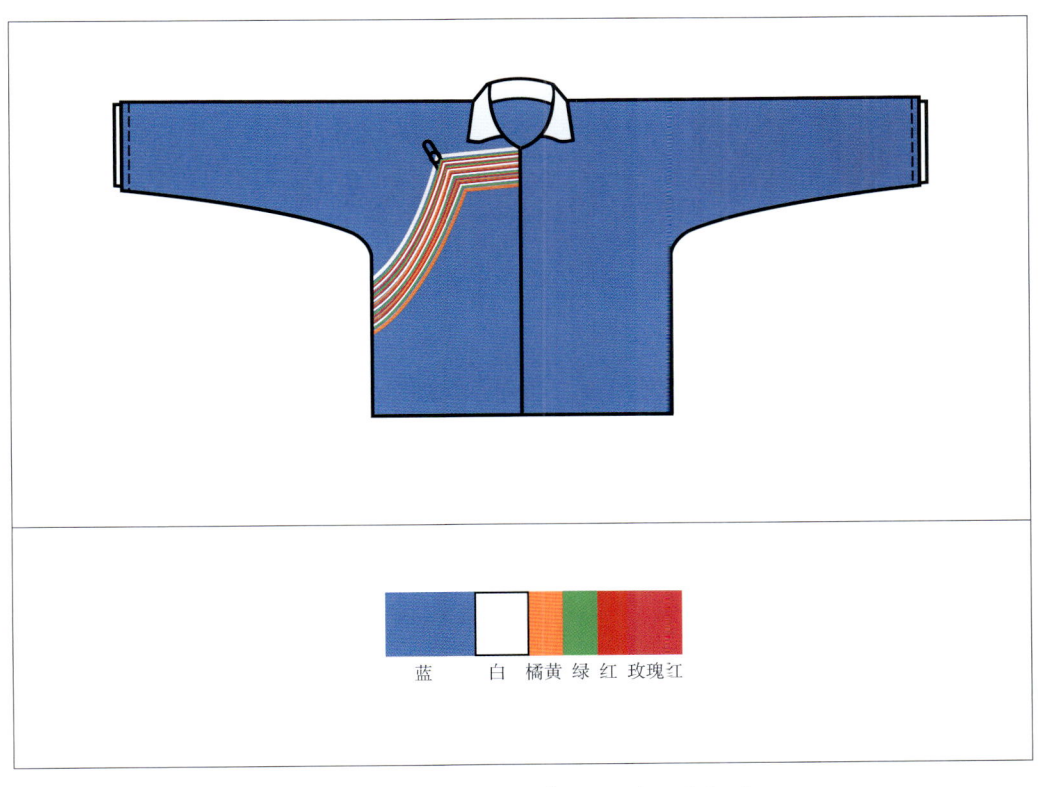

图五 保山傈僳族男式棉麻短衫色彩分析图

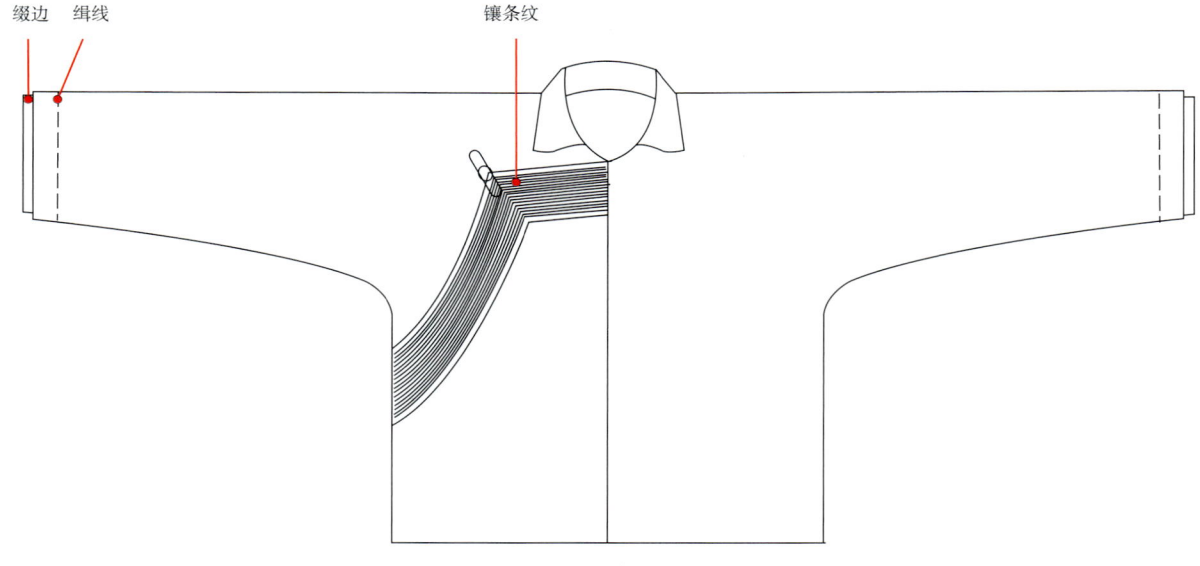

图六 保山傈僳族男式棉麻短衫工艺分析图1

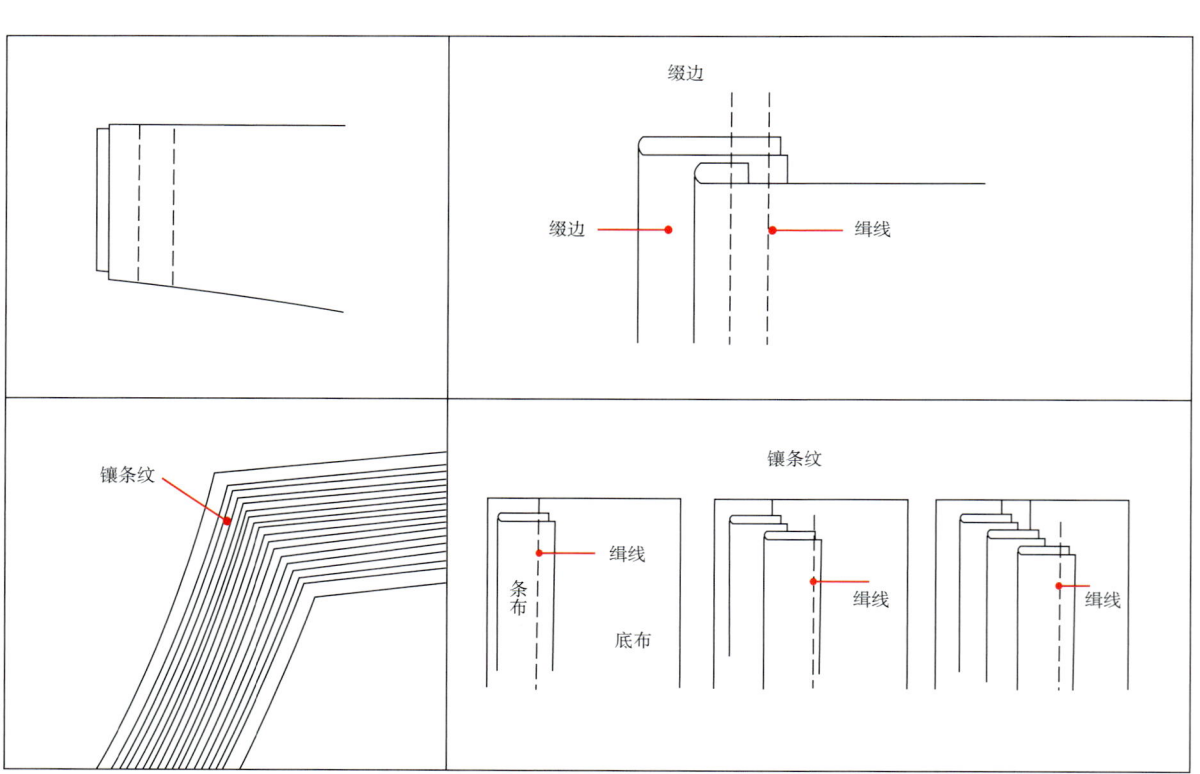

图七 保山傈僳族男式棉麻短衫工艺分析图2

图八　保山傈僳族男式棉麻短衫穿着效果示意图

玉龙傈僳族男式棉麻短衫

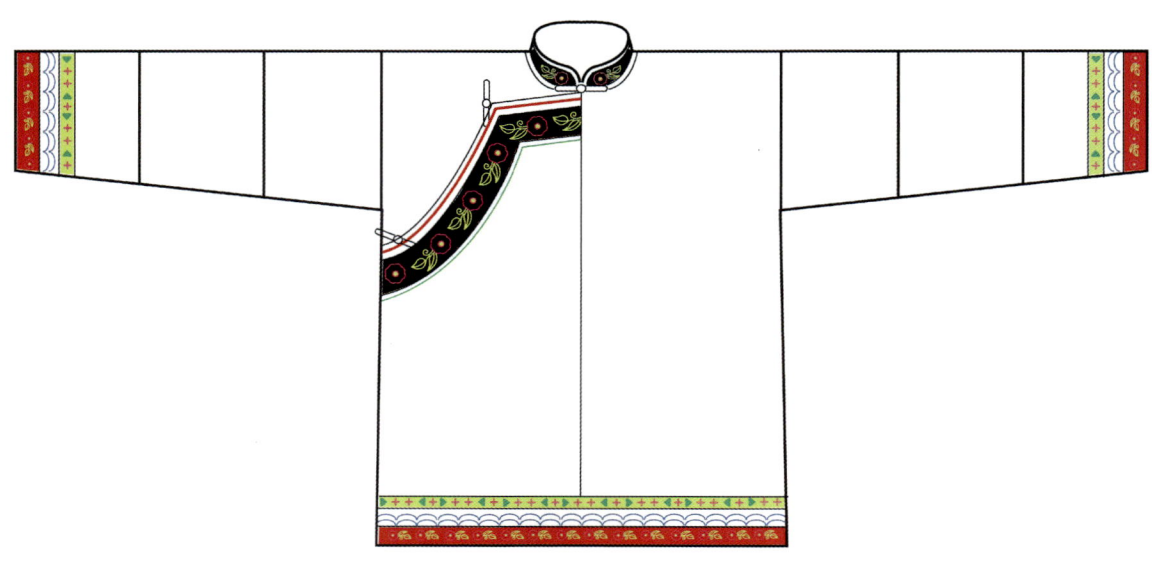

图一　玉龙傈僳族男式棉麻短衫主图

玉龙傈僳族男式棉麻短衫，右衽开襟，有扣，立领，通长75厘米，宽170厘米。这种短衫由玉龙傈僳族人制作，并从云南丽江玉龙县采集。在玉龙傈僳族聚居地，这种男式棉麻短衫比较普遍，服饰形态工艺相仿，只是材料、饰物稍有差异。

男式棉麻短衫的主体布料是棉麻布，制作工艺简单，大致步骤为：量尺寸、裁布、缝制、装饰。把裁好的衣袖、前后片、前摆等每个部分拼接缝制，最终成型。短衫的主体做好以后，就是对衣领、袖口、下摆进行装饰以及制作盘扣。在衣领处，镶嵌一圈较粗的黑色面料（如图七示镶嵌边），衣领内外均贴上一圈花边，在花边之间即衣领毛边处再镶嵌一圈黑色面料，用来增加衣领的耐磨性和美观度。对衣袖和前后下摆用硬度较大的花边进行包边处理（如图六示包边）。这种花边增添了单色棉麻衫的色彩样式，丰富了服装色彩。在短衫衣领处，缝制一圈压条（如图七示压条子）。压条即用布料缝制成的硬条，将这硬条缝制在衣领处，不仅起到压制花边的毛边，防止花边划线的作用，还可以与衣领口的黑边对应。

据史料记载，傈僳族男女服饰均为素布麻衣，清光绪十一年（1885）《永昌府志》卷五十七《种人》载："猓猓，居高山极冷之地……种火麻以为衣，猎野兽以为食。"记载了傈僳族种火麻制衣的传统。如今随着傈僳族地区经济的发展及各民族之间的交流，傈僳族服饰也渐渐丰富起来，不仅用料上变化很大，而且装饰上也受影响。

图片来源

图一至图七　李雪婷　制图
图八　仟文琴　摄影

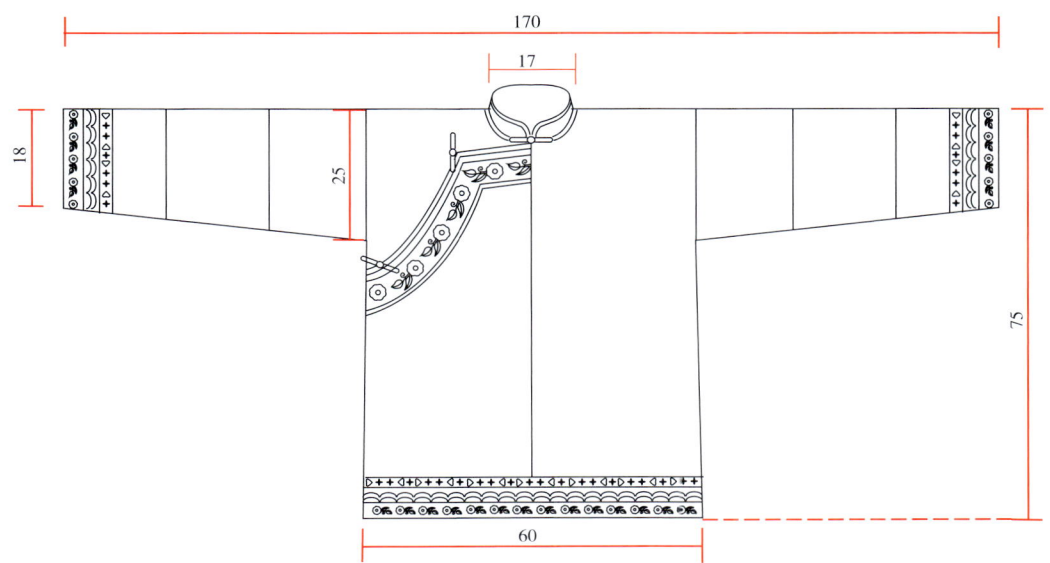

图二　玉龙傈僳族男式棉麻短衫尺寸图（单位：cm）

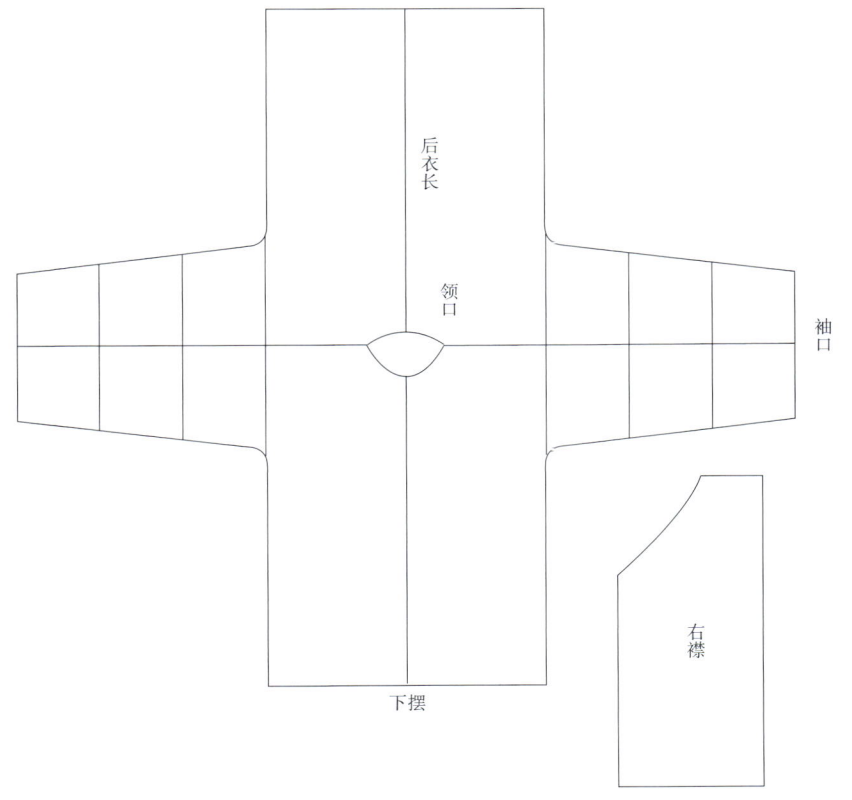

图三　玉龙傈僳族男式棉麻短衫开片图

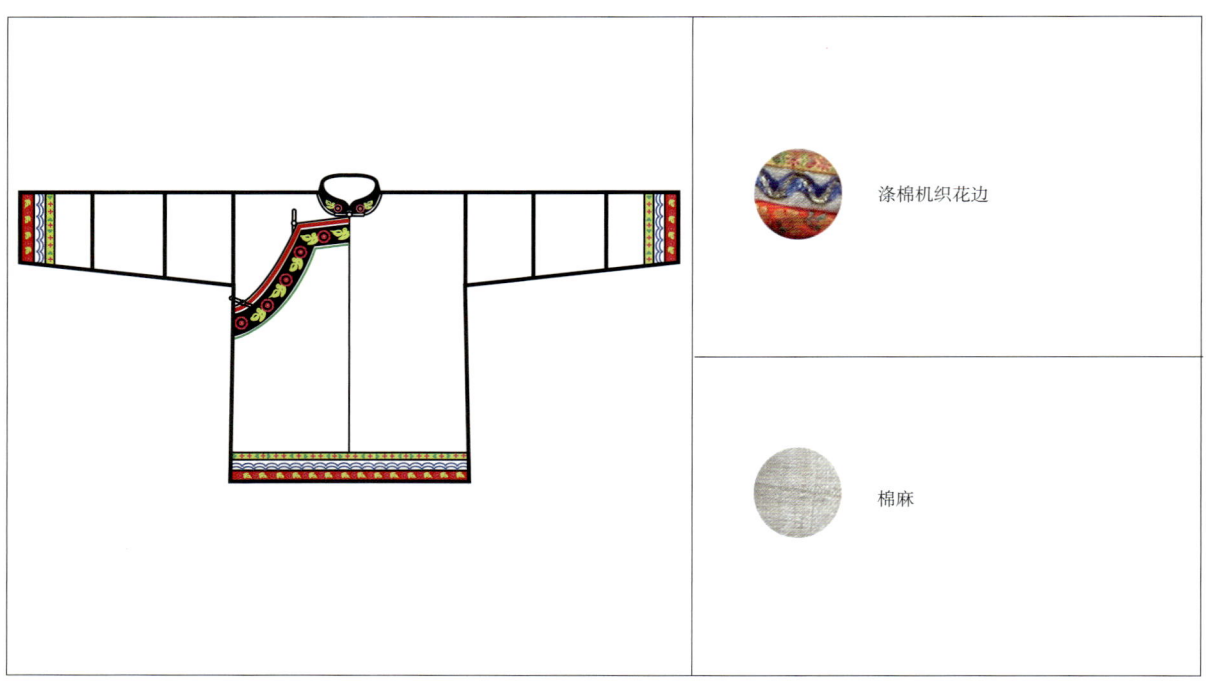

图四 玉龙傈僳族男式棉麻短衫材料分析图

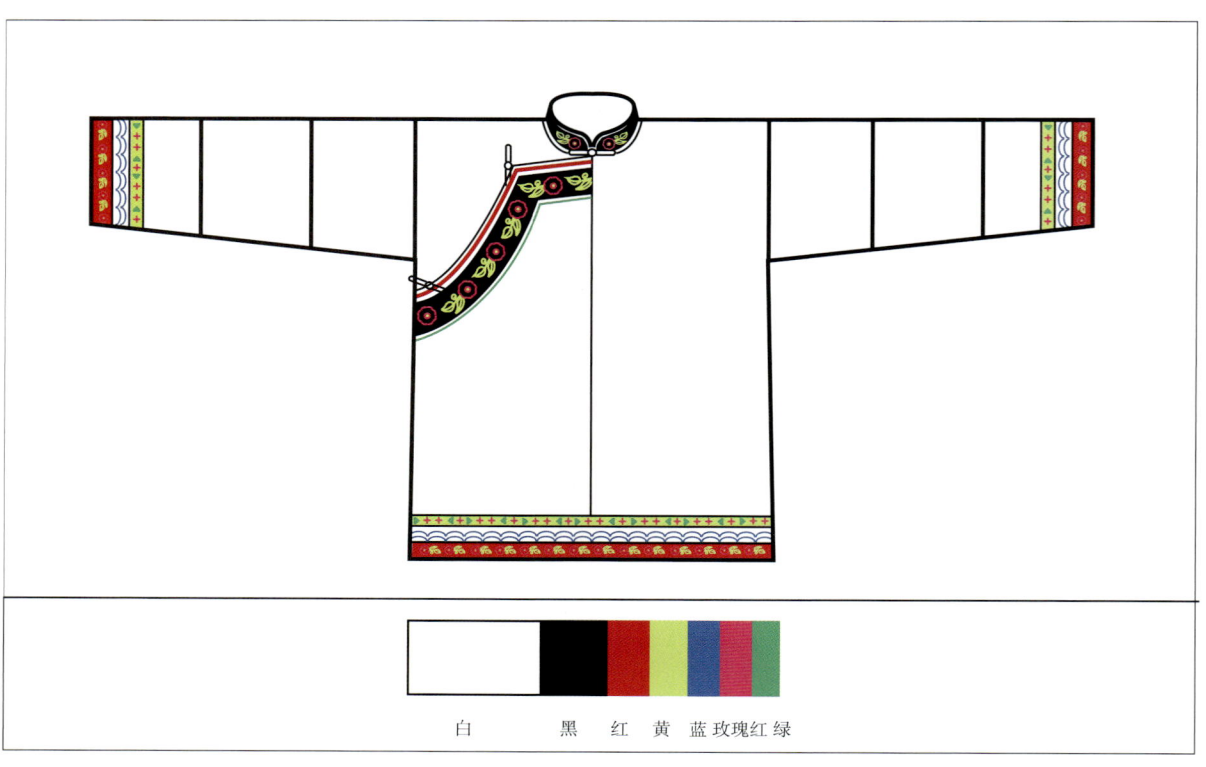

图五 玉龙傈僳族男式棉麻短衫色彩分析图

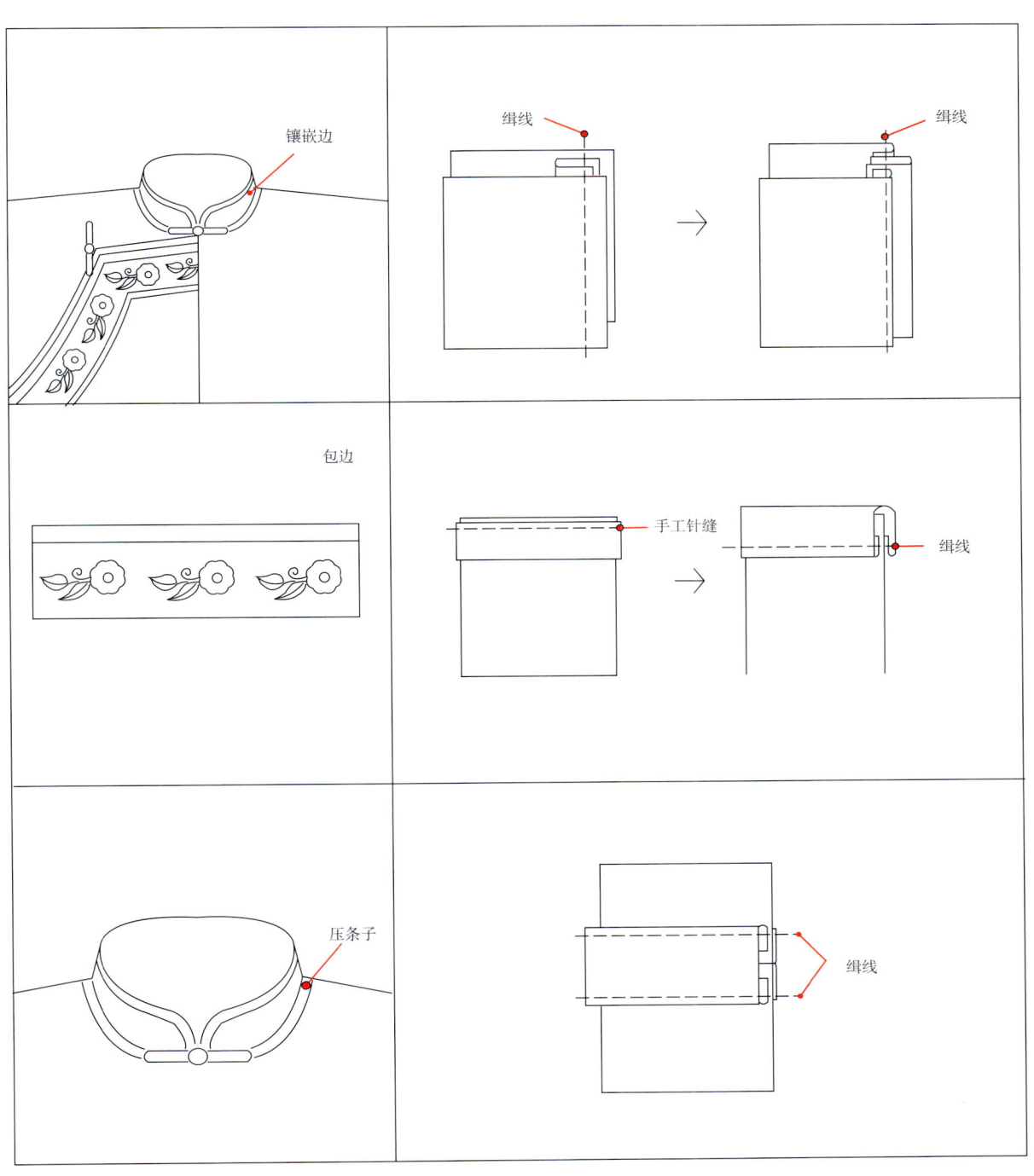

图七 玉龙傈僳族男式棉麻短衫工艺分析图2

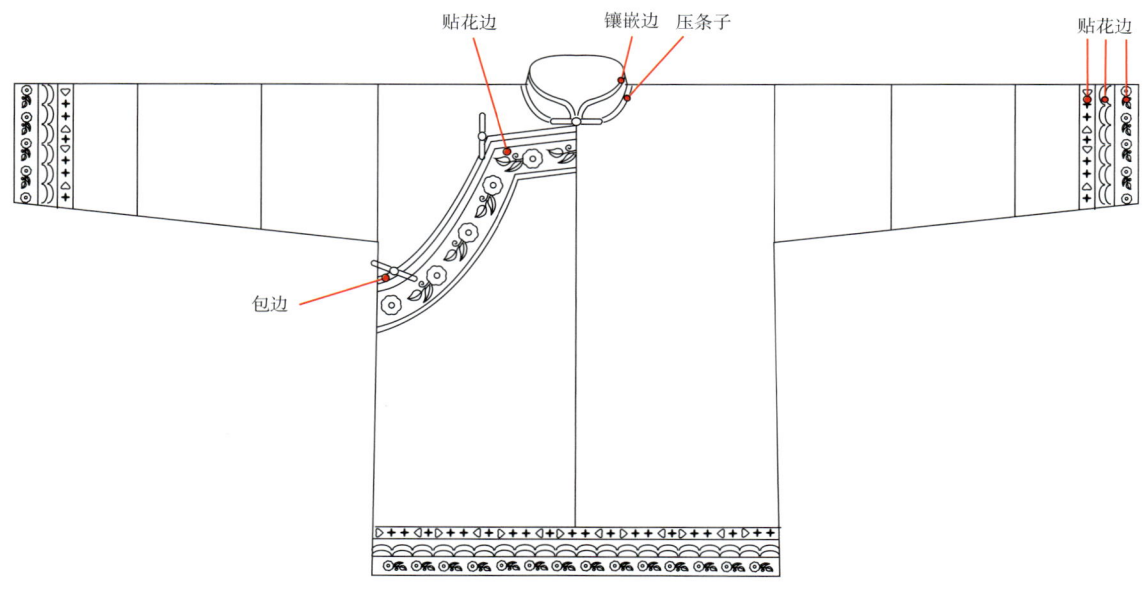

图六 玉龙傈僳族男式棉麻短衫工艺分析图1

图八 玉龙傈僳族男式棉麻短衫穿着效果示意图

香格里拉傈僳族男式短衫

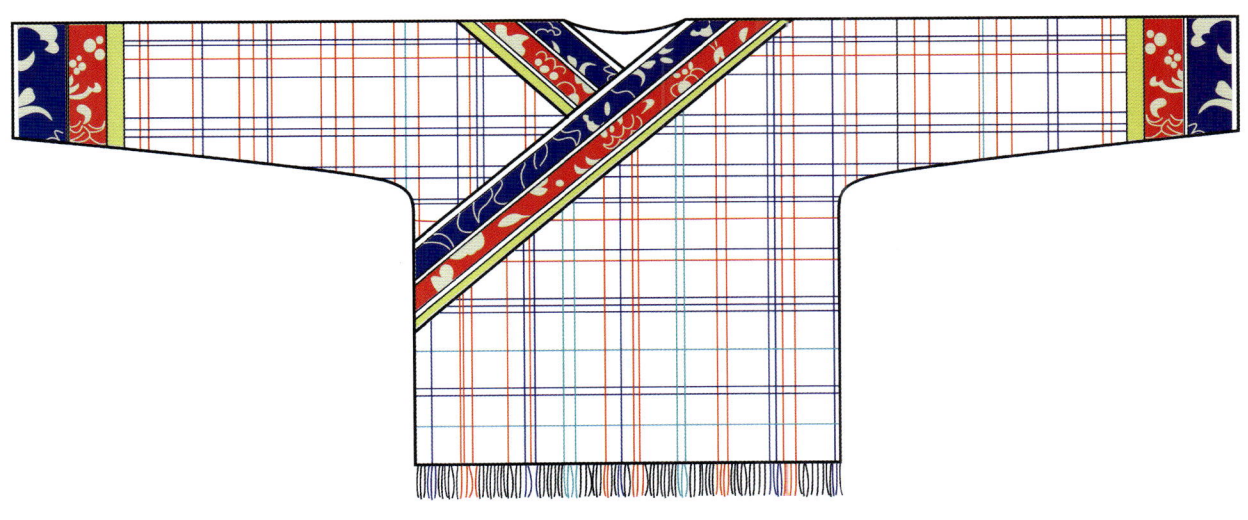

图一　香格里拉傈僳族男式短衫三图

香格里拉傈僳族男式短衫，右衽斜襟，无扣无领，前后下摆编织一圈流苏，服装通体呈现经纬线条纹，通长75厘米，宽164厘米。这种男式短衫采集于云南迪庆香格里拉县，是香格里拉傈僳族男子在春秋、初冬季节穿戴的服饰。

这种男式短衫主要用棉腈混纺缝制而成。这种用棉腈混纺布料制成的短衫，面料厚实，经纬线紧密，保暖效果好。在短衫的衣领、衣襟和袖口处，均进行了包边和贴布处理（如图六示）。包边可以防止将衣服布料毛边刮花，贴花布的处理方式也增加了衣服重要部位的耐磨度。这种短衫的下摆处有一圈流苏，这一圈流苏是织布过程中的收尾部分。傈僳族妇女在织布中，把布料边缘纬线抽取掉，留下经线，然后打结（如图六示），刻意再留一节流苏，然后在制作衣服中将有流苏的尾部作为衣服的下摆和装饰，这就形成了短衫流苏（如图一示），增加了美感。

勤劳的傈僳族人在其他文化的影响下，并没有完全舍弃本民族的服饰文化。在服饰制作中，吸收新材料，运用本民族传统织造方法，将传统与现代结合，织造出适合本地生存环境和生活方式的服饰。

图片来源
图一至图七　李雪婷　制图
图八　何文琴　摄影

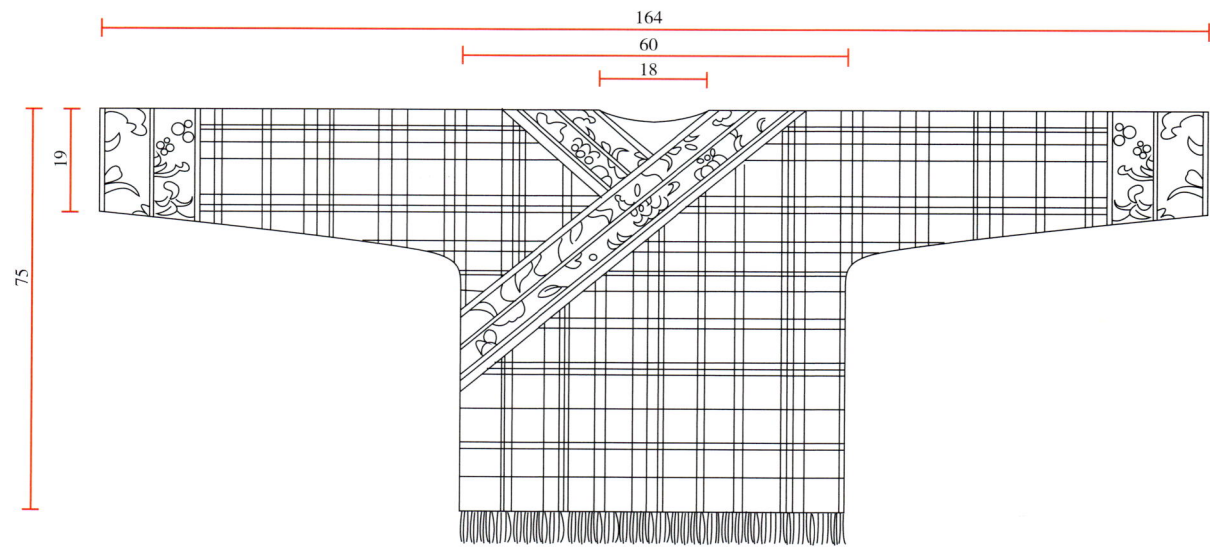

图二　香格里拉傈僳族男式短衫尺寸图（单位：cm）

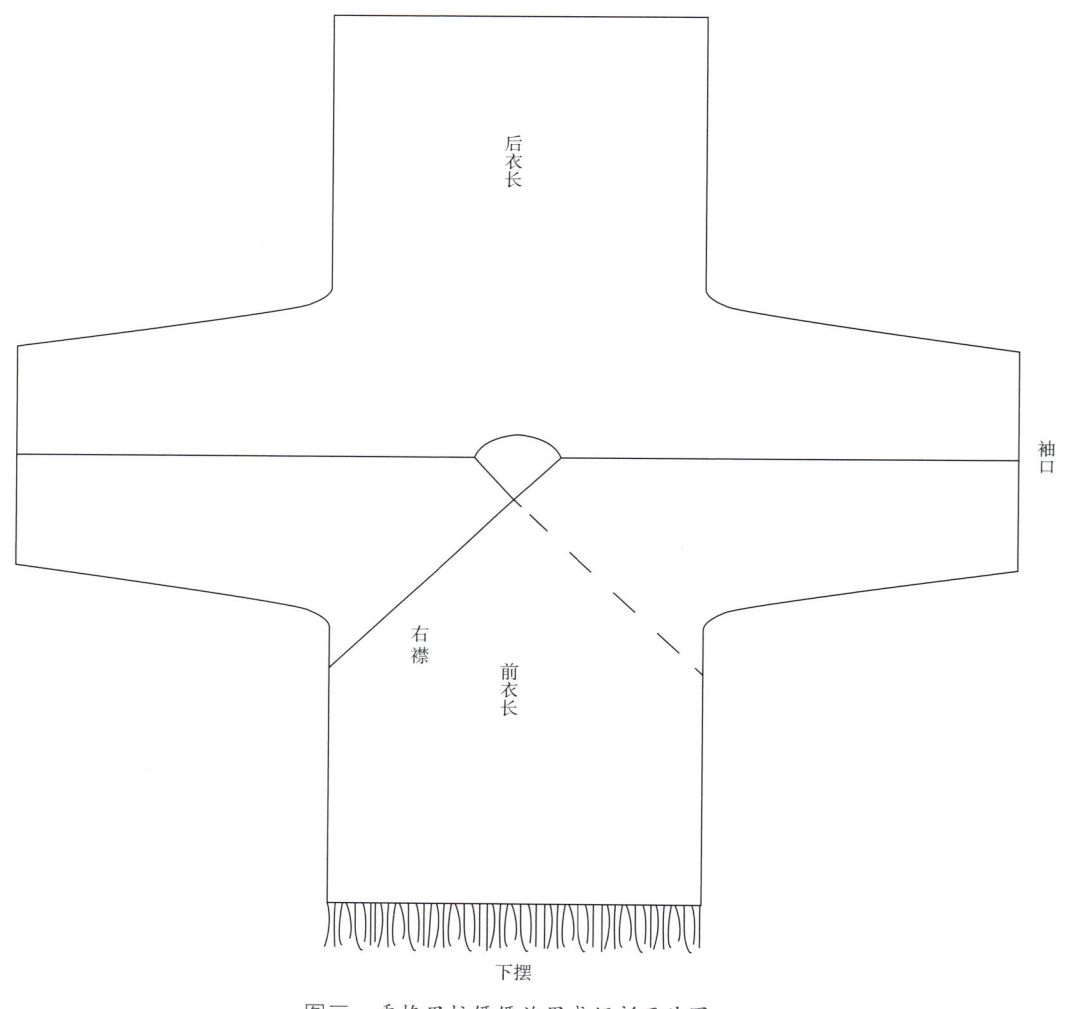

图三　香格里拉傈僳族男式短衫开片图

图四　香格里拉傈僳族男式短衫材料分析图

图五　香格里拉傈僳族男式短衫色彩分析图

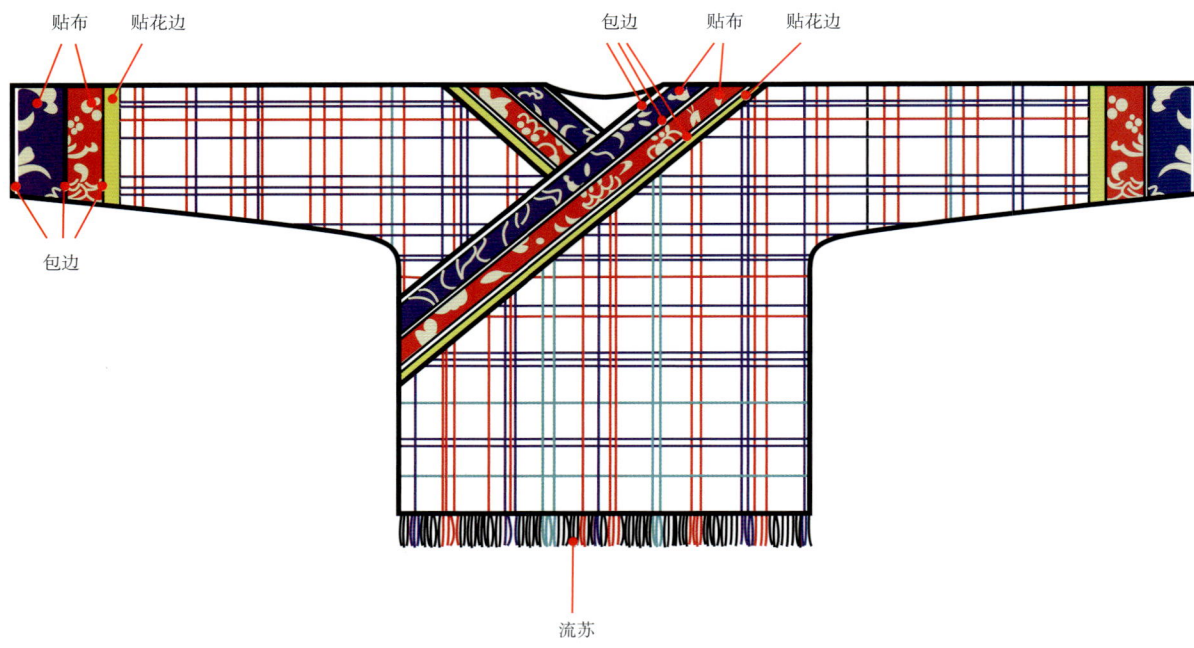

图六　香格里拉傈僳族男式短衫工艺分析图1

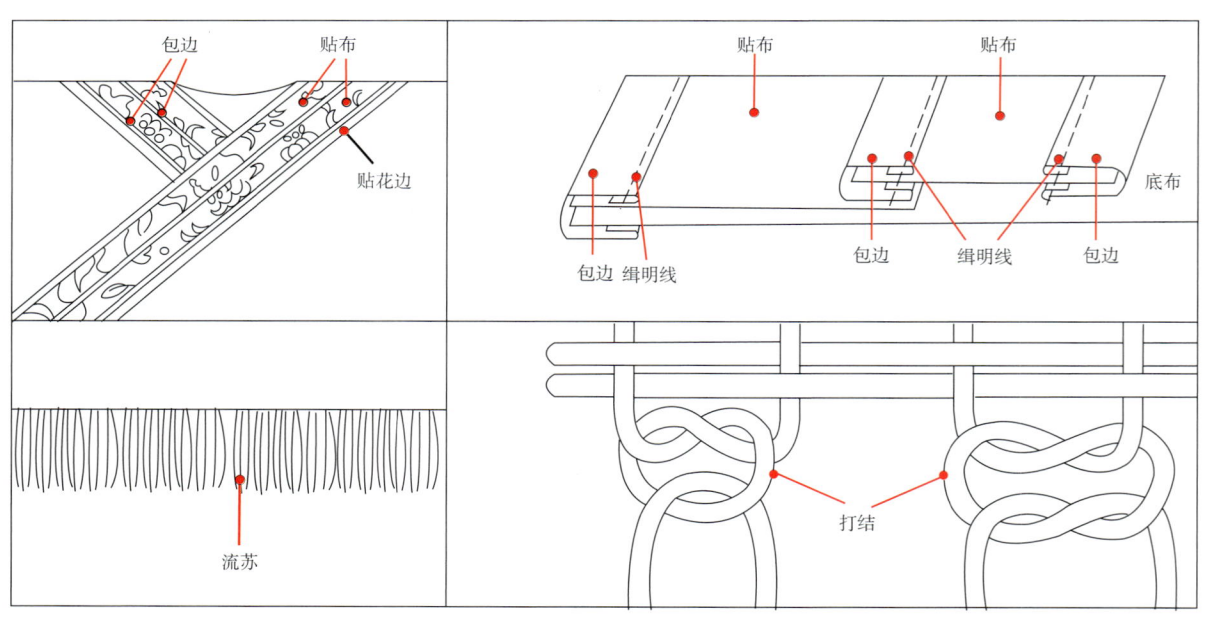

图七　香格里拉傈僳族男式短衫工艺分析图2

图八 香格里拉傈僳族男式短衫穿着效果示意图

傈僳族男式棉背心

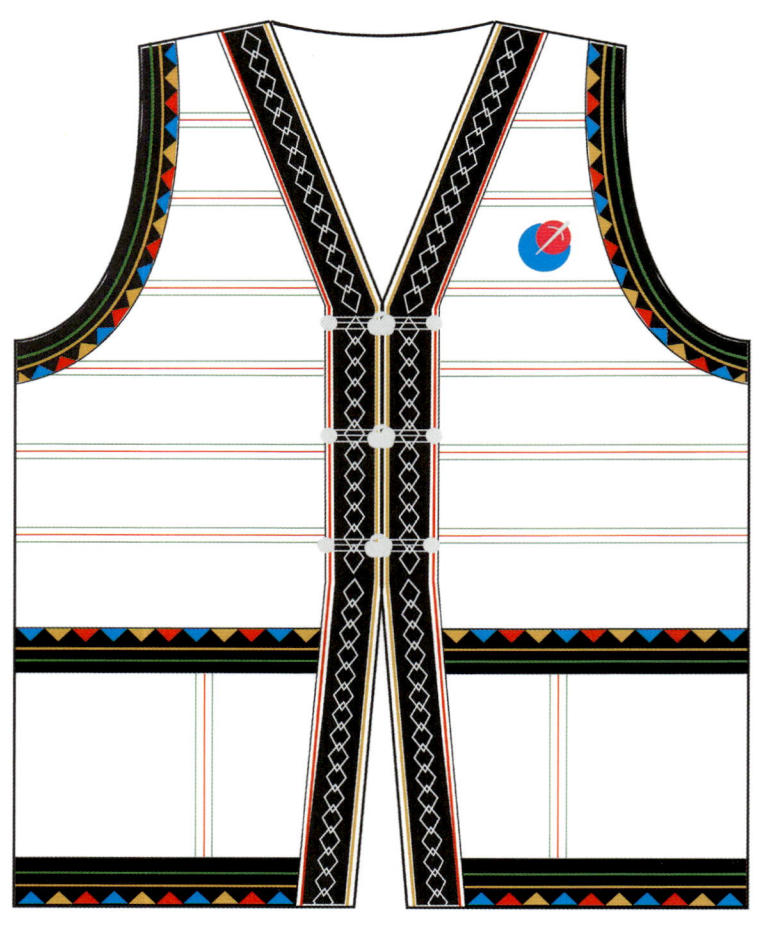

图一　傈僳族男式棉背心主图

傈僳族男式棉背心，无袖，衣襟中间开衫有扣，通长 75 厘米，宽 60 厘米。长及胯骨或以下，服饰通体素雅。此案例采集于云南丽江玉龙县。

这种傈僳族男式棉背心的主体由密致厚实的棉料制成，制作工艺简单，直接裁布，采用拼接法，将裁好的布拼接缝制。但不是每个人都有这样的技艺，直接拼接缝制需要常年积累丰富经验。缝制好背心的主体部分后，继而对背心进行装饰和加工。背心制作简单，对它进行装饰和加工却烦琐费时。首先是衣领处的镶嵌（如图六示镶嵌条），在衣领边缘用布料缠包一根较粗的实心线，然后用针线缝紧，再在上面贴一层花带，这样可以避免衣襟在劳作过程中磨损；衣襟左右两侧均有一串菱形纹样，这种纹样是将盘扣制作过程中的银色较粗硬条缝制成菱形（如图六示镶图案）。在背心袖口处，镶有三角形牙子（如图六示镶牙子）。牙子是裁剪一块四边形布料，对折成三角状，缝制在袖口处。男子一般出汗较多，背心的袖口常常容易沾到汗水，劳动过程中摩擦和汗水的酸化容易磨损袖口，这种牙子能增加背心的耐磨性。傈僳族男式棉背心每一处都是经过精心设计和考虑过的，首先是实用性，其次是整体审美效果。

云南丽江昼夜温差较大，白天温度高，晚上温度低且降温快，这种棉背心能起到保暖的作用。

图片来源
图一至图七　李雪婷　制图
图八　何文琴　摄影

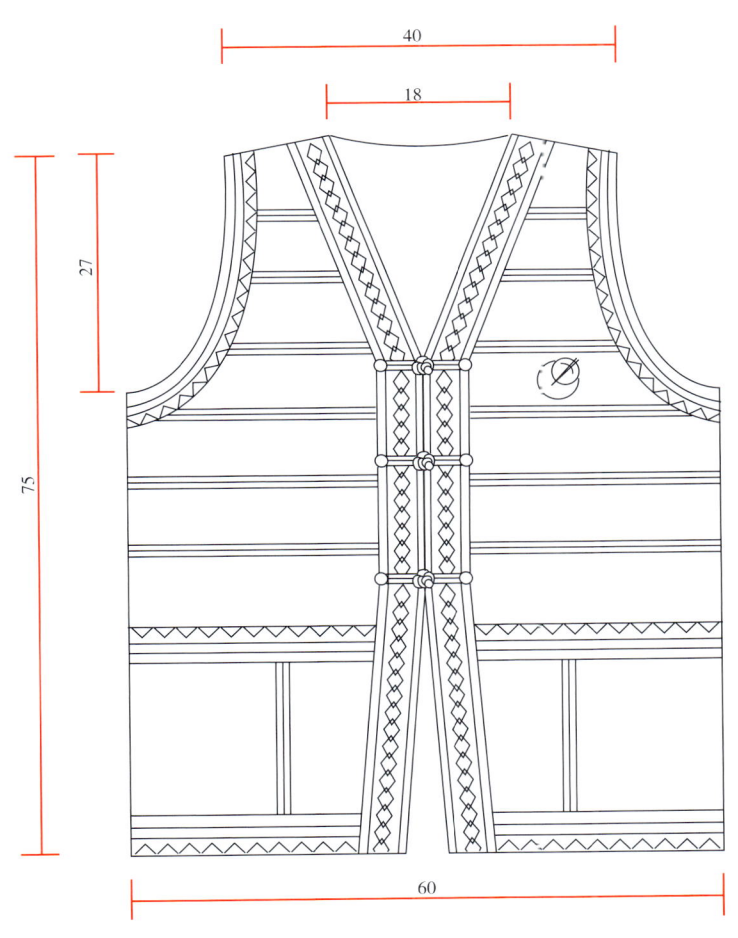

图二　傈僳族男式棉背心尺寸图（单位：cm）

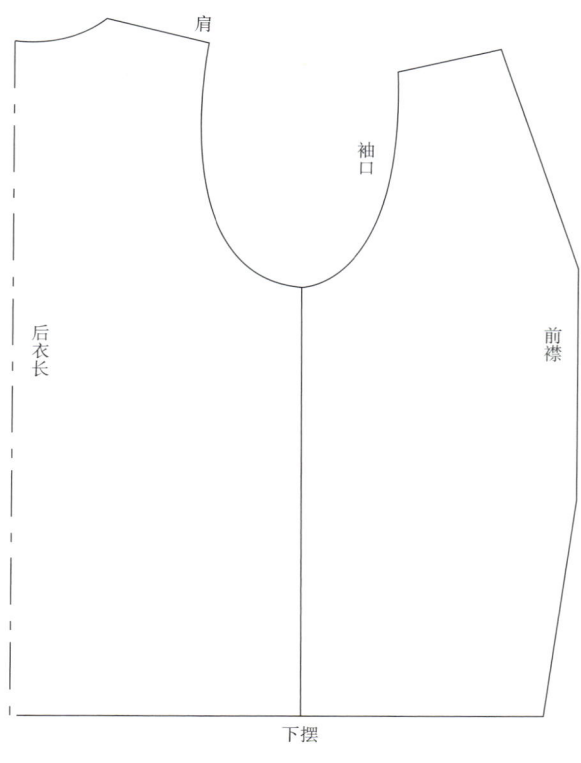

图三 傈僳族男式棉背心开片图

图四 傈僳族男式棉背心材料分析图

图五 傈僳族男式棉背心色彩分析图

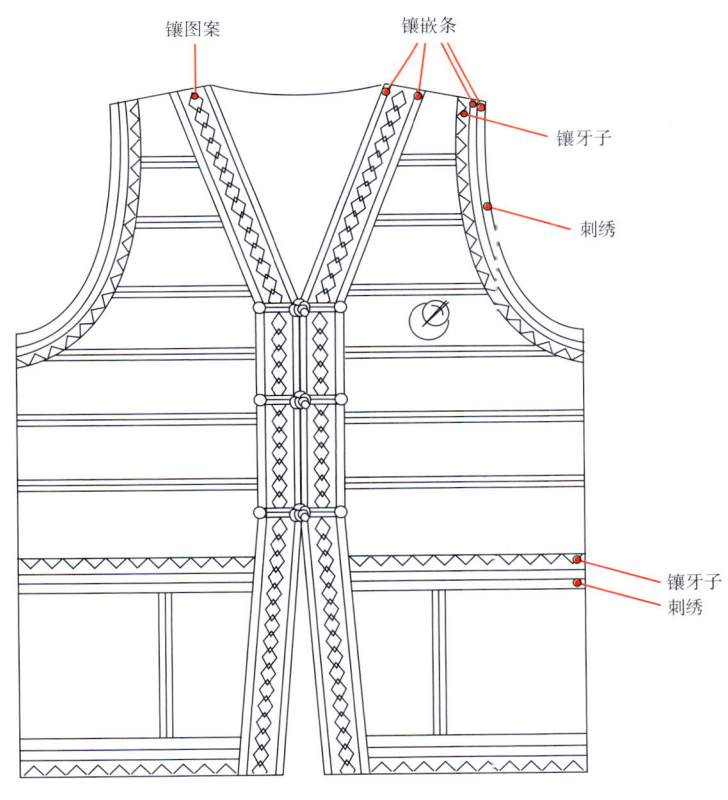

图六 傈僳族男式棉背心工艺分析图1

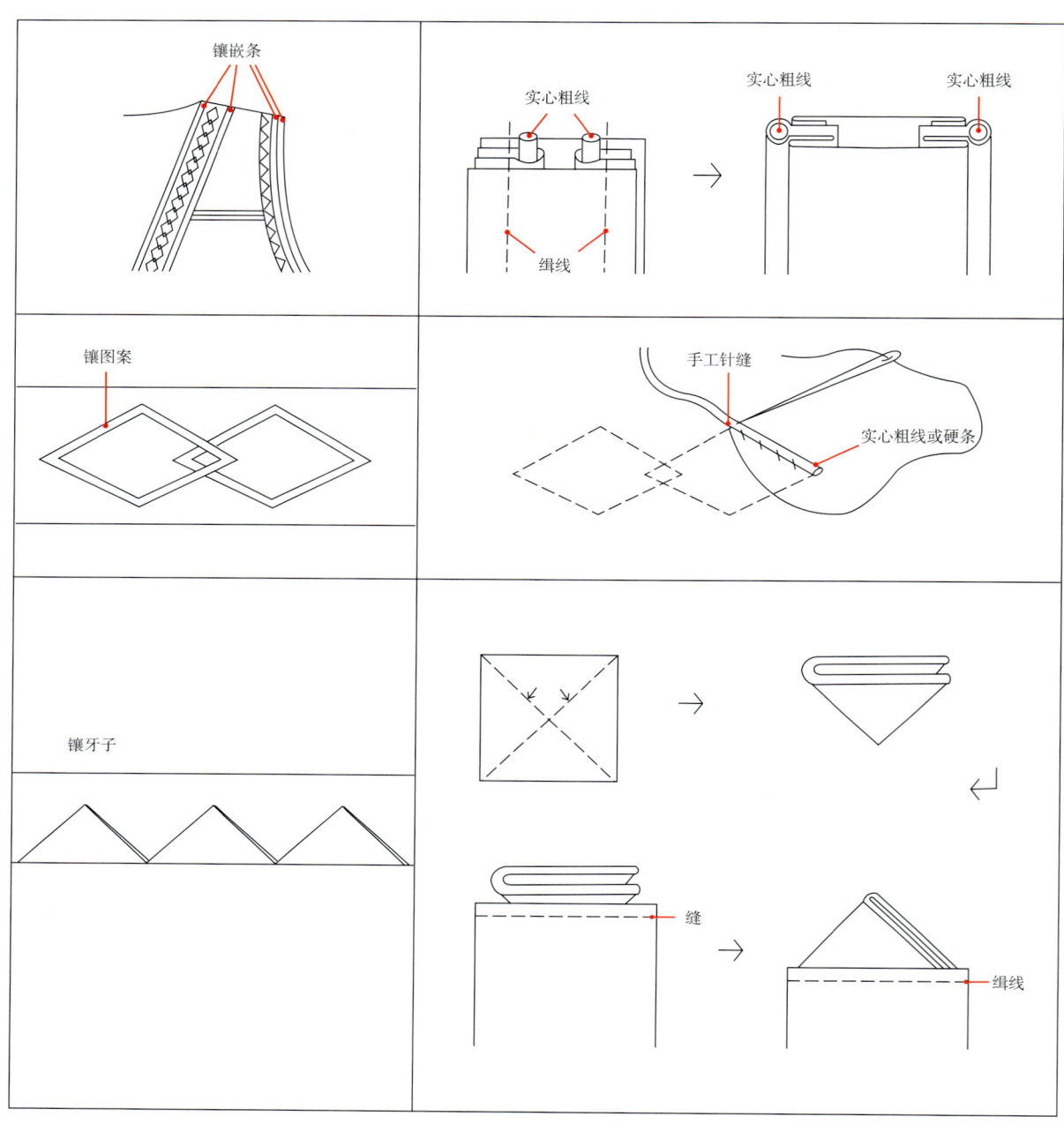

图七 傈僳族男式棉背心工艺分析图2

图八　傈僳族男式棉背心穿着效果示意图

傈僳族男式黑马褂

图一　傈僳族男式黑马褂主图

傈僳族男式黑马褂，形制简单，无袖、无扣、无领，有两个长方形口袋，通长68厘米，宽60厘米。长及腰间。此案例采集于云南迪庆香格里拉县。

这种黑背心采用纯棉黑布制成。马褂的制作工艺简单，将裁好的布料按马褂形制缝制即可。傈僳族人不需要设计图纸和打板，只要材料完备就可开始。将布料裁好后，采用不同部位布料拼贴缝制的方式。在衣襟、袖口和口袋处绣上白色的植物花纹，黑白对比强烈，这种植物花纹采用简单的平绣工艺（如图六示）。马褂袖口、衣襟和口袋上的花纹是抽象和提炼出的梅花纹，这是傈僳族妇女在服饰上创造力和审美的体现。傈僳族人信仰万物有灵，喜欢将自然界中的动植物纹样绣在服饰上，体现了傈僳族人对大自然以及生长环境的热爱。

香格里拉海拔高，气候寒冷，气温变化

明显，对香格里拉傈僳族服饰的影响很大，不同地区因地理、气候的差异而不同。这种男式黑马褂在香格里拉地区就具有很大的适应性，早上和夜晚温度低，穿上黑马褂具有防寒取暖的作用。

图片来源

图一至图七　李雪婷　制图

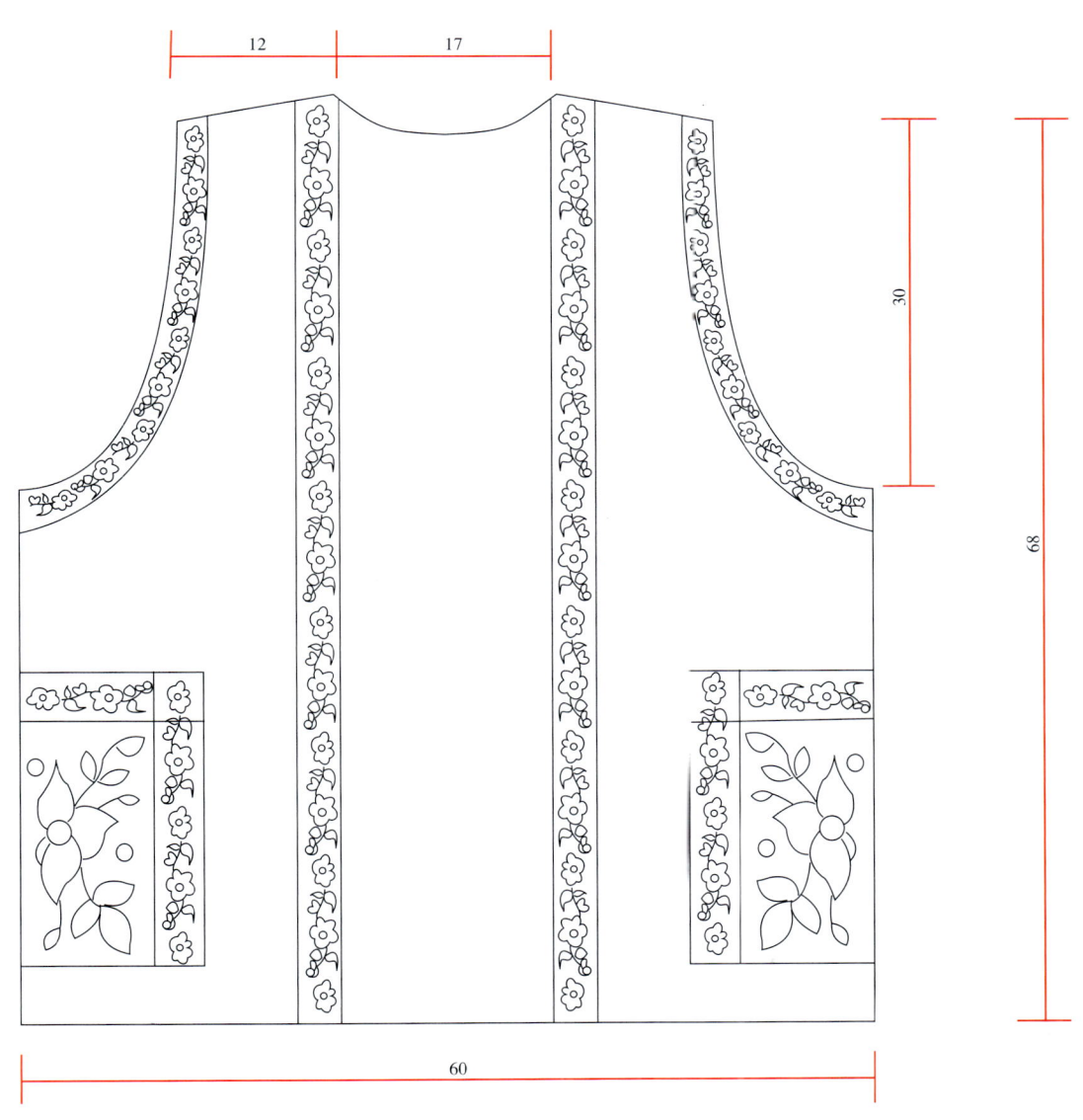

图二　傈僳族男式黑马褂尺寸图（单位：cm）

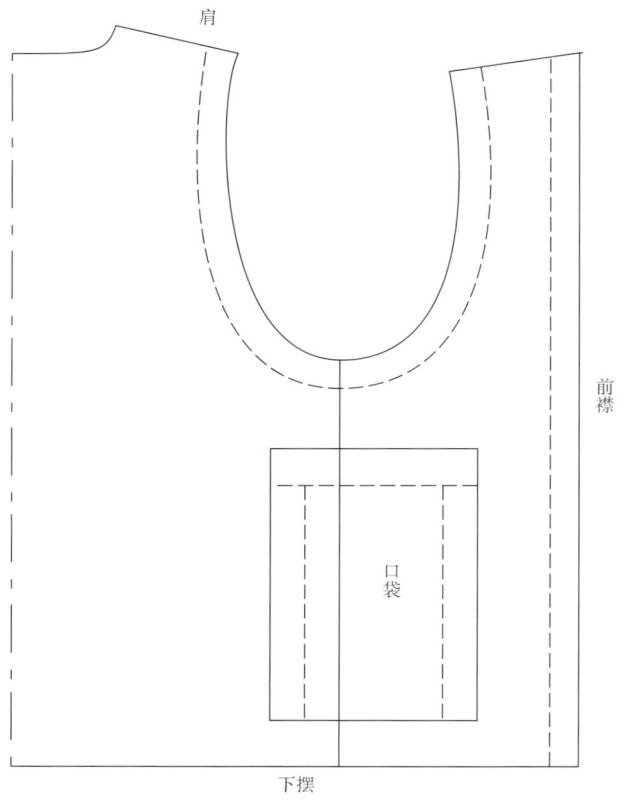

图三　傈僳族男式黑马褂开片图

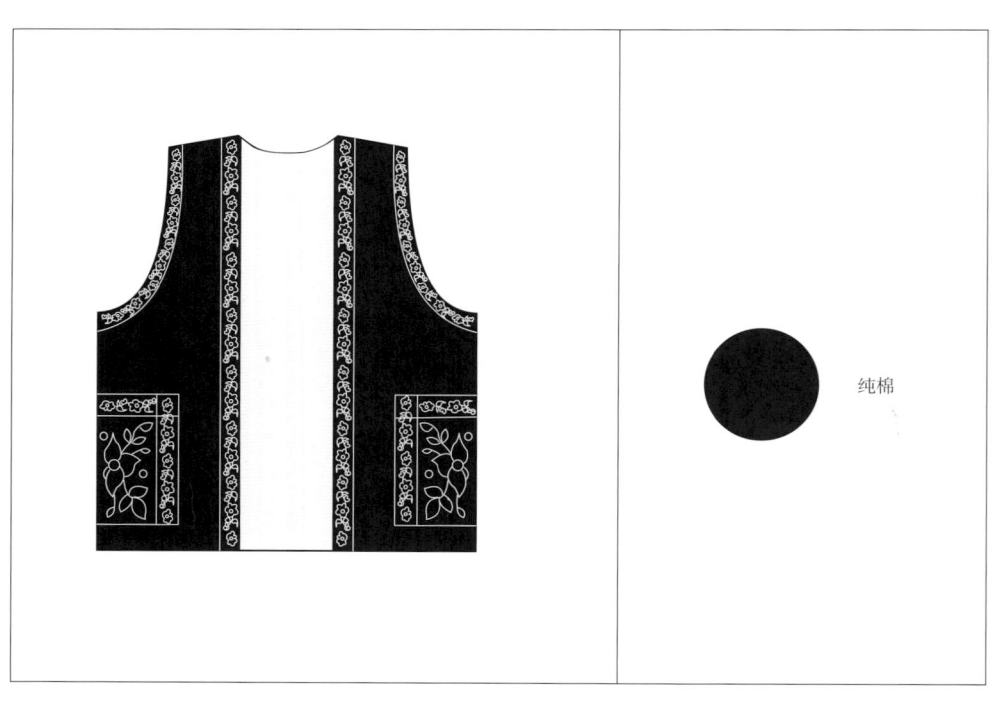

图四　傈僳族男式黑马褂材料分析图

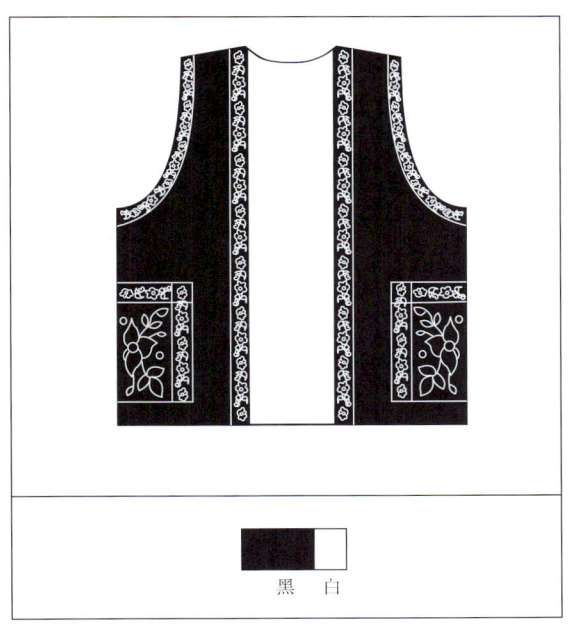

图五 傈僳族男式黑马褂色彩分析图

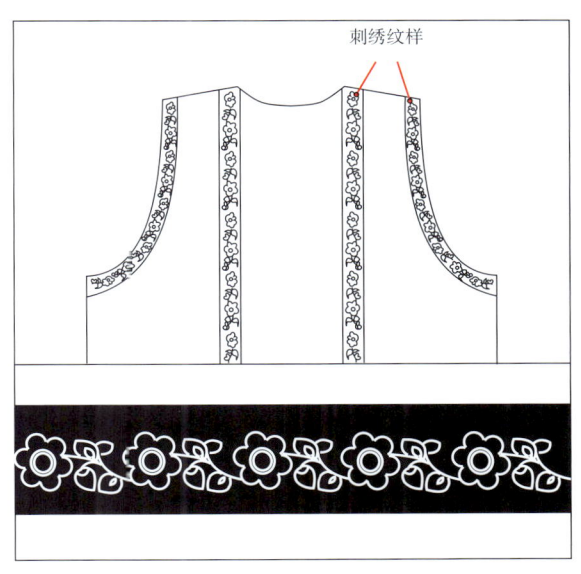

图七 傈僳族男式黑马褂纹样效果示意图

图六 傈僳族男式黑马褂纹样工艺分析图

第二章 傈僳族传统服饰

禄劝傈僳族女式中长衫

图一　禄劝傈僳族女式中长衫主图

傈僳族女式中长衫，通长90厘米，宽162厘米。长及臀下，膝盖之上，几乎只有云南昆明禄劝县傈僳族穿戴，而其他地区的傈僳族基本上为短衫或长衫。据史料记载，传统傈僳族女式服饰多为短衫，清《皇清职贡图》卷七释记载："猓猓男子裹头，衣麻布，披毡衫，佩短刀，善用弩，发无虚矢。妇女短衣、长裙、跣足，负竹筐出入，种荍稗，随地输赋。"

禄劝傈僳族女式中长衫主要采用合成材料：涤棉，局部还用纯棉。禄劝女式服饰多用黑色作为底色，年轻妇女或姑娘喜欢大红、天蓝、玫瑰红，服饰上均绣满大朵花纹，色彩对比强烈。这件右襟长衫有两颗盘扣，一颗在锁骨处，一颗位于腋窝下。在衣服的大襟衣领、袖口和下摆处贴有精美的花边和绣有丰富的花纹，其他部位无纹。在衣领处，缝有一圈银泡饰品，这不仅展示了傈僳族妇女的美，而且也是财富的象征。衣领、衣襟、领口和下摆是服饰的重要部位，容易磨损，傈僳族人就在这些部位缝上一层花边，不仅使服饰显得精美华丽，更让服饰耐磨。服饰中的红色牡丹绣花是这件衣服的主体纹样，牡丹花是通过花茎串联，二方连续排列在领口、下摆和右襟。刺绣工艺主要采用平绣，盘扣的制作主要借助于带子和绳子，首先需要缝制硬条,将剪下来的布毛边往里折,然后对折,形成四层,再用针缝制(如图六示);硬条缝制好就是扣坨的编结,用缝制好的硬条交叉穿插编制扣坨(如图七示);接下来就是花扣的制作,根据所需纹样,用硬条绕成各种花纹,然后用针线缝制好。盘扣制作工艺包括了盘、包、缝、编等多种手法。盘扣不仅作为纽扣使用,还可以作为服装饰品。

傈僳族人在保持本民族传统文化精髓的基础上不断吸收外来优秀文化,并应用于本民族。禄劝傈僳族女式中长衫就是在本民族传统服饰的基础上,吸收了彝族和其他民族的特色而制成。

图片来源
图一至图八　李雪婷　制图
图九　何文琴　摄影

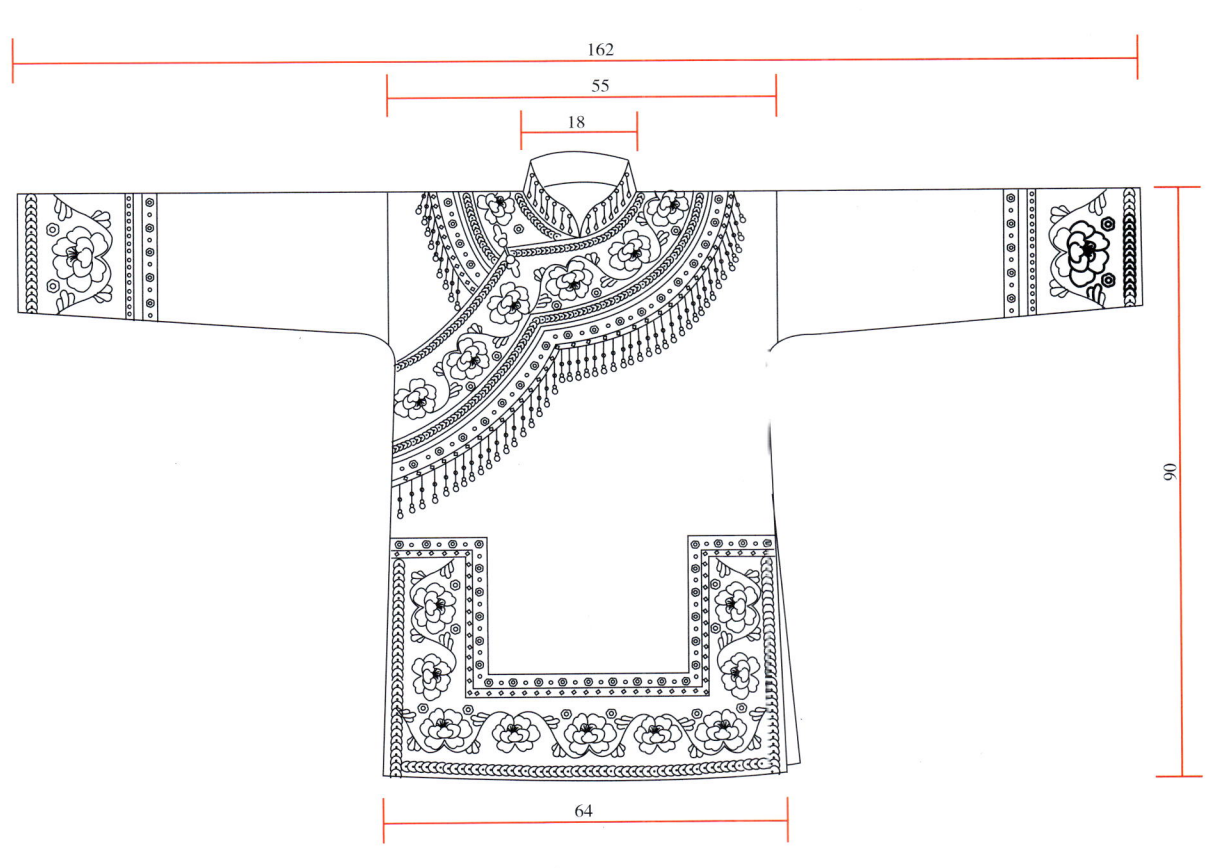

图二　禄劝傈僳族女式中长衫尺寸图(单位:cm)

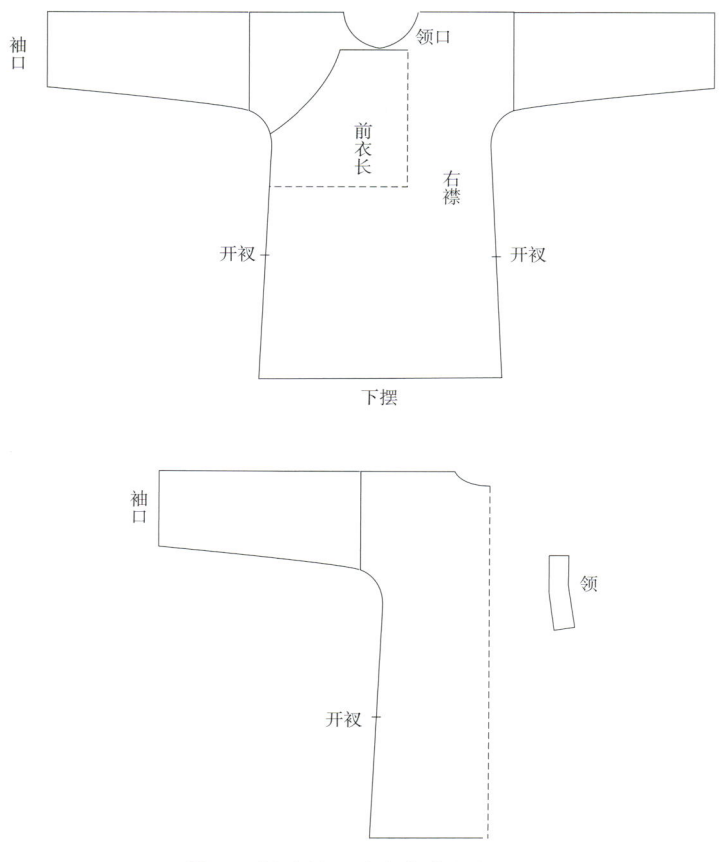

图三 禄劝傈僳族女式中长衫开片图

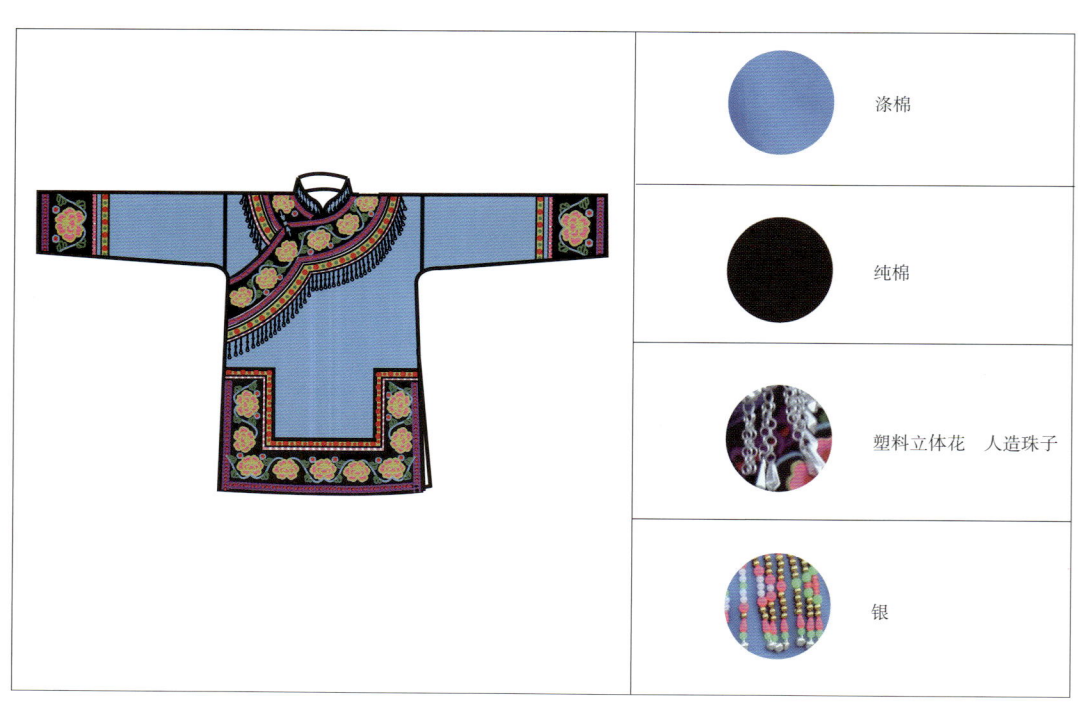

图四 禄劝傈僳族女式中长衫材料分析图

图五 禄劝傈僳族女式中长衫色彩分析图

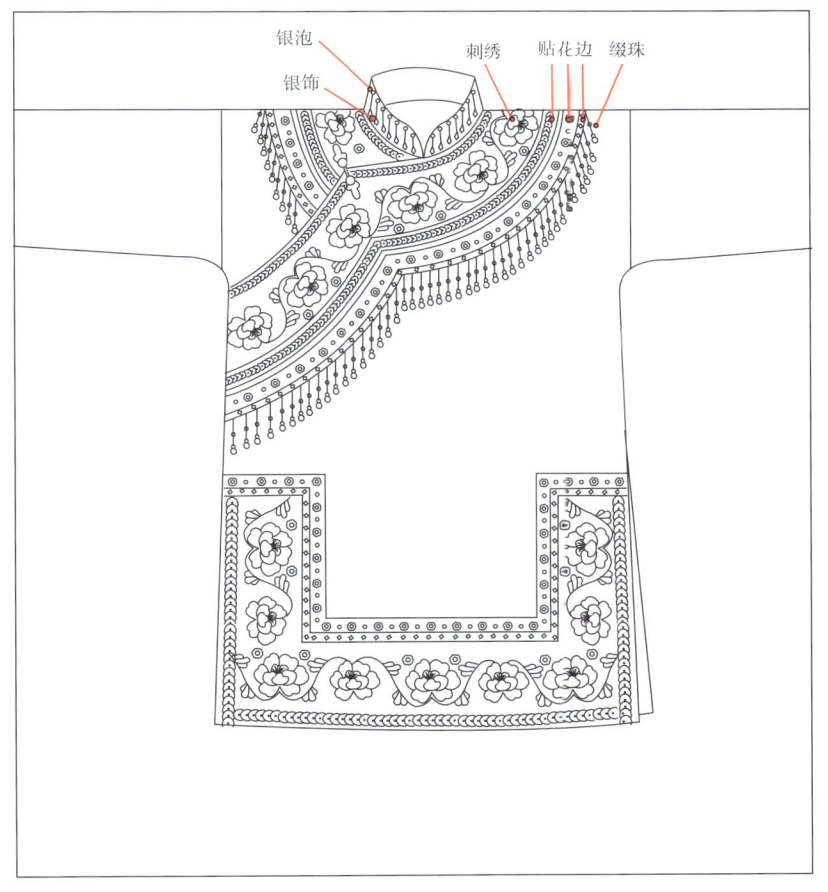

图六 禄劝傈僳族女式中长衫工艺分析图

第二章 傈僳族传统服饰

107

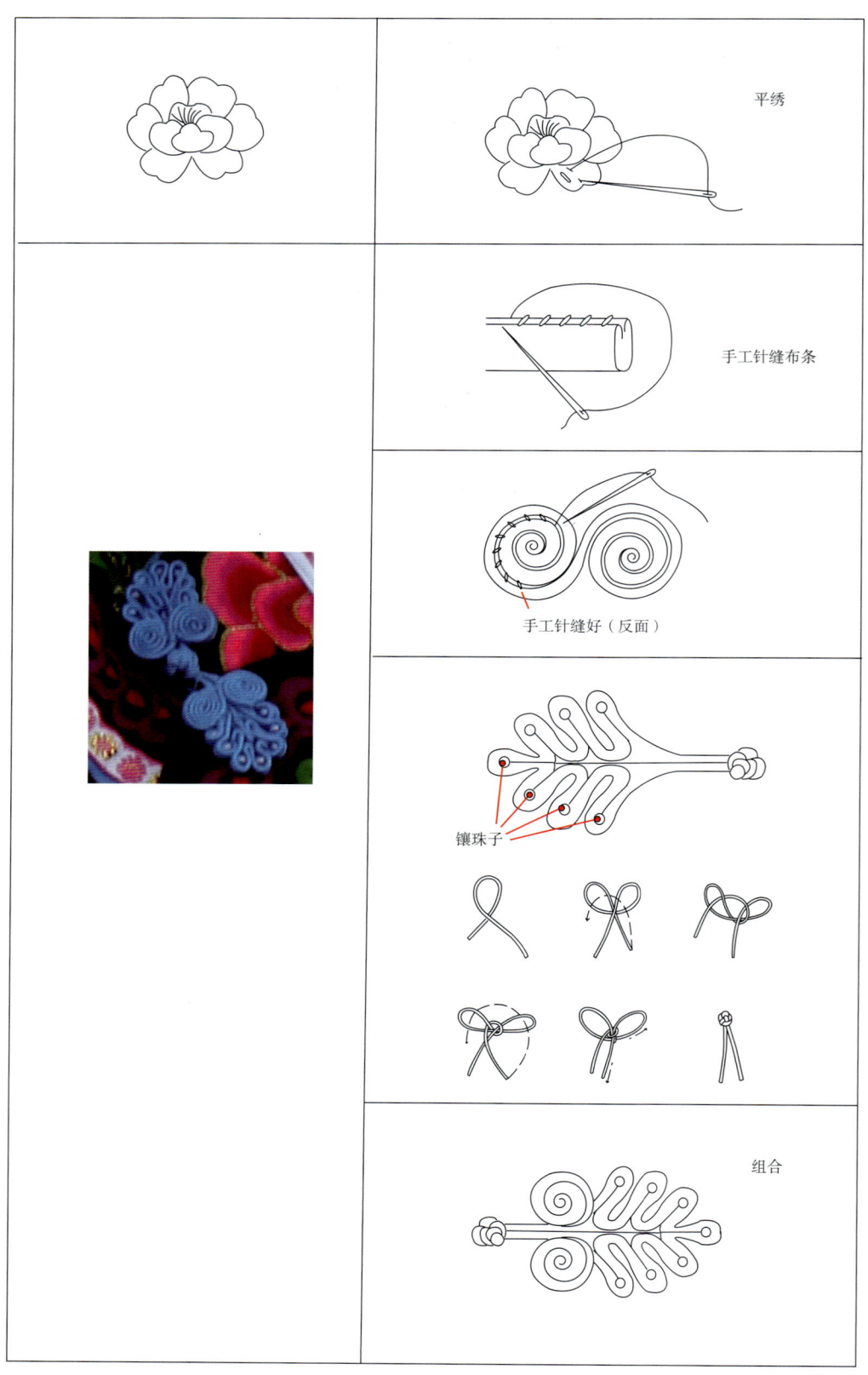

图七 禄劝傈僳族女式中长衫盘扣制作流程图

牡丹花

图八 禄劝傈僳族女式中长衫纹样效果示意图

图九 禄劝傈僳族女式中长衫穿着效果示意图

永胜傈僳族右衽短襟棉麻布女式短衫

图一 永胜傈僳族右衽短襟棉麻布女式短衫主图

永胜傈僳族右衽短襟棉麻布女式短衫通长82厘米，宽176厘米，较为宽大，没有扣子，需要绑上腰带才能贴身。这件右衽短襟棉麻布女式短衫采集于云南丽江永胜县松坪乡撒坝子村，2007年，母亲在女儿出嫁时制作，布料织造和缝制约花了两个月的时间。

永胜傈僳族服饰色彩单纯，多采用黑白两色，配以蓝色，少有复杂的装饰纹样。右衽短襟棉麻布女式短衫制作简单，主要采用拼接的方法：两衣袖对称分布，任意一衣袖由两块棉麻织带、两块蓝色和一块黑色棉布拼接，并将花带缝制在袖口上。据了解，当地傈僳族传统服饰一直以来都色彩单一，或黑或白，因此喜欢将花带缝制在袖口和衣襟处用来填补色彩单一；衣身由宽10～15厘米的棉麻布织带拼接，长度因衣形而不一。这件棉麻布女式短衫的棉麻布料是用麻线、棉线在火草织布机上织成，将棉线放入梭中，麻线放在织架上，棉线做纬线，麻线为经线。这种女式短衫适应于春秋季节穿着，即使没有扣子，系上腰带，便可方便劳作。

永胜傈僳族妇女经常将麻线和棉线织成麻布或棉麻布，用来缝制衣服，至今这种生活方式都没有变化，创造出丰富的物质文化。

图片来源
图一、图八　梁婷　摄影
图二至图七　李雪婷　制图

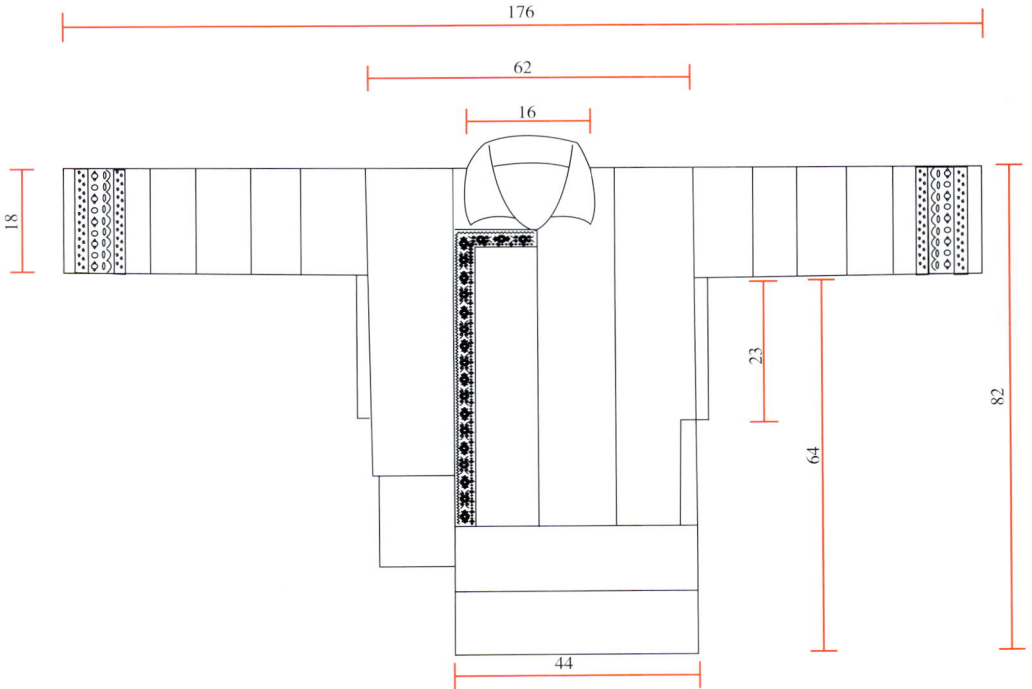

图二　永胜傈僳族右衽短襟棉麻布女式短衫尺寸图（单位：cm）

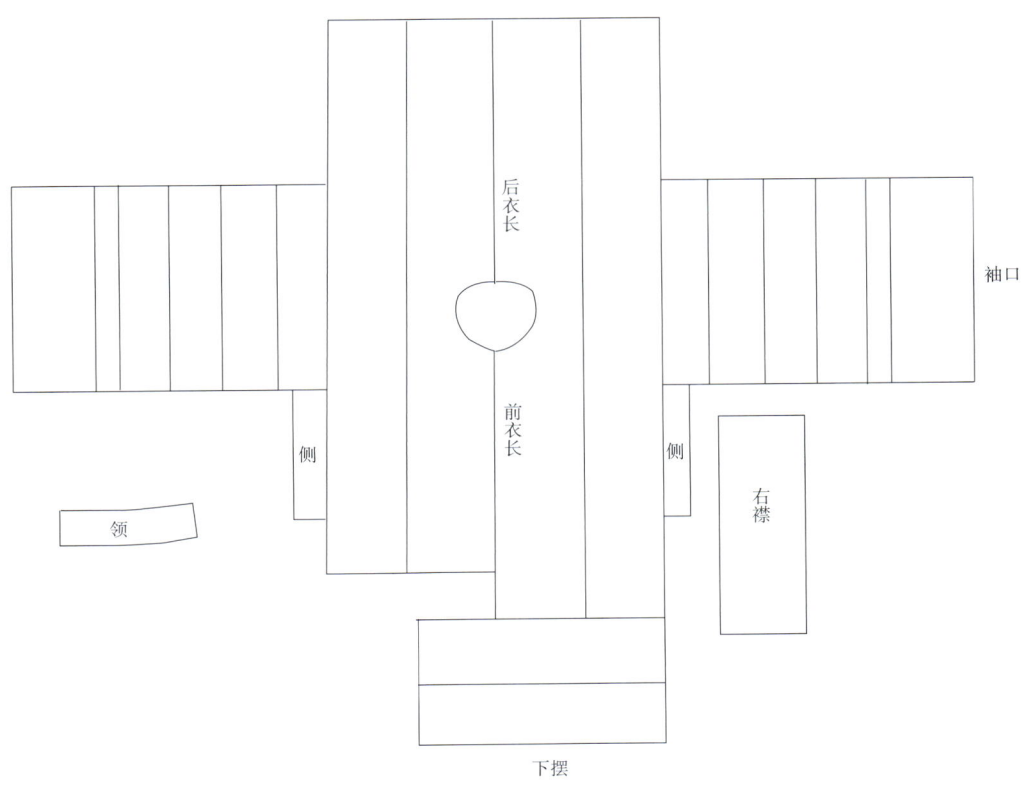

图三　永胜傈僳族右衽短襟棉麻布女式短衫开片图

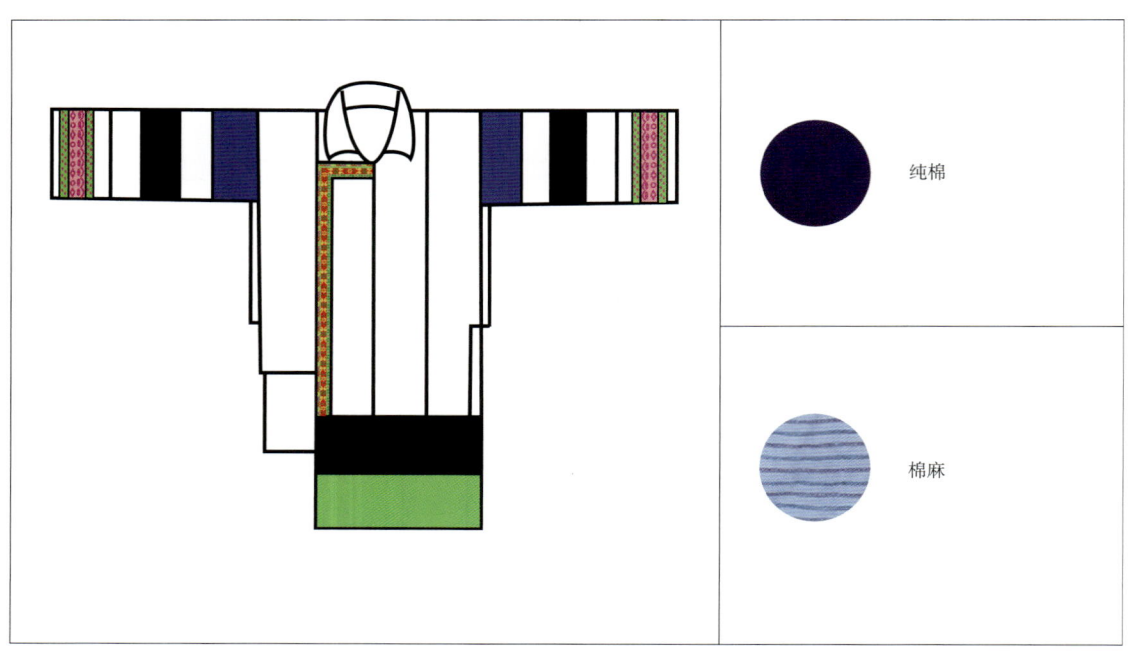

图四 永胜傈僳族右衽短襟棉麻布女式短衫材料分析图

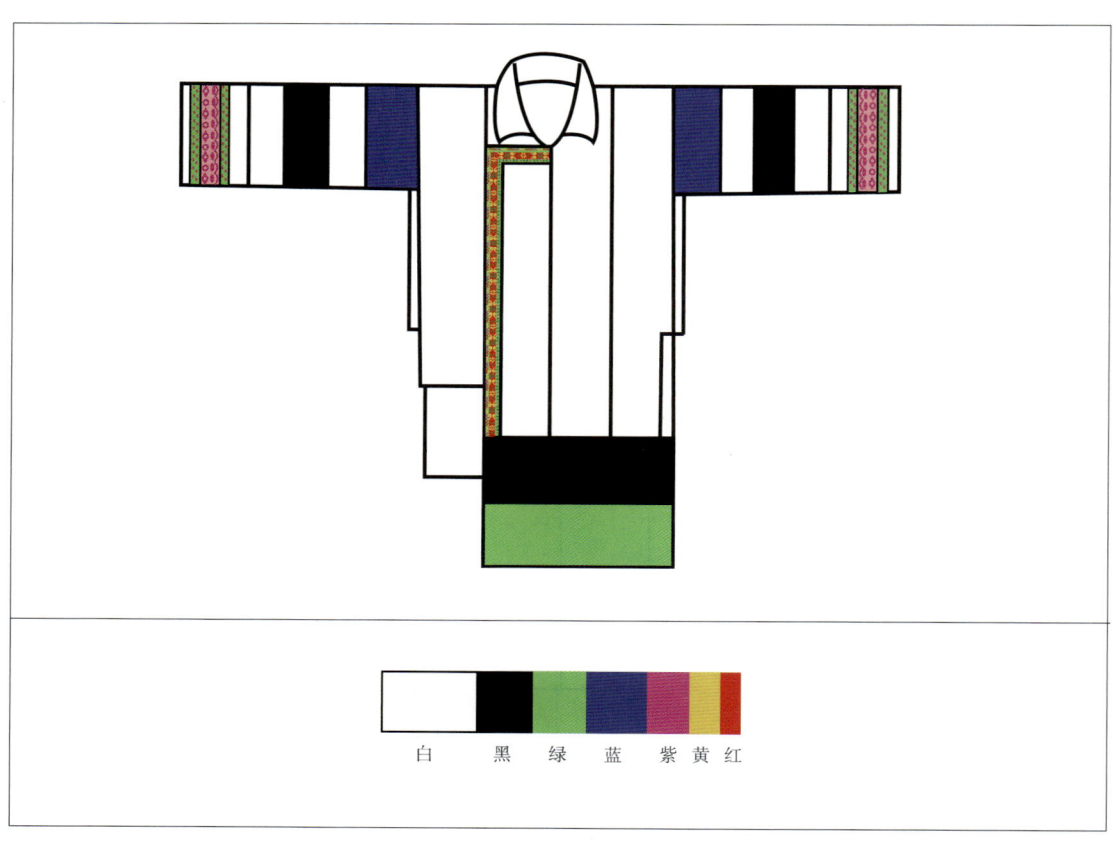

图五 永胜傈僳族右衽短襟棉麻布女式短衫色彩分析图

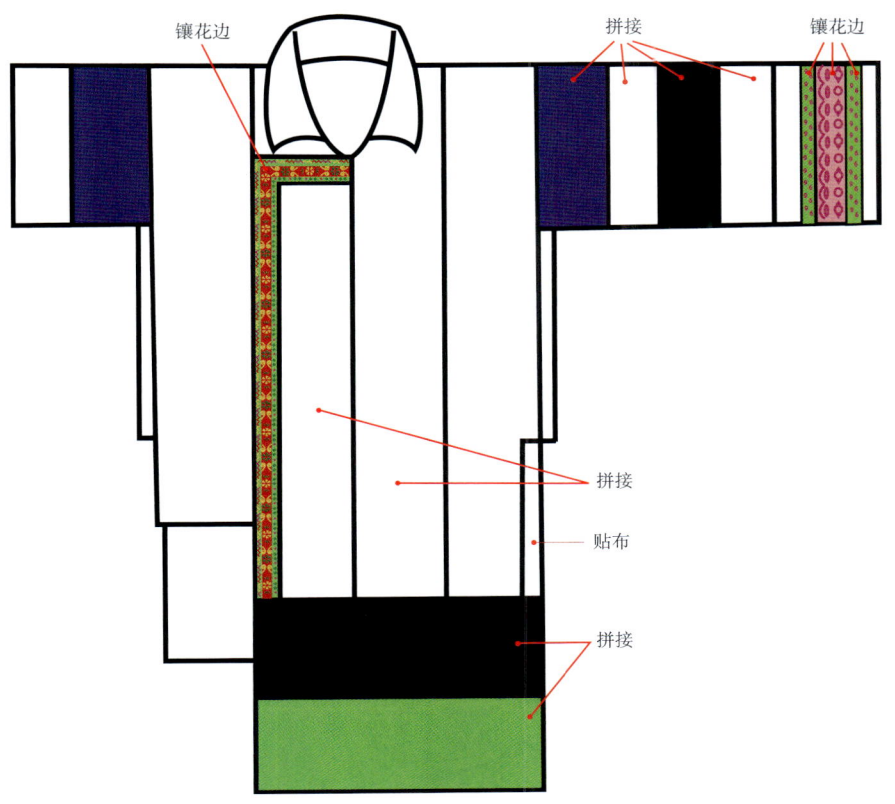

图六 永胜傈僳族右衽短襟棉麻布女式短衫工艺分析图1

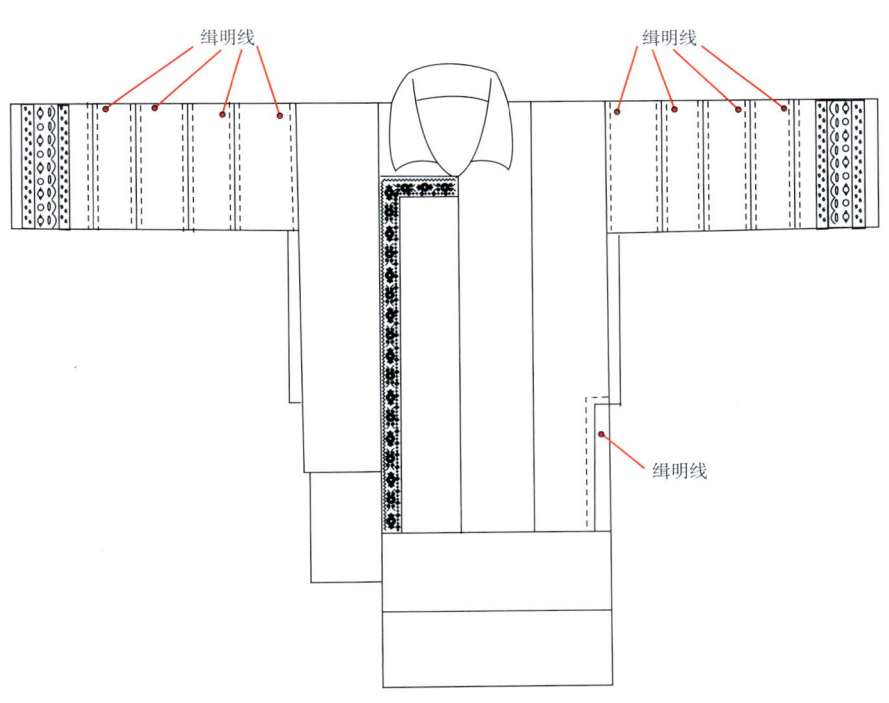

图七 永胜傈僳族右衽短襟棉麻布女式短衫工艺分析图2

图八　永胜傈僳族右衽短襟棉麻布女式短衫穿着效果示意图

东风傈僳族女式短衫

图一　东风傈僳族女式短衫主图

　　傈僳族女式短衫，右衽开襟，立领，有三颗盘扣（锁骨处两颗，腋下一颗），通长88厘米，宽168厘米，衣服下摆长及胯骨处。此案例采集于云南丽江永胜县东风乡同乐村。这种女式短衫多为已婚妇女、中老年妇女穿，色彩相对暗沉。

　　东风乡位于丽江市永胜县最南部，处于大山深处，交通不便，传统生活方式保存完好。制作这种女式短衫的材料多采用麻布或棉布。这种女式短衫的下摆很宽大，需要系上腰带才方便劳作和行动，袖口较小。这种女式短衫单薄，主要在春夏和秋季穿戴，春秋季还会套上背心或坎肩。短衫多以黑色、暗绿、暗红为主色，用白、红、黄等亮色点缀。这种女式短衫制作工艺简单，年纪较大的妇女根据经验裁剪、缝制。首先缝制短衫主体部位，做成背心状，然后可将另外缝好的两个衣袖拼接上。

　　傈僳族聚居地区日照充足，紫外线强，因而这种女式短衫单薄。由于水资源比较匮乏，给洗涤衣物带来诸多不便，因此耐脏性的深红就作为了服饰的主色调。至今，东风傈僳族妇女仍然保留着自己的文化传统和着衣习俗。

图片来源
图一至图七　程珊　制图
图八　何文琴　摄影

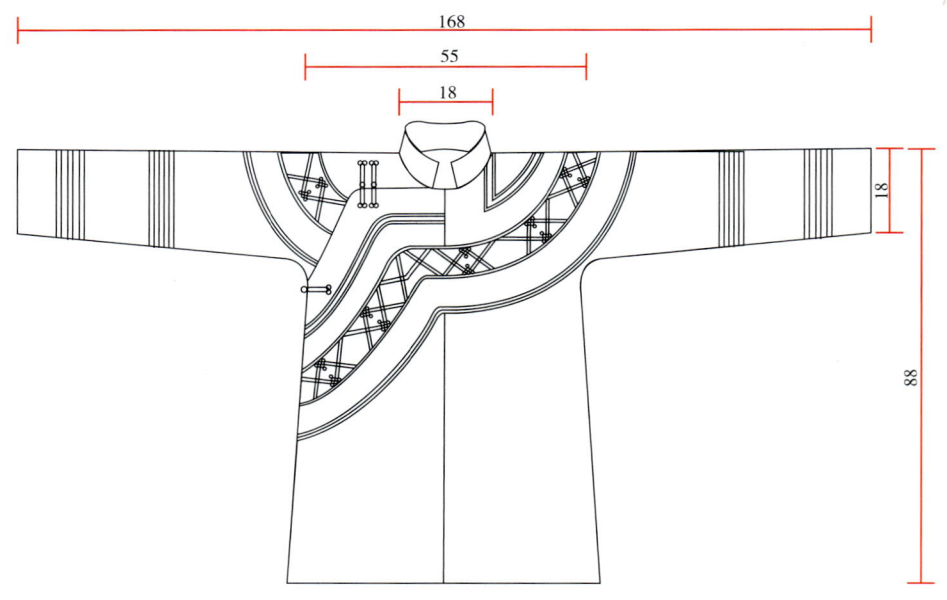

图二　东风傈僳族女式短衫尺寸图（单位：cm）

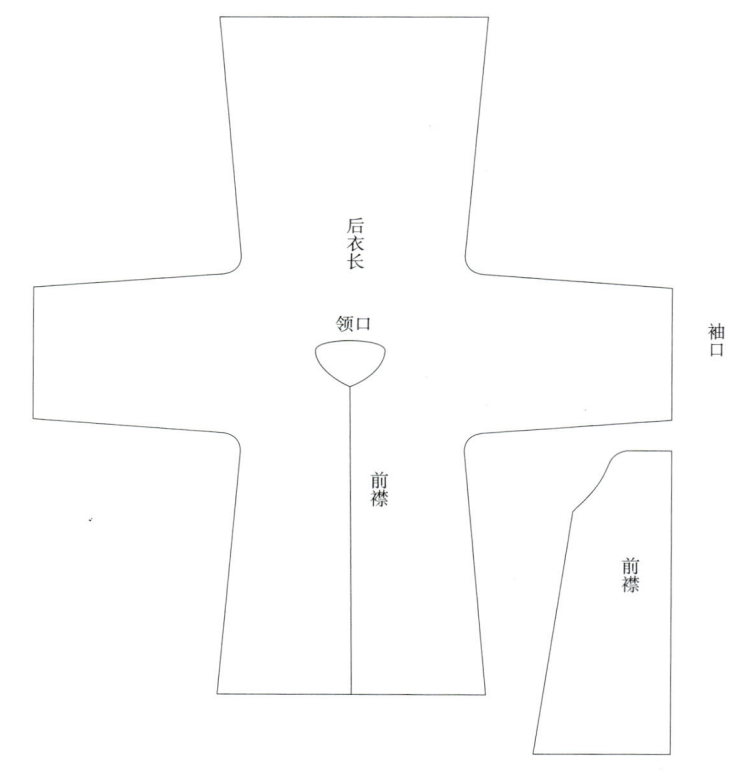

图三　东风傈僳族女式短衫开片图

图四 东风傈僳族女式短衫材料分析图

图五 东风傈僳族女式短衫色彩分析图

第二章 傈僳族传统服饰

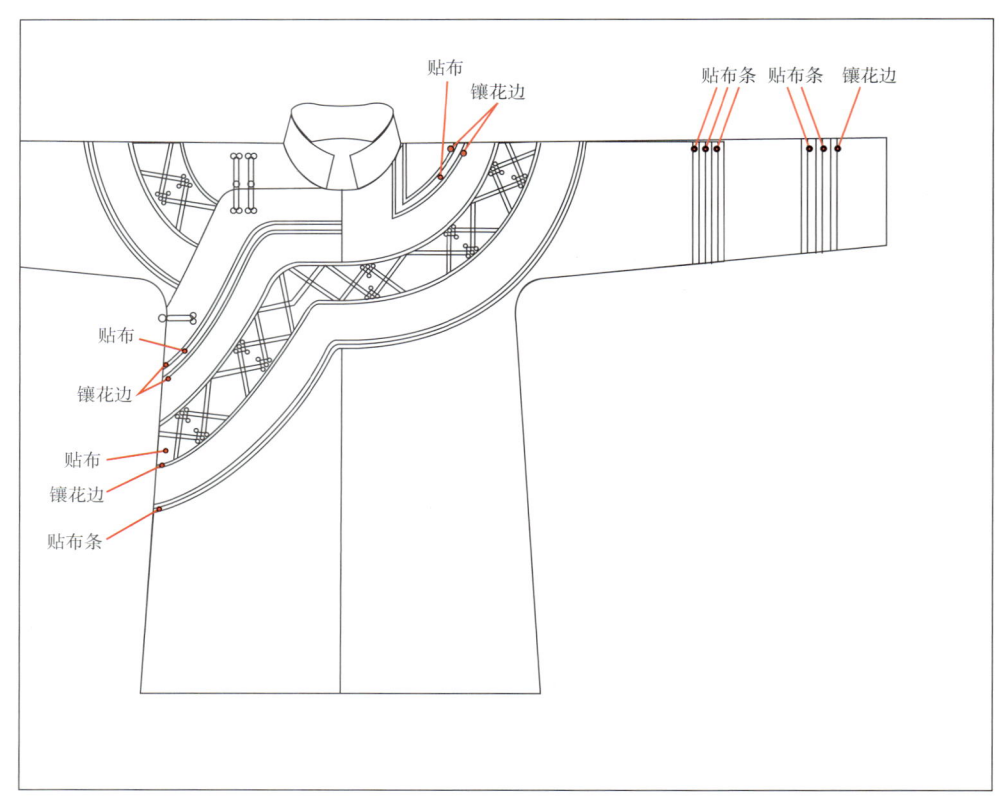

图六 东风傈僳族女式短衫工艺分析图1

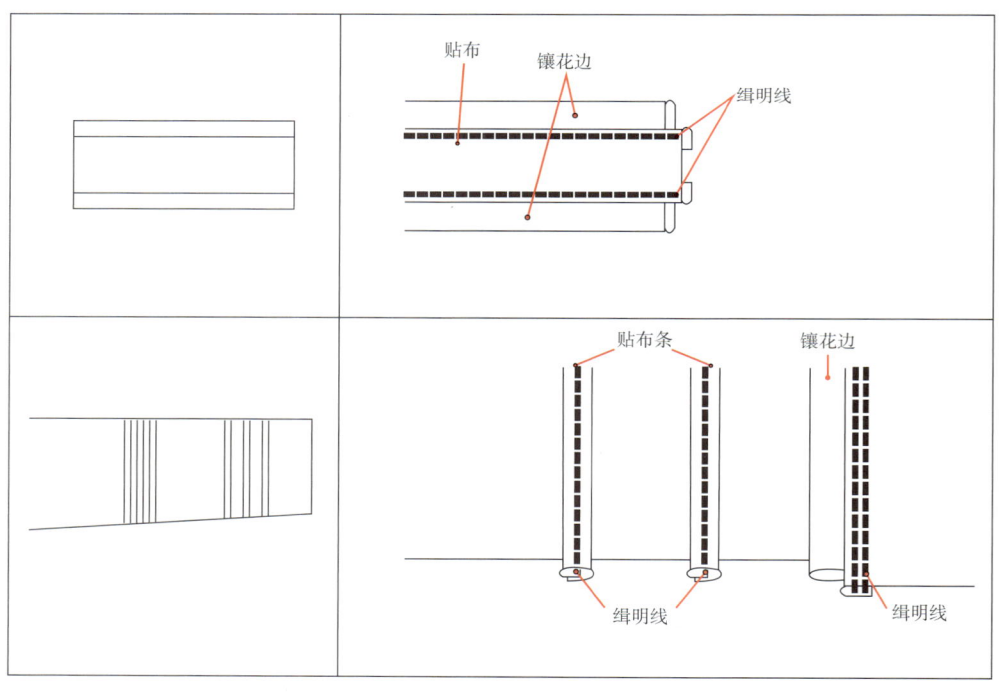

图七 东风傈僳族女式短衫工艺分析图2

图八　东风傈僳族女式短衫穿着效果示意图

第二章　傈僳族传统服饰

丽江傈僳族女式上衣

图一　丽江傈僳族女式上衣主图

云南丽江傈僳族女式上衣用的是自己编织的麻布，款式为右襟带银泡领的短衫，通长55厘米，宽160厘米。领口、胸襟、袖口绣有色彩斑斓的图案，以植物花卉纹为主，体现了傈僳族人对大自然热爱。

要织成这样一件绚丽多彩的上衣，其工序比较复杂。用料大多是麻布，这种麻布称为火草布，是用火麻、火草合织而成的，火麻是自己种植的，火草则是山上采来的。将火麻、火草分别加工成细线，再织成布。丽江傈僳族女式上衣颜色艳丽，尤其喜用红色，象征生命的热情奔放，也象征新生命的初始，因此傈僳族女孩婚嫁时往往选择红色绣满花纹的服饰。

丽江傈僳族女式上衣间接反映了当地的气候、地理环境和生活方式，用麻布制成的上衣，在寒冷的地区较能起到御寒的作用；窄袖的设计，不会影响劳作的进度。其色彩的运用，诠释了傈僳族人对大自然的理解与热爱。

图片来源
图一、图七　何文琴　摄影
图二至图四　程珊　制图
图五至图六　马蓉　制图

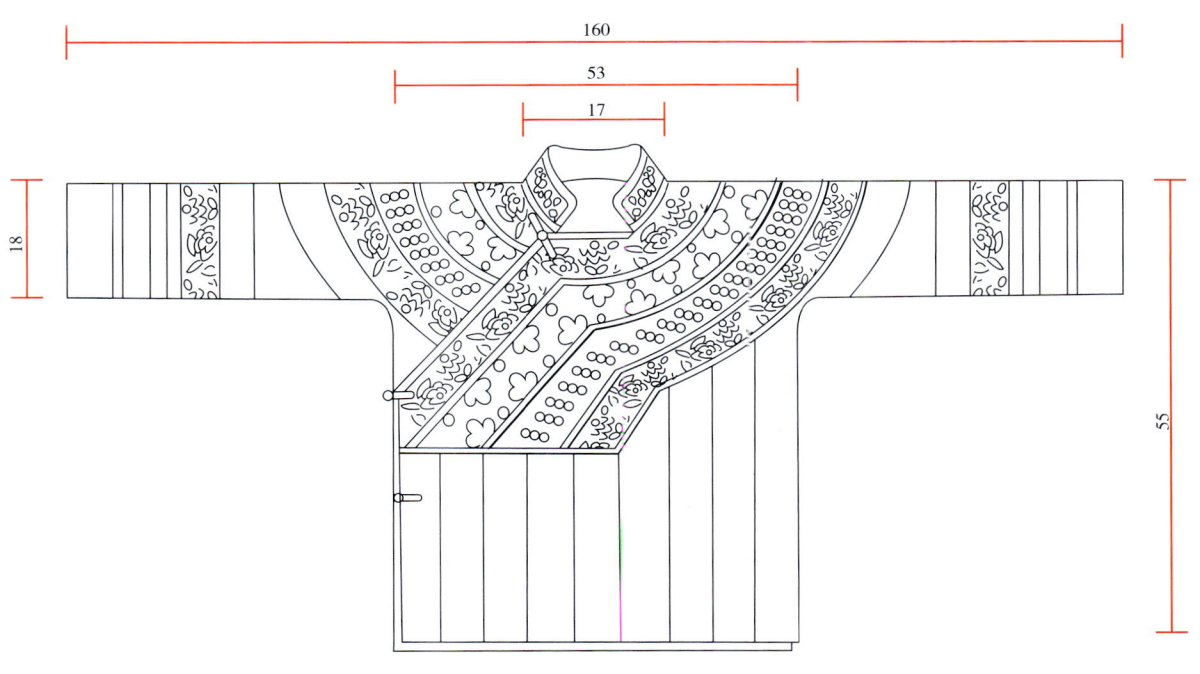

图二　丽江傈僳族女式上衣尺寸图（单位：cm）

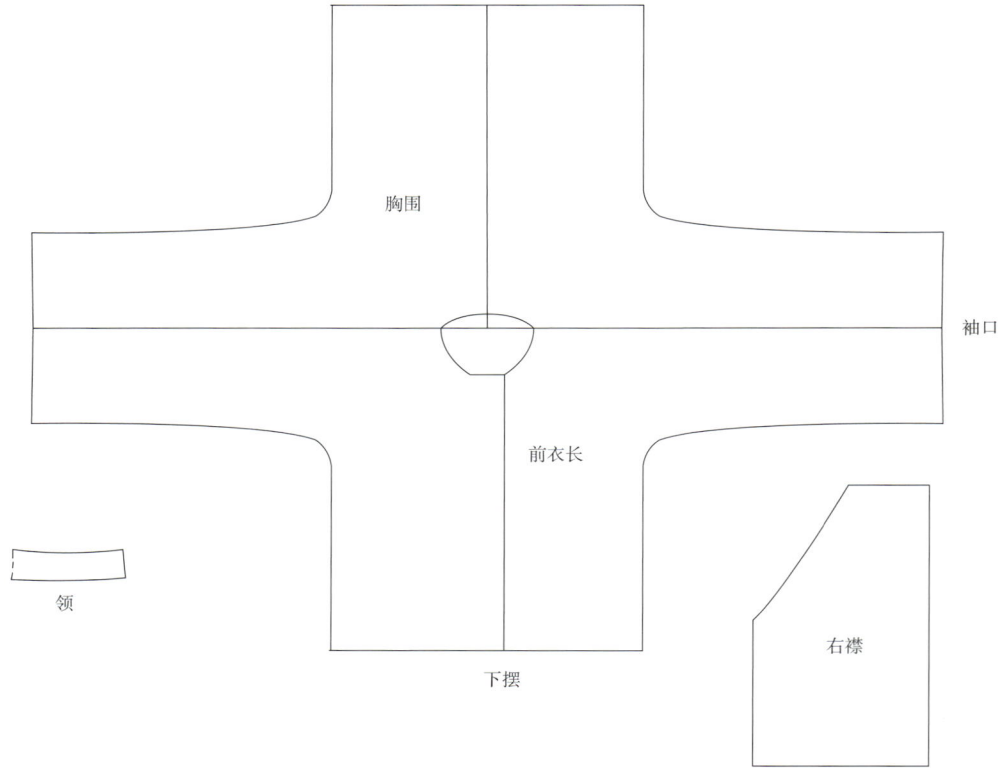

图三　丽江傈僳族女式上衣开片图

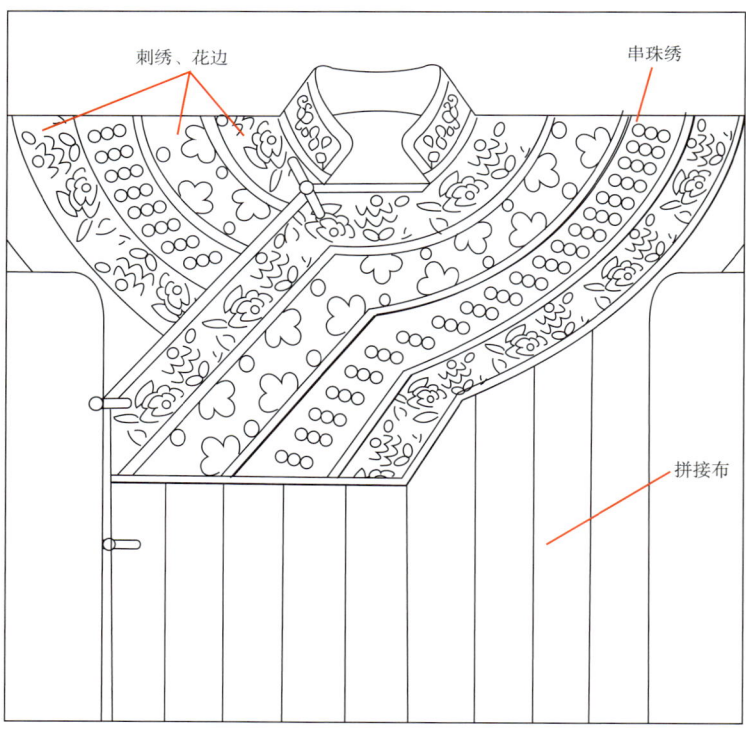

图四　丽江傈僳族女式上衣工艺分析图1

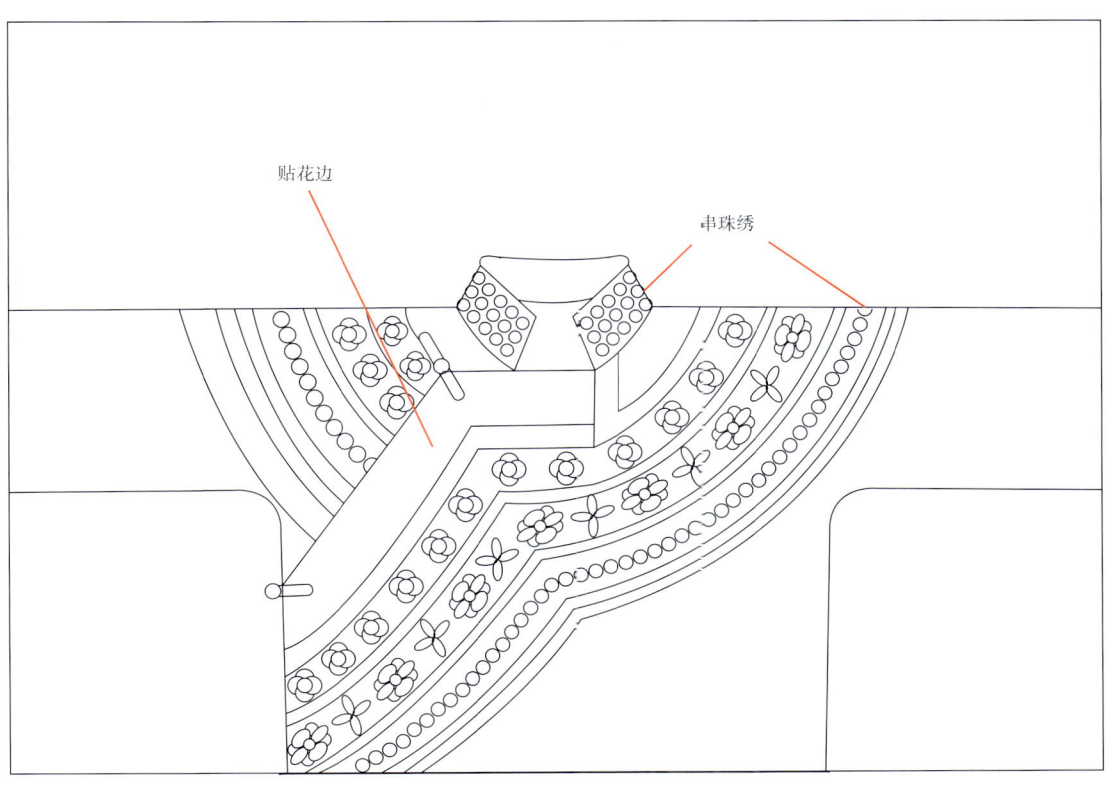

图五　丽江傈僳族女式上衣工艺分析图 2

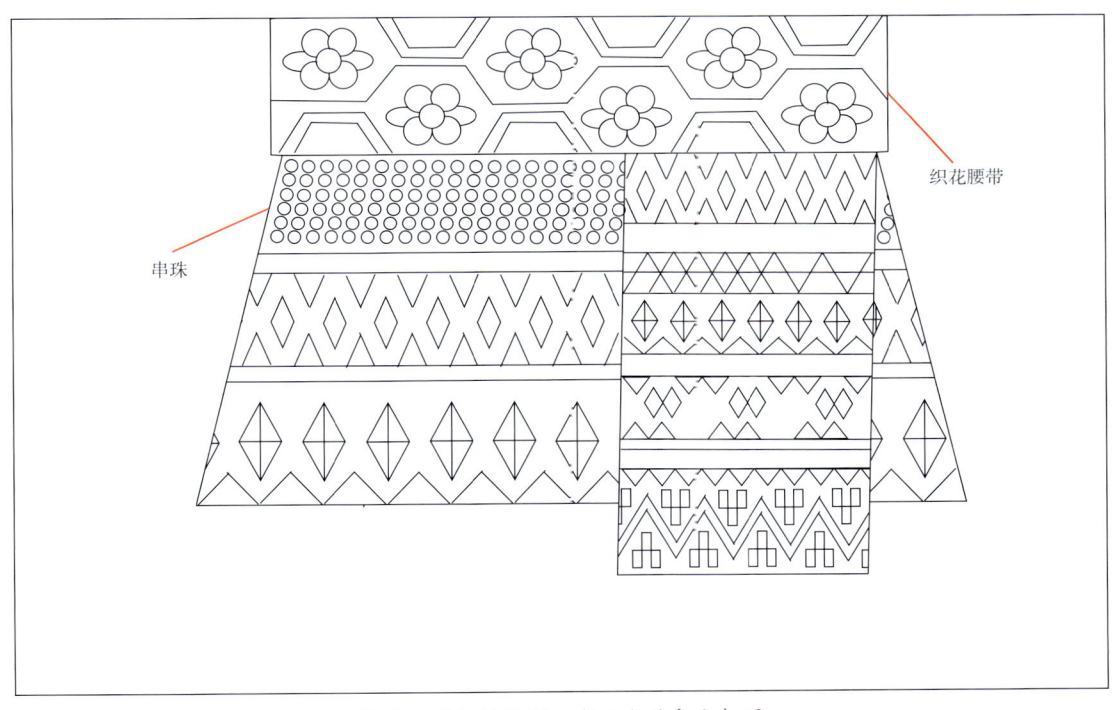

图六　丽江傈僳族女式上衣局部分析图

图七　丽江傈僳族女式上衣穿着效果示意图

傈僳族女式棉布裙

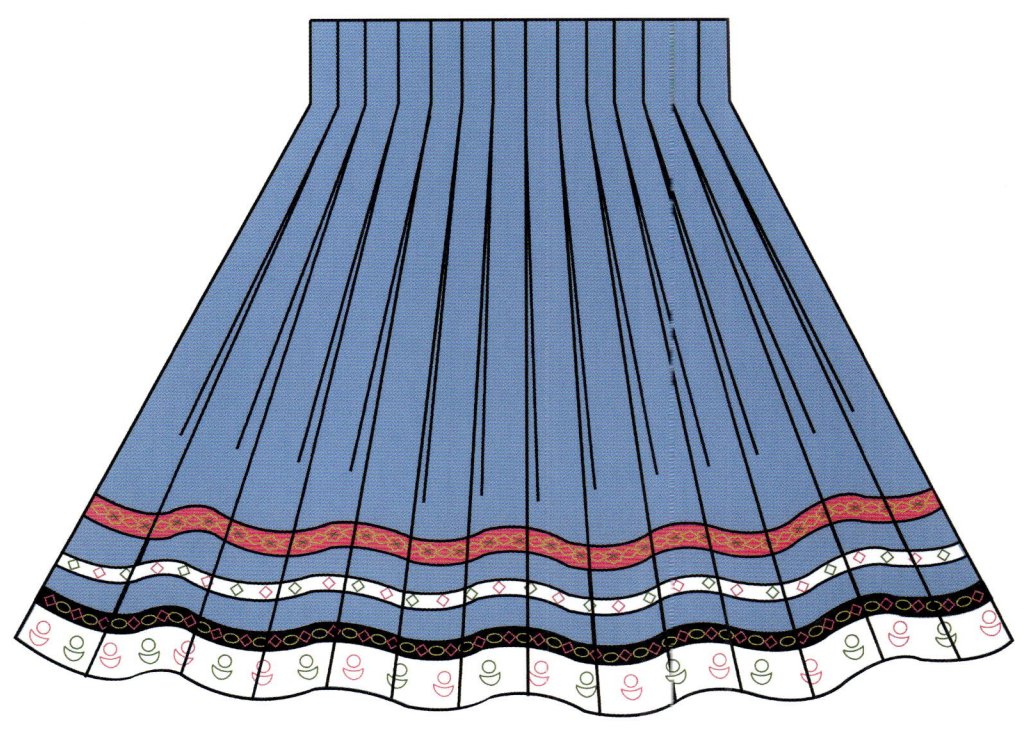

图一　傈僳族女式棉布裙主图

傈僳族妇女常喜欢穿中长衫配绿色或蓝色的棉布裙，裙子长及脚踝处，通长80厘米。此案例采集于云南昆明禄劝县，是现在禄劝傈僳族妇女喜爱穿的服饰形式。这种棉布裙下摆很宽大，傈僳族妇女在舞蹈时，飘逸的下摆非常优美。

傈僳族女式棉布裙通体由蓝色棉布缝制而成，裙摆处缝上各色花边，如红、绿、白、黄等，这些花边点缀其中，裙摆更加艳美。棉布裙的制作工艺简单：首先裁一块适当大小（根据不同体形）的布料，然后腰部采用一顺折，也就是阴折的方式（如图六示），在腰部将布料往里折，因为阴折的幅度较大，所以在裙子下摆形成了较大波浪，蓝色的波浪状犹如一条条河流，这也是傈僳族妇女对自己生存环境的一种认识和视觉表达方式。主体工艺完成后，对裙摆和腰部进行加工处理，裙子的腰部会包边处理，在下摆处缝制几条纹样色彩丰富的花边，尤其是裙摆最下端的花边是从裙摆里侧包边，在裙摆外面形成较宽的花边，使裙摆更动人，色彩丰富，也增加了下摆的耐磨性。

傈僳族聚居地区主要位于滇西北的三江地区，山多水深，自然资源丰富，这样的生态环境对傈僳族的生活方式和造物方式产生了深远的影响，他们通过物化手段将自然界中所见的事物应用于日常生活物品中。这种棉布裙的绉形似三江地区滚滚奔腾的河流，表达了他们对生存环境的认识和喜爱。

图片来源
图一至图六　李雪婷　制图
图七　何文琴　摄影

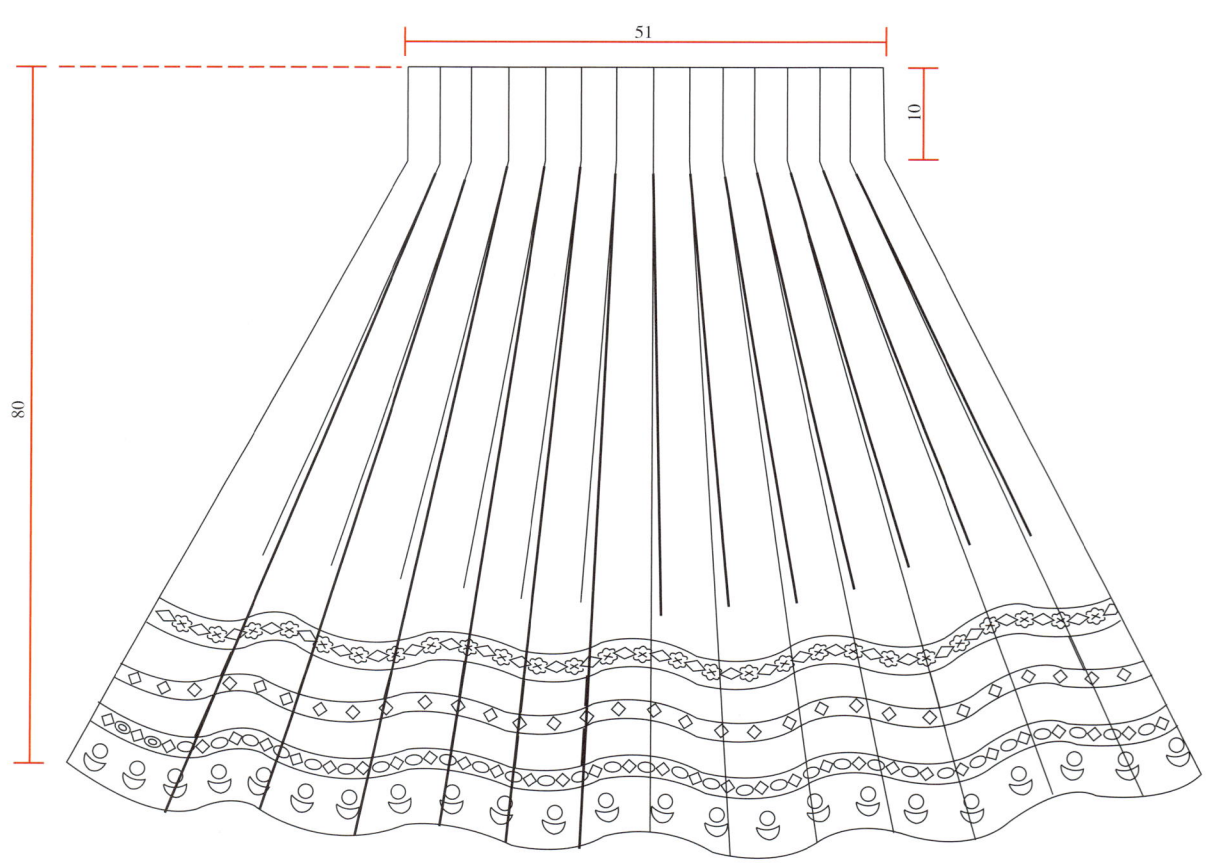

图二　傈僳族女式棉布裙尺寸图（单位：cm）

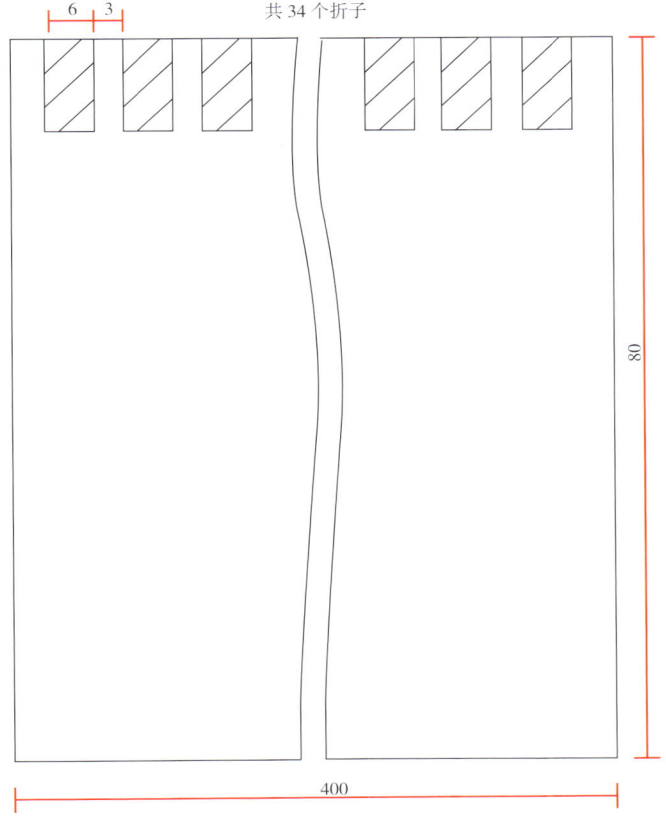

图三　傈僳族女式棉布裙开片、尺寸图（单位：cm）

图四　傈僳族女式棉布裙材料分析图

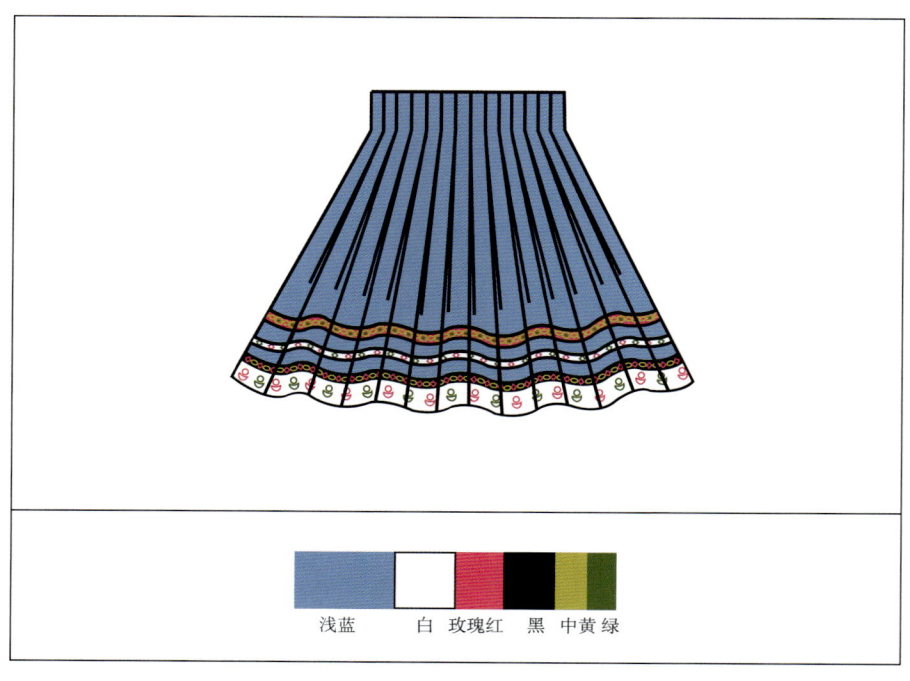

图五　傈僳族女式棉布裙色彩分析图

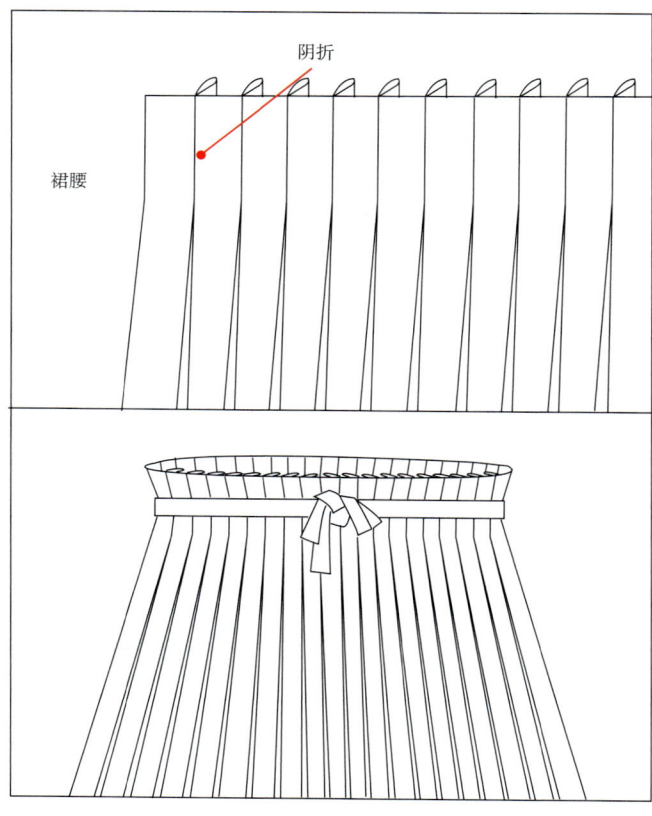

图六　傈僳族女式棉布裙工艺分析图

图七　傈僳族女式棉布裙穿着效果示意图

维西傈僳族百褶裙

图一 维西傈僳族百褶裙主图

　　百褶裙是指裙身有许多垂直的并朝同一方向褶皱的裙子。这条百褶裙通长71厘米，裙摆宽300厘米，裙下摆内贴边与裙摆宽幅相同。裙身颜色为蓝色，裙首颜色为白色，但因时间久远，逐渐变成浅土黄色，下摆与裙身拼接处有一明显的手工针缝线。展开百褶裙，其上的褶皱细密排列，可达上百褶，反面的褶皱缝线清晰可见。

　　裙首由纯棉制成，裙身由一整块棉麻制成。将棉麻铺在地上，然后将布折叠成宽窄一致的褶皱，用棉线缝制褶皱处，并高温熨烫使之成形。因此，一般性的洗涤也不会使裙子变形。且因维西傈僳族百褶裙颜色较深，不易脏，基本不清洗，所以多年来一直可以保持其褶皱的形状。穿戴完毕后，常常套上麻布挂墙壁上防止其弄脏。裙身做好后，将裙首与其缝在一起。维西傈僳族百褶裙为一片式，裙中摆及下摆均用黑色棉线缝制一圈，使其褶皱保持。百褶裙的腰部处理方式非常缜密，将腰部裙首设计成镂空，可将腰带穿过裙首镂空部位，从外看不出百褶裙还围着一圈腰带。裙摆一般及膝下，傈僳族人常常在小腿处绑上绑腿，以方便上山活动，防止被蚊虫叮咬。

笔直的褶皱使裙子具有立体感，穿着百褶裙，走起路来显得婀娜多姿。裙下摆比较容易磨损，在内部拼贴一层纯棉布，可使裙子耐磨损。素色的百褶裙没有过多的装饰，却透露出朴实的民族气息，因为其非常耐脏，深受经常劳作的妇女喜欢。可见，百褶裙是傈僳族妇女日常活动时的理想装束。

图片来源
图一　梁婷　摄影
图二至图七　刘银银　制图

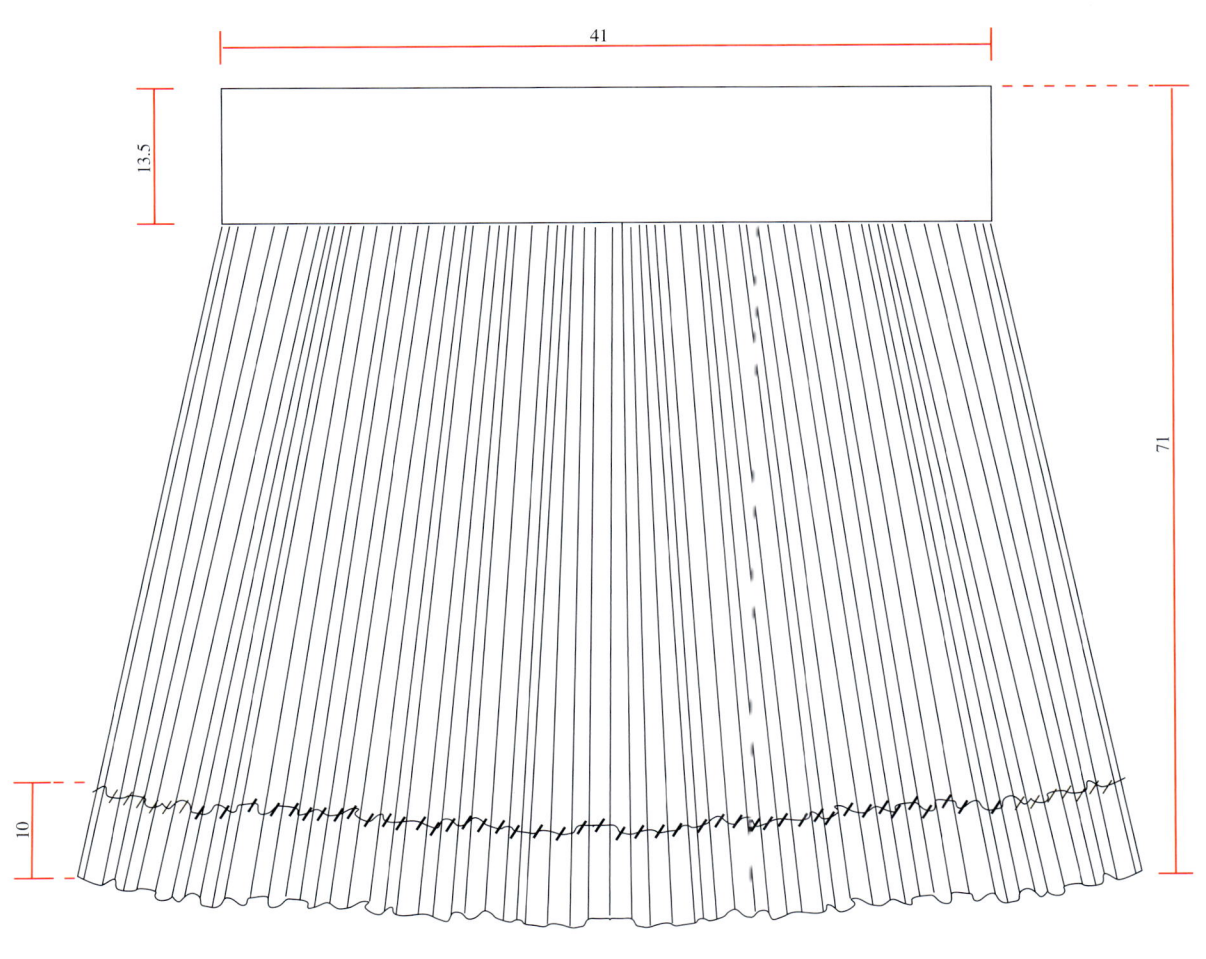

图二　维西傈僳族百褶裙尺寸图（单位：cm）

图三　维西傈僳族百褶裙开片图

图四　维西傈僳族百褶裙材料分析图

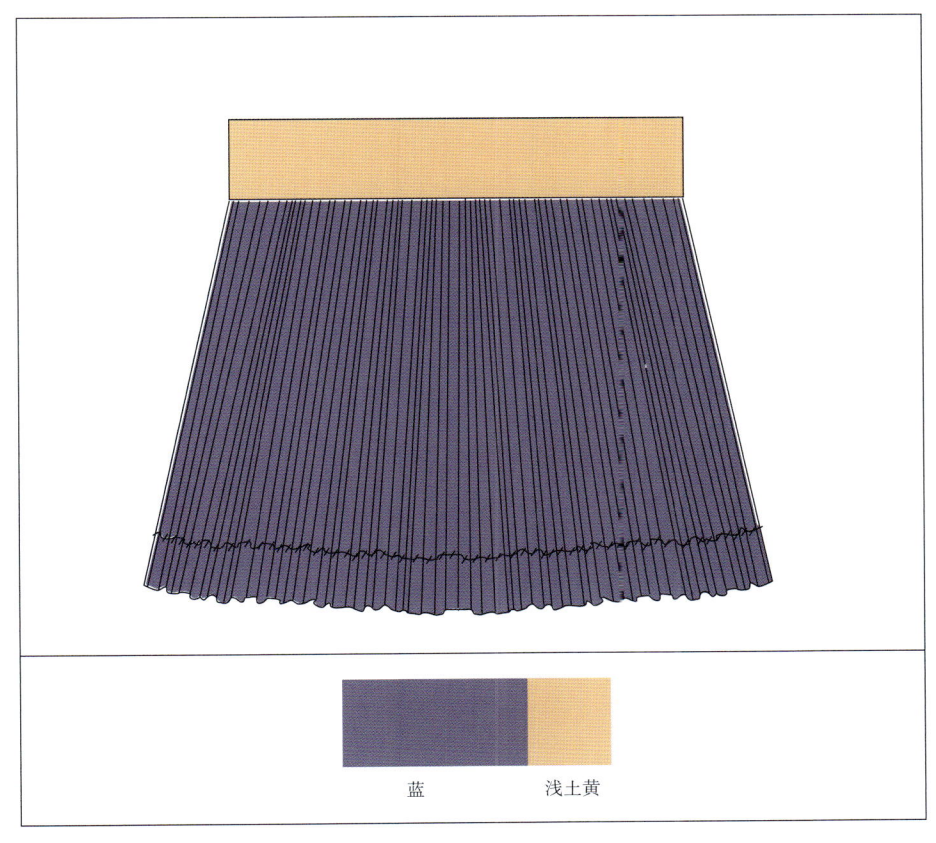

图五　维西傈僳族百褶裙色彩分析图

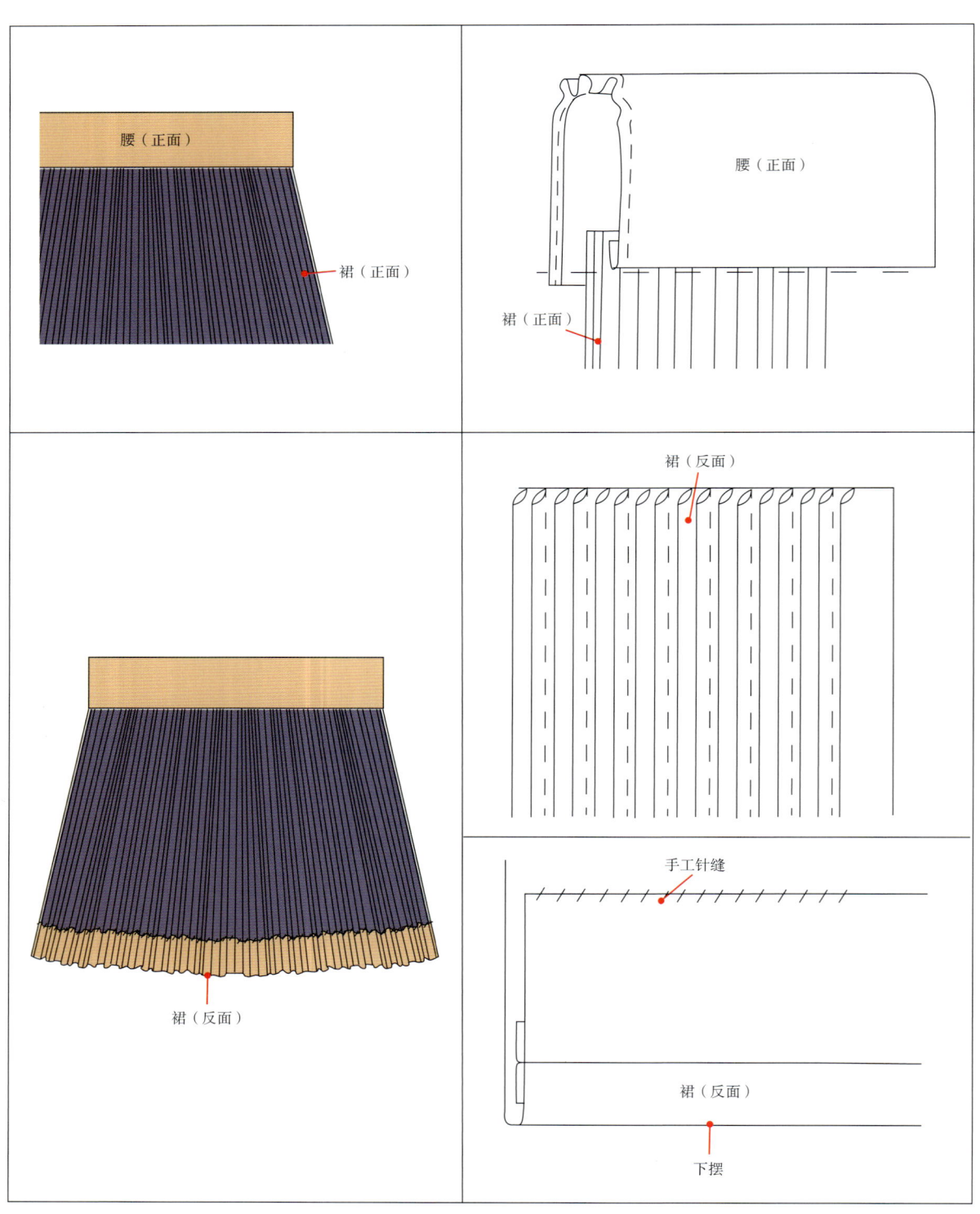

图六 维西傈僳族百褶裙工艺分析图1

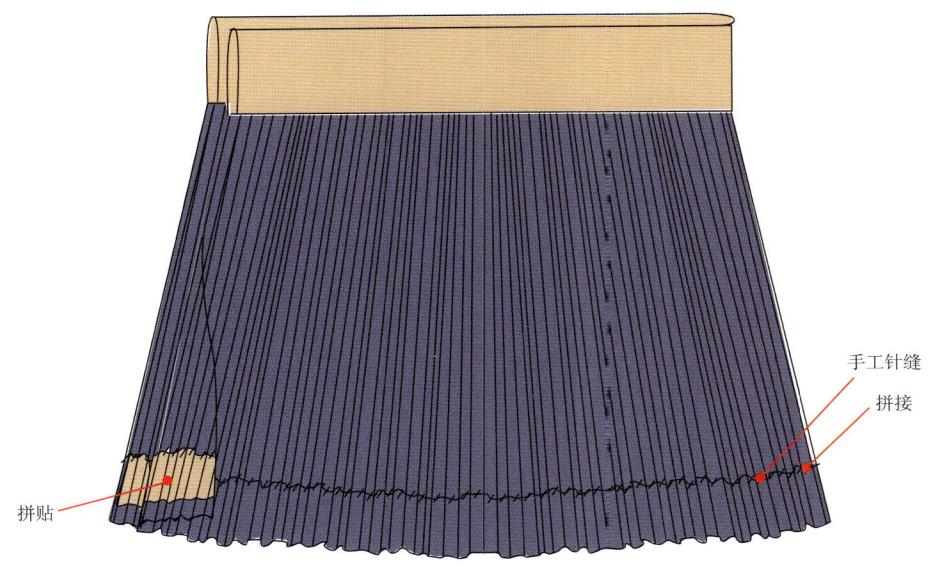

图七　维西傈僳族百褶裙工艺分析图 2

永胜傈僳族百褶裙

图一　永胜傈僳族百褶裙主图

　　傈僳族妇女和女孩大多喜欢穿着百褶裙，云南丽江永胜县傈僳族妇女百褶裙通长84厘米，下摆很宽，共用了72～75条宽8厘米的麻布织带和棉布。这件百褶裙采集于云南丽江永胜县松坪乡撒坝子村顾金英家中。这种百褶裙在永胜县非常普遍。

　　有些地区的百褶裙由一整块布构成，通过缝制或长期折叠而达到褶皱的效果。永胜傈僳族百褶裙是将一块块的布拼接缝制而形成褶皱的效果。百褶裙由深蓝、黑棉布和白麻布拼接而成，整条裙子色系偏冷，满足了百褶裙几乎不清洗的条件，耐脏。因高山地区多产麻，所以百褶裙多用麻布制作而成，少量使用棉布，现在棉布料的使用更方便也容易获得，逐渐取代麻布。永胜傈僳族百褶裙的制作是首先将深蓝、黑和白布料拼接上成长约6米的长方形，在腰部通过采用阴折方式（如图七示），将每块布料从中间对折，然后在腰部处用针线缝制对折处，形成褶皱。

傈僳族人居住在滇西北的高山和高原地区，山林里棘草丛生，毒蛇和毒草很普遍，因此傈僳族妇女喜穿长及膝下，甚至曳地百褶裙，并绑扎腿，既防荆棘，又防毒虫，夏天防蚊虫叮咬，冬天又可御寒保暖。这种百褶裙厚实、保温、美观。傈僳族妇女在爬山或劳作时，把裙摆收拢拧紧插于腰带内，又极为方便劳作。永胜傈僳族百褶裙下摆宽大，增加了内部空间，方便腿脚的行动，适宜于山地行动。

图片来源
图一　梁婷　摄影
图二至图八　李雪婷　制图
图九　何文琴　摄影

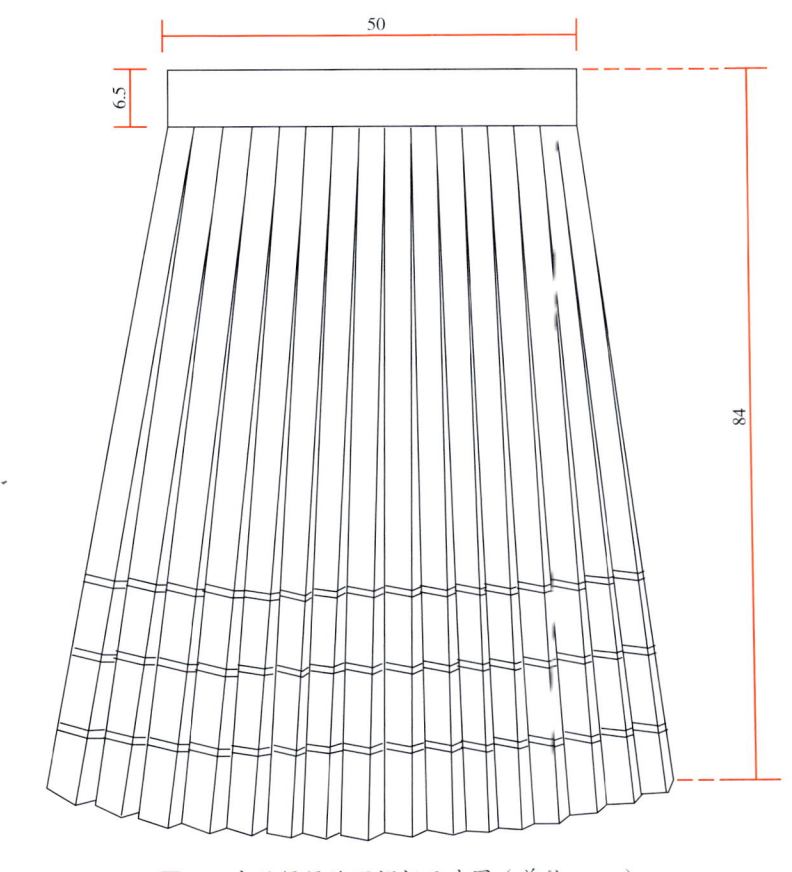

图二　永胜傈僳族百褶裙尺寸图（单位：cm）

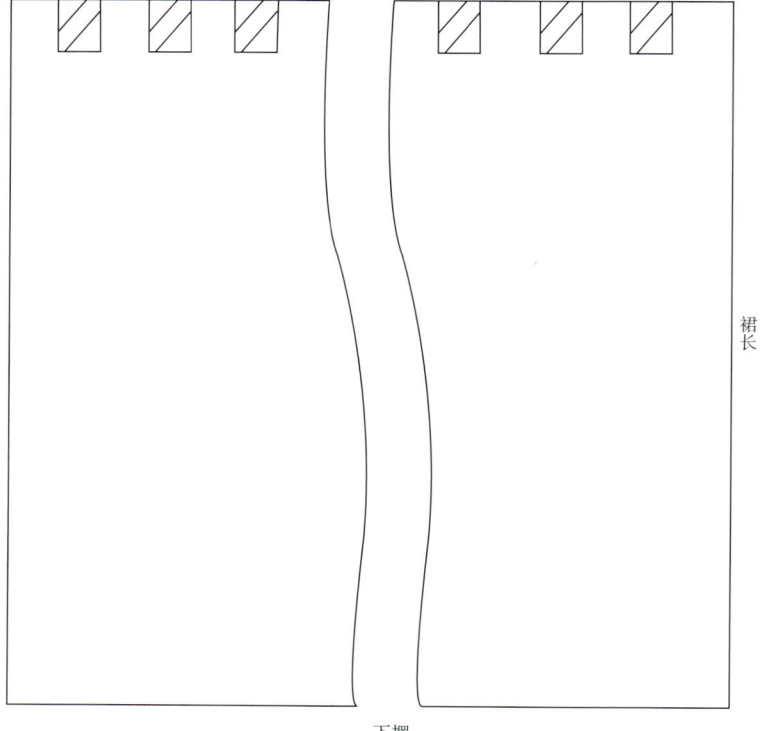

图三　永胜傈僳族百褶裙开片图

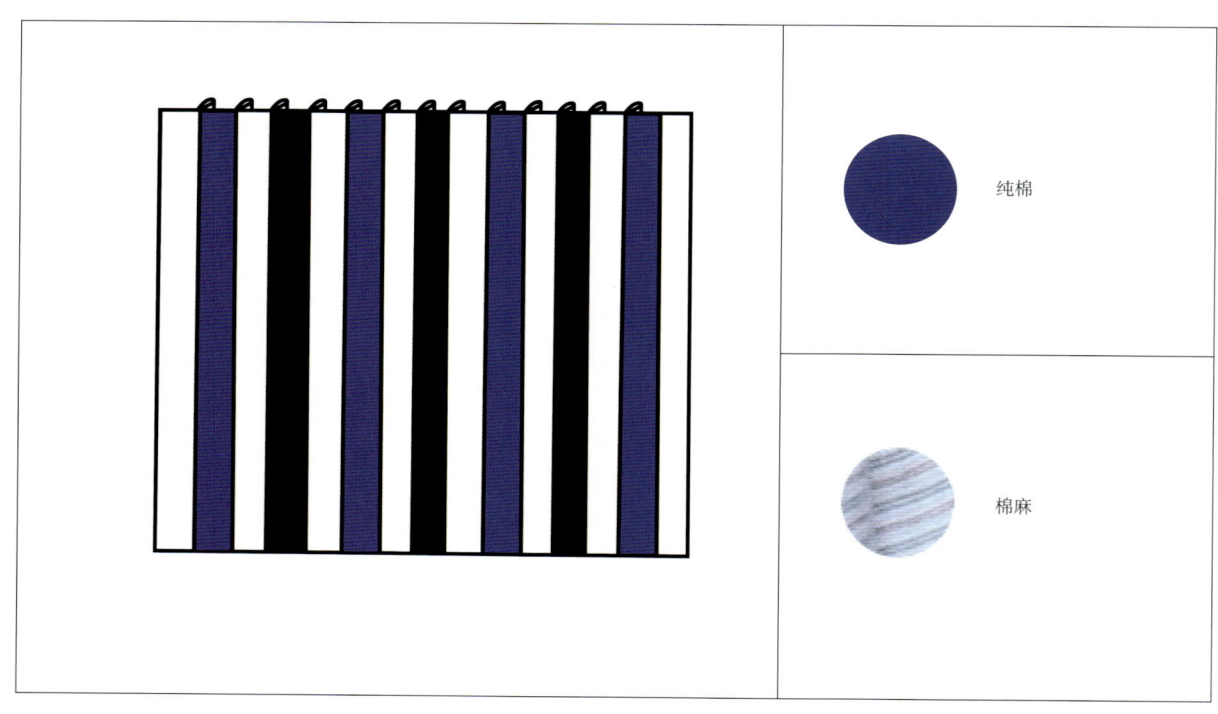

图四　永胜傈僳族百褶裙材料分析图

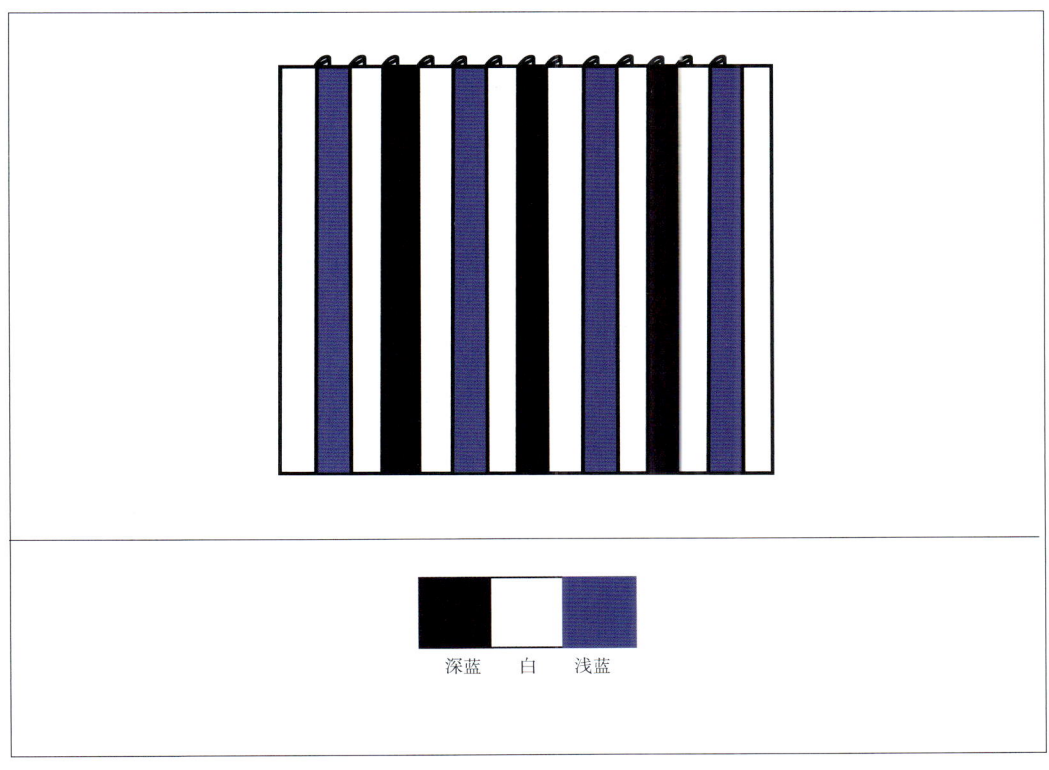

图五 永胜傈僳族百褶裙色彩分析图

深蓝　白　浅蓝

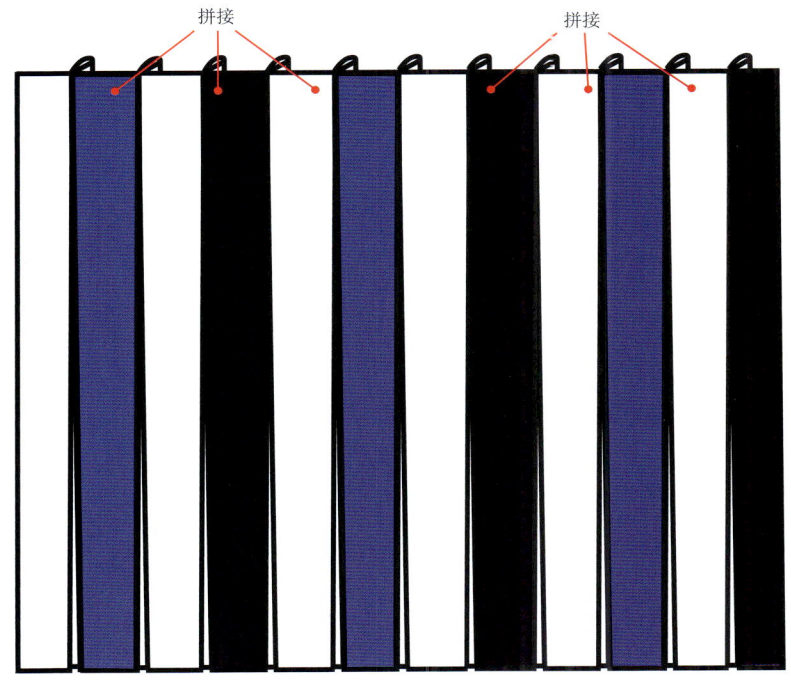

拼接　　　　　拼接

图六 永胜傈僳族百褶裙工艺分析图1

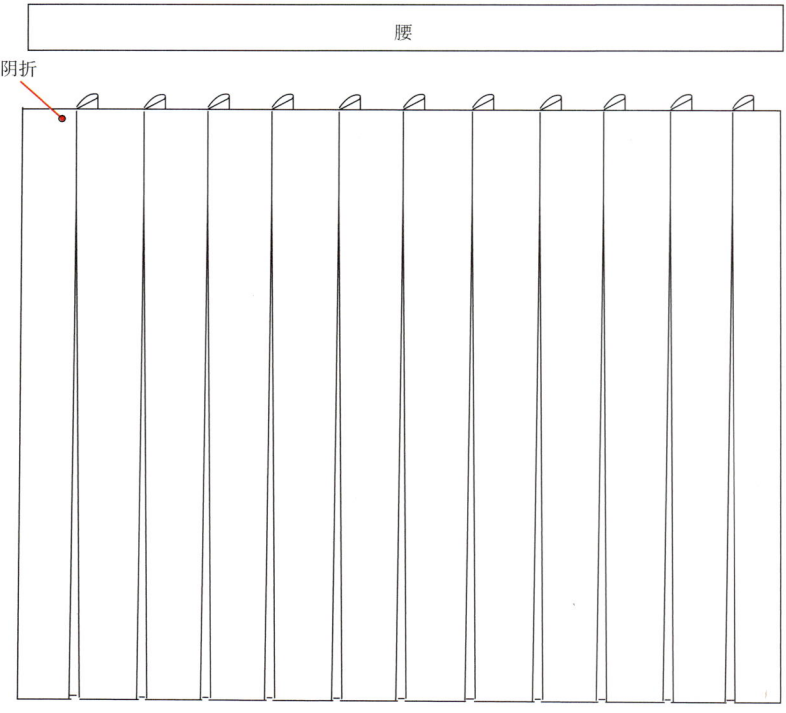

图七 永胜傈僳族百褶裙工艺分析图 2

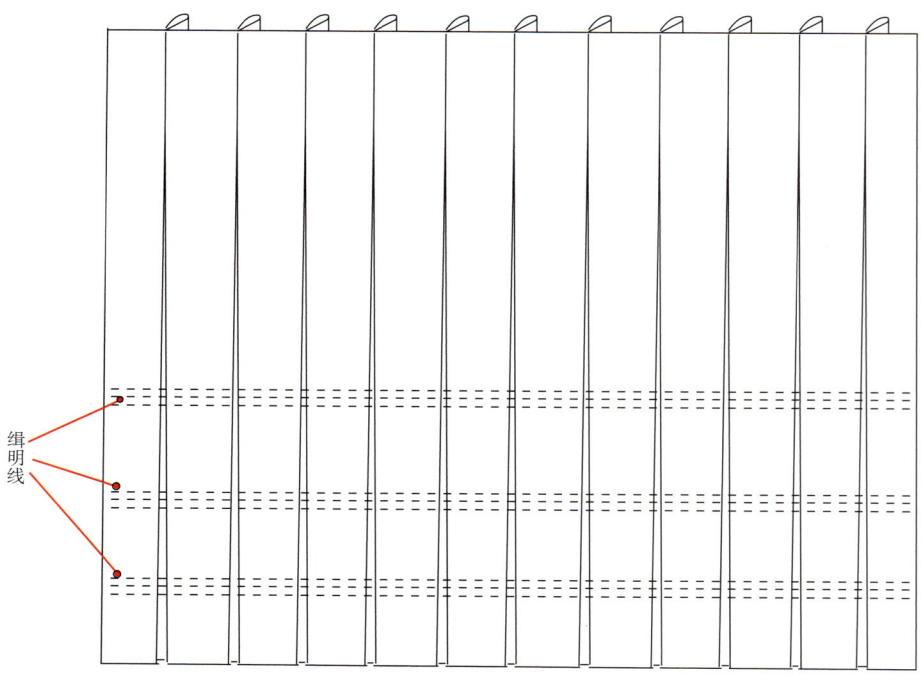

图八 永胜傈僳族百褶裙工艺分析图 3

图九　永胜傈僳族百褶裙穿着效果示意图

傈僳族女式背心

图一　傈僳族女式背心主图

　　傈僳族男女多喜欢在上衣外搭配一件结实的背心。傈僳族女式背心，圆领，无袖，有盘口，通长70厘米。此案例采集于云南丽江永胜县松坪乡撒坝子村顾金英家，是该村及附近傈僳族村比较普遍的穿着。

　　这种背心多用加绒面料和棉布缝制，背心外层多为黑色加绒面料，里层是棉布料。这件女式背心大量使用了装饰材料：串珠、金片，而传统的傈僳族服饰，尤其是丽江永胜县傈僳族，没有多余的装饰物，多为白或黑麻布或棉布。这种女式背心制作简单，但装饰材料的运用使得工序繁杂。这种女式背心的盘扣形状与汉服的盘扣相似，是在较粗、硬度大的绳索上绕上三色毛线，做成U状，再将U形开口处缝合，尾部就作为盘扣，然后将银扣缝制在盘扣处。古时，贝壳是傈僳族人的货币，他们喜欢将贝壳镶嵌在帽子和衣服上，作为民族图腾或用以彰显自己的财富。到了现代，贝壳的货币价值已经丧失，他们就用银饰彰显自身的财富和地位。

传统傈僳族人多穿棉麻布上衣，这种棉麻布上衣单薄，且较为粗糙，经纬线缝隙较大，而高山区昼夜温差和海拔差距大，所以为了取暖，会在外面套一件背心或坎肩。傈僳族人聚居在高山，很大程度上影响了他们的服饰设计和制作。

图片来源

图一　梁婷　摄影

图二至图七　程珊　制图

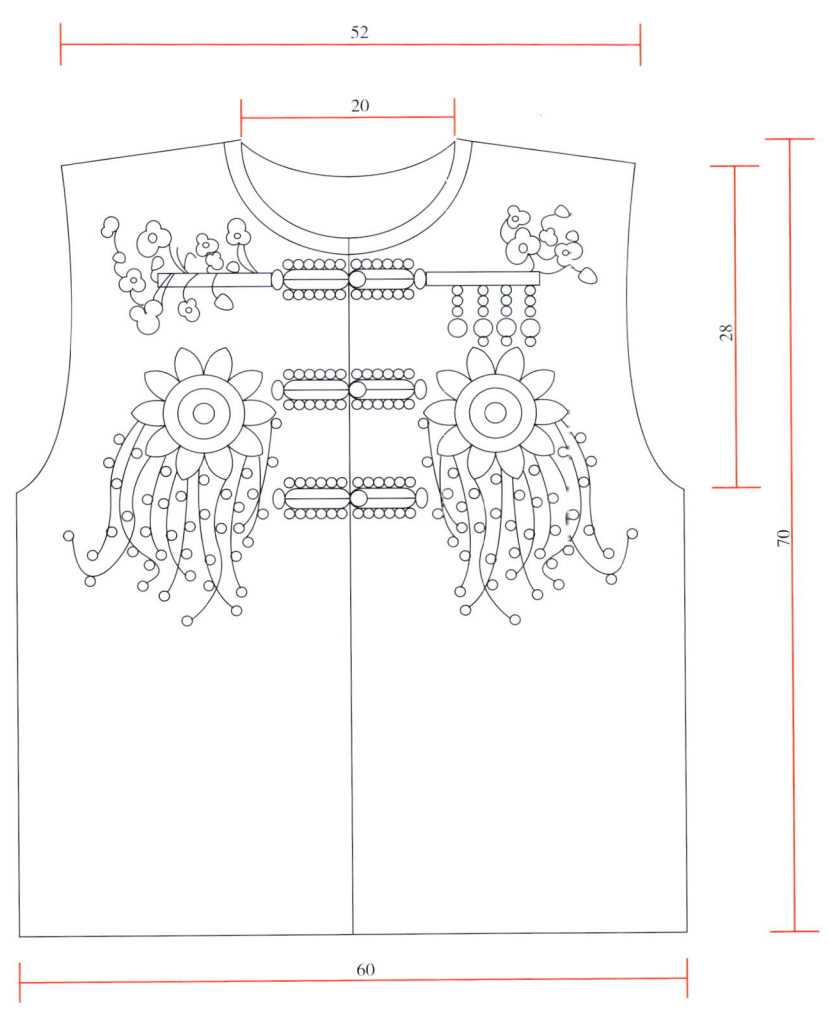

图二　傈僳族女式背心尺寸图（单位：cm）

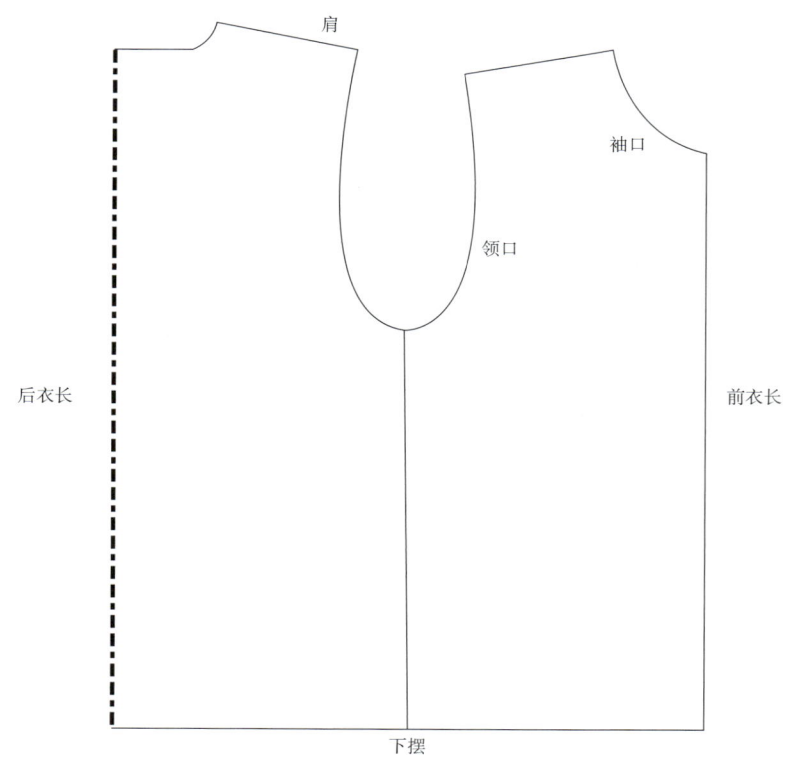

图三 傈僳族女式背心开片图

图四 傈僳族女式背心材料分析图

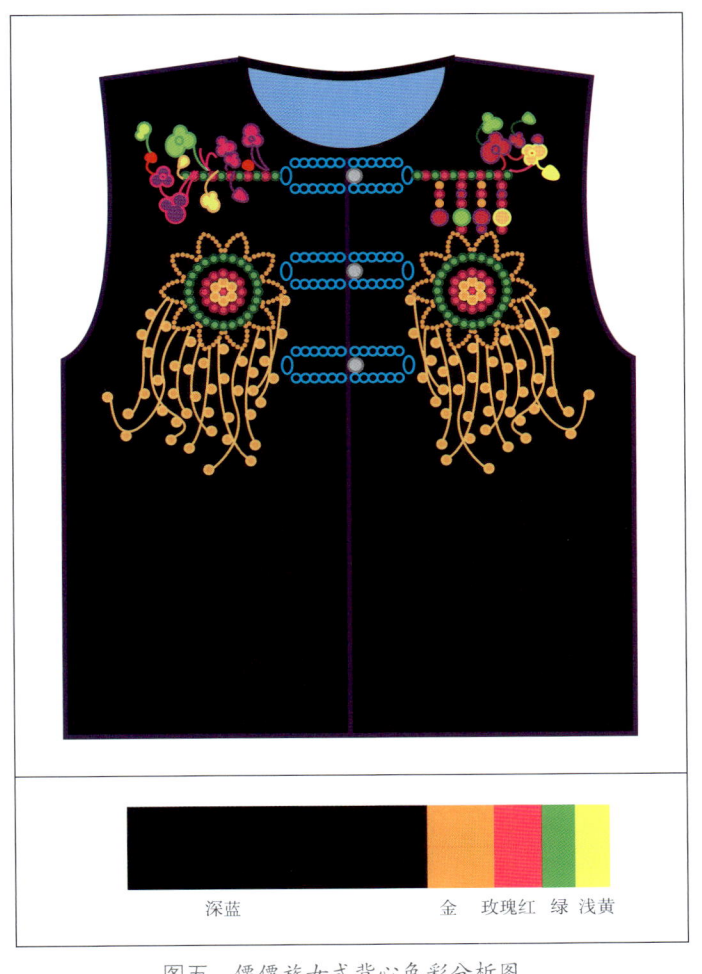

图五　傈僳族女式背心色彩分析图

深蓝　　金　玫瑰红　绿　浅黄

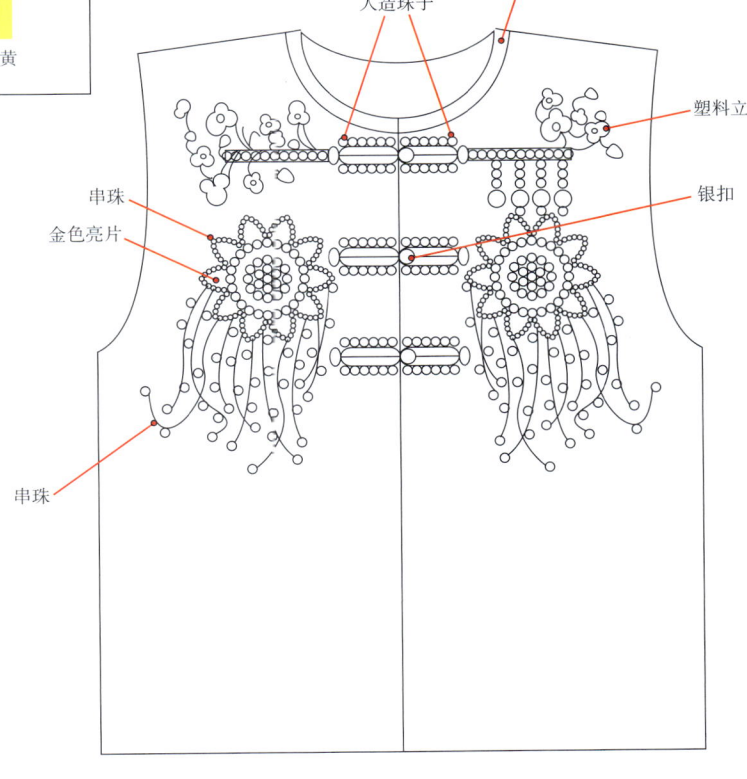

图七　傈僳族女式背心局部分析图

第二章　傈僳族传统服饰

145

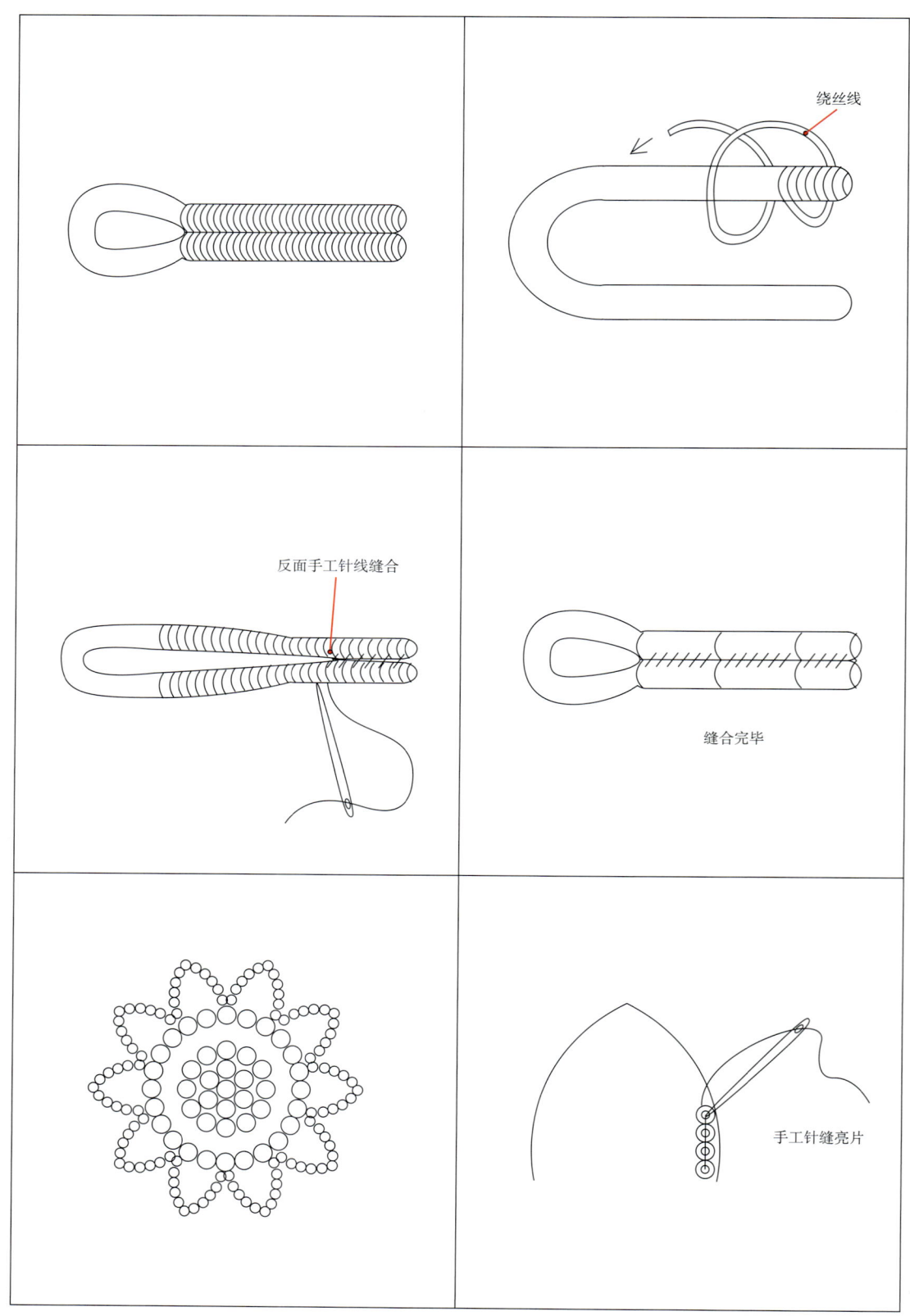

图六 傈僳族女式背心纹样制作流程图

傈僳族草鞋

图一 傈僳族草鞋主图

此案例采集于云南迪庆维西县叶枝镇同乐村陈列室,是一双成年男子草鞋,长27厘米,大体呈五边形,棱角分明,鞋板有六处节点用于绑鞋带。20世纪80年代的傈僳族处于非常贫困的境地,除冬季很少穿草鞋外,其他季节常穿草鞋。

傈僳族居住在山区,地势险峻陡峭,草鞋不易打滑,方便在山路上活动,男女老少皆适宜穿。夏天,草鞋轻便透气,利于排汗;雨天,草鞋防滑透水,即使被淋湿,也可快速变干,比牛皮鞋和胶鞋更贴脚跟,适宜行走和农作。制作草鞋的材料是维西同乐村河谷地带非常普遍的谷草以及当地山上的野草,傈僳族称为"材年虚"。尽管草鞋容易破损，但因其极低的制作成本和制作工艺简单而又速成，傈僳族人穿草鞋非常普遍。傈僳族草鞋的制作方法与汉族草鞋相差不大。草鞋耙、木槌、腰带、腰杆等是制作草鞋的基本工具。第一步将选好的谷草和野草用水浸泡片刻后变软，并用木槌锤平，以利于编织。第二步将草鞋耙固定在木凳上，选四根用谷草搓成的粗绳做经线，一端系在腰带上，与身体连接，另一端分别系在草鞋耙上的四根木桩上，两端系好之后绷紧，开始编织草鞋前鼻。第三步需将几根谷草搓成一股作为纬线，上下反复穿过孔眼，与经线交织，中间穿插棉布条编织。第四步待草鞋编织好后用木槌敲打，使其平整。最后，将两三根谷草和一根棉布条搓成一股，作为草鞋绑带。制作草鞋的工艺并不复杂，但需掌握好鞋的紧密度。编织草鞋的能手，常常用双手去推草鞋，使其紧密。

随着现代工业的发展，傈僳族草鞋已不像以前普遍，但它所体现的绿色环保理念给现代设计以启示，很多设计师将草鞋的编织方法用于产品设计上，带来一股清新自然之风。

图片来源

图一　梁婷　摄影

图二至图五、图七　李雪婷　制图

图六　马蓉　制图

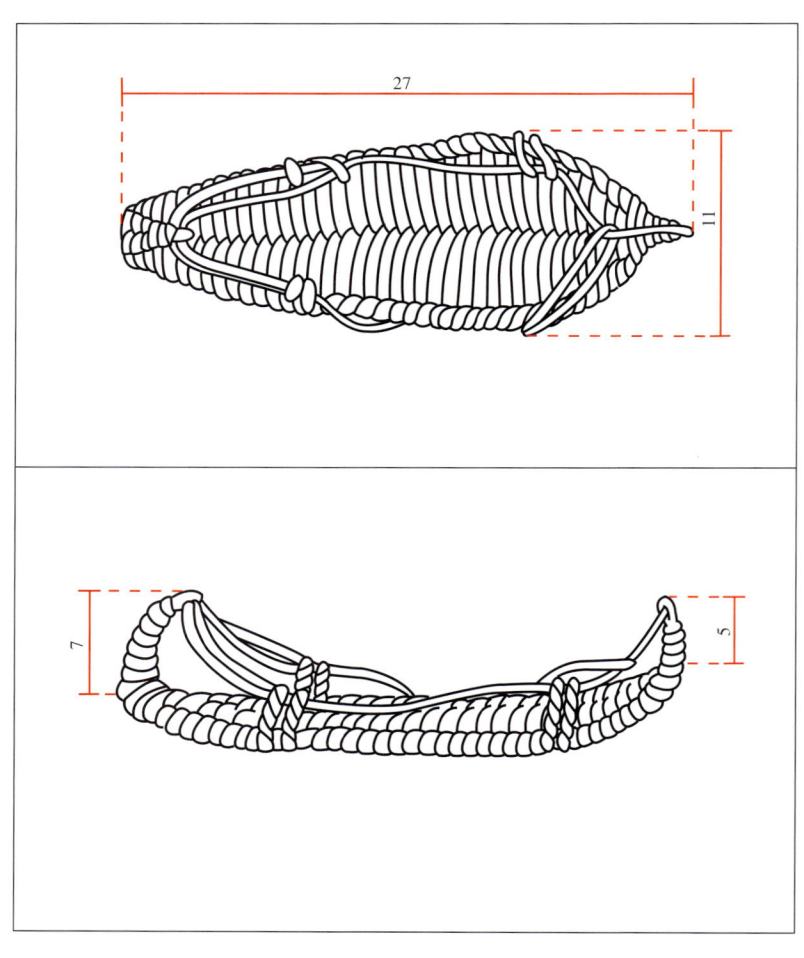

图二　傈僳族草鞋尺寸图（单位：cm）

图三　傈僳族草鞋开片、尺寸图（单位：cm）

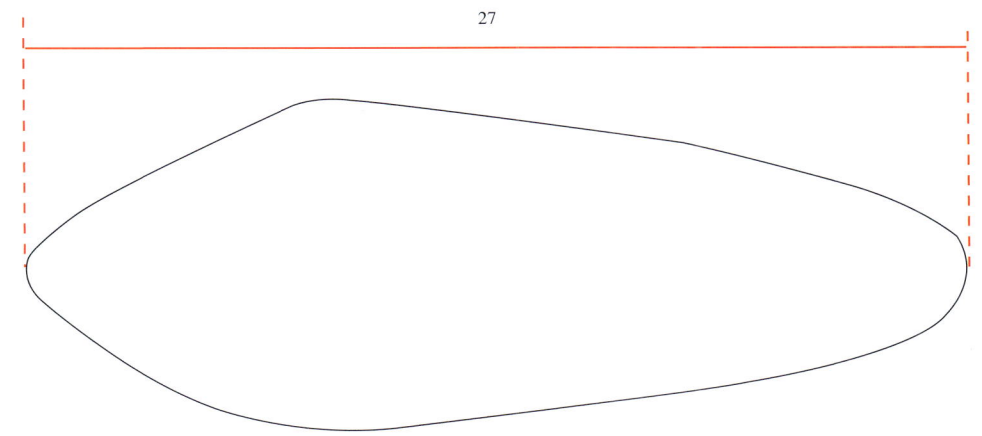

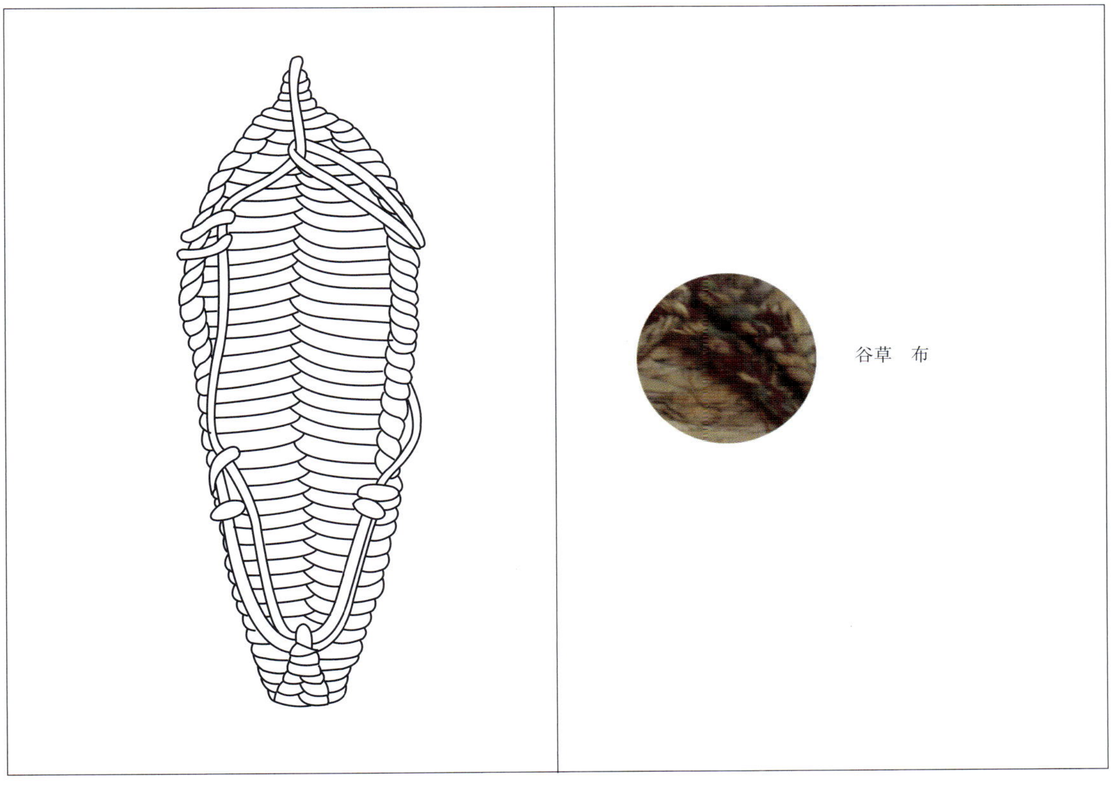

谷草　布

图四　傈僳族草鞋材料分析图

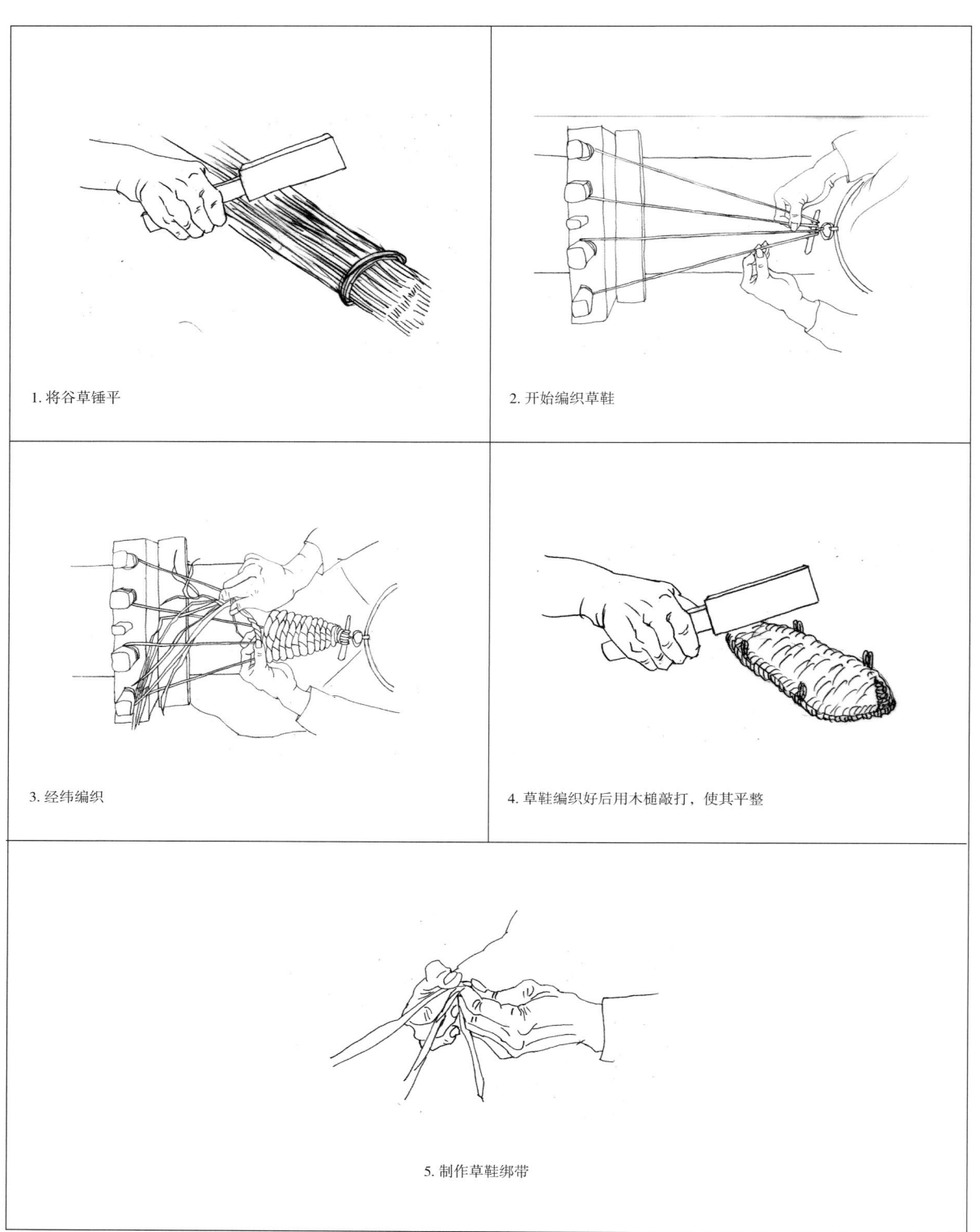

图五　傈僳族草鞋制作流程图

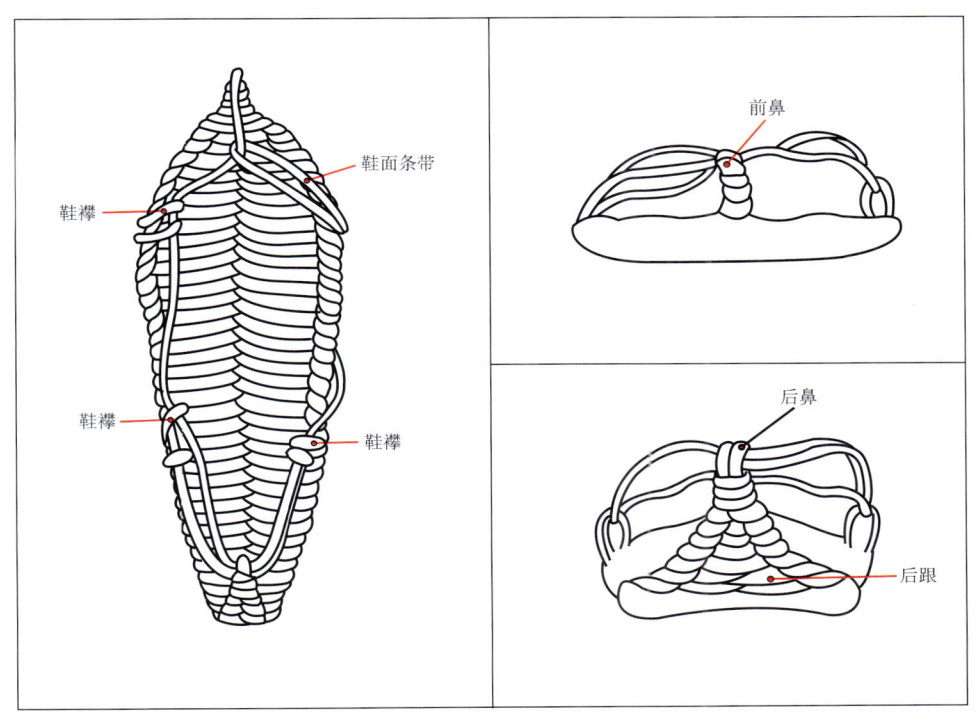

图六　傈僳族草鞋局部分析图

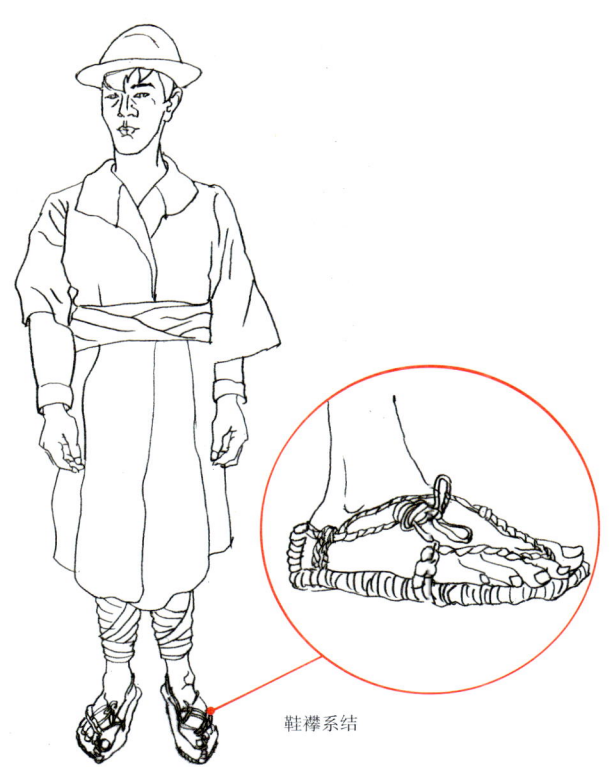

图七　傈僳族草鞋穿着效果示意图

傈僳族牛皮鞋

图一　傈僳族牛皮鞋主图

牛皮鞋，是以牛皮为材料制作而成的鞋子。傈僳族牛皮鞋为一片式剪裁，即鞋帮、鞋底、后跟、鞋面四部分均用一块牛皮缝制而成。此案例采集于云南迪庆维西县叶枝镇同乐村陈列室，是一双成年男子的牛皮鞋，具体制作时间不详，约三四十年之久。牛皮鞋坚固耐磨，深受傈僳族男子的喜欢。

牛皮鞋鞋底长 25 厘米，宽 10 厘米，鞋面长 17 厘米。鞋上有 12 个鞋孔，可穿鞋带，鞋带多用牛皮条、藤草植物，也可用棉麻线。这种牛皮鞋造型质朴而简单，外观挺括，立体感强，具有不易变形的特点，为胶粘皮鞋所不及，这是傈僳族牛皮鞋的一大特点。傈僳族牛皮鞋，夏天透气，冬天防潮，晴雨两用，四季皆宜，既不会磨脚，又有一定的硬度，适合出门劳作，尤其是适合上山砍柴、打猎等野外活动。简单的一片式剪裁，傈僳族牛皮鞋的制作工艺非常简便，首先需要将一整块牛皮软润后按照规格剪裁好，然后将鞋帮和后跟折起并缝合，再将鞋面折在鞋帮里，最后在鞋帮上打孔，将鞋带穿进鞋孔即可。

傈僳族所在地区高山畜牧业发达，牛皮是很容易获取的原料，简便的制作工艺也使牛皮鞋变得很普遍。而且，牛皮颜色为深褐色，耐脏耐磨，即使不小心弄脏，只需轻轻擦拭即可变干净，免去了清洗鞋子的麻烦。

图片来源

图一　梁婷　摄影

图二至图六　刘银银　制图

图七　马蓉　制图

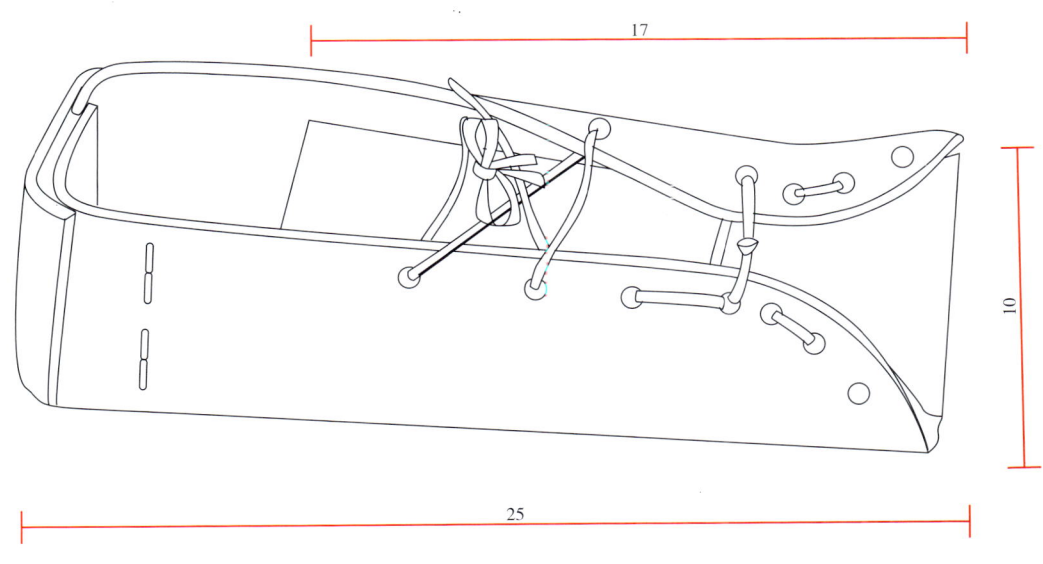

图二　傈僳族牛皮鞋尺寸图（单位：cm）

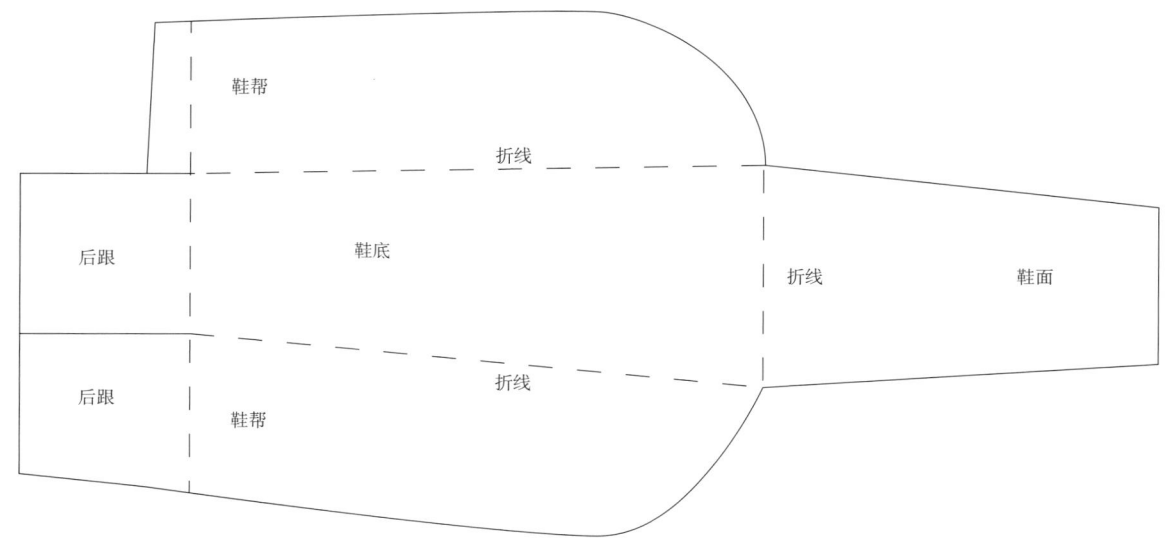

图三 傈僳族牛皮鞋开片图

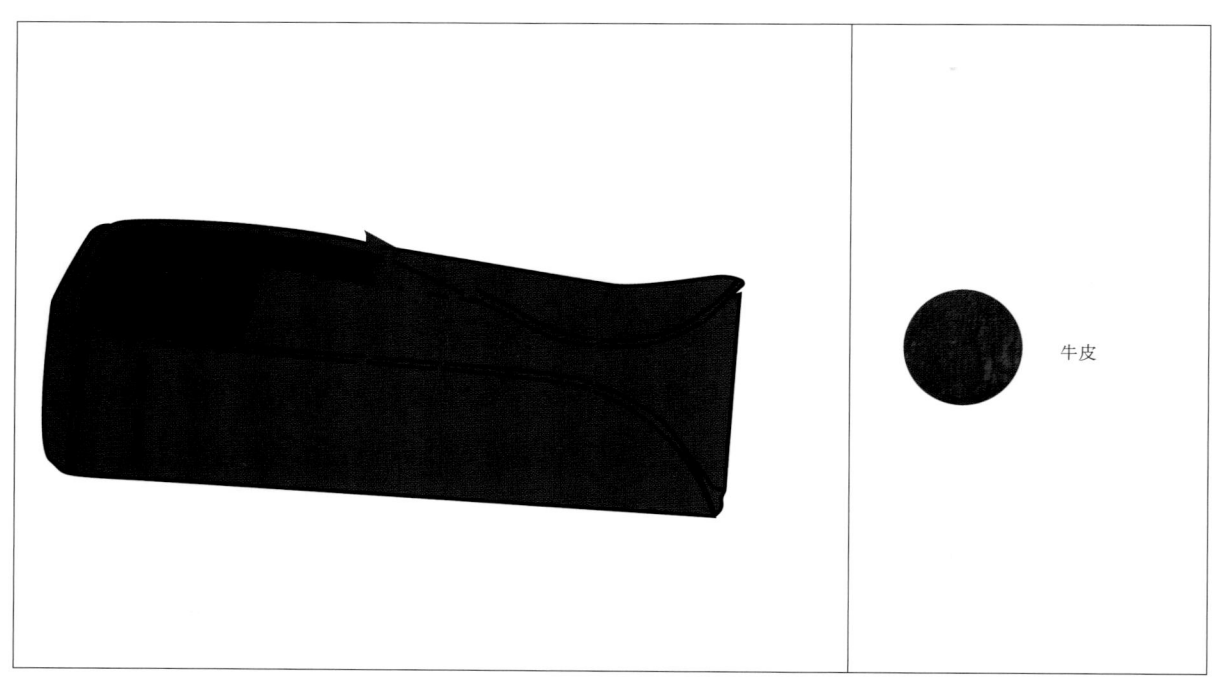

图四 傈僳族牛皮鞋材料分析图

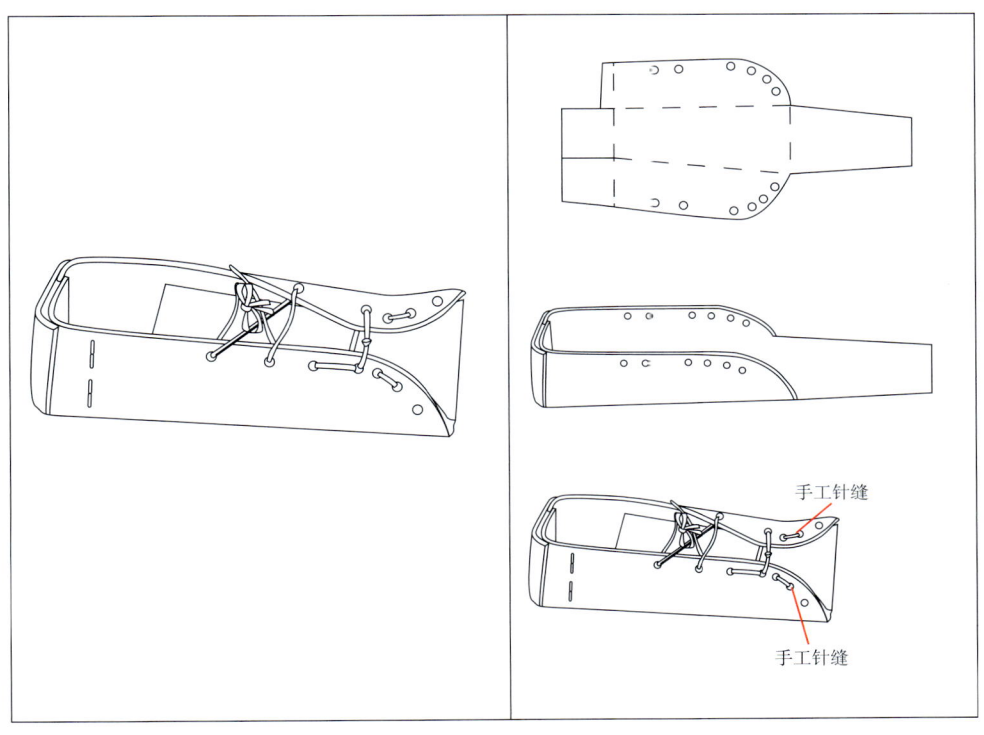

图五 傈僳族牛皮鞋工艺分析图 1

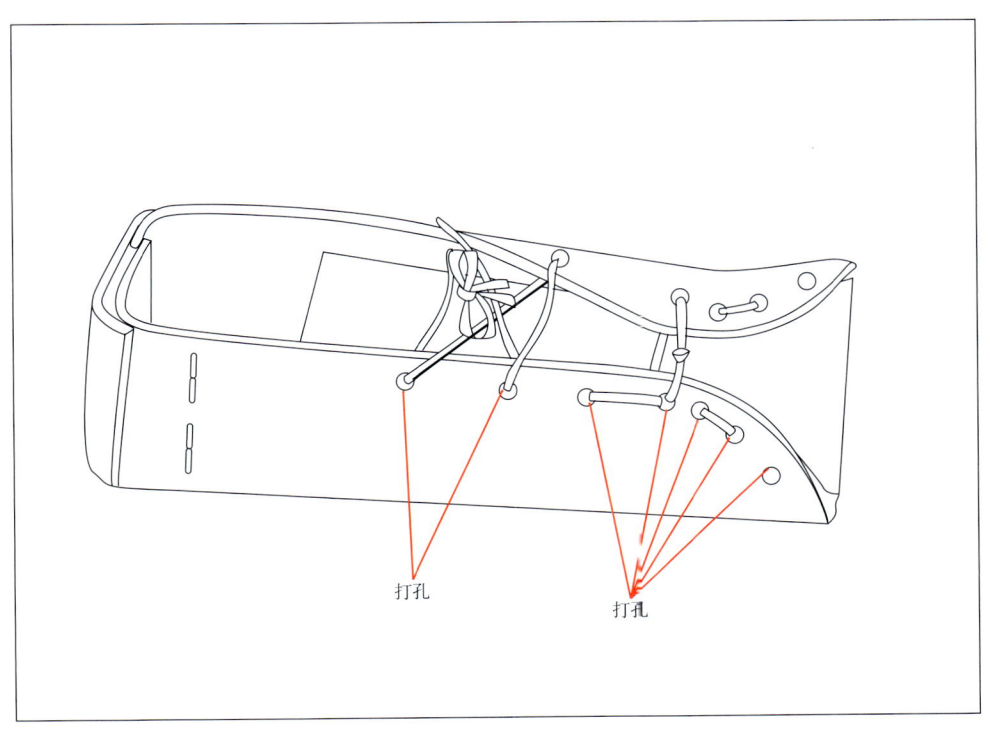

图六 傈僳族牛皮鞋工艺分析图 2

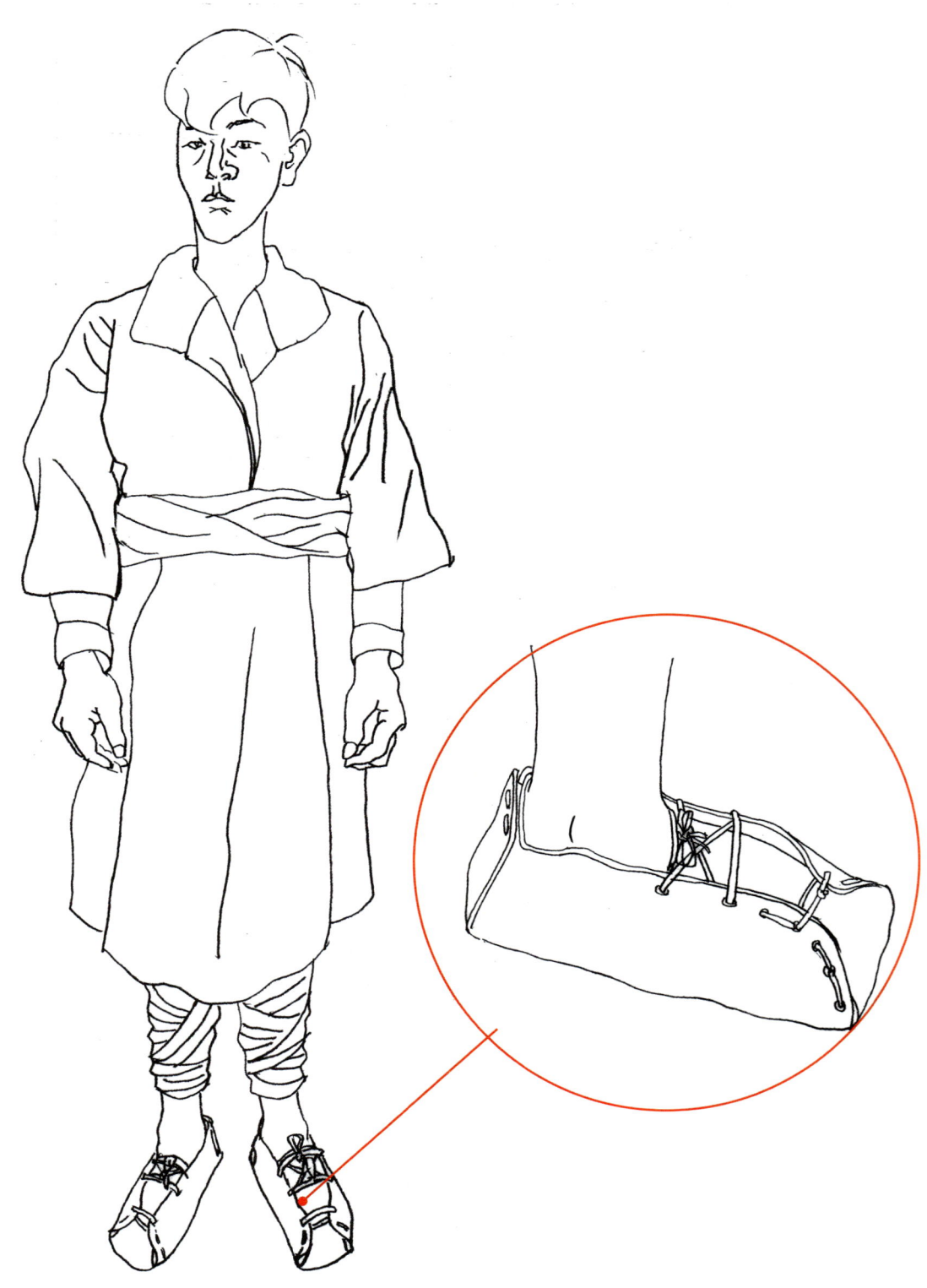

图七　傈僳族牛皮鞋穿着效果示意图

傈僳族绑腿

图一　傈僳族绑腿主图

绑腿，是山区少数民族用于保护小腿部位，遮体避寒的装束。傈僳族绑腿分为竹绑腿、皮绑腿、麻布绑腿三种，穿着后的长度均为27厘米。其中，皮绑腿（傈僳语为"华手几何"）呈梯形，上宽38厘米，下宽28厘米，为毛皮自然色，上下两端有绑绳。竹绑腿（傈僳语为"玛达几何"）呈长方形，单个竹片间用绳子串联成排，为竹片自然色。麻布绑腿（傈僳语为"巴几几何"）呈长方形，长450厘米，宽12厘米，颜色为白色，并有一个长73厘米的绑带。

三种绑腿分别以动物皮毛、竹子和麻布为材质。就制作流程来说，竹绑腿的制作要经过砍竹子、削竹子、磨竹、孔钻四步；皮绑腿的制作要经过剥兽皮、刮油脂、用针状物穿孔三步；麻布绑腿的制作就是用纺织机织麻的过程，对傈僳族妇女来说，这是驾轻就熟的事。选材的不同，再加上制作工艺的不同而使三种绑腿各有特点。竹绑腿是最早的绑腿形式，质地硬，可有效地防止蚂蟥、蛇等的叮咬；皮绑腿软硬适中，主要用于冬季御寒；麻布绑腿质地软，穿着时需要将绑腿从脚踝处自下而上地绕至膝盖处，然后用彩带扎紧，因此能很好地贴合皮肤，适合日常生活使用。

傈僳族服饰多为上衣下裙或长衫，下摆一般及膝，绑腿就可解决小腿部位的保暖问题。傈僳族所居地区花草荆棘较多，尤其是在山岳丛林中，腿部易被虫蚁叮咬，绑腿就成为在山路上行走保护腿部的利器。此外，打绑腿还可促进腿部血液回流，防止因长途跋涉或长期站立等引起的静脉曲张。在长期的生活实践中，傈僳族人通过对服饰的设计提高了其生存能力。如今，绑腿不仅是日常生活的装备，也是一种服饰习俗。

图片来源
图一　梁婷　摄影
图二至图七　李雪婷　制图

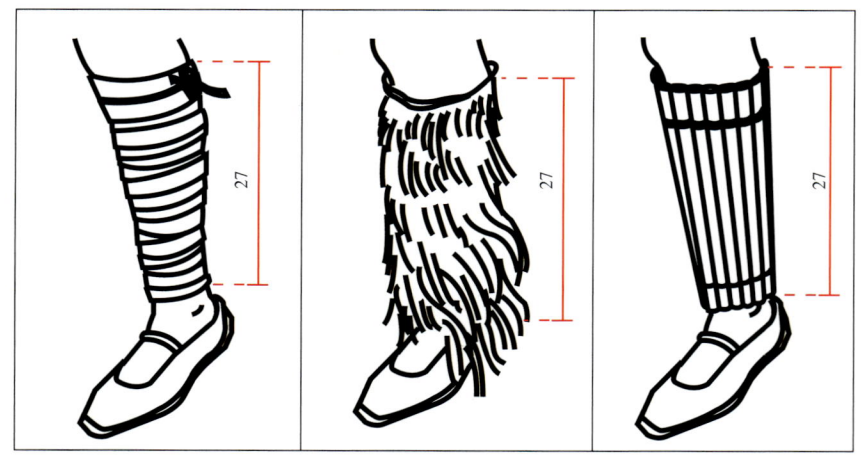

图二　傈僳族绑腿尺寸图（单位：cm）

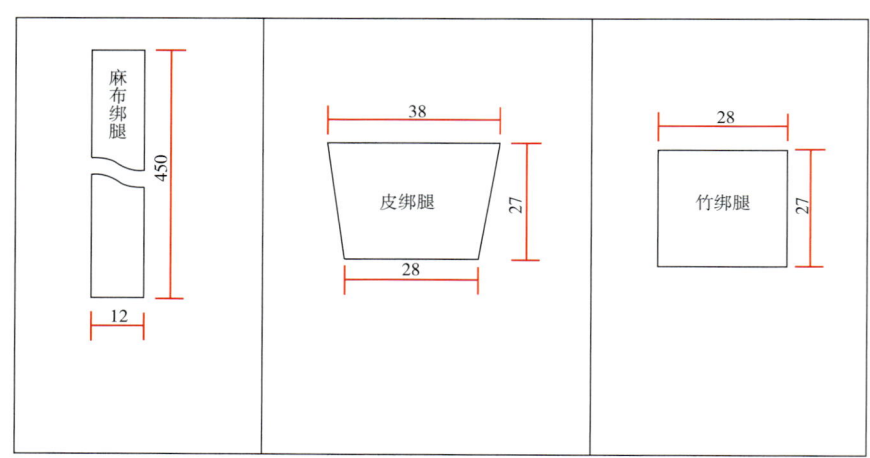

图三　傈僳族绑腿开片、尺寸图（单位：cm）

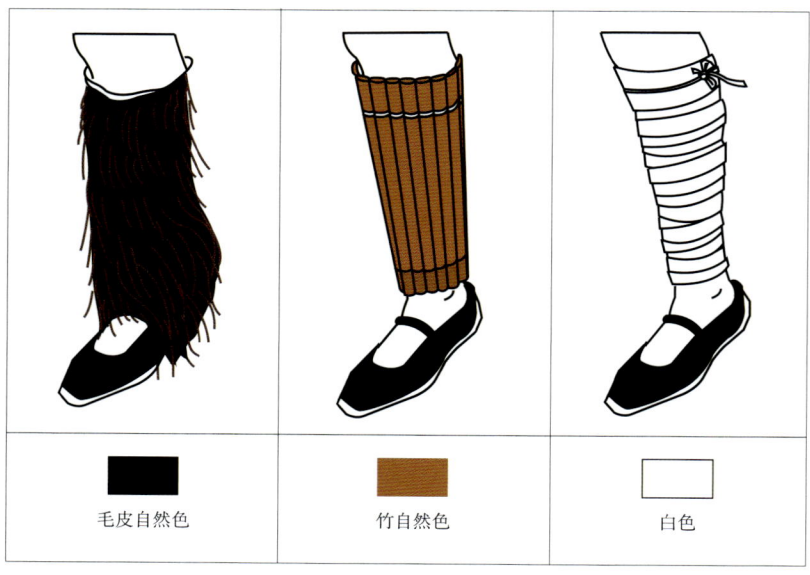

图四　傈僳族绑腿色彩分析图

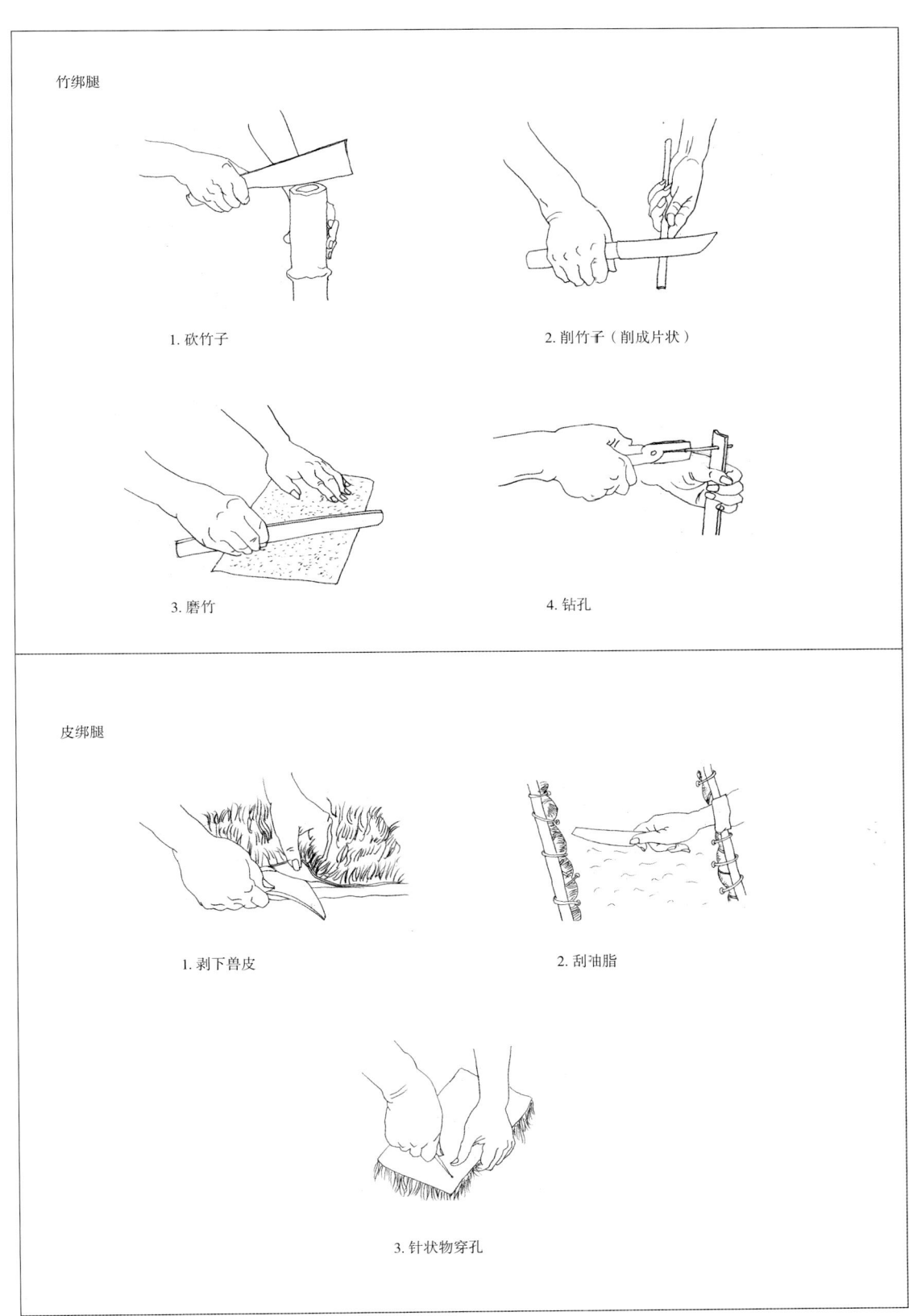

图五　傈僳族绑腿制作流程图

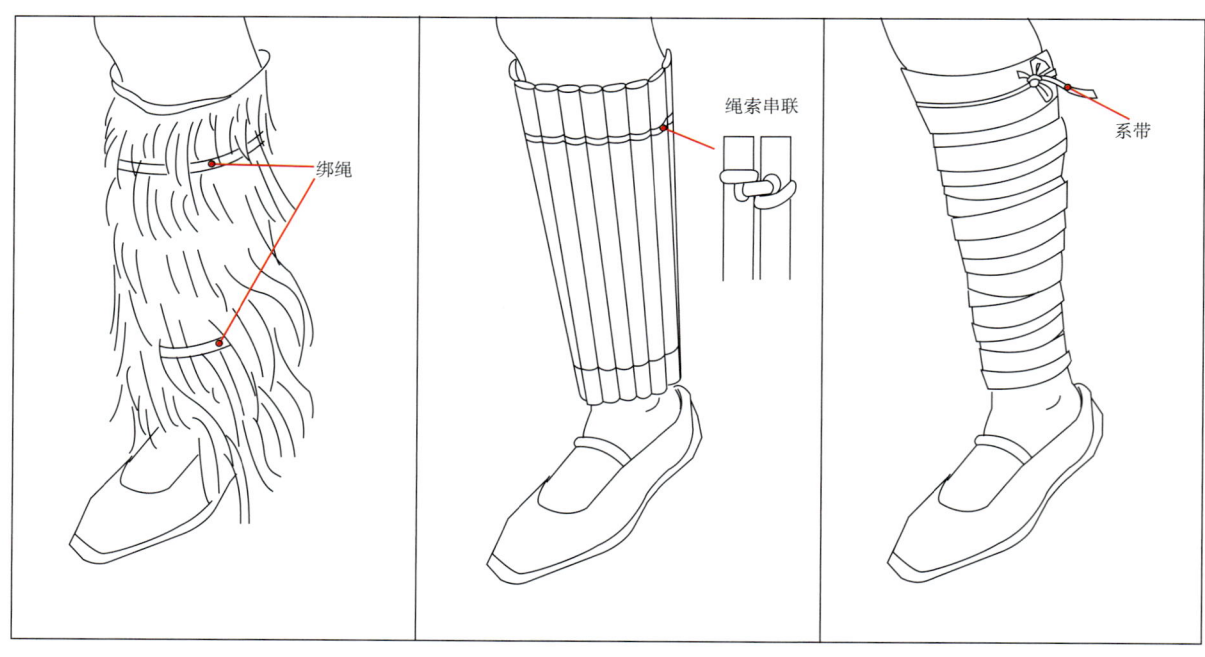

图六　傈僳族绑腿局部分析图

图七　傈僳族绑腿穿着效果示意图

傈僳族黑布帽

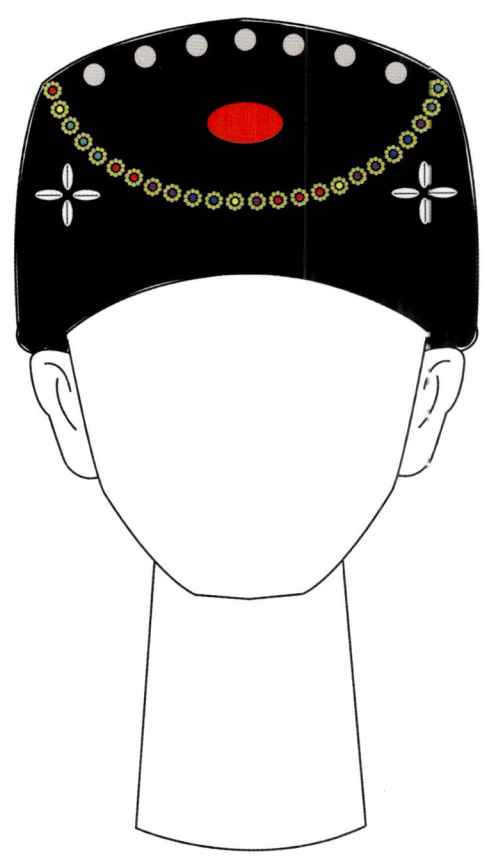

图一　傈僳族黑布帽主图

　　傈僳族黑布帽，呈圆筒状，有帽顶。帽子通高 17 厘米，帽表直径 27 厘米，帽里直径 21 厘米（如图三示）。此案例采集于云南迪庆香格里拉。黑布帽为男式帽，御寒取暖。

　　黑布帽现在选用较为厚实的金丝绒布料，相较于传统的麻布料，金丝绒比较厚实和结实。黑布帽上镶嵌或缝制一些饰物：海贝、银饰和其他装饰物。在古代云南，海贝当货币使用，因海贝颗粒很小，妻子怕外出的丈夫丢失钱币，于是将海贝缝制在一块布带上或者衣服里面。因此，在傈僳族所居地区，以海贝作为饰物很普遍，海贝的独特造型、光洁滑润的色泽、奇异的图案，给人以美的感受。银饰和海贝同时是显示富有、能力的一种标志，也是傈僳族人经济地位的表现。黑布帽的制作步骤（如图六示）分为：做里、做衬、做表、合成。即裁剪出一块长方形状的里布，缝合成筒形帽子状，继而将一块海绵包缠里布并缝合，然后将做好的表与海绵缝合，并将帽顶用布料缝合，这就形成了帽子的基本形状。帽型完成后，再在帽檐处进行装饰，将一些海贝、银泡等饰物缝制在帽子上。

傈僳族多居住在云南滇西北高山处，交通不便，经济水平低，保持传统的生活方式。这种比较封闭的生活状态使傈僳族较好地延续了古时云南少数民族使用海贝作为货币和饰物的习惯，傈僳族将这些传统生活方式应用于服装的设计中，并将其发扬光大。

图片来源
图一至图六　李雪婷　制图

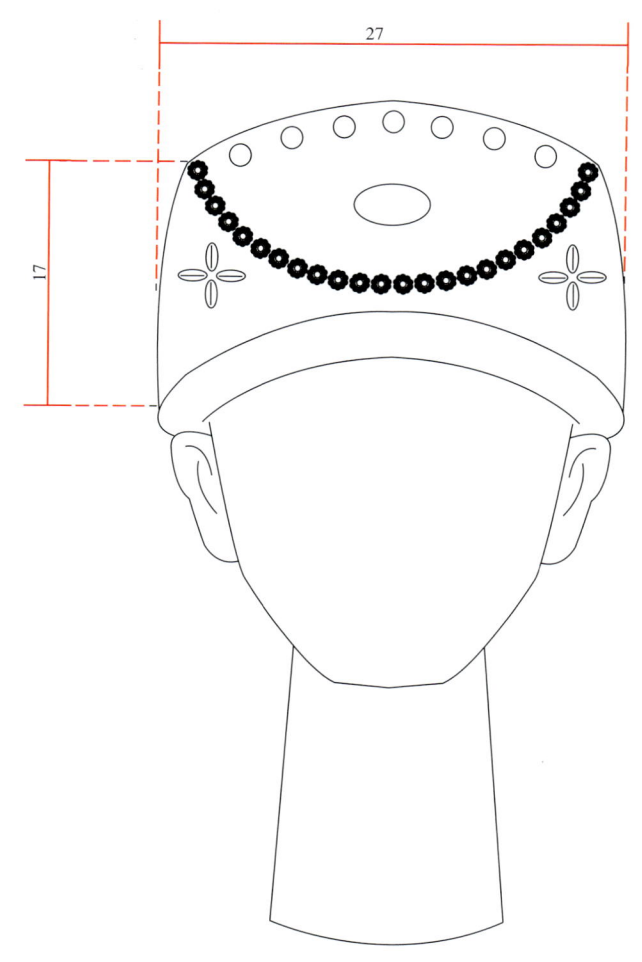

图二　傈僳族黑布帽尺寸图（单位：cm）

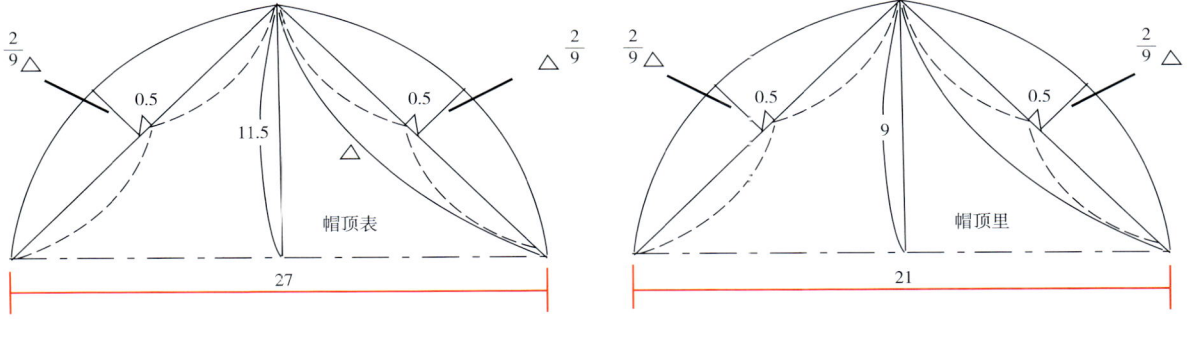

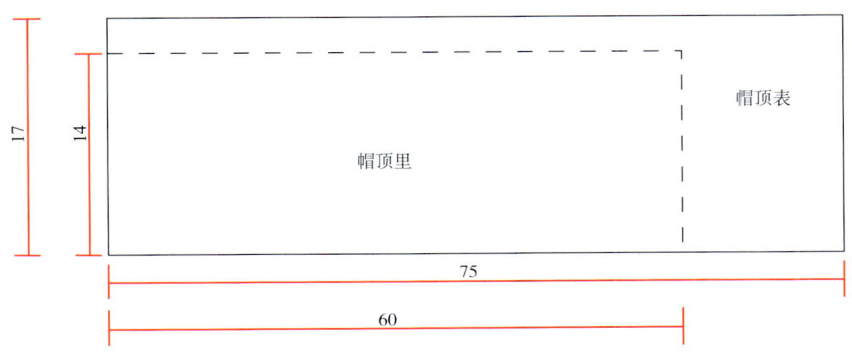

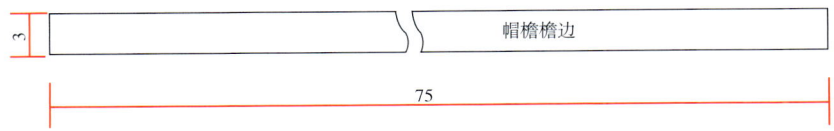

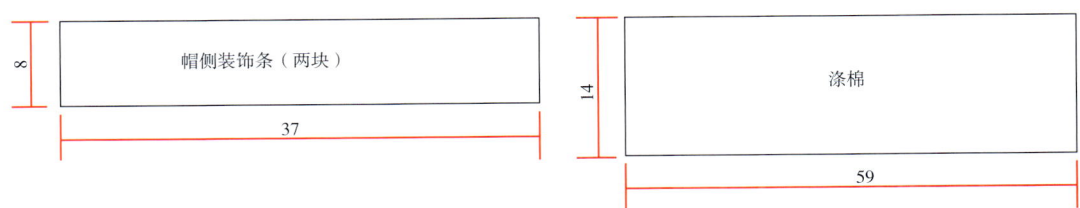

图三　傈僳族黑布帽开片、尺寸图（单位：cm）

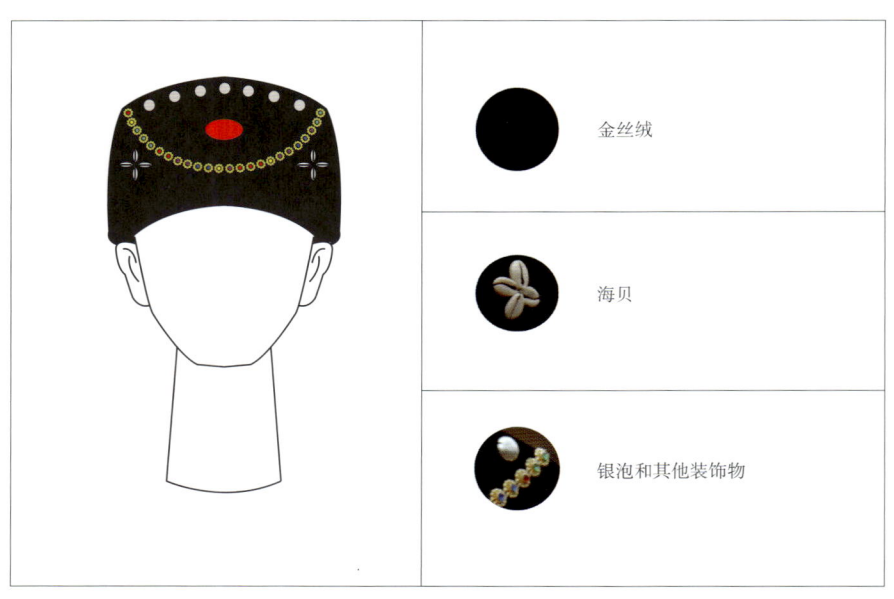

图四　傈僳族黑布帽材料分析图

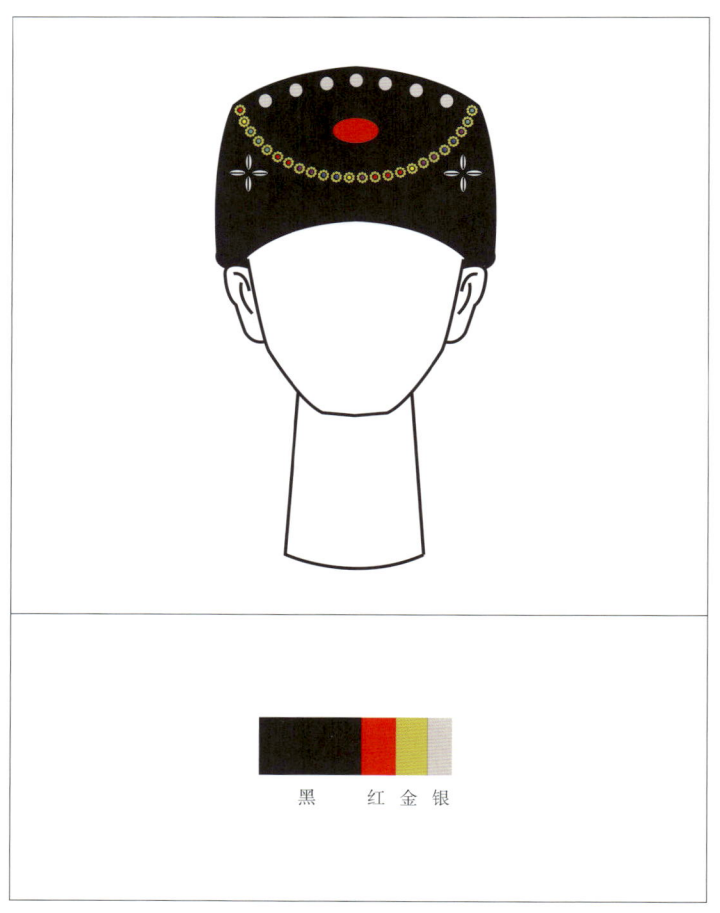

图五　傈僳族黑布帽色彩分析图

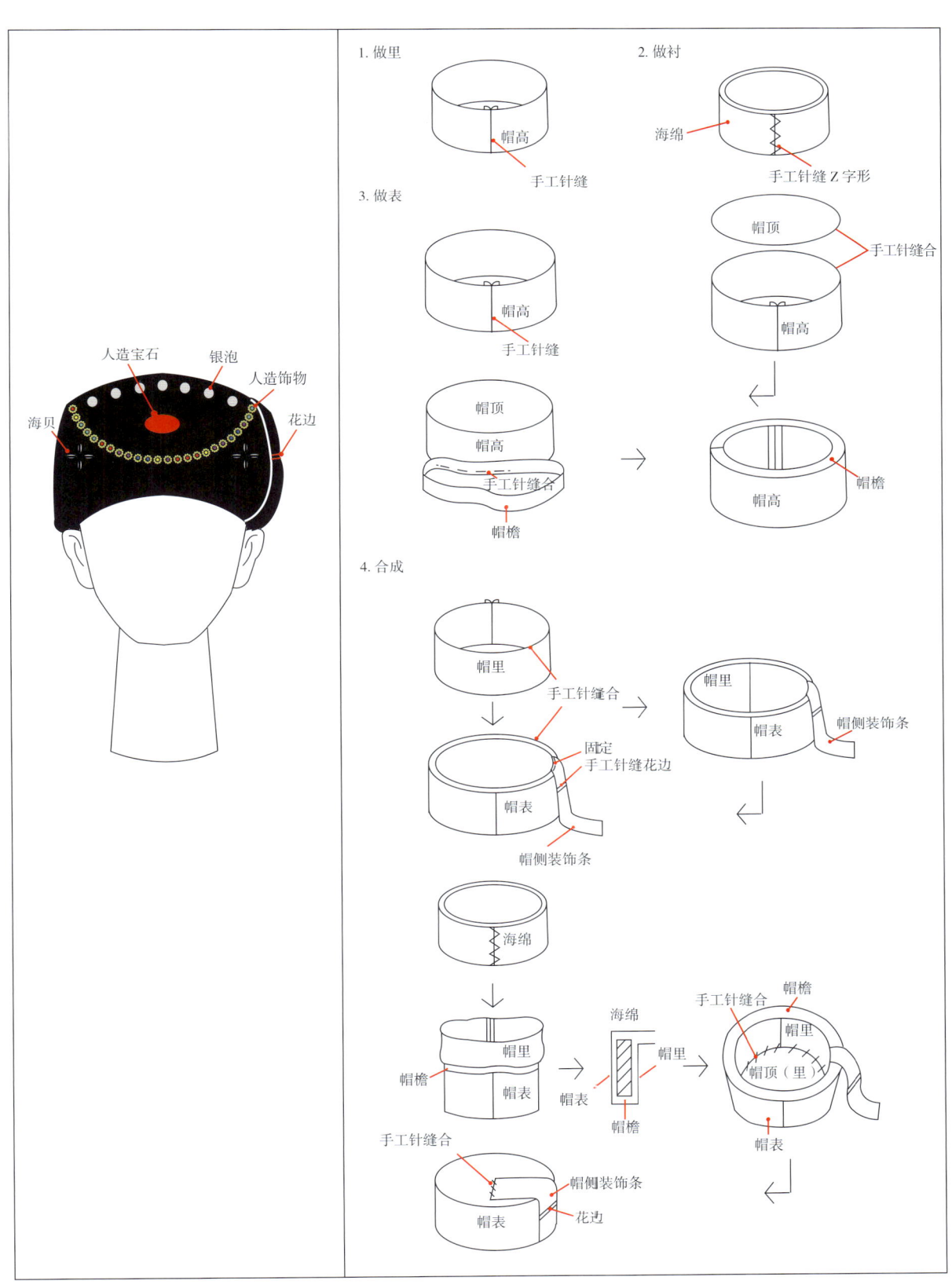

图六 傈僳族黑布帽制作流程图

傈僳族额勒帽

图一 傈僳族额勒帽主图

额勒帽常见于怒江地区，是怒江傈僳族妇女的头部饰物，而非取暖御寒的帽子。额勒帽呈可以套住后脑的圆套状，圆套前额至耳后根部串联了帘式的珊瑚珠和铜珠，成年妇女的额勒帽通高12厘米。此案例采集于云南怒江六库县志伟博物馆。在怒江地区，包括很多小女孩都戴额勒帽，非常普遍。

额勒帽是由黑色棉布、乳白色海螺壳、红色珊瑚珠（或橙色）和铜珠制成。额勒帽的制作工艺和程序简单，几乎每个妇女都会。首先将长方形黑色棉布折叠多层，形成宽约2厘米厚实的布条，布条长短根据头部大小而定。此案例的布条长42厘米。缝制成圆套后，直径为21厘米。用棉布将布条包扎缝制形成圆圈，即圆套。再将乳白色海螺壳削磨成直径2.7厘米的片状钻孔，将海螺片在帽圈上缝制一圈，并将珊瑚串珠和铜珠缝制在圆套上（耳根至前额部位处）。额勒帽可将傈僳族妇女长长的发髻束缚于脑后，方便妇女劳作。头顶上的片状白色海贝犹如高挂头顶的月盘，下面珊瑚串珠围绕着白色海贝宛如众星捧月；坠落在前额闪闪发光的铜珠，彰显了傈僳族妇女的尊贵优雅。据了解，关于傈僳族额勒帽有一个美丽的传说，男子为表达对心爱女子的爱意，不顾艰辛寻找材料，为她制作了额勒帽。从此，额勒帽成为傈僳族小伙送给心爱女子的定情物，流传至今。

额勒帽的设计，体现了傈僳族妇女对美的追求，给她们简单朴素、色彩单一的棉麻服饰增加了一丝亮色。

图片来源
图一　梁婷　摄影
图二至图八　刘银银　制图
图九　何文琴　摄影

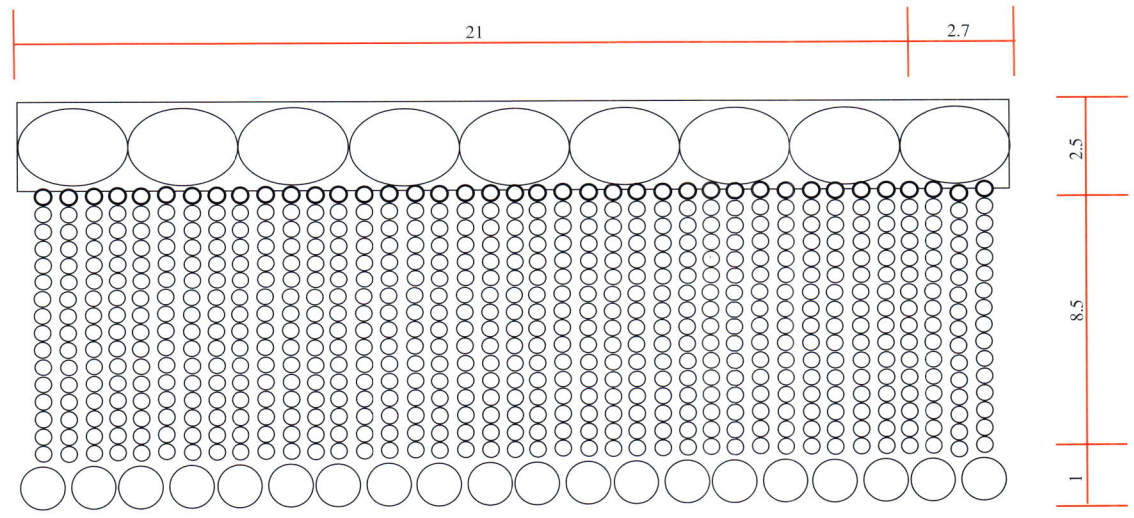

图二　傈僳族额勒帽尺寸图（单位：cm）

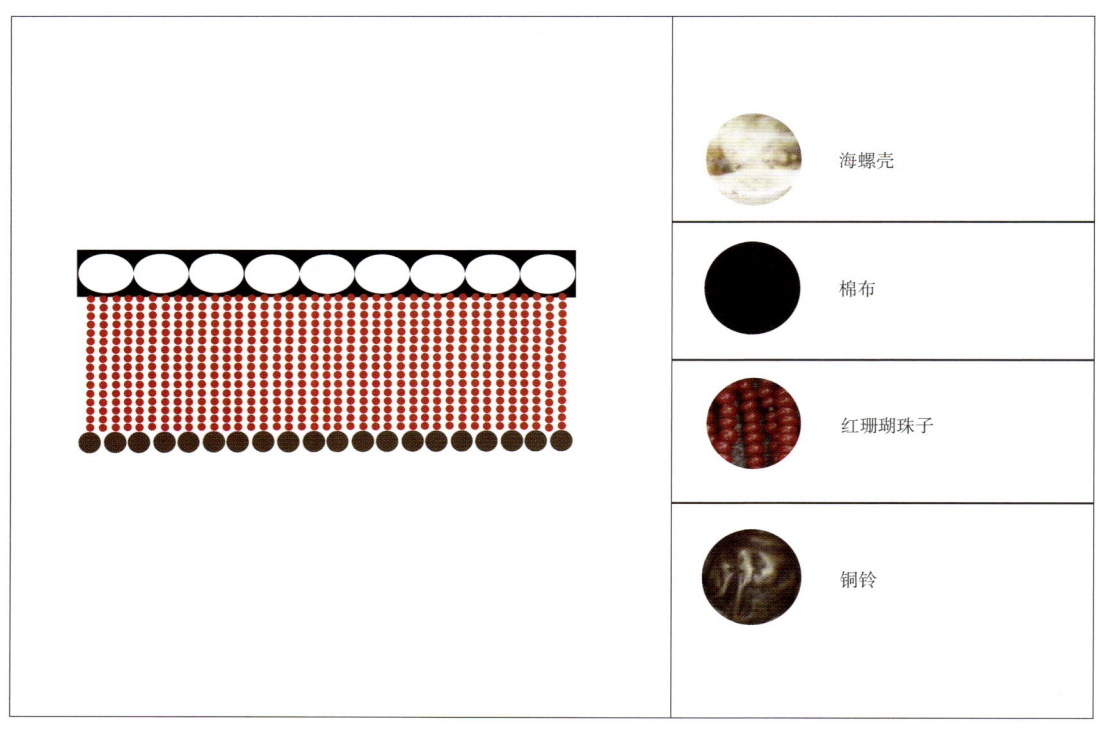

图三　傈僳族额勒帽材料分析图

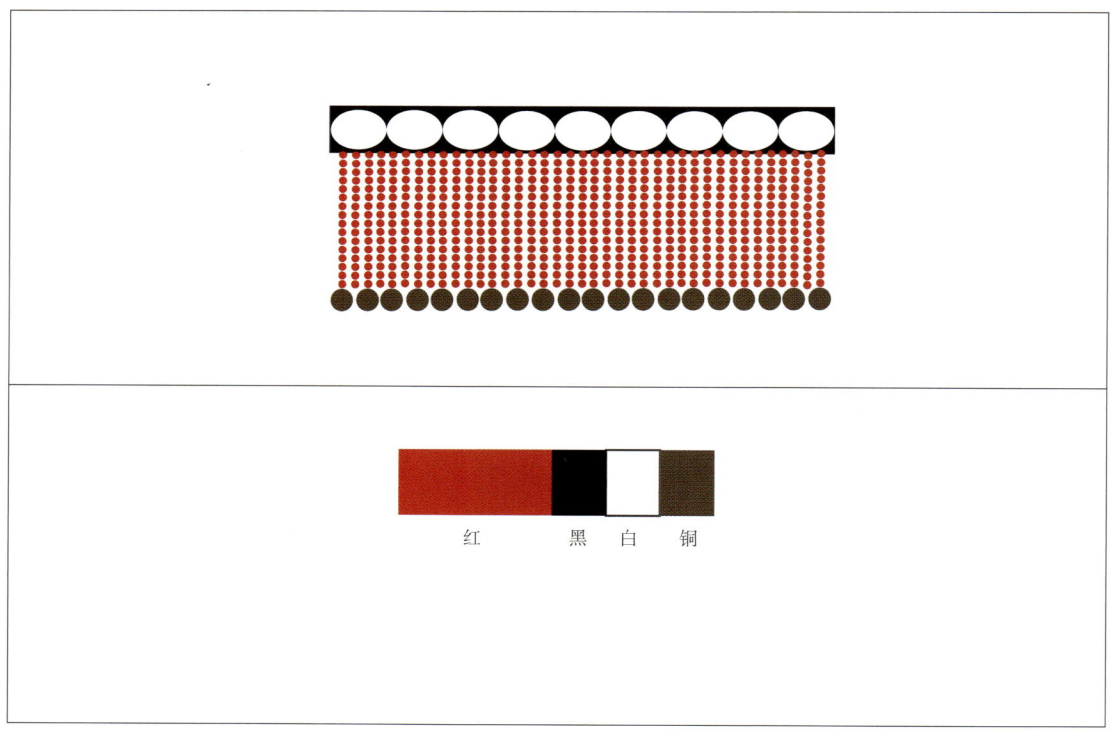

图四　傈僳族额勒帽色彩分析图

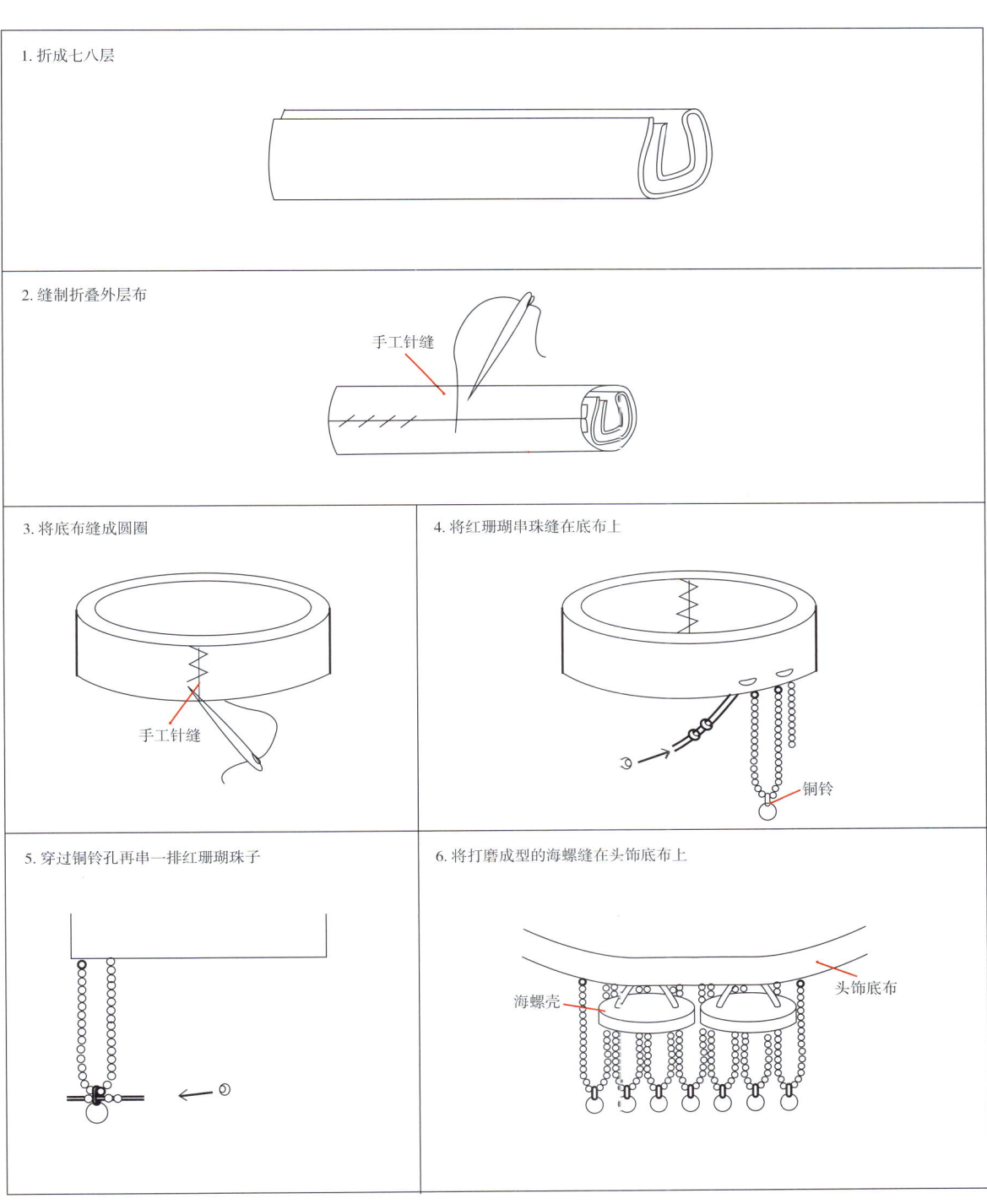

图五 傈僳族额勒帽制作流程图

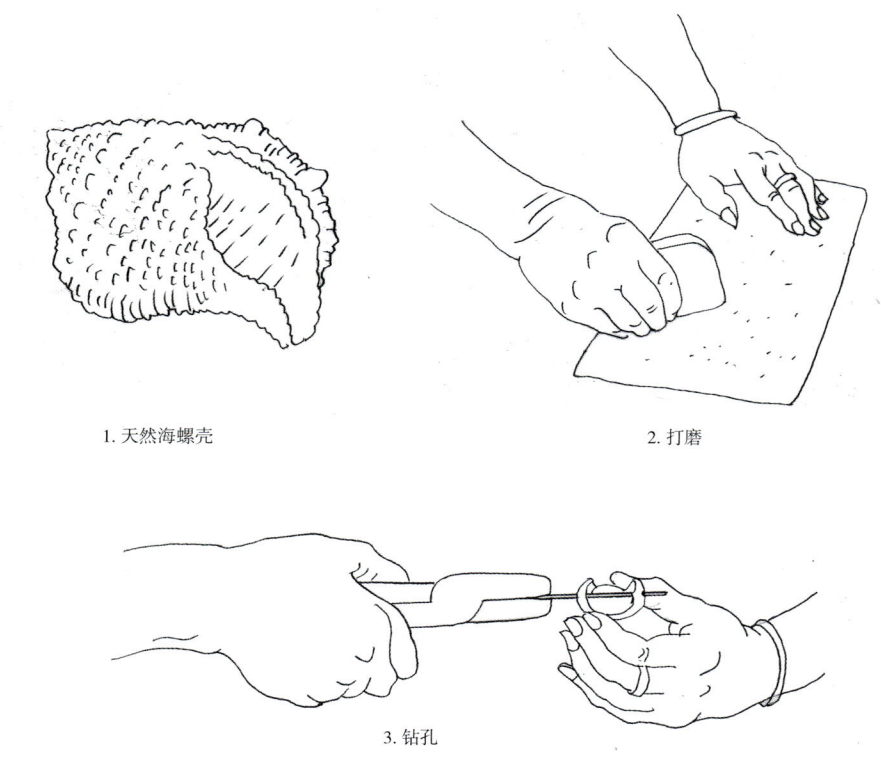

1. 天然海螺壳　　　　　　2. 打磨

3. 钻孔

图六　傈僳族额勒帽工艺分析图 1

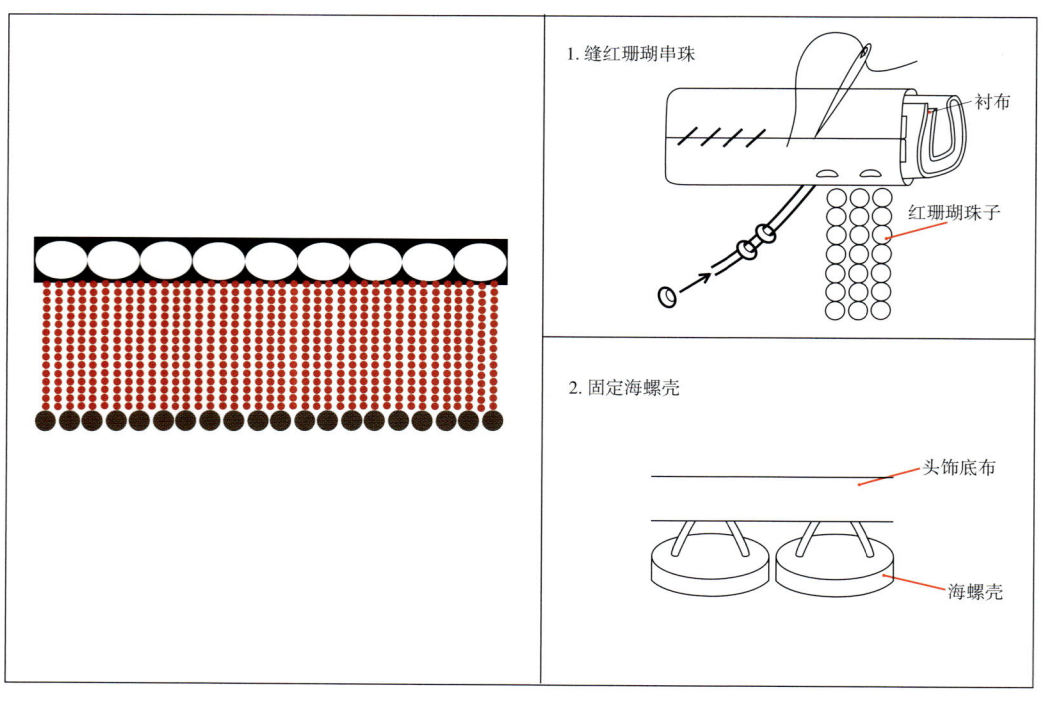

1. 缝红珊瑚串珠　　衬布　　红珊瑚珠子

2. 固定海螺壳　　头饰底布　　海螺壳

图七　傈僳族额勒帽工艺分析图 2

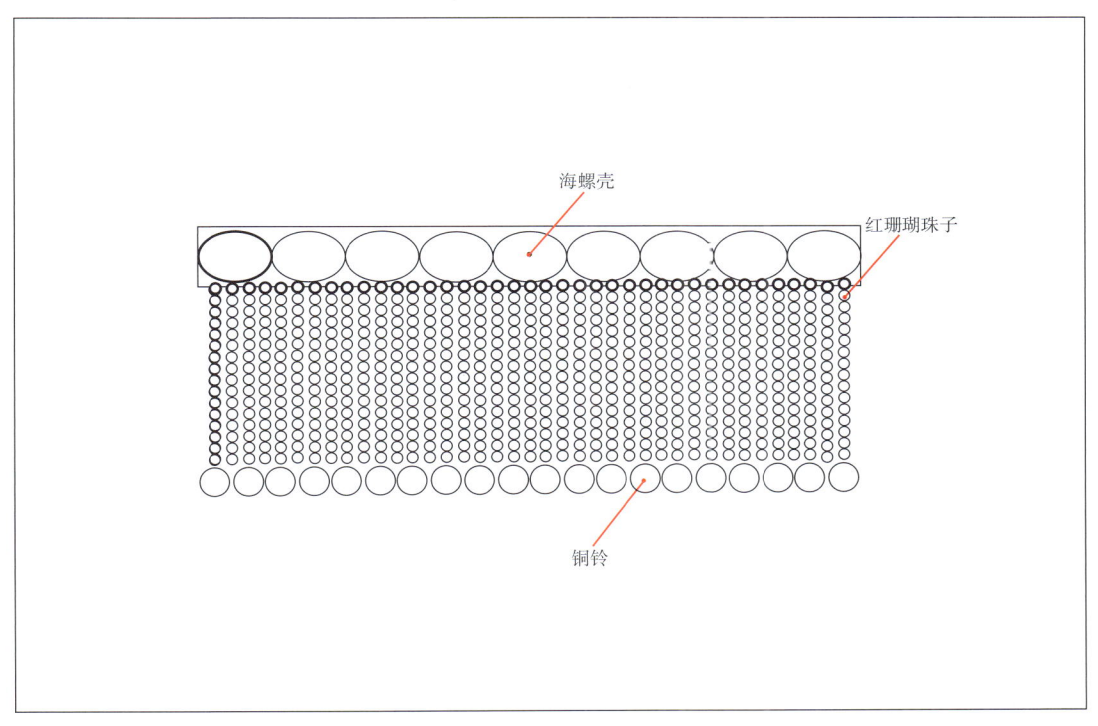

图八　傈僳族额勒帽局部分析图

图九　傈僳族额勒帽佩戴效果示意图

第二章　傈僳族传统服饰

171

傈僳族绒球彩帽

图一　傈僳族绒球彩帽主图

绒球彩帽，是傈僳族特有的女式帽，由帽顶、帽前装饰布、帽后装饰布等主要部分组成。绒球彩帽宽22厘米，反面总长58厘米，其中彩色装饰片长40厘米，流苏长18厘米。由大红、浅红、橘黄、黄、白、蓝、绿等不同色系组成的彩色绒球和彩色拼布，具有五彩斑斓的效果，给人以活泼明亮之感。

每逢节日、婚庆等重要时刻，傈僳族妇女便会盛装出席，头戴绒球彩帽、身着花裙子，为节日增添了喜庆的色彩。绒球彩帽的帽体部分为棉制，彩色绒球为腈纶毛线，帽前再饰以银质吊坠，戴上帽子后，银坠长及眉间。绒球彩帽的制作分六步：第一步，做一个长60厘米，宽17厘米的圆柱形帽高；第二步，将直径为20厘米的帽顶缝在帽高上；第三步，将带有绒球、银泡、银链、银坠的帽前装饰布缝于帽檐上；第四步，将绒彩条缝在帽顶边沿；第五步，将帽顶、帽后装饰布缝在帽顶前沿，使帽后装饰布自然地垂于帽后；第六步，将绒球串缝在帽顶上，将流苏缝在帽后装饰布上。装饰布上的花纹以大红为底，形成黄、白、蓝、绿、浅红五色相间的图案。

　　傈僳族妇女头戴绒球彩帽，头上的彩色绒球与挎包上的彩色绒球上下呼应，走路时，绒球随着身体轻轻摆动，十分具有动感，可爱不失美丽，妩媚不失端庄。

作为传统傈僳族服饰的重要部分，绒球彩帽被保留下来，至今仍深受傈僳族妇女的喜爱。

图片来源
图一至图八　程珊　制图
图九　何文琴　摄影

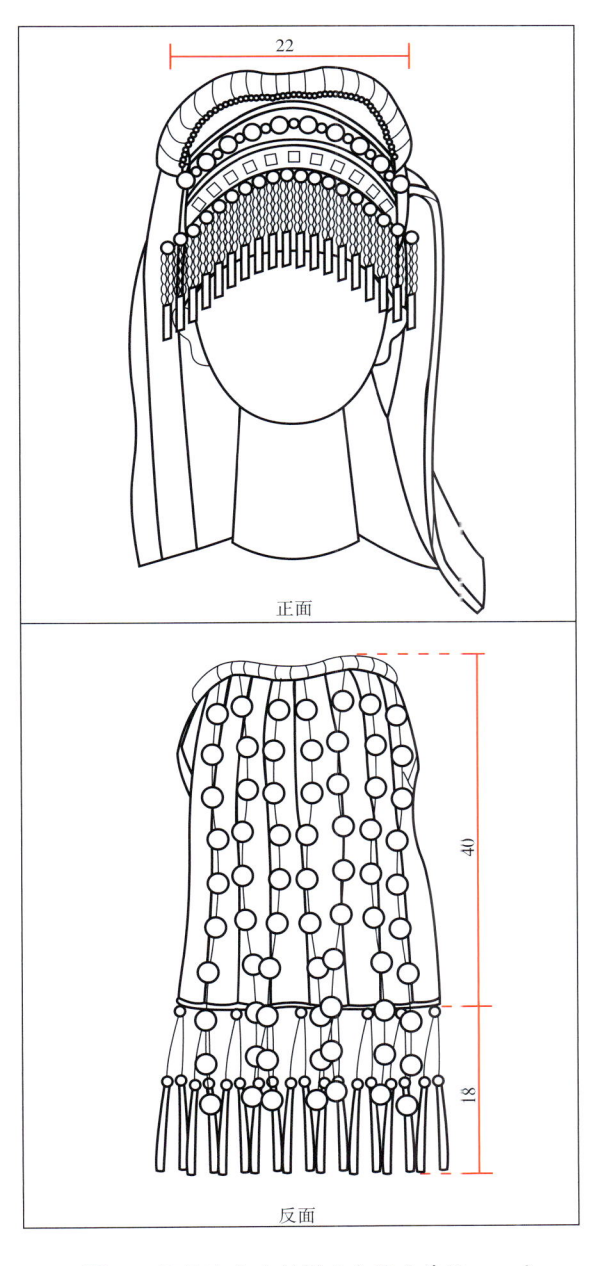

图二　傈僳族绒球彩帽尺寸图（单位：cm）

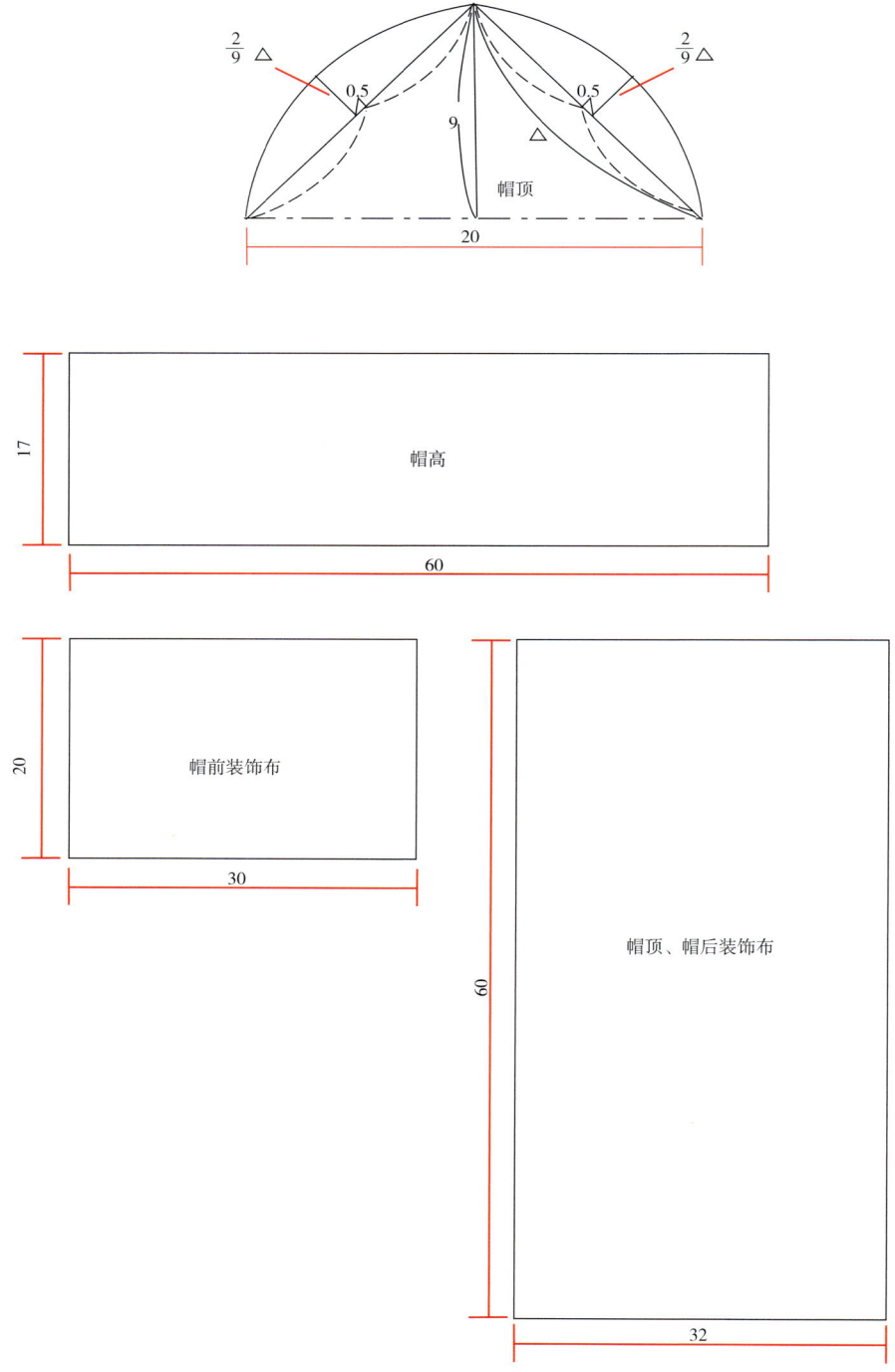

图三　傈僳族绒球彩帽开片、尺寸图（单位：cm）

图四　傈僳族绒球彩帽材料分析图

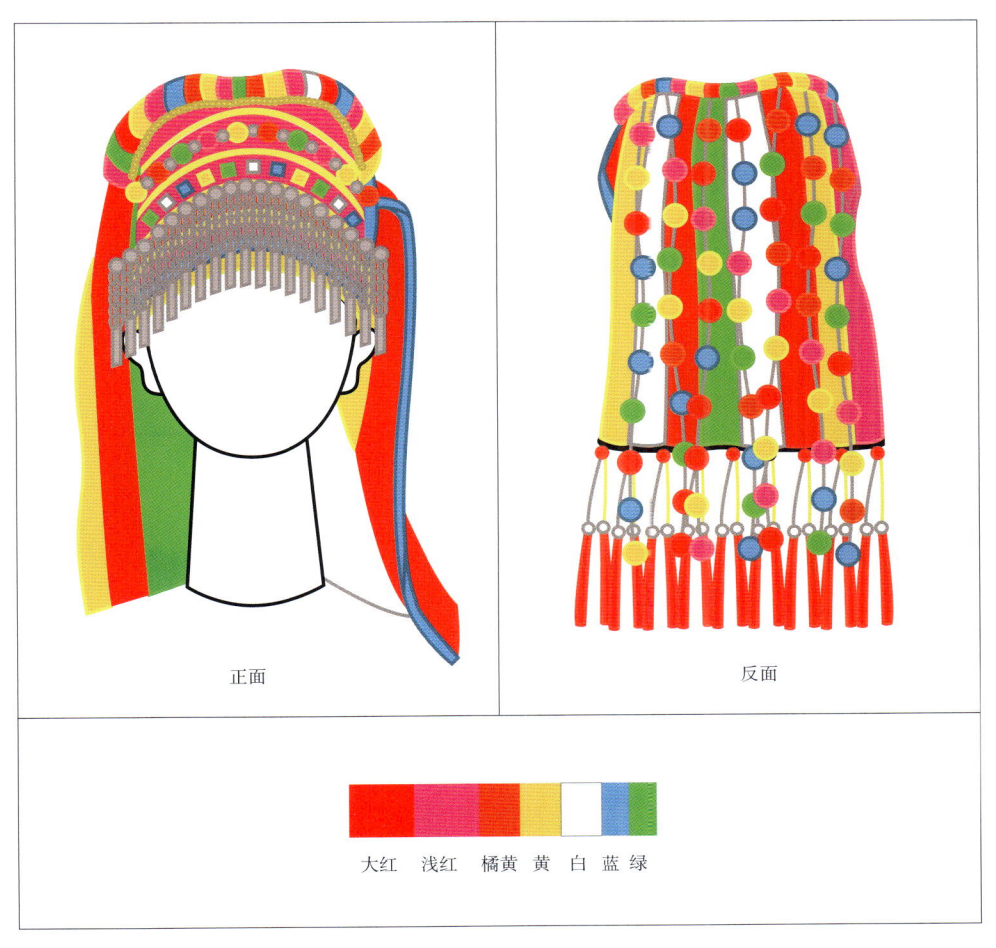

图五　傈僳族绒球彩帽色彩分析图

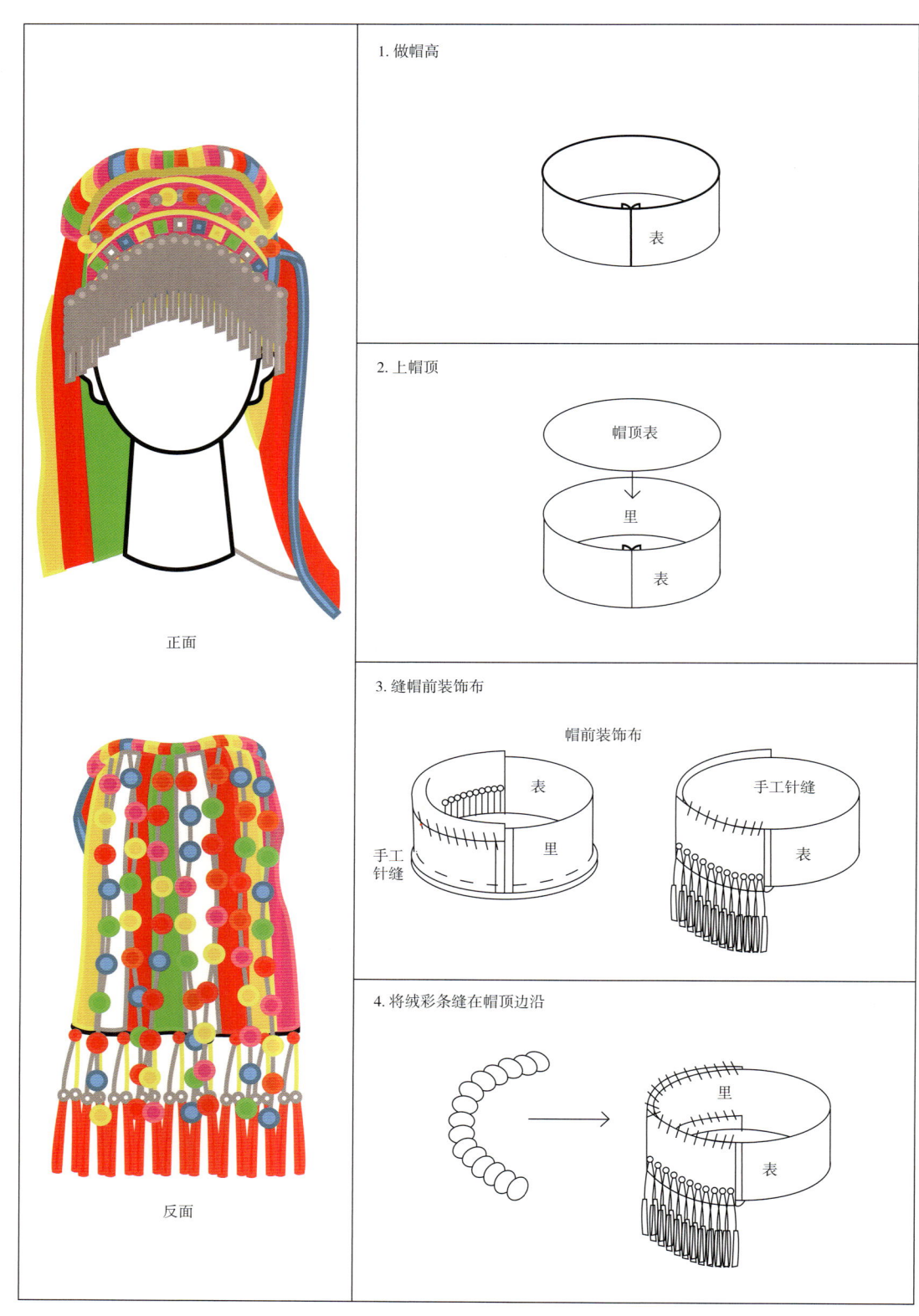

图六 傈僳族绒球彩帽制作流程图

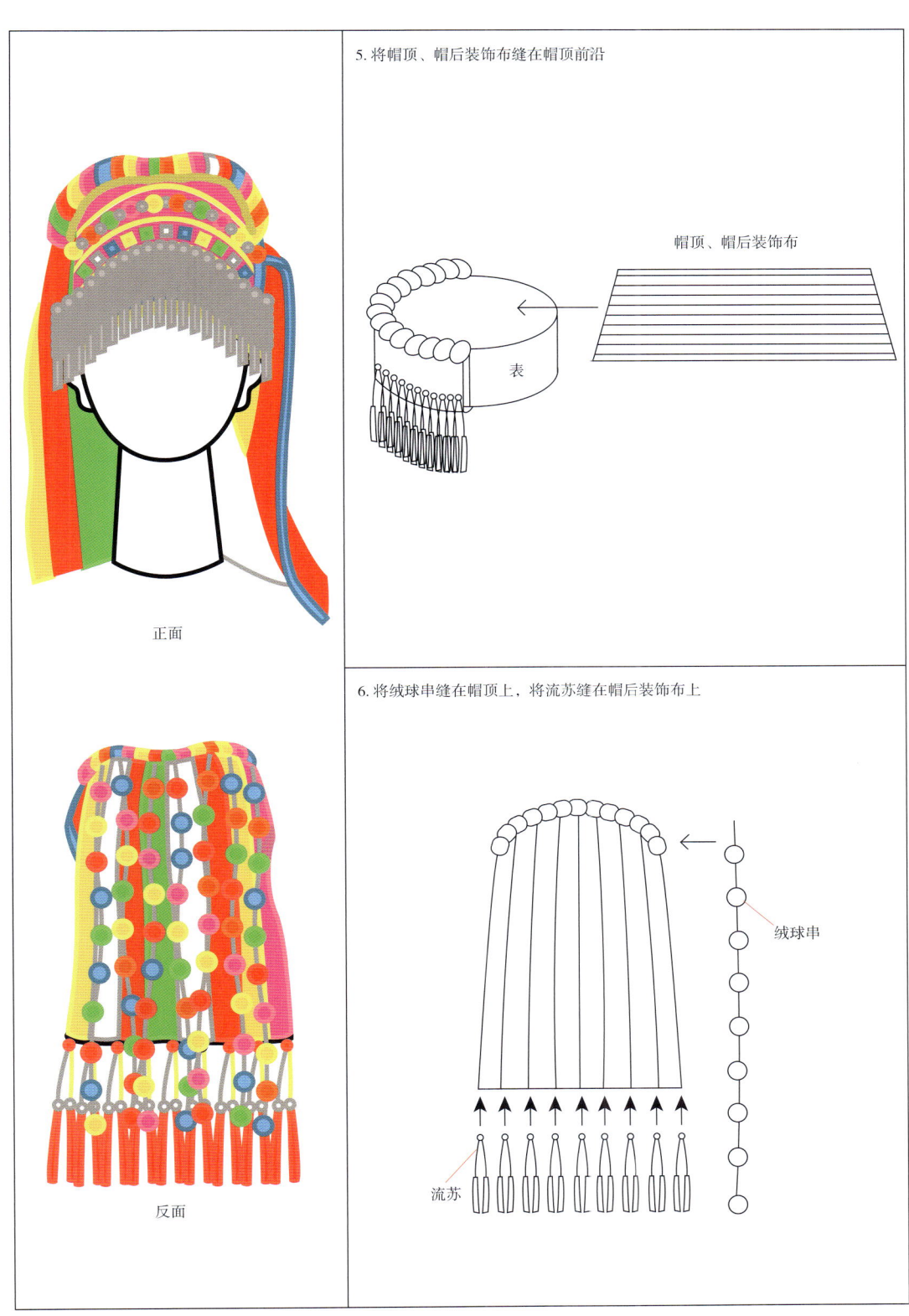

5. 将帽顶、帽后装饰布缝在帽顶前沿

帽顶、帽后装饰布

表

正面

6. 将绒球串缝在帽顶上,将流苏缝在帽后装饰布上

绒球串

流苏

反面

图六(续) 傈僳族绒球彩帽制作流程图

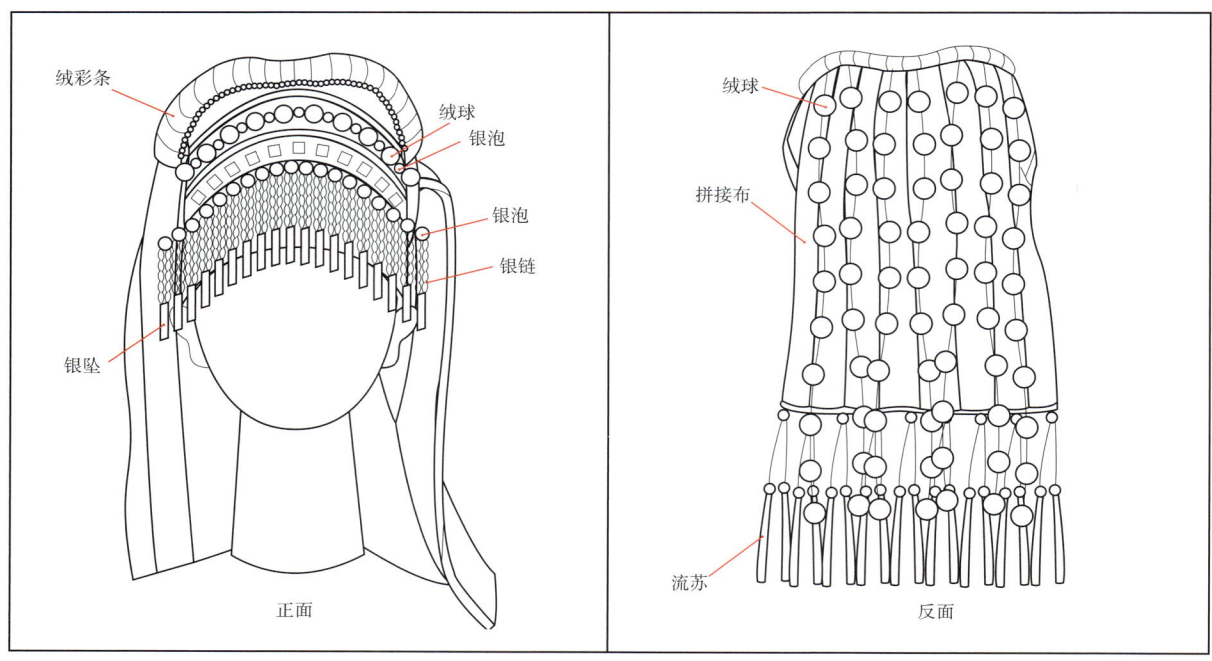

图七　傈僳族绒球彩帽局部分析图

图八　傈僳族绒球彩帽纹样效果示意图

图九　傈僳族绒球彩帽佩戴效果示意图

傈僳族大圆帽

图一　傈僳族大圆帽主图

大圆帽，是傈僳族妇女盛装时所戴的帽子，色彩绚丽，深受傈僳族年轻妇女和女孩喜爱。此案例采集于云南丽江玉龙县，帽壳呈圆形，直径达32厘米，通高18厘米。

大圆帽的制作较复杂。首先缝布壳衬和帽的内外层，布壳衬作为支撑物使整个帽子成型；在布壳衬上刷胶，贴在帽内层反面。接下来将帽内外层与一块帽厚缝合，缝合后在帽体内填充絮棉，手工针缝，将帽体与另外一块帽厚缝合。最后进行整体外观装饰，用手工针在帽体做出亮片绣花，做帽顶装饰布，也就是在一块黑色平绒布的两面缝花边，并在底部缝串珠。成型后，将帽顶装饰布缝在帽顶上。帽侧绣有花纹和亮片，以大红为底，用绿、黄、蓝、银装饰搭配。帽壳下缝有红绿黄相间、呈方块状图案的串珠，长9厘米。帽子后面是绣有横条状花纹的黑色布饰布，长65厘米，宽26厘米，底下也缝有串珠，有的戴上之后长可及腰。

色彩绚丽的大圆帽，与傈僳族服饰搭配起来，洋溢着青春、活力的气息。对于傈僳族姑娘们来说，拥有一顶精致的大圆帽是件头等大事，不仅因为其装饰效果好，更因为它是美好、富裕的象征。

图片来源
图一至图八　李雪婷　制图
图九　何文琴　摄影

图二　傈僳族大圆帽尺寸图（单位：cm）

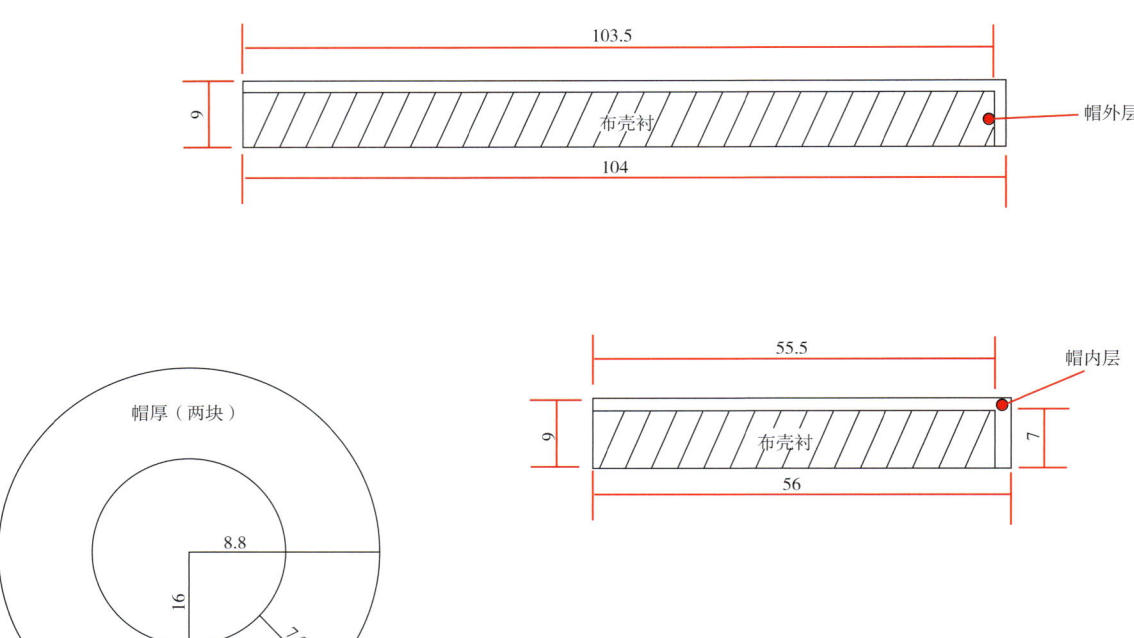

图三　傈僳族大圆帽开片、尺寸图（单位：cm）

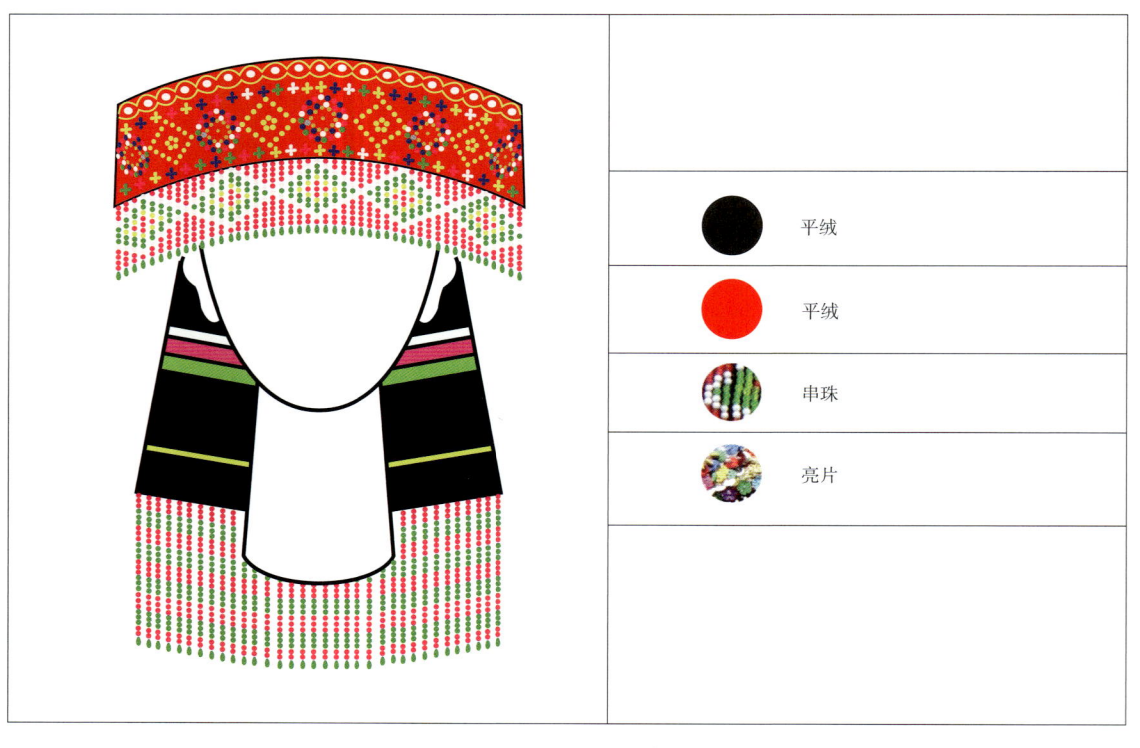

图四　傈僳族大圆帽材料分析图

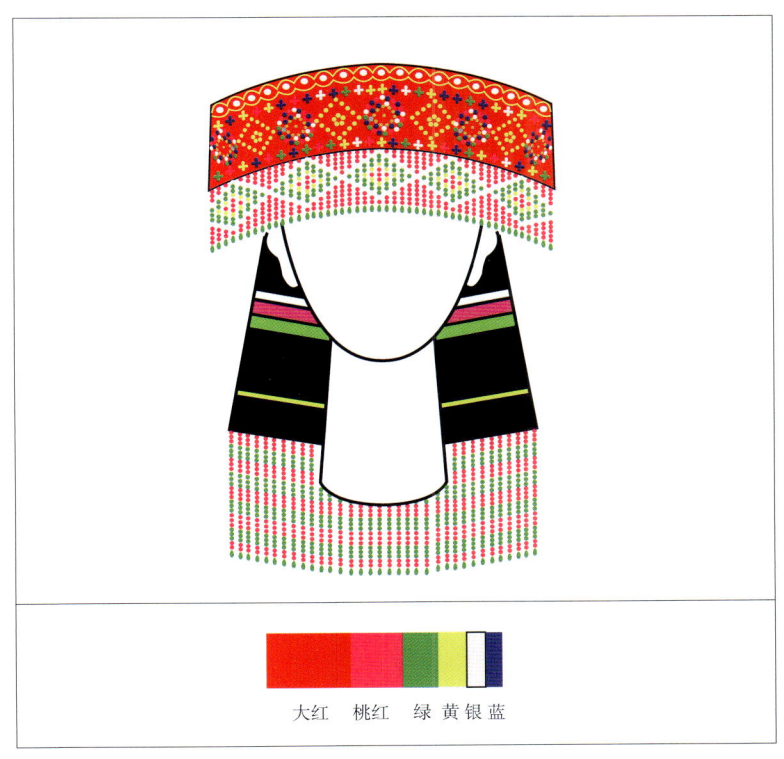

图五 傈僳族大圆帽色彩分析图

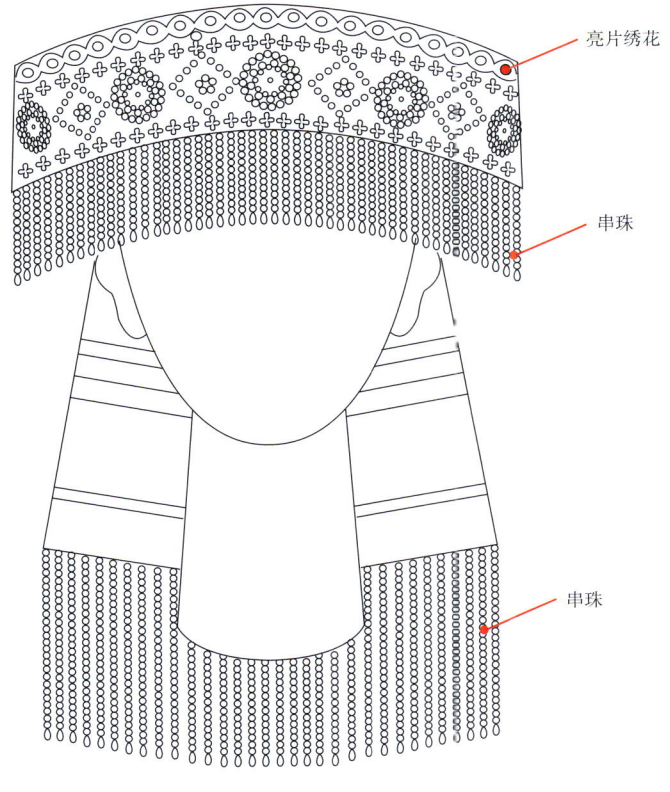

图七 傈僳族大圆帽局部分析图

第二章 傈僳族传统服饰

1. 缝布壳衬

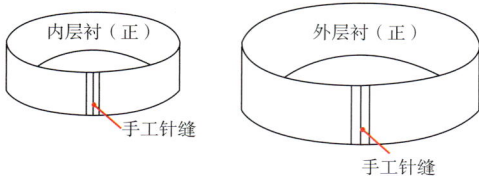

6. 缝合另一块帽厚

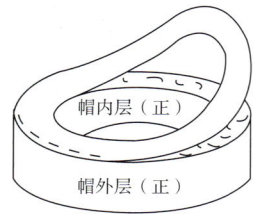

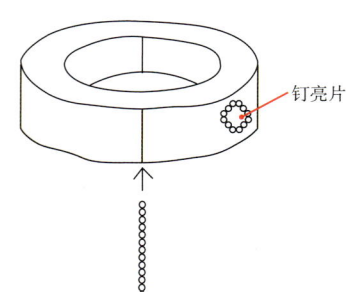

2. 缝帽内外层

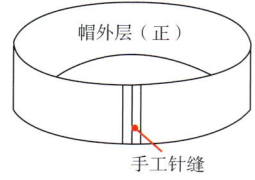
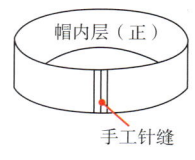

7. 做帽顶装饰布

3. 在布壳衬上刷胶粘在帽内外层反面

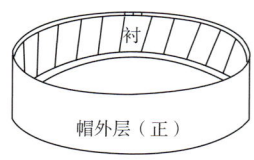
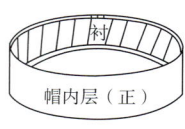

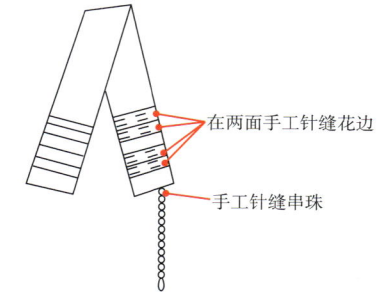

4. 内外层与帽厚缝合

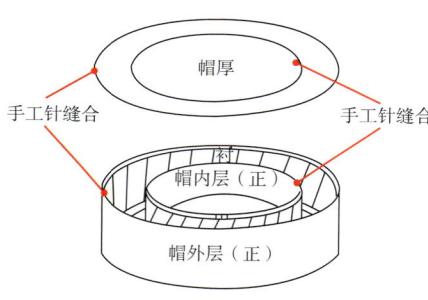
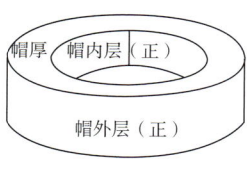

8. 将装饰布缝在帽顶

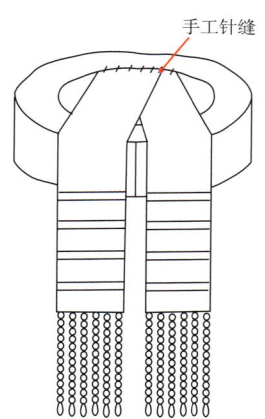

5. 在帽体内填絮棉

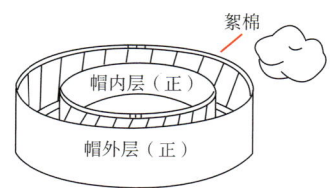

图六　傈僳族大圆帽制作流程图

图八 傈僳族大圆帽纹样效果示意图

图九 傈僳族大圆帽佩戴效果示意图

第二章 傈僳族传统服饰

傈僳族黑圆帽

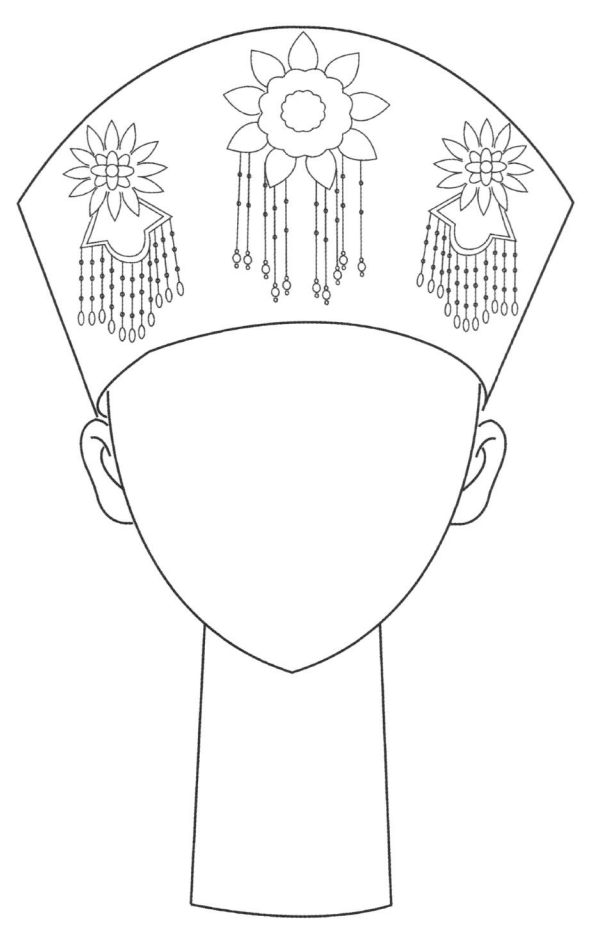

图一 傈僳族黑圆帽主图

傈僳族黑圆帽，无顶，下窄上宽，开片成上宽下窄的扇子状，通高20厘米。此案例采集于昆明禄劝县。该黑圆帽是近现代以来，禄劝傈僳族女性在重大节日和活动时佩戴的配饰物。

这种黑圆帽的材料主要是纯棉布、布壳。黑底，帽子上缝制一些五彩的装饰物。装饰材料色彩艳丽，多为红、金、绿、银等。黑圆帽的制作工具、材料非常简单，仅需一些针线和黑布料、布壳、饰品等。黑圆帽的制作过程大致如下：首先是做里。裁一块扇子状的布壳（大小因人而异），然后裁一块扇子状的里布，这块里布的高度与布壳等高，但比布壳长，长出来的部分用来包住布壳两端边缘，最后将里布和布壳缝合粘贴在一起,这样帽里就做好了。然后是做表,也是剪出一块与里布同等大小的布料,制作步骤同做里。最后将制作好的扇子状两端缝合就成了一个立体状的圆筒形圆帽(如图六示)。帽子的主体做好后,继而对帽檐进行装饰,在帽檐处缝制一些色彩艳丽、对比强烈的装饰物。

这种黑圆帽具有极大的功能性:圆帽下窄(接近头处)上宽,通高20厘米,大大地增加了傈僳族妇女的身高,她们无须穿高跟鞋,戴上这种黑圆帽会显得身材高挑纤细,充分展现了傈僳族妇女的魅力。

图片来源
图一至图七　李雪婷　制图
图八　何文琴　摄影

图二　傈僳族黑圆帽尺寸图(单位:cm)

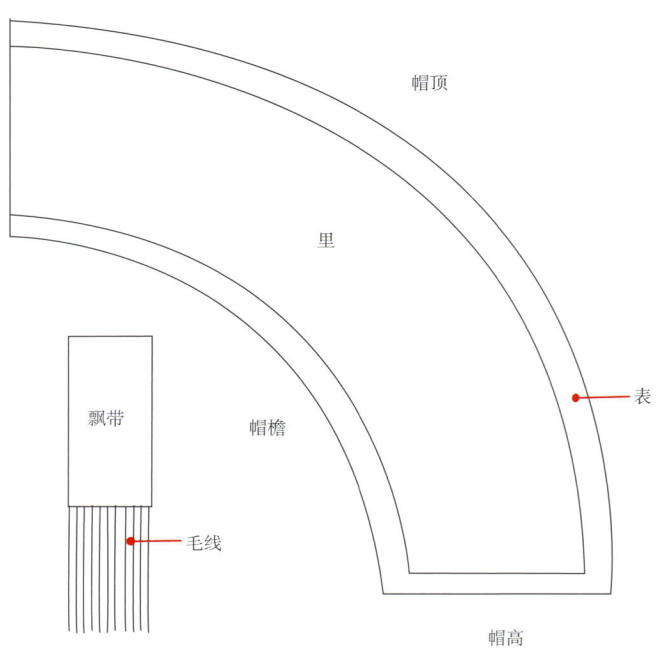

图三　傈僳族黑圆帽开片图

图四　傈僳族黑圆帽材料分析图

图五 傈僳族黑圆帽色彩分析图

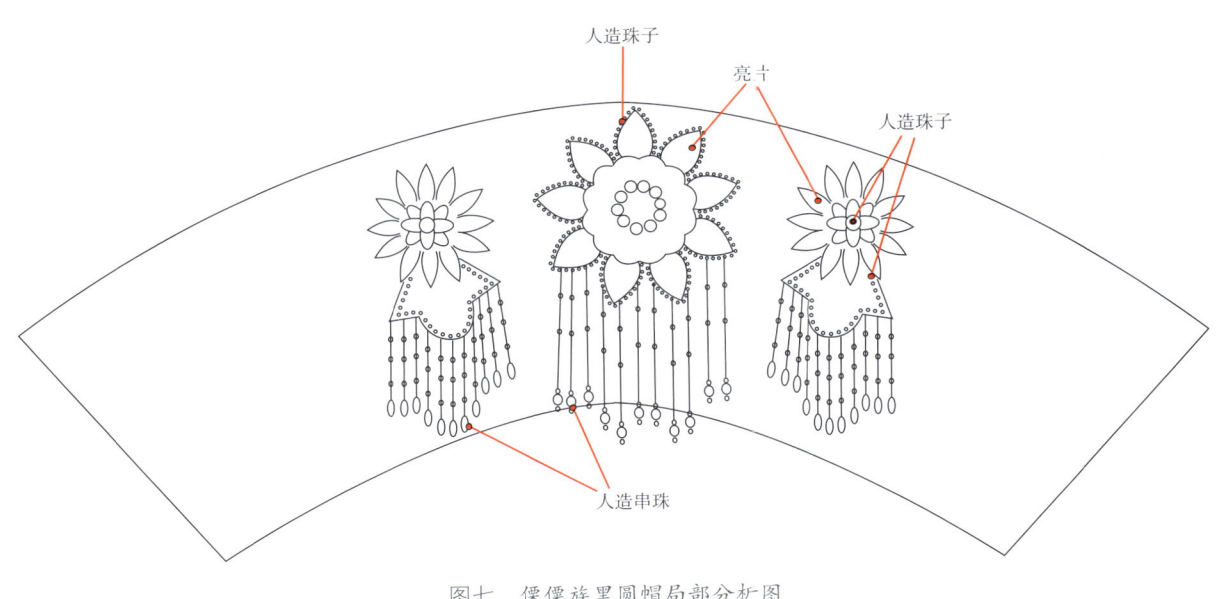

图七 傈僳族黑圆帽局部分析图

第二章 傈僳族传统服饰

189

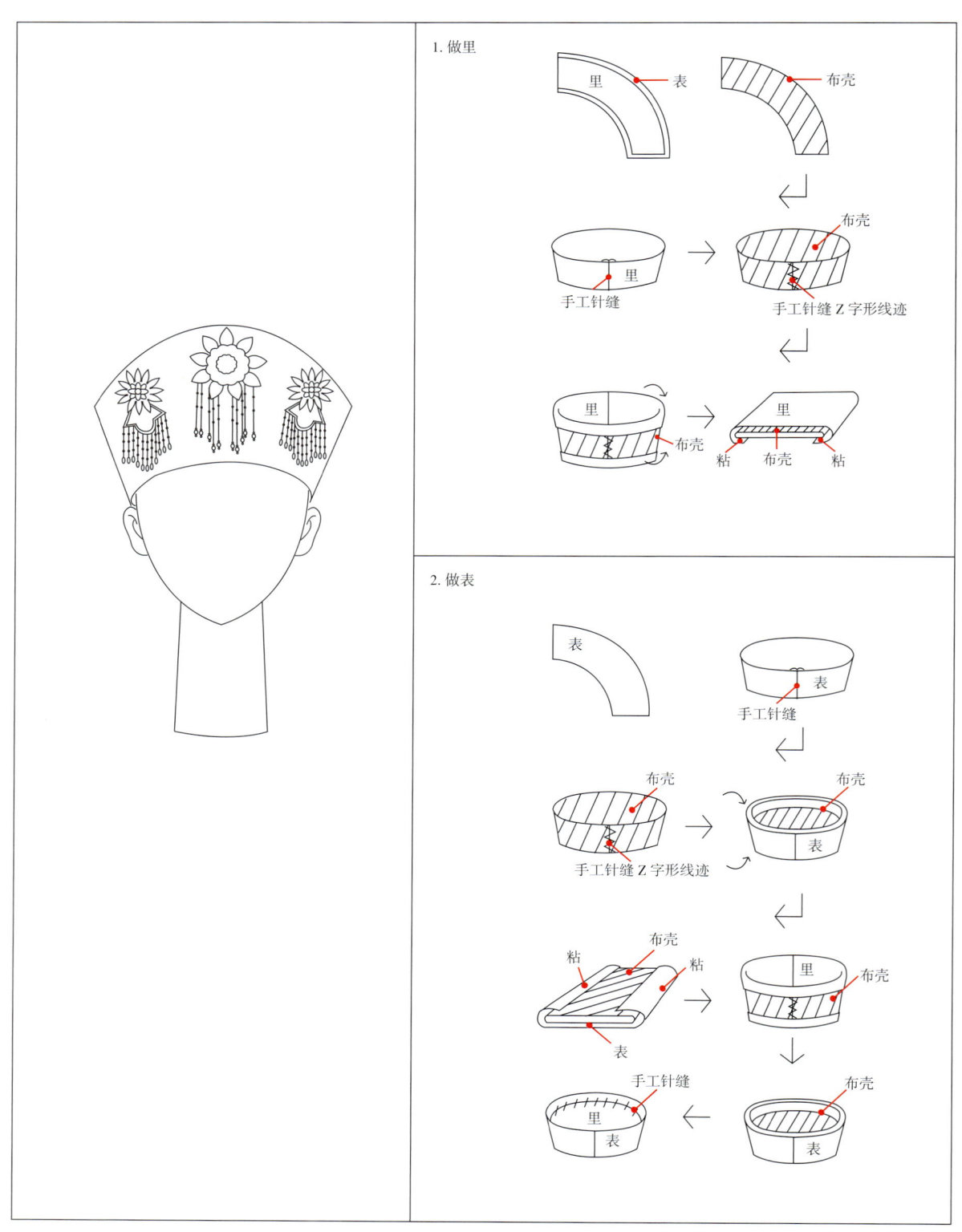

图六 傈僳族黑圆帽制作流程图

图八　傈僳族黑圆帽佩戴效果示意图

傈僳族三角锥帽

图一　傈僳族三角锥帽主图

三角锥帽，在傈僳族语中称"窝亨"，是一种呈三角锥形状的帽子，帽尾披肩，通高 42 厘米。此案例采集于云南迪庆维西县叶枝镇同乐村农妇家。三角锥帽由老一辈妇人统一为年轻妇女制作，是维西傈僳族妇女跳"阿尺木刮"舞蹈的重要服饰，平时舍不得穿戴，珍藏在柜中。

三角锥帽的里子是麻布，外衬用蓝色棉布。傈僳族聚集地昼夜温差大，麻布缝在帽内增加帽子厚度，起到了保暖作用。三角锥帽有三层，首先是一块长约 80 厘米制作帽子的表层棉布。其次以表层布中间为中轴线，缝制一层长 68 厘米的里布和长约 40 厘米的麻衬布。再以中轴线为中心，缝制六层海贝装饰物，中轴线处的海贝呈竖式，其他则呈横式缝制在帽檐处。最后以最长棉布为准对折缝合，形成三角锥形状，直角对上，帽子的基本造型即完成。帽子上镶嵌着海贝、银盘（傈僳语称"普扁"，直径 12 厘米）和五彩串珠。傈僳族人崇拜万物，相信万物有灵，太阳是傈僳族信仰的众多神中最崇拜的神，因此傈僳族也被称为追赶太阳的民族。傈僳族人对太阳神的崇拜常体现在服饰上，女子帽子的银盘代表着太阳，表达了傈僳族人对太阳神的崇拜，实现人与神的对话。

  三角锥帽设计简单，套头戴上即可，十分方便。

图片来源
图一　梁婷　摄影
图二至图八　程珊　制图
图九　何文琴　摄影

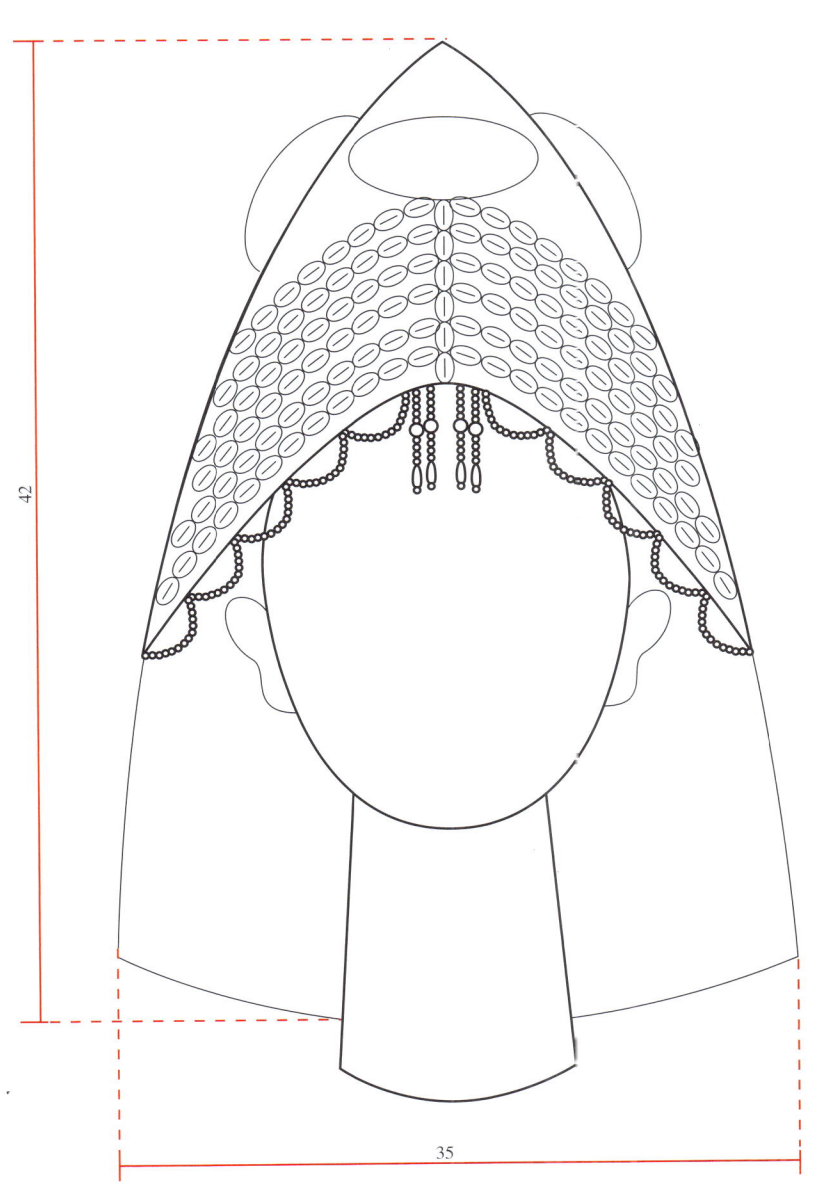

图二　傈僳族三角锥帽尺寸图（单位：cm）

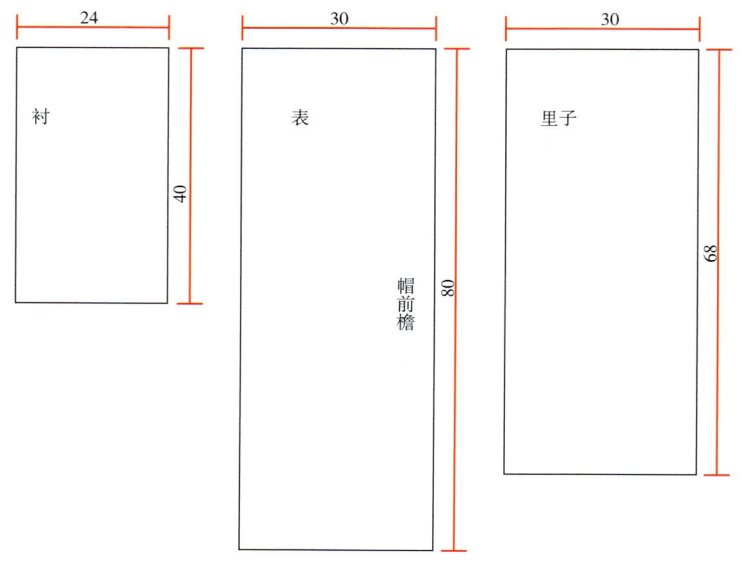

图三 傈僳族三角锥帽开片、尺寸图（单位：cm）

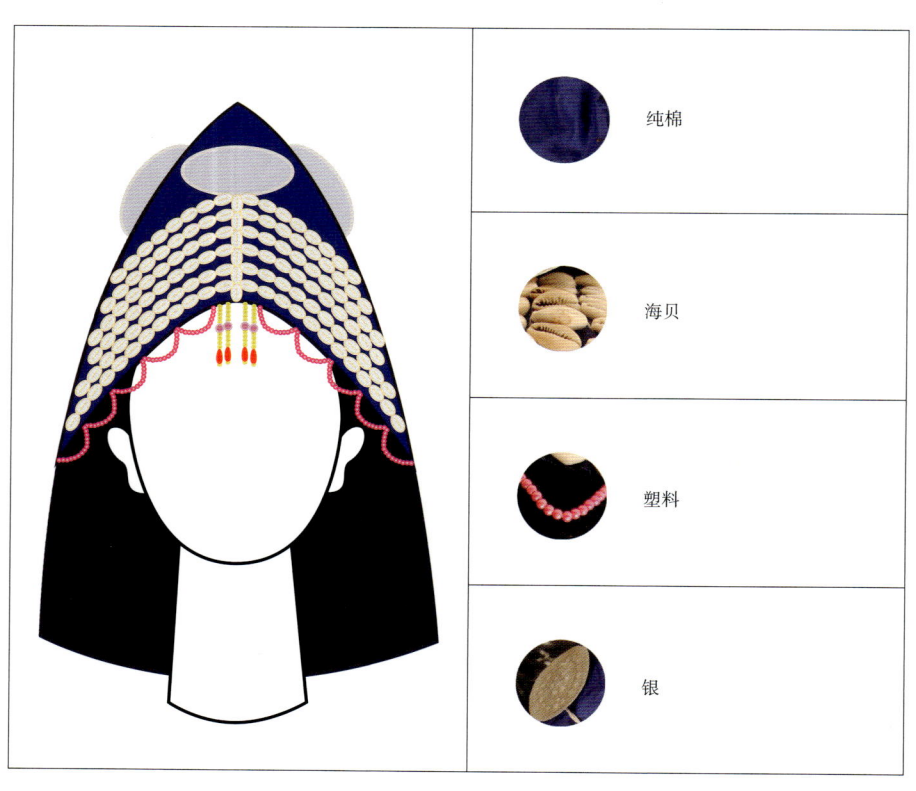

图四 傈僳族三角锥帽材料分析图

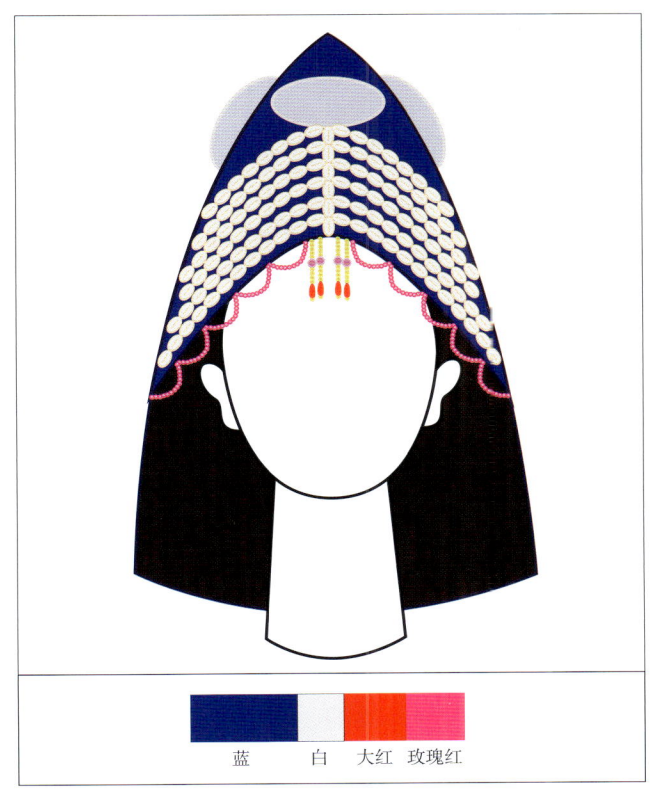

图五 傈僳族三角锥帽色彩分析图

蓝　白　大红　玫瑰红

图九 傈僳族三角锥帽佩戴效果示意图

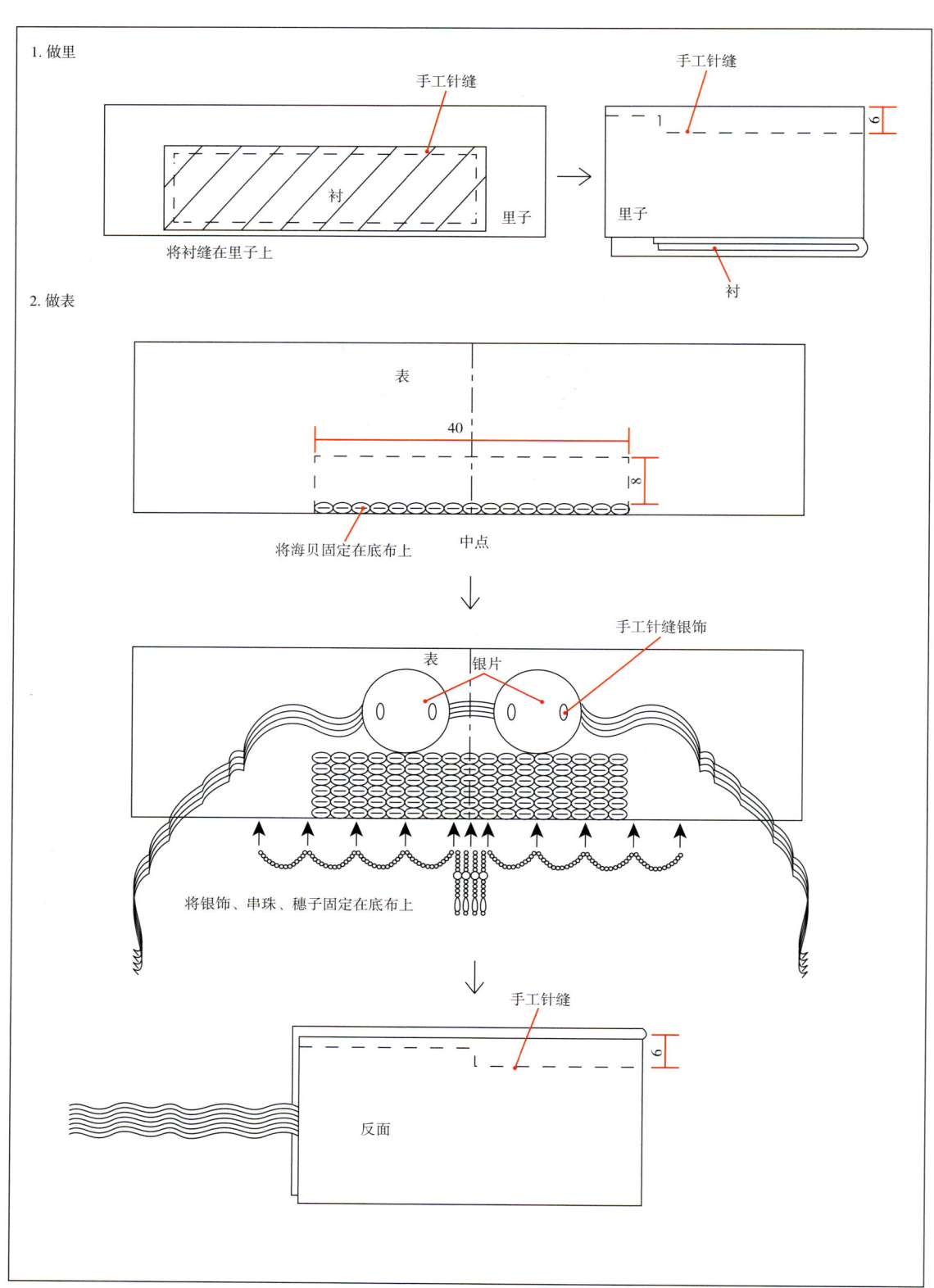

图六 傈僳族三角锥帽制作流程、尺寸图（单位：cm）

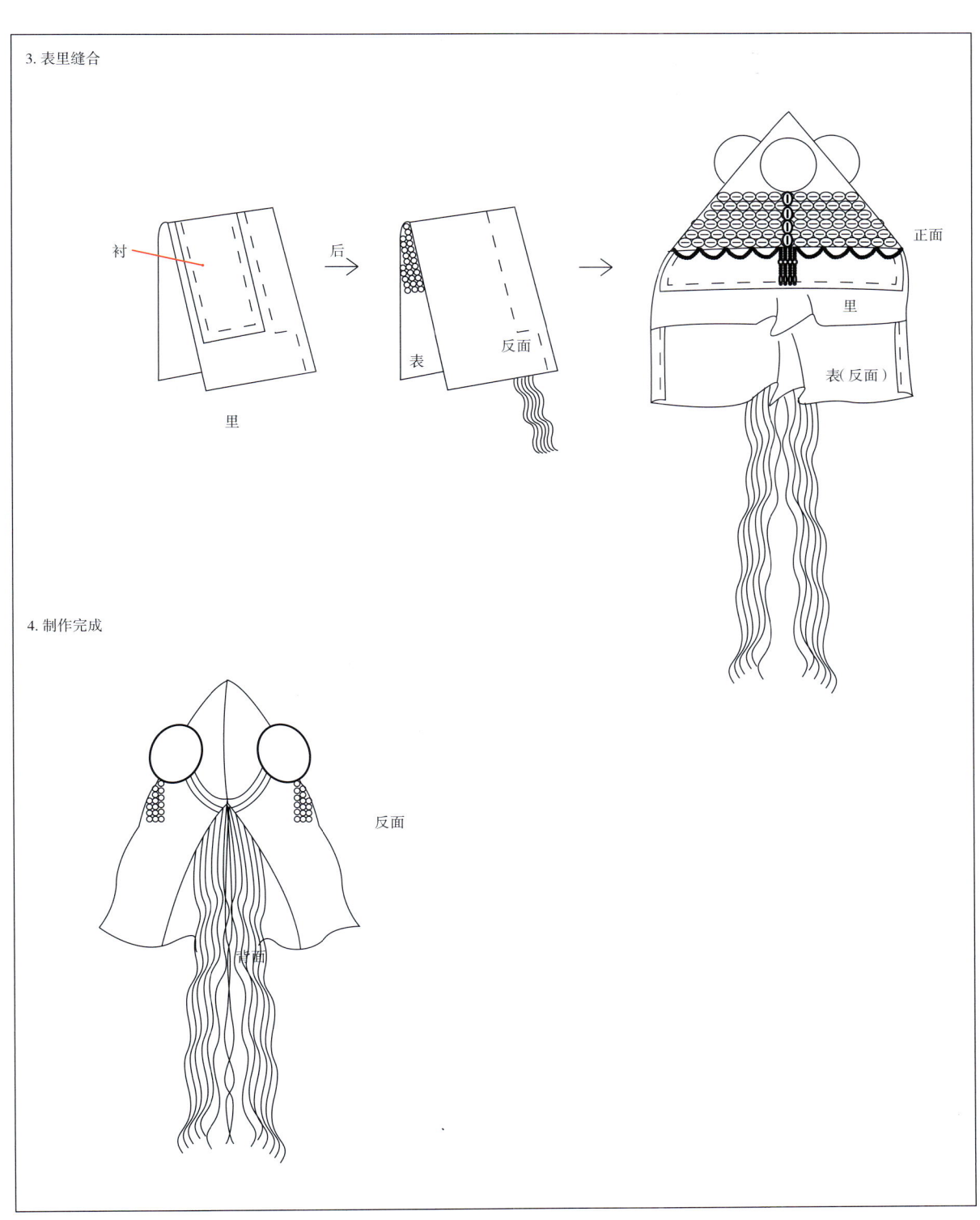

图六（续） 傈僳族三角锥帽制作流程、尺寸图（单位：cm）

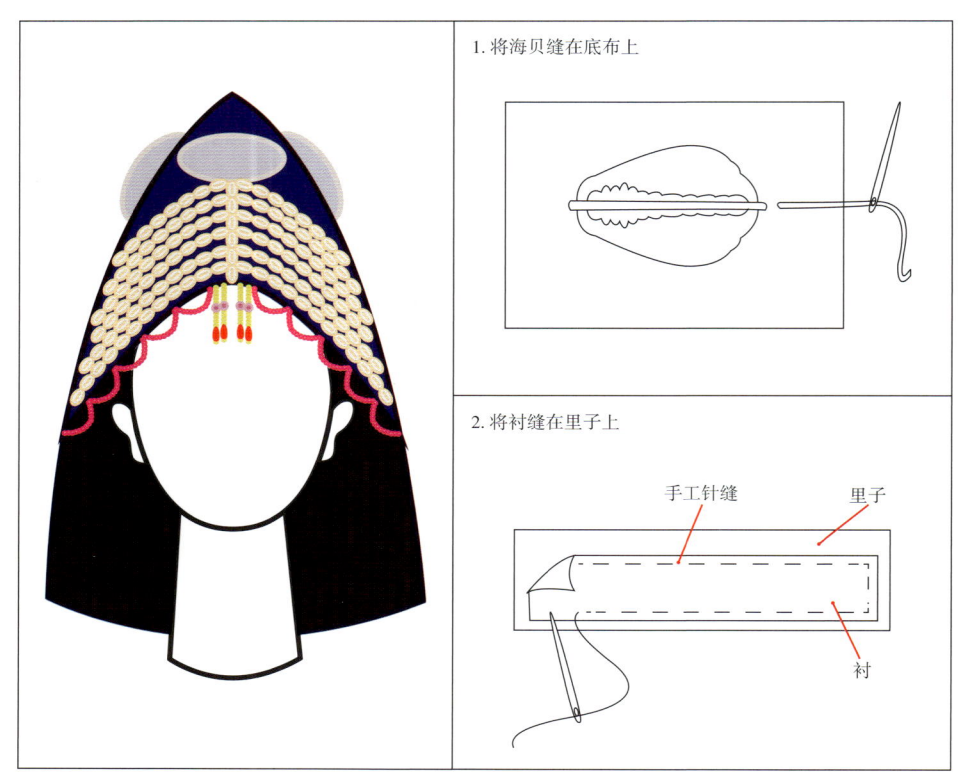

图七　傈僳族三角锥帽局部工艺分析图

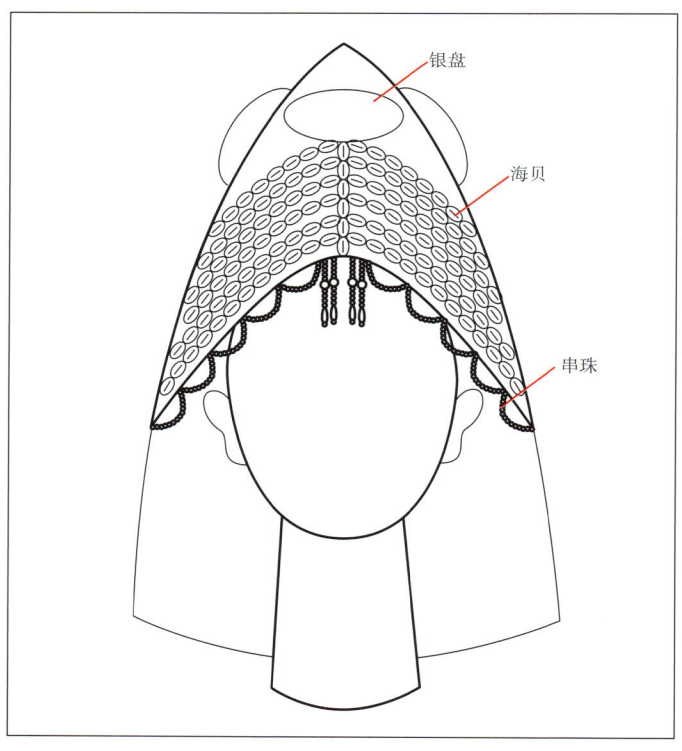

图八　傈僳族三角锥帽局部分析图

傈僳族羊毛毡帽

图一　傈僳族羊毛毡帽主图

羊毛毡帽，傈僳族语称为"壳扒腊哄"，是指用羊毛擀制的毡帽，帽顶为以人头为基本形状的圆形，通高11厘米。本案例采集于云南迪庆维西县叶枝镇同乐村。在同乐村及其他村寨，每户傈僳族家中均有羊毛毡帽。有些羊毛毡帽通体素雅，没有任何装饰，以棕褐色或黑色为主。同乐村羊毛毡帽上缝制一些麦秆编织的装饰物"阿木数吕"和动物羽毛。此案例的羊毛毡帽制作时间大约在20世纪初期。

羊毛毡帽分两种：一类是通体素雅的毡帽，没有任何装饰，主要在日常生活中使用，具有取暖御寒的作用；一类是缝制有大量"阿木数吕"、羽毛，配少量红色棉线做花蕊，这种毡帽在参加重大节日和活动中戴。羊毛毡帽用傈僳族传统手工制作方式完成。首先将剪下来的羊毛放置在平台上，用弹棉花工具将其杂质去除；其次将羊毛均匀铺在一排竹竿上（用像编织凉席一样的竹竿），然后再在羊毛上覆盖一排竹竿，即将羊毛压在两排竹竿之间。接下来多次翻、裹竹竿，并倒入沸水，使羊毛变软，并相互连接成片状。最后将片状羊毛取出放入木臼中，一边用木槌轻轻地敲击，一边加入沸水，让毡帽成型。成型后取出套在头模上，阴凉处晾干即可完成。有些羊毛毡帽边缘缝制一层布条（如图七示），防止边缘部分破损。毡帽完成后，还需编织"阿木数吕"，将浸泡过的麦秆破开，中间对折编织三个角（如图九示），然后将麦秆花串联起来。

傈僳族属高山畜牧业发达的少数民族之一，大量饲养的羊群给制作羊毛毡帽提供了源源不断的材料。羊毛毡帽是傈僳族人在长期的生活实践中，适应当地气候条件制作的一种帽子，具有很强的适用性。

图片来源
图一　梁婷　摄影
图三至图九　程珊　制图
图十　何文琴　摄影

图二　傈僳族羊毛毡帽尺寸图（单位：cm）

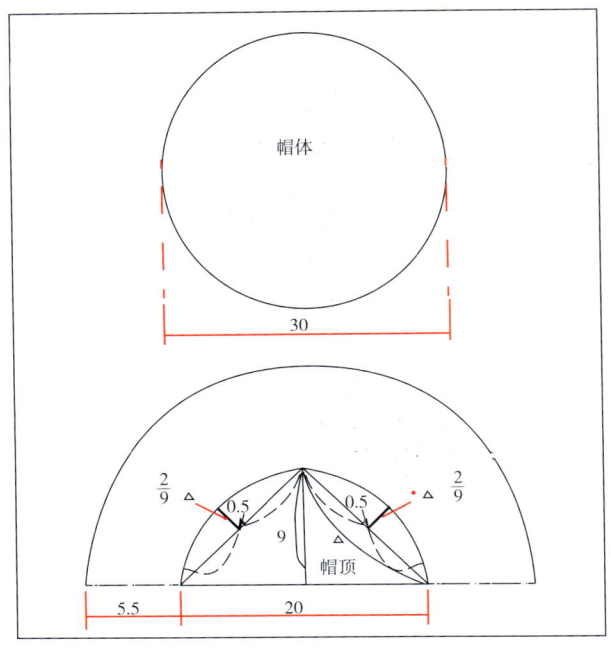

图三 傈僳族羊毛毡帽开片、尺寸图（单位：cm）

图四 傈僳族羊毛毡帽材料分析图

图五　傈僳族羊毛毡帽色彩分析图

黑　麦秆色　羽毛色　红

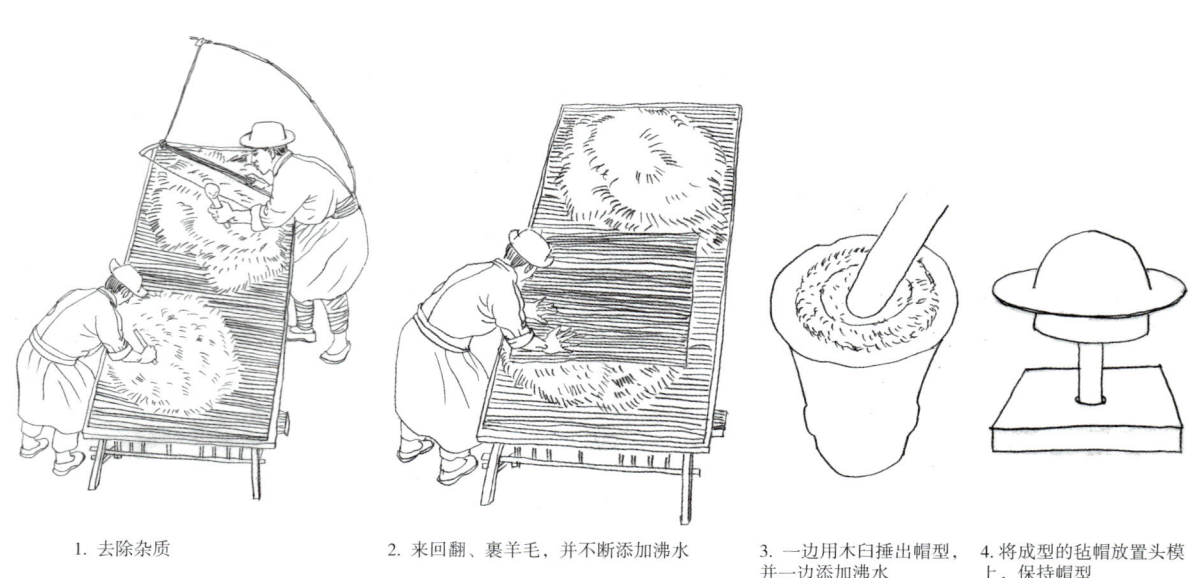

1. 去除杂质　　2. 来回翻、裹羊毛，并不断添加沸水　　3. 一边用木臼捶出帽型，并一边添加沸水　　4. 将成型的毡帽放置头模上，保持帽型

图六　傈僳族羊毛毡帽制作流程图

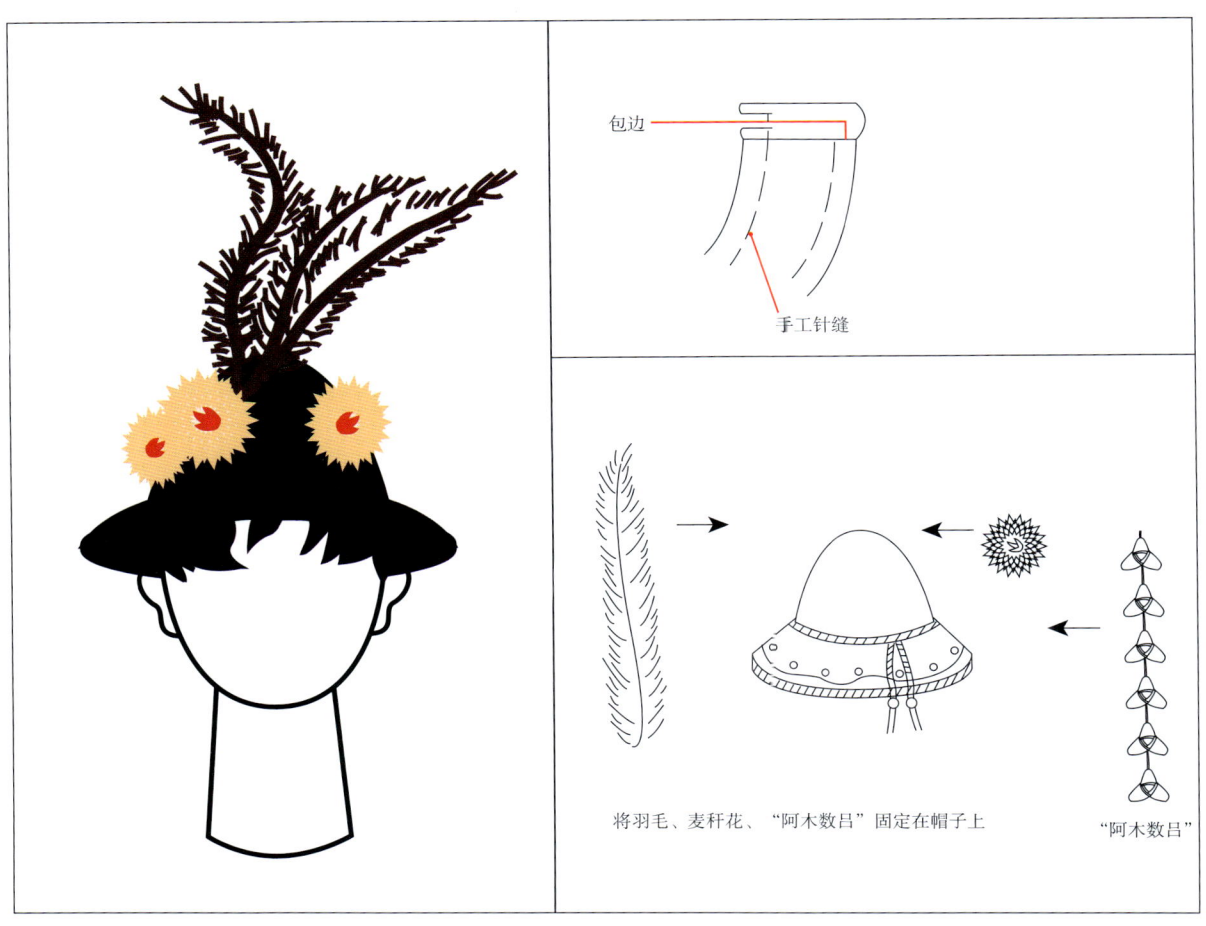

图七 傈僳族羊毛毡帽局部工艺分析图

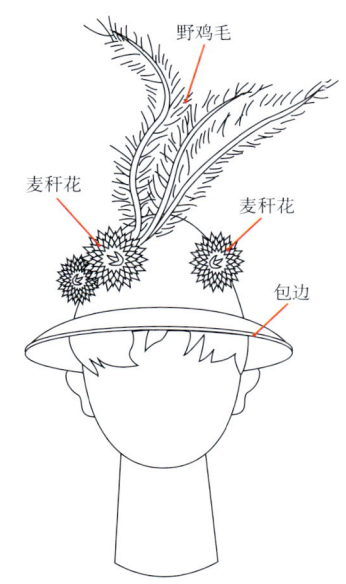

图八 傈僳族羊毛毡帽局部分析图

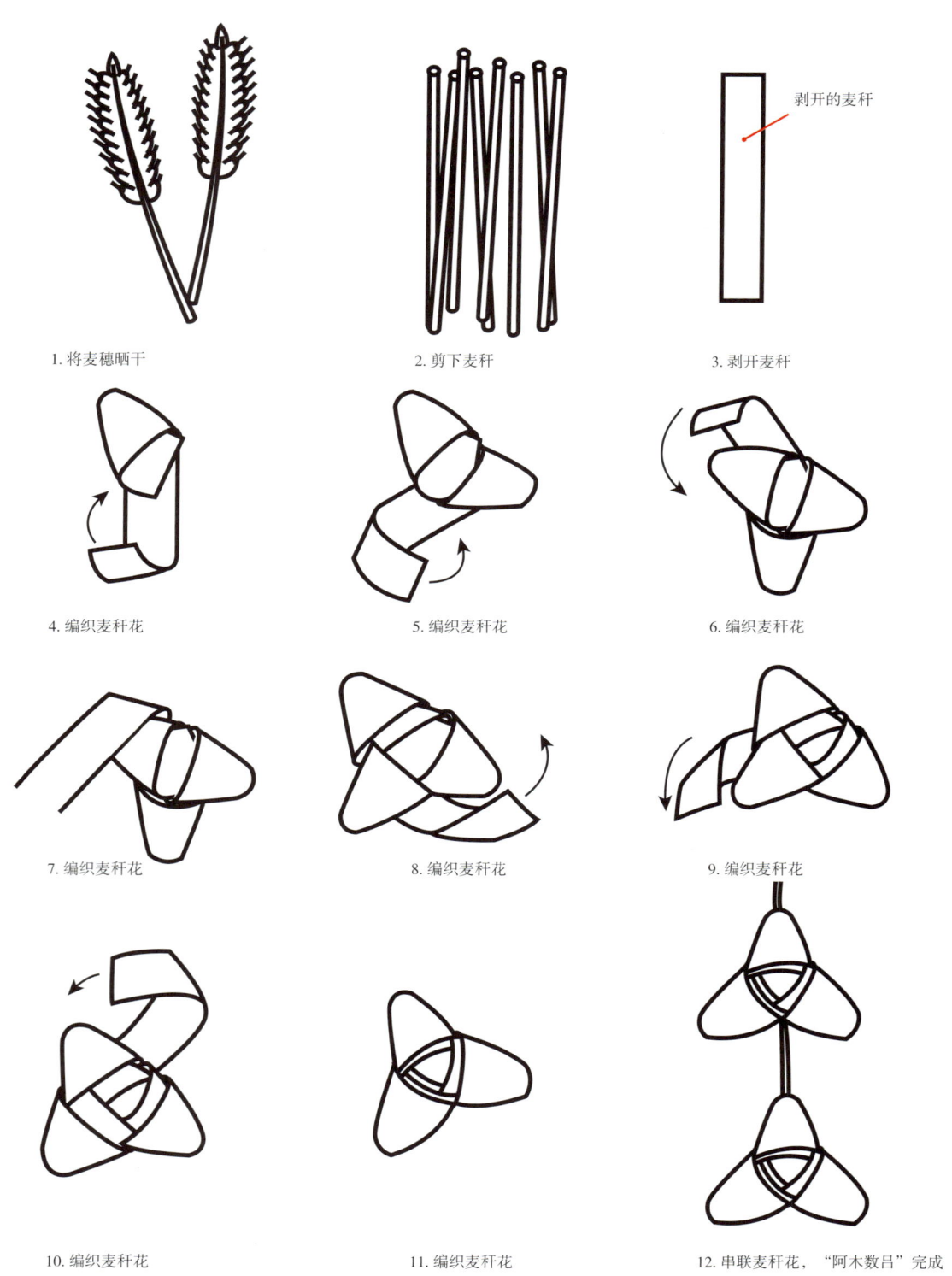

图九 傈僳族羊毛毡帽"阿木数吕"制作流程图

图十　傈僳族羊毛毡帽佩戴效果示意图

第二章　傈僳族传统服饰

傈僳族花包头

图一　傈僳族花包头主图

　　傈僳族花包头，摊开呈长方形状，长达2米，宽34厘米。其佩戴时十分麻烦，常常需要他人帮忙完成。此案例采集于云南丽江永胜县顾金英家中，是她为女儿出嫁时缝制的。

　　这种花包头主要用棉麻布料，密度大而厚实。在制作过程中，首先将布料裁剪成所需长宽，再将银饰物缝制在包头中间部位，长约90厘米。包头两端各留约50～60厘米。包头时，先用两三条毛巾（或黑色包头）缠绕，让整个头部鼓起来，这样起到了充实头部和保暖的作用。毛巾缠好后，再缠花包头，先从包头一段开始，继之前毛巾缠的十字形状的线路，等缠到中间部位（即装饰物部位），将包头从额头前绕过，达到完全展示包头重要装饰的部位。最后将剩下的一段折叠在后脑，并用扣带绑牢。扣带是在包头过程中，随包头绕到额前，最后扣在脑后的银饰上。从头上绕一圈到后面，可以起到固定包头的效果。这种花包头多在冬季、深秋和初春的时候戴，夏季几乎不戴。

图片来源
图一、图八　梁婷　摄影
图二至图七　程珊　制图

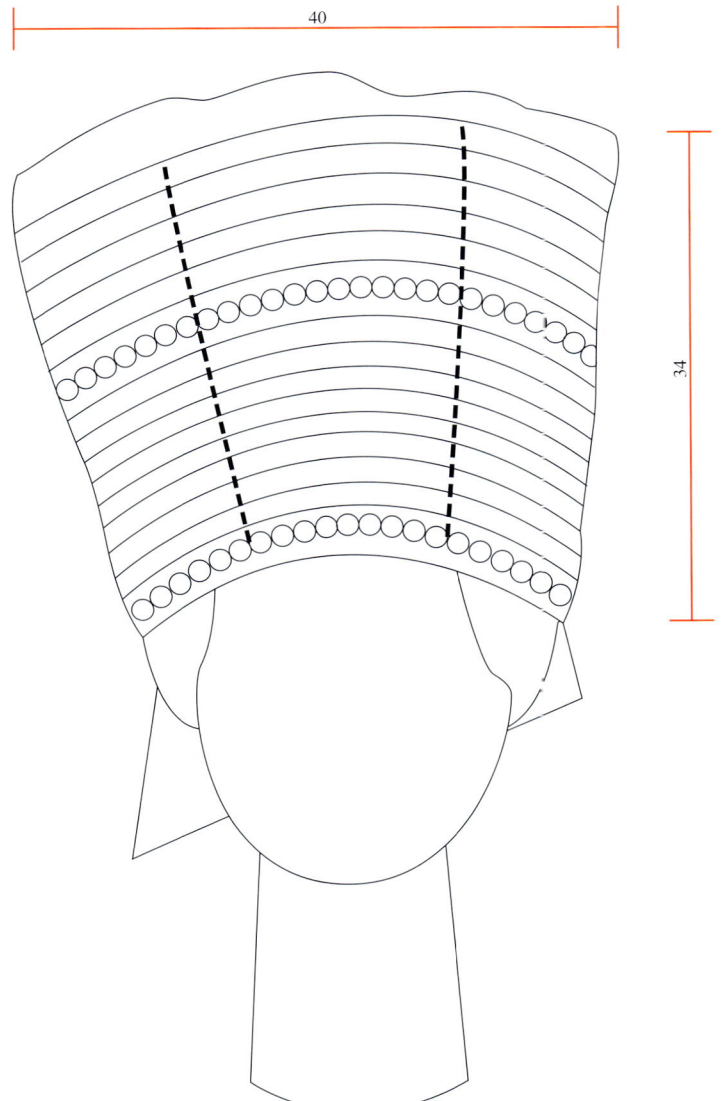

图二　傈僳族花包头尺寸图（单位：cm）

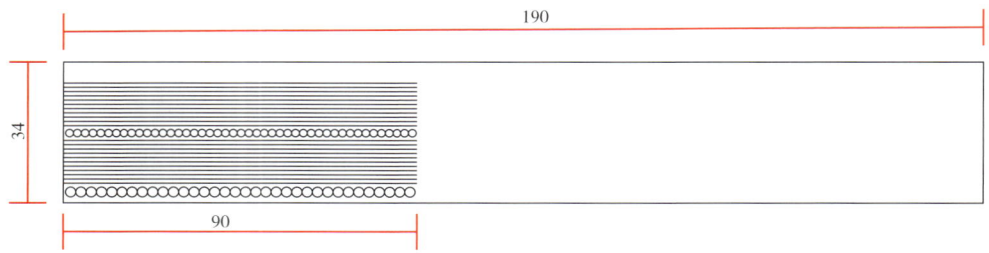

图三　傈僳族花包头开片、尺寸图（单位：cm）

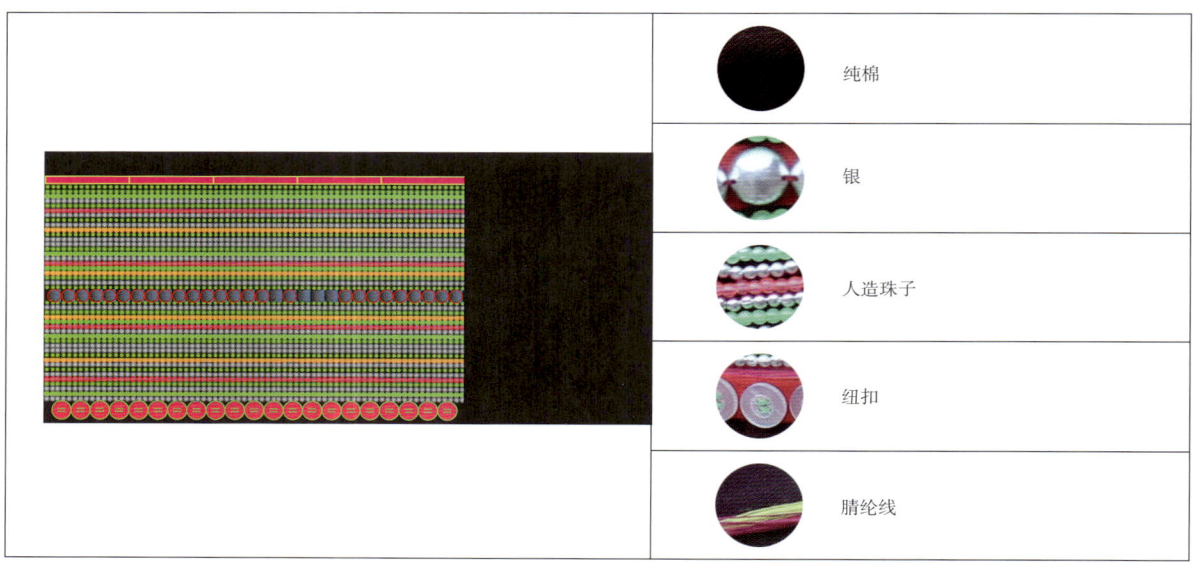

图四　傈僳族花包头材料分析图

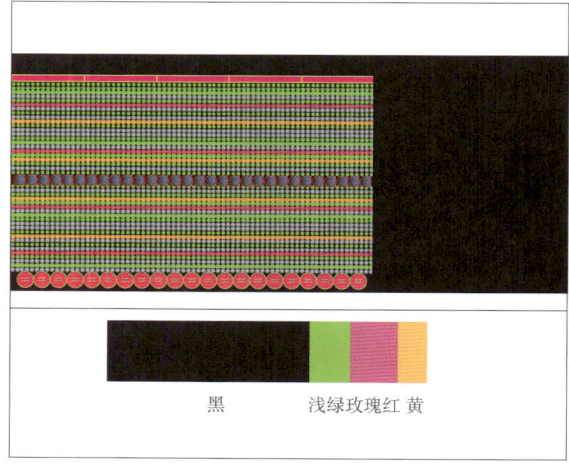

图五　傈僳族花包头色彩分析图

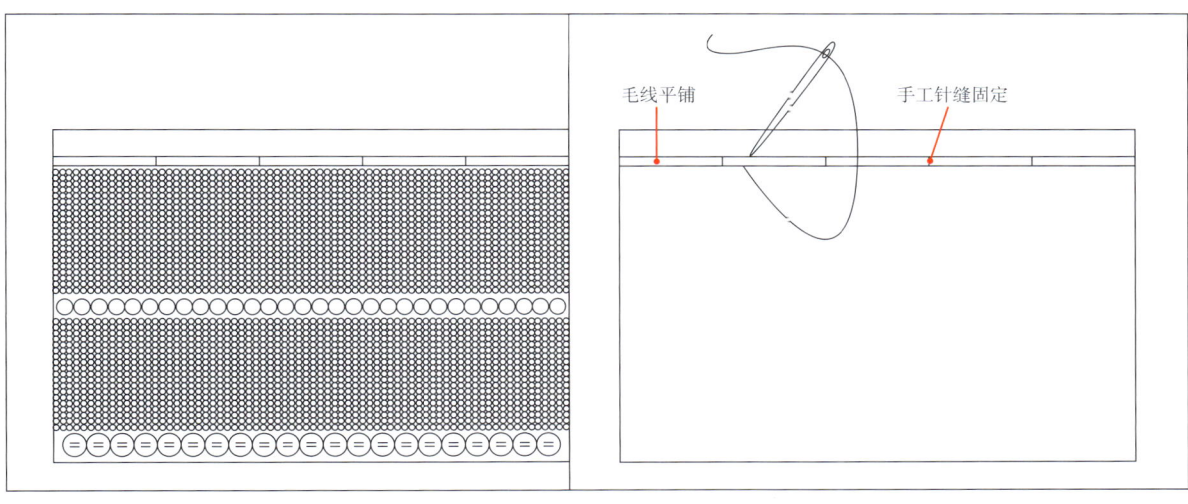

图六　傈僳族花包头工艺分析图

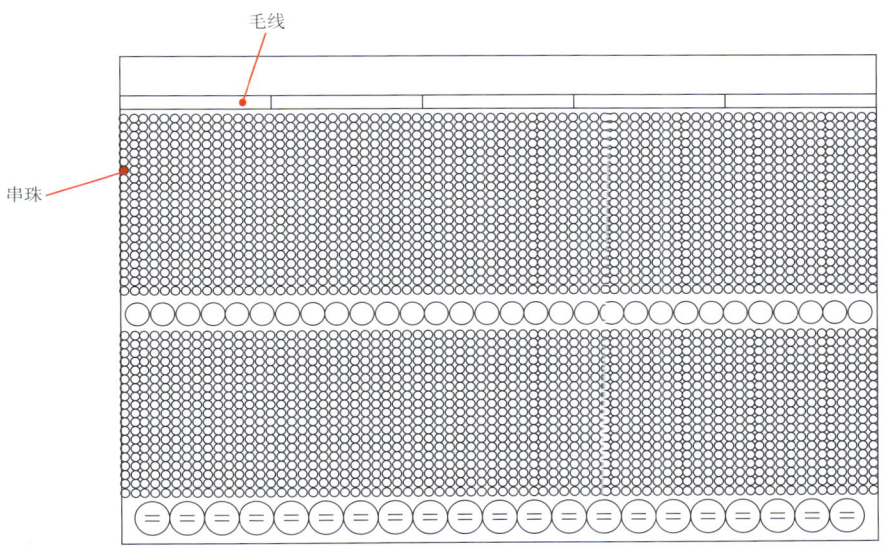

图七　傈僳族花包头局部分析图

图八　傈僳族花包头包裹效果示意图

傈僳族男式挎包

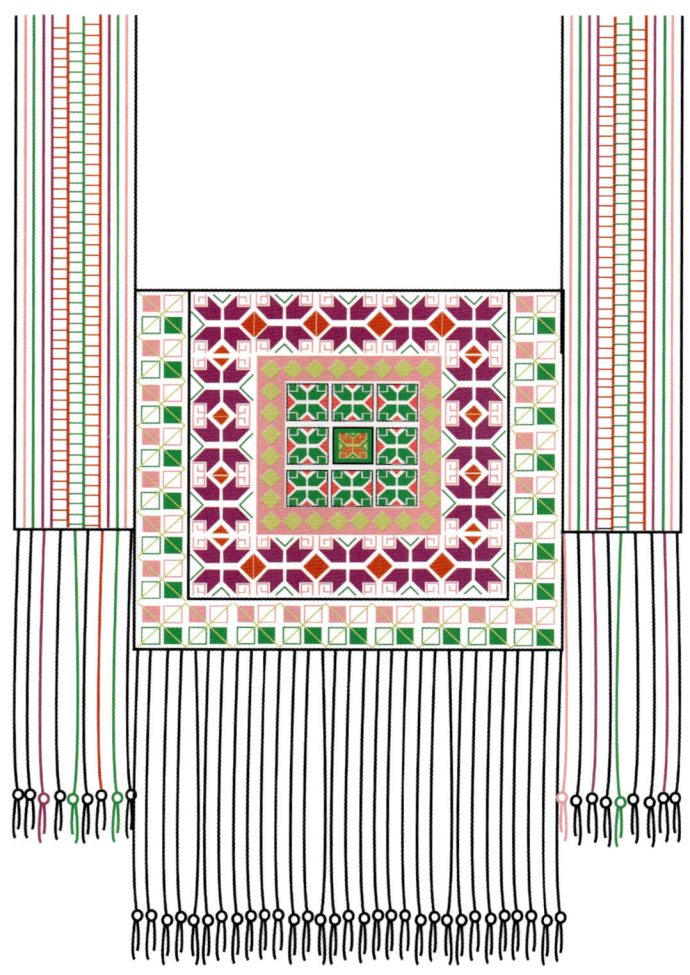

图一　傈僳族男式挎包主图

　　傈僳族男式挎包包带通长160厘米（包括流苏），造型简洁，由包带、包体（长35厘米，宽33厘米）和流苏构成。此案例采集于云南丽江玉龙县，是傈僳族男性常佩戴的包。挎包是傈僳族男子的必备品，因为劳作需要自带干粮或其他物品，这种包斜挎在肩膀上，不会影响行动。现在主要用来装烟斗、零钱、干粮、小工具等。

　　这种男式挎包的包体和包带材料主要是棉织锦，而流苏材料是纯棉和腈纶。傈僳族人将两块棉织锦缝合在一起，上留口作为挎包口袋，挎包的包体就完成了。包体完成后，将棉线做成的流苏缝制在包体下边，并缝一圈花边，既美观又能遮盖包体的流苏尾部（如图六示压花边）。最后将包带与包体并排缝制（如图六示），整个挎包就制作完成了。

傈僳族人将包带制作得较宽，有15厘米，这样受力面增加，不会导致肩膀酸痛。

这种男式挎包注重实用性，并通过各种材料凸显其粗犷美，体现了傈僳族人物以致用与追求美的淳朴思想的完美统一。

图片来源
图一至图七　李雪婷　制图
图八　何文琴　摄影

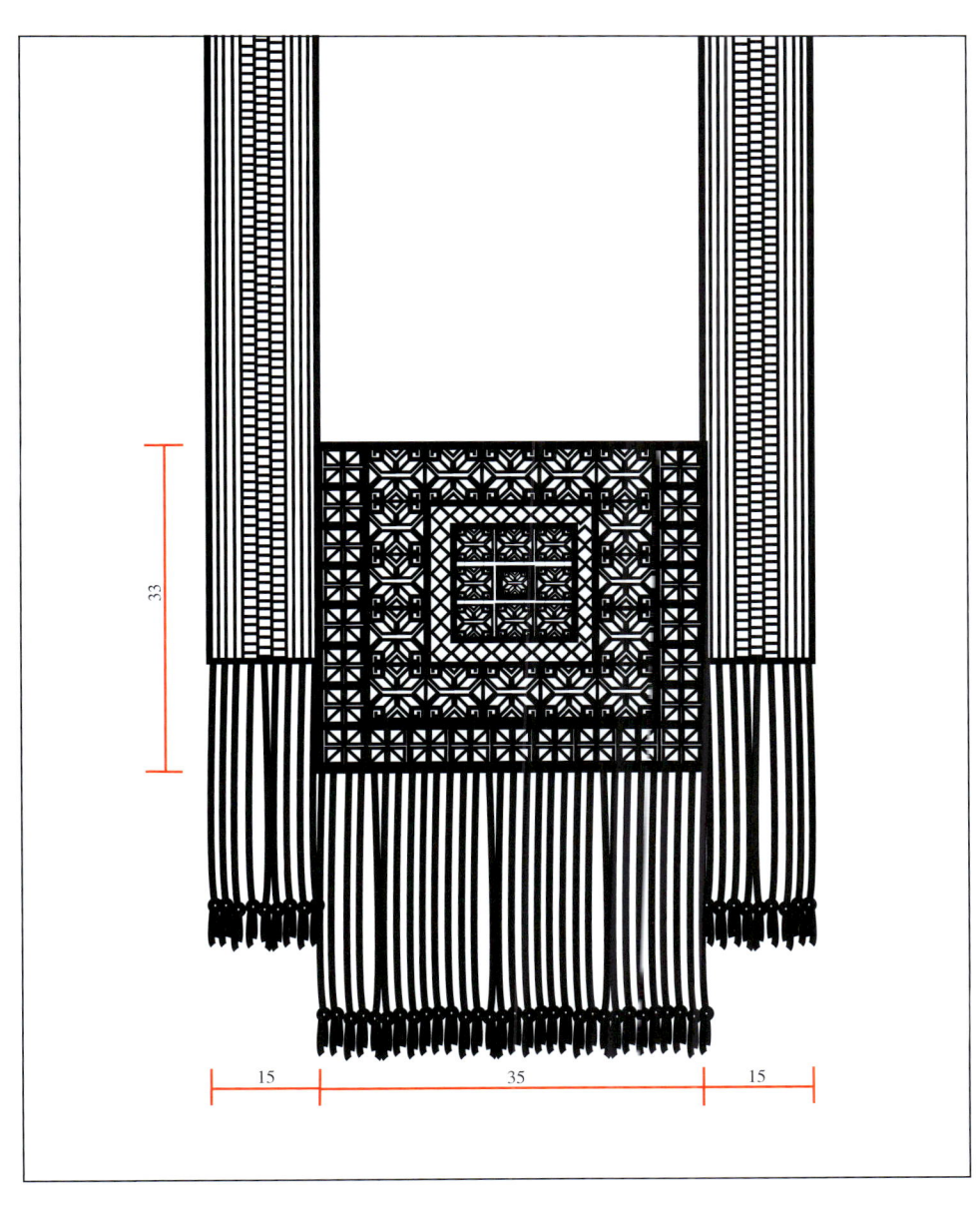

图二　傈僳族男式挎包尺寸图（单位：cm）

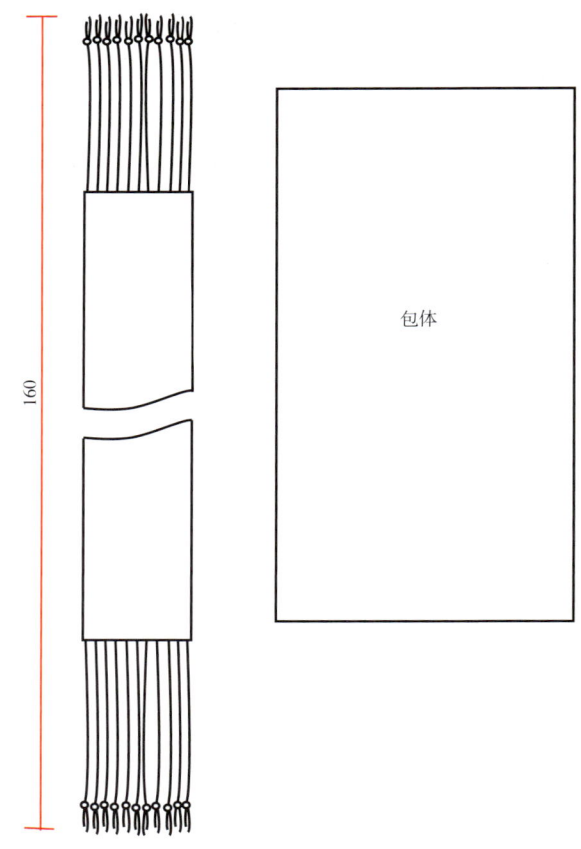

图三 傈僳族男式挎包开片、尺寸图（单位：cm）

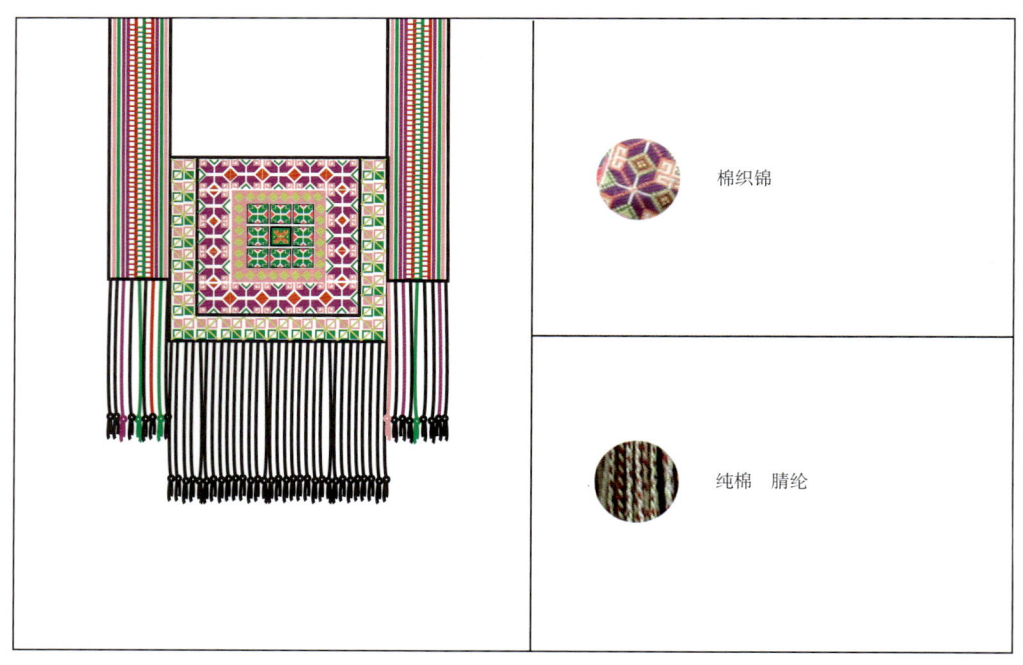

图四 傈僳族男式挎包材料分析图

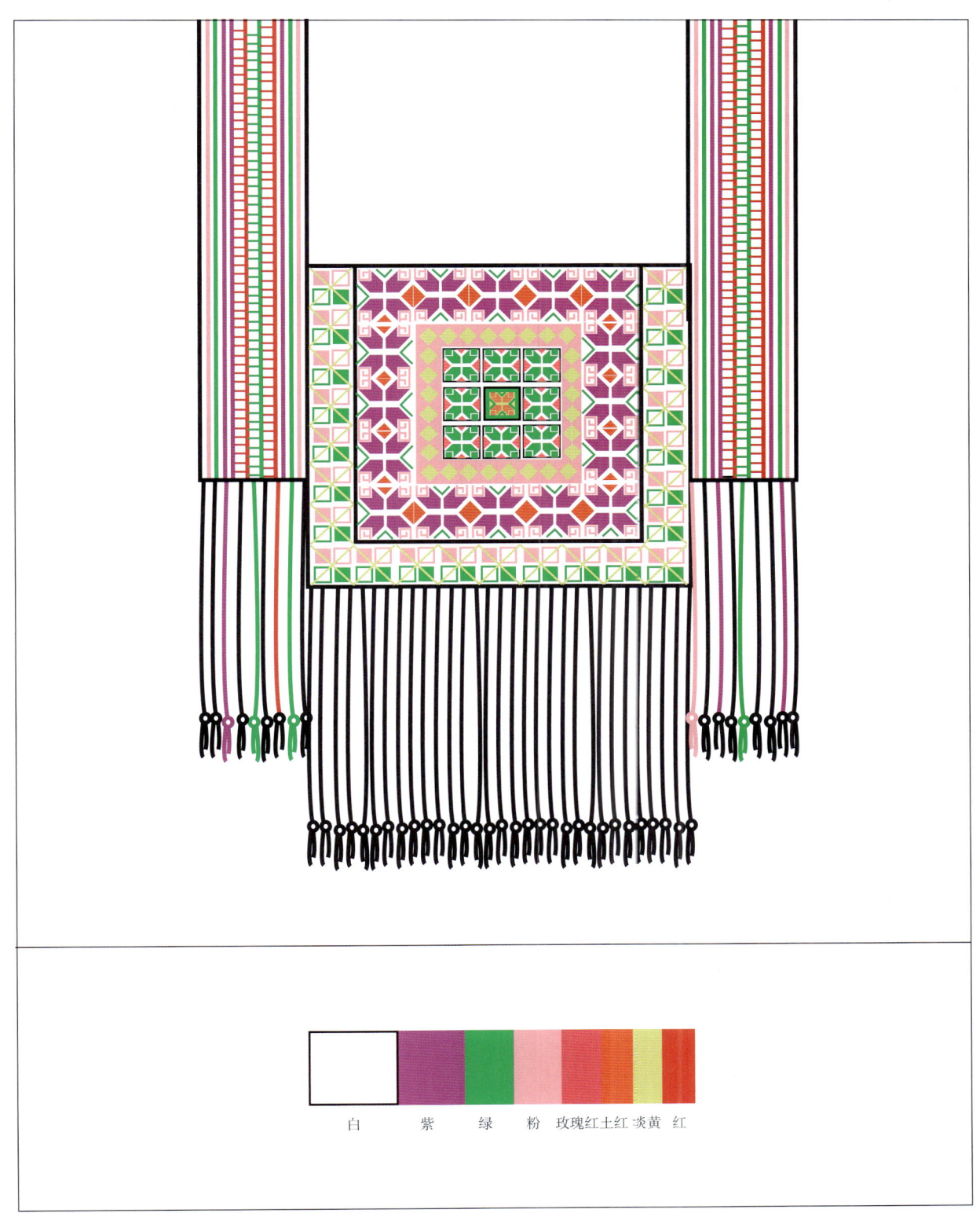

图五 傈僳族男式挎包色彩分析图

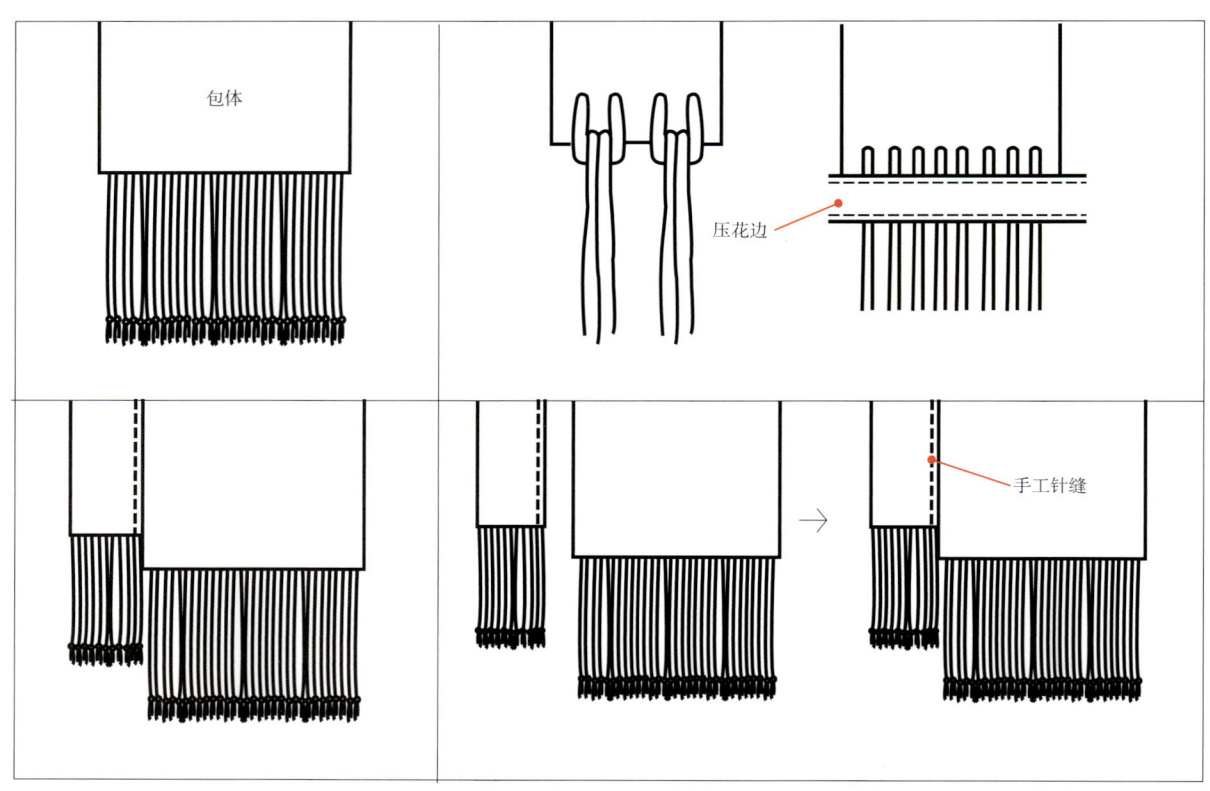

图六 傈僳族男式挎包工艺分析图

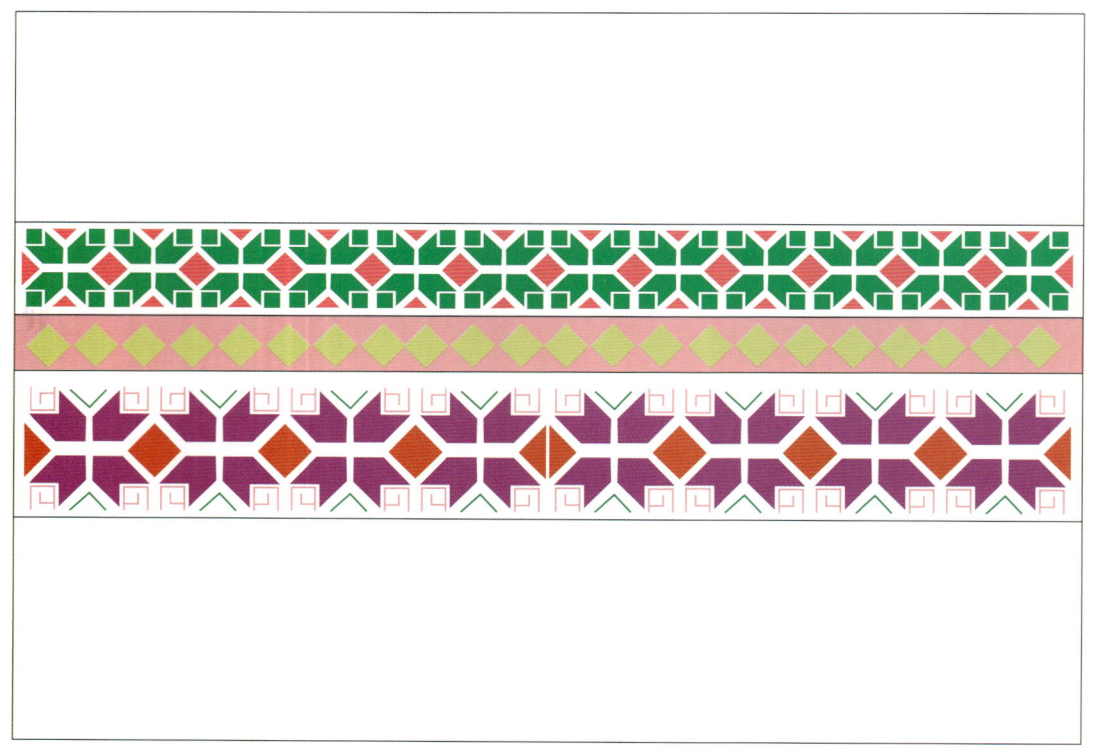

图七 傈僳族男式挎包纹样效果示意图

图八　傈僳族男式挎包佩戴效果示意图

傈僳族女式挎包

图一　傈僳族女式挎包主图

　　傈僳族女式挎包，是妇女们用来装小物品和零钱的包。斜挎于肩膀，由包身、包带、绣片、流苏等部分组成。包体呈矩形状，挎包总长（包括包带）118厘米，宽44厘米。

　　此案例采集于云南迪庆维西县叶枝镇同乐村，制作时间约为19世纪90年代末20世纪初期，因佩戴机会不多，保存得非常完好。

　　这种女式挎包包身的材料为棉布，由包前片、包后片、包盖三部分组成。包带为彩色毛腈混纺，流苏为白色毛腈混纺。挎包制作程序烦琐但工艺简单，主要分为两部分：

一部分是缝制和装饰包体，一部分是编织包带。制作包体前，先用火草织布机或织机将彩色毛腈混纺编织出几何纹样的包带，包带末尾则编织成辫子状的流苏。包带制作完成后，即可进行包体缝制和花纹装饰。包体绣片以黑色平绒布为底，其上绣有一朵牡丹花和枝叶的图样，边缘绣有几圈由黄、深红、深绿、浅绿组成的花边，围绕在牡丹花四周，象征着富贵。包体绣片上的纹样朴实简洁，背带色彩亮丽，散发出浓郁的民族气息。

身穿一套傈僳族麻布长衫或短衫、百褶裙，有围裙做装饰，肩部有挎包做点缀，给人以活泼明快之感。对于傈僳族人来说，这种挎包已不仅仅是实用品，更是民族服饰中重要的装饰品。

图片来源
图一　梁婷　摄影
图二至图八　刘银银　制图
图九　何文琴　摄影

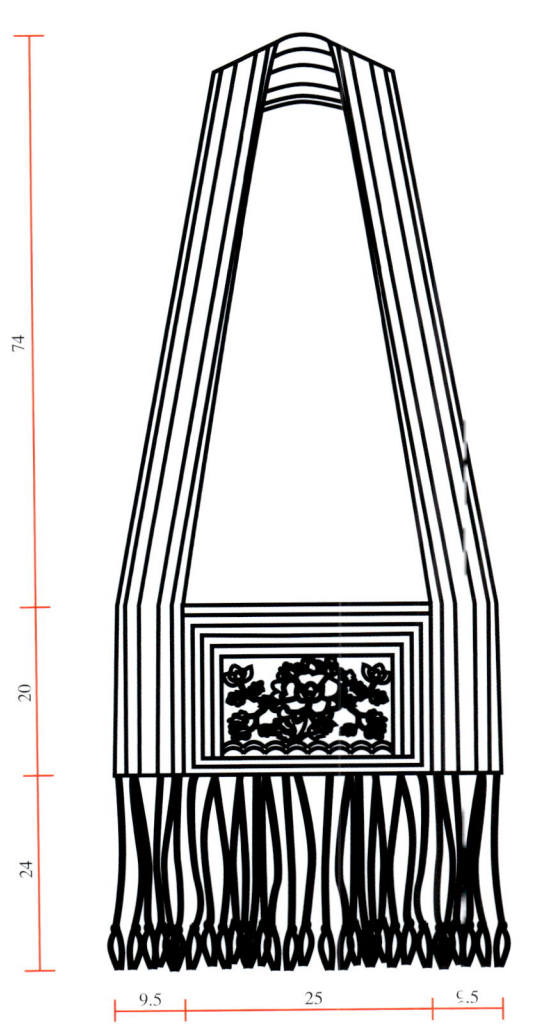

图二　傈僳族女式挎包尺寸图（单位：cm）

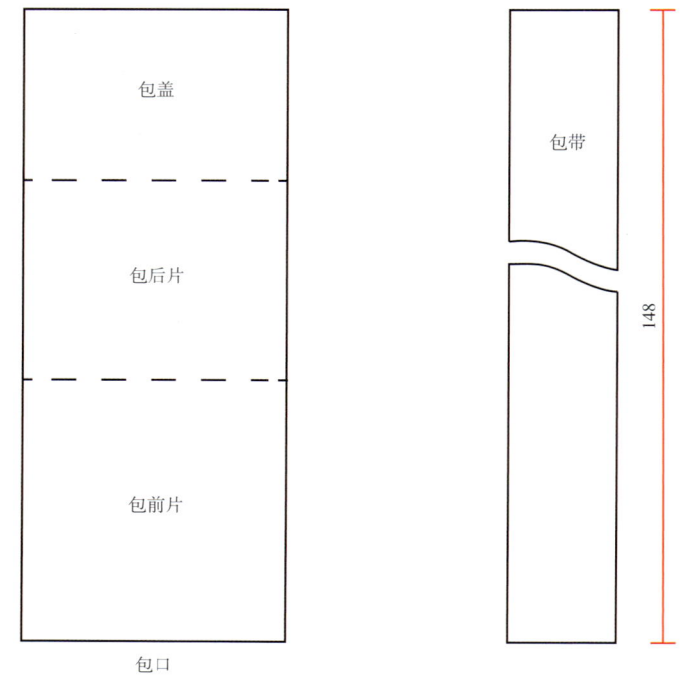

图三 傈僳族女式挎包开片、尺寸图（单位：cm）

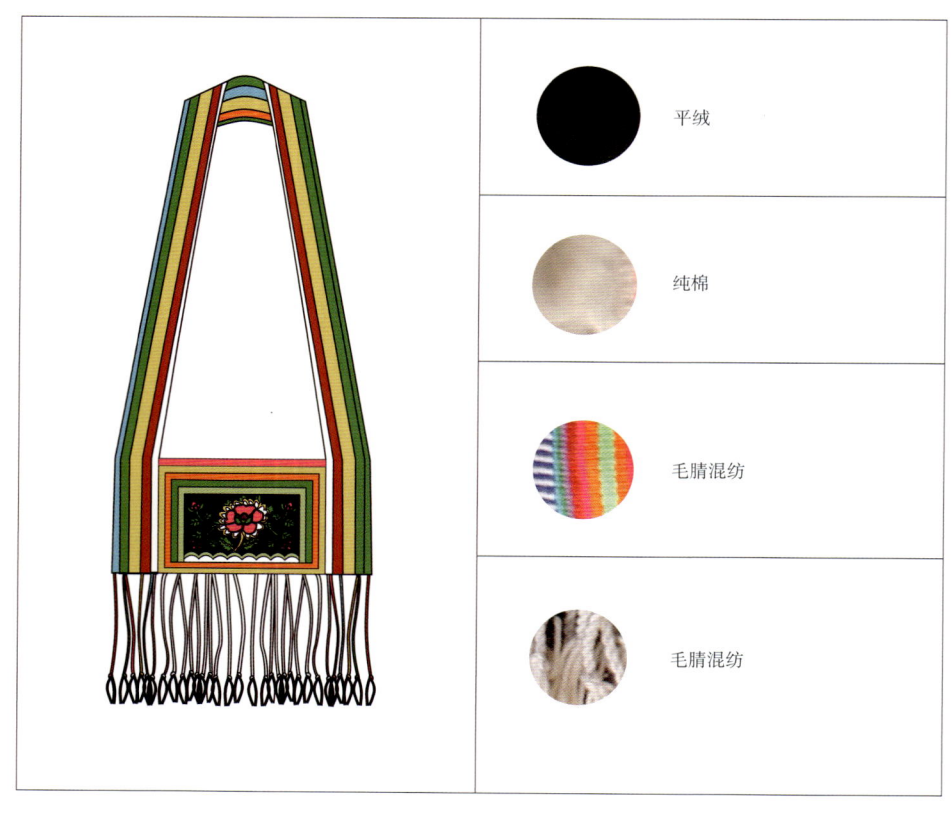

图四 傈僳族女式挎包材料分析图

图五 傈僳族女式挎包色彩分析图

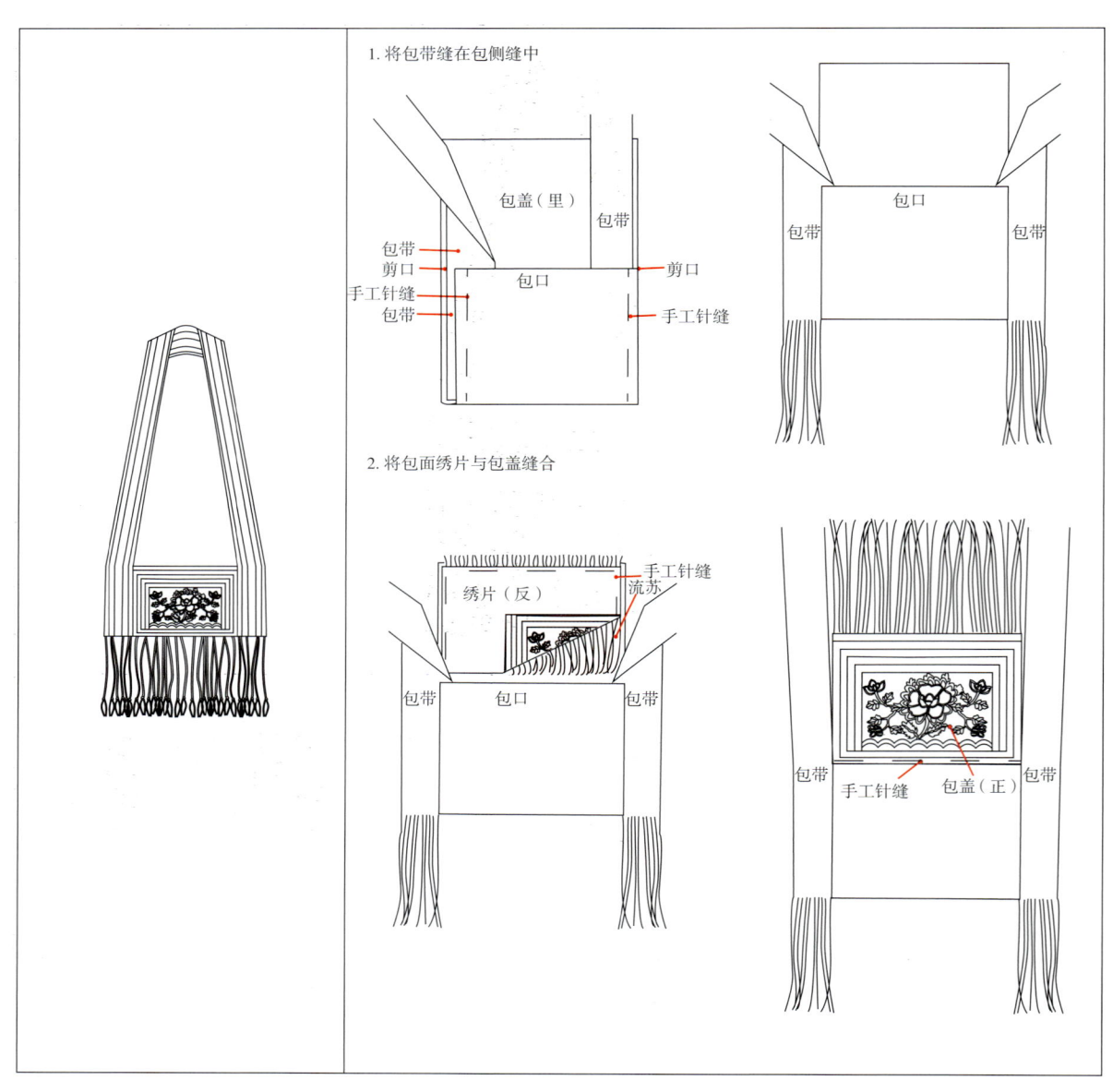

图六 傈僳族女式挎包制作流程图

图七　傈僳族女式挎包工艺分析图

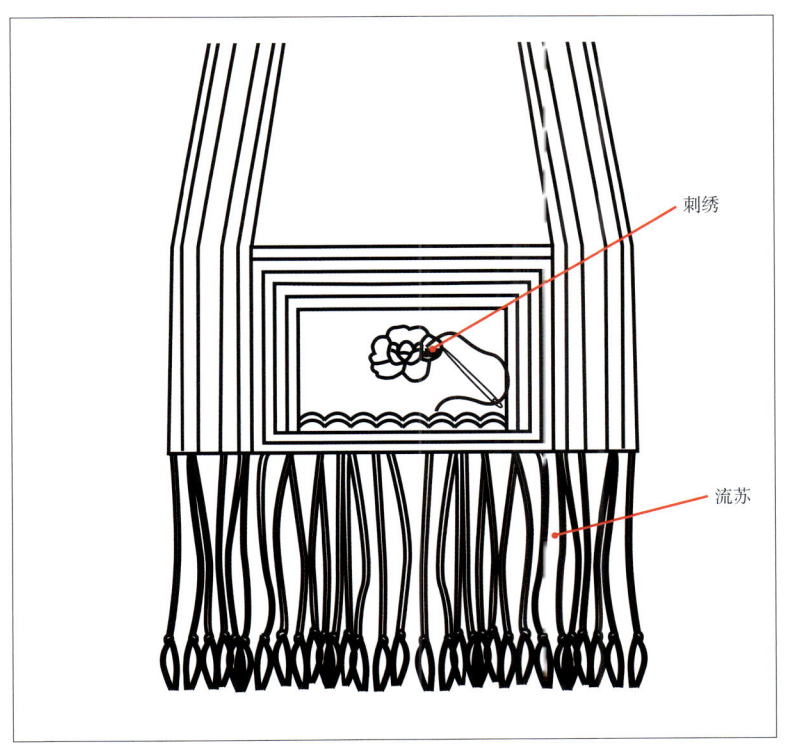

图八　傈僳族女式挎包局部分析图

图九　傈僳族女式挎包佩戴效果示意图

傈僳族女式斜挎包

图一　傈僳族女式斜挎包主图

　　傈僳族女式斜挎包，形制简单，呈长方形或正方形，包口没有扣子，呈敞开状态。接近包口 2/3 处有一条背带，包体通长 40 厘米，宽 27 厘米。此案例采集于云南丽江永胜县撒坝子村顾金英家。

　　这种女式斜挎包的主体部分是用由白、蓝和红呈纬线方向分布的棉麻布制成。这种女式斜挎包只需将棉麻布料缝制成一个袋状，口朝上；再在包侧面缝上印花布条作为背带即可。这种女式斜挎包几乎没有过多的装饰物，呈现出棉麻布的纹路和肌理感，但也有在斜挎包上缝制一些装饰物，如在包脚缝制一块方形布料或花边，不仅可以增加包的牢固性，还丰富了色彩并增添美感。这种女式斜挎包在傈僳族很普遍，妇女们在赶集或者出远门时都会背上，将一些贴身和贵重物品放在其中。这种女式斜挎包包带较窄，不易掉落且受力均匀。包口处尽管没有扣子，而是敞开状，但是包体长达40厘米，可以防止东西被偷。

图片来源

图一　梁婷　摄影

图二至图六　程珊　制图

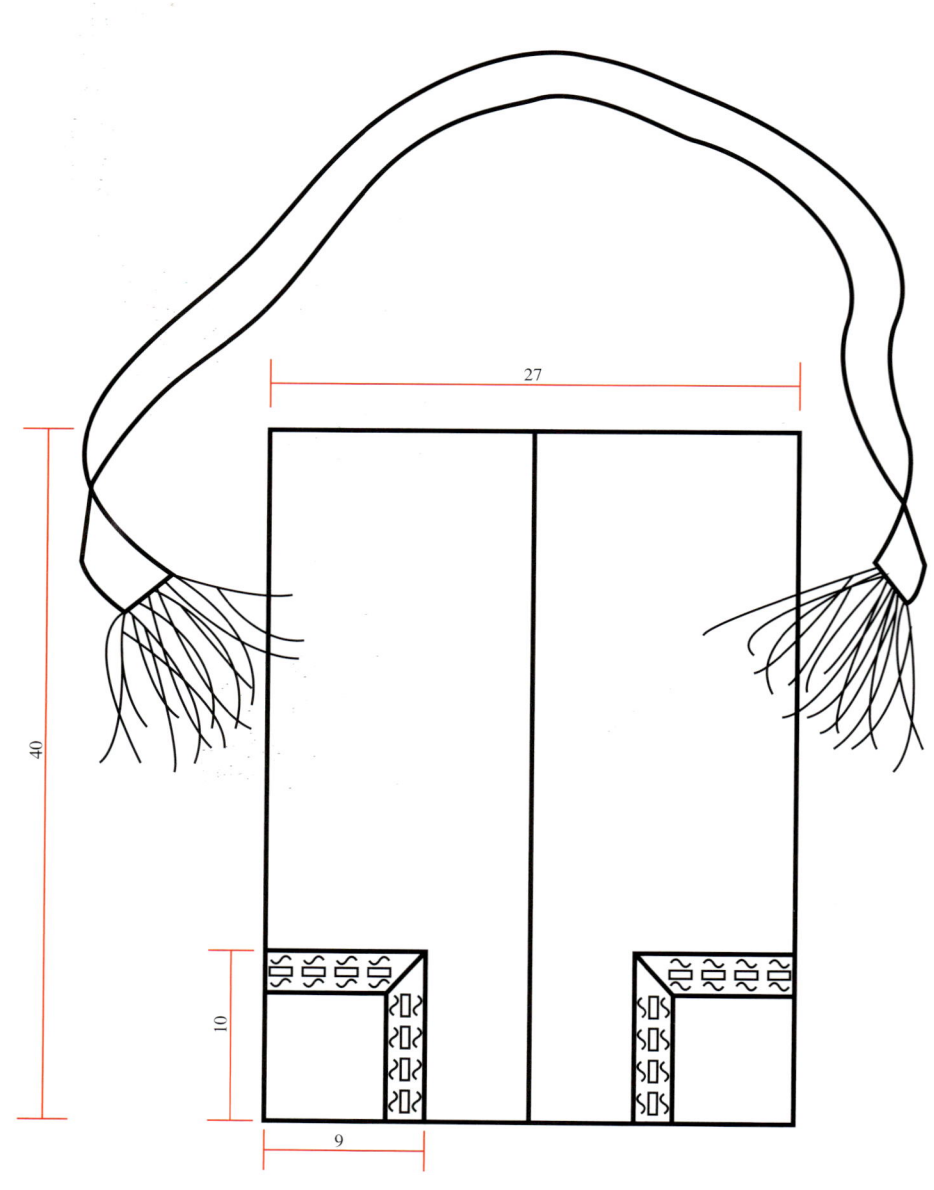

图二　傈僳族女式斜挎包尺寸图（单位：cm）

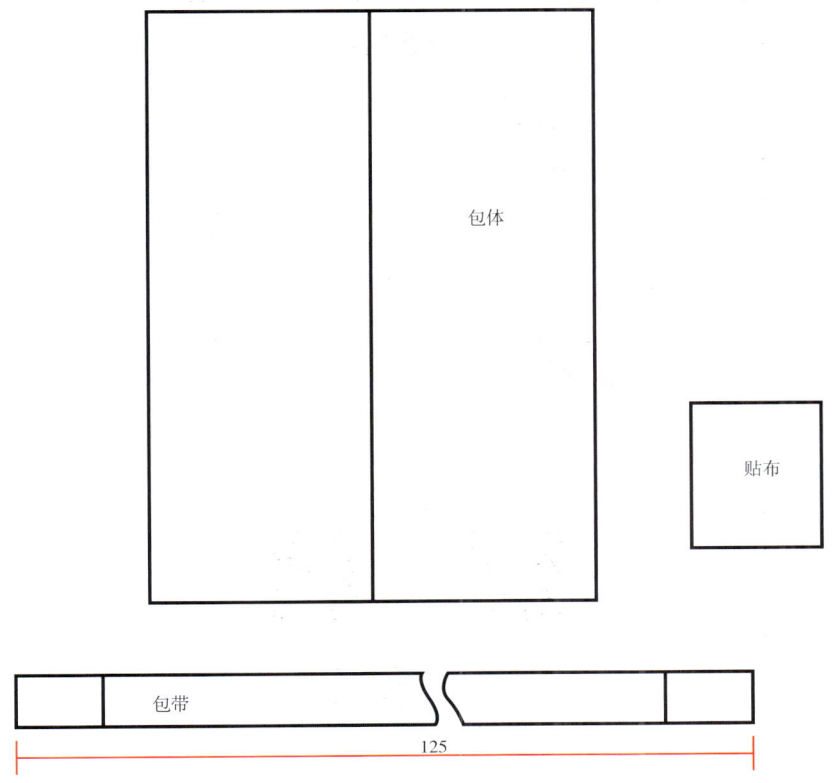

图三　傈僳族女式斜挎包开片、尺寸图（单位：cm）

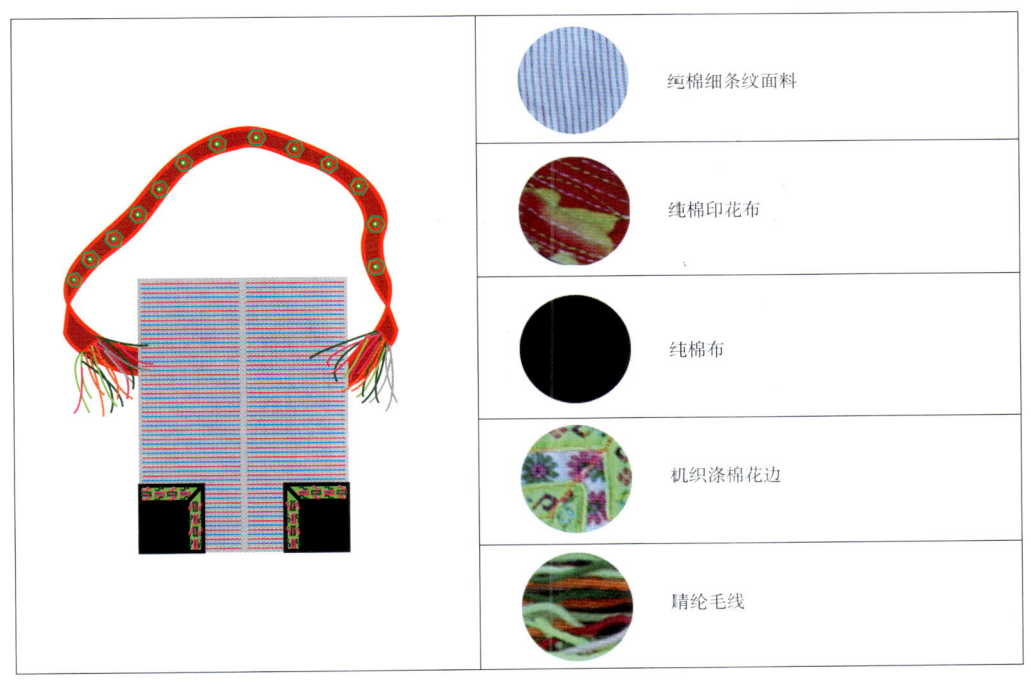

图四　傈僳族女式斜挎包材料分析图

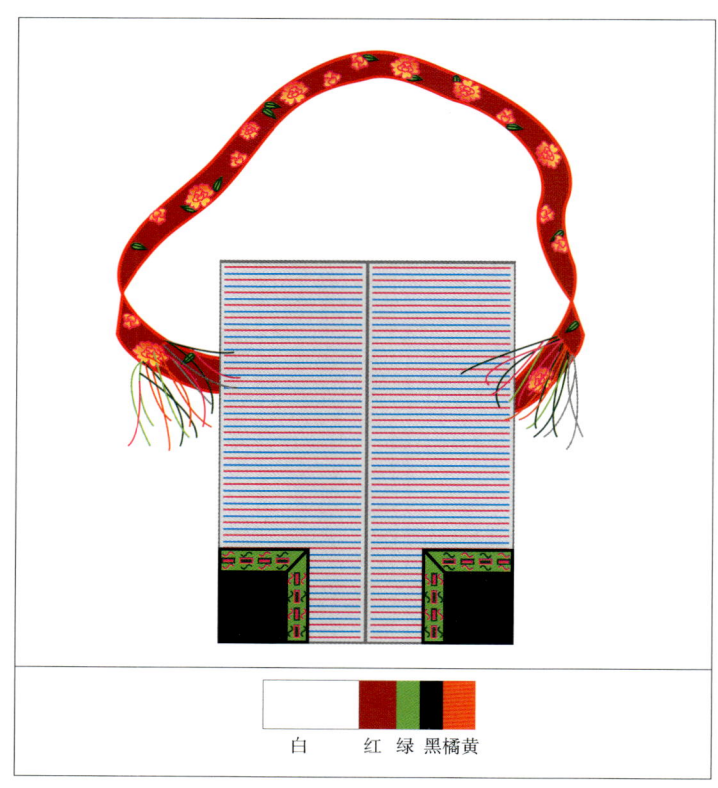

图五 傈僳族女式斜挎包色彩分析图

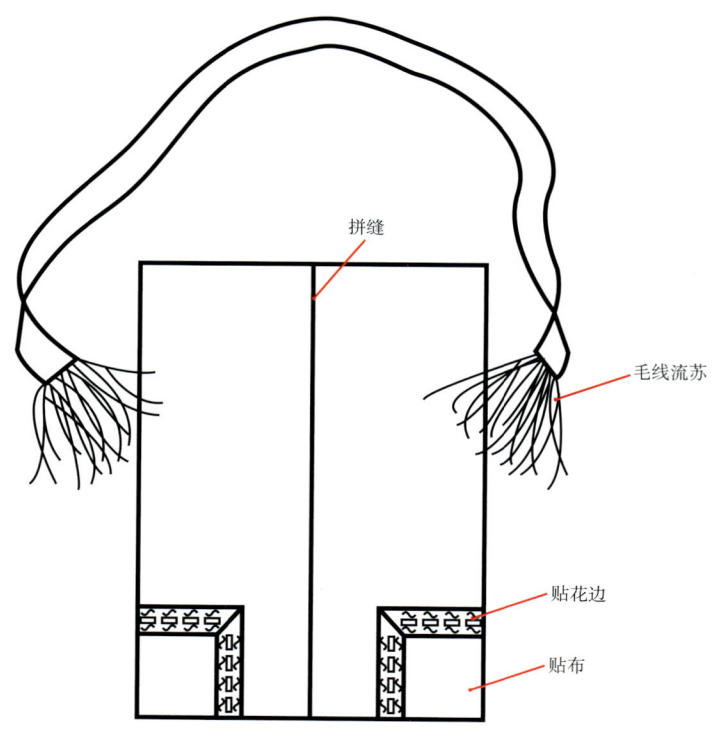

图六 傈僳族女式斜挎包工艺分析图

丽江傈僳族花围裙

图一 丽江傈僳族花围裙主图

丽江傈僳族花围裙呈长60厘米，宽50厘米的长方形状，围裙上角有两条系带。花围裙及膝盖，宽至大腿外侧，系在后腰处。这种花围裙的材料是棉布。造型简单，但是需花几个月进行镶绣装饰。这种绣花围裙以黑或深蓝布料为底，然后在上面刺绣，多是花草或动物、几何纹样，用色丰富，多绣红、黄、绿等色。以红、黄太阳花为主，辅之以花草枝蔓和蝴蝶纹样。纹样工艺均采用平绣，纯粹简单，色彩对比明显。

戴这种花围裙时，傈僳族妇女们还会在围裙上系上一层腰带，不仅可以束腰，还能将短衫和围裙衔接上，避免短衫和裤子或裙子脱节，起到了护肚、保暖和装饰的作用。这种看似不经意的设计，却是傈僳族人根据当地生活环境，精心思考的产物。

图片来源
图一至图七　李雪婷　制图
图八　何文琴　摄影

图二　丽江傈僳族花围裙尺寸图（单位：cm）

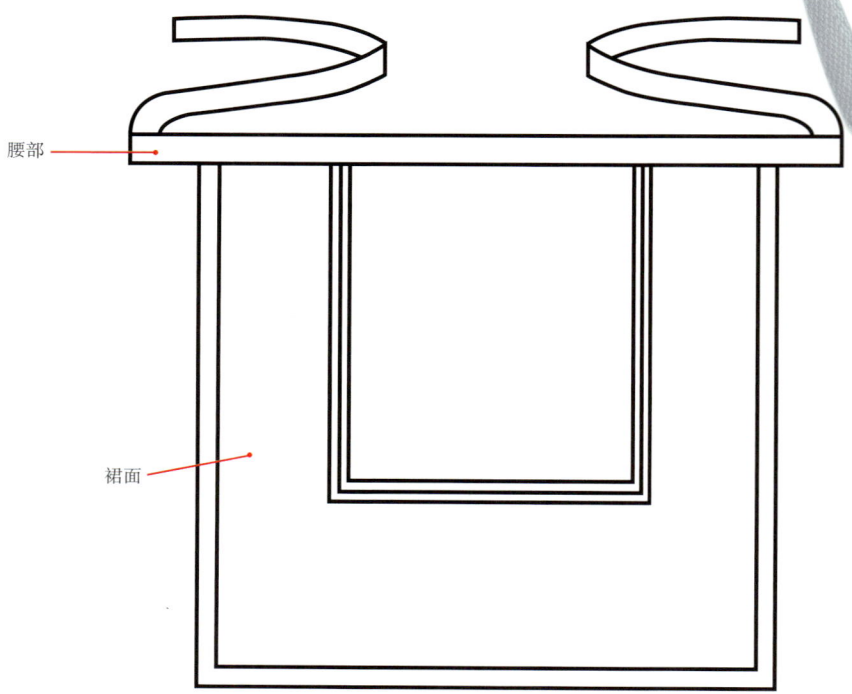

图三　丽江傈僳族花围裙开片图

图四　丽江傈僳族花围裙材料分析图

图五　丽江傈僳族花围裙色彩分析图

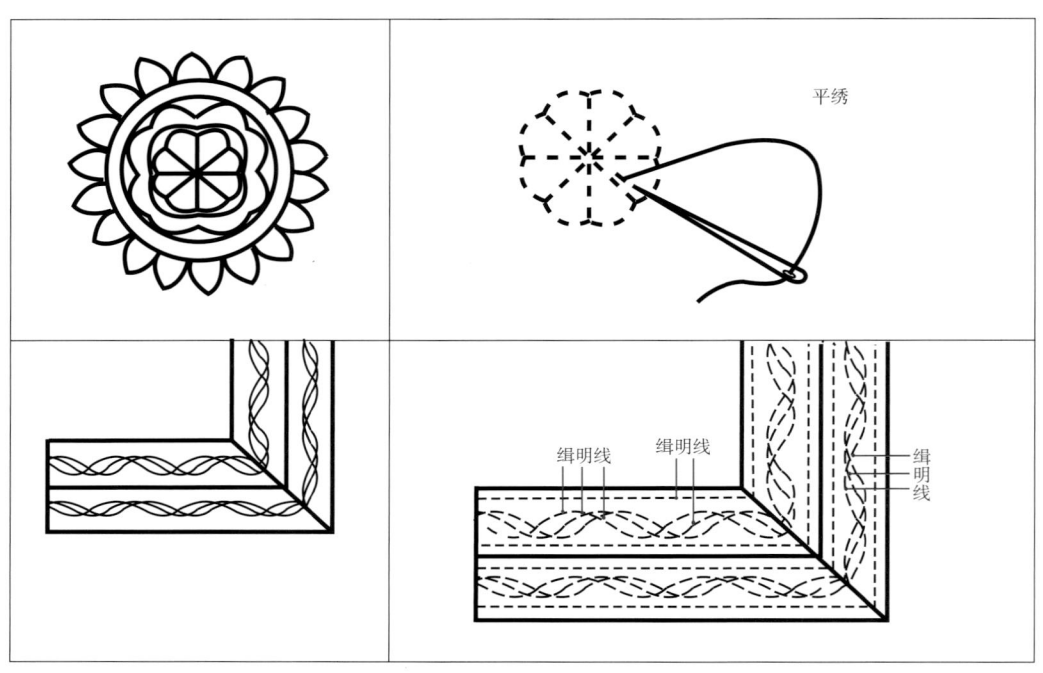

图六　丽江傈僳族花围裙工艺分析图

图七　丽江傈僳族花围裙纹样效果示意图

图八　丽江傈僳族花围裙围系效果示意图

维西傈僳族花围裙

图一　维西傈僳族花围裙主图

维西傈僳族花围裙只在重大节日、婚嫁活动时才穿戴。这种花围裙由腰带、围腰两个部分组成。这种花围裙总长64厘米，从腰间系上，长及膝下。

这种花围裙以较薄的白棉布为底，有纹样装饰处则以蓝棉布为底，绣有三朵由绿、红、黄、蓝四色组成的几何纹样。从底色的选择上即可知，花围裙不适合日常穿戴。腰带和刺绣由毛腈纶混纺线制成。围裙的制作过程主要有四步：首先，把彩色毛腈混纺线编成麻花辫；其次，用白毛腈纶混纺线做流苏；然后，用织布机编织出腰带，并把腰带末端编成流苏状；最后，将腰带缝在围腰上方，绣片缝在围腰下方，用手工针把编好的彩色麻花辫与白流苏缝合在围腰底边。绣片上的绣花为平绣，手法虽简单却精致。

将花围裙系于腰间可以点缀色彩偏暗的衣服，起到很好的装饰作用。傈僳族服装多为裙装，系上一条围裙，使人体的线条明快，增加了层次感，显得美丽大方。逢年过节，妇女们纷纷穿上传统服饰，腰系花围裙，为节日增添了几分欢乐的色彩。这种集美观与实用于一体的花围裙，散发着浓郁的民族气息，深受傈僳族妇女的喜爱。

图片来源
图一、图九　梁婷　摄影
图二至图八　刘银银　制图

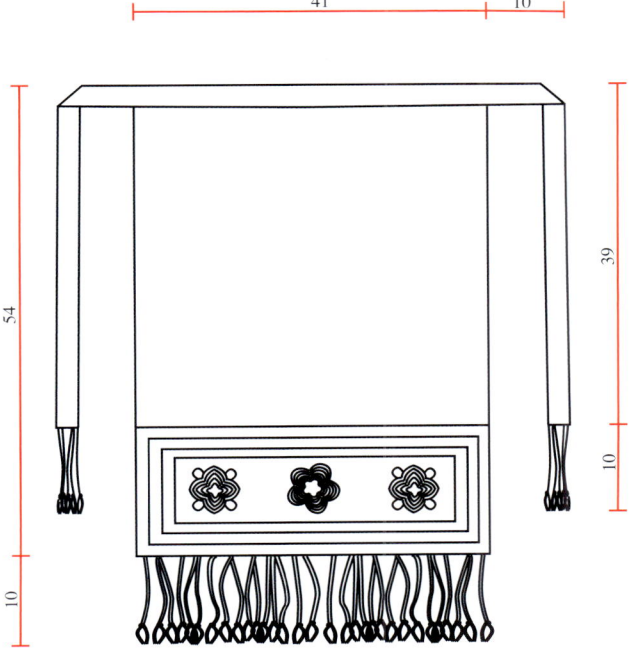

图二　维西傈僳族花围裙尺寸图（单位：cm）

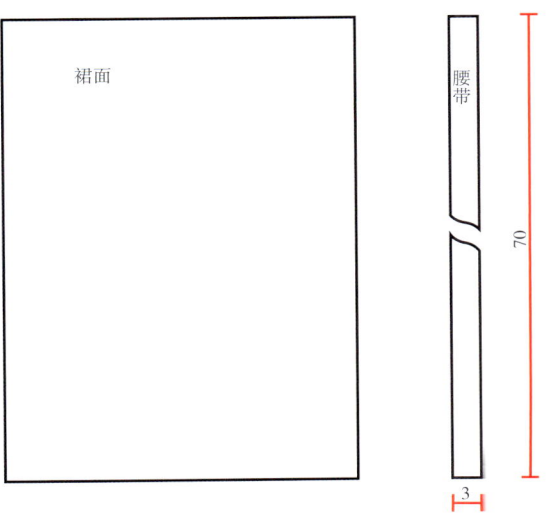

图三　维西傈僳族花围裙开片、尺寸图（单位：cm）

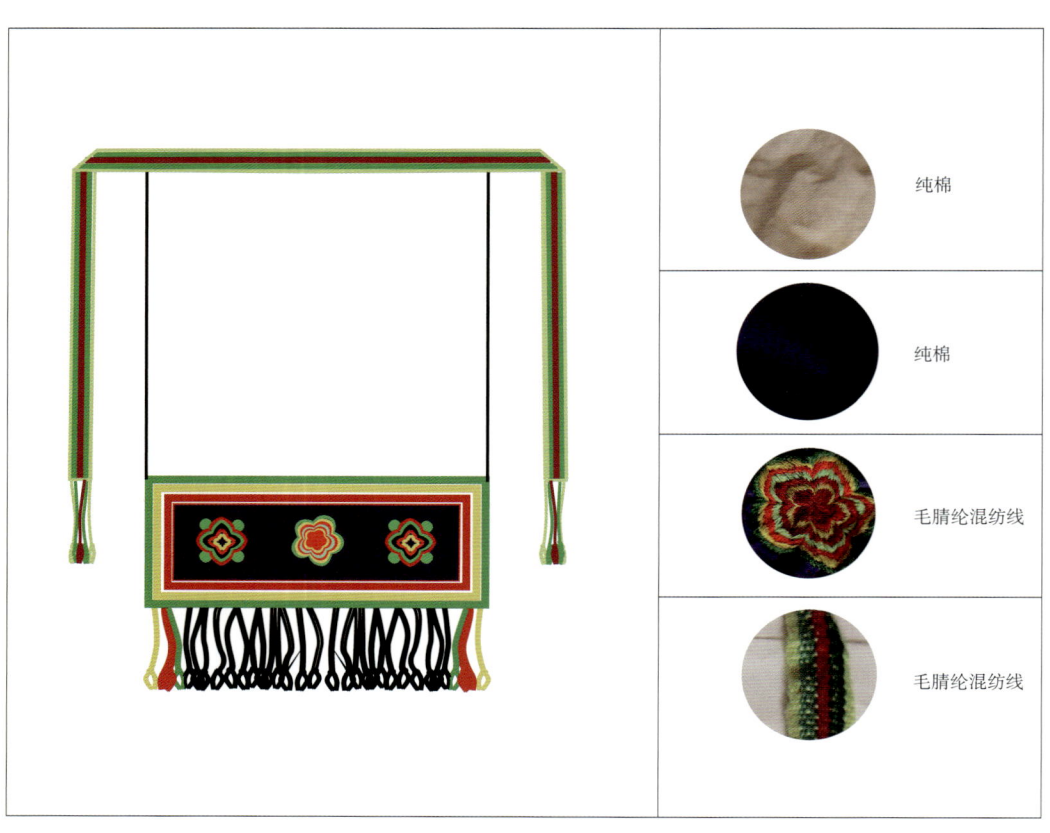

图四 维西傈僳族花围裙材料分析图

白 蓝 绿 黄 红

图五 维西傈僳族花围裙色彩分析图

234

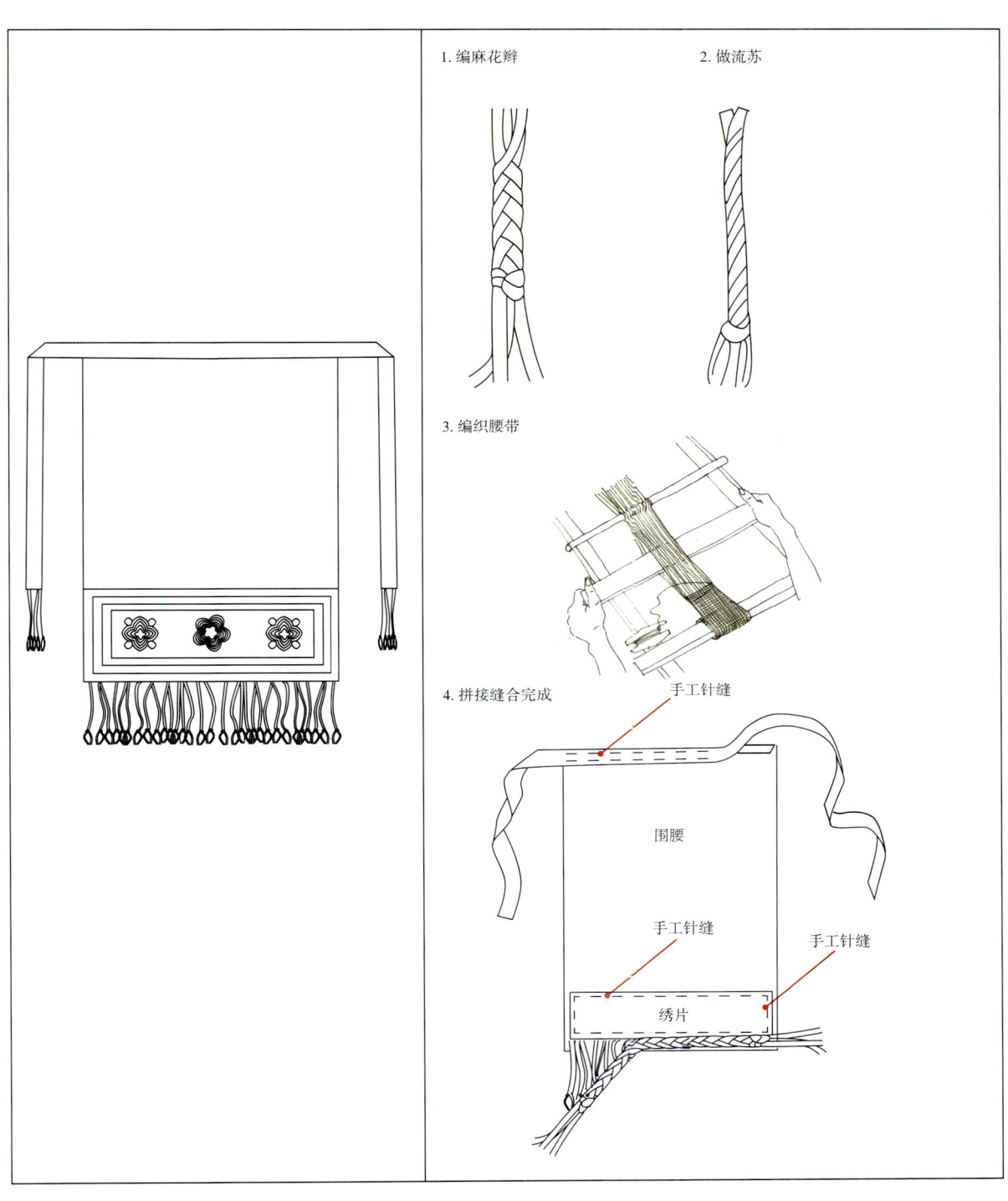

图六　维西傈僳族花围裙制作流程图

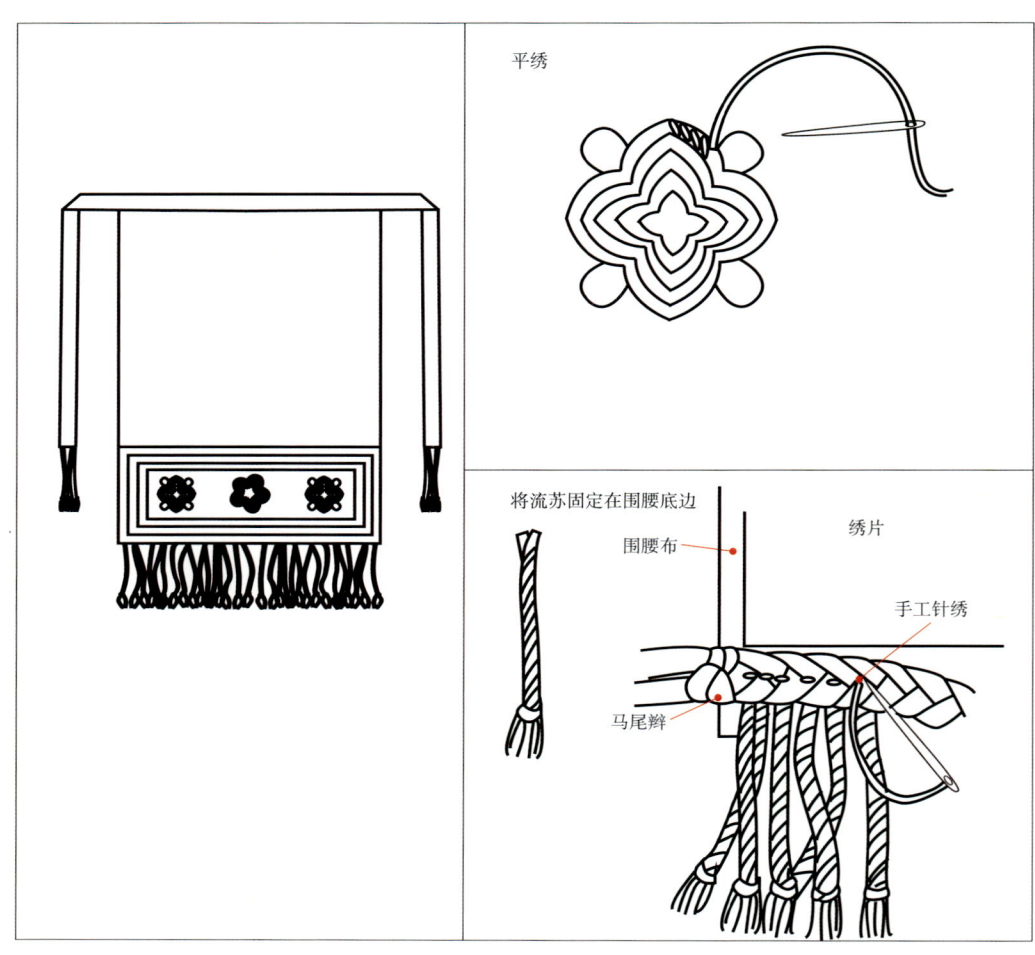

图七 维西傈僳族花围裙工艺分析图

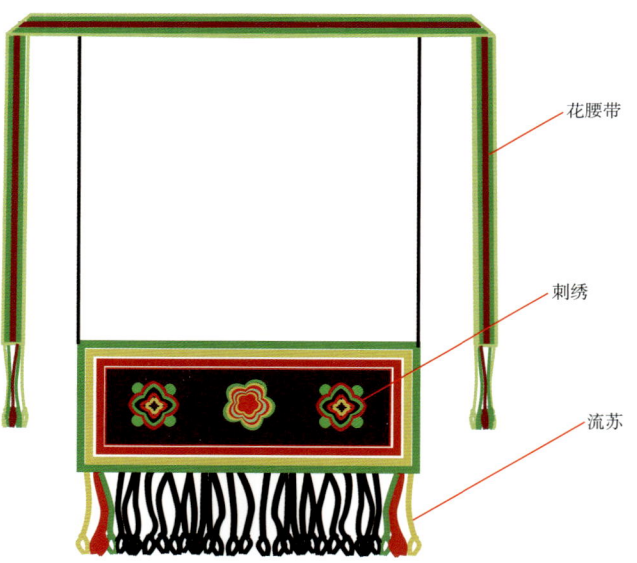

图八 维西傈僳族花围裙局部分析图

图九 维西傈僳族花围裙围系效果示意图

永胜傈僳族花围裙

图一　永胜傈僳族花围裙主图

永胜傈僳族这种花围裙色彩花样多而艳丽，是姑娘们出嫁时才穿戴的饰物。

这种花围裙主体部分是用长80厘米，宽17厘米多层厚实的棉布缝制，围裙外层多用纯色如黑和白布料，方便在其上装饰。里层多用花布料，可以与外层的装饰物呼应，不显突兀。在棉布下接长20厘米的串珠装饰，围裙主体上部两端缝上绑带。白底上绣有二方连续的牡丹花，由母亲或姑娘自己绣，均采用平绣。傈僳族传统服饰将贝壳和银饰缝制在上面象征财富，而这种花围裙将汉族象征财富的牡丹装饰其上，显然是受到汉族文化的影响。这种花围裙色彩丰富，主要有红、绿、蓝、白等。

这种花围裙能有效地帮助妇女收紧腹部赘肉，起到美体的功效。总体来说，这种花围裙的实用功能较小，主要在于审美。这种花围裙在永胜傈僳族人中是一件突破性的设计品，打破了永胜傈僳族人只选用黑白色的历史，丰富了当地傈僳族人对服饰色彩的选择和认识。

图片来源
图一　梁婷　摄影
图二至图七　程珊　制图

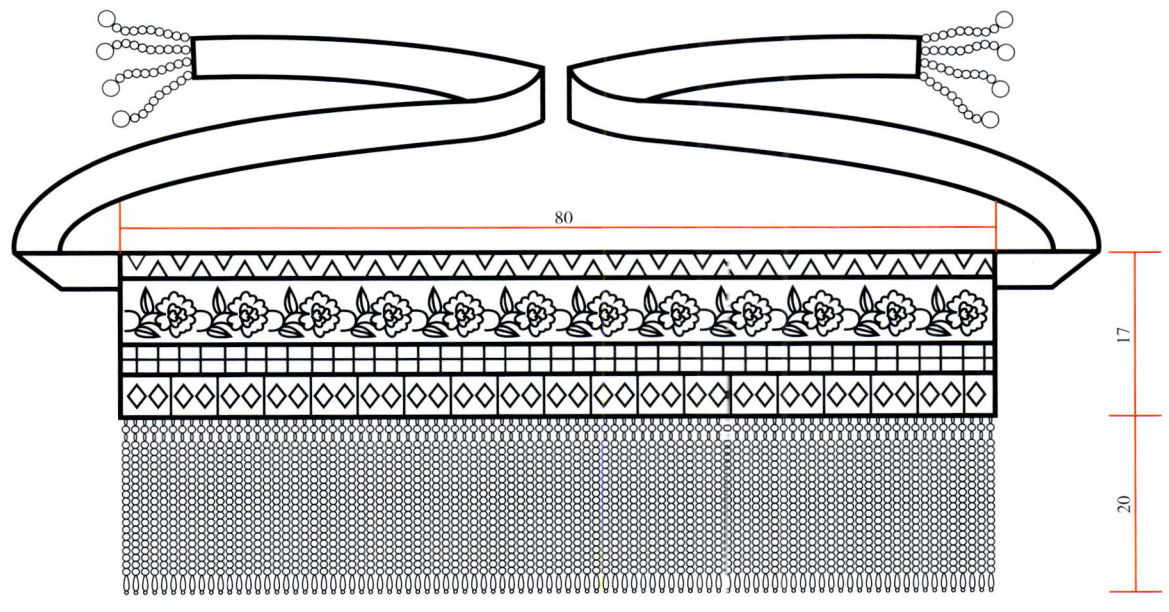

图二　永胜傈僳族花围裙尺寸图（单位：cm）

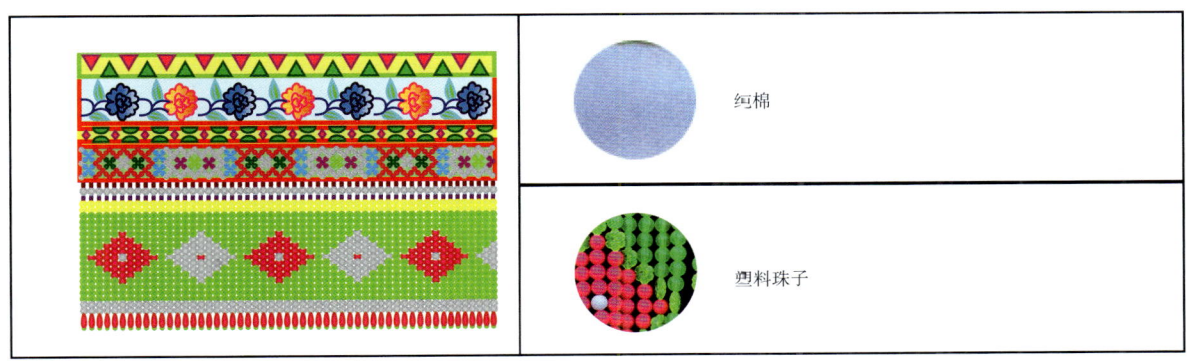

图三　永胜傈僳族花围裙材料分析图

图四 永胜傈僳族花围裙色彩分析图

图五 永胜傈僳族花围裙工艺分析图

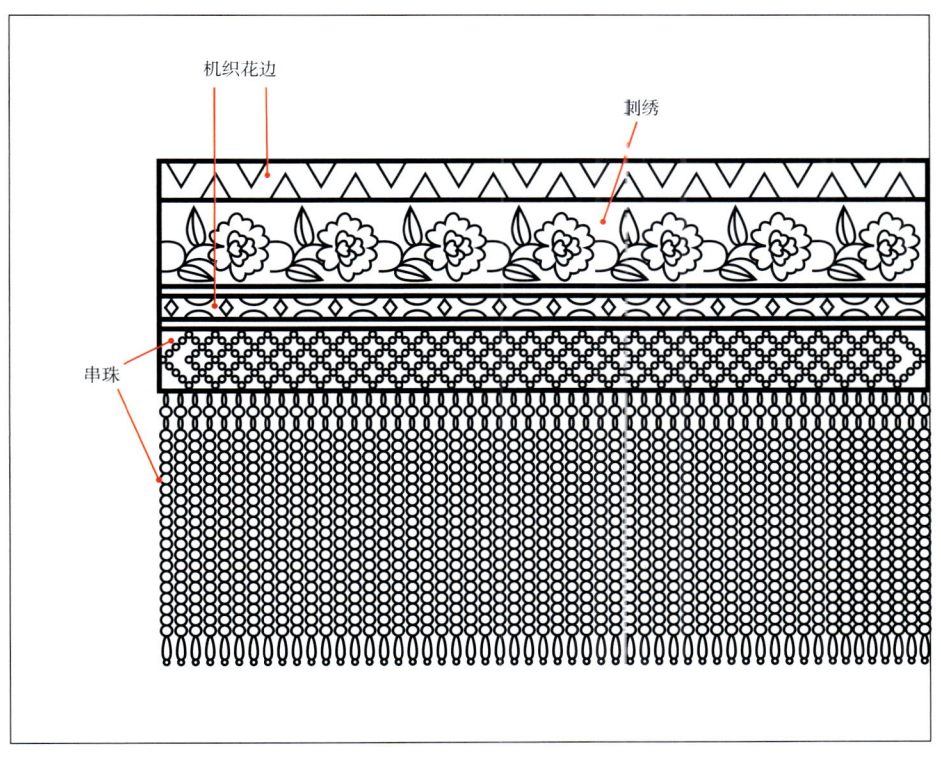

图六　永胜傈僳族花围裙局部分析图

图七　永胜傈僳族花围裙纹样效果示意图

傈僳族男女腰带

图一　傈僳族男女腰带主图

傈僳族男女腰带，系于腰间，用于束缚男女棉麻长衫。腰带长约240厘米，宽约6厘米。系腰带时，需在腰上缠两三圈，然后打结固定好。此案例采集于云南迪庆维西县叶枝镇同乐村，是表演"阿尺木刮"舞蹈时的服装佩饰。

腰带颜色大多为红色系，常见的有大红、玫瑰红等。这种腰带由羊毛线编织而成。两侧有毛须，各长31厘米。腰带系于腰间，毛须自然地垂下来，起到很好的装饰效果。传统男腰带和女腰带尺寸略有区别，男腰带比女腰带的长，却比女腰带窄，这主要是女性腰部赘肉较多，需用宽大的腰带束缚于腰间，而男性比较精干，腰部几乎没有赘肉。傈僳族男女服饰多为长衫，劳作时，可将长裙和长衫下摆收拢拧紧插于腰带内，以便活动。老年妇女的腰带则一般为黑色棉麻布。制作腰带的工艺并不复杂，将羊毛纺成羊毛线，将其固定在火草织布机或者小织布机上，经纬十字交织。

具有浓郁民族特色的腰带是傈僳族服饰中不可或缺的一部分，无论男女老少，只要系上一条腰带，就会显出较好的穿着效果。这种既具装饰性，又具实用性的佩饰，是傈僳族人智慧的结晶。

图片来源
图一、图八　梁婷　摄影
图二至图七　刘银银　制图

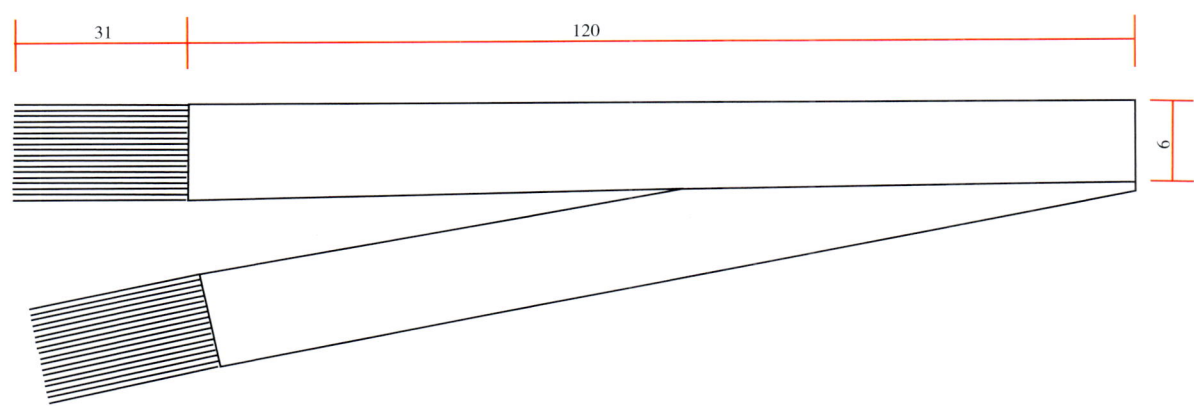

图二　傈僳族男女腰带尺寸图（单位：cm）

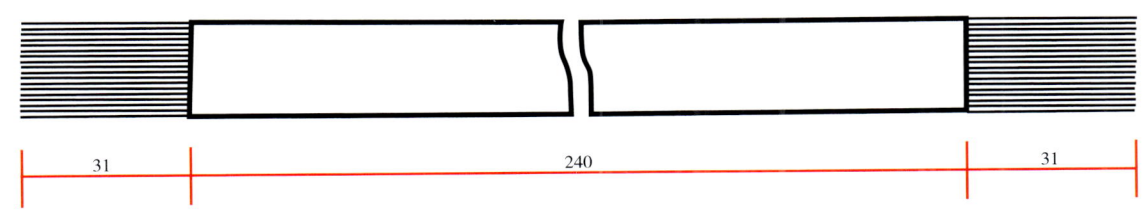

图三　傈僳族男女腰带开片、尺寸图（单位：cm）

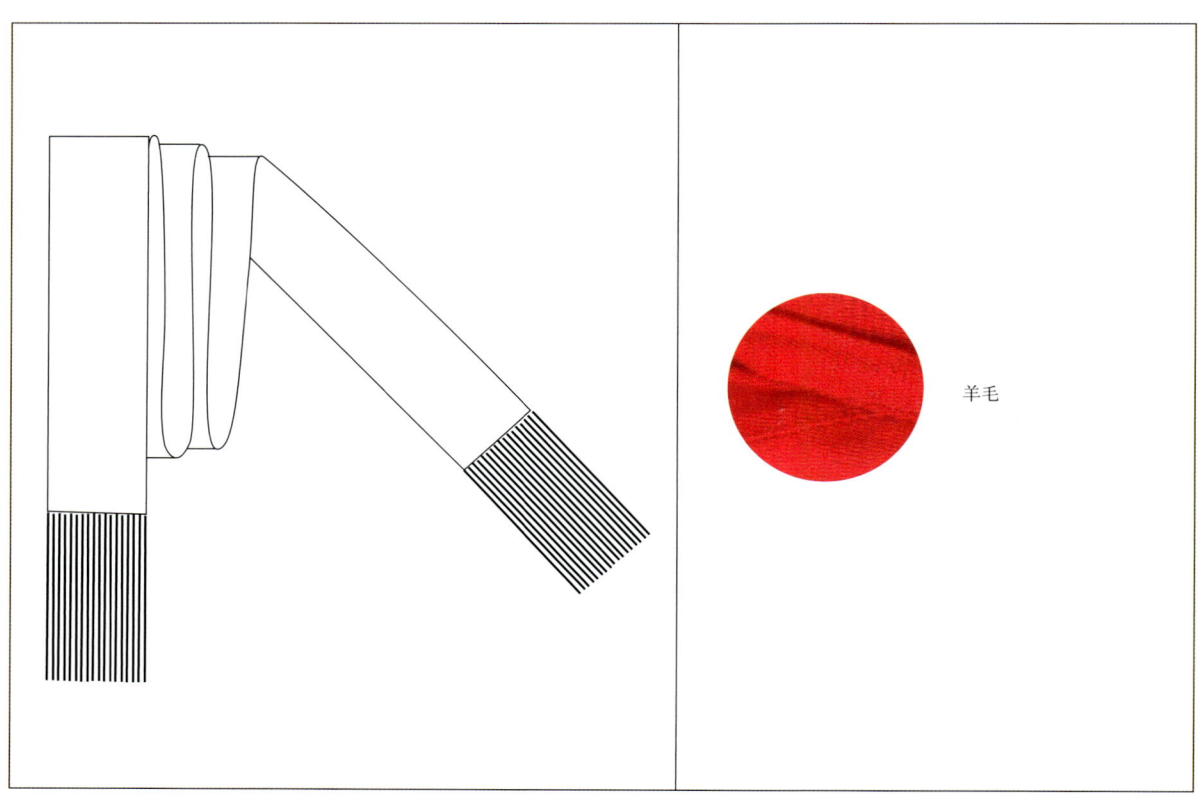

图四　傈僳族男女腰带材料分析图

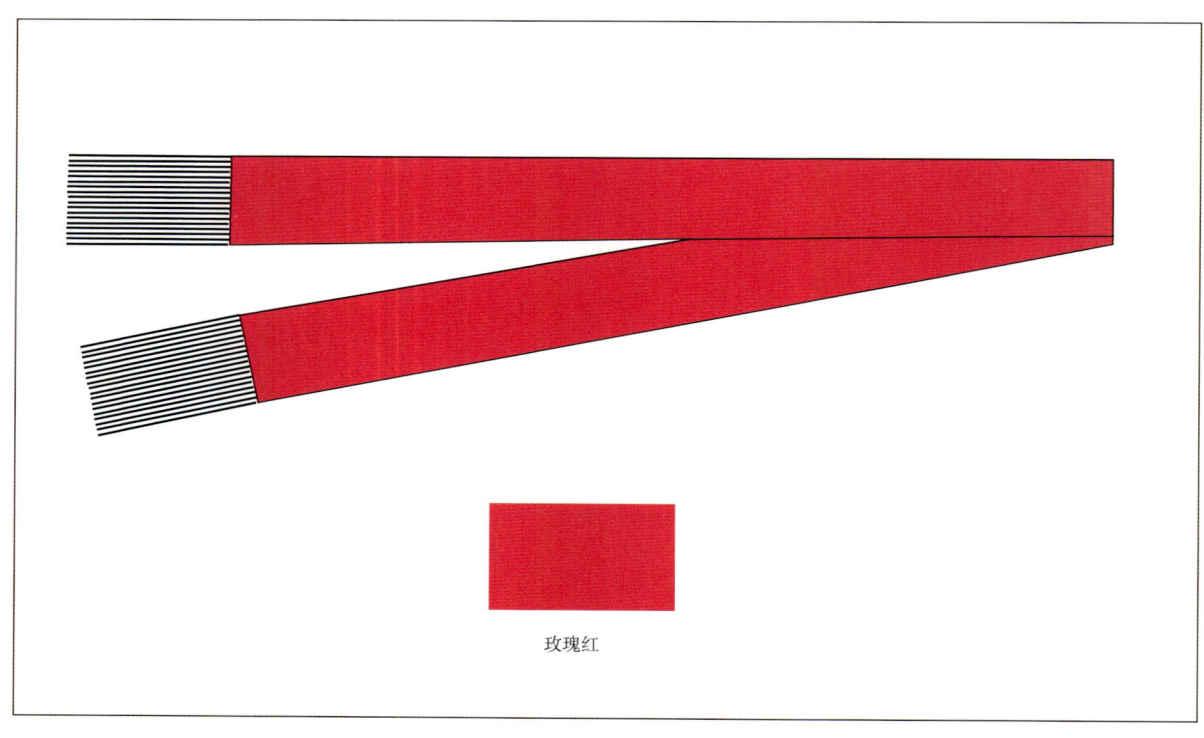

图五　傈僳族男女腰带色彩分析图

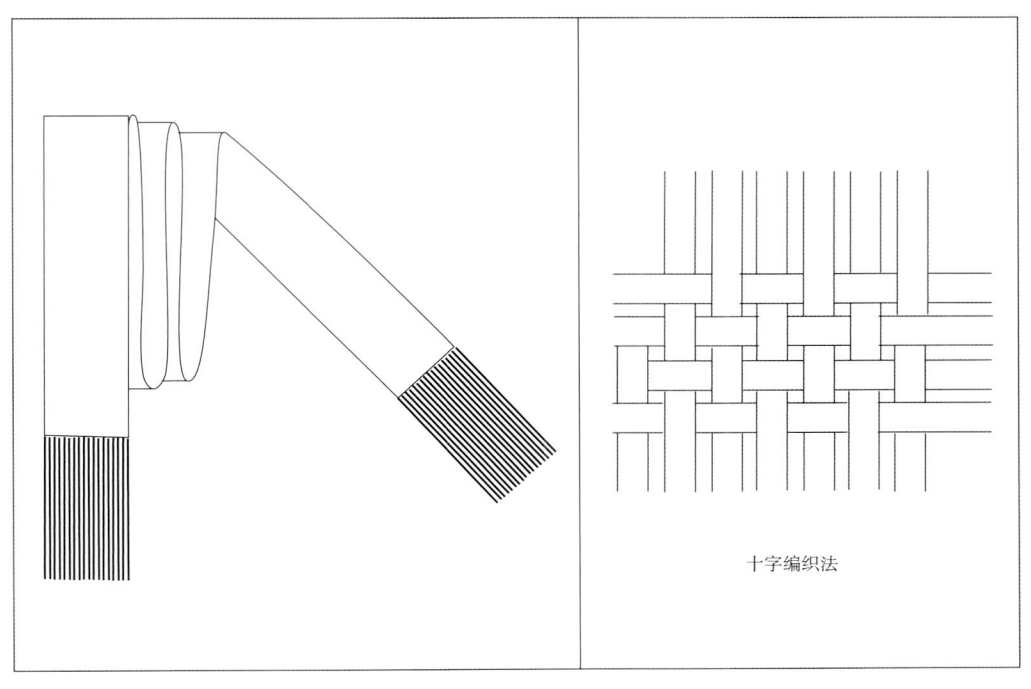

图六　傈僳族男女腰带工艺分析图

图七　傈僳族男女腰带编织图

图八　傈僳族男腰带围系效果示意图

傈僳族皮烟袋

图一　傈僳族皮烟袋主图

傈僳族皮烟袋,被称为"烟果柄",用兽皮制作而成,并配有包带和麻绳。傈僳族男子喜欢将皮烟袋系于腰间,便于存取烟叶、火镰和零钱等物品。皮烟袋呈U形,通长16厘米,宽13厘米。此案例采集于云南迪庆维西县叶枝镇同乐村陈列室。皮烟袋曾在傈僳族中广泛使用,现在因保护动物,已经不制作皮烟袋了。

皮烟袋由包体、包盖、包带组成,由熊皮或其他动物皮制作而成,结实耐磨,呈褐色。制作皮烟袋的流程并不复杂,先用刀具剥掉兽皮,刮去兽皮上面的油脂,然后放入盆中，用石灰水泡制，将皮毛脱尽，再次用刀具刮去兽毛和剩余油脂。最后，裁出所需大小的包体面积，将一小片兽皮作为包盖，把裁剪下来的边缘部分作为包带。

与现在的一次性烟盒不同，皮烟袋可重复使用。

图片来源

图一　梁婷　摄影

图二至图七　刘银银　制图

图八　马蓉　制图

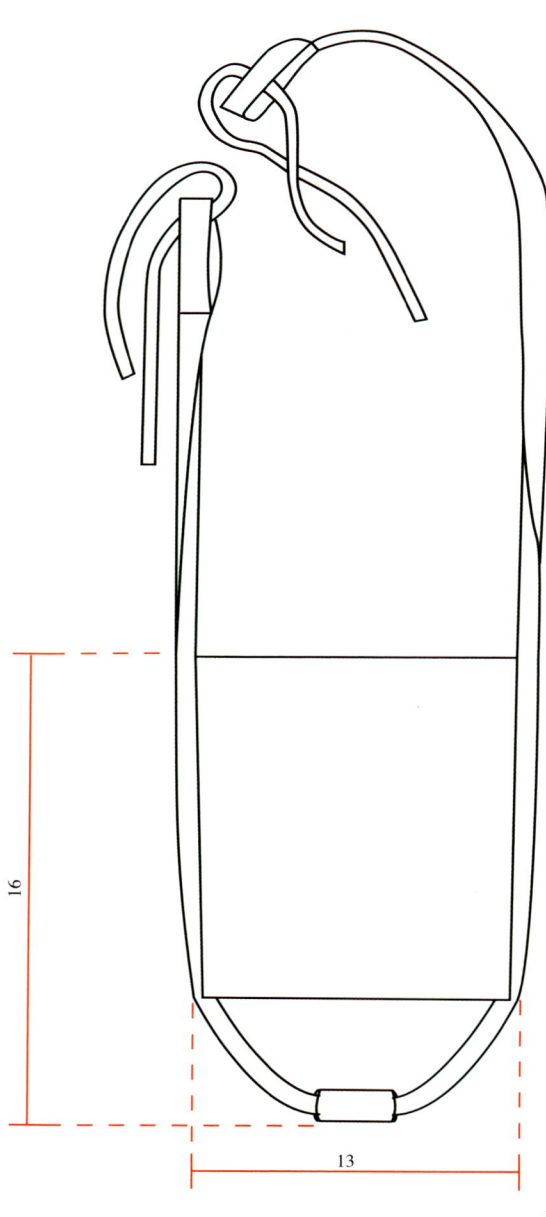

图二　傈僳族皮烟袋尺寸图（单位：cm）

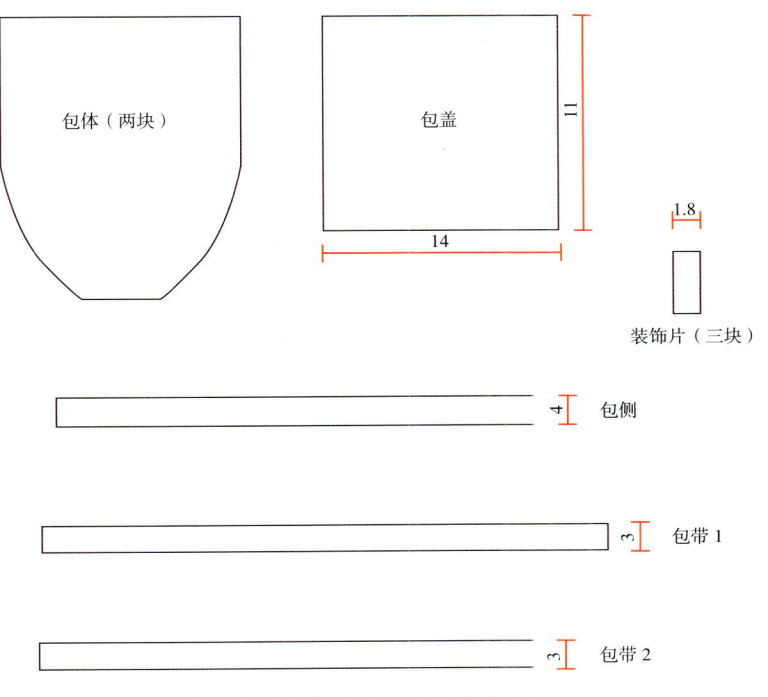

图三　傈僳族皮烟袋开片、尺寸图（单位：cm）

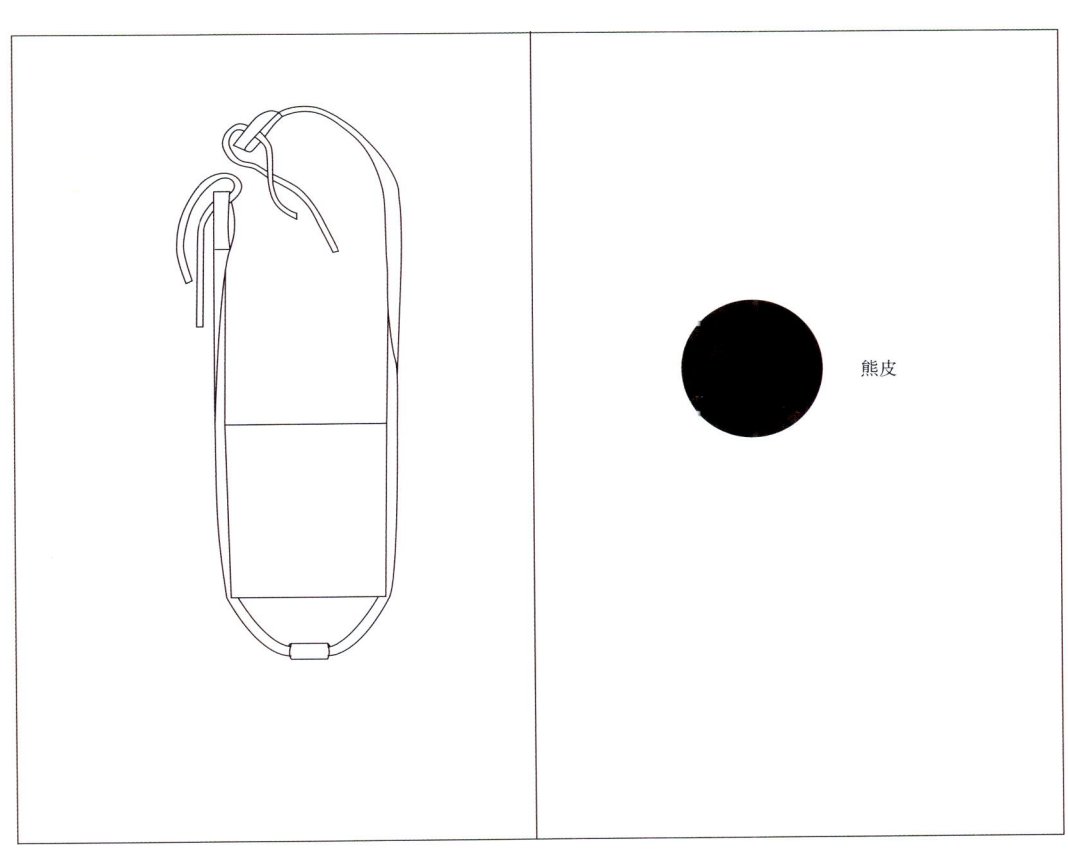

图四　傈僳族皮烟袋材料分析图

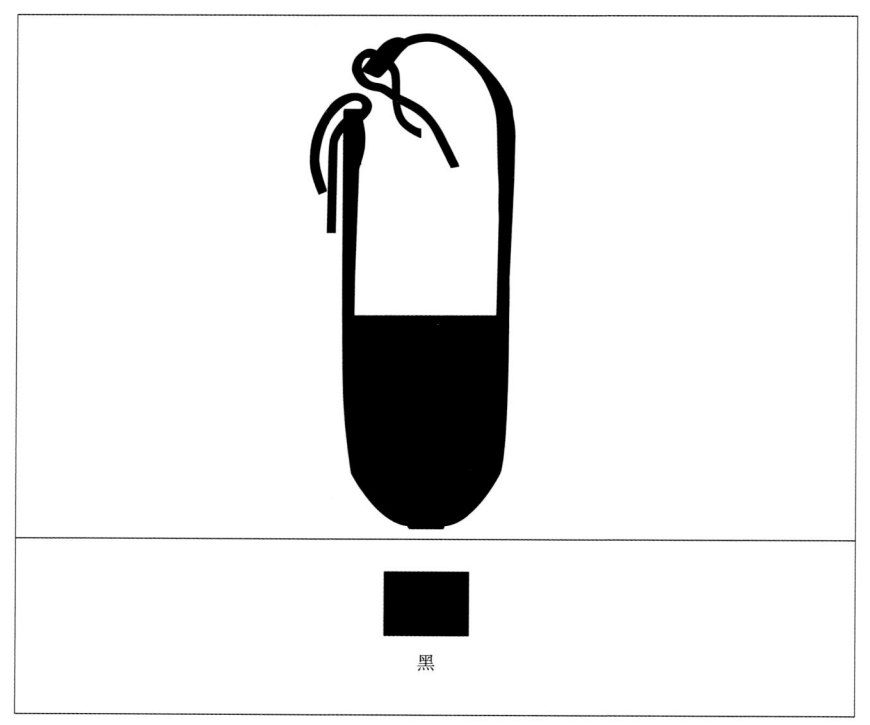

图五　傈僳族皮烟袋色彩分析图

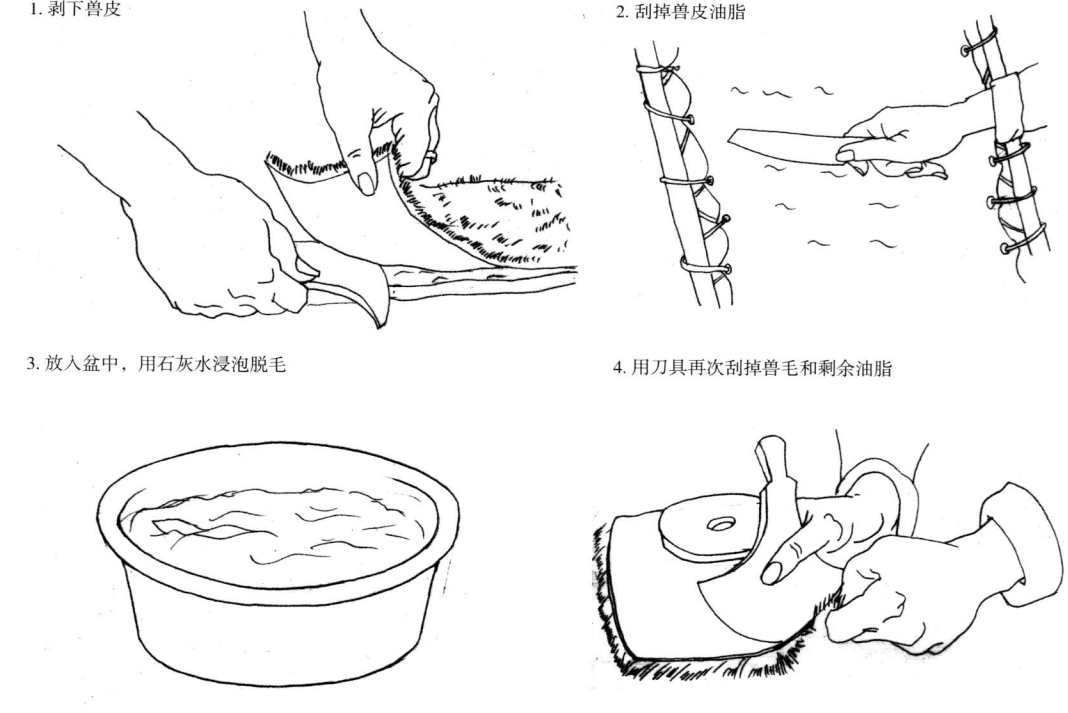

图六　傈僳族皮烟袋材料制作流程图

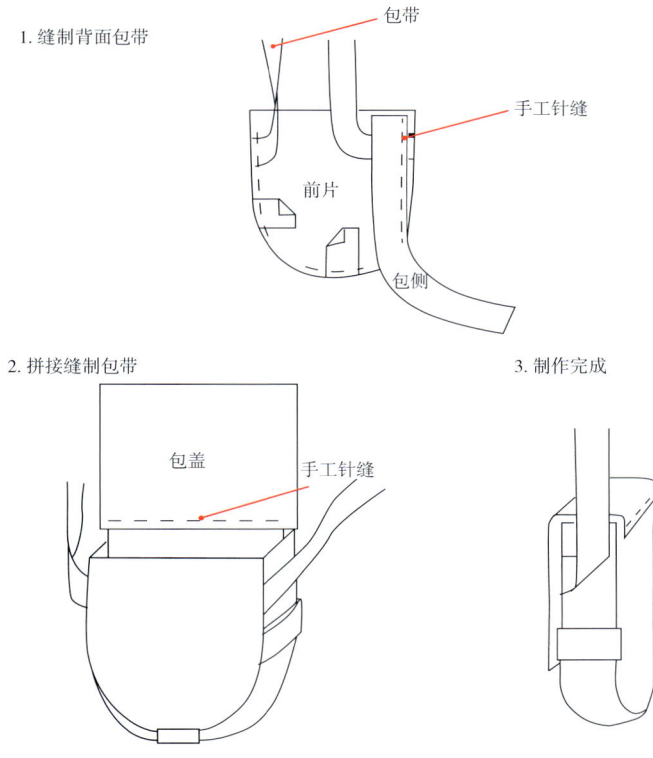

图七　傈僳族皮烟袋制作流程图

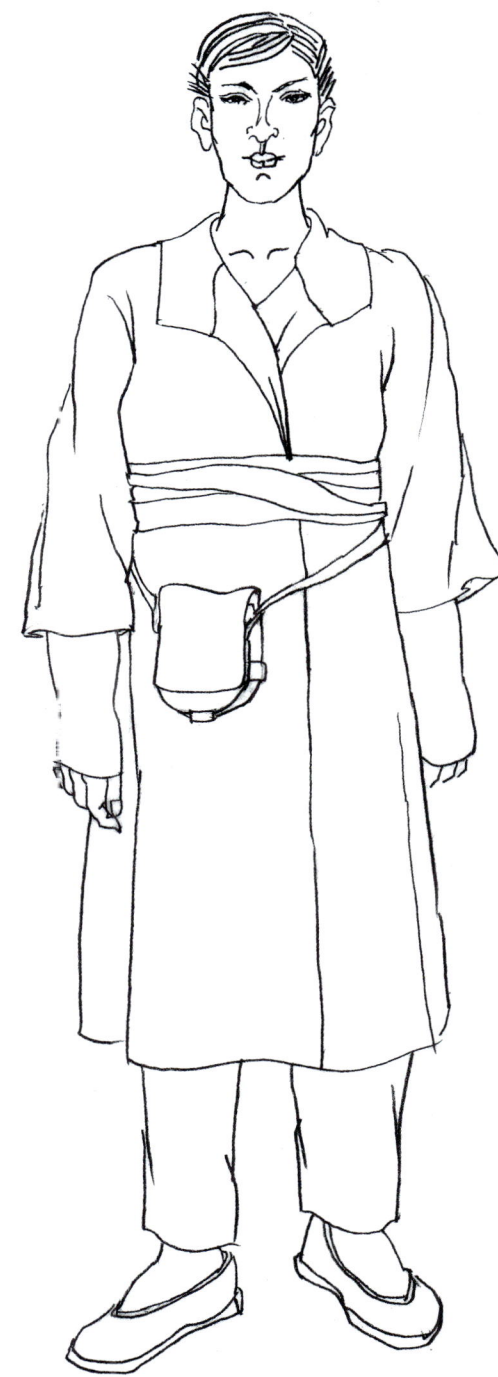

图八　傈僳族皮烟袋佩戴效果示意图

傈僳族大耳环

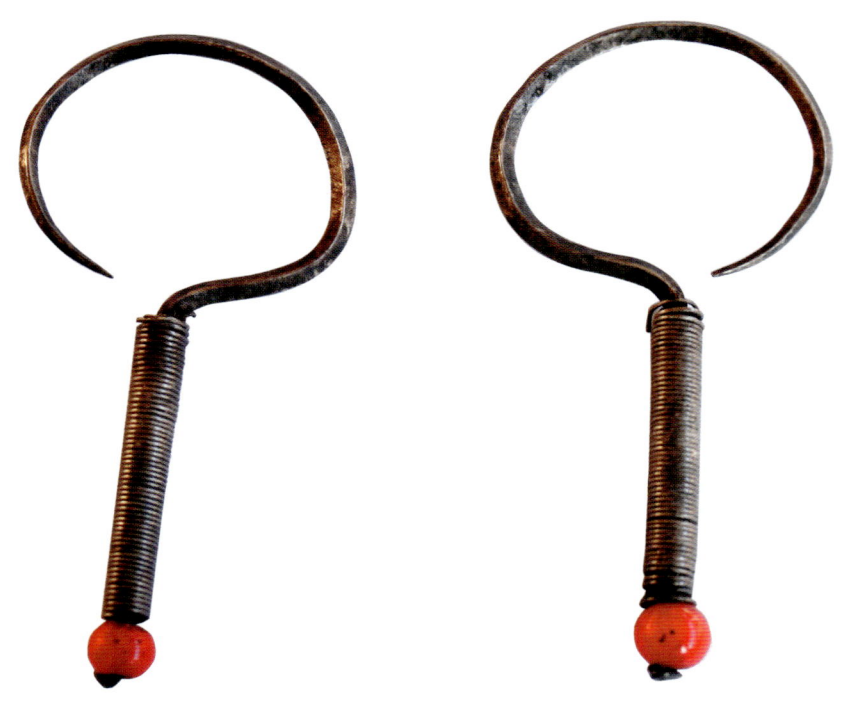

图一　傈僳族大耳环主图

大耳环，傈僳族语称为"那窝亮"，是傈僳族中年妇女不可缺少的首饰。大耳环呈钩状，造型简单，通高9.3厘米，可及肩。此案例采集于云南丽江华坪县通达乡丁王村傈僳族文化传承坊（民间艺人蔡学珍私人主办），大耳环具体制作时间不详。

大耳环通体由纯银制作，耳环尾部有一颗红色珊瑚，没有多余的纹样。大耳环的制作工具主要有锤子、拉丝板、坩埚、铁夹、铁凳等。制作大耳环的过程分为铸造和加工两个阶段：铸造包括熔银、浇铸、锤打；加工包括拉丝、打磨和装饰。在熔银时，将银放入坩埚内，高温加热，将银熔化成液体。然后将液态银倒入条状钢槽内冷却，成银条。将银条锤打成3毫米的圆柱状细条，放置于拉丝模，穿过拉线板，使其截面面积逐渐减小，长度逐渐增加，拉丝可将银料加工成线材、丝材或棒制品。拉丝处理后用刀具将方形细条两端削细削尖，再用钳子将削尖的一端扭成钩状，削尖的钩状是为了方便戴于耳垂处，一端串入一颗红色珊瑚珠。最后将大耳环用银丝缠绕一圈，增加耳环的质感。

银饰是财富的象征，银饰越大越重，代表越富有。

大耳环的设计制作从民族豪迈性格和生活习性出发，是将民族性格融入造物设计中的体现，是傈僳族风俗文化的表现形式。

图片来源

图一　梁婷　摄影
图二至图四　程珊　制图
图五　马蓉　制图

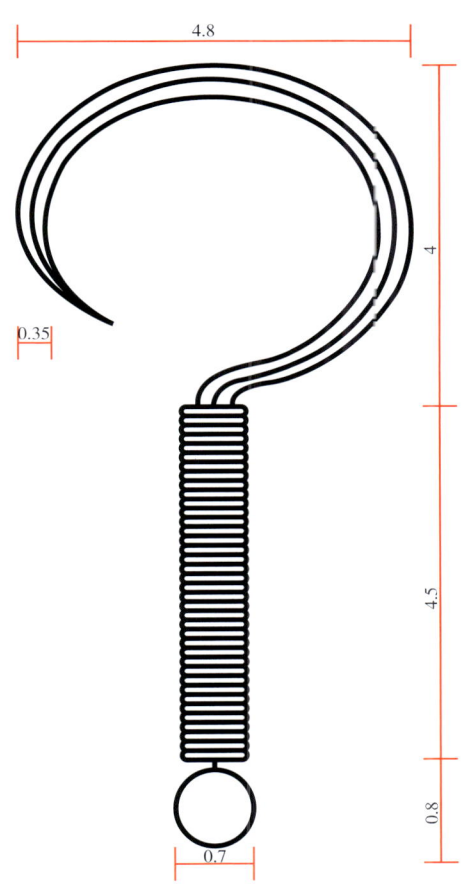

图二　傈僳族大耳环尺寸图（单位：cm）

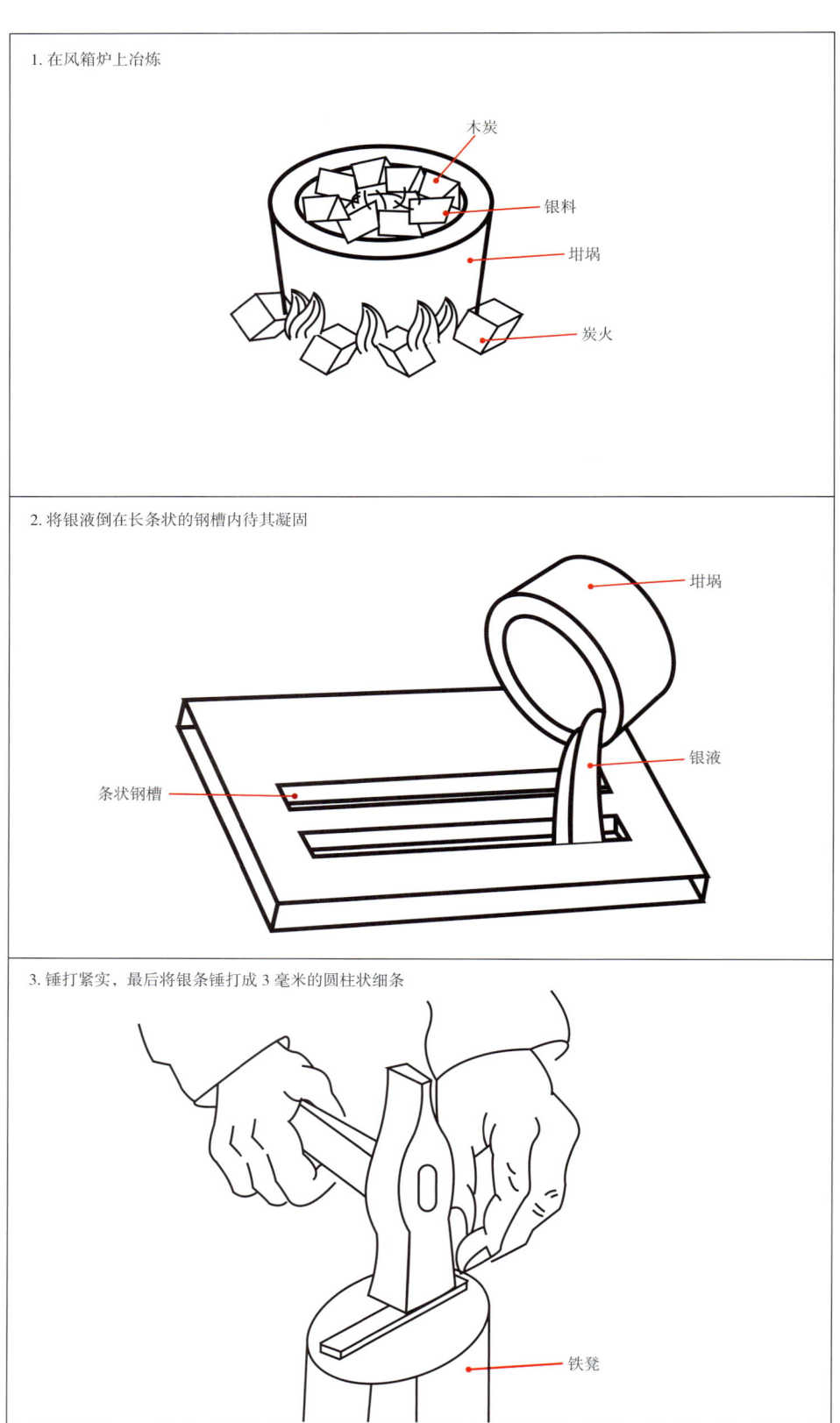

图三　傈僳族大耳环制作流程图

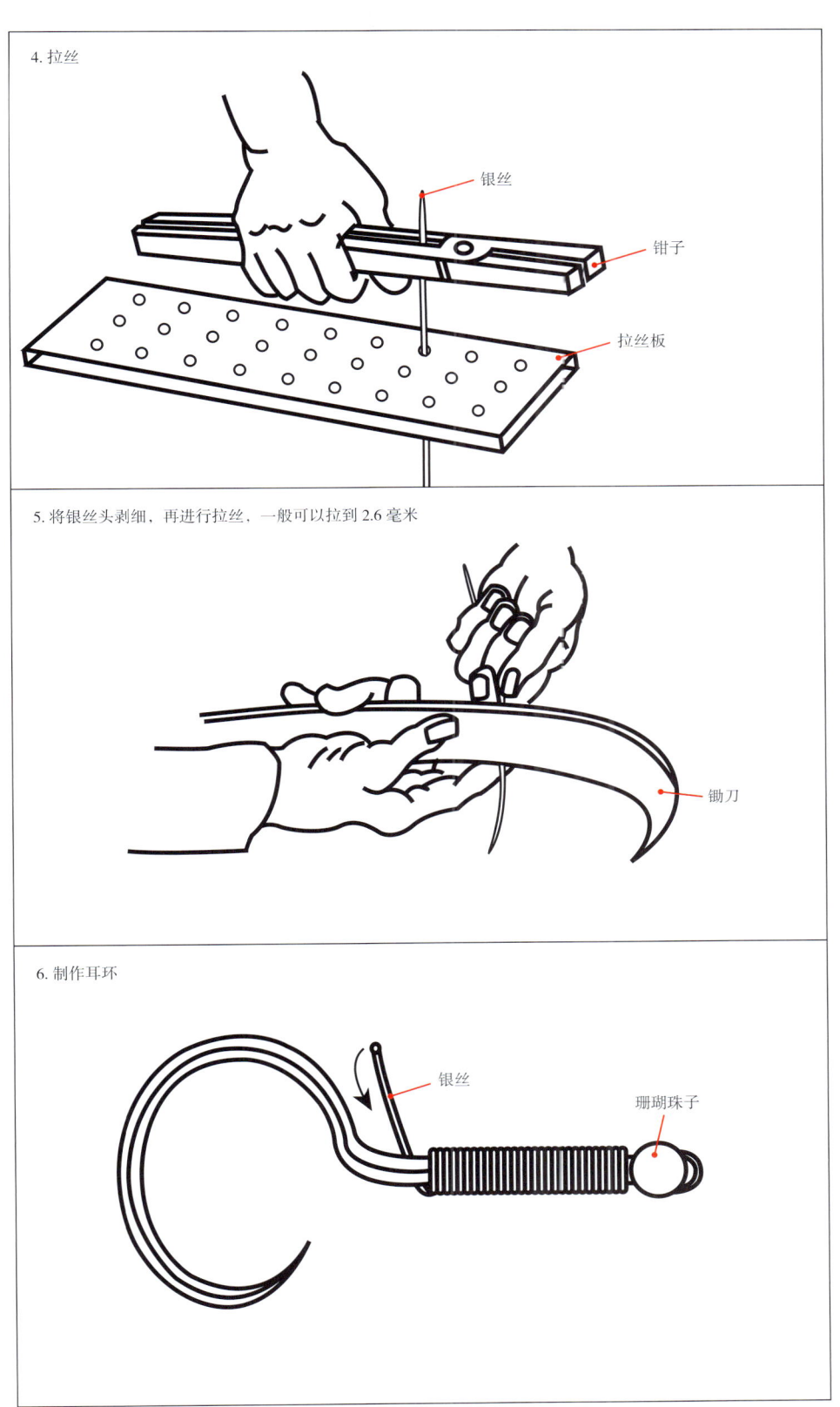

图三（续） 傈僳族大耳环制作流程图

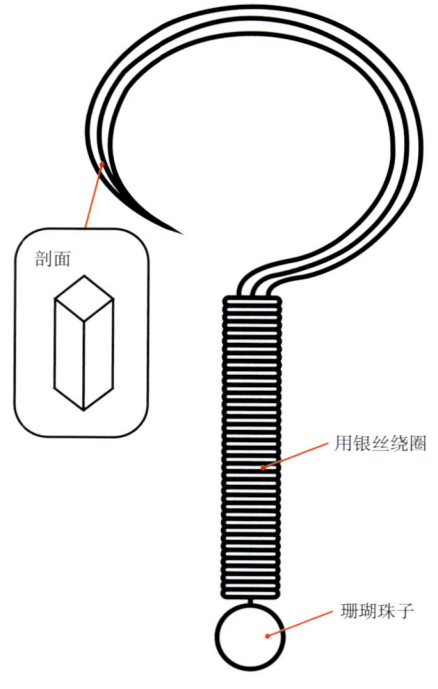

图四 傈僳族大耳环局部分析图

图五 傈僳族大耳环佩戴效果示意图

傈僳族中小耳环

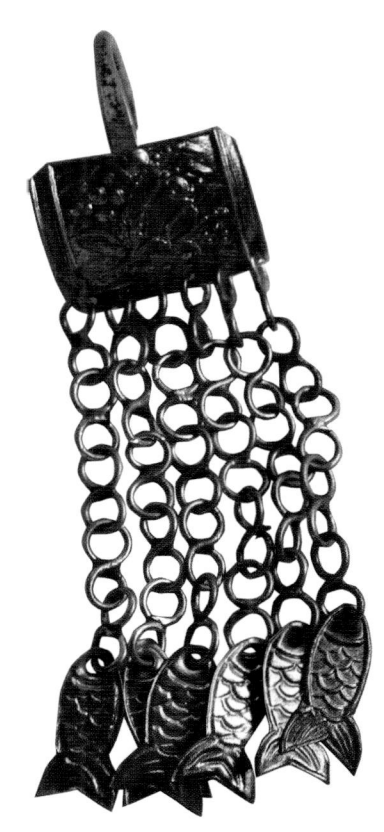

图一　傈僳族中小耳环主图

中耳环和小耳环是丽江傈僳族女性常戴的首饰之一，在傈僳族语中，中耳环和小耳环分别称为"铺沙腊"和"铺面亮"。此案例采集于云南丽江华坪县通达乡丁王村傈僳族文化传承坊。在丽江地区，傈僳族女性常喜欢佩戴中小耳环，轻便大方而又美观。

中耳环为银制，为套穿佩戴方式，呈360度圈形，中间有一开口，以便穿过耳洞。中耳环分上下两层，上层即接近耳垂部位，有一个360度套穿圈，下层有一个小口，可用绳索或铁丝连接上下两层，常见银圈连接，此案例即为银圈连接。中耳环一共12吊，上下各6吊，在丽江傈僳族地区，12代表女性富足。小耳环只有一层，6吊，佩戴的人比较普遍。中耳环上层以牡丹花为造型，象征富贵的美好寓意。下层以蝴蝶为基本造型，寓意多子多福。小耳环是花草植物造型。中小耳环的吊坠均为鱼造型，两种鱼的造型略微有区别。中耳环的鱼状吊坠略显瘦，小耳环的吊坠圆润。

中小耳环银料的基本制作工艺与大耳环的相仿，但中小耳环有精美花纹，纹样制作工艺主要有錾刻、印花和贴花。小耳环的花纹样通过印花工艺，即将银片按压在有花纹的模板上即可形成花纹。中耳环下层蝴蝶造型是将纹样稿用墨画在银片上，使用不同形状的刻刀刻出花纹。牡丹花则采用贴花和錾刻相结合的工艺，将银片放在锡制阴阳模中锤出凹凸面，然后将银模片用松香粘贴在木板上，用大小不一的雕花錾按图案的纹理进行打击，制作出较为精细的银质花纹。加上贴花工艺，在錾刻纹样中贴上其他纹样，可制作出多层次的装饰纹样。

银耳环配上一身色彩亮丽的传统服饰，具有美而不媚、雅而不俗的效果，深受傈僳族女性的喜爱。

图片来源
图一、图七　梁婷　摄影
图二至图六　李雪婷　制图

图二　傈僳族中小耳环尺寸图（单位：cm）

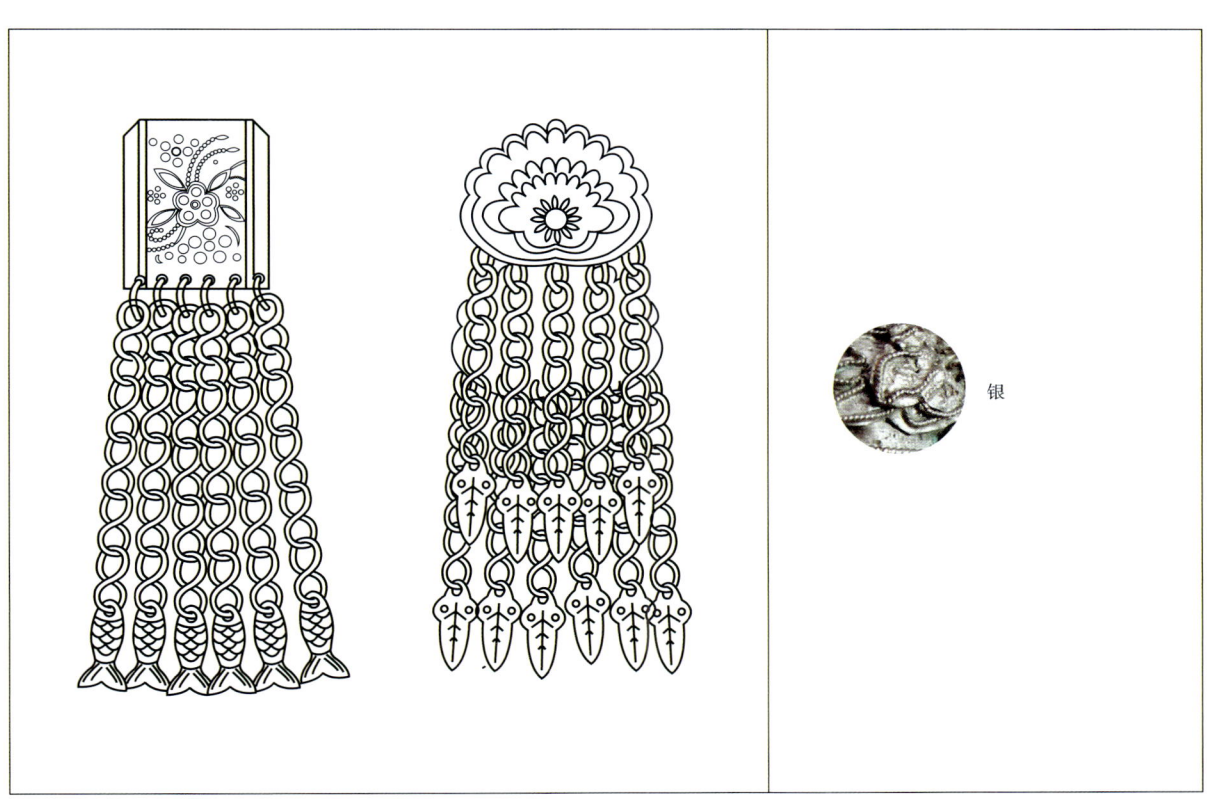

图三　傈僳族中小耳环材料分析图

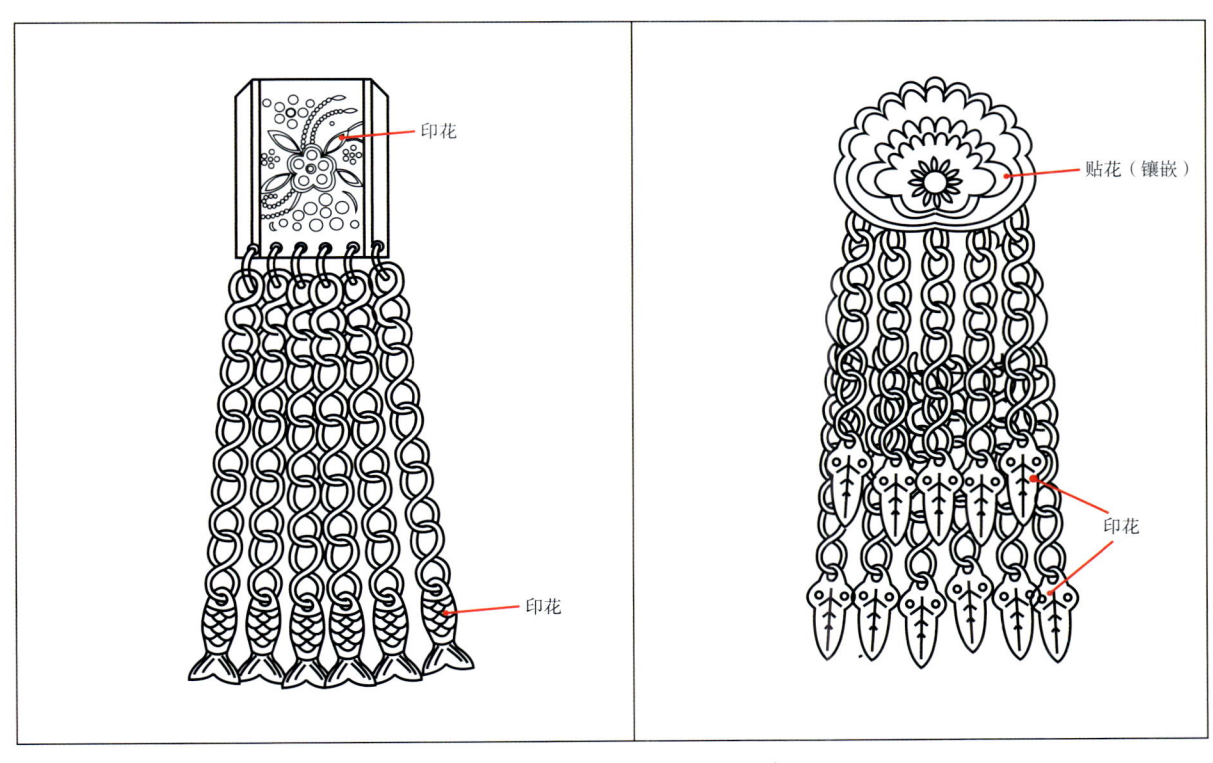

图四　傈僳族中小耳环局部工艺分析图

纹样制作方法一：将纹样稿用墨画在银片上，使用不同形状的刻刀刻出花纹

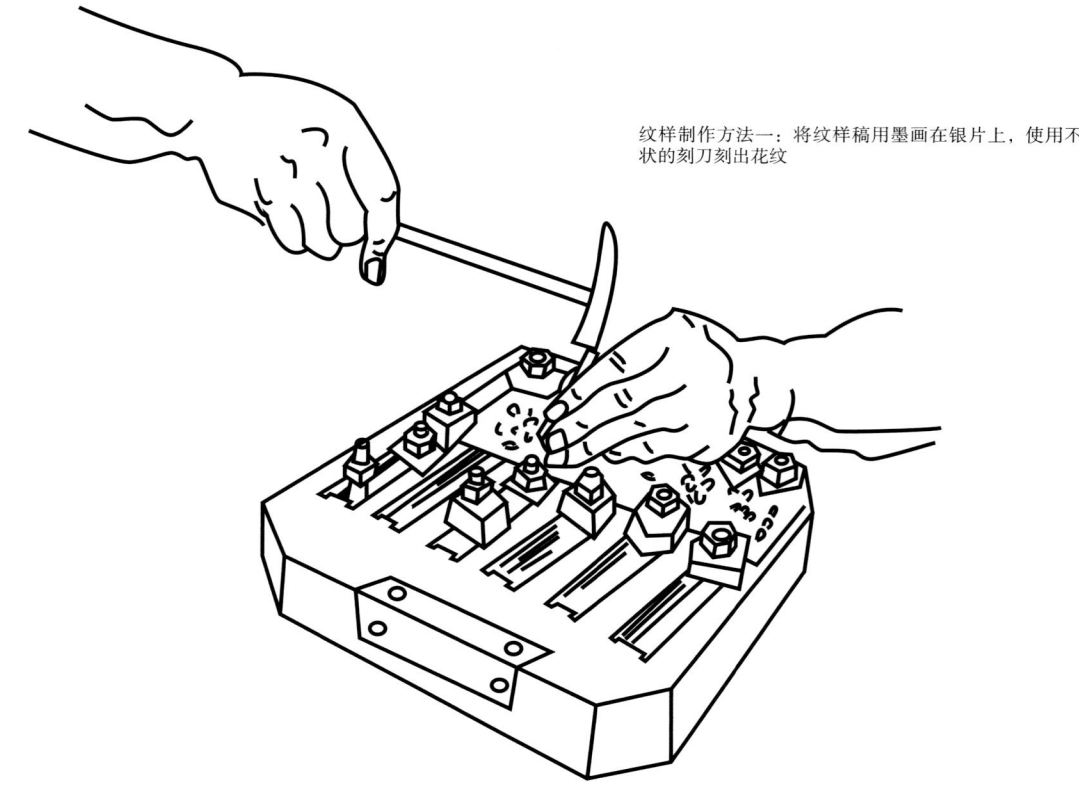

纹样制作方法二：将银片放在锡制阴阳模中锤出凹凸面，然后将银模片用松香粘贴在木板上，用大小不一的雕花錾按图案的纹理进行击打，可制作出较为精细的银饰纹样

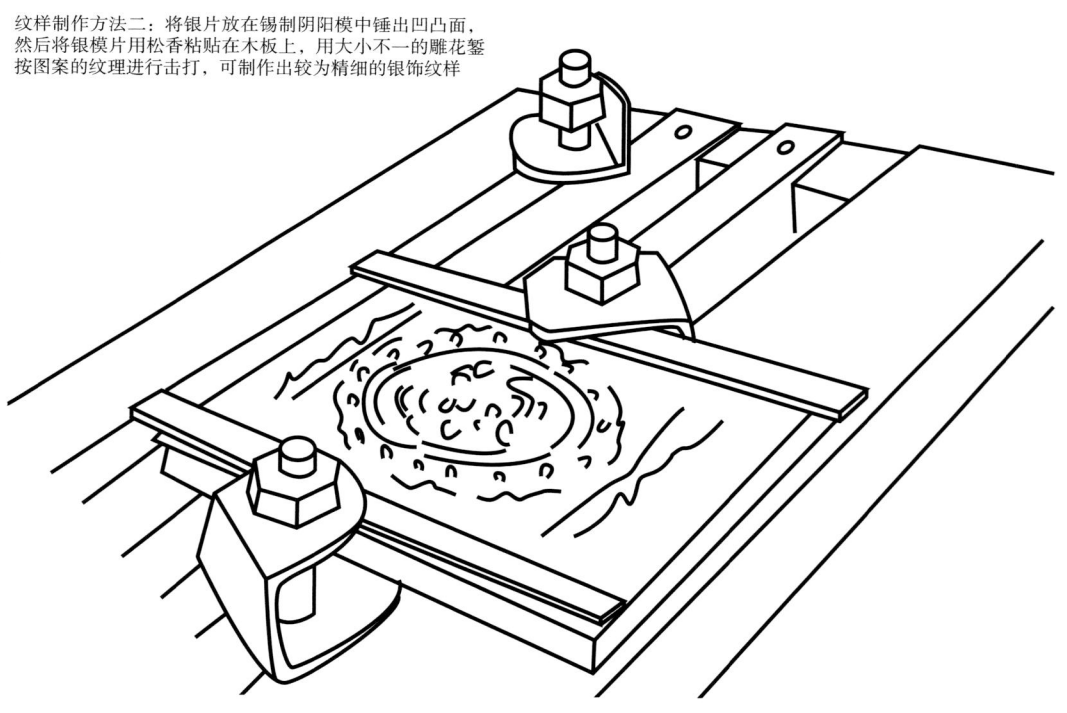

图五　傈僳族中小耳环纹样制作流程图

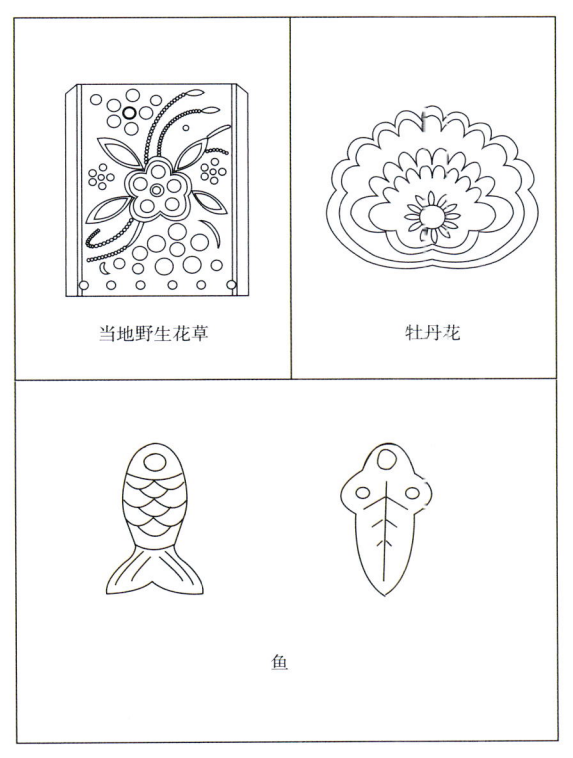

图六 傈僳族中小耳环纹样效果示意图

图七 傈僳族小耳环佩戴效果示意图

第二章 傈僳族传统服饰

傈僳族藤编手镯

图一　傈僳族藤编手镯主图

　　藤编手镯是傈僳族年轻男女佩戴的小饰品。此案例采集于云南迪庆维西县叶枝镇成年男子手中，直径8厘米，宽1.8厘米，由三股藤条编织成麻花状，每股由五根细藤条组成。

　　藤条是制作手镯的材料，源自维西县叶枝当地。藤条是唾手可得的材料，所以制作手镯的成本很低，普通人都能佩戴得起。在编织手镯之前，需将收集的藤条用水浸泡一段时间，使原有的坚脆变得松软。藤编手镯的编织方法多样，常见的也最简单的是用编辫子法，三根藤条作为一股编成辫子状，并收尾形成手镯雏形。然后再取一根藤条，穿插进手镯中，依此类推即可完成。在傈僳族地区，藤编手镯起初是年轻男女送给对方的定情物。演变到后来，不仅是男女之间的定情物，还是朋友之间的信物，寄予了友人之间的祝福和希望。

　　藤编手镯不仅经济实用，而且环保耐用，是傈僳族人用传统手工艺制作的首饰之一。

图片来源
　　图一　梁婷　摄影
　　图二至图四　刘银银　制图
　　图五　马蓉　制图

图二　傈僳族藤编手镯尺寸图（单位：mm）

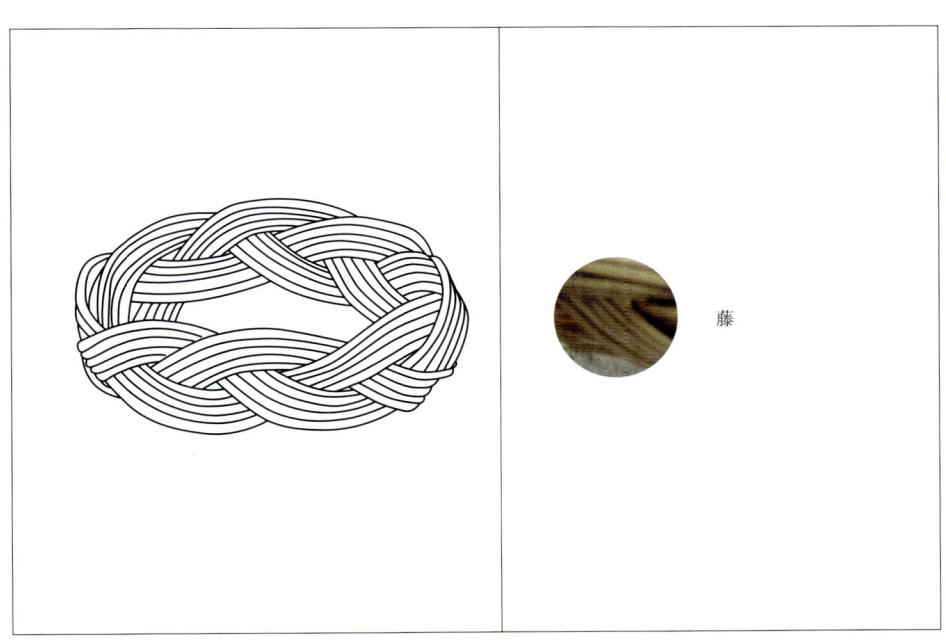

图三　傈僳族藤编手镯材料分析图

1. 将收集的藤条阴干

2. 编织

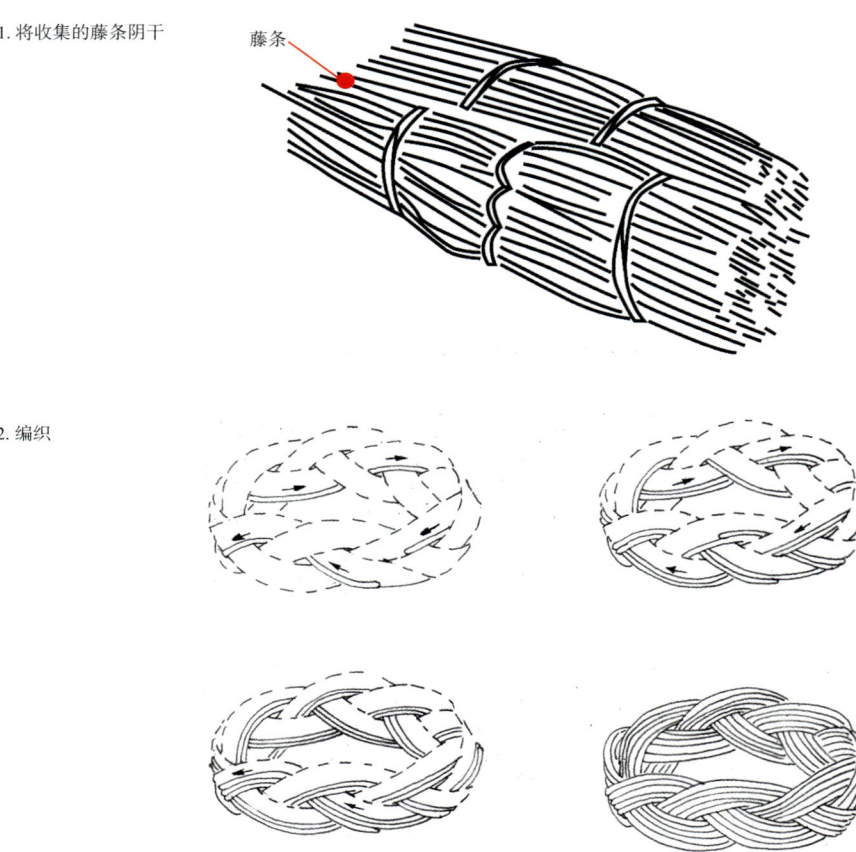

图四 傈僳族藤编手镯制作流程图

图五 傈僳族藤编手镯佩戴效果示意图

第三章 傈僳族传统餐饮

傈僳族撒洒饭

图一　傈僳族撒洒饭主图

　　撒洒饭是傈僳族传统饮食之一，用玉米做成。玉米亦称苞谷，在我国尤以东北、华北和西南各省种植较多。傈僳族主要集中于西南地区，玉米是其常种品种之一。勤劳善良的傈僳族人利用玉米做出一道又一道的美味佳肴，其中之一就是撒洒饭。

　　做撒洒饭的工具主要有石磨、石臼、筛子、木盆、铁锅、甑子。

　　待玉米成熟时，风干进行脱料，用石臼脱皮，再用筛子筛，留下里面最嫩的部分。然后用石磨磨成玉米粉，一般一次性会磨大量的玉米粉存放着，食用时取一部分再进行加工。

　　撒洒饭是蒸着吃的，做起来非常方便。往锅里倒入一定量的水烧开，放上甑子，再将玉米粉倒入甑子铺开，不需添加任何调料，蒸五分钟左右，用筷子把玉米粉拌匀，防止结块。期间还要把玉米粉倒出来一次，洒上适当的冷水拌均匀，再倒回甑子蒸熟即可。因为玉米本身有糖分，所以撒洒饭略甜。

图片来源

图一至图三　梁婷　摄影　蓝玉佳　制图

图二 傈僳族撒洒饭制作工具图

图三 傈僳族撒洒饭制作流程图

傈僳族煎粑粑

图一　傈僳族煎粑粑主图

煎粑粑是傈僳族传统饮食之一，原料为甜荞，属于荞麦的一种，比苦荞口感更好一些。荞麦主要生长于高寒地区，生长周期短，抗逆性强，极耐寒瘠，当年可多次播种多次收获。傈僳族世代居住在半山区，荞麦成为他们最易获得的食材之一。

收割完甜荞麦之后，晒干，进行脱粒。石磨磨成粉状，再用筛子筛，然后用冷水和面，稀状，可同时往里面添加喜食的其他食材，再投入盐、葱等调料。准备就绪后，开始热锅，倒入核桃油，将和好的面均匀地铺满锅，待颜色变成微黄色，即可翻煎另一面，双面煎熟之后即可盛出。

从一个民族的饮食可以折射出该民族的生活水平和适应能力。随着生产力的发展和生活水平的提高，饮食的功能必然超越物质层面进入精神范畴，并被赋予新的文化内涵。作为人类饮食文化的一种存在形态，傈僳族饮食文化不仅在物质层面上体现了人对世界和自然的深刻认知和利用，更在精神层面上表达了人们对美好事物不懈追求的愿望。

图片来源

图一至图三　梁婷　摄影　蓝玉佳　制图

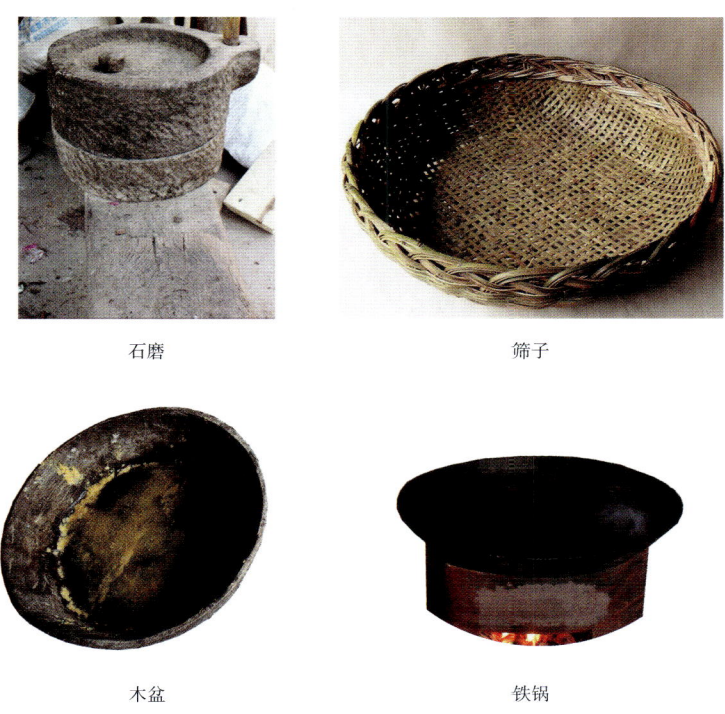

图二 傈僳族煎粑粑制作工具图

图三 傈僳族煎粑粑制作流程图

傈僳族苦荞粑粑

图一　傈僳族苦荞粑粑主图

苦荞粑粑是傈僳族传统饮食之一。

很多地方都有粑粑，比如大理喜州粑粑、丽江粑粑。众所周知，傈僳族具有火塘文化，木屋中置一火塘，烤火、做饭，一年四季都不熄，称之为"千年火塘"；火塘里积满了木炭灰，又称之为"子母灰"。传统的苦荞粑粑是把揉好的荞麦面饼子埋入炙热的"子母灰"中，一刻钟后，即可扒开"子母灰"取出粑粑，吹吹拍拍，把上面的灰打掉就可以食用。而傈僳族现今的做法是将苦荞麦晾干后进行脱粒，再用石磨磨成粉状，用筛子筛，用温水和成面团，捏成一定厚度扁圆形的面饼。水烧开之后，慢慢地把面饼滑入其中，并调成温火，待面饼浮起，即可捞出来蘸蜂蜜食用，苦甜爽口，回味无穷。随着时间的推移，饮食的日益多样化，傈僳族人现已很少食用苦荞粑粑了。

图片来源

图一至图三　梁婷　摄影　蓝玉佳　制图

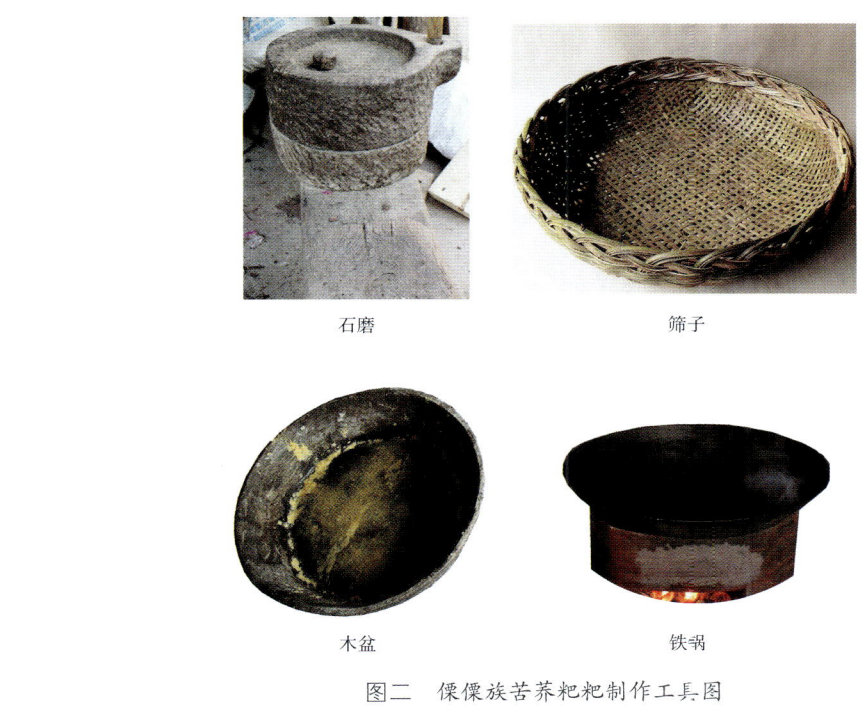

图二 傈僳族苦荞粑粑制作工具图

图三 傈僳族苦荞粑粑制作流程图

第四章 傈僳族传统生活用具

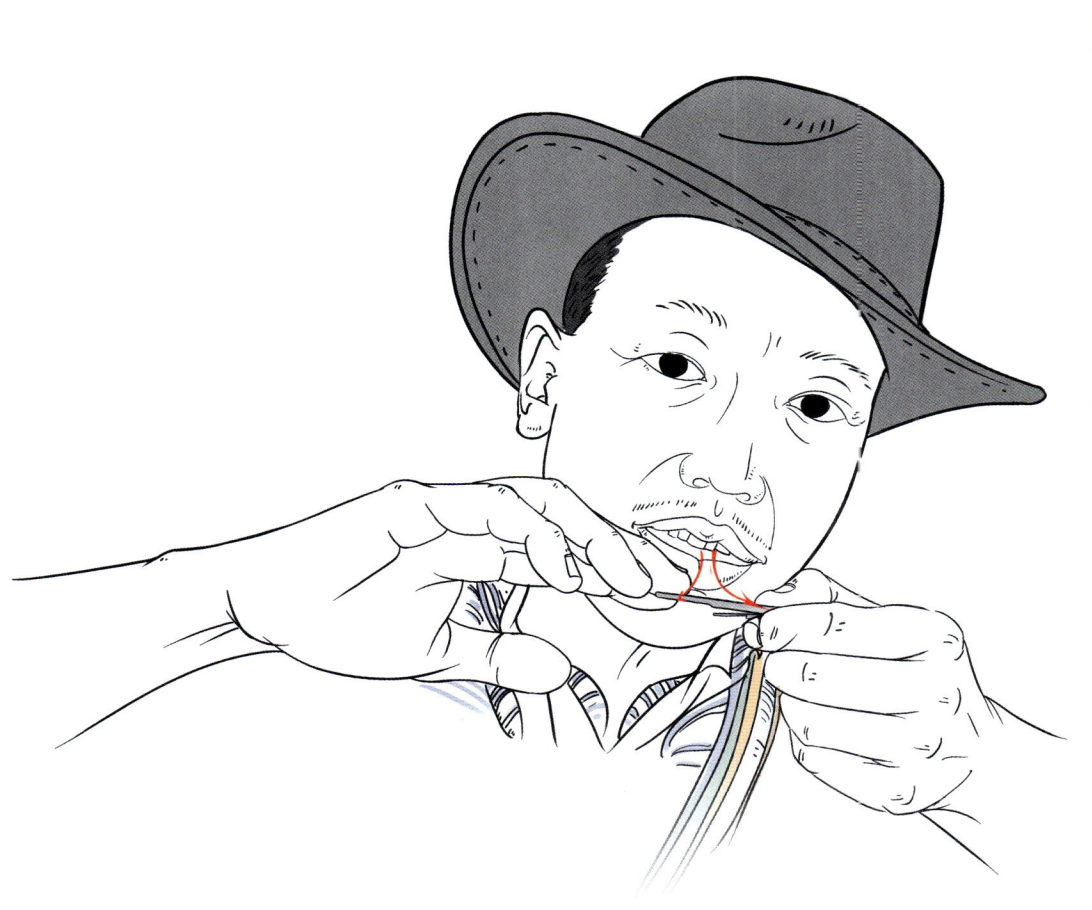

傈僳族单弦

图一　傈僳族单弦主图

单弦也叫口弦，傈僳语称为"玛果"，是傈僳族传统民族乐器。根据簧片数目的不同，可分为单弦、双弦或多片弦；又因演奏方法不同，有用手指弹拨和用丝线抻动的口弦之分。此案例为用手指弹拨的单弦。傈僳族单弦用质坚干透的竹片削制而成，形似小剑，尾部穿小孔用于拴线悬挂，簧片上刻有小舌叶。傈僳族单弦一般长25.7厘米，宽1.5厘米，外套精心刻绘的竹筒，挂于胸前。

制作时，选用坚硬的楠竹片，用锋利的刀子削薄竹片，并在中间三面镂空刻出，簧舌长度为弦片的3/5，宽为1/3。弦的片头削尖呈剑形，片尾截齐做弦柄。单弦的簧舌和风琴的簧舌相似，首部宽大而薄，朝向柄端；中部窄而厚，舌的两侧削成斜面；簧舌的根部较薄，与片头处相连。弹动片头时，利用竹片的弹性，可使簧舌自由往复振动发音，声音低沉，音色优美动听。由于单弦制作简便，容易演奏，在傈僳族广为流行。傈僳族人不论男女老少，几乎每人都有一支单弦。演奏单弦时，左手拇指和食指夹住弦柄，将簧舌部分置于两唇间，用右手拇指和食指来回拨动单弦尖端，引起簧舌振动，以口形的变化、气流的大小、吸气呼气来调节掌握音程及音量。

单弦不仅在弹奏方法上颇有特色，在形制和制作方法上也非常别致。傈僳族男青年将做好的单弦装在一个精制的小竹筒里，筒面上雕刻上各种花纹图案，系上红或黄的缨穗，送给心爱的姑娘，作为爱情的信物。姑娘收到小伙子的礼物后便会把它挂在胸前,既可作为装饰,又可即兴弹奏。

图片来源
图一　梁婷　摄影
图二至图七　程琼博　制图

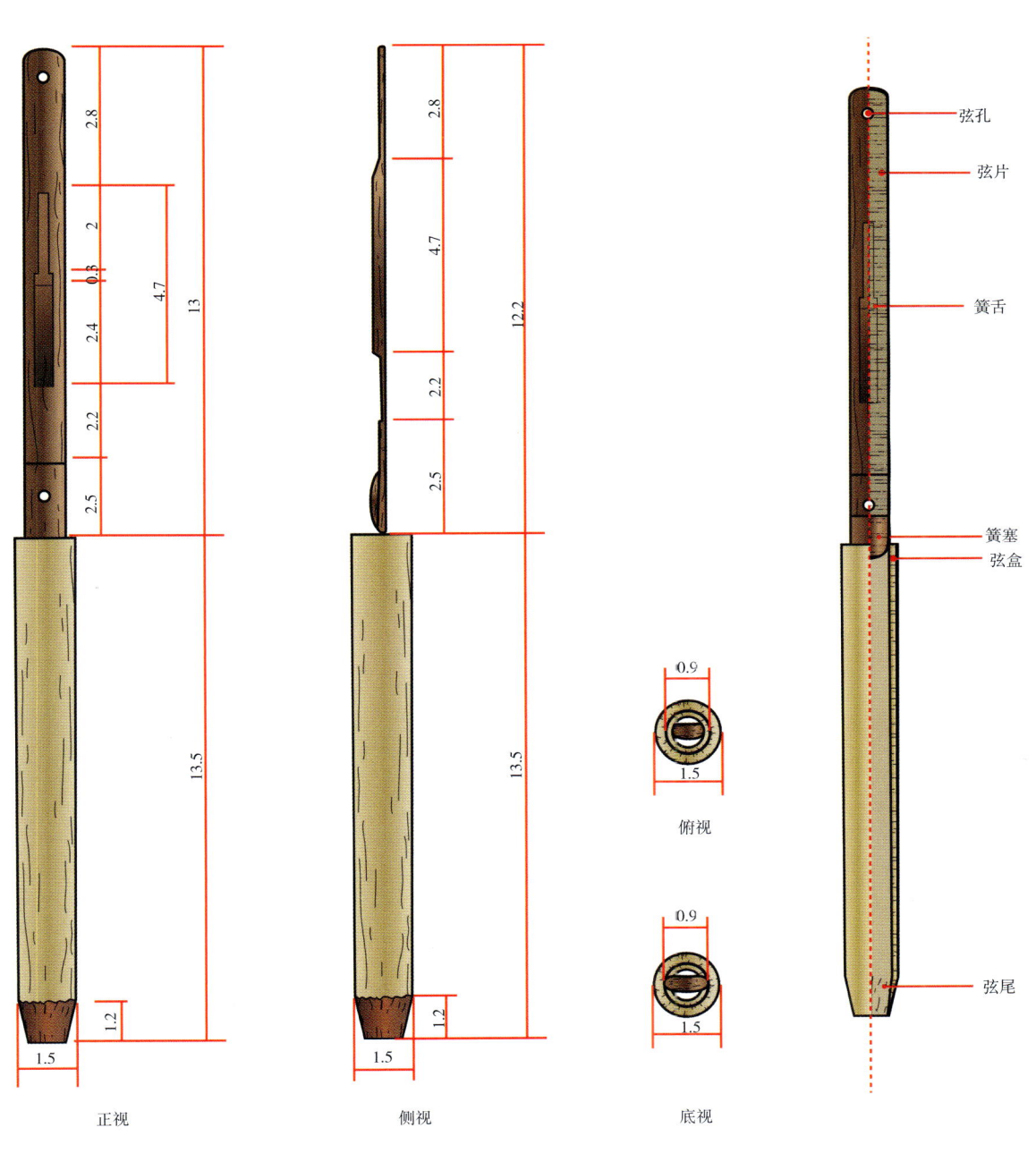

图二　傈僳族单弦四视、尺寸图(单位:cm)

图三　傈僳族单弦结构名称图

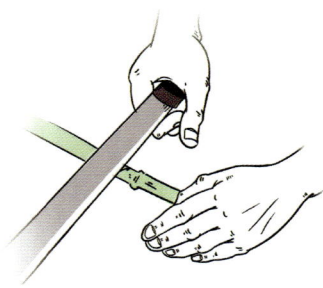

1. 伐竹　　　　　　　　　　　　　　2. 修整竹节

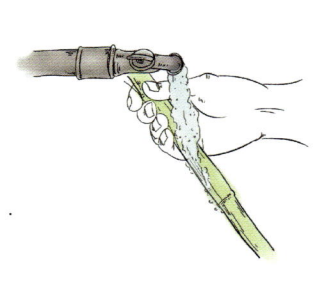

3. 把截取好的竹子埋在土里数日之后用水冲净，放入装满水的壶里煮数分钟

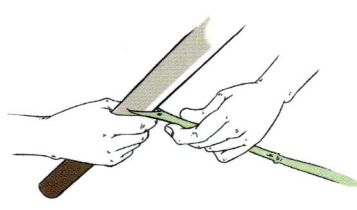
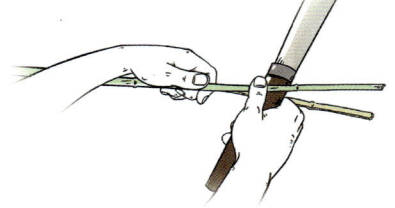

4. 把处理过的竹子用砍刀剖开，然后再劈成弦片

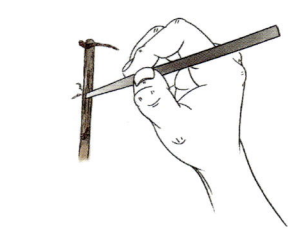
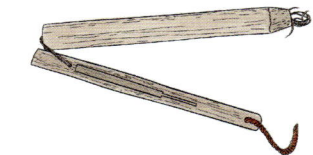

5. 在做好的弦片上刻出簧片　　　　　　6. 制作完成

图五　傈僳族单弦制作流程图

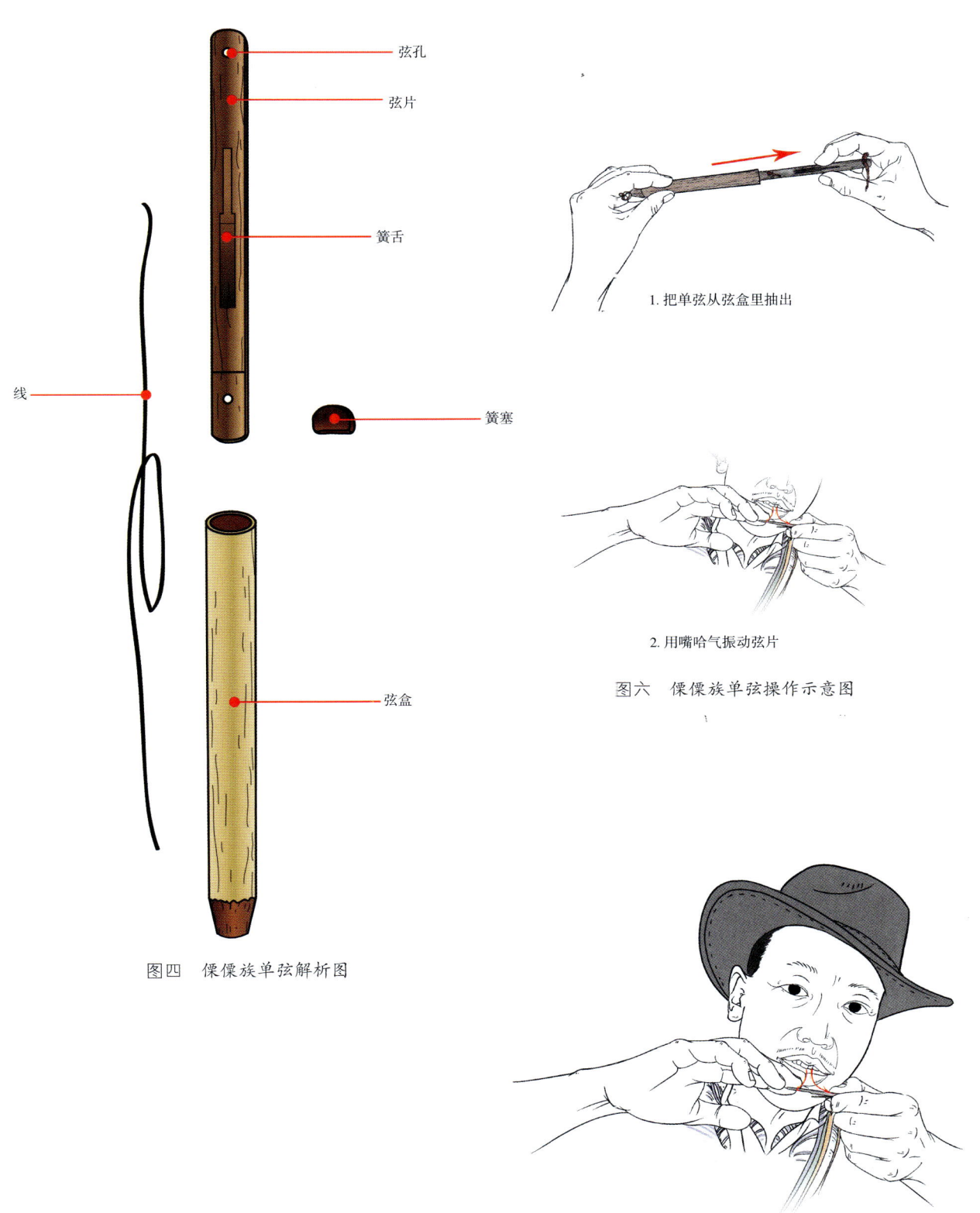

图四　傈僳族单弦解析图

图六　傈僳族单弦操作示意图

图七　傈僳族单弦吹奏情境图

傈僳族吉吱

图一　傈僳族吉吱主图

　　吉吱，即呃吱，傈僳族人自创的一种弓弦乐器，主要流行于云南怒江和迪庆维西县等地。吉吱尺寸可大可小，通常琴身长45~60厘米，小一些的仅为30厘米。吉吱音色明亮，独奏、合奏、伴奏均可。

　　琴体选取完整的硬质木料制作，通常为香樟木。琴体下半部分挖空，上面蒙上松木薄板作为共鸣箱使用。松木薄板上开若干圆形小音孔组成菱形或三角形，在琴弦下置竹制或木制琴马。琴头方形，平顶，无装饰，左右各置一根木制弦轴。琴箱下端设有一稍长的片形尾柱，张两条丝弦或钢丝弦，细竹拴以马尾为琴弓。

　　使用吉吱时，可采取坐姿或站姿两种方

式。坐姿演奏将琴箱竖立于左大腿近膝处，左手持琴按弦，一般不换把位，右手执马尾弓蘸松香在弦外拉奏；立姿演奏则将琴底的尾柱置于衣服左下侧的口袋中或左侧所缠腰带之中，左手持琴，右手执弓。

关于吉哎，还有一个传说。相传在很早以前，怒江边上住着七个傈僳族兄弟，最小的弟弟叫益桑，是个聪明能干的好小伙。一天他砍来一块香樟木，做成了一支很像琵琶的两弦琴，并依照弩弓的样子，用马尾拴在一根弯曲的细竹上，做成了一把弓。每当月亮升起来的时候，益桑就拉起两弦琴，奏出悦耳动听的曲子。优美的曲调使大家忘记了疲劳和忧愁，寨子里的人称益桑的两弦琴为吉哎，并跟随音乐唱歌跳舞。益桑看到吉哎能使人们快乐，便在山寨里传授吉哎的制作和演奏技艺。从此，傈僳族便有了自己的民族拉弦乐器吉哎。

图片来源

图一　刘晓蓉　摄影
图二　刘晓蓉　制图
图三　程琼博　制图
图四　石永欣　制图
图五　郑伊晏　制图

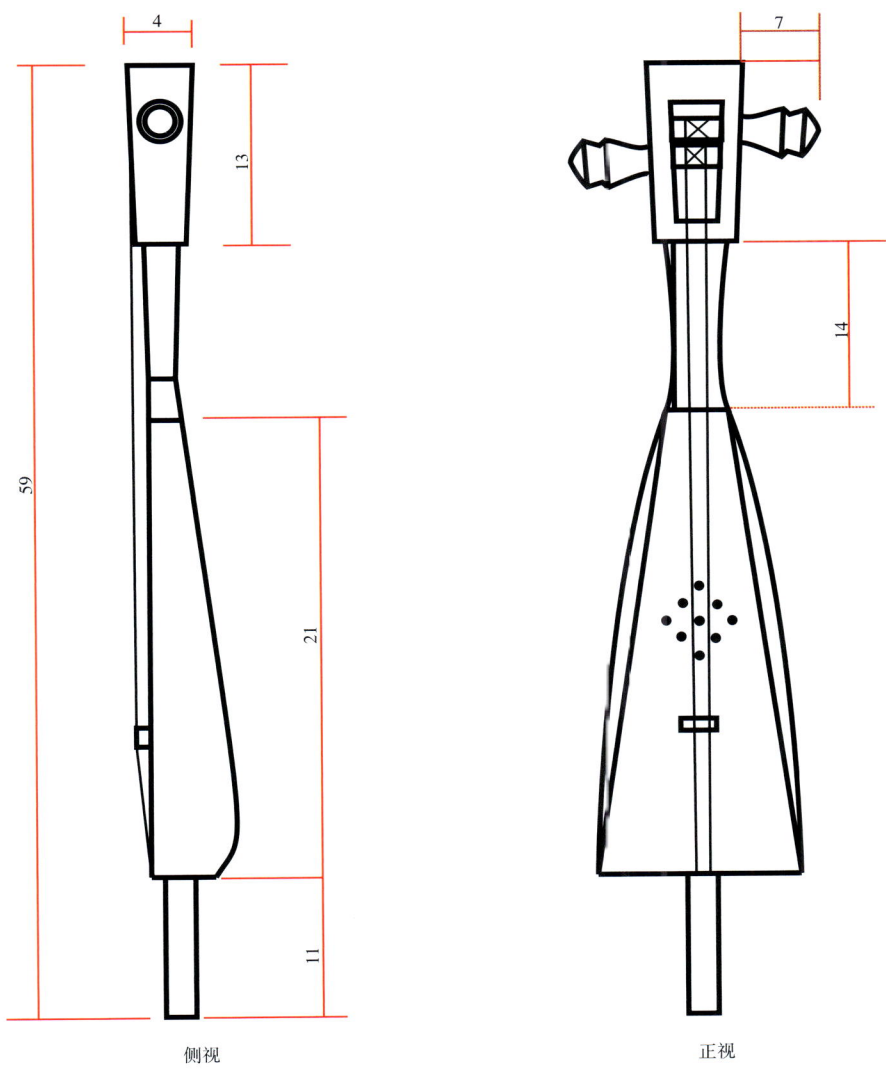

图二　傈僳族吉哎视角、尺寸图（单位：cm）

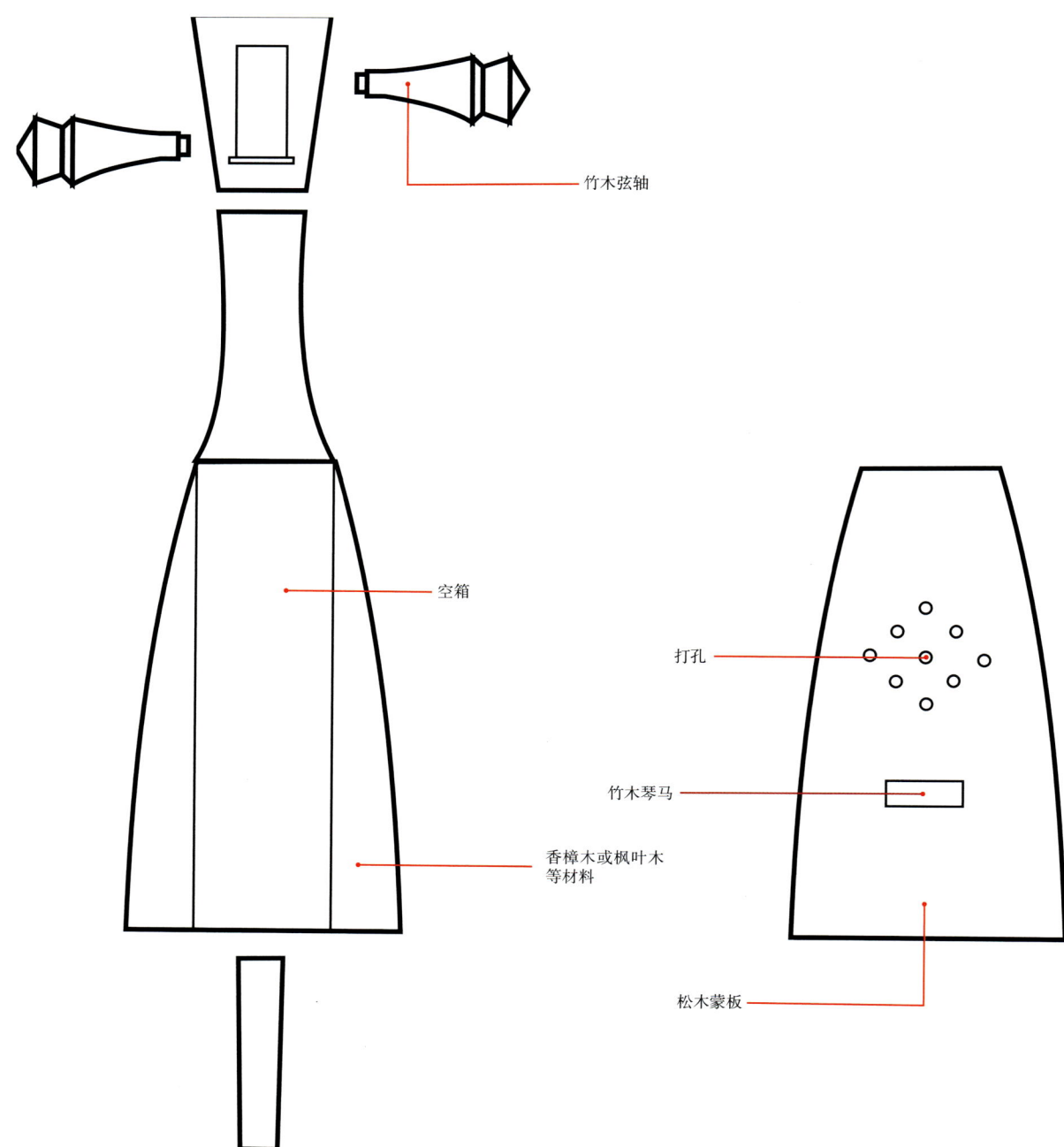

图三 傈僳族吉吱解析图

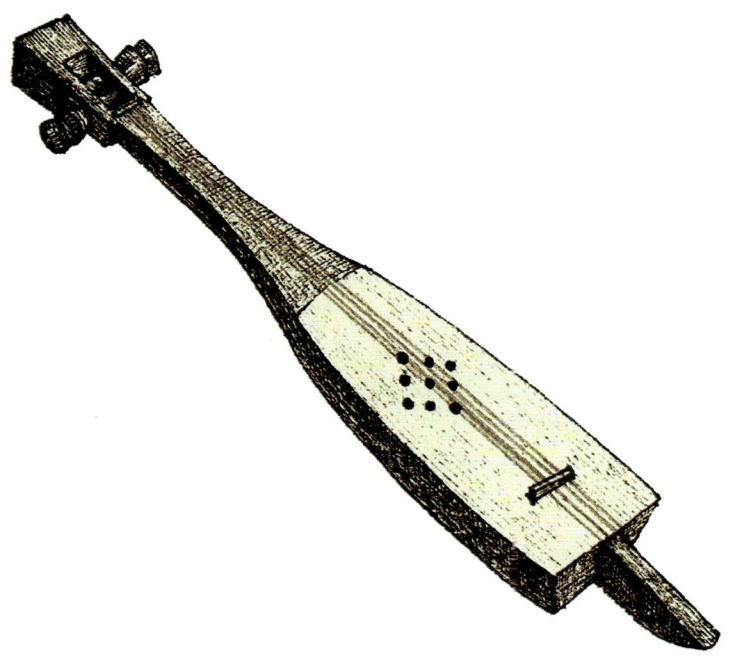

图四 傈僳族吉咚线描图

图五 傈僳族吉咚演奏情境图

第四章 傈僳族传统生活用具

281

傈僳族笛哩吐

图一　傈僳族笛哩吐主图

笛哩吐是傈僳族的一种乐器，流行于云南怒江贡山、福贡、碧江、泸水等地。多为竹管所制，尾端留节，其余竹节通透。其形制类似于横笛却又远远短于横笛，管长13.9厘米，外径1.3厘米。管身开有四个圆形按音孔（前三后一），在吹孔与笛头之间，用木片塞住，成为笛头塞。气流由此吹入，使管内空气振动而发音。演奏方式为竖吹，音列为五个音阶（1 2 3 5 6）。右手食指按第一孔，左手食指、中指按第二、第三孔，右手拇指按背孔。其音色明亮高亢，常用于独奏或伴奏。此案例采集于云南怒江福贡县鹿马登乡赤恒底村。

笛哩吐制作过程如下：首先将选好的竹子砍伐后进行修枝，埋于地下约一周，之后取出洗净。用小刀把竹子切割成约10厘米的一小节，保留一个竹节在尾端，其余通透。修整吹口处后试下音色如何，再修整个竹节的一头，这一端主要用来穿孔挂饰品，起到美观的作用。笛哩吐雏形制成之后，放置沸水中煮几分钟后，开水中再滴入几滴油，煮到竹管的颜色变黄为止，然后用小刀在管身相应的位置上刻出孔印，再用烧红的铁丝穿透。接下来制作定音的笛头塞，大小要刚符合吹口，塞进去之后再试下音色。最后一步是对竹管表面进行雕刻装饰。

在傈僳族居住的地方，农闲时节、晚饭后，村子里那些笛哩吐爱好者便聚集在一起，用手中的乐器，表达着他们的所思所想所盼。

图片来源
图一至图四　程琼博　制图
图五　毛宸霞　摄影、制图
图六　程琼博　摄影

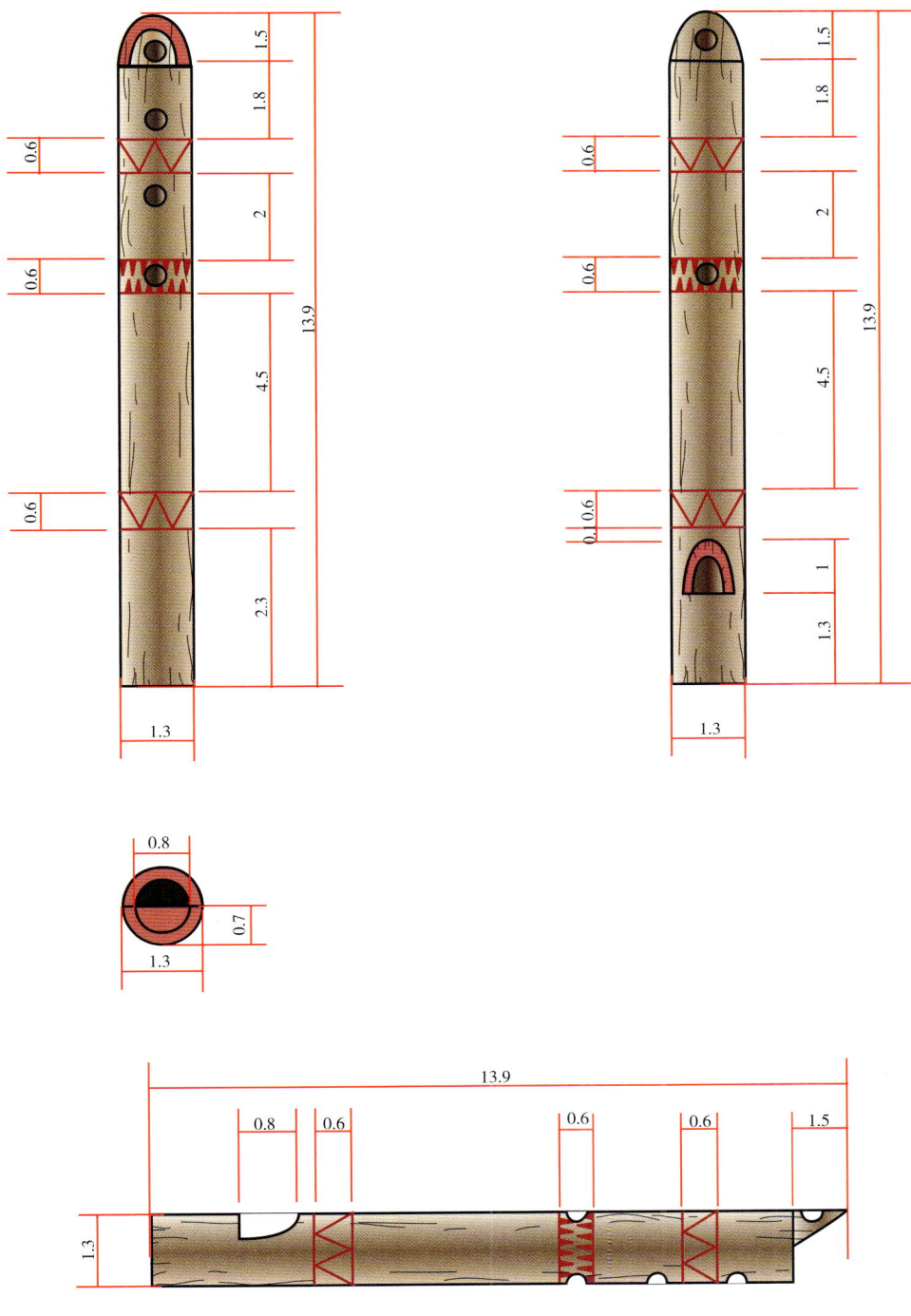

图二　傈僳族笛哩吐尺寸图（单位：cm）

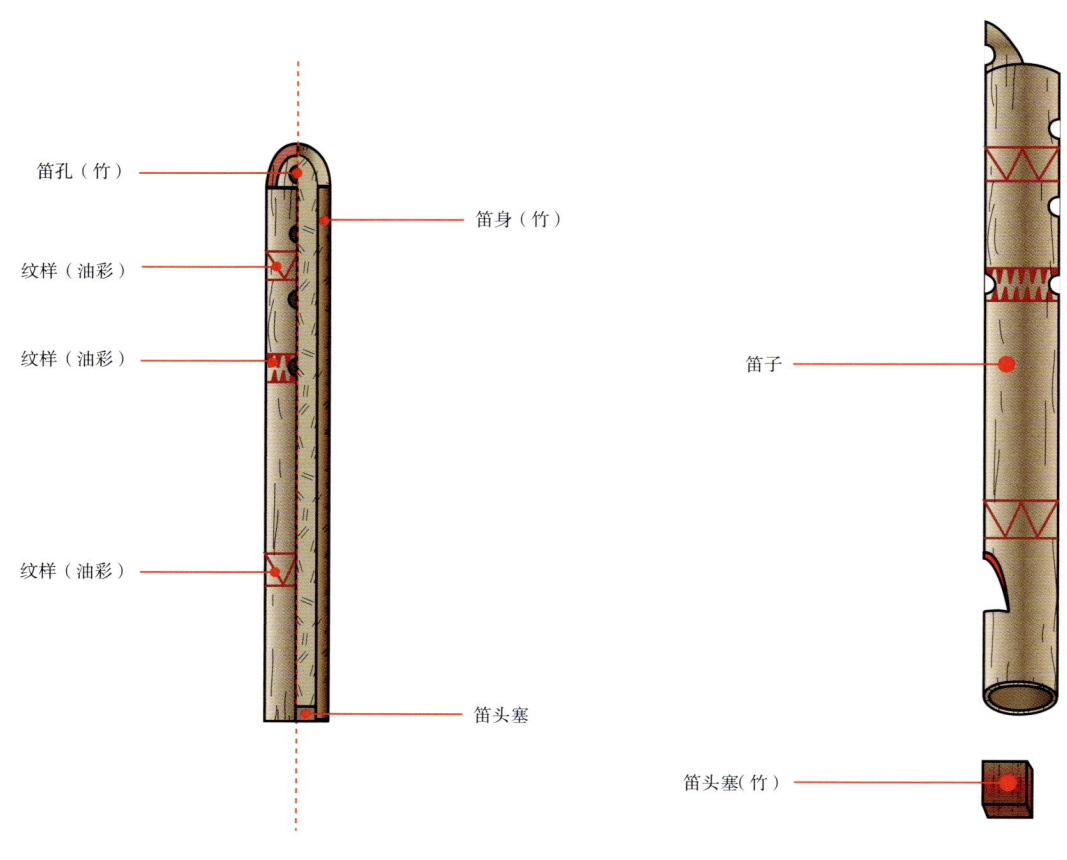

笛孔（竹）

纹样（油彩）

纹样（油彩）

纹样（油彩）

笛身（竹）

笛头塞

笛子

笛头塞（竹）

图三　傈僳族笛哩吐结构名称图

图四　傈僳族笛哩吐解析图

1. 挑选竹子
2. 伐竹
3. 修理竹枝
4. 埋在地下一周
5. 取出洗净
6. 将竹子砍成小节
7. 把吹口修平整
8. 试一个音色
9. 修另一端
10. 在背面离吹口处刻出孔印
11. 用烧红的铁丝穿孔
12. 制作用于定音的笛头塞
13. 对竹子表面雕刻
14. 用木炭加色

图五　傈僳族笛哩吐制作流程图

图六　傈僳族笛哩吐吹奏情境图

傈僳族扁桶

图一 傈僳族扁桶主图

　　傈僳族扁桶主要用来放置贵重物品。因傈僳族历史上长期经历战乱，随时都在准备搬迁，家里的贵重物品放在扁桶里便于转移。扁桶为椭圆形，桶口长轴49.5厘米，短轴29厘米，桶底长轴40.5厘米，短轴25.5厘米。此案例采集于云南丽江华坪县丁王村傈僳族传承坊。

　　扁桶制作需使用凿、锯、斧、锛、钻等工具，通过劈、削、锯、铲、拼等工艺，把一块块零散的木板拼接制作而成。扁桶一般选轻质杉木。因为杉木不变形，材质适中，利于刨刮加工。做扁桶的木材先要用来蒸煮，锅炉里水加热至沸腾，将材料放入沸水中，高温蒸煮12小时以上，起到脱脂、杀死木质中虫卵的作用。特别是桶盖，类似于门闩，起封闭作用。在桶身两侧的木块处支起高于桶身的两个桶耳，其中一边开一长方形小孔，待盖上桶盖，便可用插销锁住。制作扁桶时，拼这一工艺难度相当高。为了使板与板之间无缝隙连接，前期需对木材不断地打磨和处理，使其光洁度与平整度达到最后拼接的要求。经过以上几道严格的工序，再打磨外圆，这是至关重要的一环，须要有很高的技术含量，整个桶的形状、几个面的对称，还有材料的厚度都要精确掌握，须达到手感细腻的程度。

扁桶制作工艺精细，只有精湛的手工艺人才能胜任。扁桶除了密封性较好以外，因其椭圆状较圆形更能贴住身体的背部，符合人体工程学，可以随时背在背上转移。

图片来源
图一　梁婷　摄影
图二至图四　赵卫东　制图
图五至图七　郑伊晏　制图

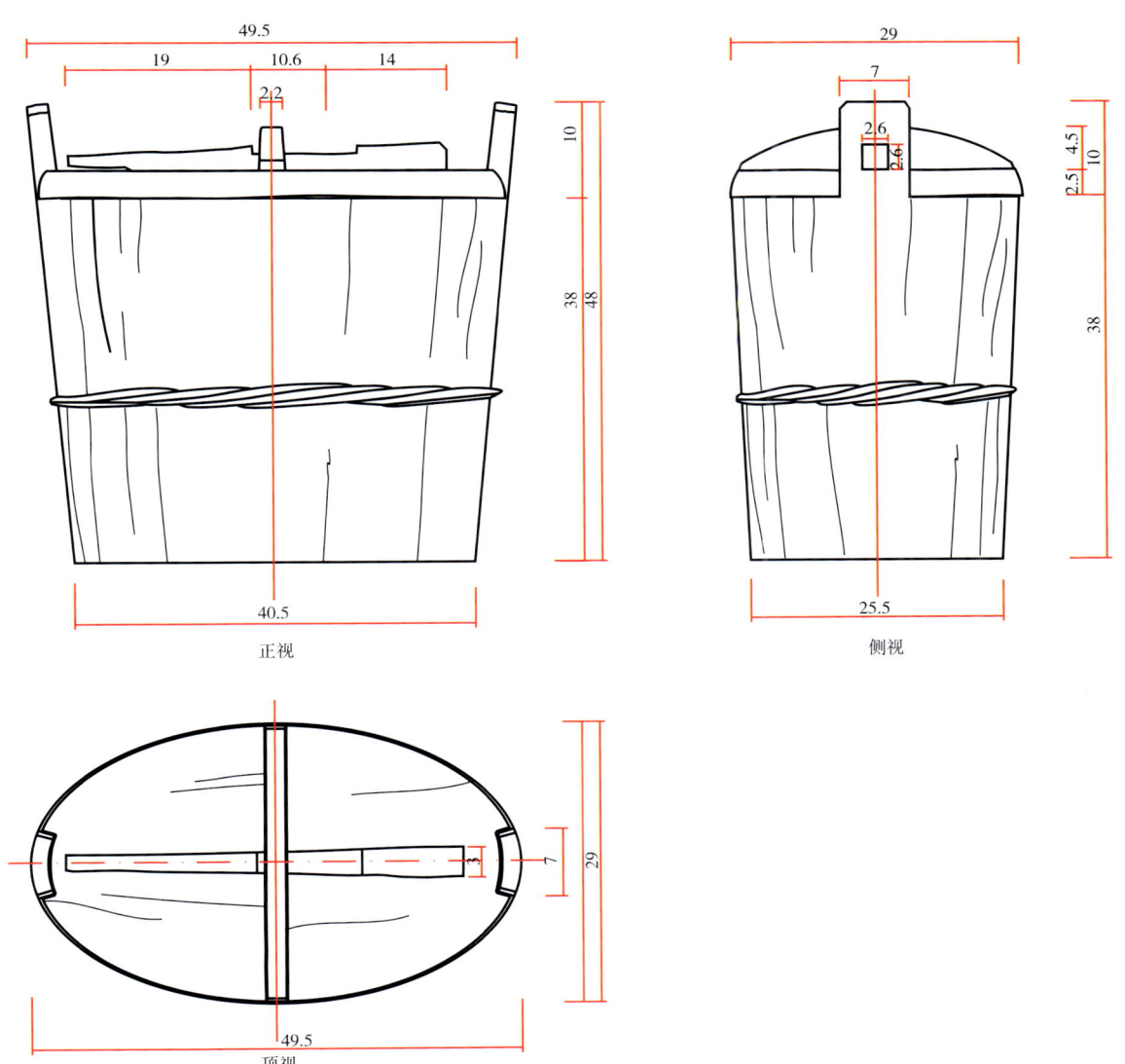

图二　傈僳族扁桶三视、尺寸图（单位：cm）

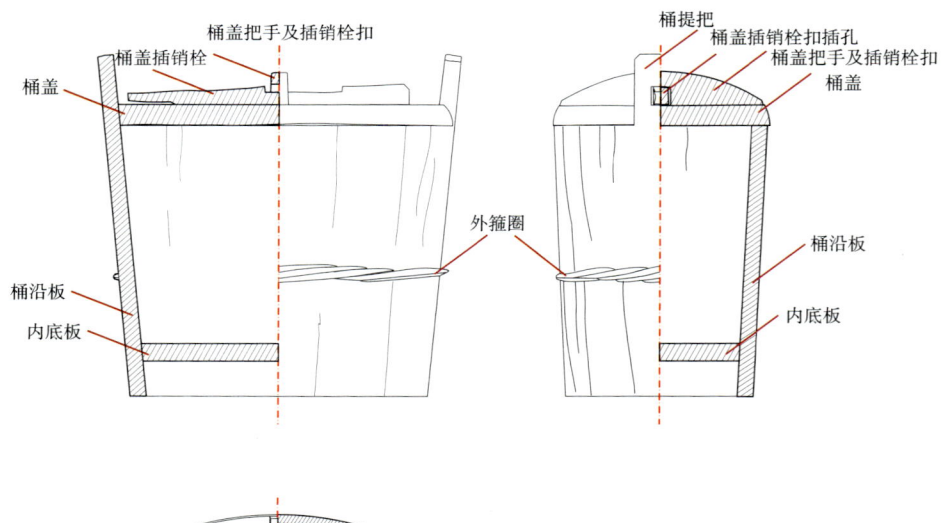
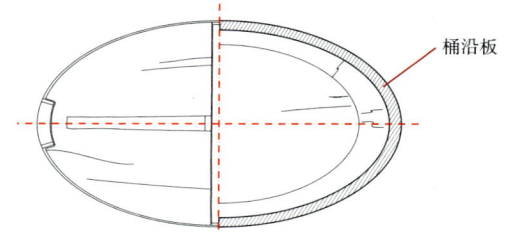

图三 傈僳族扁桶结构名称图

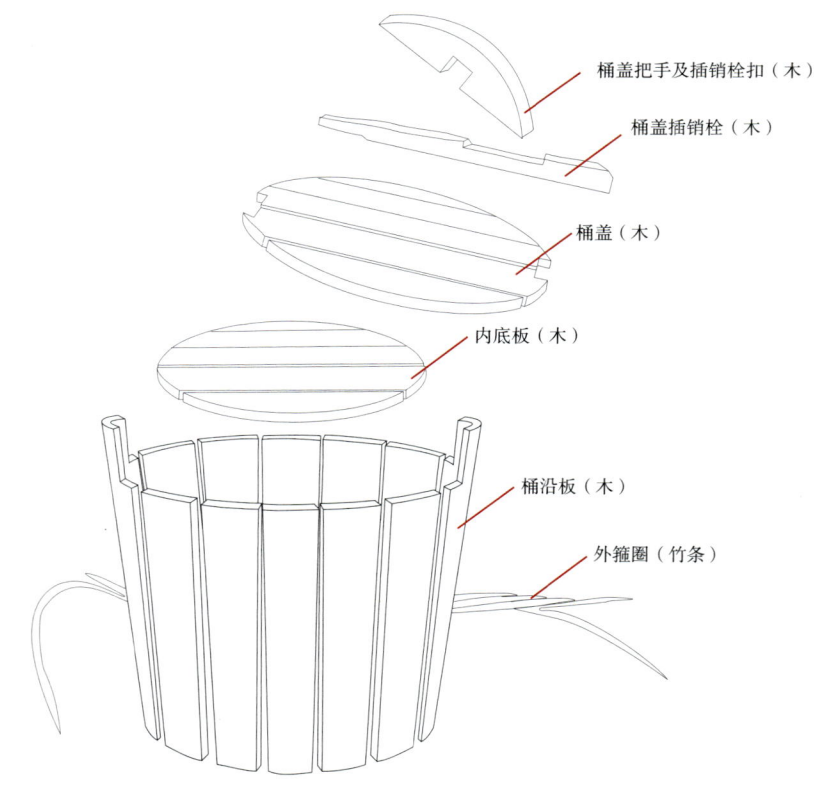

图四 傈僳族扁桶解析图

1. 将木头锯成小块

2. 劈成木片

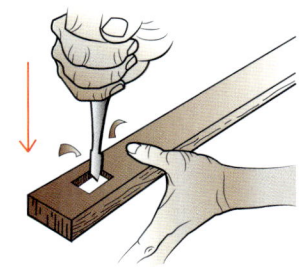
3. 打磨木片

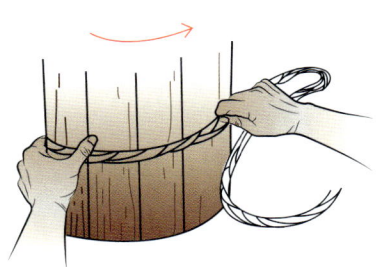
4. 用竹条箍圈

5. 桶身完成

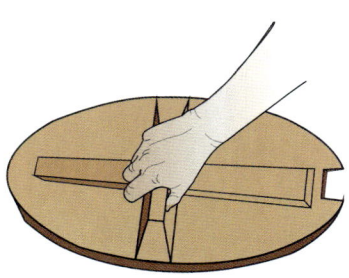
6. 制作桶盖

7. 制作完成

图五　傈僳族扁桶制作流程图

1. 先将桶盖上的木条从孔中横向抽出

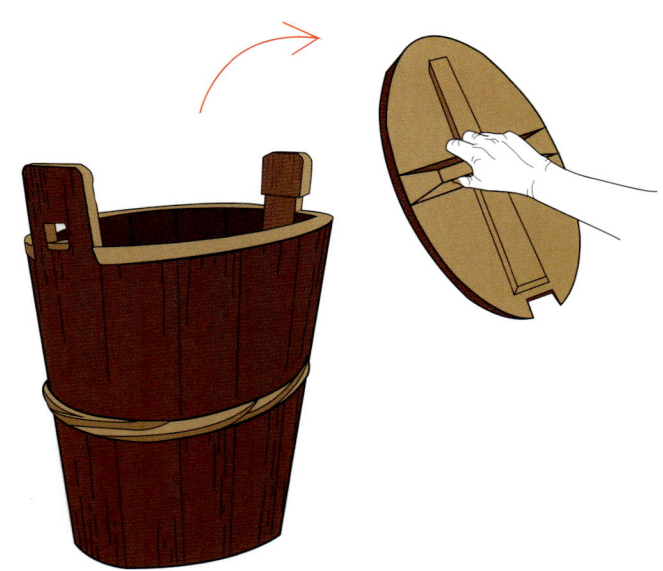

2. 再打开桶盖

图六　傈僳族扁桶操作示意图

图七　傈僳族扁桶使用情境图

傈僳族木柜

图一　傈僳族木柜主图

木柜是傈僳族家庭中较为常见的家具之一，傈僳族人称为"哥麻"。其整体长82厘米，高63厘米，宽50厘米，内深36.5厘米，主要用于装置衣物。此案例采集于云南丽江华坪县丁王村傈僳族传承坊。

木柜一般选用较硬的杂木。第一步是用木凿在榫孔上打排孔取废料，再用木凿稍加修整即可。使用木锯锯榫头，要求每个榫头厚度基本要一致。榫孔内一端的受力面用木凿打成向外略弓起的弧面，沿口斜面越小越好，使硬木榫头长度约1/3能进入卡住为宜。榫在全部整合时，受垂直精度及各种扭力的影响，榫头进入榫孔的摩擦力会比单一的要大些。拼板采用企口拼板。最后是木柜总拼装。傈僳族木柜是从柜顶上打开。柜身并不是由一整块板材做成，而是通过闩杆把一小块长方形木板拼接起来。

傈僳族木柜就地取材，造型简朴，经济实用，富有强烈的乡土气息和鲜明的地方色彩。木柜制作过程中没有使用一颗钉子，由一百多个榫孔，榫头榫卯而成，柜帮则用整块板子做成，整个制作体现了傈僳族木匠精湛的手工技艺和设计构思。

图片来源
图一　梁婷　摄影
图二至图四　赵卫东　制图
图五　蓝玉佳　制图

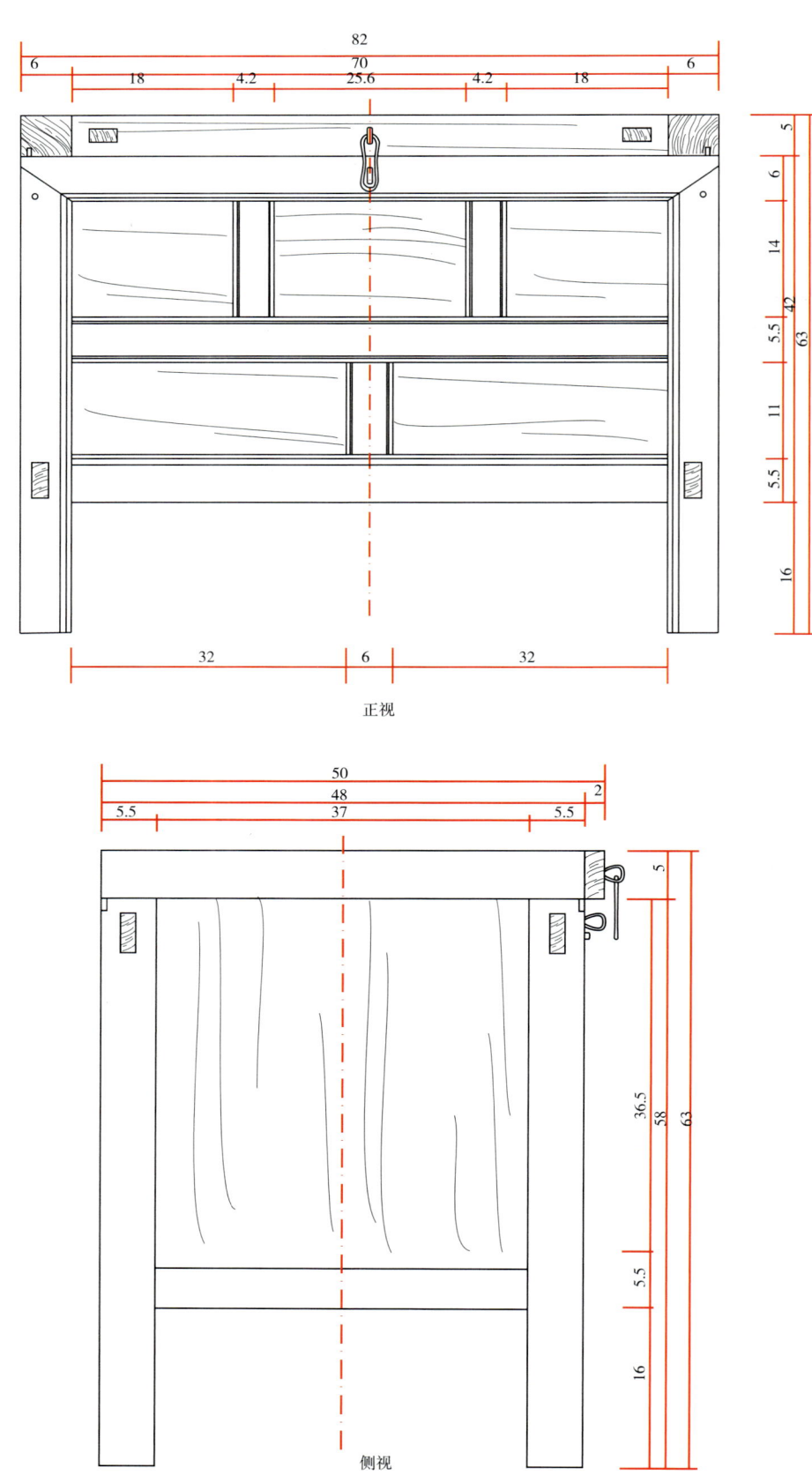

图二 傈僳族木柜三视、尺寸图（单位：cm）

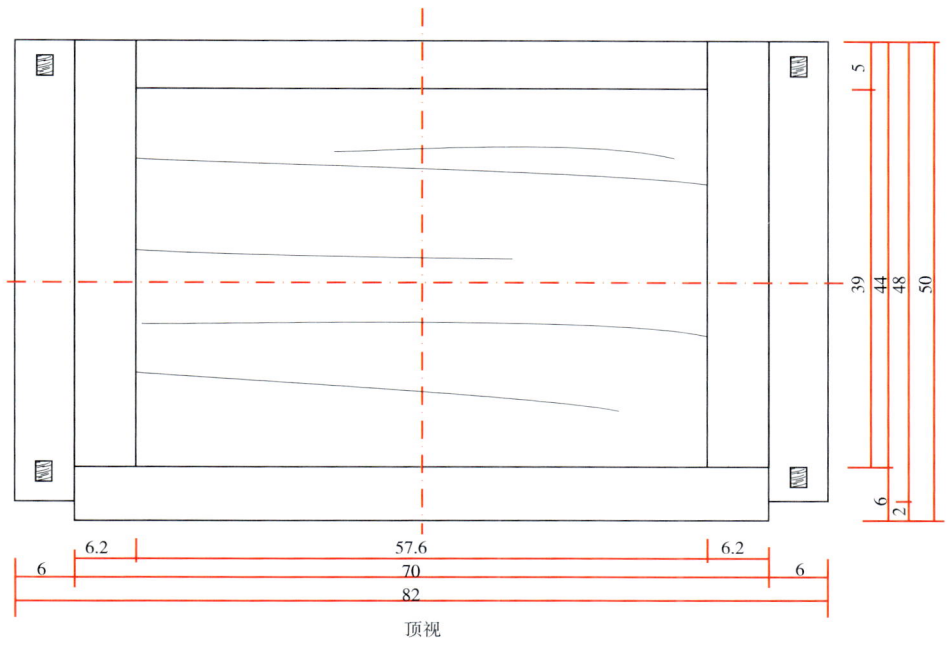

顶视

图二（续） 傈僳族木柜三视、尺寸图（单位：cm）

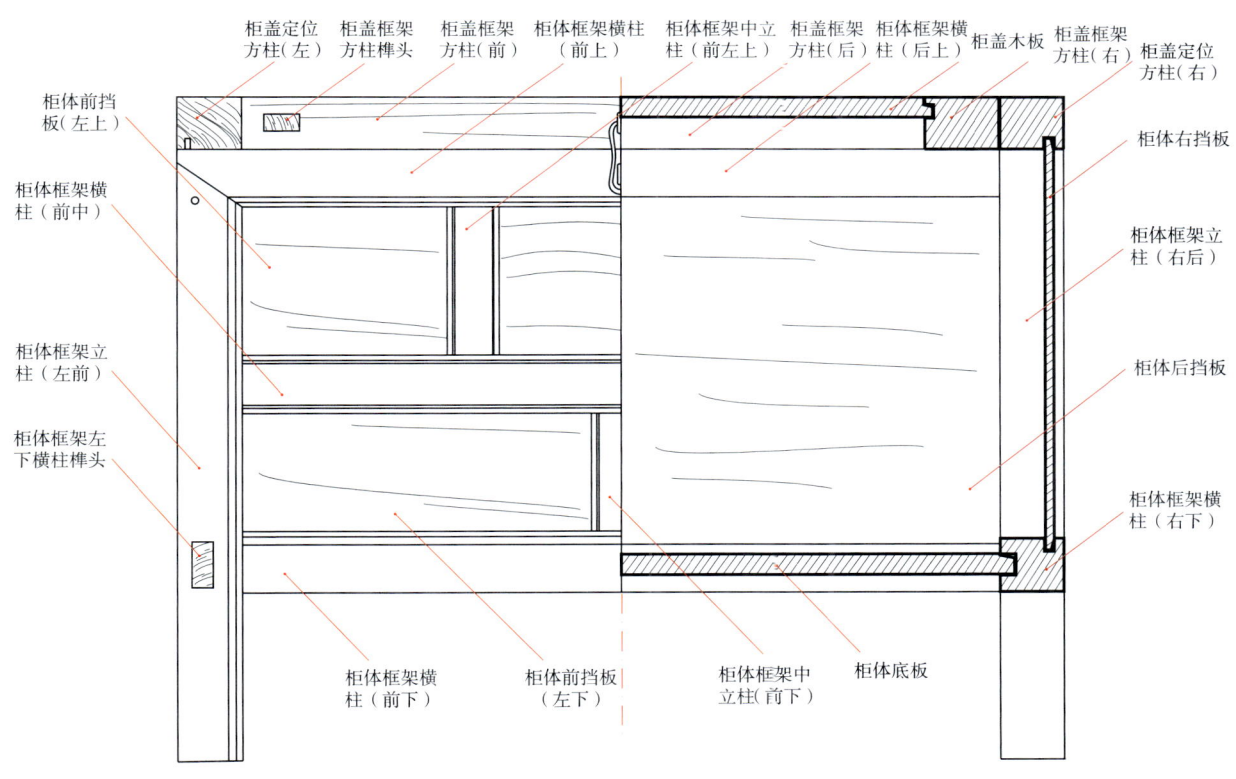

图三 傈僳族木柜结构名称图

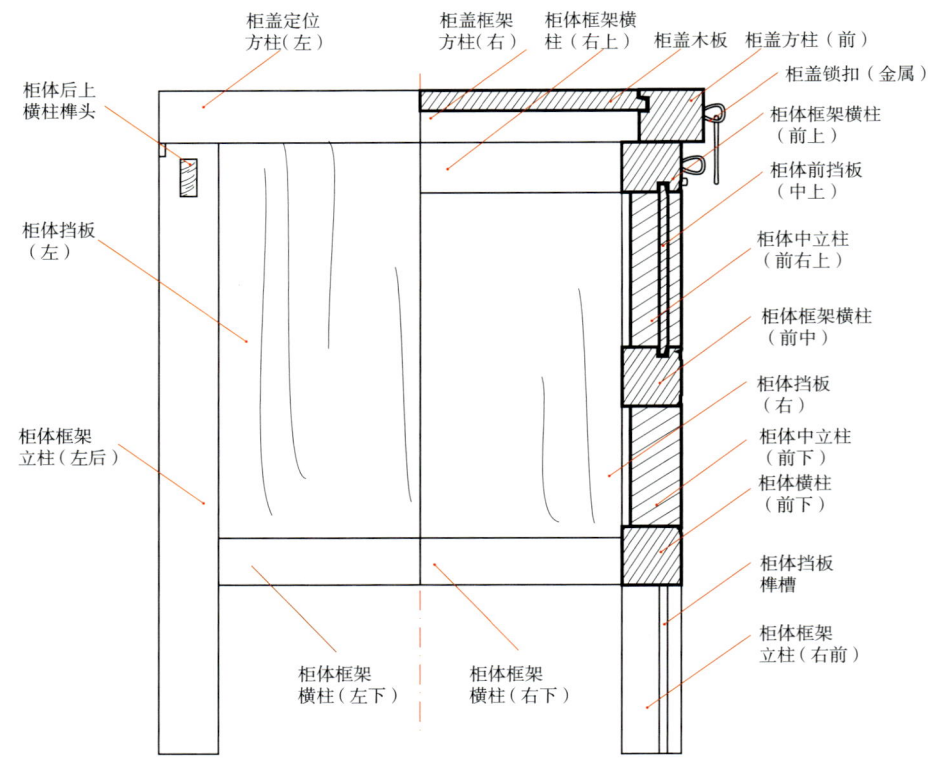

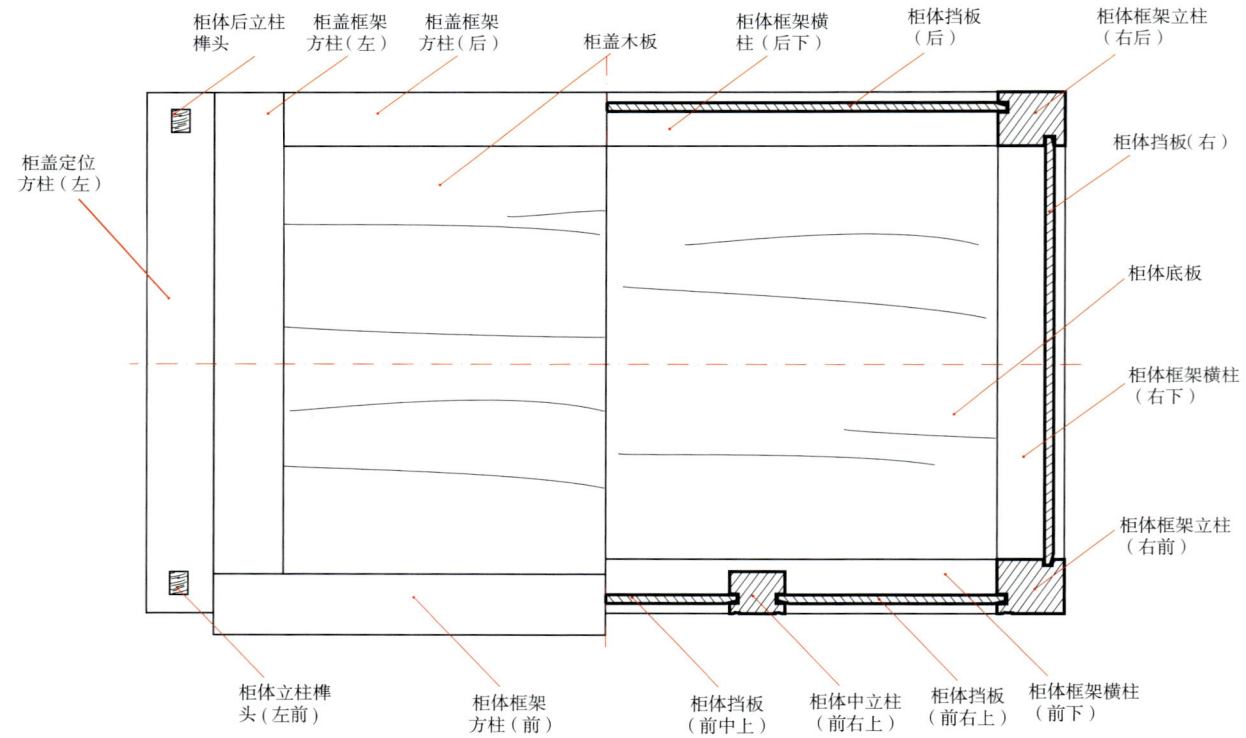

图三（续） 傈僳族木柜结构名称图

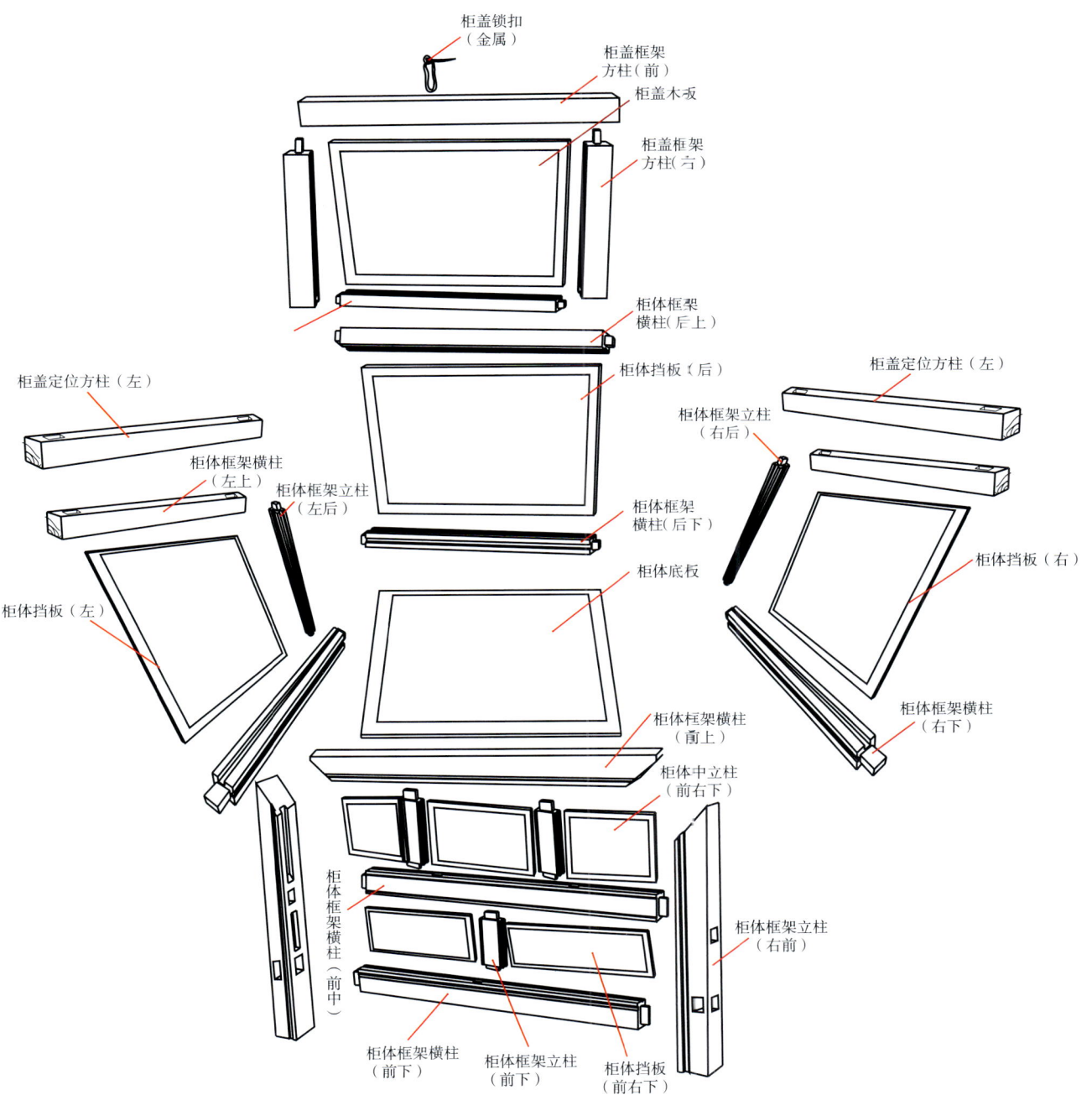

图四 傈僳族木柜解析图

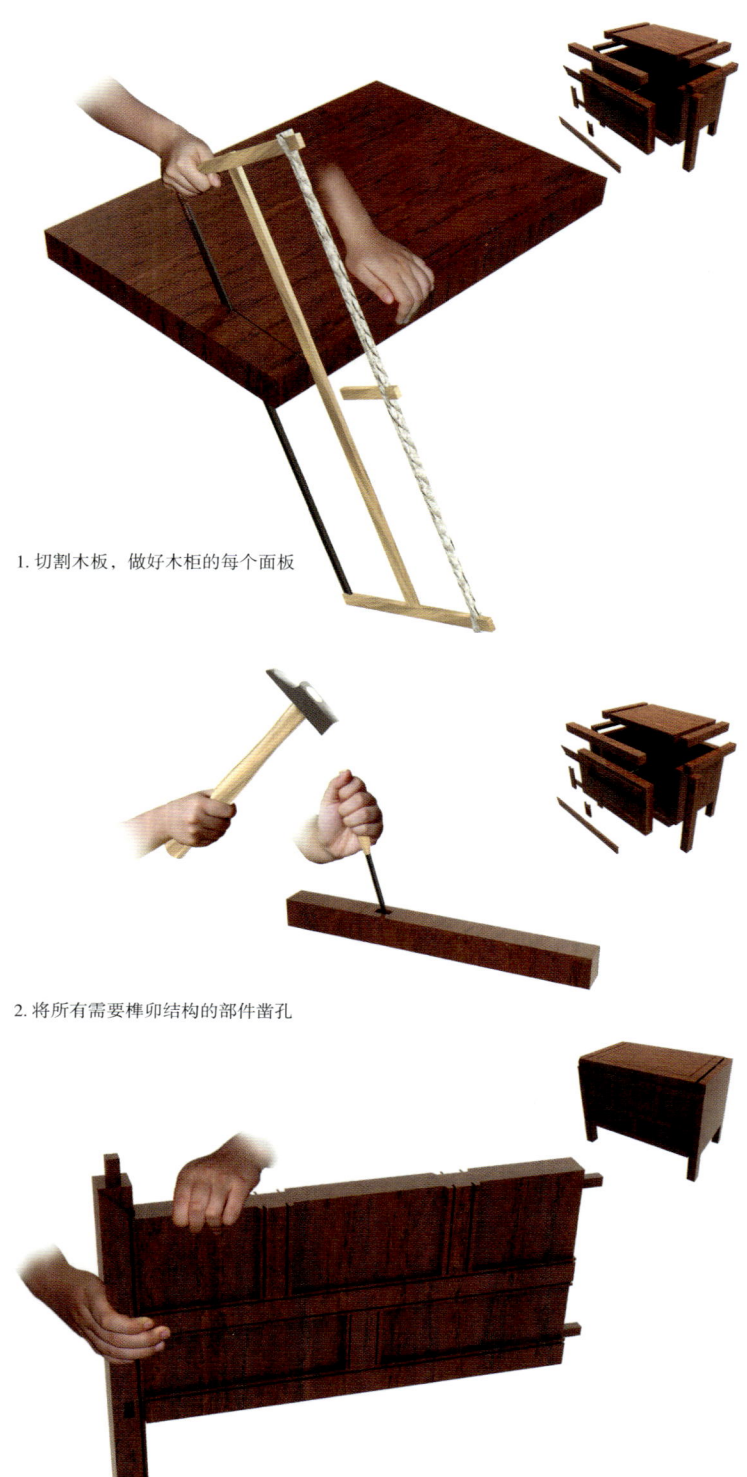

1. 切割木板，做好木柜的每个面板

2. 将所有需要榫卯结构的部件凿孔

3. 将所有切割、凿好孔的部件组装在一起

图五　傈僳族木柜制作流程图

傈僳族升子

图一　傈僳族升子主图

升子是傈僳族人量粮食的器皿，容量为一升。木制升子为正方台状，升口宽 22.5 厘米，升底宽 19 厘米，升容高 12 厘米。这种木制升子，是由木匠选用上等的硬质、耐磨的木料，合角榫斗做成的。这种木质方形升子比较罕见，此案例采集于云南丽江华坪县丁王村傈僳族传承坊。

傈僳族升子，从制作材料上分为竹制和木制两种；从形状上分，也有两种：一种是圆的，一种是方的。丽江华坪丁王村傈僳族传承坊采集到的升子是比较标准的上大下小的方形木斗子。整个升子制作非常简单，主要由五块隔板和一块木底构成。通过榫斗结构拼接而成，并用桐油过油。升子既可以用来量米，也可以用来盛米和其他杂粮。以前在傈僳族随处都可见这样的木升子，而现在已经很少见了。

在傈僳族度量的换算中，一升在 1.5 ~ 2

斤，一斗 30 斤左右，一担 150 斤左右。因为各个地方的升子多是自制的，因而样式不同，大小不一。升子装满了再往上堆，到堆不住为止时叫"尖升"；装满时用手指或是筷子沿升口刮平的叫"平升"。"尖升"和"平升"也有区别，再则一斤有 10 两的，也有 16 两的，因此难以在升、斗、担之间准确换算。在过去很长一段时间，勤劳善良的傈僳族人除了用升子盛量粮食之外，还常用他们的手、脚当作度量工具，得益于长年累月日常生产的经验。故有"布手知尺，手捧为升，故有"布手知足，手捧为升，迈步定亩"这一说法。

图片来源
图一　郑伊晏　摄影
图二至图四　赵卫东　制图
图五至图六　郑伊晏　制图

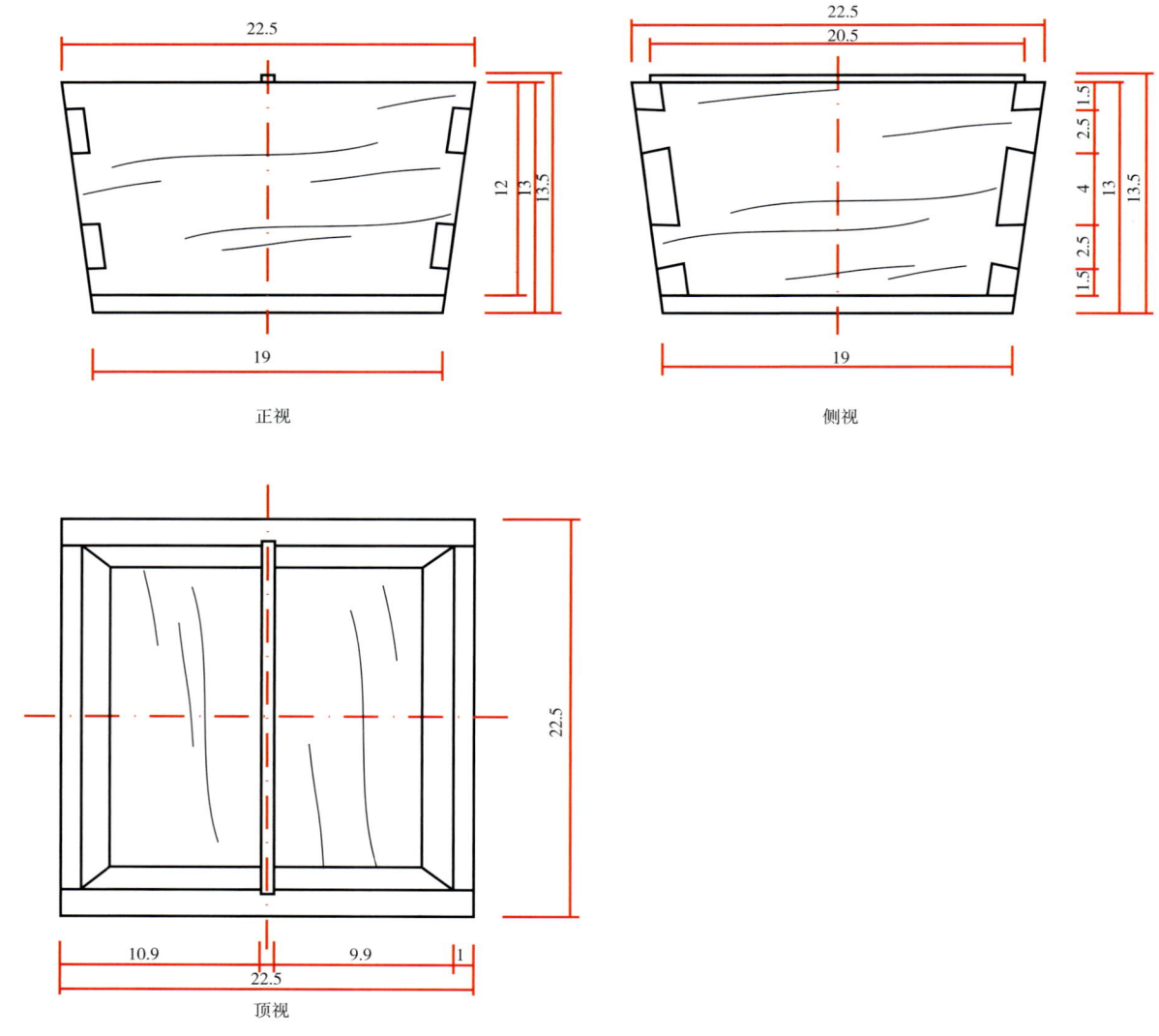

图二　傈僳族升子三视、尺寸图（单位：cm）

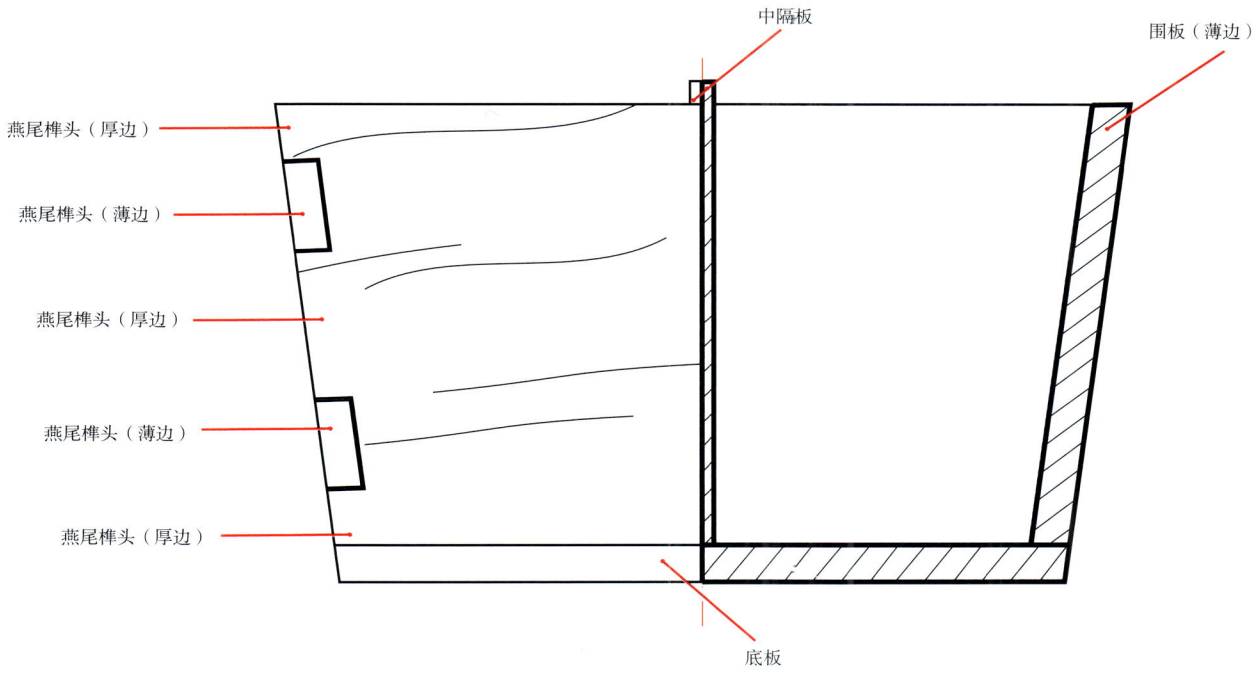

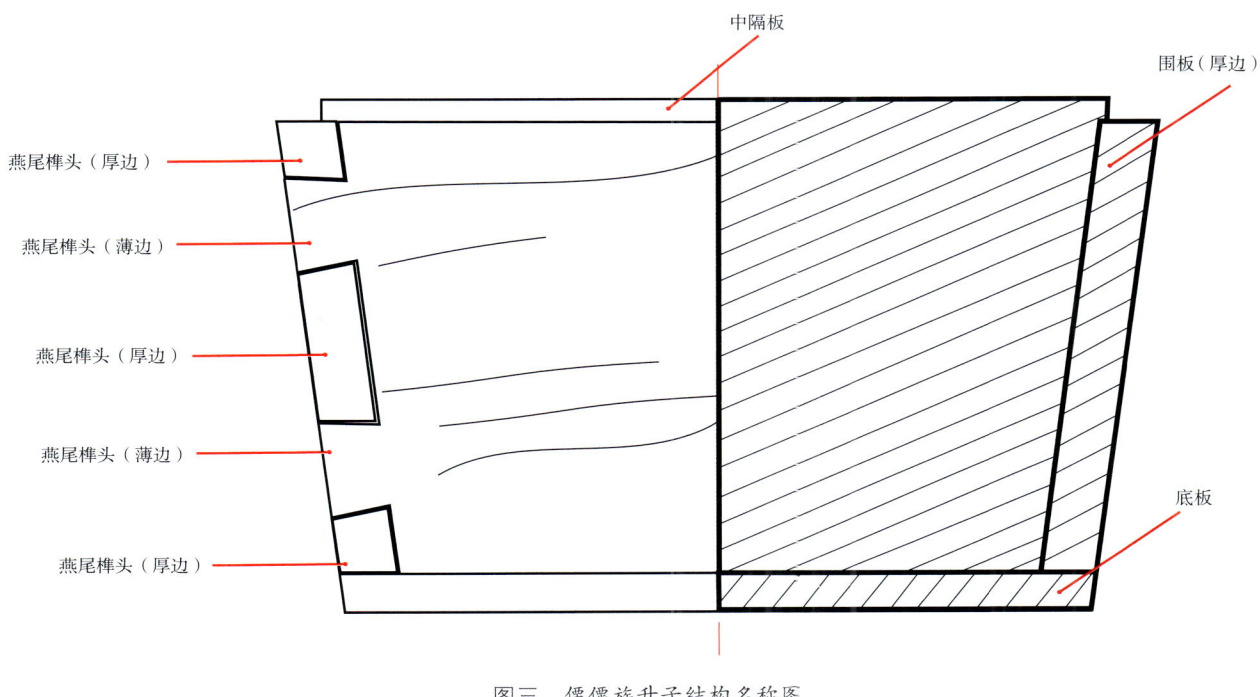

图三 傈僳族升子结构名称图

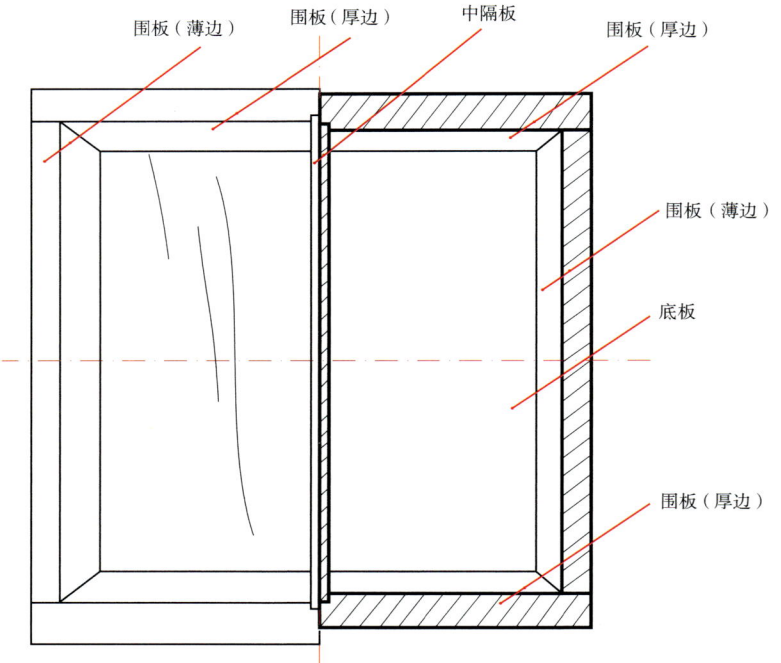

图三（续） 傈僳族升子结构名称图

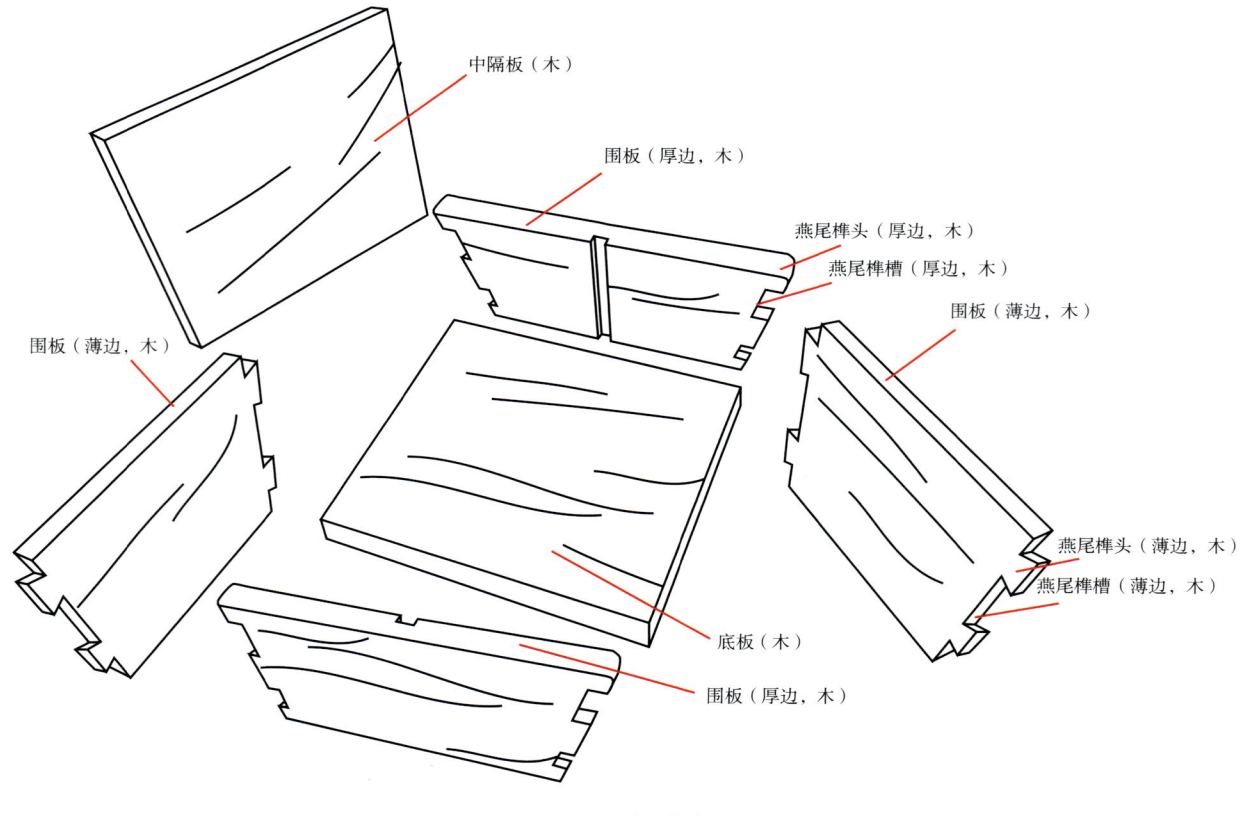

图四 傈僳族升子解析图

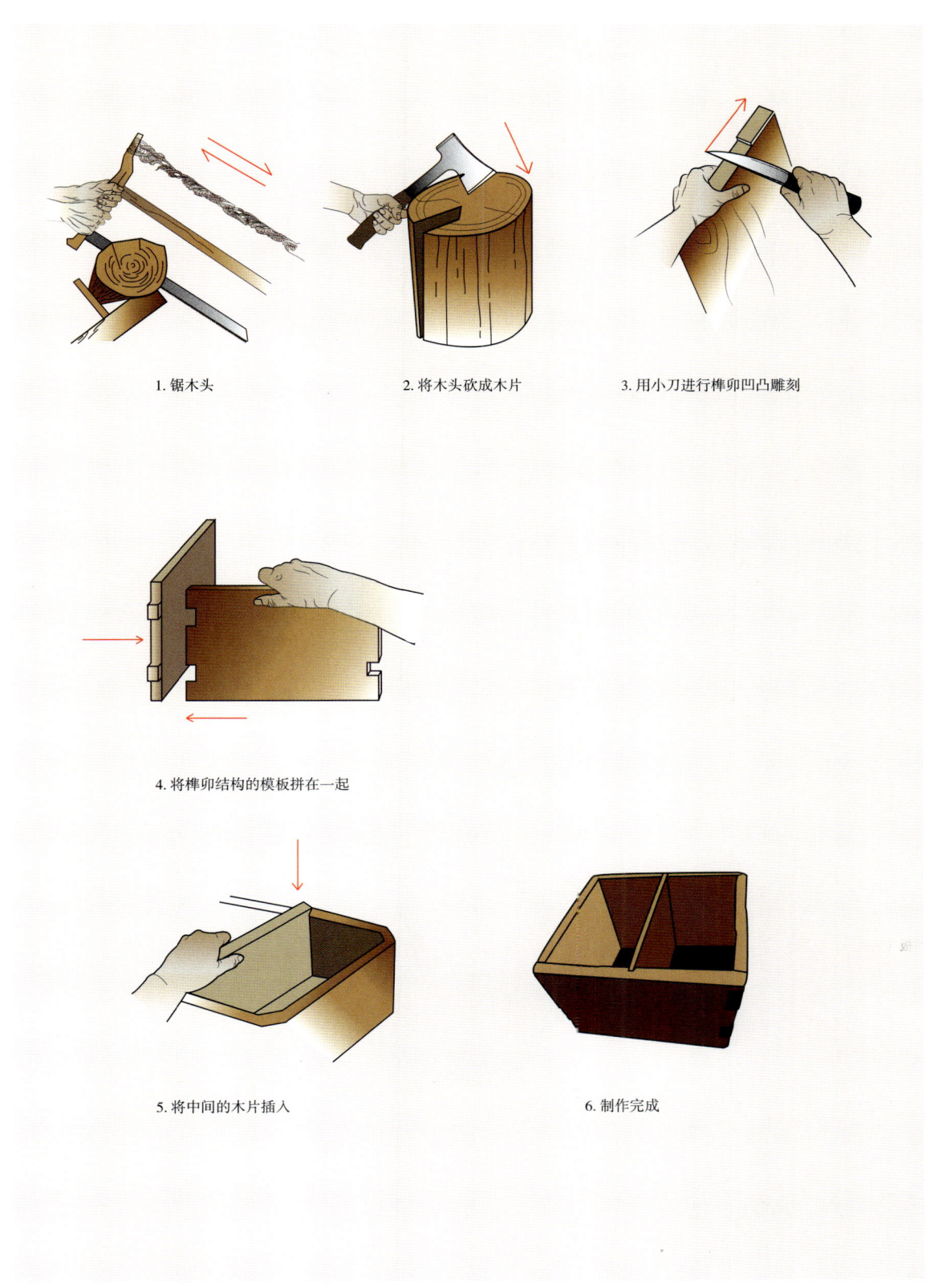

图五　傈僳族升子制作流程图

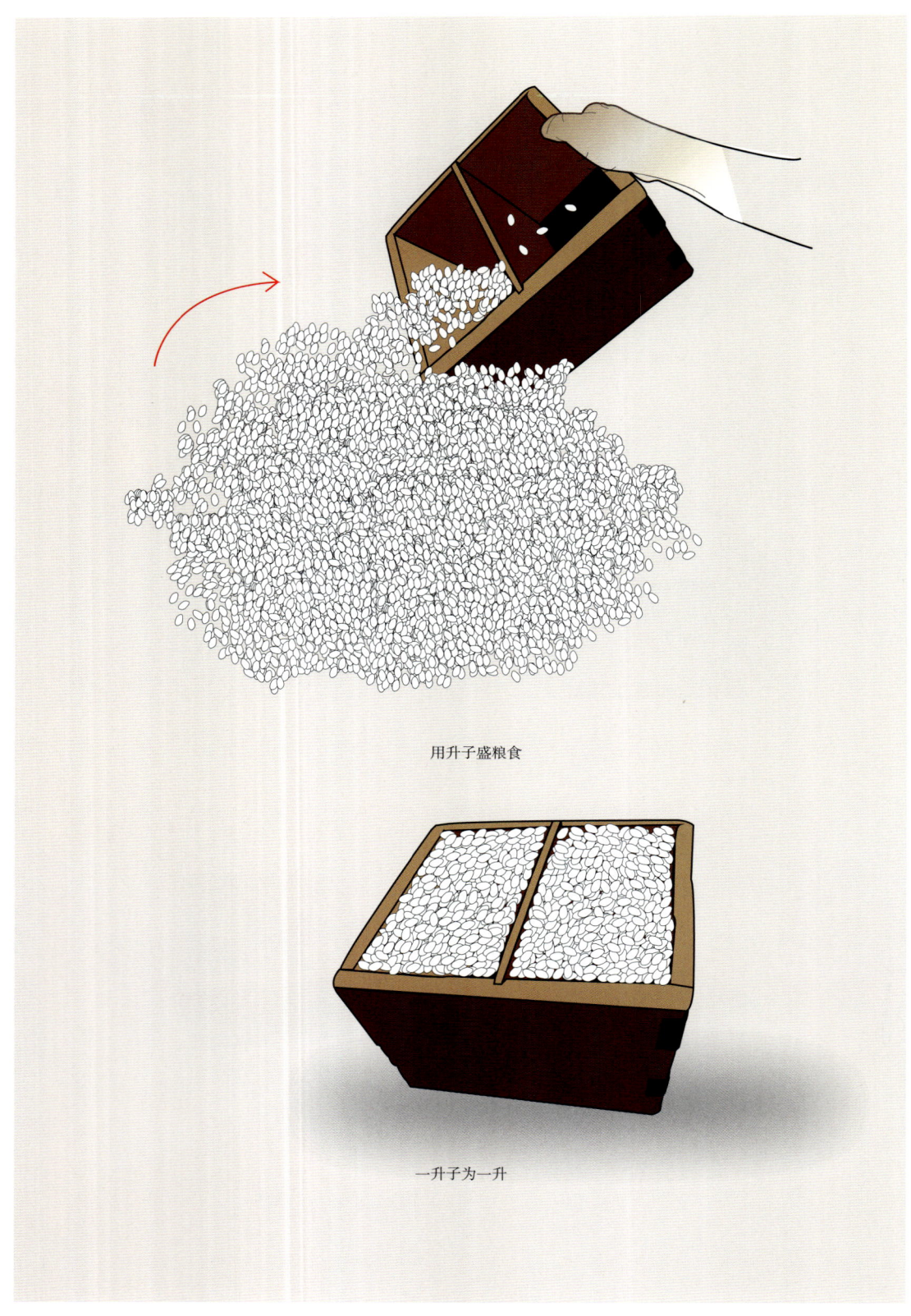

用升子盛粮食

一升子为一升

图六　傈僳族升子操作示意图

傈僳族竹编筷子笼

图一　傈僳族竹编筷子笼主图 1　　　　　　　图二　傈僳族竹编筷子笼主图 2

傈僳族竹编筷子笼，造型多样，主要用来放置筷子、勺子等餐具，可悬挂在墙面上，常见于傈僳族人家。此案例分别采集于云南迪庆维西县叶枝镇同乐村与丽江丁王村。两者在造型上略有不同，同乐村的筷子笼呈圆柱形，高 19 厘米，直径 12 厘米；丁王村采的筷子笼呈大口窄腹圆底型，高 21 厘米，口部直径 9.8 厘米，底部直径 8 厘米。

傈僳族竹编筷子笼采用平面编织法，挑压经纬编织，编结收口，这样的编制方式使筷子笼有足够支撑力，经久耐用。竹篾之间的空隙，可以起到滤水的效果，保持筷子笼内餐具的干燥。其功能与现代大工业生产出来的不锈钢筷子笼是完全一样的，但两者在材料和生产方式上完全不同。竹编筷子笼突出的是手工制作和就地取材两大特点,反映了当地的生活水平。从现在设计角度来看,手工制作具有经验性、感性的、个性的、批量小的特点,是拥有丰裕物质条件的都市人所追求的一种生活品质的象征。同时,在取材方面,选用了当地丰富的竹子,竹子的可再生性符合了当代可持续发展的理念。

虽然现代文明对生活在偏远山区的傈僳族人产生了很大的影响,但由于竹编筷子笼在外观上符合了当地人的审美情趣,又有很强的实用性,所以才能一直沿用至今。

图片来源
图一至图二　梁婷　摄影　蓝玉佳　制图
图三至图五　程琼博　制图

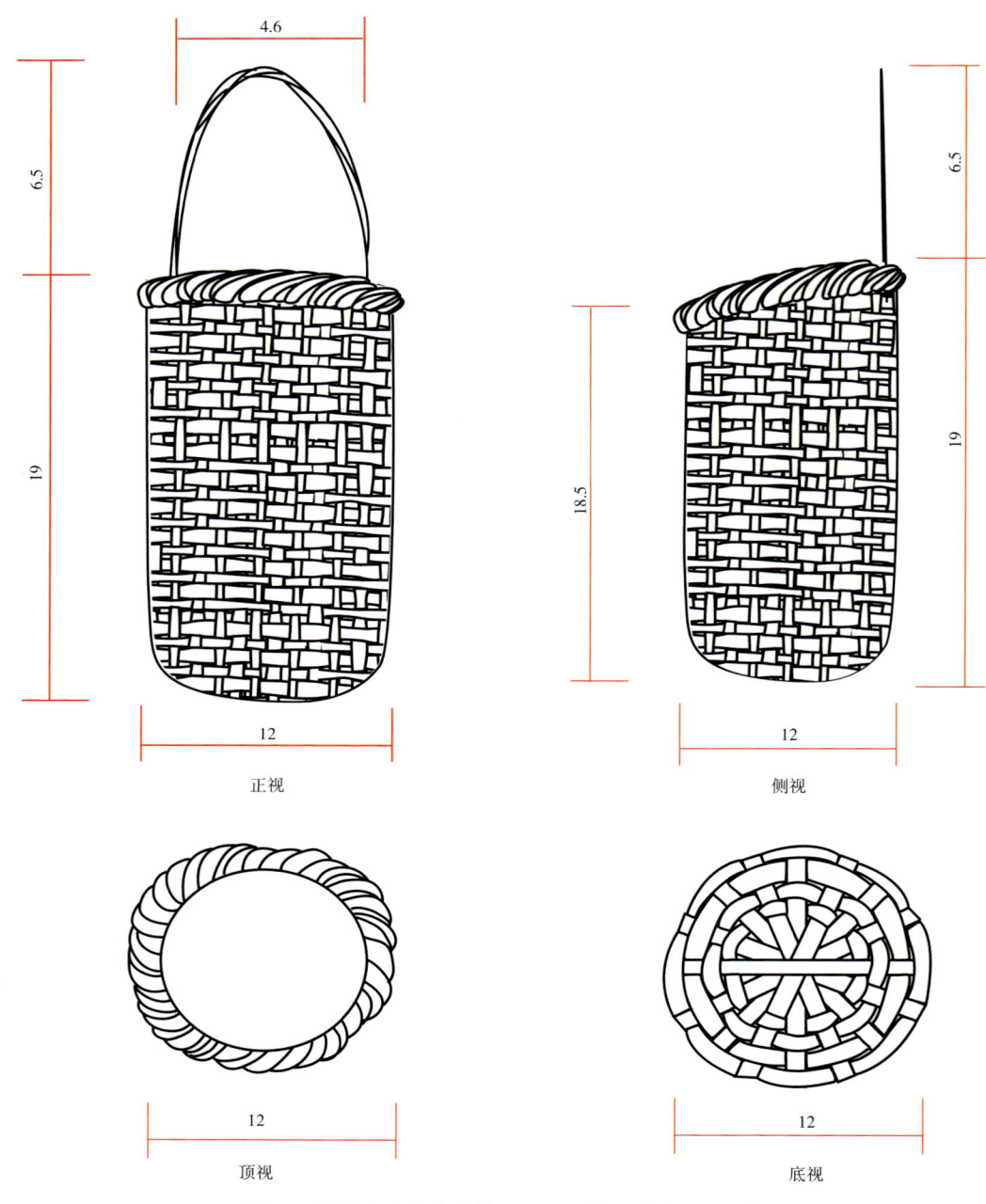

图三　傈僳族竹编筷子笼四视、尺寸图(单位：cm)

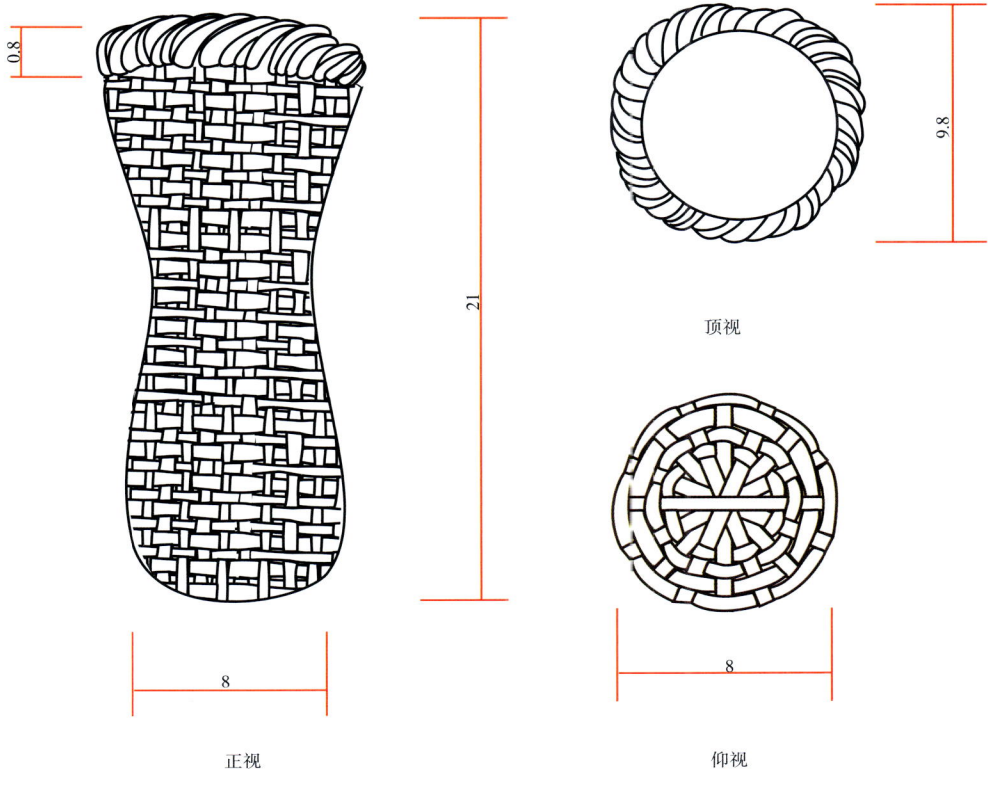

图四 傈僳族竹编筷子笼三视、尺寸图（单位：cm）

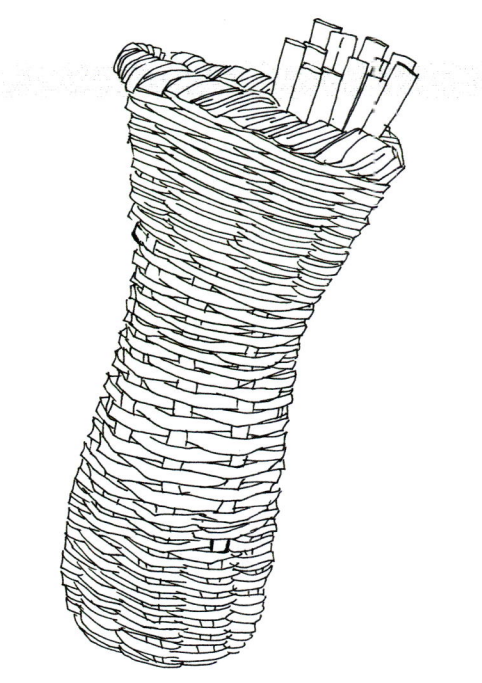

图五 傈僳族竹编筷子笼使用情境图

305

傈僳族甲背篓

图一　傈僳族甲背篓主图

傈僳族甲背篓（甲布卢）长 40 厘米，宽 27 厘米，高 67 厘米，其造型与汉族背篓类似，但更为精致，主要由篓身、篓盖组成。此案例采集于云南丽江华坪县丁王村傈僳族传承坊。由于历史上傈僳族长期经历战乱，为了躲避战乱常常是说走就走，在迁徙的过程中，需要随身背运贵重物品，甲背篓就发挥了这一作用。

傈僳族甲背篓编织工艺较为复杂，编织图案具有强烈的装饰性，篓身与篓盖均使用了两种不同的编织纹样，整体十分和谐，美观实用，可看作是一件精美的工艺品。篓盖和背篓之间用铁环相连，盖上盖子之后还可以用锁锁住。另外，甲背篓编织的缝隙较小，盛装的物品不易渗漏，非常结实。一方面因为傈僳族是山地民族，所处地域竹子资源丰富；另一方面，由于竹制背篓在迁徙的过程中比木制背篓轻便，便于携带，因此成了傈僳族人背运贵重物品的重要器物之一。

图片来源
图一　梁婷　摄影　蓝玉佳　制图
图二至图六　蓝玉佳　制图

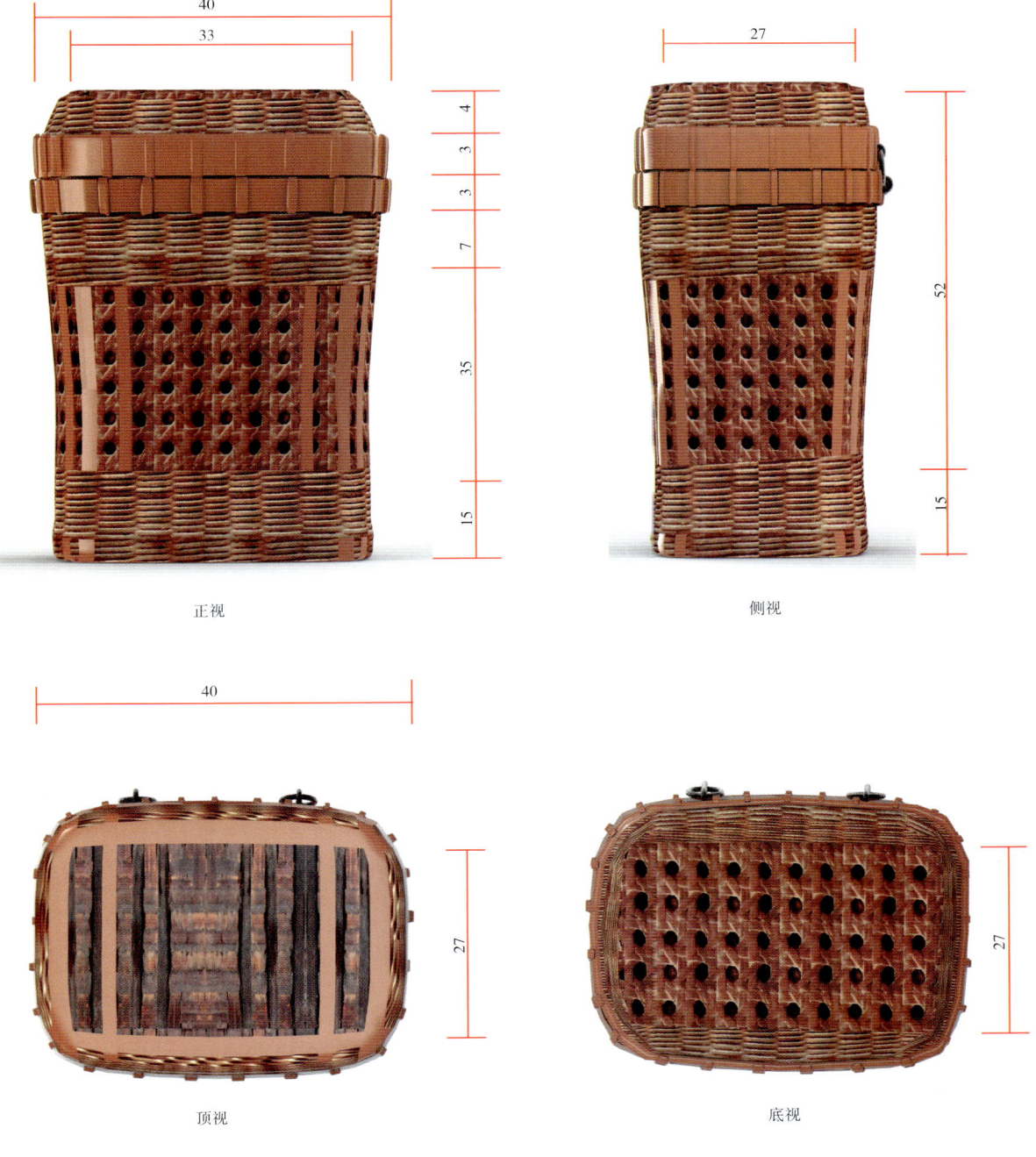

图二 傈僳族甲背篓四视、尺寸图（单位：cm）

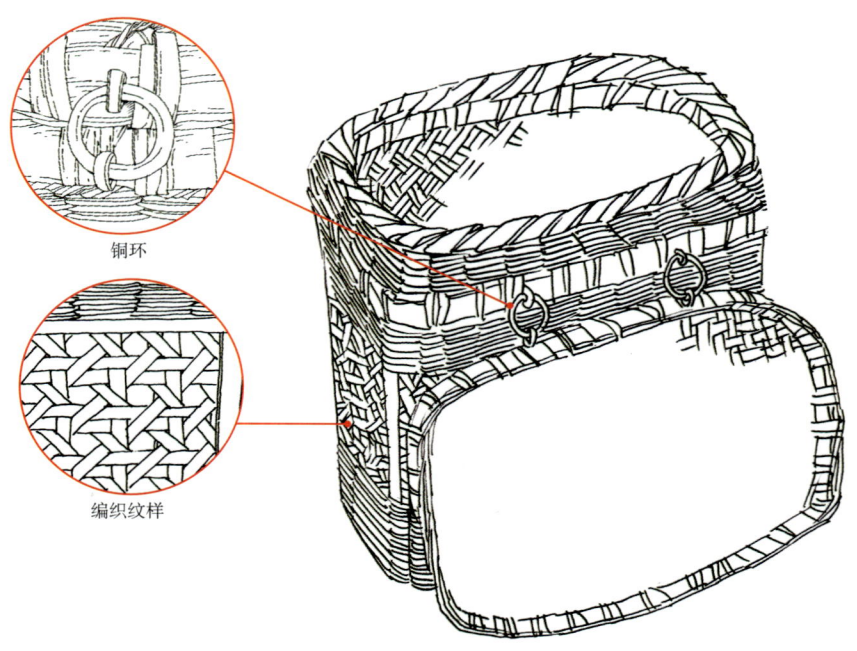

图三　傈僳族甲背篓结构名称图

1. 起底，插入新经线

2. 编织，插入新纬线

3. 收边，将多余的纬线割断

图四　傈僳族甲背篓篓身制作流程图

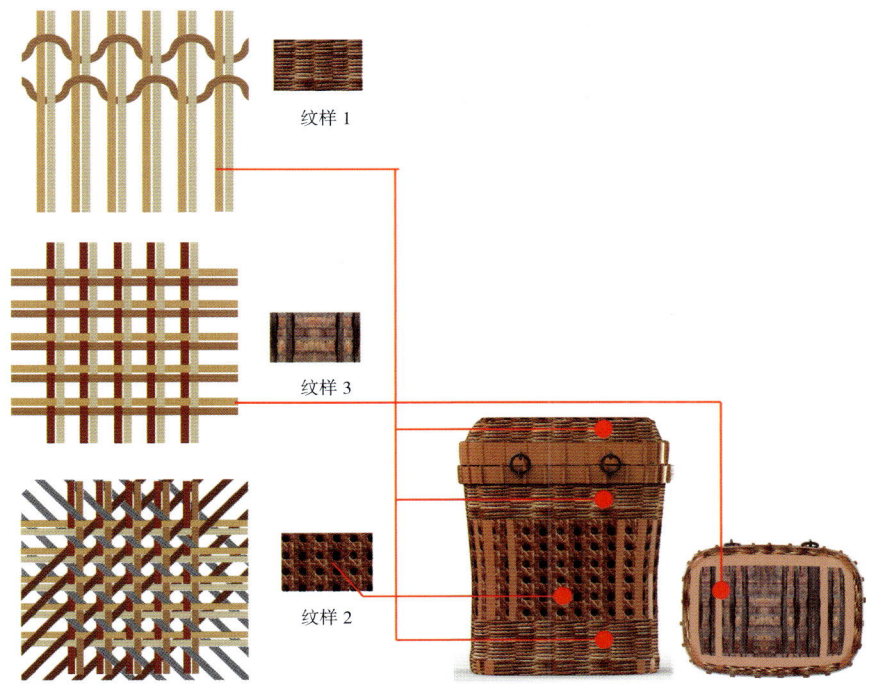

图五　傈僳族甲背篓纹样效果示意图

图六　傈僳族甲背篓使用情境图

第四章　傈僳族传统生活用具

309

傈僳族七口锅

图一　傈僳族七口锅主图

傈僳族七口锅和满族铜锅炭火器皿造型相似，是锅和炉结合在一起的一种炊具，锅中间的突出部分就是炉筒，把下面的火灶和烟囱连接起来。锅的底座部分是炉膛，中间开一洞，里边可容木炭，上半部比较宽，呈圆锅池形。此案例采集于云南怒江志伟民俗博物馆，是用黏土烧制而成的陶制品，锅池直径33.2厘米，整体高度26.5厘米，炉筒直径12厘米，炉筒深15厘米，锅底直径18.7厘米。

七口锅很可能是从其他民族传过来的，与早期蒙古人吃涮羊肉是一样的方式。

傈僳族主要居住在山上，海拔较高，冬季也非常寒冷。又因为傈僳族长期以狩猎、采集为生，食肉成为其主要的饮食特点。一是因为食肉可以驱寒，二是因为肉类比较丰富，容易获得，主要有猪、牛、鸡、鱼、羊等肉。

涮羊肉的做法就是先把水（最好是开水）倒入锅内，然后把点燃的木炭放入炉灶。待锅里的水烧开时，便可将肉片之类的食材放进锅里。稍等片刻，掌握火候，就可夹出，放在预先调好的佐料碗里蘸之食用。

最早出现的满族火锅应该是锡制内筒，外皮是黄铜或紫铜，面上有雕刻装饰。满族火锅一般用铁或铜制成，下面较窄，而傈僳族七口锅是陶制，造型更为厚重古朴，虽然和金属炊具比较起来在导热方面稍逊一些，但陶制品的保温效果会更持久一点。

图片来源
图一　梁婷　摄影　蓝玉佳　制图
图二至图六　毛宸霞　制图

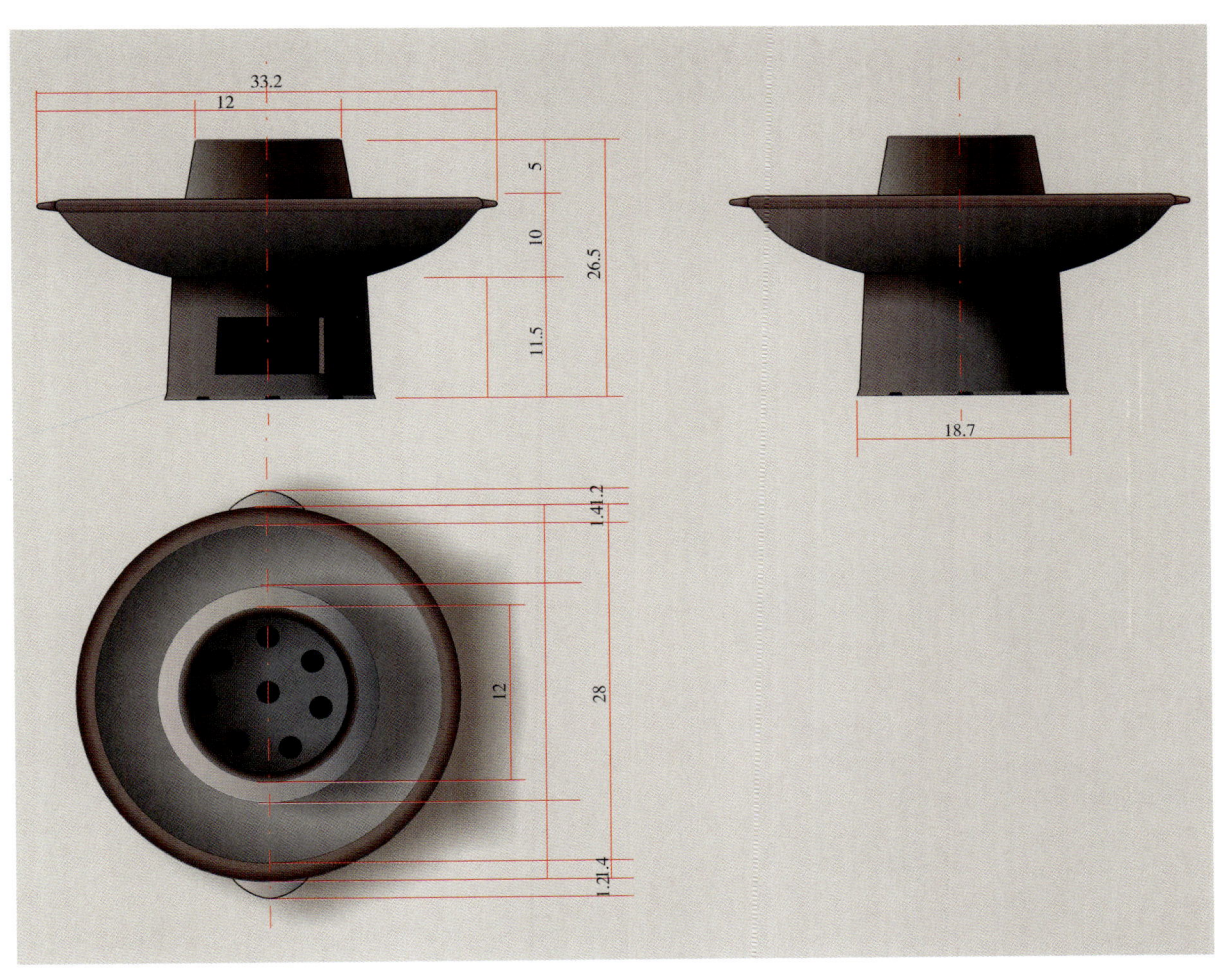

图二　傈僳族七口锅尺寸图（单位：cm）

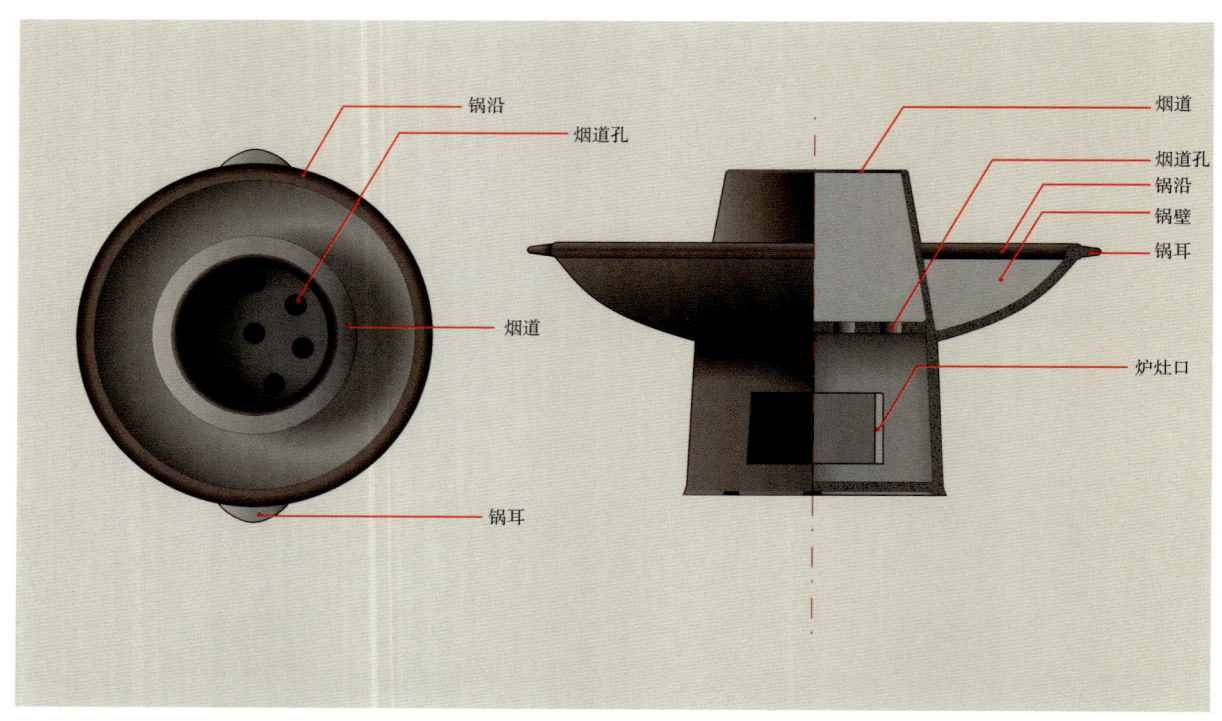

图三　傈僳族七口锅结构名称图

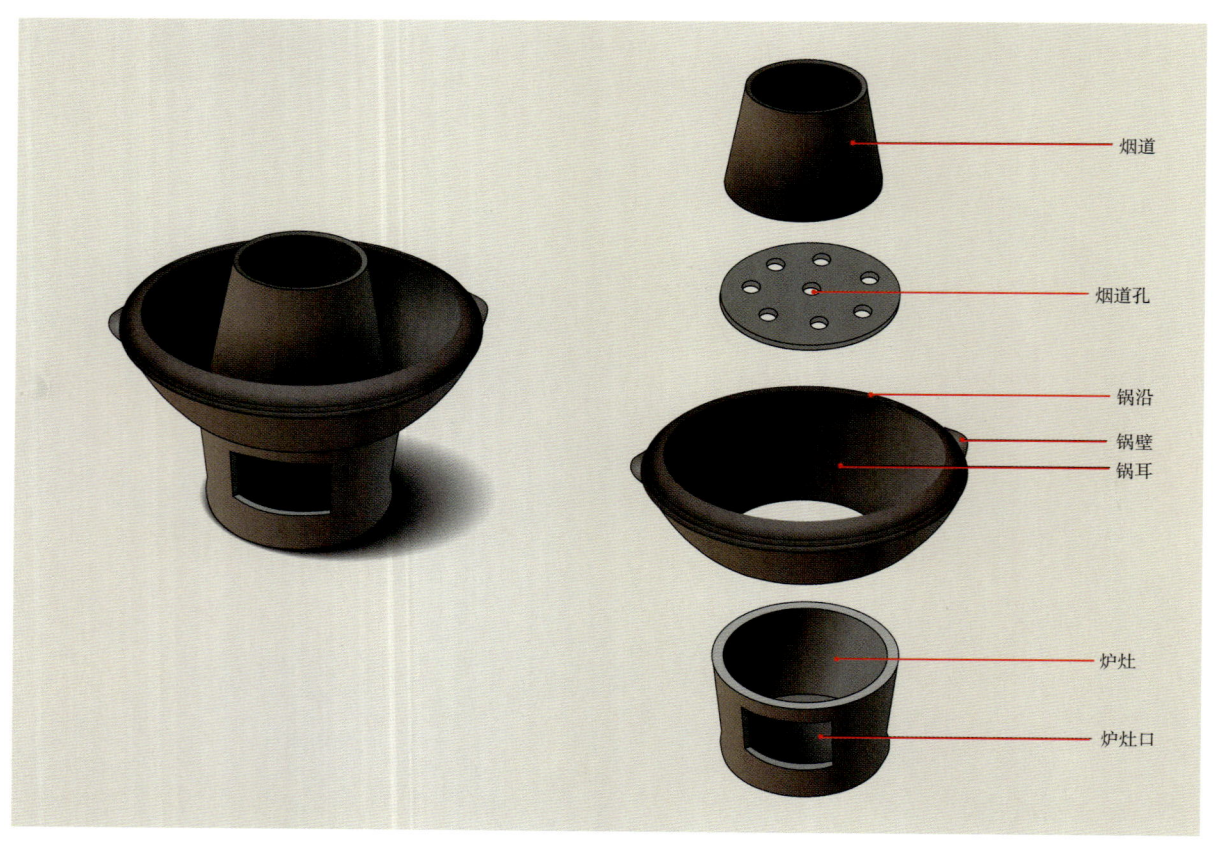

图四　傈僳族七口锅解析图

| 1. 制作泥胎 | 2. 修整泥胎 | 3. 烧制 |

图五　傈僳族七口锅制作流程图

在煮菜过程中不断往炉灶里添加燃料

图六　傈僳族七口锅操作示意图

傈僳族木甑子

图一　傈僳族木甑子主图

傈僳族木甑子，傈僳语称"别你"，形似木桶，两头相通，通高37.5厘米，宽32.4厘米，壁厚1.9~3.7厘米。由当地一种名为机皮树的制作而成。此案例采集于云南迪庆维西县叶枝镇同乐村傈僳族陈列室。木甑子主要用于蒸饭煮菜，用木甑子蒸出来的米饭晶莹剔透，具有原木的醇香。

傈僳族木甑子主要由甑盖、甑底、甑身构成。木甑子两边有两个凹槽，方便人们提取。蒸饭时，将木甑子罩在蒸笼上，这样，水汽不会蒸发到空气中，米饭的香味会因木甑子而被锁在蒸笼里，同时木头的自然香味也因处于相对较密封的空间里被蒸发出来。和其他民族的木甑子相比，傈僳族木甑子由整根至少百年生机皮树加工而成，并不是用木块拼接的，这使蒸汽不会通过拼接部分的缝隙跑出来，而是通过木质本身的细小缝隙进行渗透。相对于木块拼接起来的甑子而言，傈僳族木甑子制作较简单，无须考虑拼接，但是要找到一棵直径如此之大的树，难度较大。

图片来源

图一　梁婷　摄影　蓝玉佳　制图
图二至图五　郑伊晏　制图

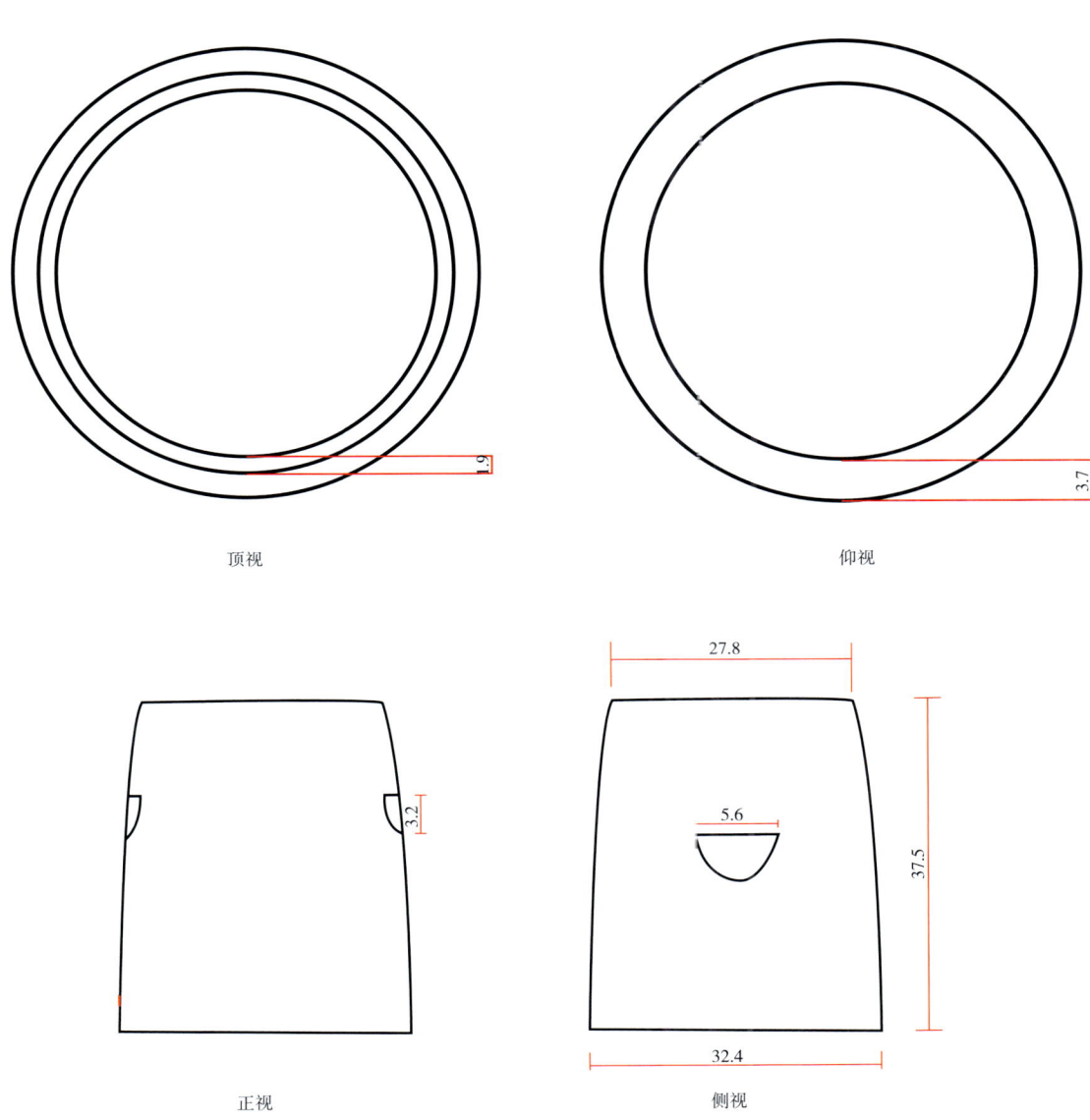

图二　傈僳族木甑子四视、尺寸图（单位：cm）

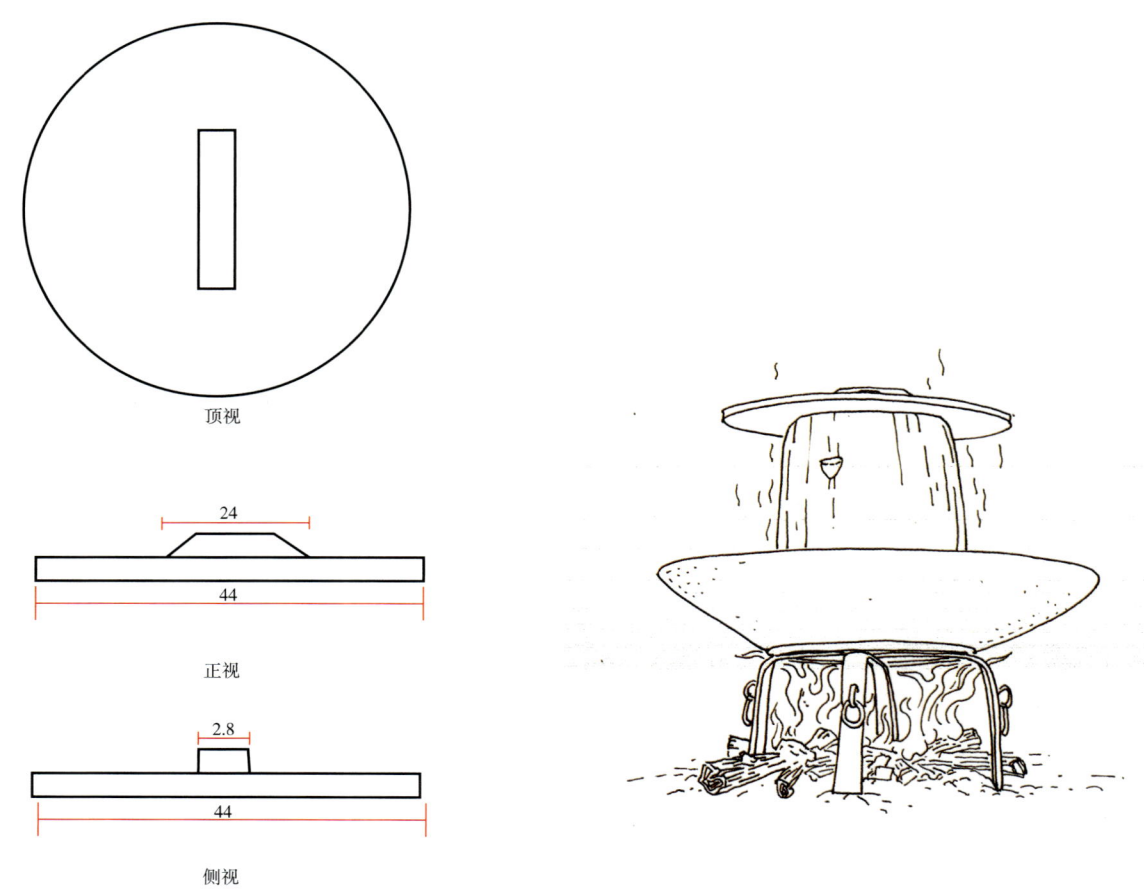

图三 傈僳族木甑子甑盖三视、尺寸图（单位：cm）　　图五 傈僳族木甑子使用情境图

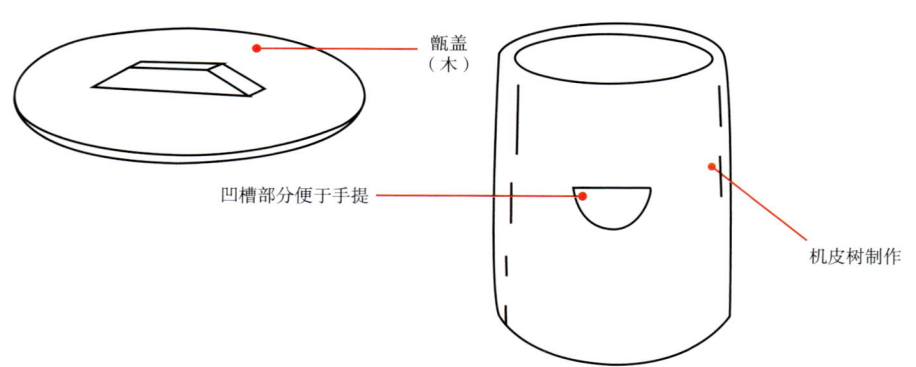

图四 傈僳族木甑子解析图

傈僳族竹编碗架

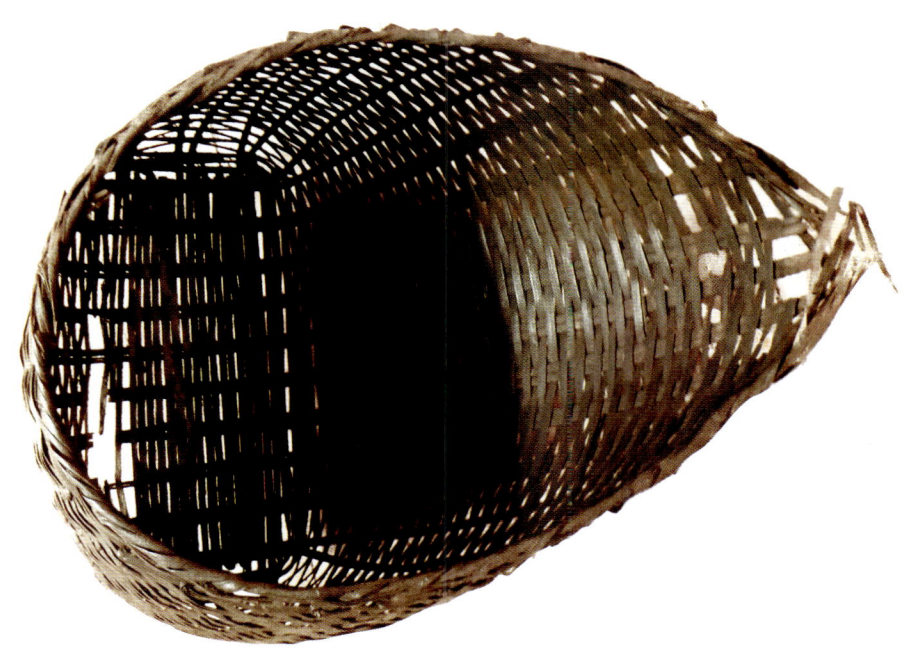

图一　傈僳族竹编碗架主图

傈僳族竹编碗架，口呈斜面圆形（即前低后高），前高 30.5 厘米，后高 50 厘米。底长 40 厘米，宽 17.5 厘米，主要用来置放碗具。此案例采集于云南迪庆维西县叶枝镇同乐村傈僳族陈列室。

傈僳族竹编碗架工艺与一般的竹编用具类似，即先把毛竹剖劈成篾或篾丝，然后进行编织，一般称被挑压的篾为经，而编织的篾为纬。由经与纬的挑压可以编织出千变万化的图案，从而制作出千姿百态的竹编产品。傈僳族竹编碗架用的是平面编织法。其斜面圆口的设计方便碗具的置放和取出，操作方便。受现代化进程的影响，如今在傈僳族当地村落已很难找到这一方面的手艺人了。

傈僳族竹编碗架利用竹篾之间的空隙，自然起到滤水的效果，把其挂在木墙上，同时还具有很浓厚的装饰味道。竹编碗架就地取材，极其环保，不会像不锈钢和塑料制品那样会对环境造成污染。

图片来源
图一　梁婷　摄影　蓝玉佳　制图
图二至图四　程琼博　制图

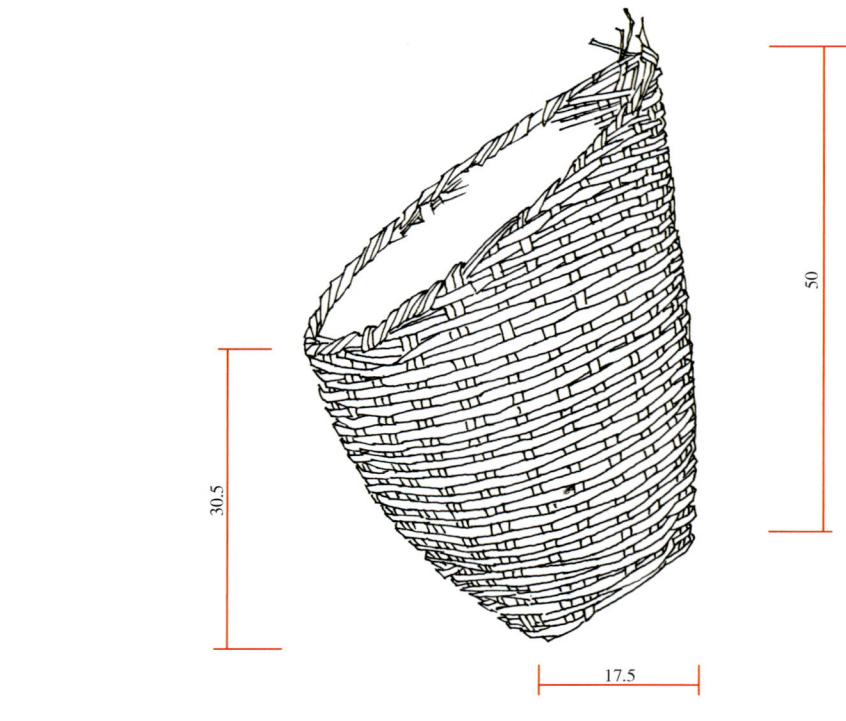

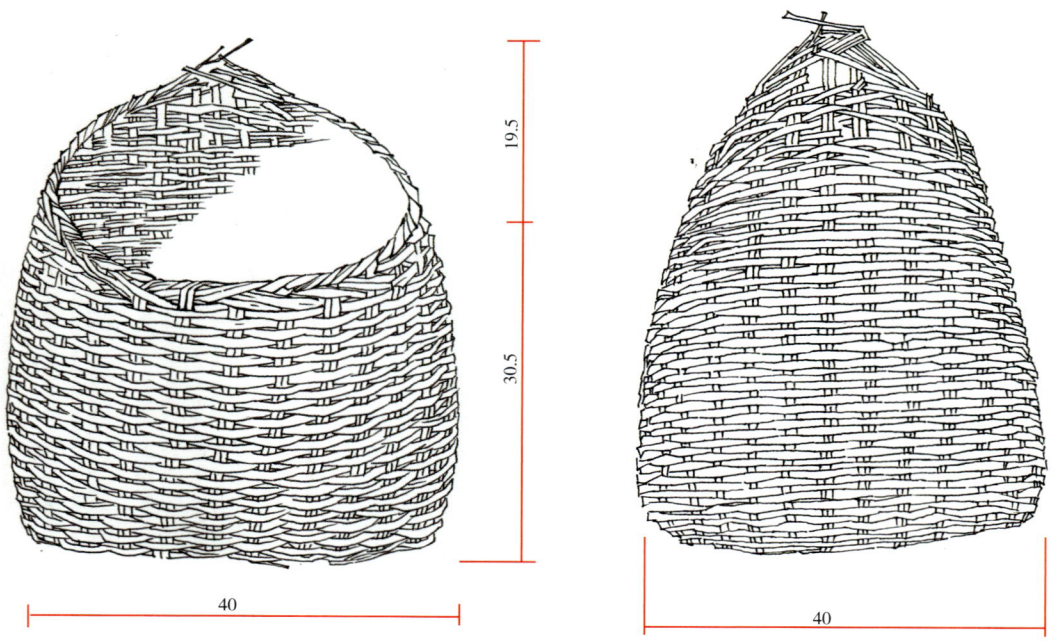

图二　傈僳族竹编碗架尺寸图（单位：cm）

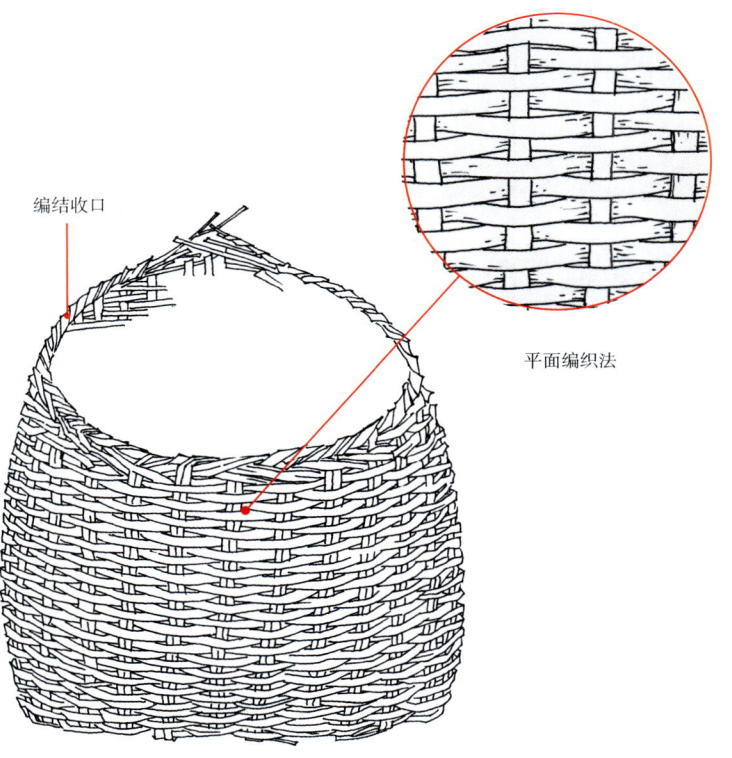

编结收口

平面编织法

图三 傈僳族竹编碗架工艺分析图

图四 傈僳族竹编碗架使用情境图

第四章 傈僳族传统生活用具

傈僳族饲料槽

图一 傈僳族饲料槽主图

傈僳族饲料槽，通长 117 厘米，宽 31 厘米，高 31 厘米，整体成长方体，由槽身和槽盖组成。此案例采集于云南丽江永胜县东风乡东乐村，主要用来盛放水或食物，以便家禽食用。

傈僳族饲料槽有别于汉族的饲料槽，其中之一就在于材料的选用。如我们所知，汉族人常用的饲料槽为石制，而傈僳族的饲料槽通身为木制，这与当地丰富的森林资源极其相关。根据就地取材的原则，选取一定粗细的树干进行刨制而成饲料槽。其制作工艺较为简单，先挑选一棵直径约30厘米的树木，砍其一段长约120厘米，去其树皮，略削平树干的两面，一面用来挖凹槽，另一面用来放置在平地上。傈僳族饲料槽的另一大特征在于摆放的位置，与当地生活习惯相关。由于傈僳族人居住在半山上，家禽散养居多，不同于我们的圈养。因此，傈僳族人把饲料槽搁在屋檐底下或者门前空地。傈僳族饲料槽设计有槽盖，这与露天摆放有关。用的时候打开槽盖，不用的时候盖上槽盖，防止其他不属于自家的家禽掠食。

图片来源
图一 梁婷 摄影 蓝玉佳 制图
图二至图四 郑伊晏 制图

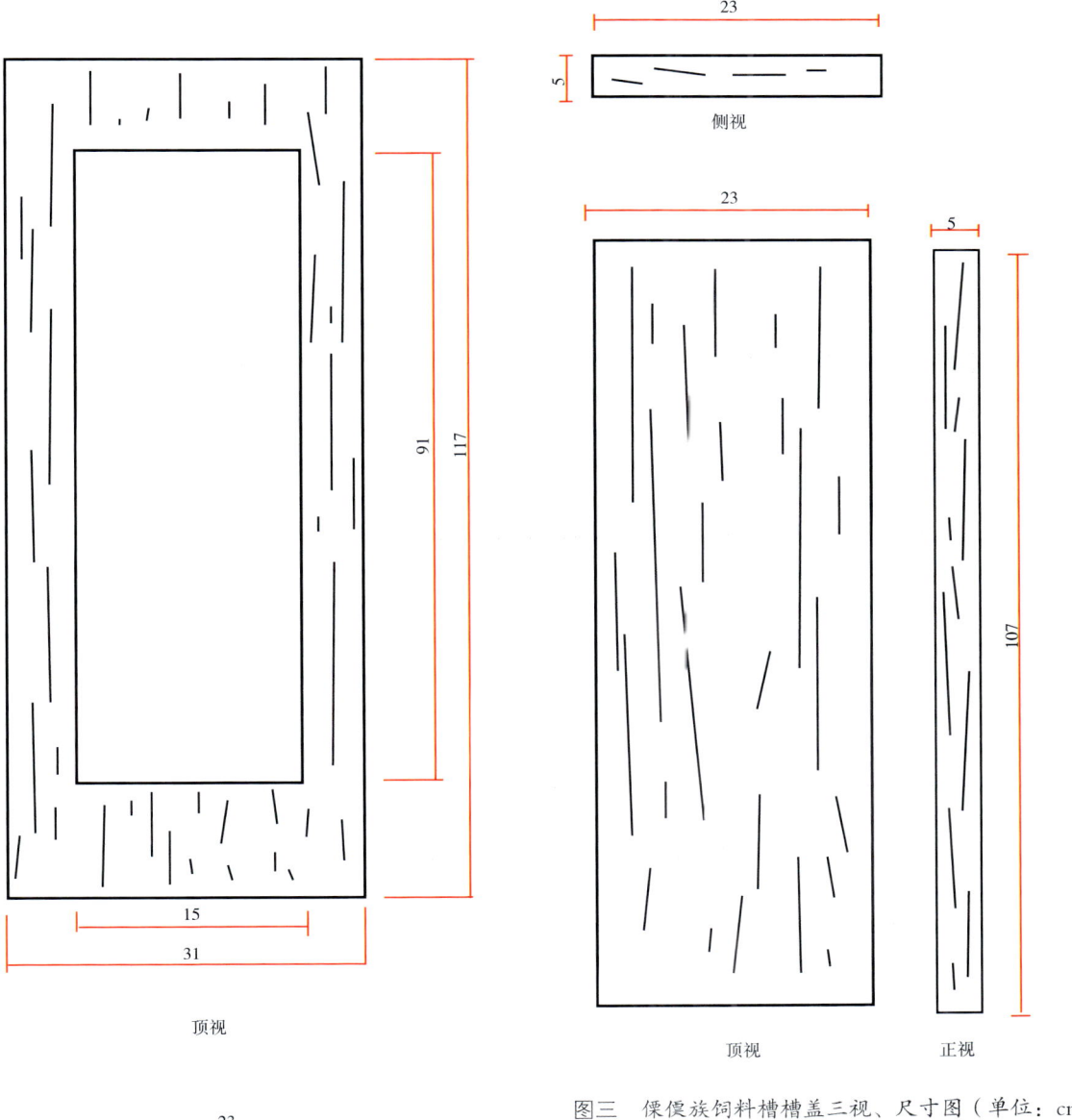

图二 傈僳族饲料槽视角、尺寸图（单位：cm）

图三 傈僳族饲料槽槽盖三视、尺寸图（单位：cm）

第四章 傈僳族传统生活用具

321

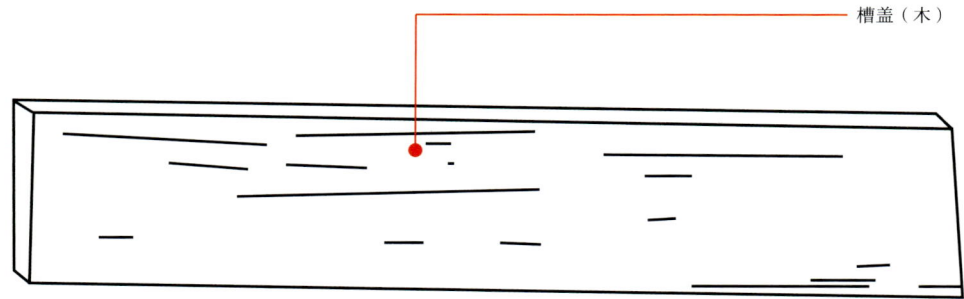
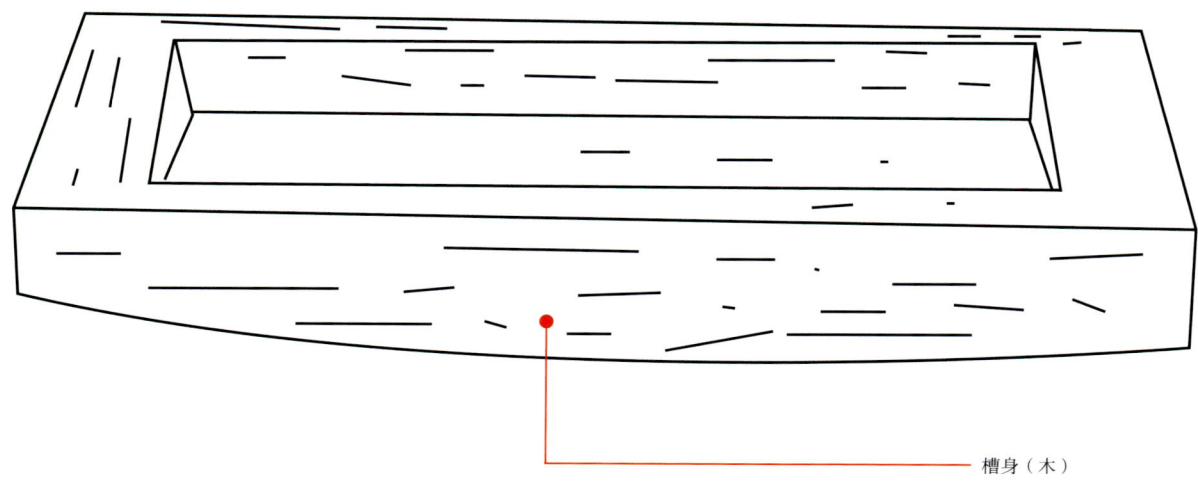

图四　傈僳族饲料槽解析图

傈僳族滤酒笤

图一 傈僳族滤酒笤主图

云南怒江傈僳族酿制和饮用的水酒"拉酒",因饮用方法而得名,独具特色。傈僳族人以小麦、玉米、高粱、稗子等为原料,煮熟蒸透后,拌上酒曲,密封贮存在瓦罐中发酵成酒糟。制作方法是先将玉米、高粱、荞麦或稗子等原料捣碎、蒸熟,晾凉后拌上酒曲,然后装入大罐中,令其自然发酵七八天。嘉宾临门时,取出适量的发酵酒糟,放在锅中或盆中,置于火塘上,饮者团团围坐,主人不断往锅中或盆中加水,一面滤酒糟,一面斟酒敬客,直到酒味淡时为止。滤酒糟的滤酒笤用竹子编织而成。造型简洁实用,是傈僳族人煮酒时的一个辅助工具，用于分离酒糟和酒水。

　　滤酒笞高20厘米，直径15厘米。编织工艺比较简单，是将竹子刨成粗细均匀的篾片、篾丝后，经丝、刮纹、打光和劈系等工序编织而成。傈僳族滤酒笞既有很强的实用价值，又有较高的审美价值，体现了傈僳族人顺应自然的造物思想。

　　傈僳族滤酒笞的设计具有以下优点：竹制器具导热性差，所以不会烫手；手柄长度和宽度适中，便于把握；竹编之间的天然缝隙使过滤酒糟的效果恰到好处。

图片来源
图一、图五　石永欣　制图
图二　程琼博　制图
图三、图七　郑伊晏　制图
图四　蓝玉佳　摄影、制图
图六　蓝玉佳　制图

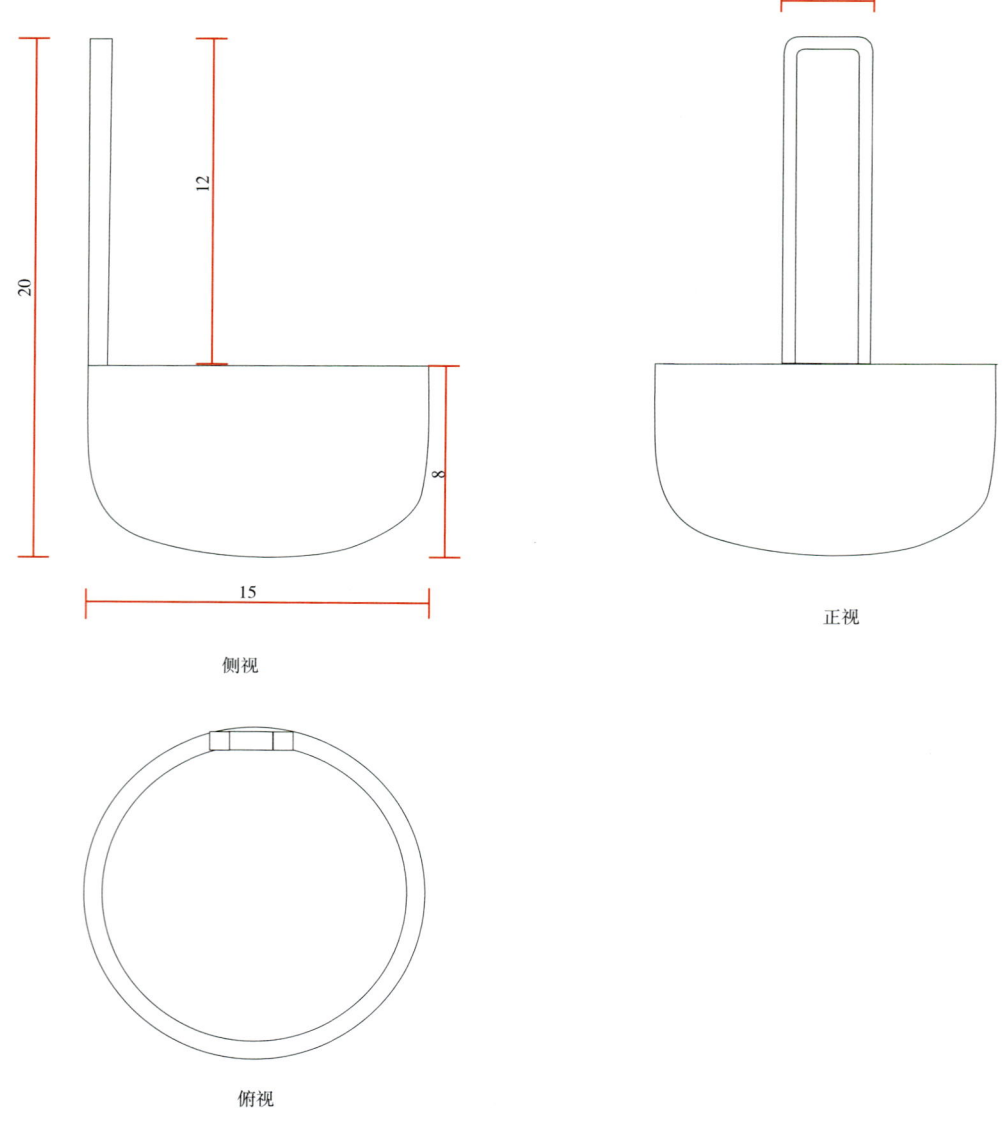

图二　傈僳族滤酒笞三视、尺寸图（单位：cm）

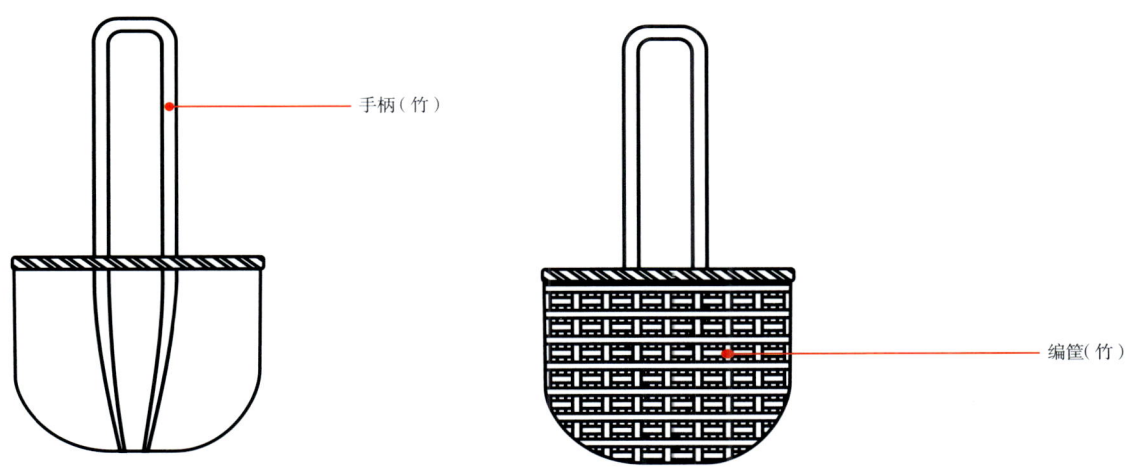

图三 傈僳族滤酒笤解析图

1. 将竹子破开成大小均等的竹条
2. 起底
3. 在纬线上穿插经线
4. 将手柄作为纬线插入，在其上编织经线

图四 傈僳族滤酒笤制作流程图

第四章 傈僳族传统生活用具

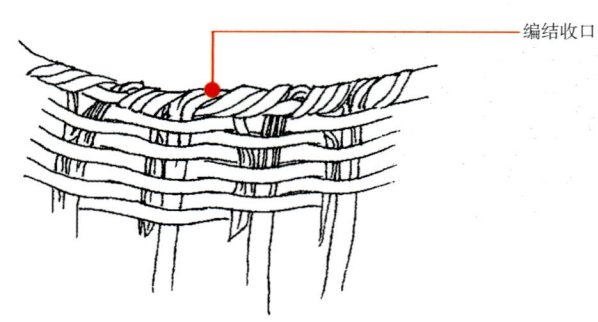

图五　傈僳族滤酒笸局部工艺分析图

起底纹样

笸身纹样

图六　傈僳族滤酒笸纹样效果示意图

图七　傈僳族滤酒笸使用情境图

傈僳族肩背板

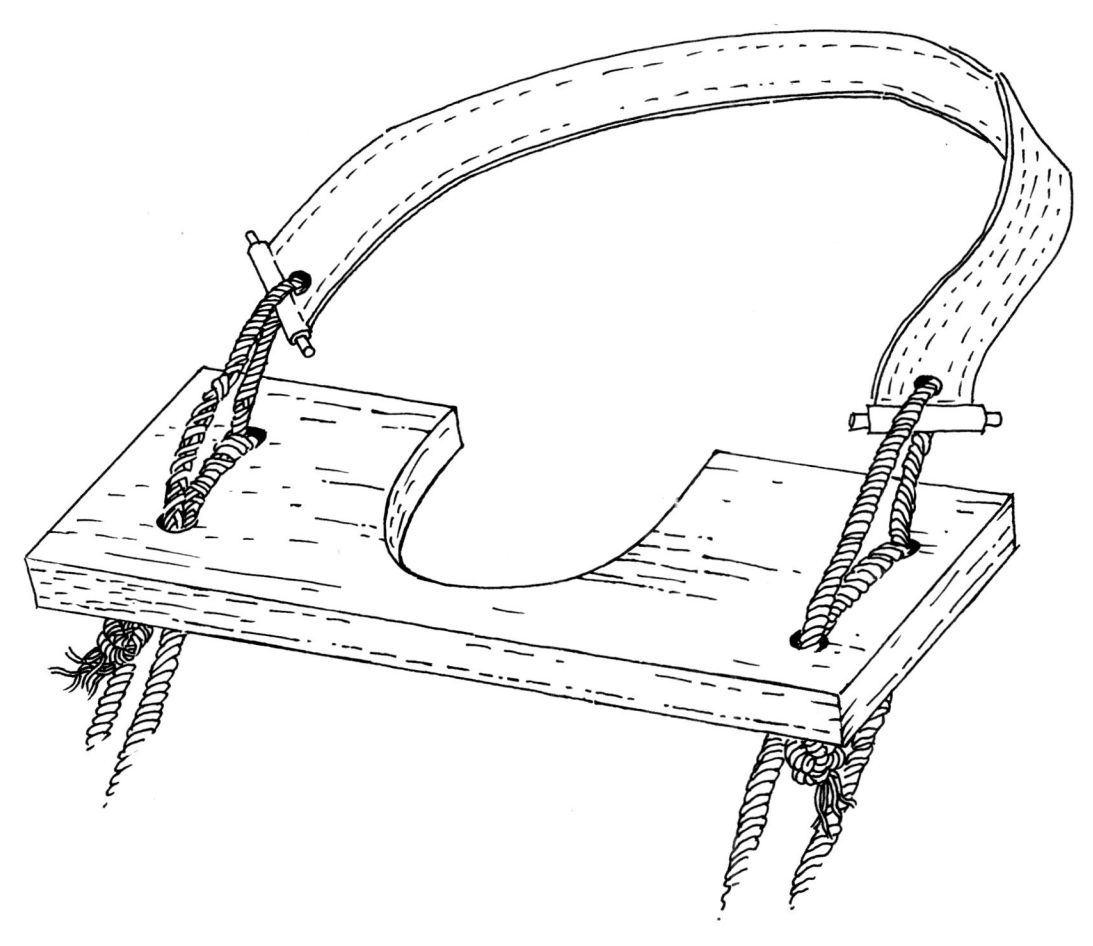

图一　傈僳族肩背板主图

傈僳族肩背板是一块长方形木制品，通长61.6厘米，宽15.5厘米，中间呈弧形（似月牙），两端系双股棕丝绳，分别称为背板索与背头索。肩背板主要用于运输物资，可与任何背具配套，单纯的背头索也可以和肩板配合使用。此案例采集于云南迪庆维西县叶枝镇。

肩背板的设计是在头背的基础上形成的。头背之法，顾名思义主要受力点在于头部，而事实是头部难以承受较重的物资。肩背板设计的优势在于把受力点分散到头部与肩部，从而形成了以肩为主、以头为辅的背运方式。这种方式比普通的肩背或头背要省力得多。因在背带上增加了一块肩板，板呈凹形，刚好置于两肩之上。由于板面较宽，受力面积大，比受力面积少的绳索要舒服得多，故可省力。

傈僳族肩背板中间的弧形能使肩板套在人体脖子上，使中间部分着力点正好搁在肩膀。这一设计无意中吻合了人体工程学。由于人体在背负一定重量的物体时，整个身体会前倾，同时人的头部可承受一部分背负的重量，而穿过肩板的背头索和肩板巧妙配合套在头上，恰好分担了肩部承受的一部分重量。从这两处的设计来看，傈僳族人在制造工具时，以人为中心思考工具的功能和运用，体现出了设计不是工具本身，而是使用工具的人的感受的思想，也是傈僳族人民在劳动过程中集体智慧的高度表现。

图片来源
图一　蓝玉佳　制图
图二至图五　程琼博　制图

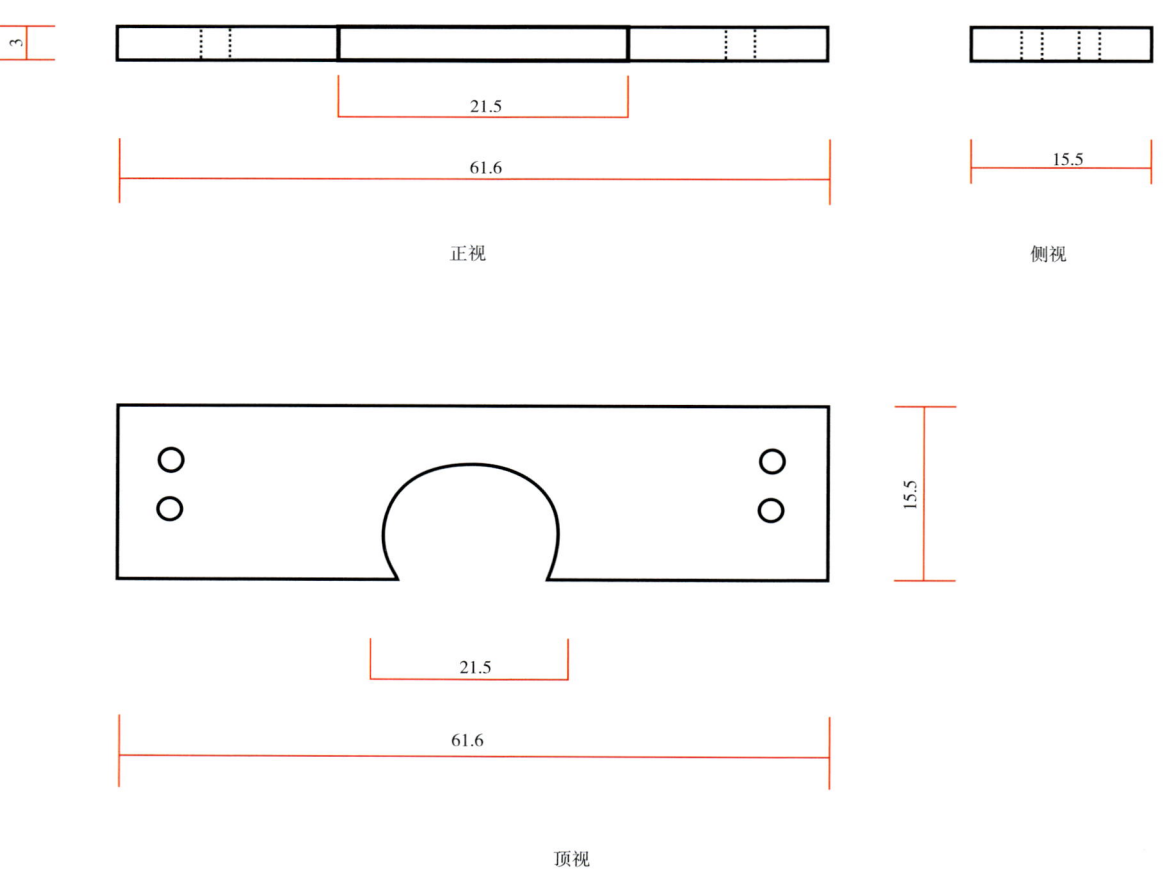

图二　傈僳族肩背板三视、尺寸图（单位：cm）

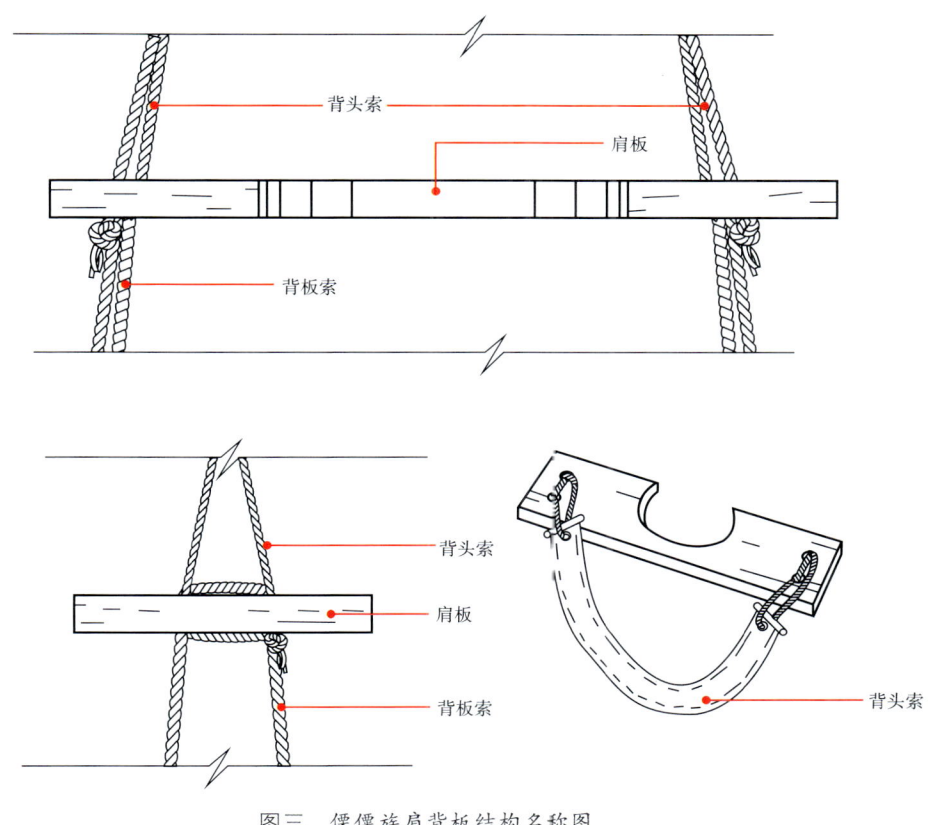

图三　傈僳族肩背板结构名称图

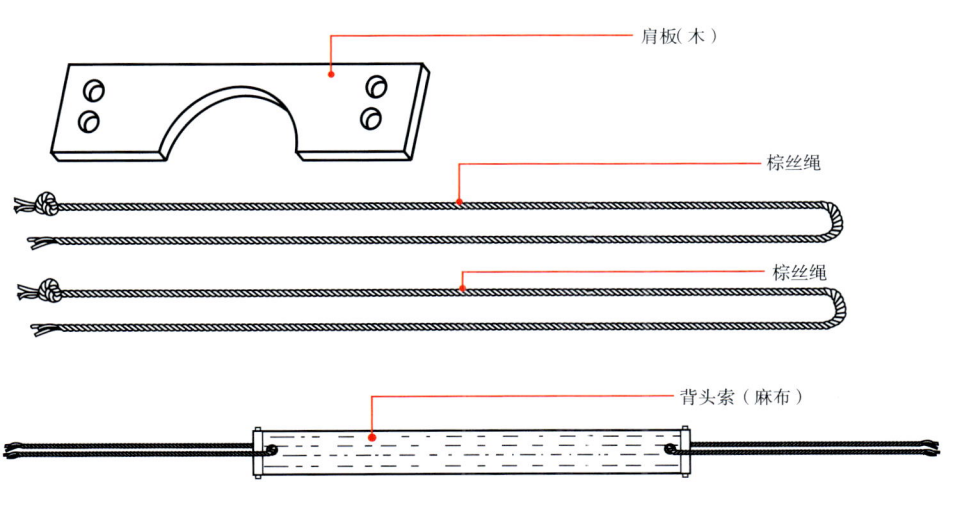

图四　傈僳族肩背板解析图

图五　傈僳族肩背板使用情境图

傈僳族木盆

图一　傈僳族木盆主图

傈僳族木盆直径 39.3 厘米，深 7.8 厘米。此案例通体用原木制成，采集于云南丽江华坪县丁王村傈僳族文化传承坊。

傈僳族木盆和汉族木盆在功能上是一致的。汉族木盆制作和木水桶相似，用木块拼接而成，时间长了会有一些裂缝，而傈僳族木盆是用整段木头制作而成，不会产生裂缝漏水。傈僳族木盆加工方式与木臼基本一样，都比较简单。选用的木头经过长时间的脱水风干，然后用火烧烙树心，之后用刀具打磨精细而成。木盆上口宽大，底部小，其造型和今天的塑料脸盆类似，方便于盛装东西。

社会形态总是由低级向高级发展的，工业文明本身也是一种难以逆转的过程。尽管工业化会带来环境污染，但人类对物质和精神的追求只进不退。塑料盆和木盆比较起来具有其优越性，节省了木材，轻巧光滑，而且价格低廉，清洗方便。如是种种，是各种金属盆、木盆所无法比拟的，但同时塑料盆所产生的污染也是不容忽视的。

图片来源
图一　梁婷　摄影　蓝玉佳　制图
图二　郑伊晏　制图
图三　梁婷　摄影

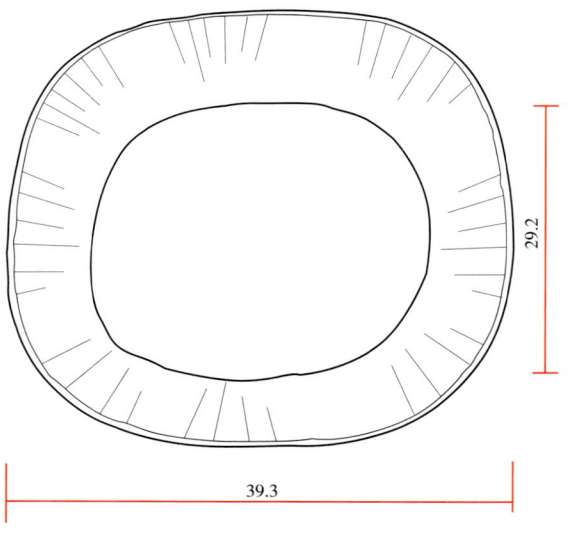

顶视

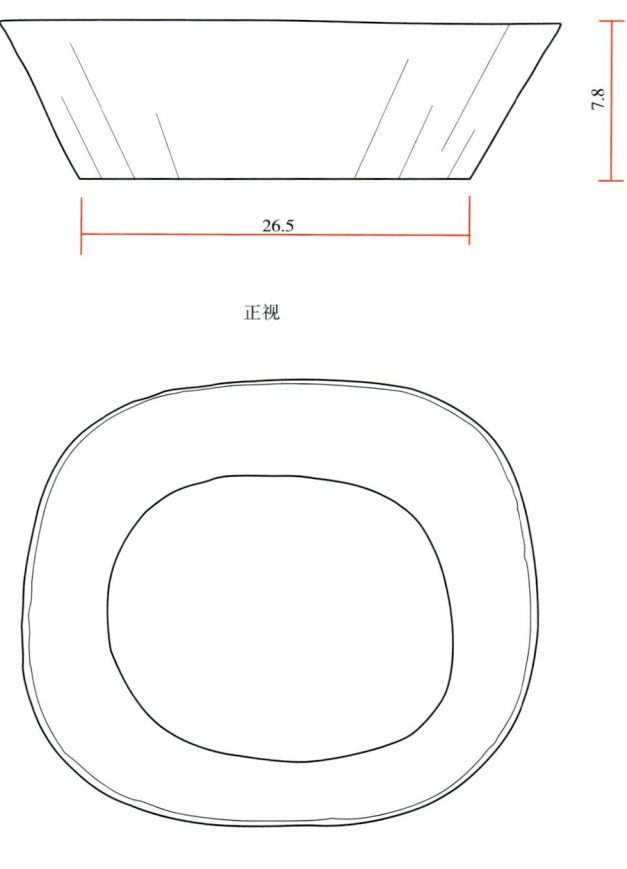

正视

仰视

图二　傈僳族木盆三视、尺寸图（单位：cm）

图三　傈僳族木盆使用情境图

傈僳族粮食柜

图一　傈僳族粮食柜主图

傈僳族粮食柜和一般的柜子没有太大的区别，呈长方体状，但其较小，长40厘米，宽36厘米，高40厘米，主要用于盛放粮食。此案例采集于云南丽江地区。

"工欲善其事，必先利其器。"想要保存好粮食，必须要有合适的储粮设备。入仓的干燥粮食，遇到潮湿环境很容易返潮，会造成粮食中水分含量增加，水分增加到一定程度时就会引起储粮的发热和霉变，造成经济损失。所以储粮要求有防潮性能好的储粮设备。傈僳族家庭传统使用的储粮设备多为木制，虽然有一些缝隙，但防潮性能较好。傈僳族粮食柜和木柜的制作一样，都是通过榫卯结构完成，不使用任何一颗钉子。粮食柜的制作也是先选材，再经过第二次加工而成。傈僳族粮食柜通风较好，基本保持恒温，可避免阳光照射，粮食也不会直接接触地面（粮食柜的木板将粮食与地面隔离开）返潮。

因为粮食不适宜储存时间过长，傈僳族粮食柜尺寸大小刚好储存一个家庭2~3个月的量。傈僳族粮食柜用有防虫作用的香樟木等硬杂木制作而成，经济实用，深受傈僳族家庭所喜爱。

图片采源

图一　梁婷　摄影　胡越　制图
图二至图五　胡越　制图

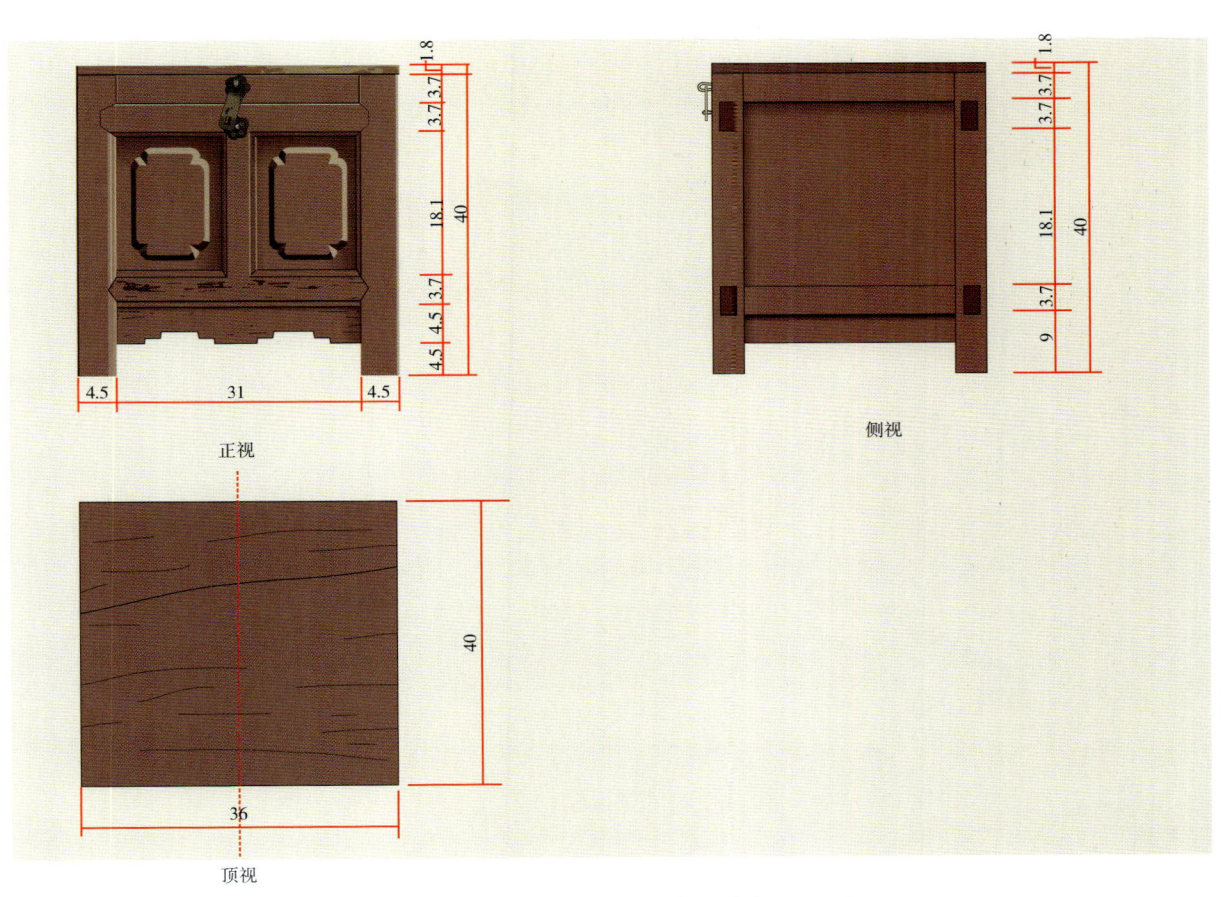

图二　傈僳族粮食柜三视、尺寸图（单位：cm）

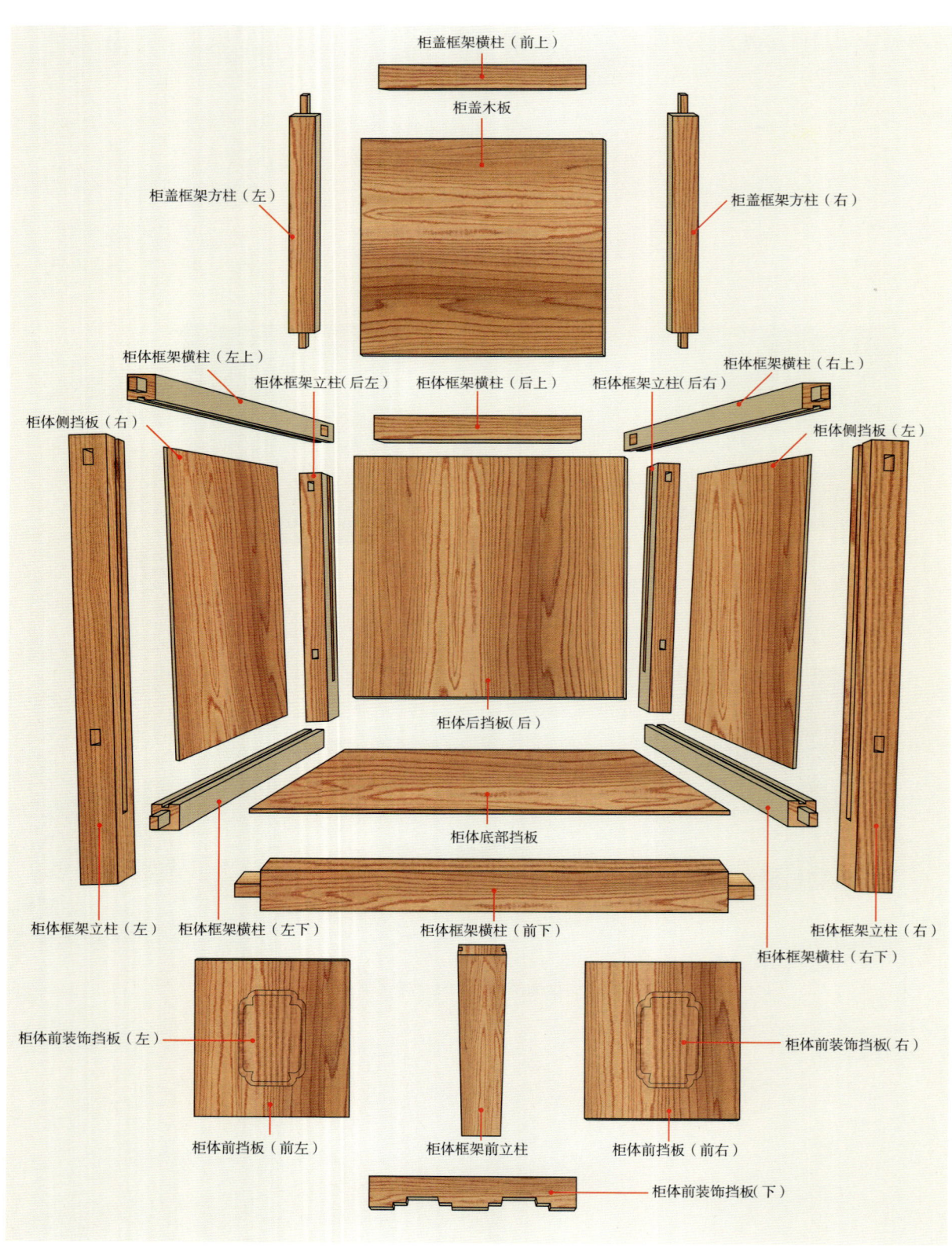

图四 傈僳族粮食柜解析图

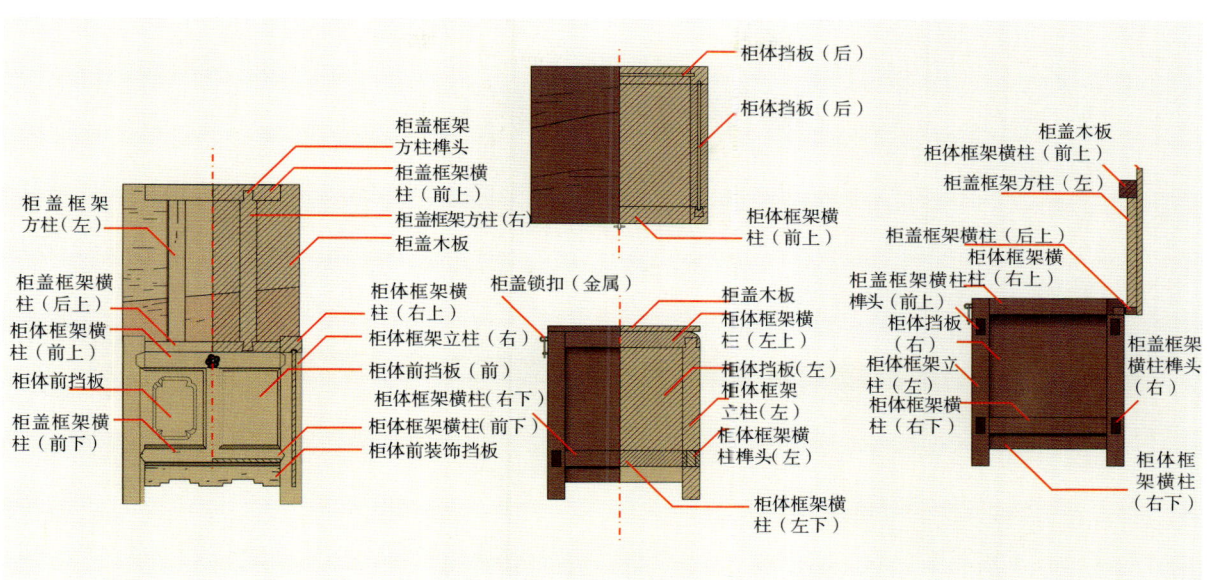

图三　傈僳族粮食柜结构名称图

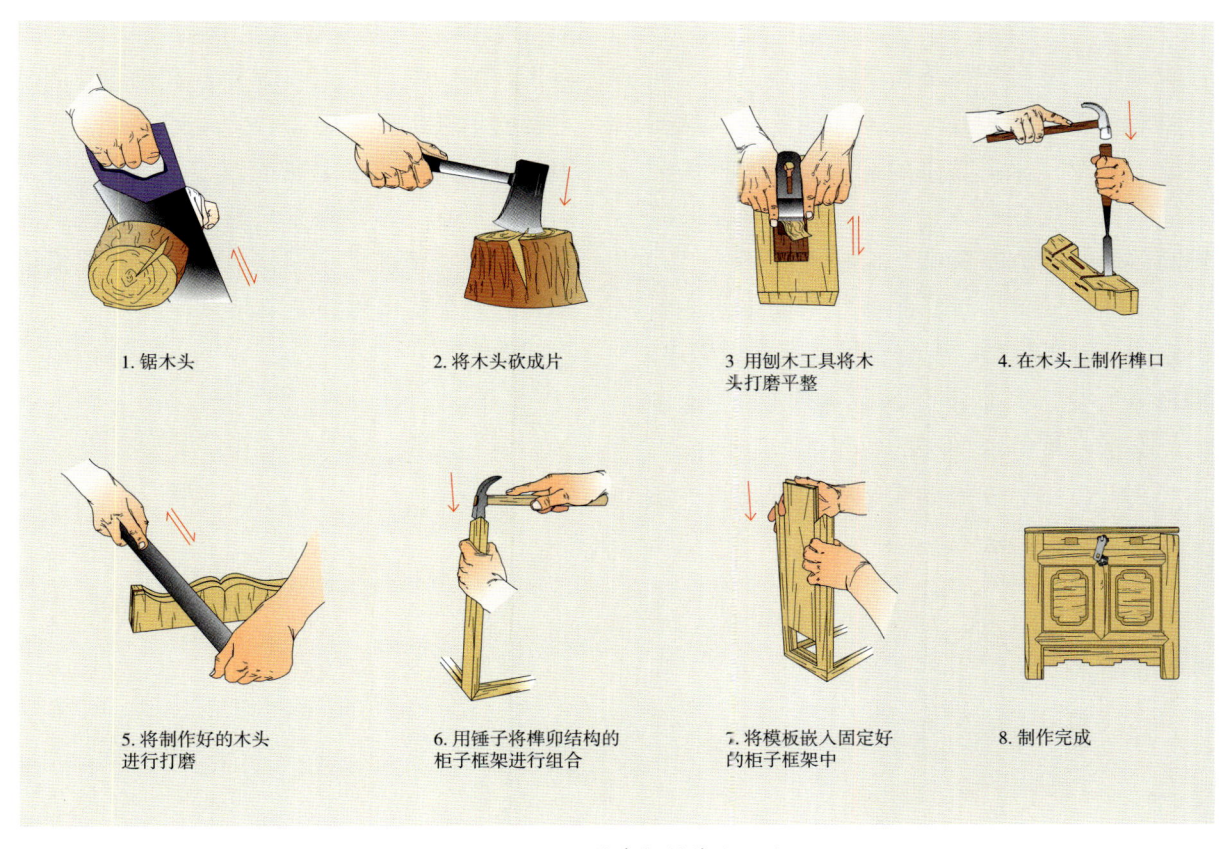

图五　傈僳族粮食柜制作流程图

傈僳族摘苹果工具

图一　傈僳族摘苹果工具主图

傈僳族摘苹果工具，竹制，长117厘米，宽2厘米，顶部用竹编制成倒立圆锥形状，开口部分9～10厘米。

苹果树一般高3～5米，而这样的高度很难采摘，况且傈僳族生活在山地，使用梯子具有一定的危险性。傈僳族摘苹果工具在功能上满足了采摘苹果的需要。采摘苹果时人们只需要站在树下，一只手就能轻松采摘较高部分树冠上的苹果，既方便又实用。

傈僳族摘苹果工具制作非常简单，选取当地的一种野生竹，少节，颜色以黄绿为佳。再根据所要编织部分大小准备相应的竹篾条就足够了。把选取回来的竹子的一端用砍刀均等剖开，用另外被剖成条状的竹篾和一端被破开的竹片，采用经纬方式编织成类似竹篮一样的倒立圆锥形状。这样编织的目的是为了撑开被剖开的竹条，使其固定并在开口部分保持一个苹果稍大的尺度（10厘米左右）。编织最后不用包缠的方式收边，而是直接露出被剖开的竹条作为采摘"刃"。使用时只需要用这种编制成的"篮"套在要采摘的苹果上，由于竹子具有一定的韧性，能卡住苹果，就像人手握住一样，只需要借助旋转的力量就可以摘下苹果来。

图片来源

图一　梁婷　摄影　毛宸霞　制图
图二至图四　毛宸霞　制图
图五　蓝玉佳　摄影、制图
图六　蓝玉佳　制图

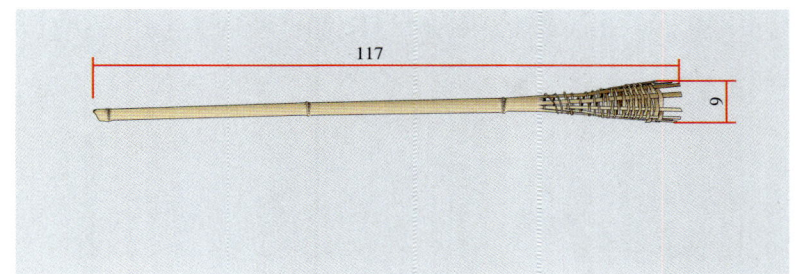

图二　傈僳族摘苹果工具尺寸图　（单位：cm）

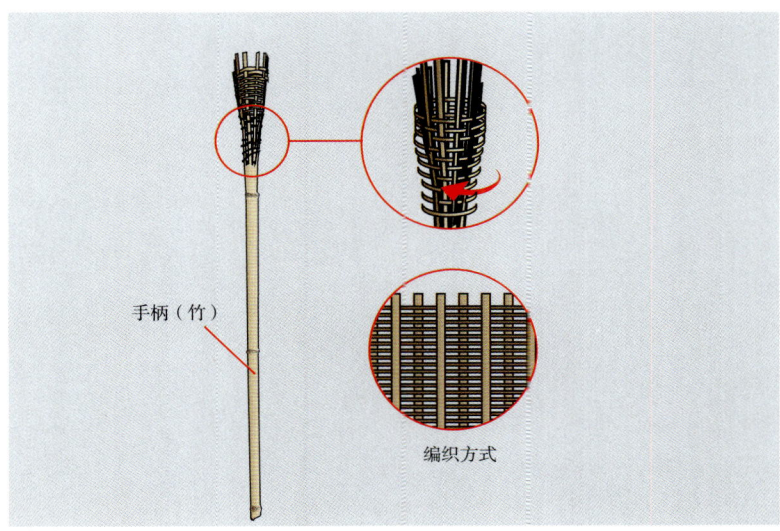

图三　傈僳族摘苹果工具结构名称图

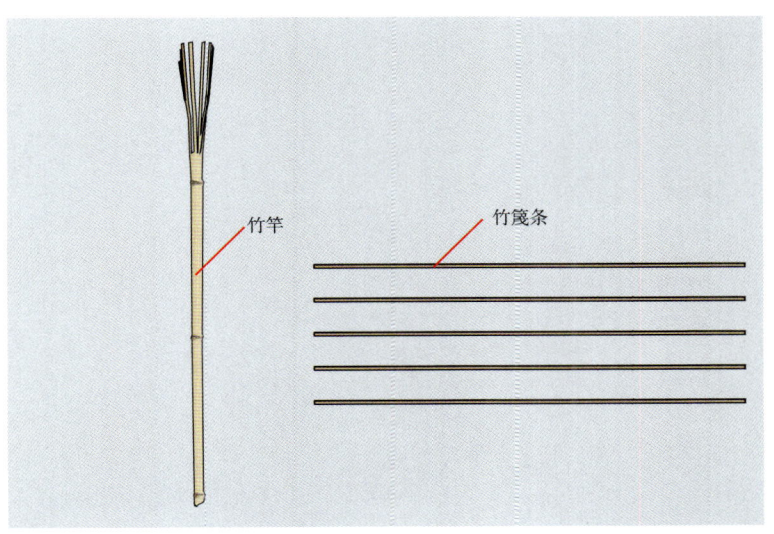

图四　傈僳族摘苹果工具解析图

1. 取完整竹子，将上下两头截断，留下约 110 厘米

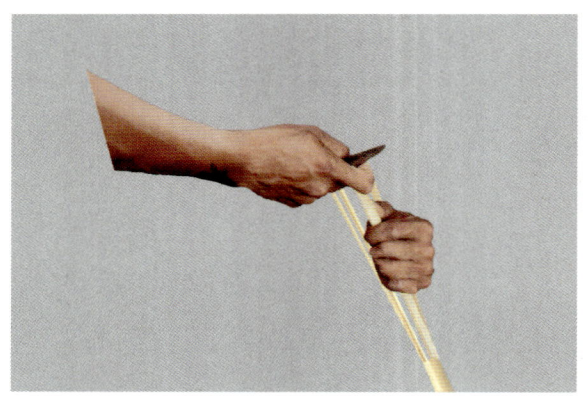

2. 在竹子顶部约 30 厘米处剖开，每间隔一条割断一条

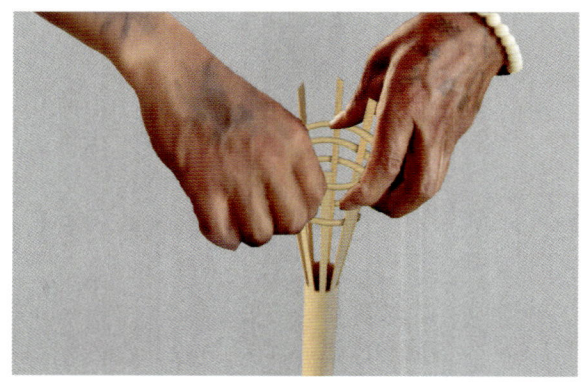

3. 从上端开始缠绕竹篾条约 10 圈完成

图五　傈僳族摘苹果工具制作流程图

图六　傈僳族摘苹果工具纬线穿插示意图

傈僳族木碟

图一　傈僳族木碟主图

傈僳族木碟是一种盛放食品的浅底器具，多为圆形。碟口直径25.5厘米，碟底直径17厘米，碟子深4.6厘米。此案例采集于云南怒江志伟民俗博物馆。

碟子在其他民族中多数为陶瓷制品，也有金属制品。用盘子盛菜时，夹菜比较方便，散热也比较好。傈僳族选用木碟，一方面在于傈僳族人主要从事以畜牧业为主的生产劳动，流动性大，不便使用容易破碎的陶瓷和贵重的金属器皿；另一方面受限于生产水平，故木碟盛行，深受傈僳族人喜爱。

傈僳族木碟选用桦树等的树疙瘩经加工打磨而成。制作要经过选料、晾干、做毛坯、水煮、修整成型、上漆等多道工序。制成的木碟，一套三个，大小略有不同，十分精巧，而且木碟质地坚硬，碟面光滑，纹路细密清晰，经久不变形、不易破裂，自然的纹路别致美观，成为傈僳族人必不可少的生活用具，也是具有傈僳族特色的实用工艺品。

图片来源

图一　毛宸霞　摄影、制图
图二至图五　毛宸霞　制图

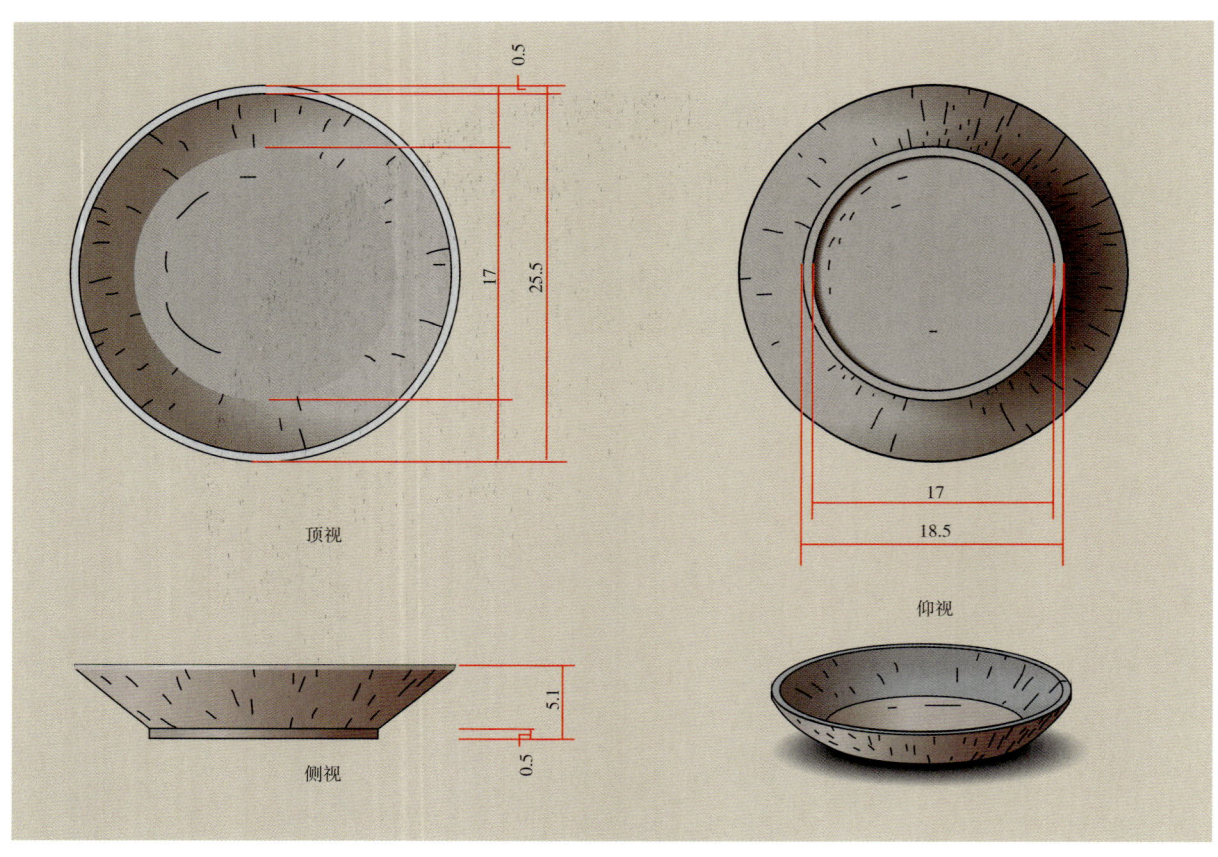

图二　傈僳族木碟三视、尺寸图（单位：cm）

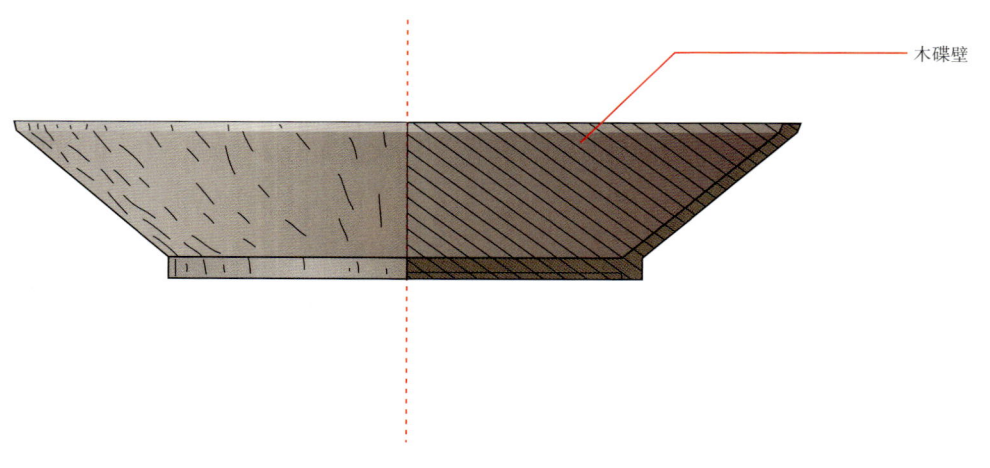

图三　傈僳族木碟结构名称图

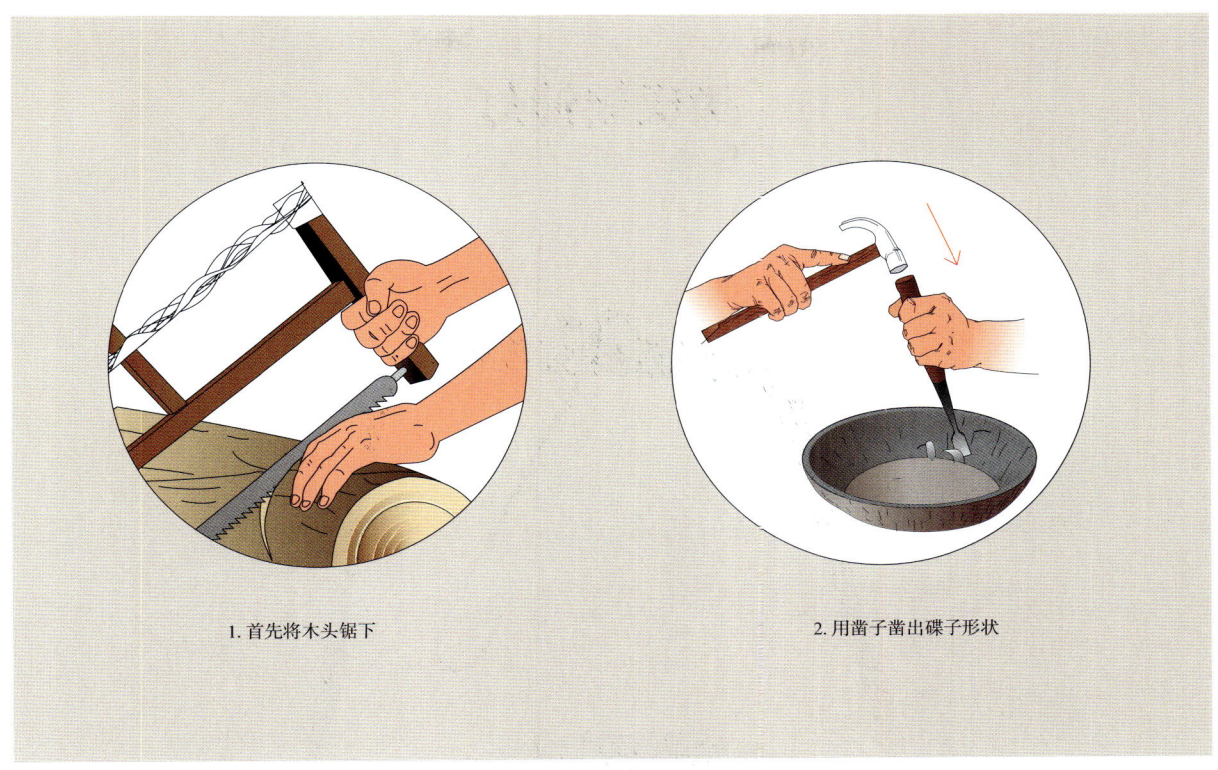

图四　傈僳族木碟制作流程图

图五　傈僳族木碟使用情境图

傈僳族油灯

图一　傈僳族油灯主图

傈僳族油灯造型独特，形制简洁，是由宽度一致的铁皮构架而成。圆形底盘直径18厘米，铁皮宽2厘米，中间为十字状的支撑，便于盛放燃料。油灯高19.2厘米，使用铁皮焊接而成，中间钻一小孔用铁丝穿过固定并悬挂在房梁上。

傈僳族油灯和汉族油灯不同之处在于盛放燃料的并不是盘形容器，而是由平面盘形铁皮构架而成。使用时只需要将随处可见的木材作为燃料放置在油灯铁架上即可，在可燃烧的木材上滴上一些松脂。油灯作为照明的工具，实际上只要有盛燃料的盘形物，加上油和灯芯就能实现最原始的功用。而具有一定形制的灯的出现，则是人类将实用和审美结合的成果。物质文明的发展反映了人类文明的历史，考古学以人所创造的劳动工具和生活用品作为人类文明历史的一个重要佐证。在这一历史中，油灯是汉族中起源较早、延续和发展时间较长的照明工具之一。在傈僳族历史中，油灯也是使用较为广泛和普遍的一种照明工具。虽然和汉族油灯发展的情况比较起来并不是那么多姿多彩，但傈僳族油灯的形制和傈僳族人的性格一样粗犷古朴。傈僳族油灯制作简单，使用也非常简便。将打制成的铁皮经过简单焊接即可，使用的燃料也不是以油为主。

傈僳族油灯有着独特的民族性和地方特色，反映了傈僳族人基本的审美观。

图片来源
图一　梁婷　摄影　程琼博　制图
图二至图六　程琼博　制图

图二　傈僳族油灯三视、尺寸图（单位：cm）

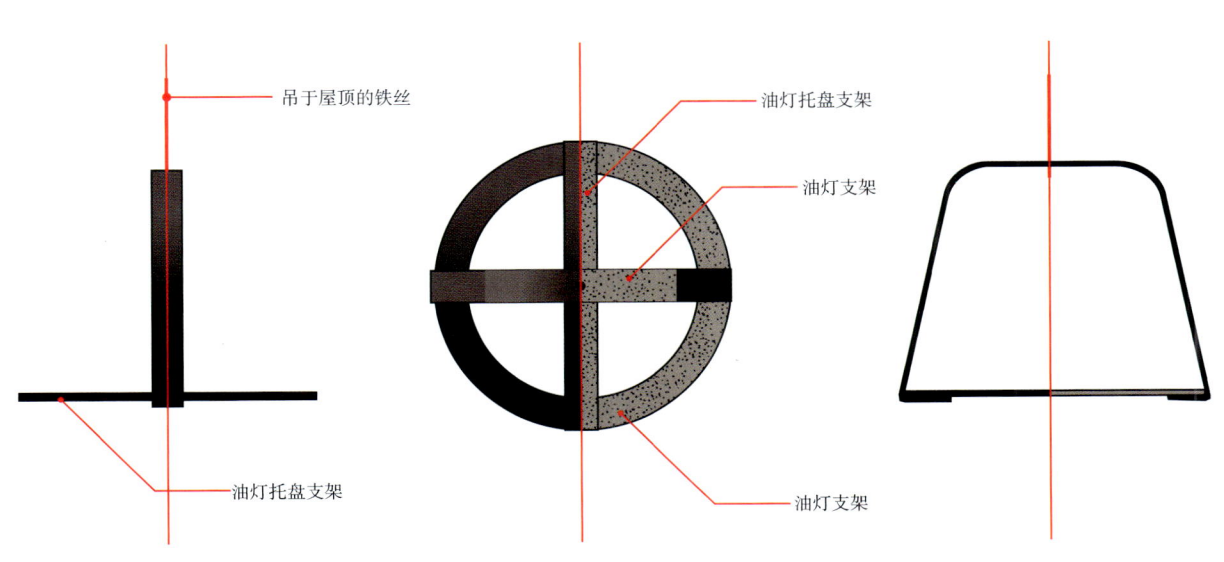

图三　傈僳族油灯结构名称图

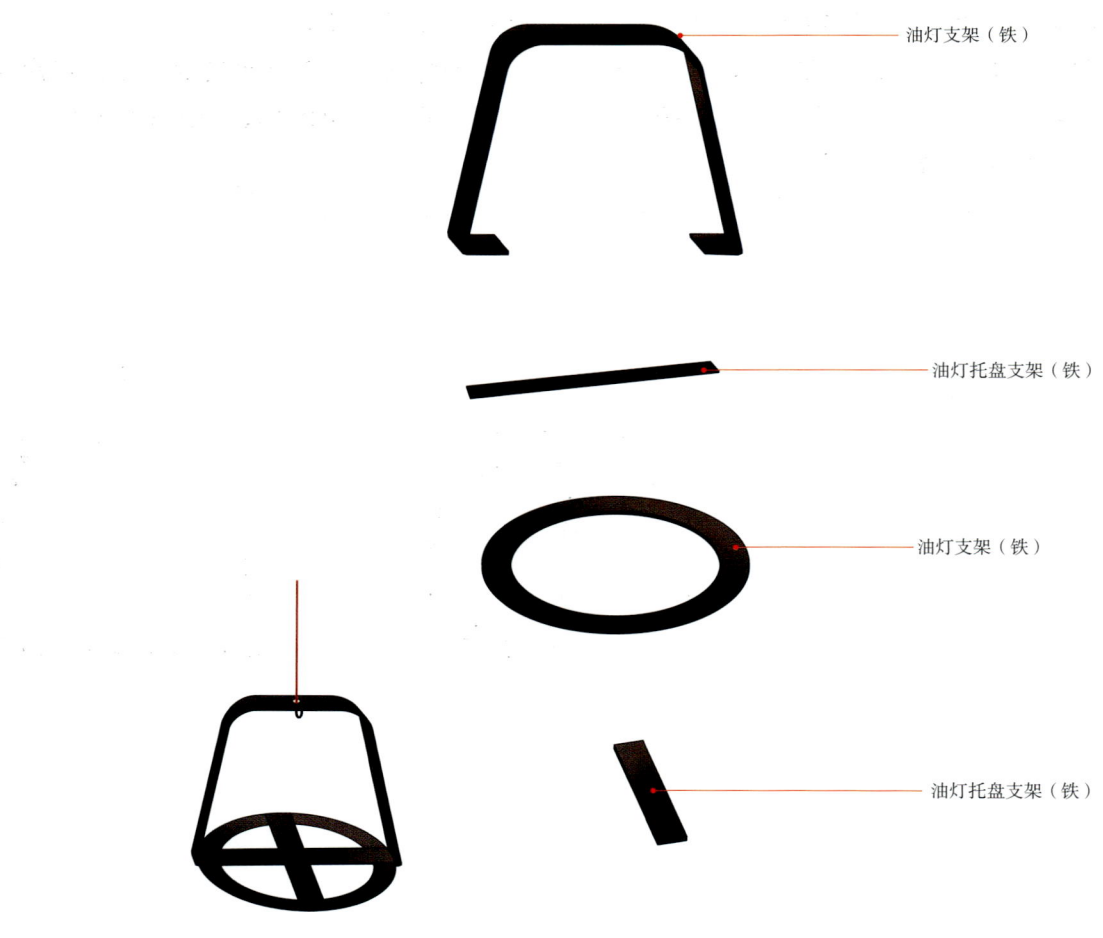

图四　傈僳族油灯解析图

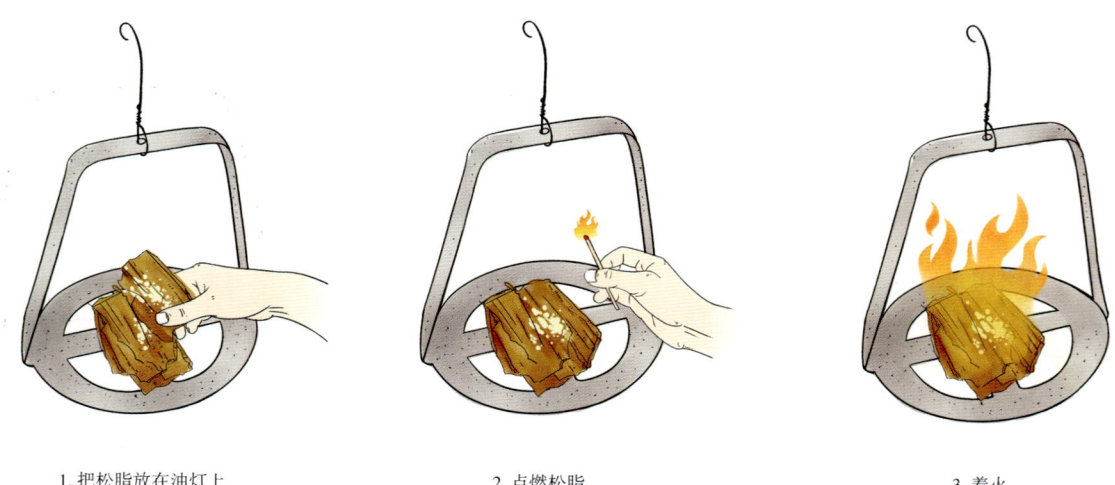

1. 把松脂放在油灯上　　　2. 点燃松脂　　　3. 着火

图六　傈僳族油灯操作示意图

1. 将铁打制成片状

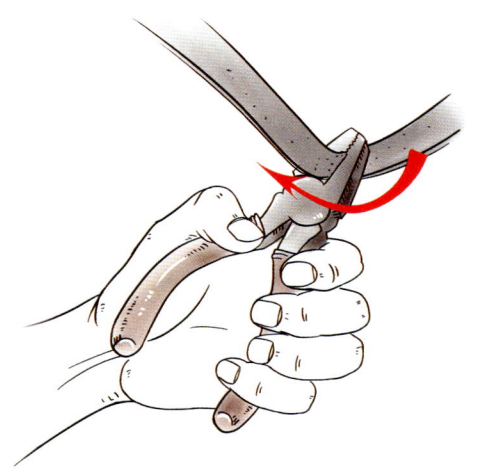

2. 用钳子把铁片根据油灯外形弄弯

3. 拼装，油灯成型

图五 傈僳族油灯制作流程图

傈僳族烟斗

图一　傈僳族烟斗主图

在丽江玉龙县傈僳族居民的生活当中，烟斗扮演着重要的角色，是男女老少都会随身携带吸食旱烟的用具。烟斗主要由三个部分组成：烟嘴、烟柄、烟头。烟嘴是吸烟过滤的主要出口，一般用铜铸成圆筒，能罩住烟柄即可。这样一来，既能起到加固的作用，也使得含在嘴里的口感光滑些。烟柄是烟头和烟嘴相连接的部分，多以细竹管制成，长度可根据个人喜好制作，有些还会在烟柄外部包裹上紫色铜片。烟头是装烟丝的部位，亦称斗钵。此案例的烟杆头材料为梨木，形似一口小碗，口宽底窄，口部外直径5厘米，底部直径4厘米。烟斗造型简洁，唯一的装饰是烟嘴与烟杆之间的一枚24面体的骨珠。傈僳族烟斗的尺寸和材料的使用常常因人而异，形制大致相同。

制作烟杆的竹子较为讲究，往往采用质地坚硬、耐裂、耐高温的荆竹和南竹。砍下后放置2～3天，待其干枯之后，用刀修整竹节处的根须，再用砂布打磨，这样加工过后手感较好。然后用一根硬度较强的铁丝，伸进竹管敲打竹节。如遇较坚硬的竹节，可把铁丝烧红后进行敲打，直至打通为止。处理完毕之后，把加工好的竹管放置到微火上烘烤，边烤边塑形。成型之后，用砂布打磨，再用一块柔软而有些油腻的布擦拭，就光可鉴人了。烘烤之后的烟杆除了色变之外还会变得韧劲十足。最后再进行各部件的组装。

傈僳族烟斗别具一格，充分体现了傈僳族人博大的造物智慧。

图片来源
图一　石永欣　制图
图二、图四　程琼博　制图
图三　刘晓蓉　制图

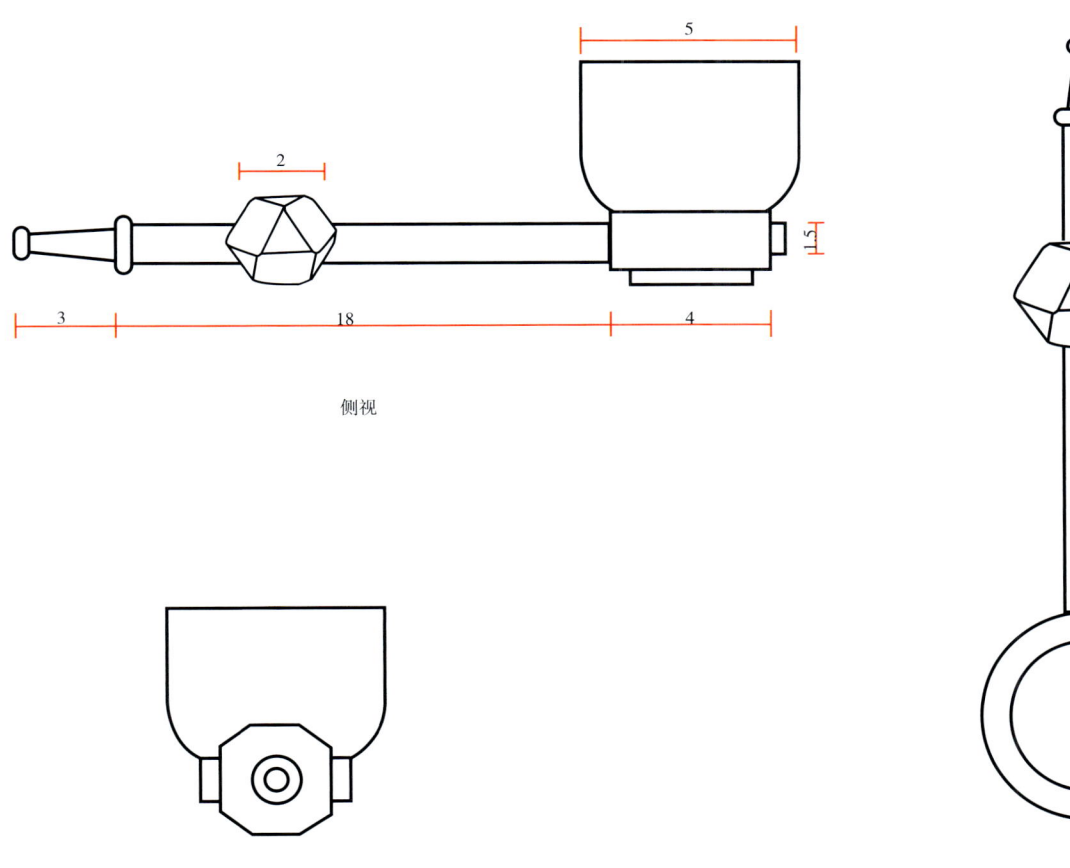

侧视

正视

顶视

图二　傈僳族烟斗三视、尺寸图（单位：cm）

第四章　傈僳族传统生活用具

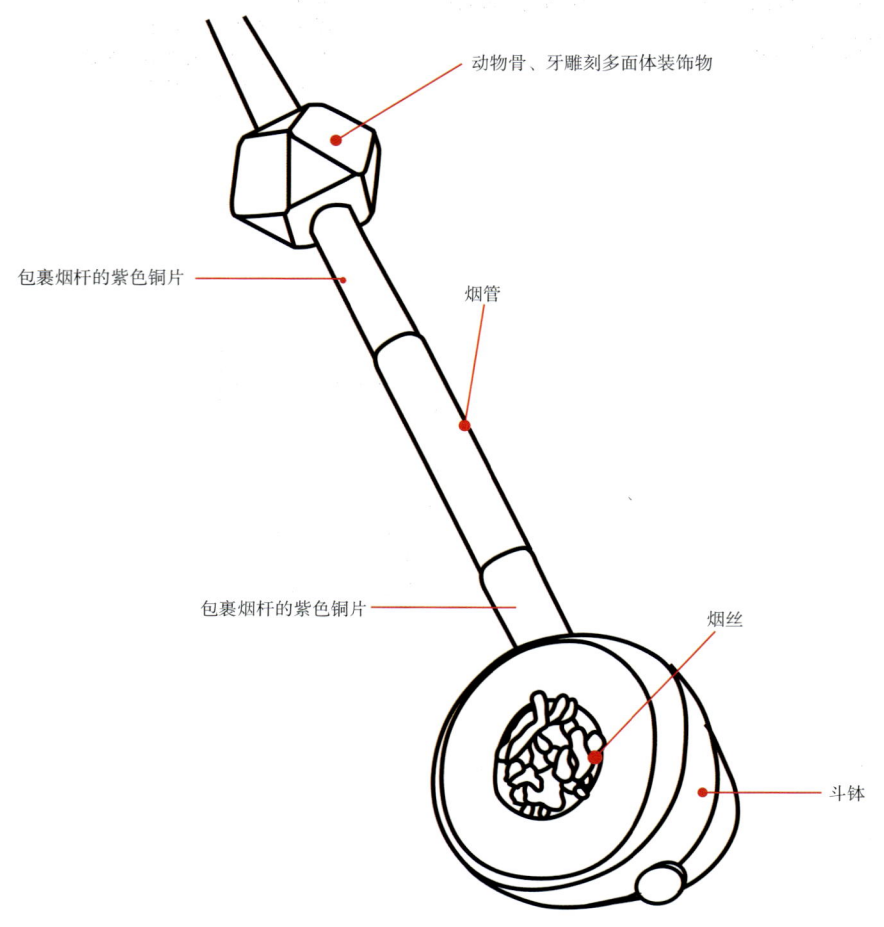

图三　傈僳族烟斗结构名称图

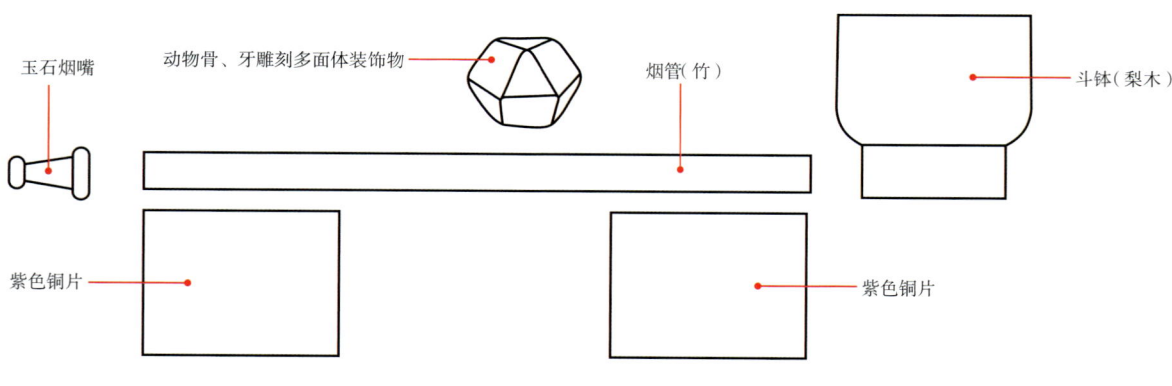

图四　傈僳族烟斗解析图

傈僳族木水桶

图一　傈僳族木水桶主图

傈僳族木水桶，傈僳语称"阿佳思实"，呈扁圆形，通高62.5厘米，口大底小。桶口长轴35.5厘米，短轴32.5厘米；桶底长轴24.5厘米，短轴21厘米。此案例采集于云南迪庆维西县叶枝镇同乐村傈僳族陈列室。

傈僳族木水桶由12片木板拼接而成，整个木水桶找不到一颗钉子，而只是用竹藤条加以固定，竟可以做到滴水不漏。傈僳族木水桶与汉族木水桶在形制上具有很大的区别，我们常见的汉族木水桶较矮，口呈圆形。还有一个明显的区别在于，汉族人是挑水喝，傈僳族人是背水喝。这些区别跟他们所居住的生活环境有紧密的关系。因为傈僳族是山地民族，水源所在地到家的这段路途，往往需要爬山。因此，傈僳族木水桶被设计成扁圆形，在行走的时候，可紧贴于人的背部。同时，采用头背。所谓头背，即以头负重，在爬山的过程中，可以保持人的平衡，而不像挑水那样左右晃荡。

傈僳族木水桶的设计体现了傈僳族人的生存状态，用背的方式运送不但解决了负重问题，还解决了崎岖山路造成的不便。看似不经意的设计却充分说明了傈僳族人在和大自然的接触中并不是以改变自然环境为目的，而是去适应自然环境。这和我们当今倡导的绿色设计非常接近。另一方面我们也不得不为傈僳族人在制作木水桶时的拼接工艺而赞叹。12片木板，在不使用钉子的情况下能拼接在一起而不漏水，显示了傈僳族人高超的工艺水平。

图片来源
图一　梁婷　摄影　蓝玉佳　制图
图二至图四　郑伊晏　制图

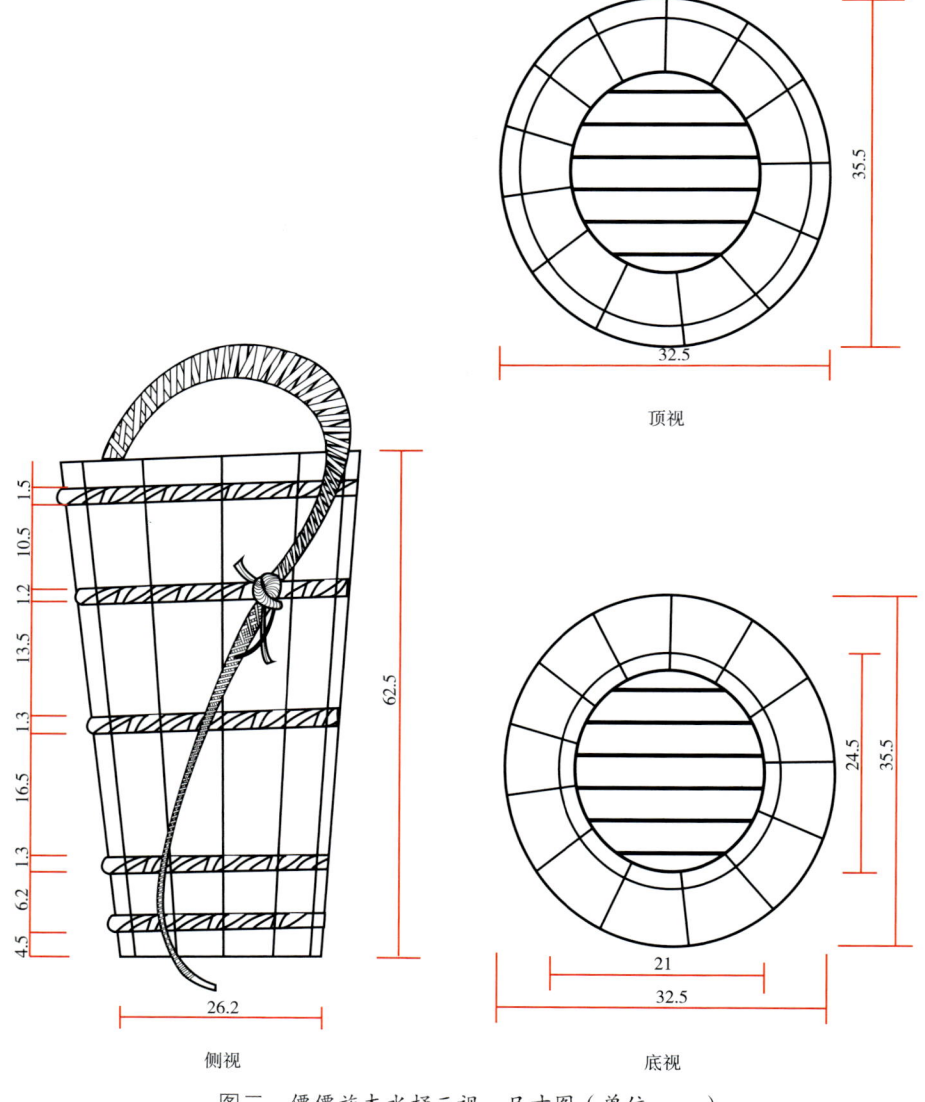

图二　傈僳族木水桶三视、尺寸图（单位：cm）

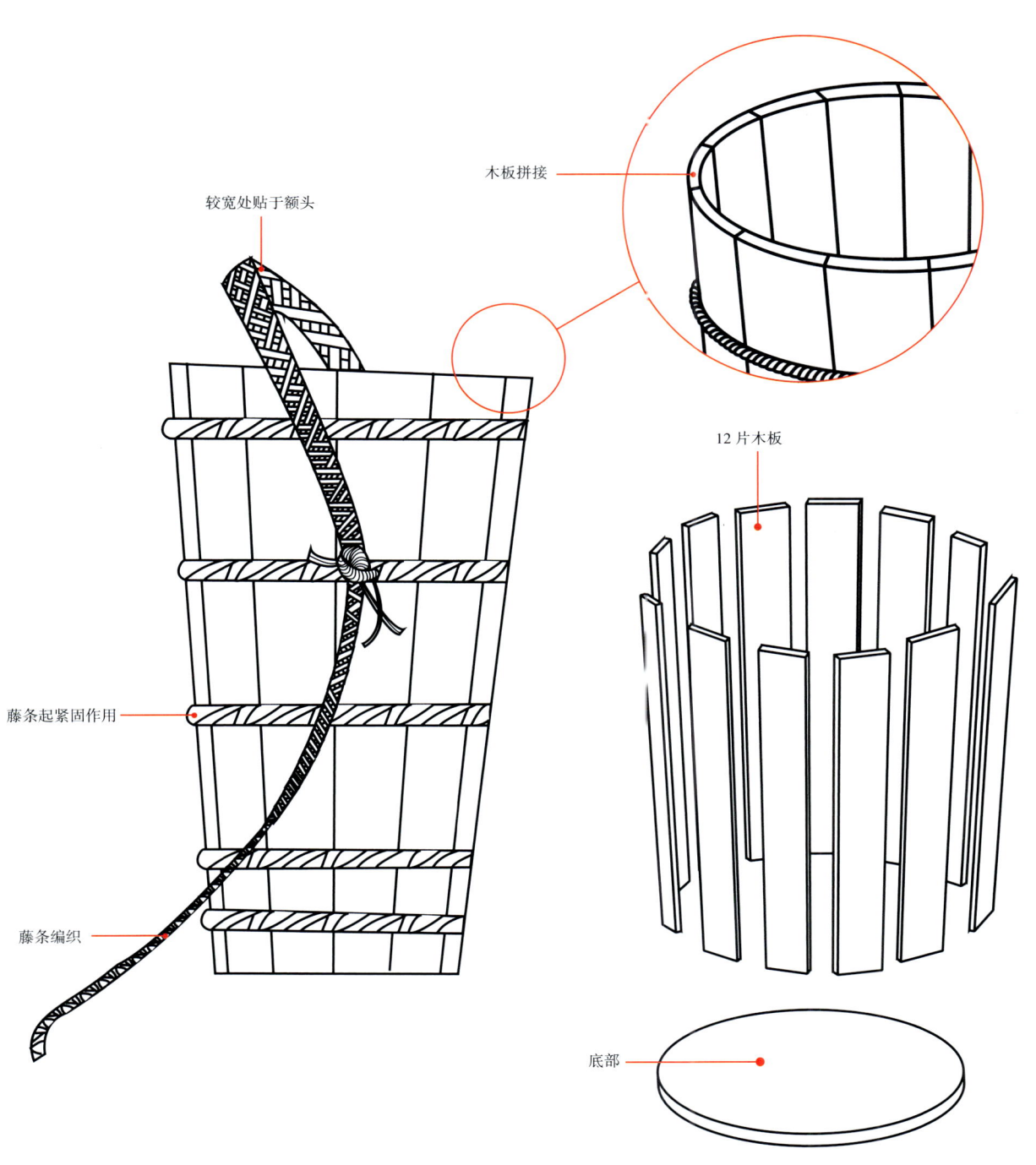

图三 傈僳族木水桶解析图

图四　傈僳族木水桶使用情境图

傈僳族箩筐

图一　傈僳族箩筐主图

傈僳族箩筐也叫"箩筑""巴陆"，是用竹篾编制的圆形篾制品，中空，方底圆口，主要用于采集或晾晒粮食。口径 65.4 厘米，高 75.9 厘米。此案例采集于云南丽江华坪县丁王村傈僳族传承坊。

编织工艺是傈僳族最古老的手工艺之一。常见的编织技法有编织、包缠、钉串、盘结等。傈僳族箩筐是采用编织工艺成对制作、用竹篾或柳枝编制的筐式盛器。剖削成一定规格的竹篾后，通过平纹编织的技法，以经纬为基础，按一定规律互相连续挑上（纬在经上）、压下（纬在经下），经纬之间相互交错构成人字纹，并用包缠的方式收边。包缠是将原料沿芯条向一个方向均匀地包裹缠绕，不仅使其光滑便于扶把，而且坚固耐用。箩筐编织和背篓的编织虽然在技艺上是相同的，但在使用功能上不一样。傈僳族背篓主要是通过人的头部受力，而箩筐则是肩挑，也有两人抬的。

傈僳族箩筐在编织工艺方面主要遵循实用、坚固、朴素的原则，固没有什么多余的装饰，而人字纹则质朴、简练、风格粗犷，富有天然野趣，给人以自然淳朴的艺术享受。

图片来源
图一　梁婷　摄影　蓝玉佳　制图
图二　蓝玉佳　制图
图三至图四　蓝玉佳　摄影、制图

侧视

顶视

图二　傈僳族箩筐视角、尺寸图（单位：cm）

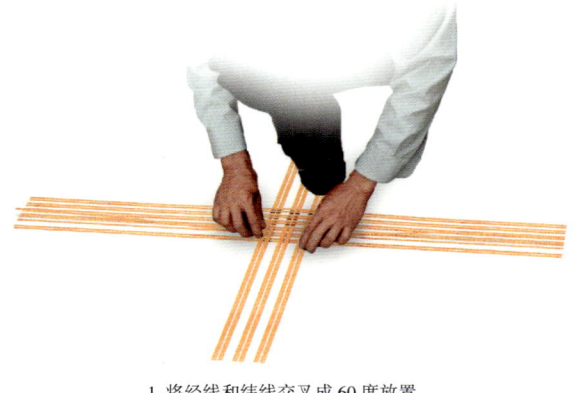

1. 将经线和纬线交叉成60度放置

2. 编织

3. 将多余的竹条割短收边

图三　傈僳族箩筐制作流程图

图四 傈僳族箩筐使用情境图

傈僳族独轮车

图一　傈僳族独轮车主图

傈僳族独轮车整体为木制，长 100 厘米，宽 56.5 厘米，高 107 厘米，车厢内深 23.5 厘米。在近现代交通运输工具普及之前，独轮车是傈僳族一种轻便的运物、载人工具，几乎与毛驴起同样的作用。此案例采集于云南迪庆维西县叶枝镇同乐村。

傈僳族独轮车车轮有大有小。小者平车盘，大者高于车盘，将车盘分成左右两边，可载物，也可坐人，但两边须保持平衡。在两车把之间，挂车绊，驾车时搭在肩上，两手持把，以助其力。独轮车一般为一人往前推，由于车子只是凭一个单轮着地，不太受路面宽度的制约，可在窄路、巷道、田埂、木桥等路段通过，尤其适合山地民族在生产运输中使用，但也不能在太过倾斜的地面做物资或工具运输。独轮车利用杠杆原理，把负载的力距靠近支点（即车轮）而能轻松抬起车子，并靠车轮滚动向前进。独轮车在运送重物的过程中只需克服滚动摩擦，从而十分省力。因此，它在房屋修建、农耕劳作中都是不可或缺的。

独轮车的设计原理符合工效学，车轴在中间承载重量，以减轻人力的负荷。傈僳族根据自身的生活环境，制作和使用独轮车，便于他们在较窄的路面运输，反映了他们因地制宜的造物观念和对设计力学原理的具体运用。

图片来源

图一　羮婷　摄影　郑伊晏　制图
图二至图六　郑伊晏　制图

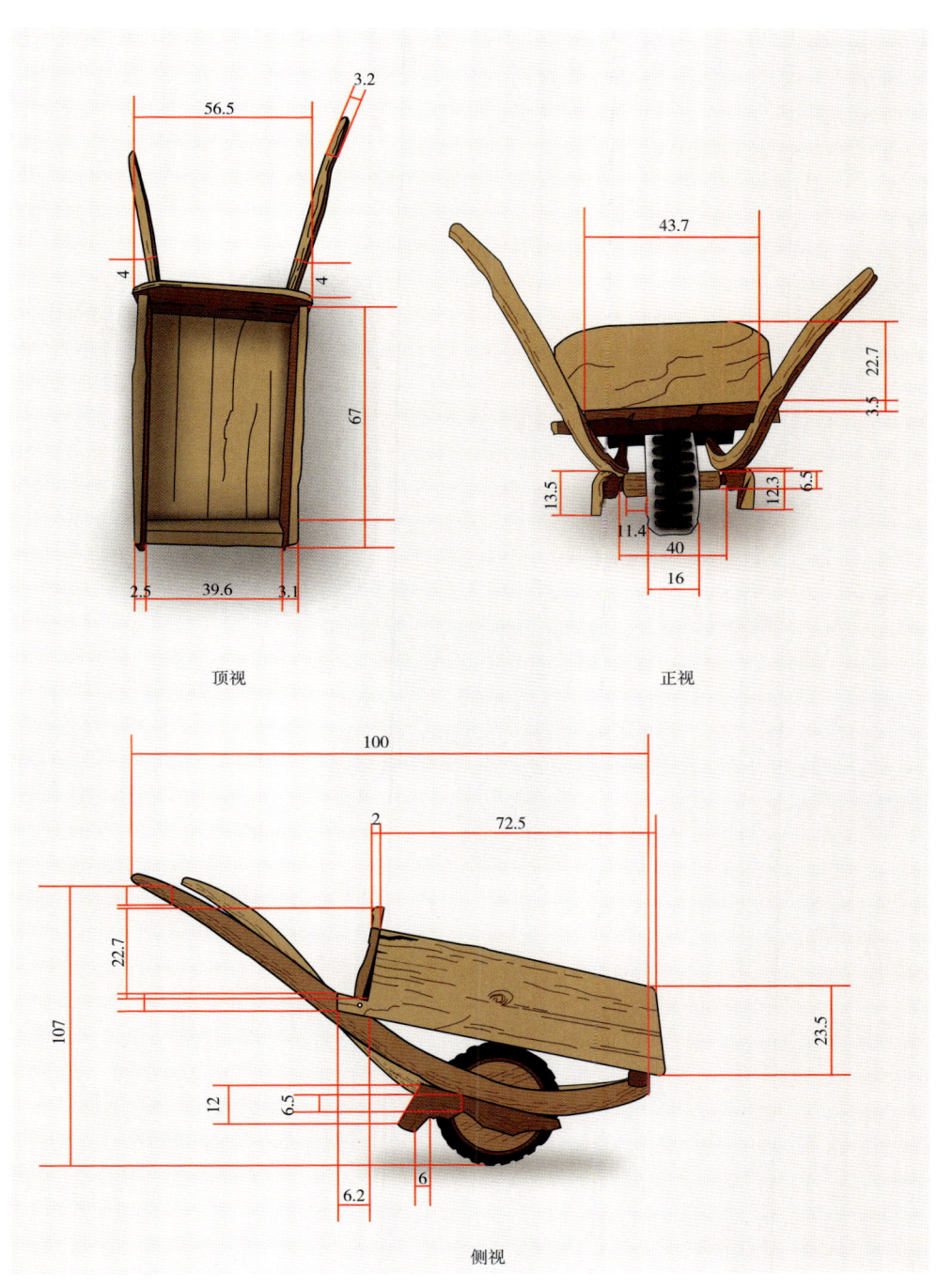

图二　傈僳族独轮车三视、尺寸图（单位：cm）

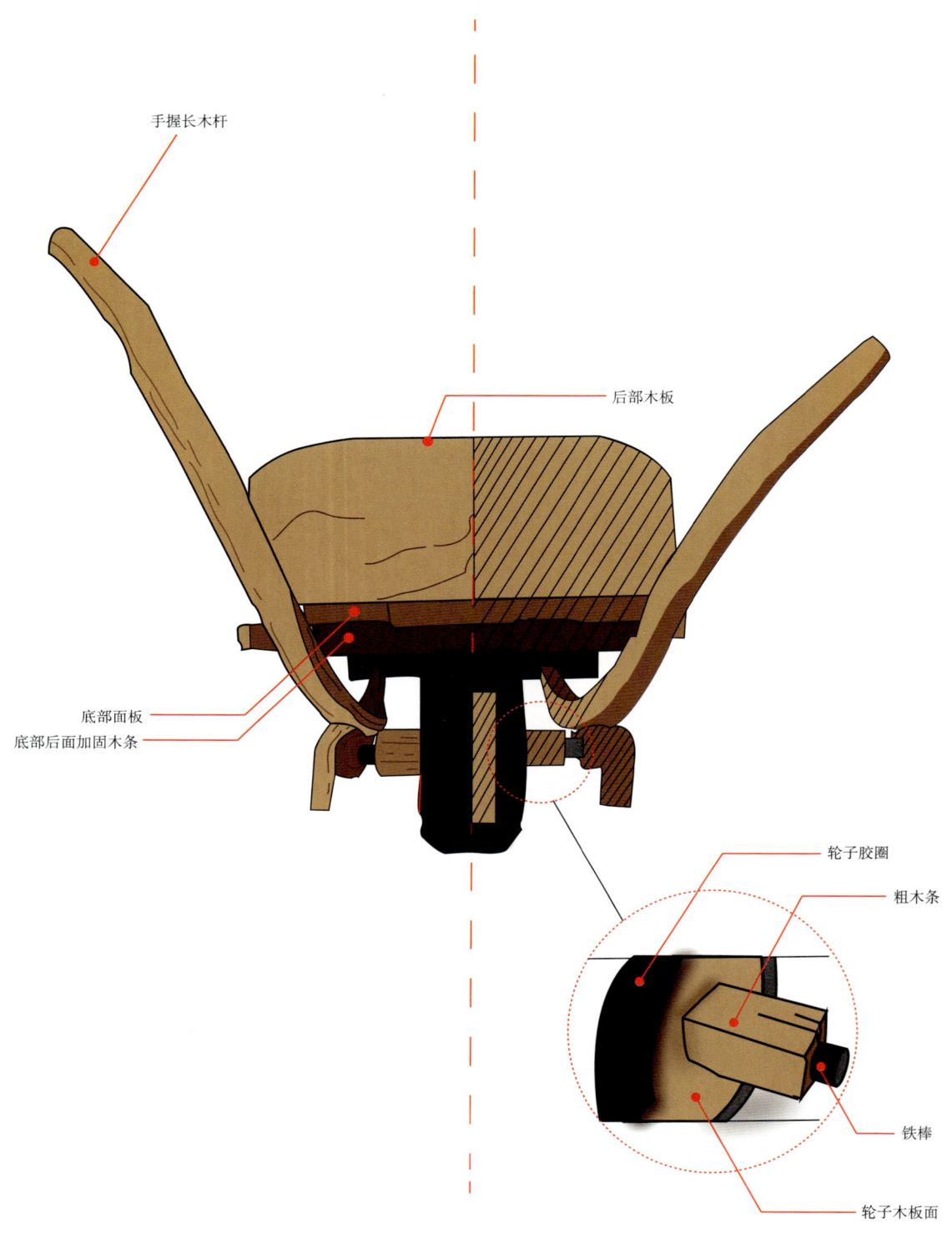

图三　傈僳族独轮车结构名称图

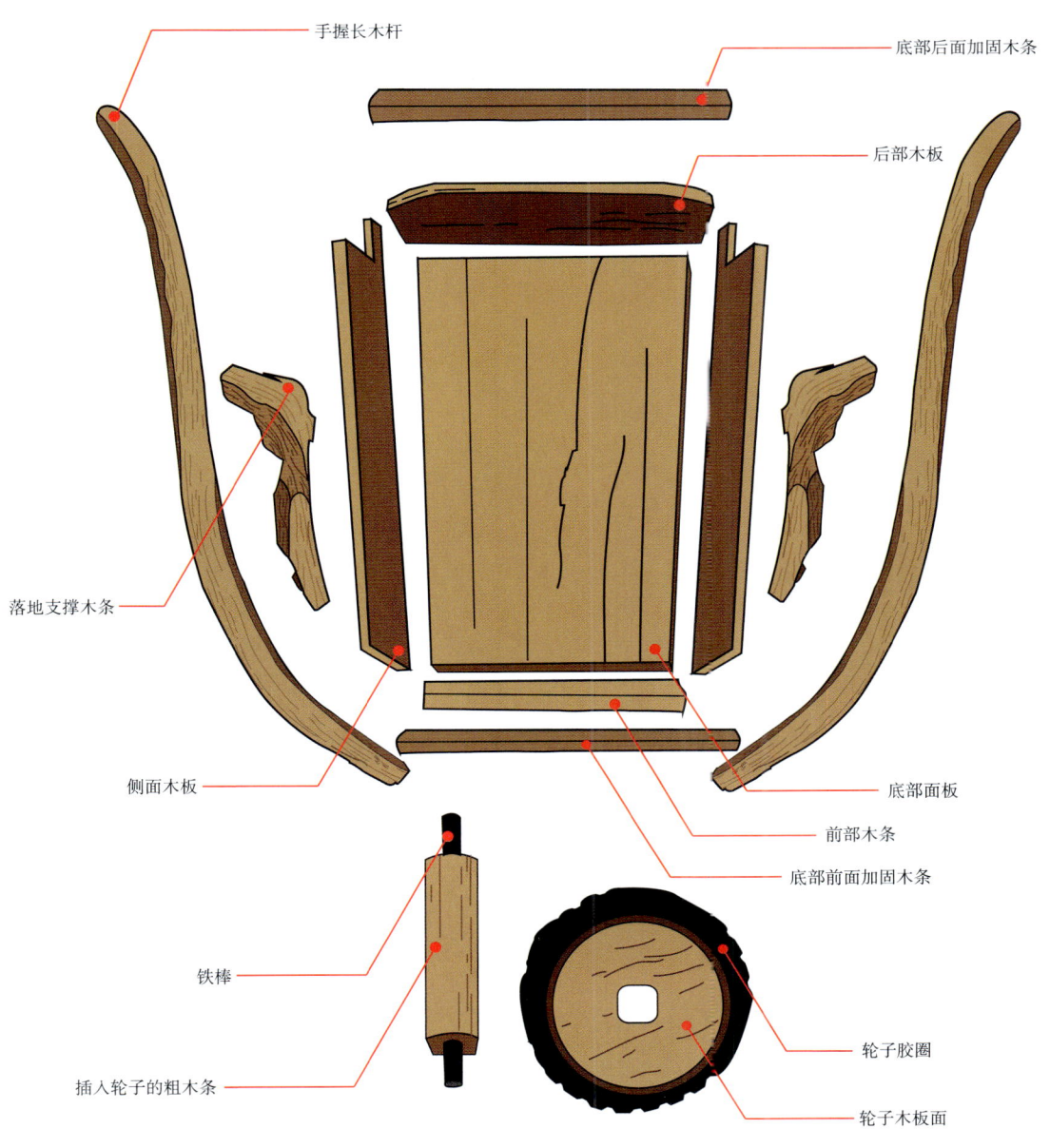

图四 傈僳族独轮车解析图

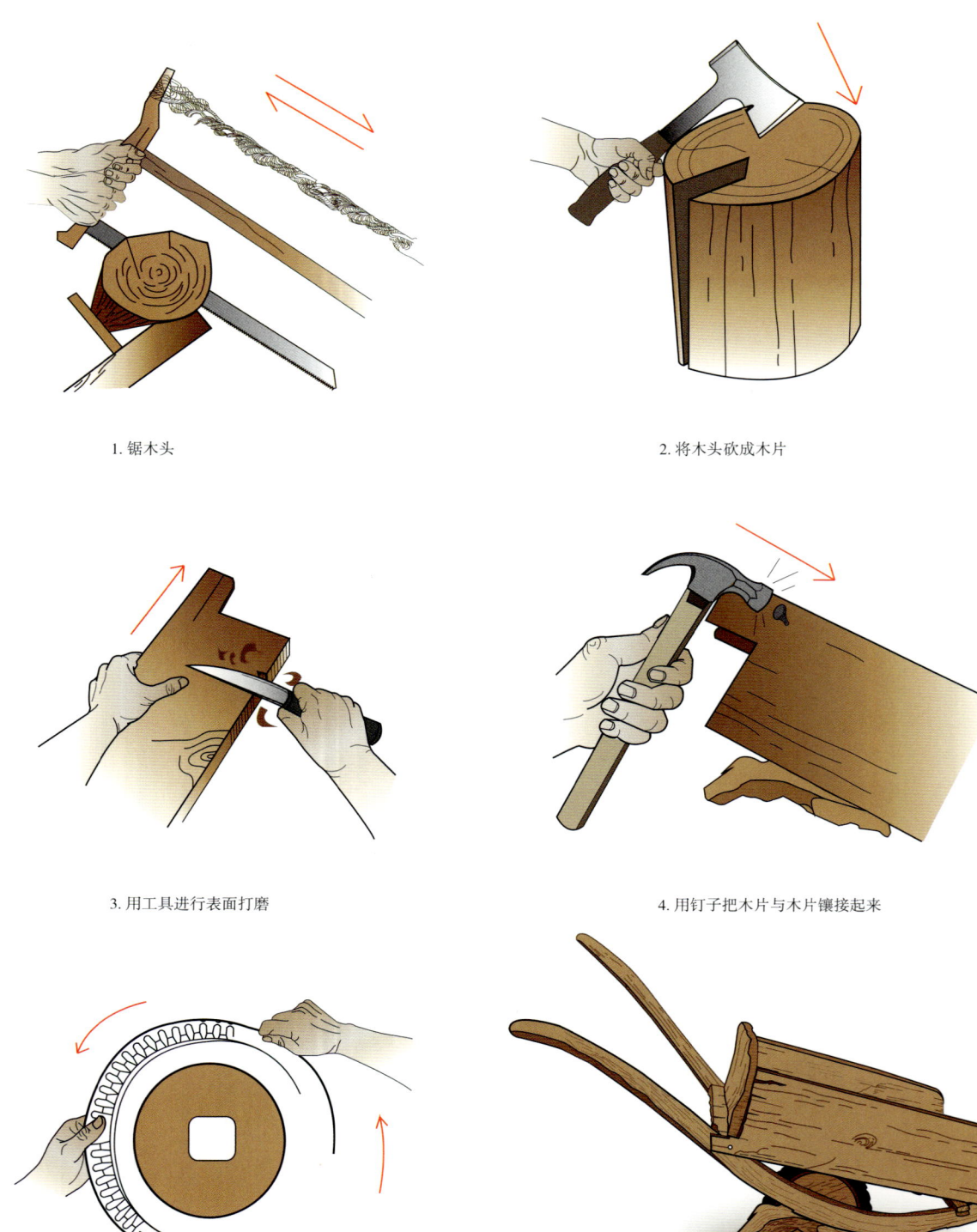

图五　傈僳族独轮车制作流程图

双手握车把手，推着向前行

图六 傈僳族独轮车操作示意图

傈僳族马架子

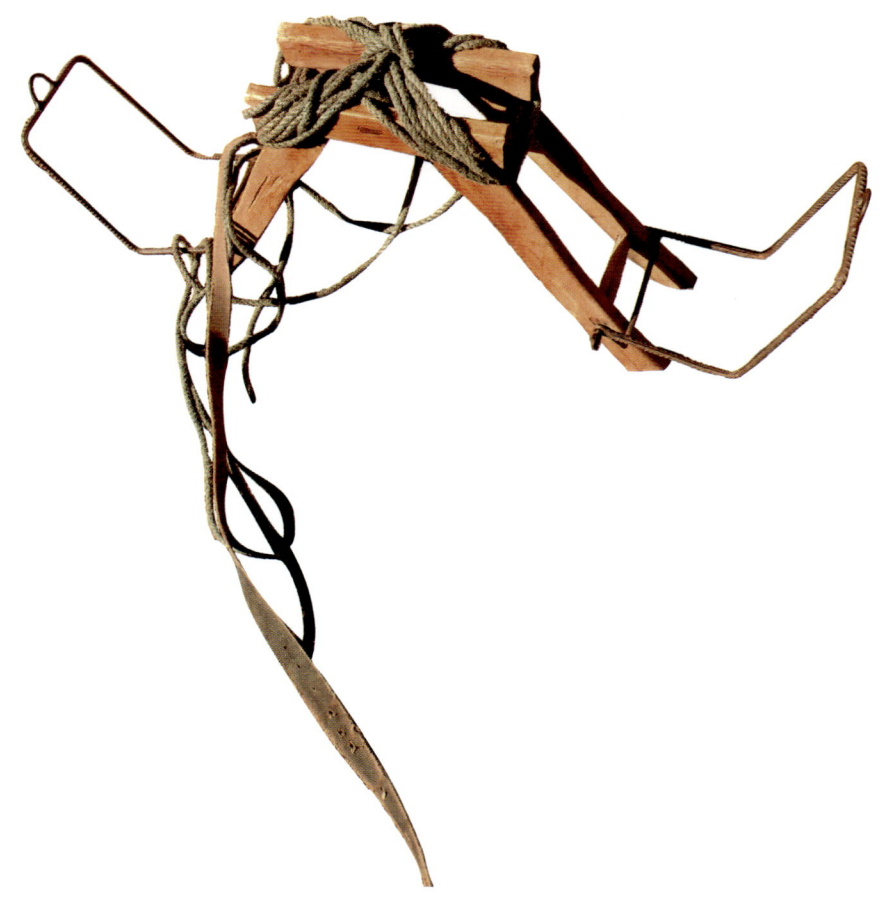

图一　傈僳族马架子主图

傈僳族马架子，呈几字形，由木和钢筋两种材料制作而成，置放在马背上，一方面提升马的运输量，另一方面增加运输途中的稳定性。此案例采集于云南丽江永胜县东风乡东乐村。

傈僳族马架子与我们熟知的马鞍不同，但也有共同点。西汉时期，弓箭是匈奴和汉军骑兵最重要的作战武器，它的使用受到马具的严重制约。没有马鞍的时候，在奔马上射箭极为困难，因为骑手一边要双腿使劲夹住马腹并保持平衡，一边还要双臂用力拉开弓并尽量使射出的箭命中目标，即便是自幼生活在马背上的游牧民族，这一作战方式也是非常低效且难以实行的。而马鞍投入使用后，给予骑手一个纵向的稳定作用，使其可以在飞驰时向前方射箭，但由于横向上无有效支撑，朝左右方向甚至转身向后射箭时仍然容易跌落，这时就需要马镫的配合。傈僳族马架子木质部分的设计原理类似于人坐在上面用腿夹紧马腹，起到纵向的稳定作用，而钢筋部分起到横向的稳定作用。马架子的设计原理多少受到了马鞍的启发。两者的区别主要在于马架子是为了方便马驮运芦柑、柴火、粮食及其他的一些货物，考虑的是运输过程中的稳定性，而马鞍的设计则考虑的是人在马背上的舒适和稳定性。还有一点值得注意的是马架子下面的钢筋结构，该斜纹钢筋的弯曲，可以根据货物体量的大小，在绳索的辅助下进行相应的调整。

傈僳族马架子整体的设计结构合理，功能明确，呈现出非常明显的原生态。

图片来源

图一　梁婷　摄影　蓝玉佳　制图

图二至图五　程琼博　制图

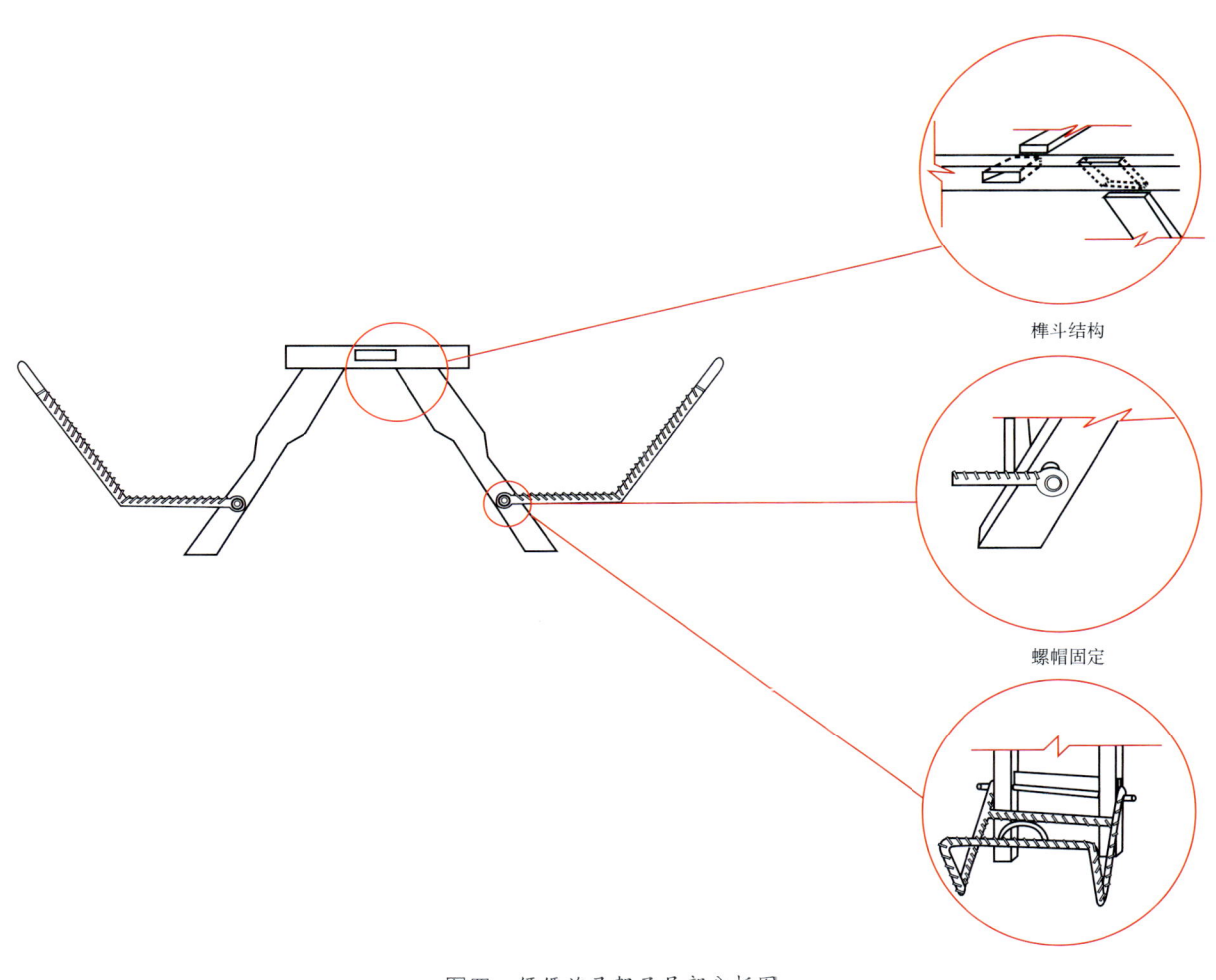

图四　傈僳族马架子局部分析图

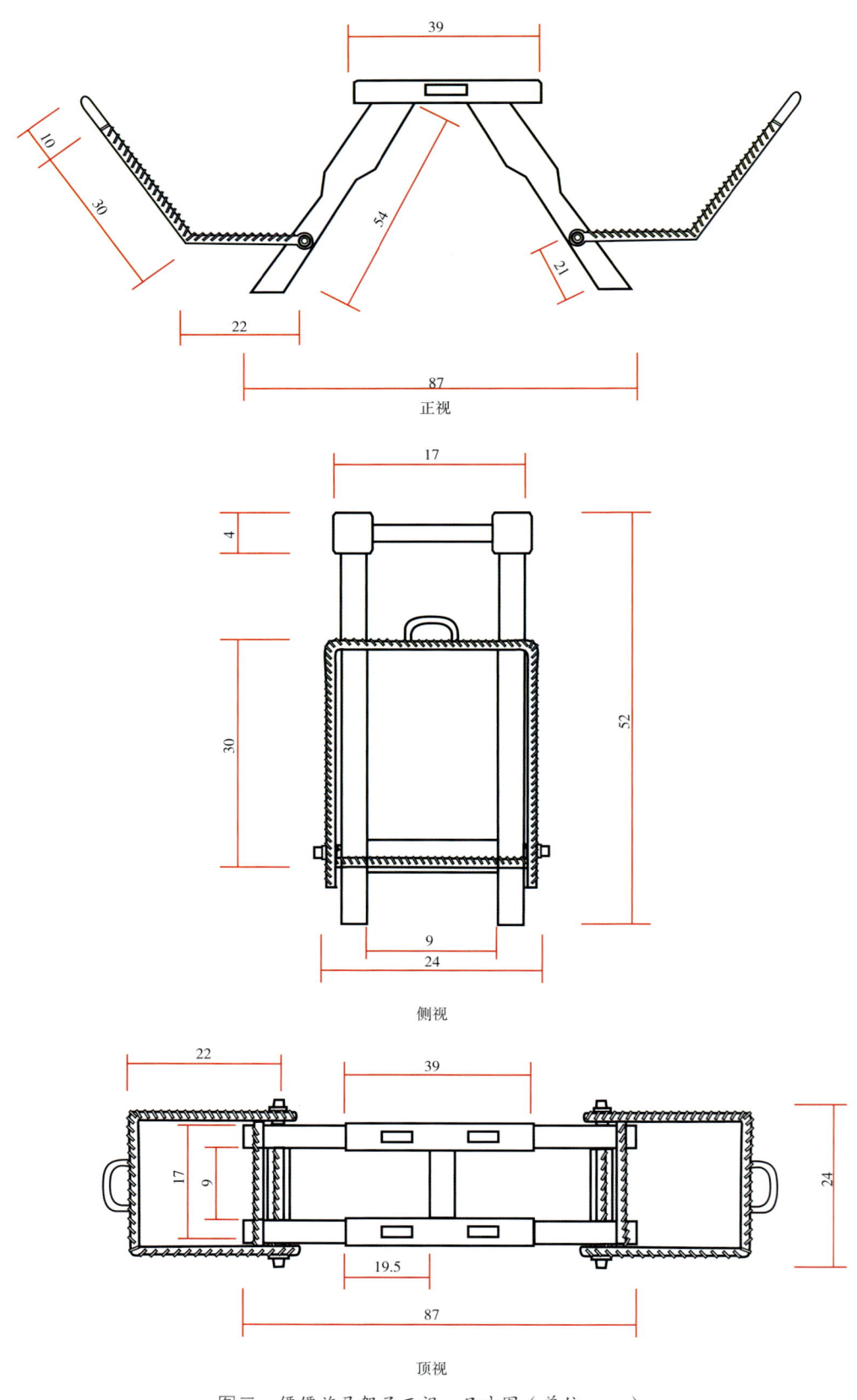

图二 傈僳族马架子三视、尺寸图（单位：cm）

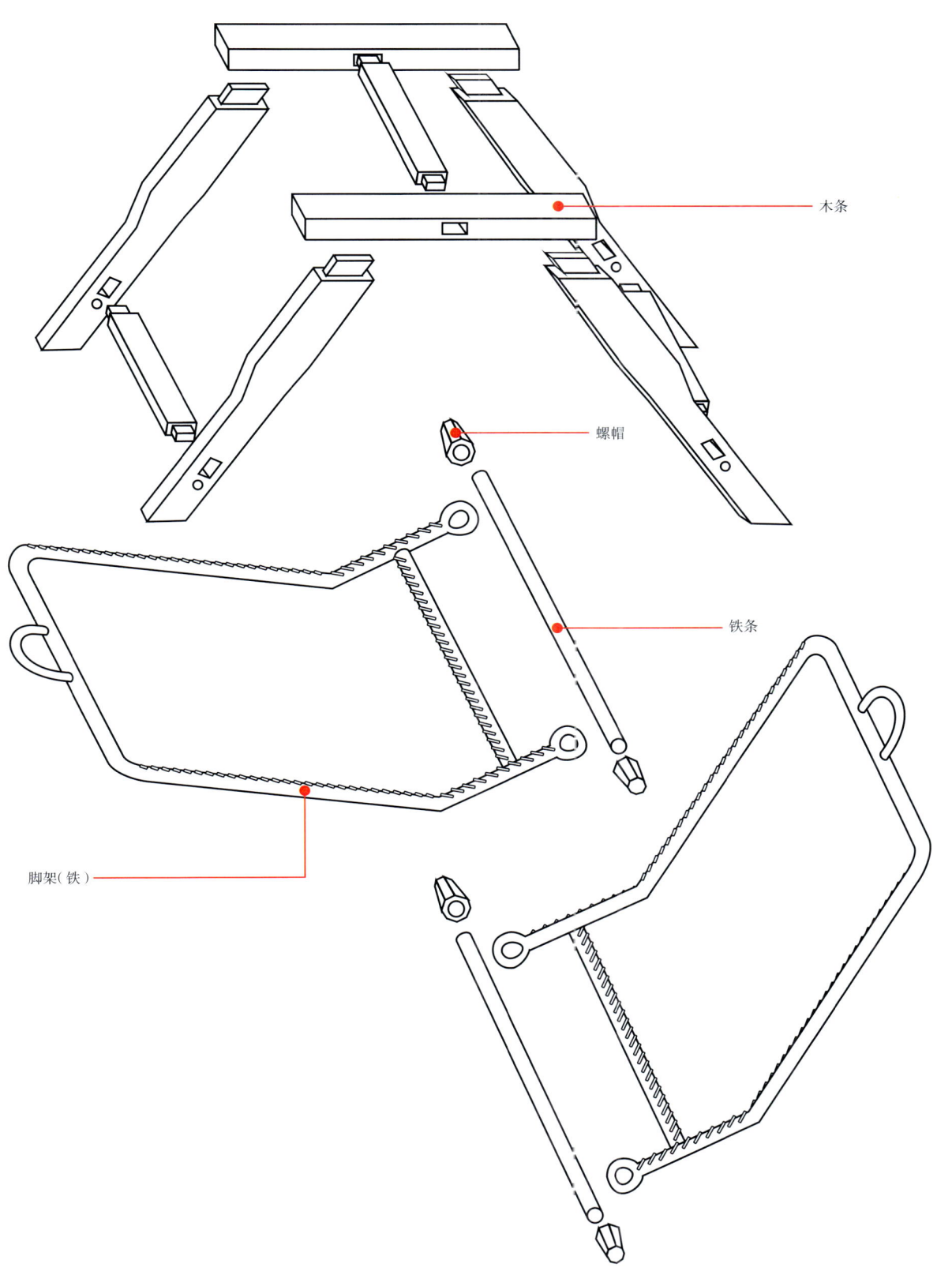

图三 傈僳族马架子解析图

图五　傈僳族马架子使用情境图

傈僳族背篓

图一　傈僳族背篓主图

由于傈僳族居住的环境大都在半山区，当地农民每天都需经过崎岖狭窄多险的道路下地劳作，并携带各种生产工具、种子、肥料等；收工回村，又要携带稻草麦秸、木料竹材、收割的农作物等；尤其是在秋收时节，运送粮草之频繁更不用说了。因此，背篓成为他们一种重要的传统运输工具。同时，这种背篓也适用于居住环境类似的各个民族。

背篓在编织之前需做大量的前期准备工作。第一步，选竹，选取当地的一种野生实心竹，少节，颜色以黄绿为佳。长至一年半左右的竹子具有韧性，如生长超过三年以上竹子过脆不易编织。根据所要编织背篓的大小准备相应数量的竹子，一般为6～10根。第二步，把选取回来的竹子用砍刀均等剖成四瓣，取其皮，成为成条的薄竹片。前期工作准备就绪之后，就可以起底编织。一个熟练的编织者一般可在半小时内完成一个背篓。

背篓的编法和筐眼的疏密程度不同，往往可区分各自不同的功能和用处。如用来背米面等的背篓，就需要编得非常细密，不能有漏眼。背篓的编织虽然简单,但形态多样,使用起来非常灵活,适合于生活在山区不同地形下傈僳族人背运不同性质的物品。现傈僳族人遇赶场、走访各个村寨尚在使用背篓,给生活和生产带来了极大的方便。

图片来源

图一　梁婷　摄影　蓝玉佳　制图
图二至图六　蓝玉佳　制图
图七　梁婷　摄影

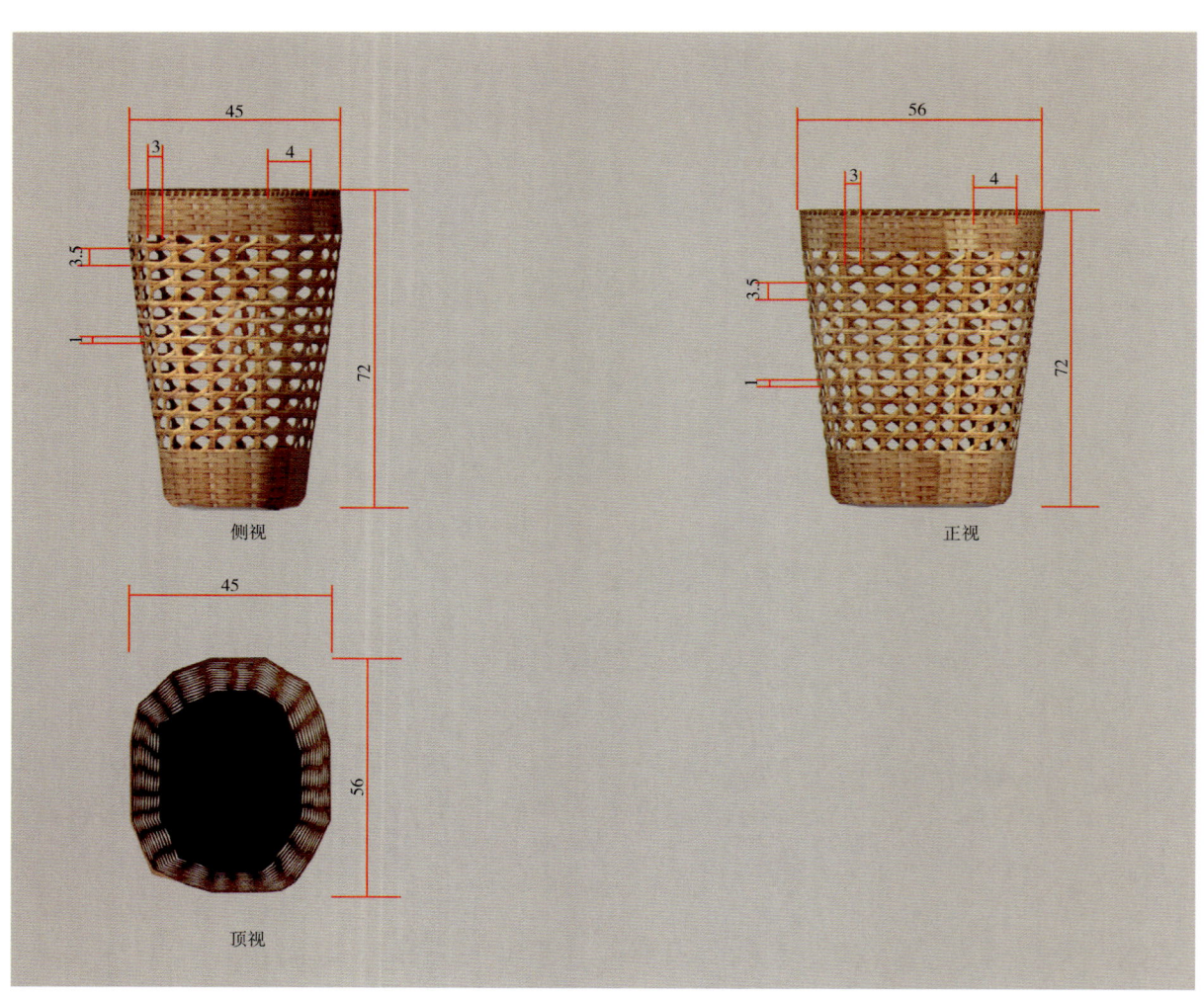

图二　傈僳族背篓三视、尺寸图(单位:cm)

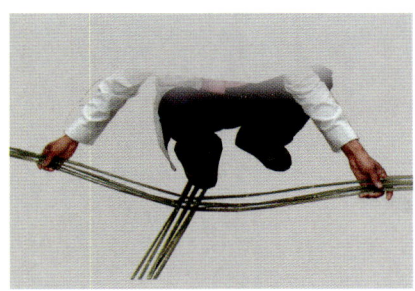

1. 起底

2. 插入更多纬线（骨架）

3. 将背篓用双腿固定编织

4. 收边

图三　傈僳族背篓制作流程图

纹样 1

纹样 2

纹样 3

纹样 4

图四　傈僳族背篓纹样编织示意图

第四章　傈僳族传统生活用具

371

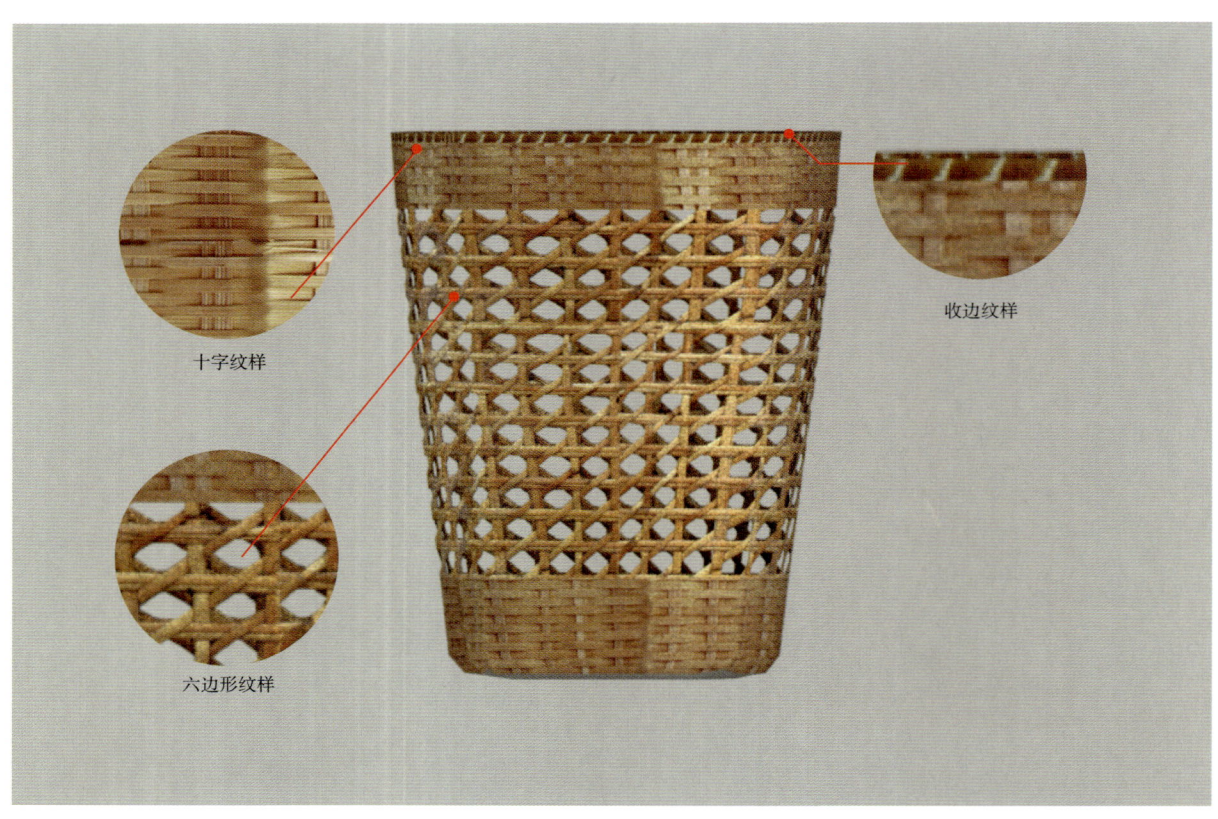

图五　傈僳族背篓纹样效果示意图

图六　傈僳族背篓操作示意图

图七　傈僳族背篓使用情境图

第五章
傈僳族传统生产工具

傈僳族砍刀

图一　傈僳族砍刀主图

傈僳族砍刀，全长56.2厘米，刀刃长39厘米，最宽处5.6厘米。主要由刀把、刀刃、刀套组成。此案例采集于云南迪庆维西县叶枝镇同乐村。在日常生活中傈僳族砍刀主要用于砍柴、架窝棚等，危急时刻用于近距离防身及劈砍野兽，被族人誉为是"万能工具"，因此傈僳族男子常年携带。

傈僳族砍刀的齐刀头设计，从安全角度来分析，由于没有了一般刀具的尖头，所以在使用过程中可以避免伤及他人；从使用功能来分析，突显了砍的功能；从力学的角度来看，齐头设计在砍的过程中减少了空气的阻力，加快了砍的速度，也使得使用它的人只需要用一小部分力量就能达到预期的效果；从人体工程学的角度来看，刀把的粗细刚好适宜人手能握住的大小。值得一提的是，傈僳族砍刀所配的刀套设计极具特点，该刀套不像其他民族的金属刀套那样具有封闭性，而是半透明性，一边封闭，一边暴露。这样设计不但可以节约材料、方便加工，还可以随时关注刀的使用情况，一旦生锈能在第一时间采取措施。

傈僳族砍刀在多年使用的经验及无数次改进的基础上，无论从形状还是砍刀的尺寸、重量等方面，逐渐形成了现有砍刀的经典造型。

图片来源
图一　梁婷　摄影　蓝玉佳　制图
图二至图六　程琼博　制图

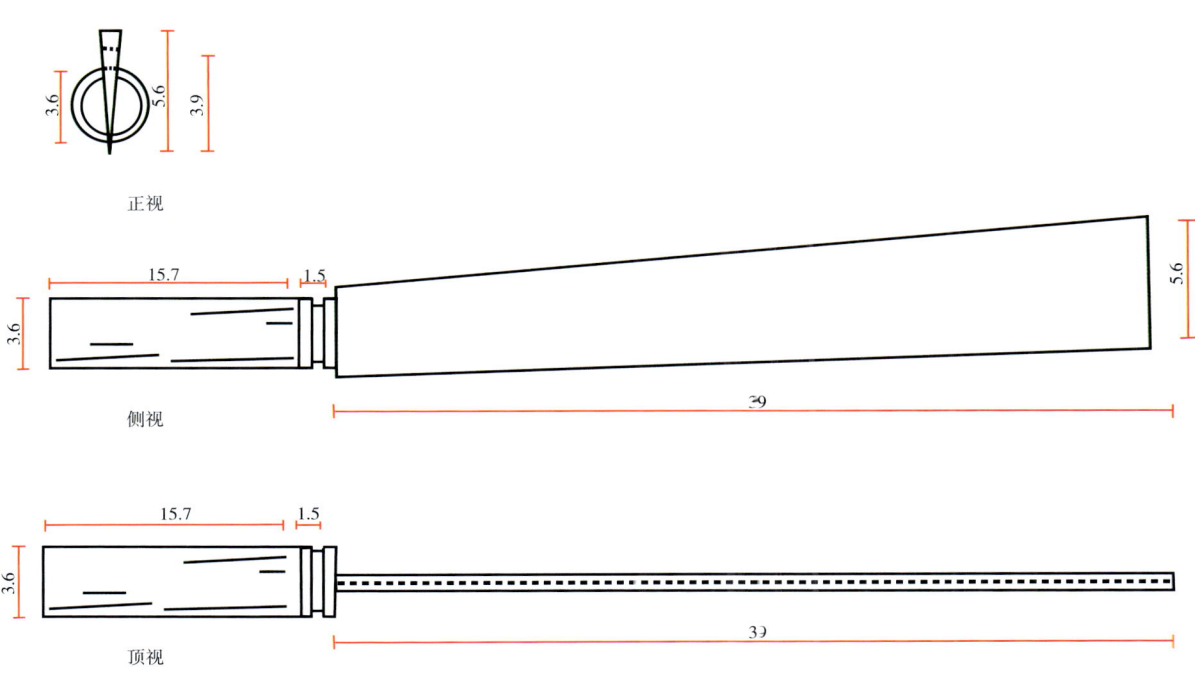

图二 傈僳族砍刀三视、尺寸图（单位：cm）

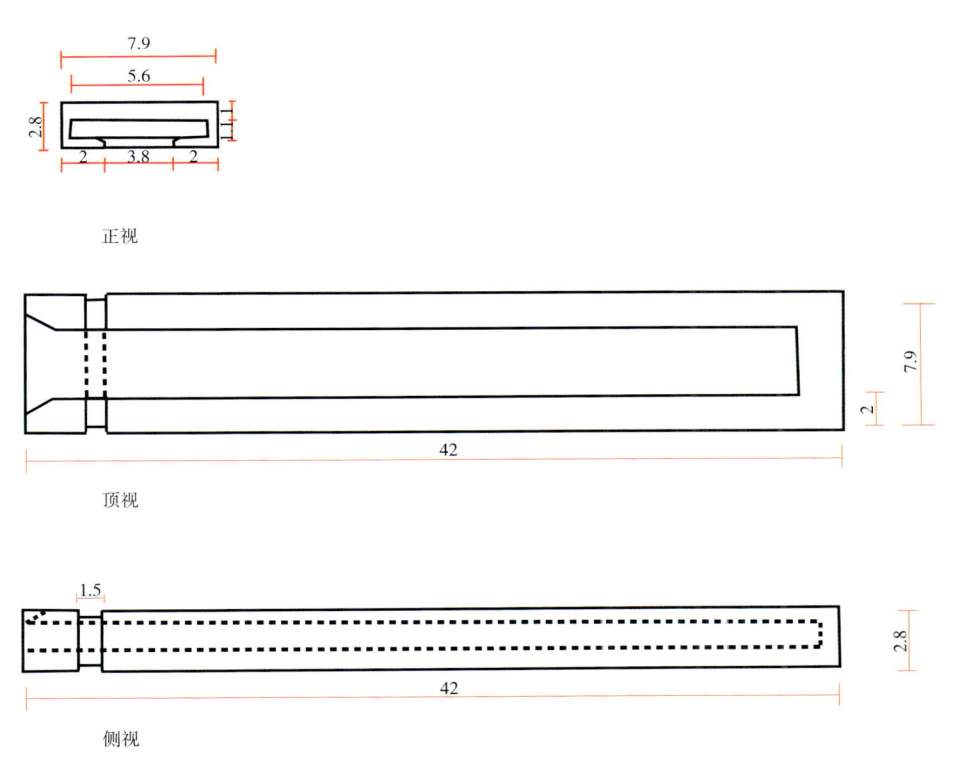

图三 傈僳族砍刀刀套三视、尺寸图（单位：cm）

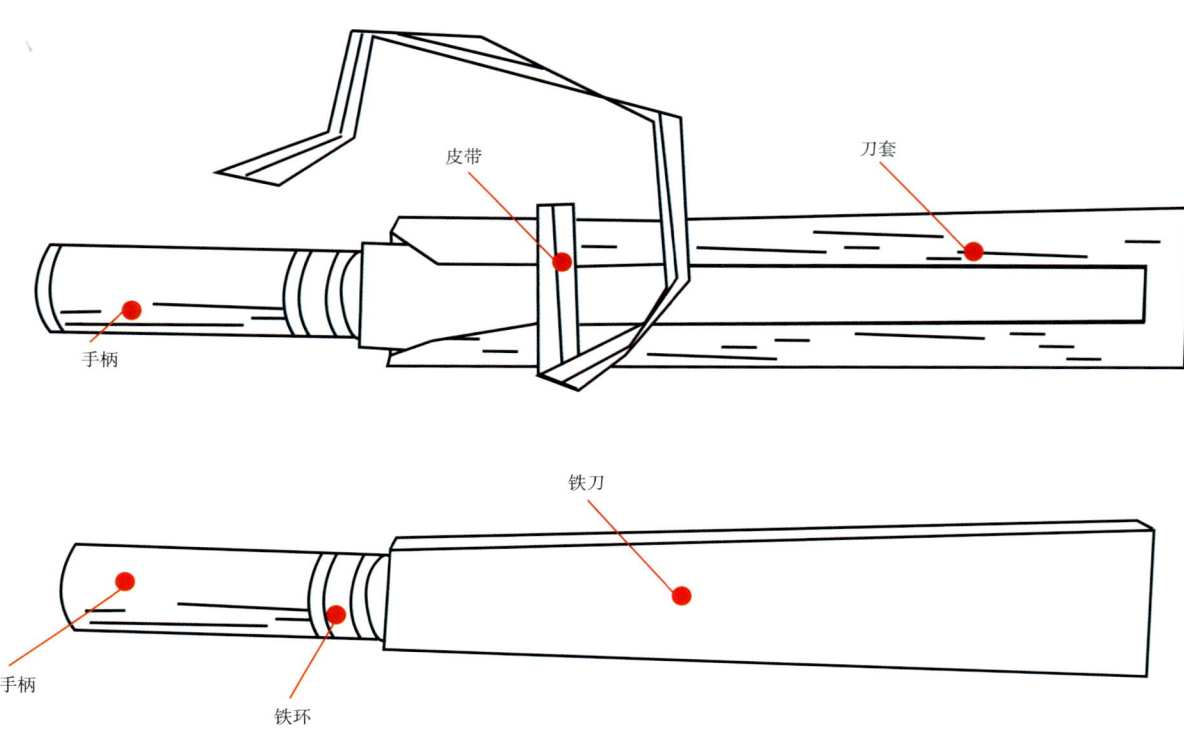
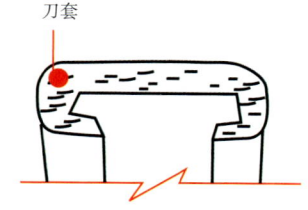

图四　傈僳族砍刀结构名称图

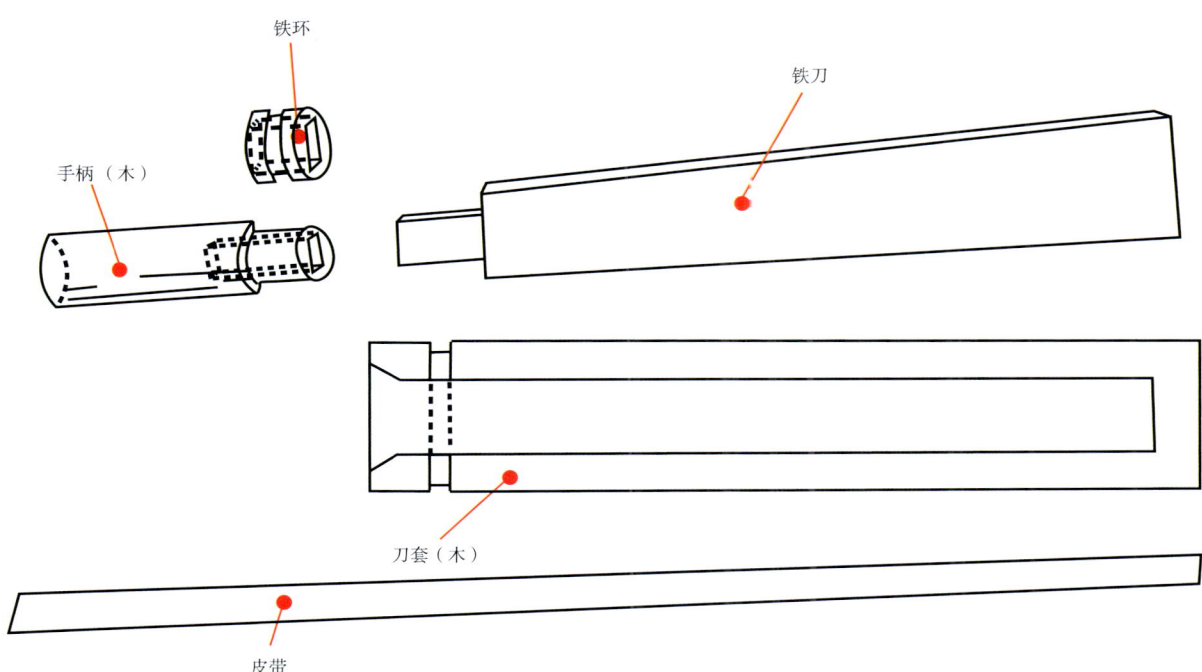

图五　傈僳族砍刀解析图

图六　傈僳族砍刀使用情境图

傈僳族火镰

图一　傈僳族火镰主图

傈僳族火镰，是一种年代比较久远的取火器物，由于打造时把形状做成酷似弯弯的镰刀，与火石撞击能产生火星而得名。

火镰由铁器、火石和火绒三部分组成。

铁器：长约10厘米，宽3.7厘米，厚0.4厘米（大小和名片类似），打造成弯弯的镰刀形状，为火镰主件。

火石：一般产自河滩，是经过河水冲刷并于石头间相互碰撞、摩擦留下的质地比较坚硬，并在高速撞击时能产生出火花的石头，也有从山里直接开采出来的，纯度比较高，所含成分和现代火石相同。

火绒：就是艾蒿的嫩叶。艾蒿为一种菊科多年生灌木状草本植物，在春夏之末将其叶片采摘晾干或阴干后用手揉成絮状待用。傈僳族人把它作为点火的引子。

火镰的设计利用了摩擦起火的原理，使用时反复让铁器与火石摩擦使之发热，然后用力向下猛击火石产生火花，点燃垫在火石下面的艾蒿，达到取火的目的。

火镰除了用于生活取火之外，也是傈僳族男子的随身附属物件，特别是喜好吸烟的男子更是如此。有些铁器上还会被雕刻上一些纹样作为装饰，除了适用性外，火镰也具有美观性。很长一段时期，火镰为傈僳族人采集火种的重要器物，在傈僳族中广为流行。和其他取火方式比较起来，火镰是傈僳族人生存智慧的集中体现，在历史的进程中也是一个了不起的发明。

图片来源
图一　梁婷　摄影　程琼博　制图
图二至图四　程琼博　制图

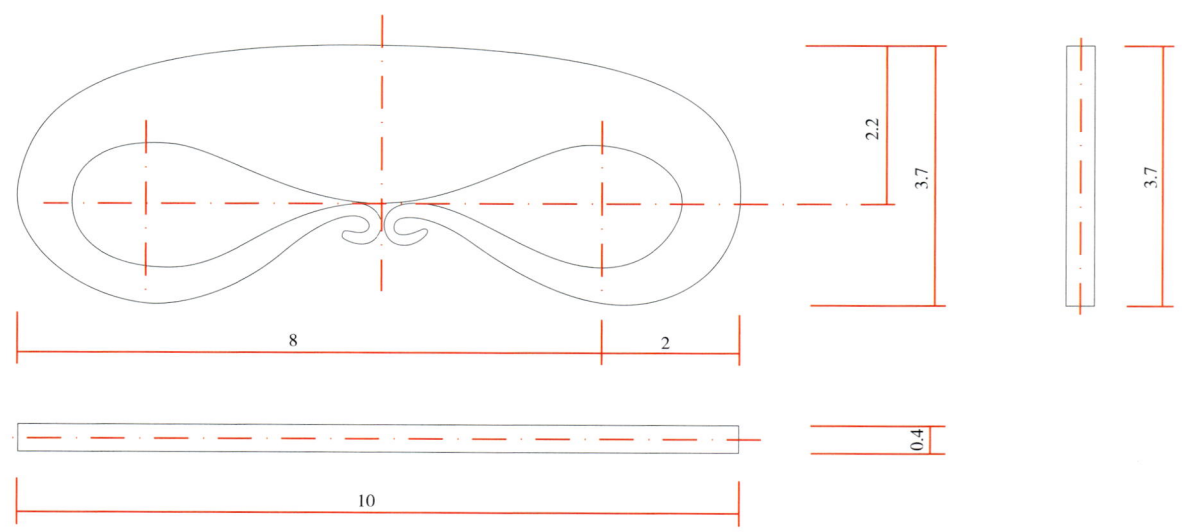

图二　傈僳族火镰尺寸图（单位：cm）

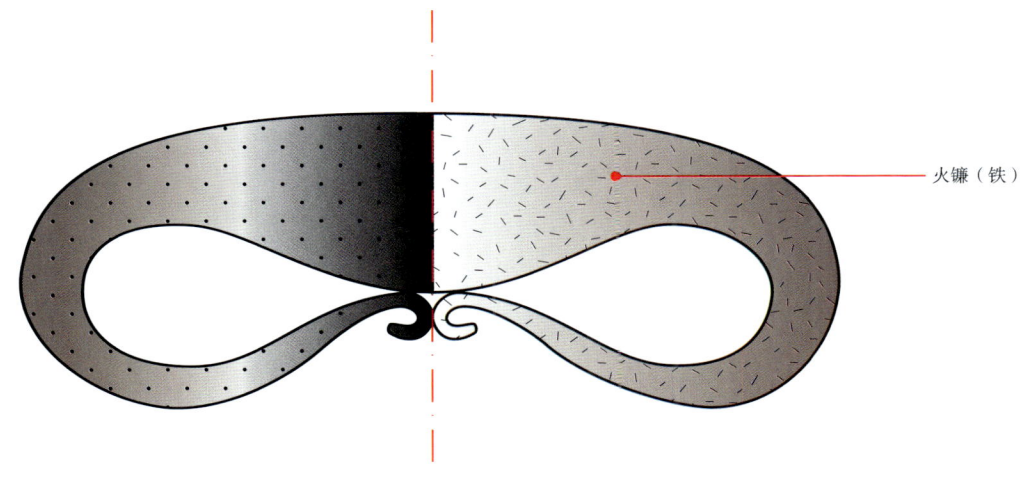

图三　傈僳族火镰解析图

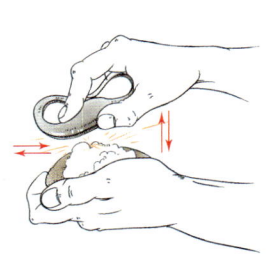  

1. 把火绒放在石英石上，用火镰摩擦起火　　　2. 火绒着火　　　3. 把着火的火绒放在准备生火用的柴火上

图四　傈僳族火镰操作示意图

傈僳族挖锛

图一　傈僳族挖锛主图

傈僳族挖锛，是傈僳族木工用的一种加工木料的平斧头。一般用于去除树皮或大概轮廓的粗糙加工，使用时有一定的危险性。刃是纵向的，用于在木材上挖孔或凿洞。挖锛手柄长 52 厘米，手握处的有效范围长度 45.8 厘米，铁镢头部分长 21.4 厘米，铁镢头前端宽 3.3 厘米。随着木工机械的发展，傈僳族挖锛已经不多见了。此案例采集于云南迪庆维西县保和镇腊八底村。

傈僳族挖锛和傈僳族小铁锄（"阿呆"）很类似，其形制和石器时代的石锛也很接近，是原始石锛的进化形态。在其鹤嘴上套上铁刃，使用的时候可单手操作，也可双手操作。傈僳族挖锛和锄头的使用方式一样，通过纵向挖掘，即可在木材上挖出大致的深槽，特别是加工饲料槽的时候，是最合适的工具。挖锛的制作过程体现出原始刀耕火种民族的显著特点，挖锛的手柄是根据树木生长的自然形态选取，经过简单加工削制成前端类似于一个鹤嘴的形状，铁镢头正好套在鹤嘴上。铁镢头最前端和原始石锛一样扁而平，较为锋利；后端较厚且蜷曲成一个套，适合鹤嘴部分套入。

傈僳族挖锛是研究傈僳族农耕文明的活化石，人们依据它可以去探索和感知人类石器时代的发明和制造工具的雏形。

图片来源
图一　梁婷　摄影　毛宸霞　制图
图二至图三　毛宸霞　制图
图四　梁婷　摄影、制图

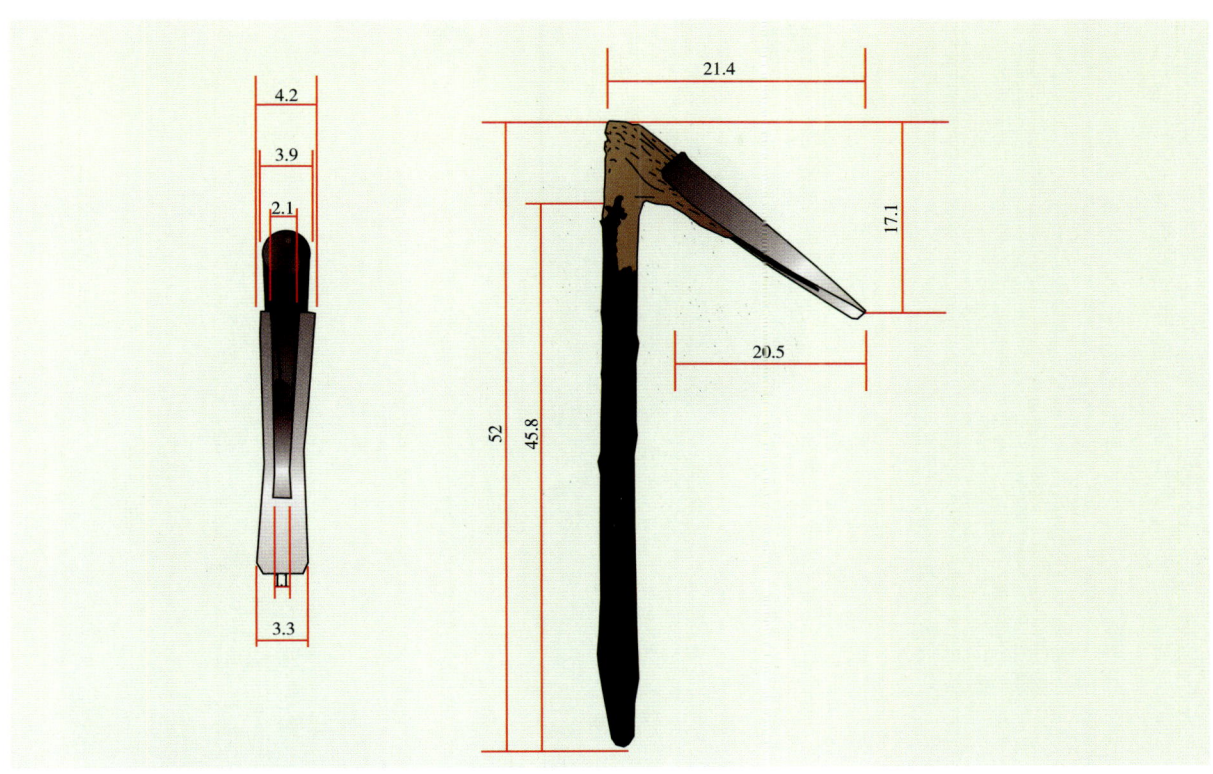

图二 傈僳族挖锛尺寸图（单位：cm）

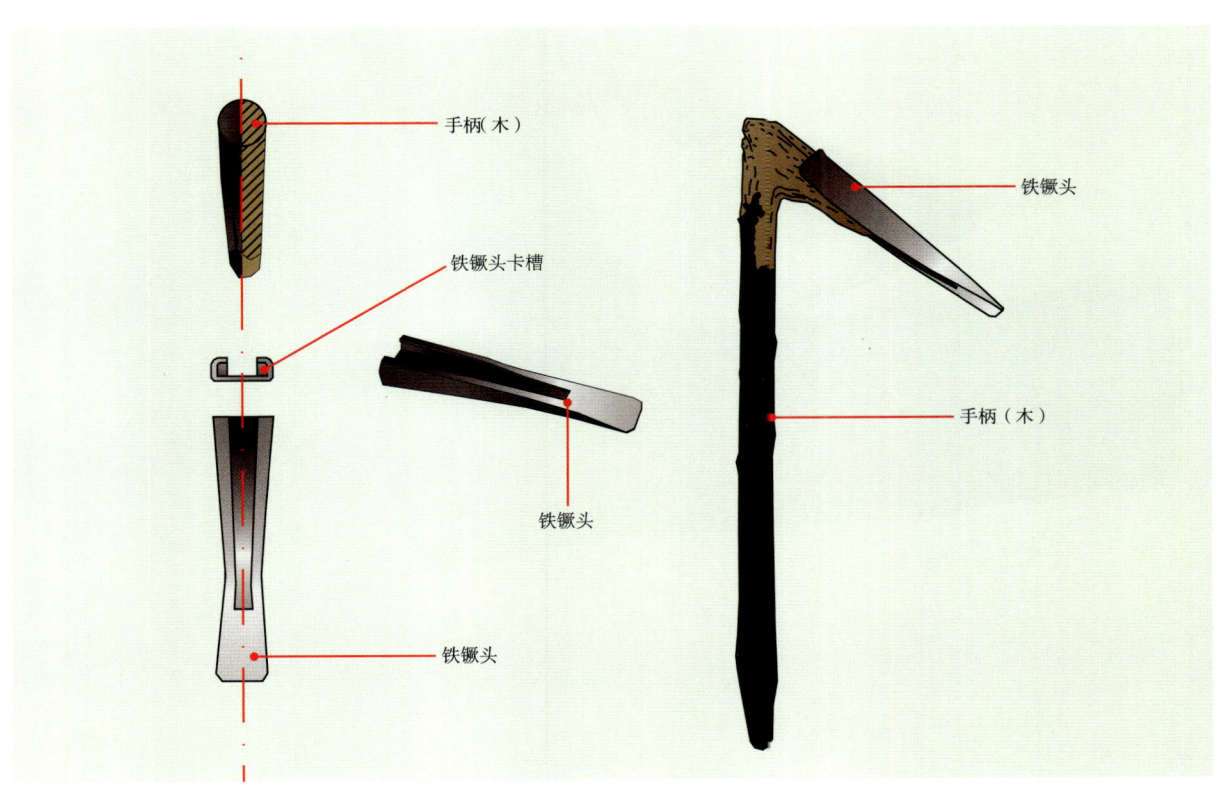

图三 傈僳族挖锛结构名称图

图四　傈僳族挖锛使用情境图

傈僳族打挖锛

图一　傈僳族打挖锛主图

傈僳族打挖锛，通长 66.6 厘米，锛刃长 23.7 厘米，锛刃前宽 11.5 厘米，后宽 7 厘米。由木和铁两种材质构成，柄为木，头部为铁和木所制，整体形制较小，是用来细加工挖平木材表面的一种木工用具。此案例采集于云南迪庆维西县叶枝镇同乐村。

凡用木材所制的生活用品如箱柜等，都需要先用斧或锯子等工具做出最初的木板，这时的木板表面都是比较粗糙的，需进一步地进行加工，这时就需要打挖锛这一工具进行细挖，挖平木材的表面。经过此道工序后木材表面较之前更为光滑，但仍未达到要求的程度，仍需推刨到平。锛和斧头虽有相似之处，但不同之处也显而易见。打挖锛的刃口与柄呈 90 度，类似于锄头的装配方式，而斧头的刃口与柄平行，类似于砍刀的装配方式，便于劈这个动作的完成，如常见的劈柴。从材质构成来分析，两者的区别也十分明显，傈僳族打挖锛除了手柄为木制以外，其他部分为凹形铁制和凸出的木头两部分紧密榫斗在一起，而斧头除柄为木制以外，其他部分均为铁制。之所以傈僳族打挖锛在头部相比斧头减少了一半的铁，这是由它们的功能所决定的。因为斧头重在劈砍等动作，要求重力全部集中在头部，因此头部全为铁制，而打挖锛重在细加工这一环节，如果头部铁过重，不易于人手的把握，因此，相比斧头，其头部由铁和木结合，扩展了斧头只单纯用来劈砍木材的功能。

傈僳族打挖锛体现了傈僳族人独特的思维特征。一半铁一半木，两种材料通过设计有机结合形成的不平衡的状态恰好使得力量更集中在前面的锛刃上,又便于手的把握。在工具制造过程中,他们除了考虑到人的使用之外,也考虑到工具在使用时的状态,可谓巧思用尽。

图片来源

图一　梁婷　摄影　蓝玉佳　制图
图二至图四　程琼博　制图

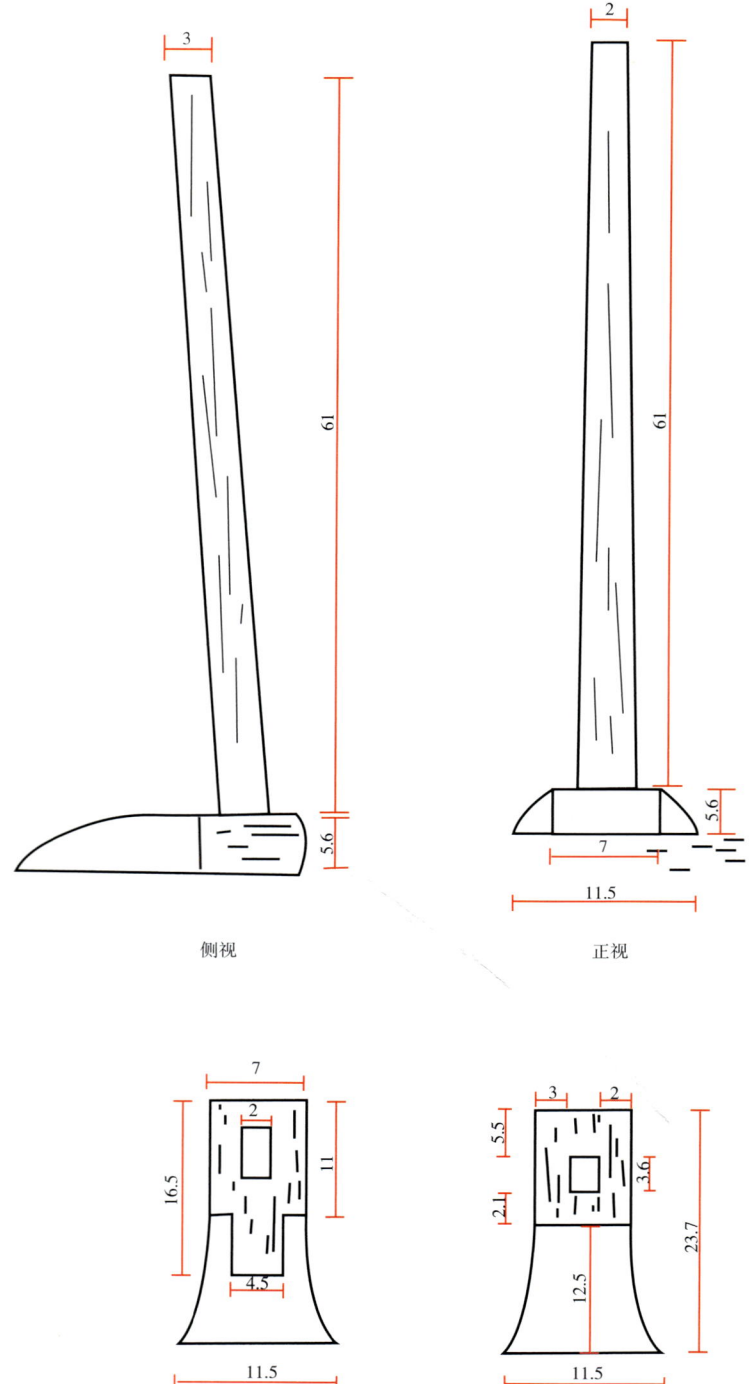

图二　傈僳族打挖锛三视、尺寸图(单位:cm)

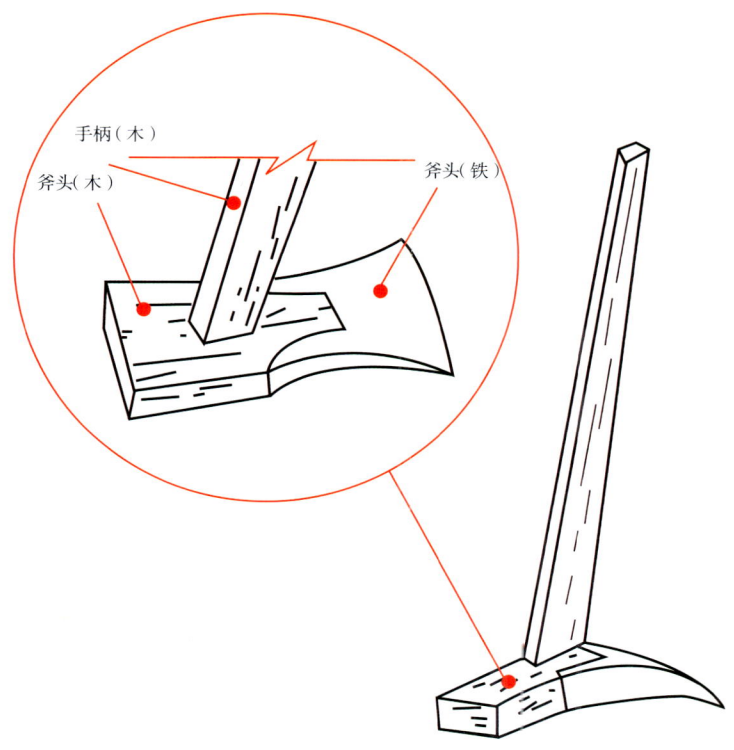

图三　傈僳族打挖锛结构名称图

图四　傈僳族打挖锛使用情境图

傈僳族粮杆

图一　傈僳族粮杆主图

傈僳族粮杆是一种粮食加工工具，傈僳语称其为"棉子"。主要是由一根实心竹（长150厘米）和一根树藤（163厘米长，直径1厘米左右）制作而成。实心竹与树藤之间用一种非常具有韧性的类似于绳子的东西连接，防止在挥打的过程中脱离。此案例采集于云南迪庆维西县叶枝镇同乐村。

实心竹部分用来手握，当地人称其为"拇量"，树藤部分在挥打的过程中用来接触农作物，起到脱粒的作用。因此，针对各自的功能，粮杆的制作在选材方面具有一定的讲究。手握部分往往选取实心竹，因空心竹容易折断，而树藤则选取当地山上的一种野树，傈僳语称"九根树"，据当地人说这种材质的树藤质地非常坚硬。打青稞时，傈僳人将晒干的青稞平摊在场地上，将粮杆高高地扬起，树藤部分反复旋转挥打在青稞上，让青稞达到脱粒的目的。

傈僳族人使用粮杆脱粒的方式在设计上与其他脱粒的方式相较，有自己的特点。虽在操作时比较费力，但脱粒效果较为理想，且制作和加工非常简便，是一种较为常见的农用工具，但由于此劳作非常耗力，通常由男人打场。

图片来源

图一　梁婷　摄影　郑伊晏　制图
图二至图五　郑伊晏　制图
图六　梁婷　摄影

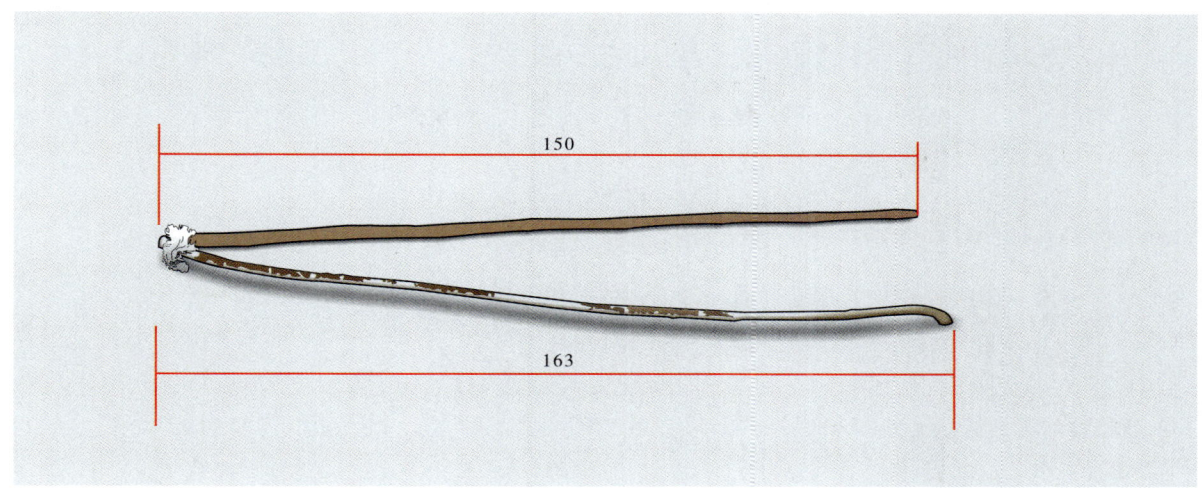

图二 傈僳族粮杆尺寸图（单位：cm）

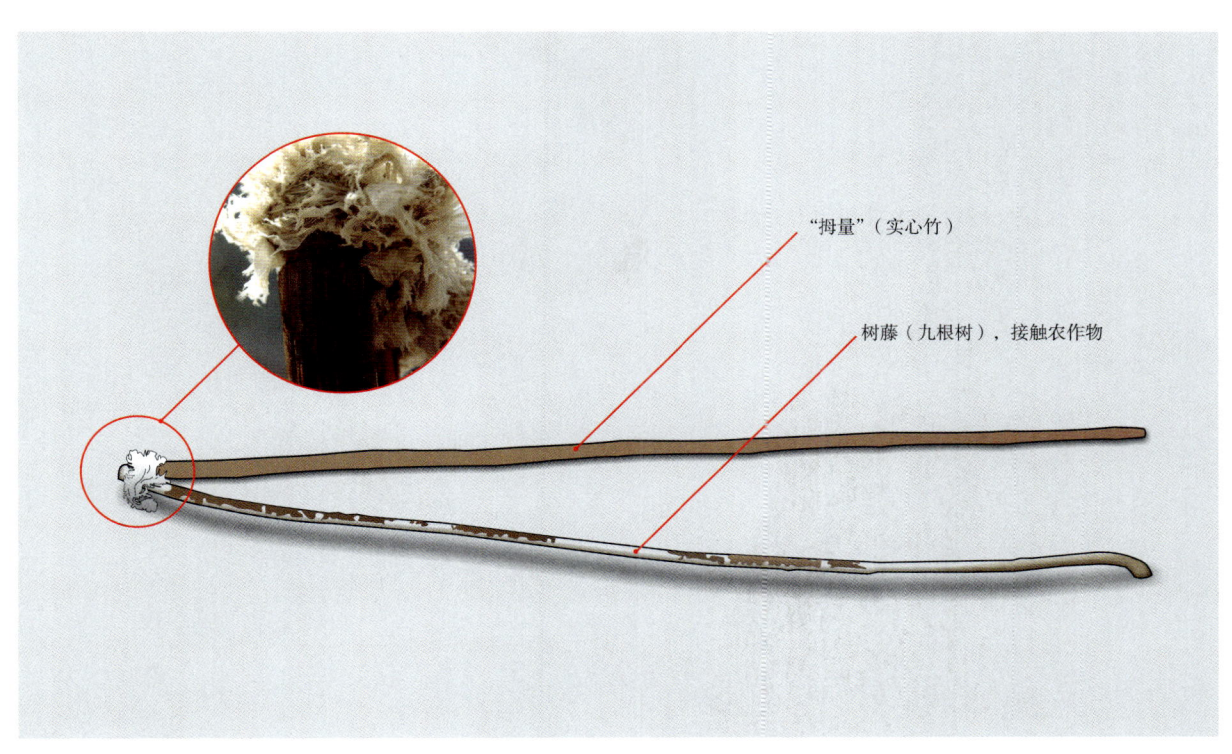

图三 傈僳族粮杆结构名称图

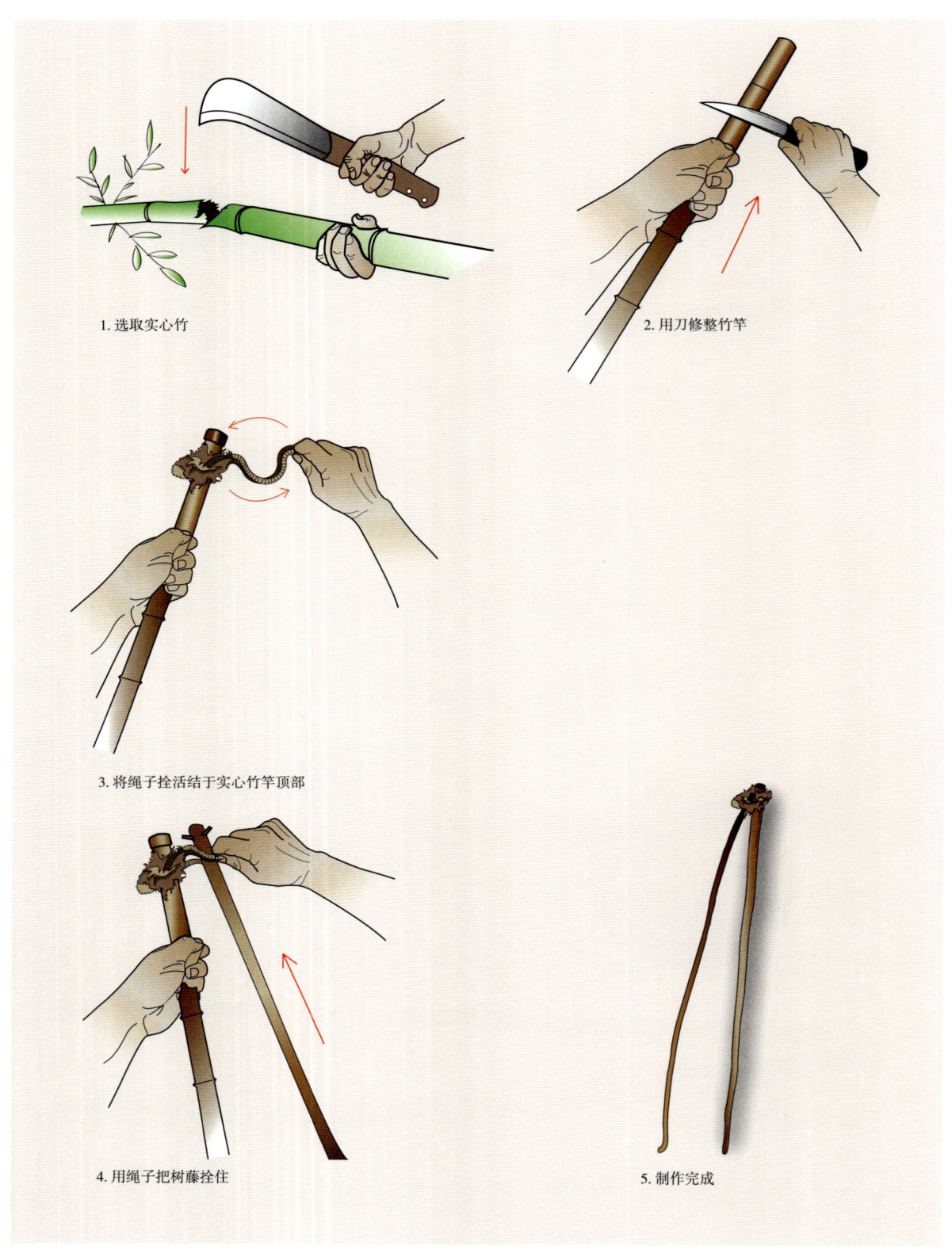

图四　傈僳族粮杆制作流程图

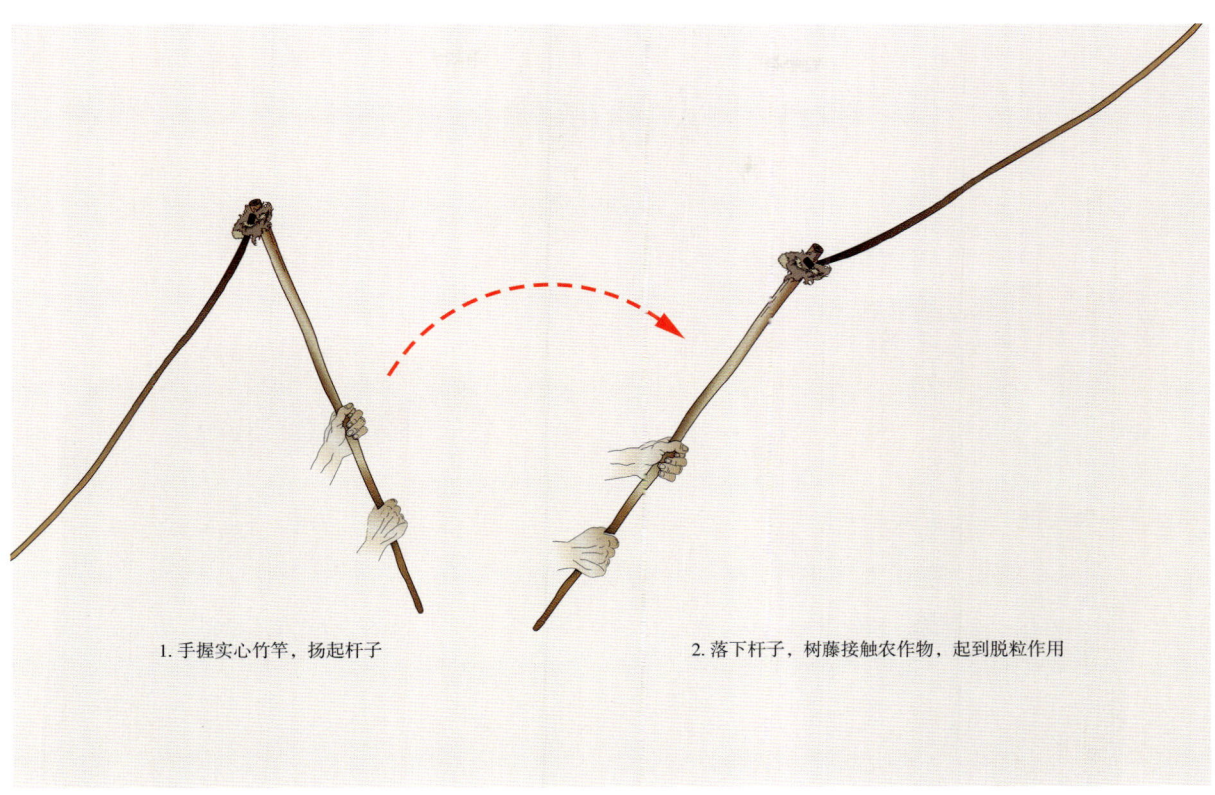

图五　傈僳族粮杆操作示意图

图六　傈僳族粮杆使用情境图

第五章　傈僳族传统生产工具

华坪、永胜傈僳族木臼

图一　华坪傈僳族木臼主图

图二　永胜傈僳族木臼主图

华坪傈僳族木臼高62厘米，臼口直径35.5厘米，杵棒长130厘米。永胜傈僳族木臼高55厘米，臼口直径45厘米，杵棒长120厘米。此案例分别采集于云南丽江华坪县丁王村傈僳族文化传承坊、云南丽江永胜县东风乡东乐村。

臼的材质分木、石两种。傈僳族木臼为舂米的器具，用木头制成，中间凹下。傈僳族木臼系用双手执杵舂捣，故亦称手臼。目前使用杵臼的民族在云南有独龙族、景颇族、佤族、白族、瑶族、拉祜族、哈尼族、布朗族、傣族、傈僳族等。木臼在这些民族中的使用率很高，各地虽在形制上有所不同，但功能基本一致。不仅被大量用于稻谷的脱壳，而且大凡需要粉碎之物都可用其舂捣。傈僳族木臼杵棒一般是直杵。在传统的谷物加工工具中，加工量较大、效率较高的是脚碓和水碓，但部分需要精加工的谷物则广泛使用木碓。制作傈僳族木臼要先用火烧烙树心，再用刀具进行修整。和石臼比较起来，木臼加工更容易,制作简便。这种木臼可以单人或双人、三人一起使用。永胜傈僳族木杵的形状和华坪傈僳族木杵的形状有一点区别,前者中间用手握住的部分被修整得适合人手握住,而两头则比较粗壮,以方便舂捣;后者则有一定弯曲,中间部分虽然也修整得较细,但没有明显的差异,是逐渐过渡到粗壮的两头。

即使是科技发达的今天,木臼在农耕为主的傈僳族中也被广泛使用,是生产中不可缺少的工具之一。不过,随着人们生活质量的提高,数年之后,也许这一传统科技杰作将只能在博物馆里见到了。

图片来源
图一至图二　梁婷　摄影　蓝玉佳　制图
图三至图七　郑伊晏　制图

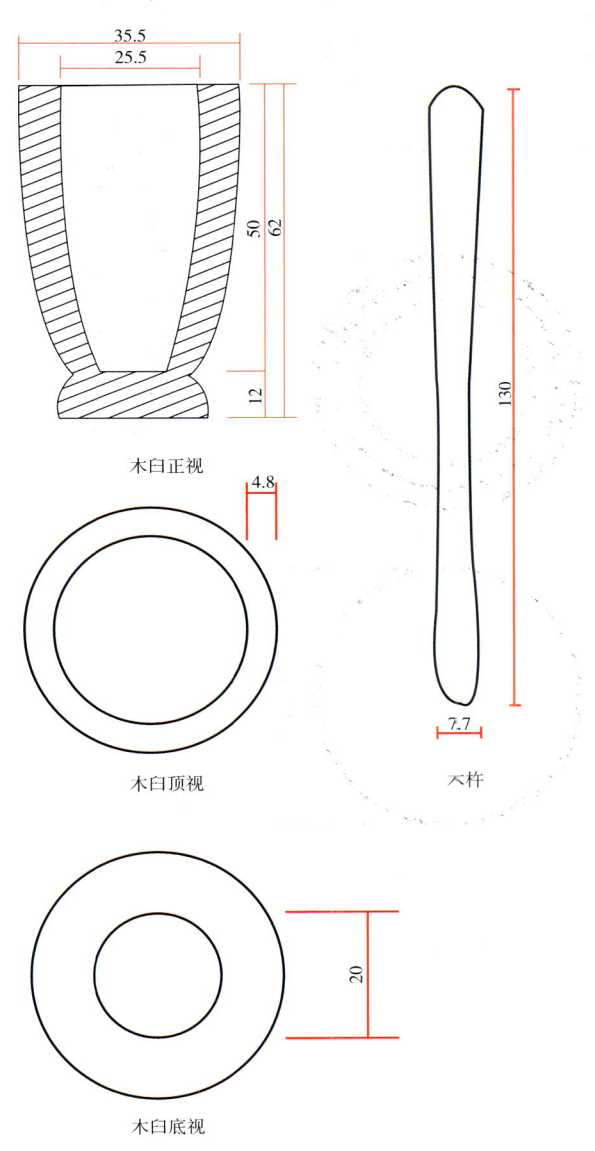

图三　华坪傈僳族木臼、木杵三视尺寸图(单位:cm)

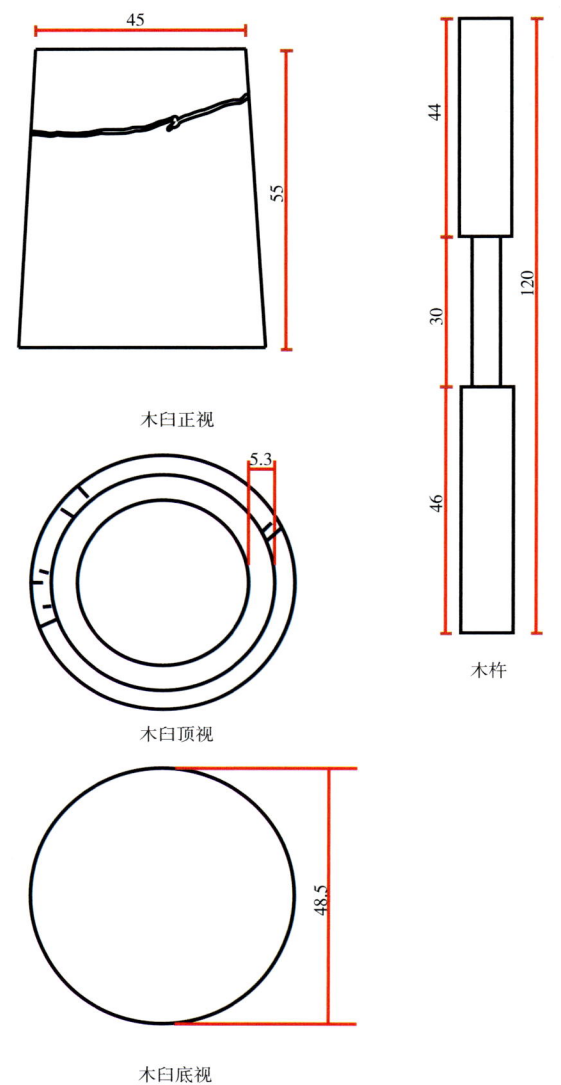

图四 永胜傈僳族木臼、木杵三视尺寸图（单位：cm）

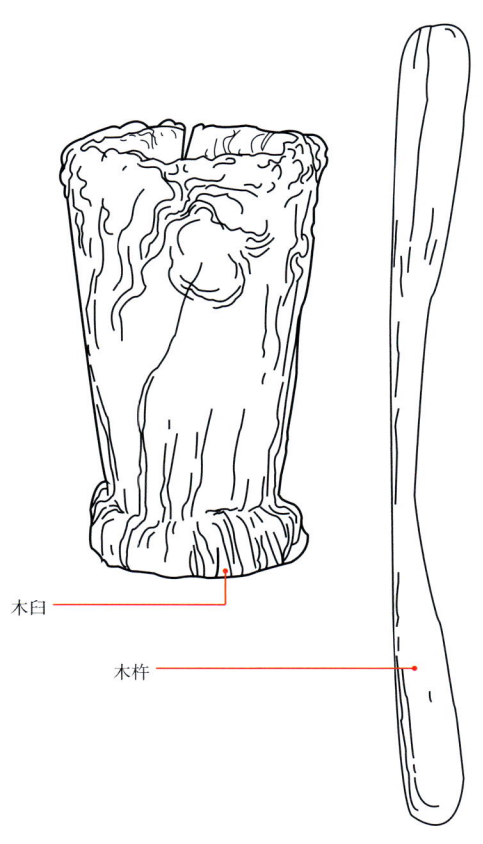

图五　华坪傈僳族木臼解析图

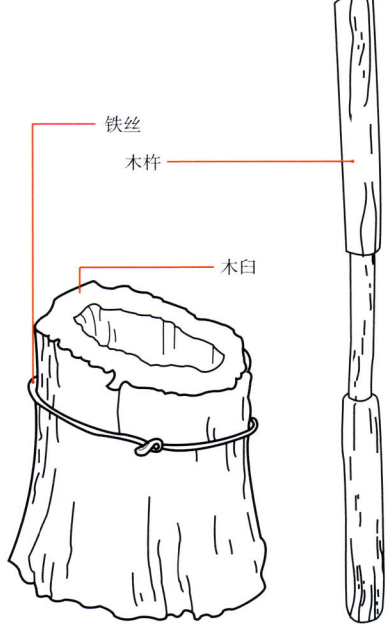

图六　永胜傈僳族木臼解析图

图七　华坪、永胜傈僳族木臼使用情境图

第五章　傈僳族传统生产工具

傈僳族擀面杖

图一　傈僳族擀面杖主图

傈僳族擀面杖和汉族擀面杖类似，是一种用来碾制面条的工具，使用时在平面上滚动，碾压面团等可塑性食品原料。傈僳族擀面杖呈圆柱形，总长31.7厘米，中间粗的部分长12.8厘米，直径8.7厘米。两边细的圆棍主要是手握部分，分别为10厘米和8.9厘米，类似一根轴。全部为木制，是傈僳族碾制面条、饺子皮、馄饨皮、面饼不可缺少的工具。此案例采集于云南怒江志伟民俗博物馆。

擀面的时候，面饼擀得越圆越匀越显出擀面者的功夫。汉族擀面杖有好多种，分为单手杖、双手杖、橄榄杖、花擀杖、走槌等。傈僳族擀面杖虽然没有汉族擀面杖的品种多，但简洁实用。制作擀面杖的木材以香椿木为上品，也有使用枣木来制作擀面杖的，因其坚硬，不易变形。

擀面杖是傈僳族家庭必备的生活用具，从擀面杖的造型上可以看出傈僳族人不仅注重实际效果，而且也注重制作的细节处理，强调生活品质，如接触面粉部分的圆棍，在制作时需要打磨得非常光滑，而手柄部分就不是那么讲究了。

图片来源
图一　梁婷　摄影　毛宸霞　制图
图二至图五　毛宸霞　制图

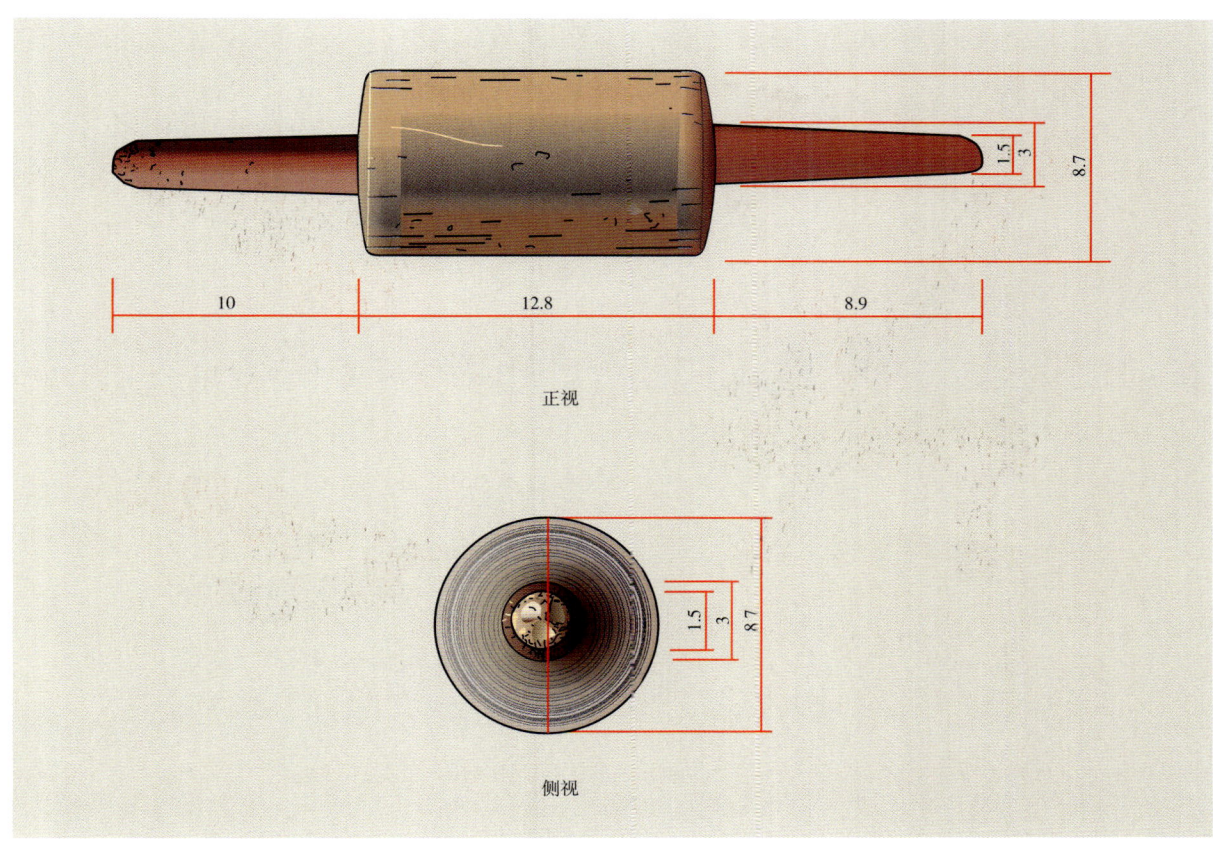

图二　傈僳族擀面杖视角、尺寸图（单位：cm）

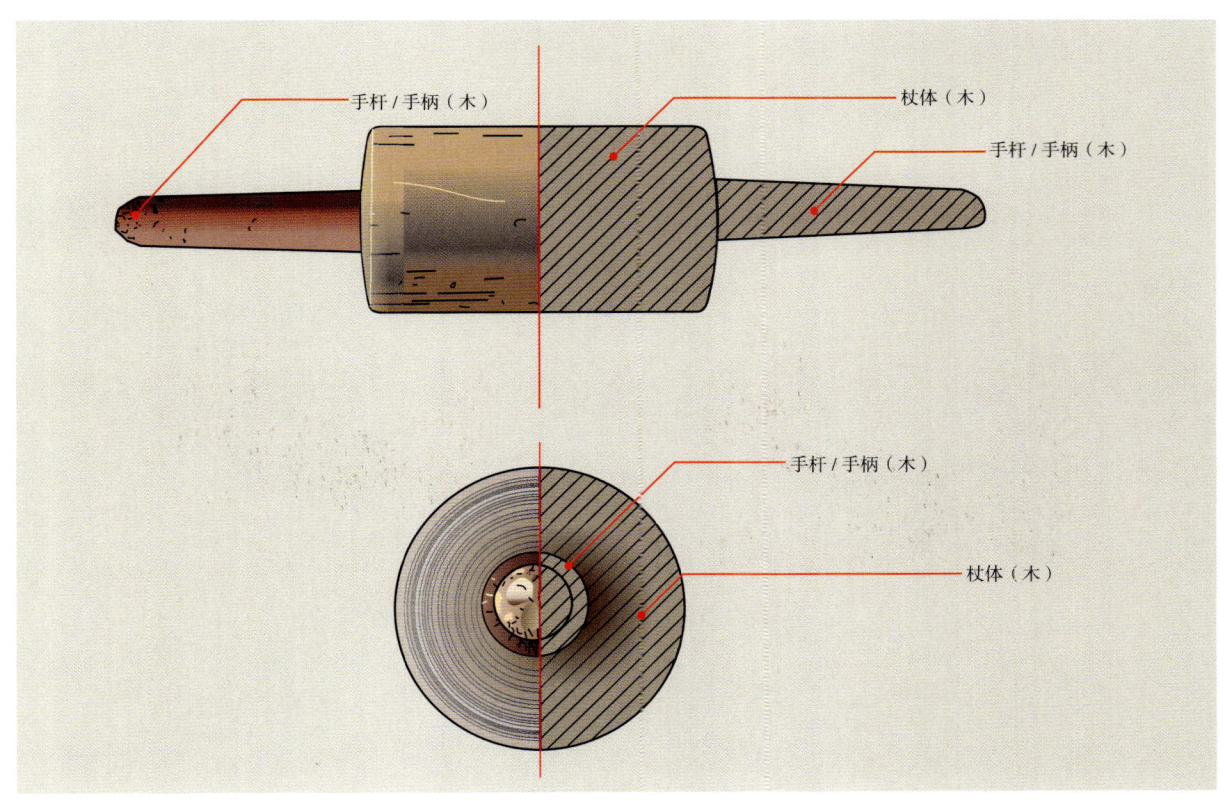

图三　傈僳族擀面杖结构名称图

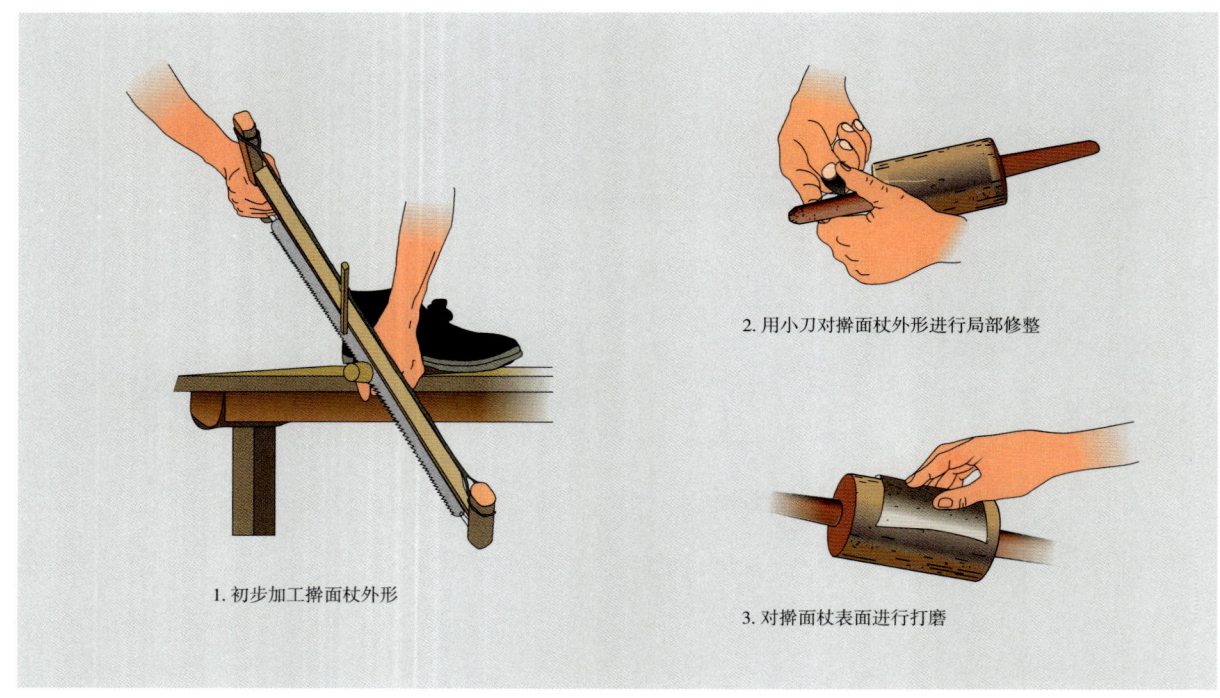

图四 傈僳族擀面杖制作流程图

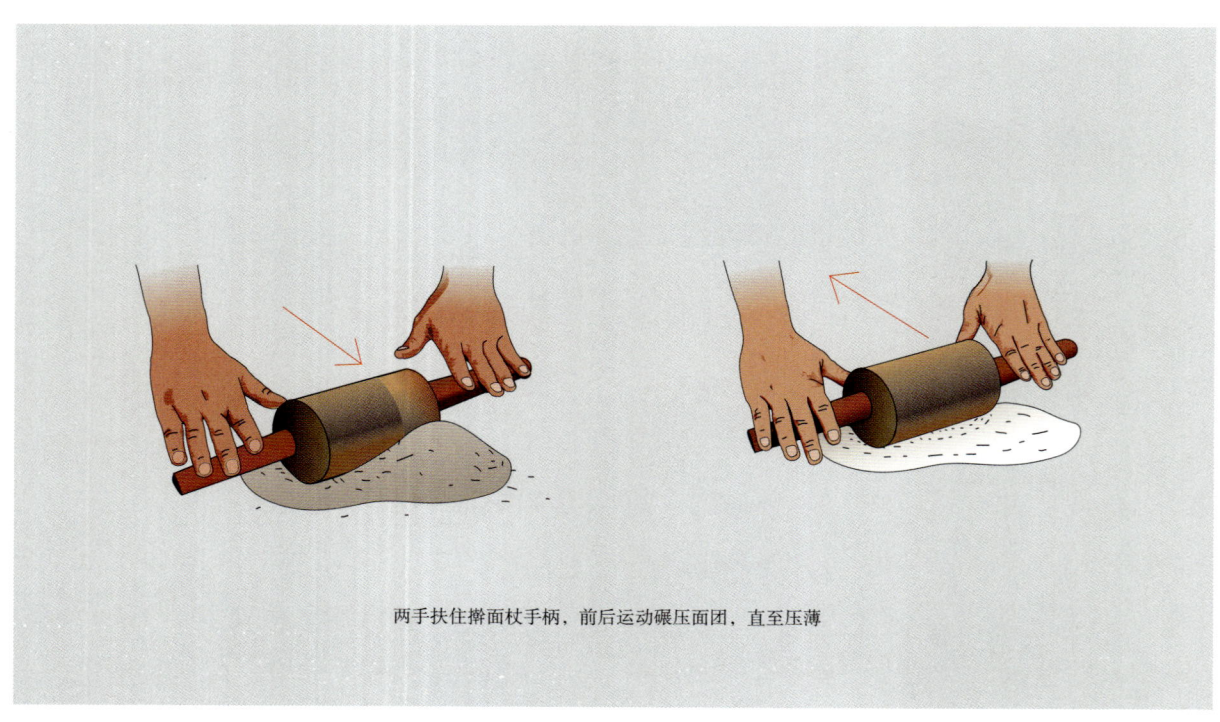

图五 傈僳族擀面杖操作示意图

傈僳族脚碓

图一　傈僳族脚碓主图

傈僳族脚碓，整体长157厘米，宽42厘米，高90厘米。形制较庞大，各个部件均由木材所制，由碓杠、碓碗、舂头等组合而成。脚碓有使谷物脱壳或使食物细碎的功能，但最主要的功能还是使食物细碎。由于脚碓是人通过杠杆原理把全身的力量都传递到舂头，比之于用手舂捣更有效率。此案例采集于云南迪庆维西县叶枝镇同乐村傈僳族陈列室。

在使用脚碓的时候，通过人的脚一踩一松，舂头跟着连续不断地一上一下，重复捣着碓碗里的谷物。值得一提的是，傈僳族脚碓相比其他民族的脚碓虽在功能上类似，但在外形上无过多人工加工的痕迹。所有材料都依天然树杈形状做成，如两根Y形树杈直接敲打进地里就可以起到支撑碓杠的作用，而碓杠厈一整根树木稍加处理而成，碓碗则直接把树桩掏空即可，整个设计浑然天成，可以随意安装于屋内和檐下。

傈僳族脚碓虽然在设计上和其他民族没有什么太大的区别，但在制作和加工的过程中完全不像其他民族那样去刻意精细地处理。这也正是傈僳族人民在长期的农耕劳作中逐渐形成的思维方式：回归自然，与自然和谐相处，合理利用资源，尽量少地使用加工手段，减少人们的劳动强度，所有这些都充分证明了傈僳族人的聪明才智。

图片来源
图一　梁婷　摄影　蓝玉佳　制图
图二　蓝玉佳　制图
图三至图四　程琼博　制图

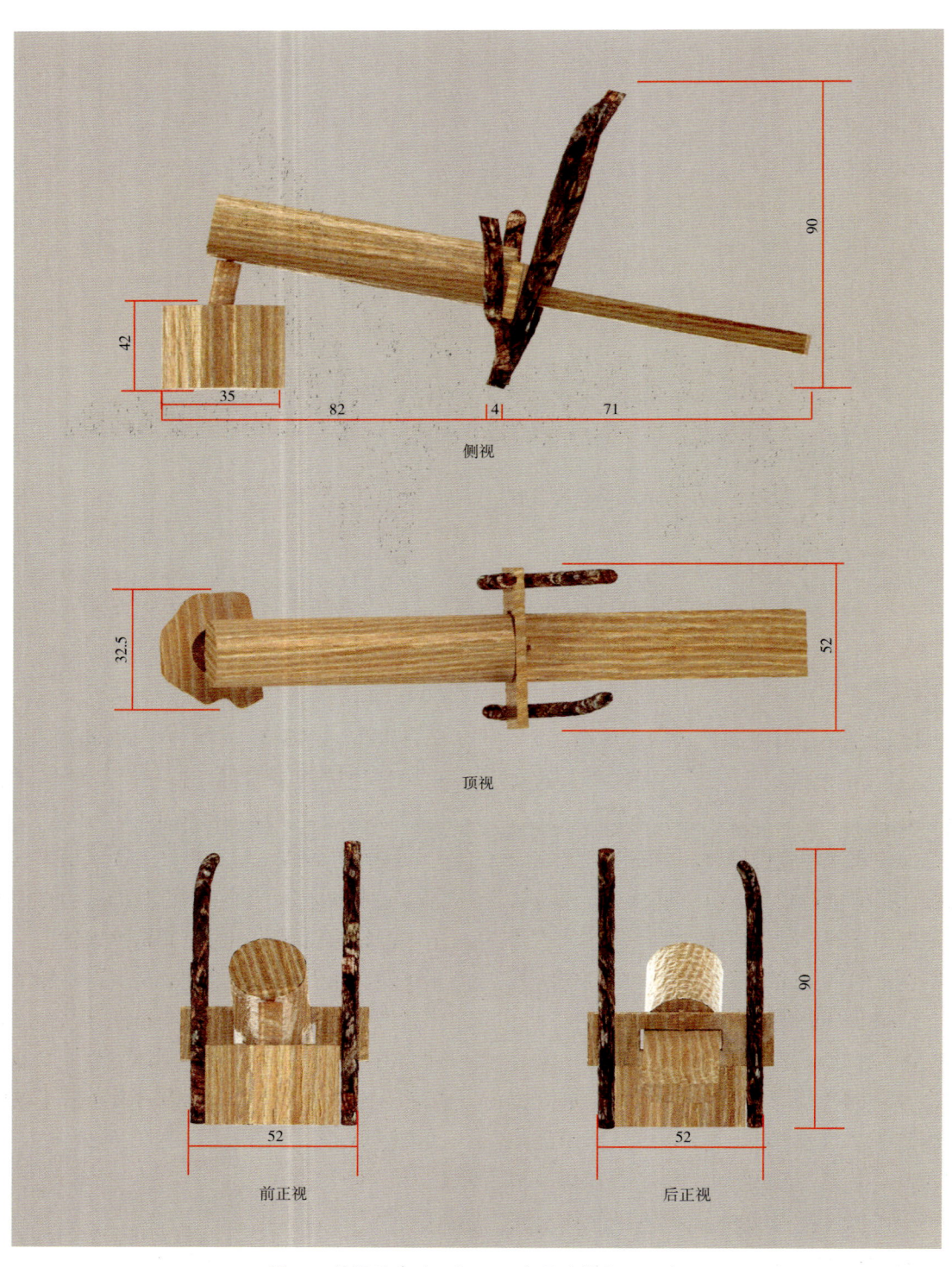

图二 傈僳族脚碓四视、尺寸图（单位：cm）

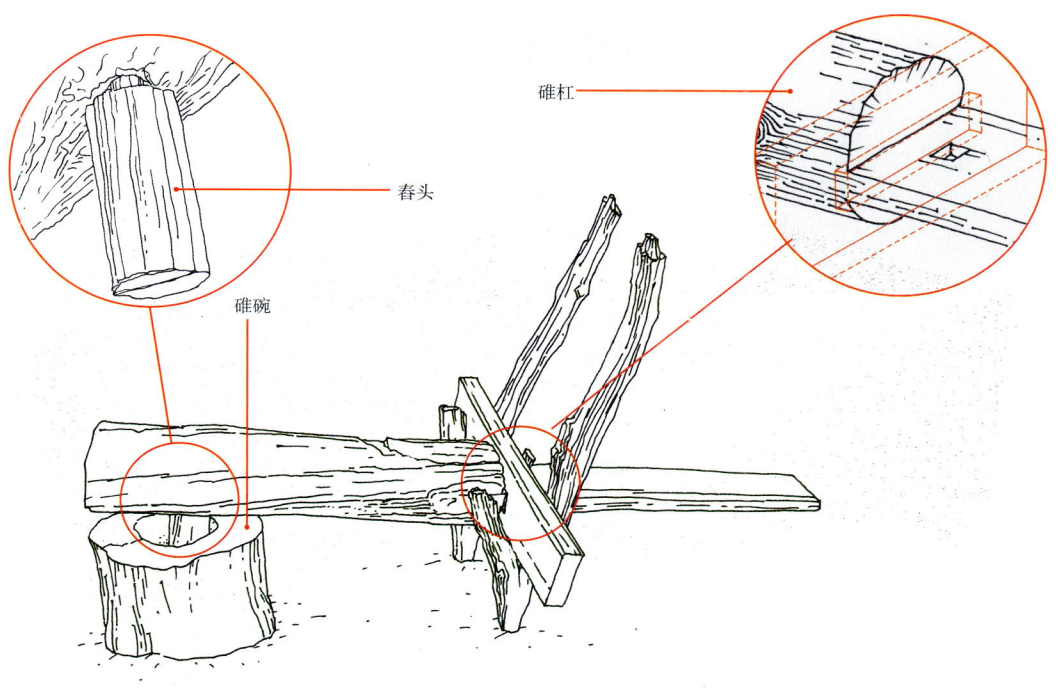

图三 傈僳族脚碓结构名称图

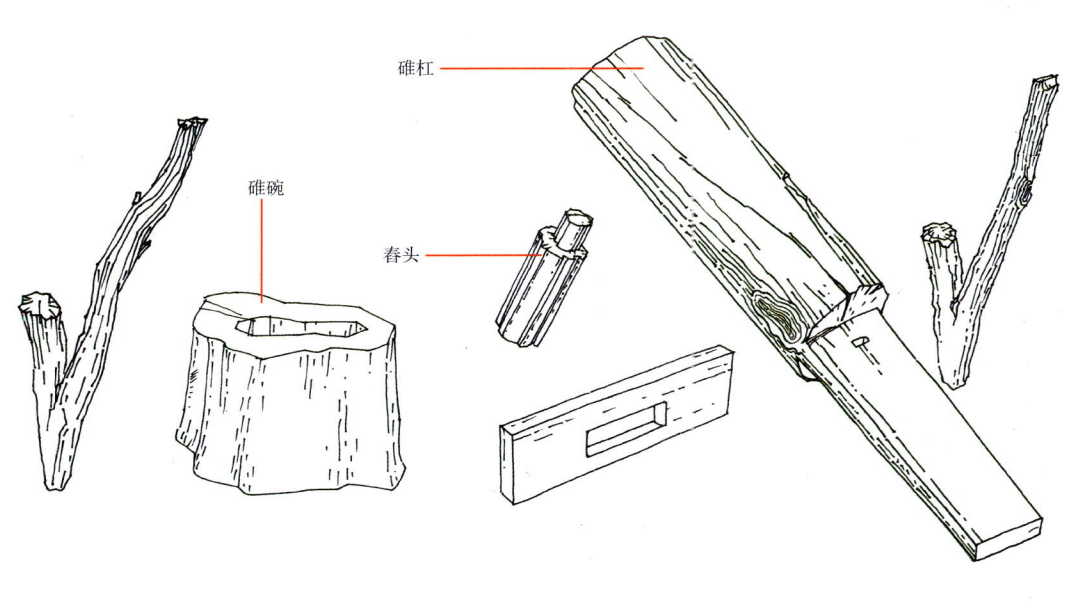

图四 傈僳族脚碓解析图

傈僳族垛仓

图一　傈僳族垛仓主图

傈僳族垛仓主要用来储藏粮食，是用木条或木板榫接而成的长方形木桶。整体长261.6厘米，高67厘米，垛仓中间由木板分隔成两个不同的区域。此案例采集于云南丽江华坪县丁王村傈僳族传承坊。

垛仓还有一个功能，就是在丰收粮食的时节，傈僳族人会将一个垛仓放置于田中，手执割下来的稻谷，在垛仓边缘反复使劲摔打，将谷粒从稻秆上分离。对于山地民族来说，大型的晒谷场很难见到，大部分时候傈僳族人都是通过垛仓来进行稻谷的脱粒处理。收获时如果碰上雨天，田地和稻谷都很潮湿，稻谷更是无法运到晒谷场，一般就这样直接在田里脱粒。脱粒时，在垛仓底部垫上篾席，等垛仓脱粒差不多的时候移走垛仓就剩下篾席上的稻谷，运输起来也很方便。而平时傈僳族人会把垛仓放在室内，在垛仓下垫上一块大的木板就可以作为储存粮食的容器。

傈僳族垛仓结构简单，上下都不封口，拆装非常轻松。放置地点一般在室内或者仓库，需要的话还可以不停地往上重叠增加。在制作的时候不需要一颗钉子，通过榫接安装，只需把木头锯成板材即可。其设计的最大特点是移动搬运方便灵活，可根据粮食的多少，随意增减容量，解决了地形环境造成的不便。

图片来源

图一　梁婷　摄影　赵卫东　制图
图二至图四　赵卫东、马林明　制图
图五　蓝玉佳　摄影、制图

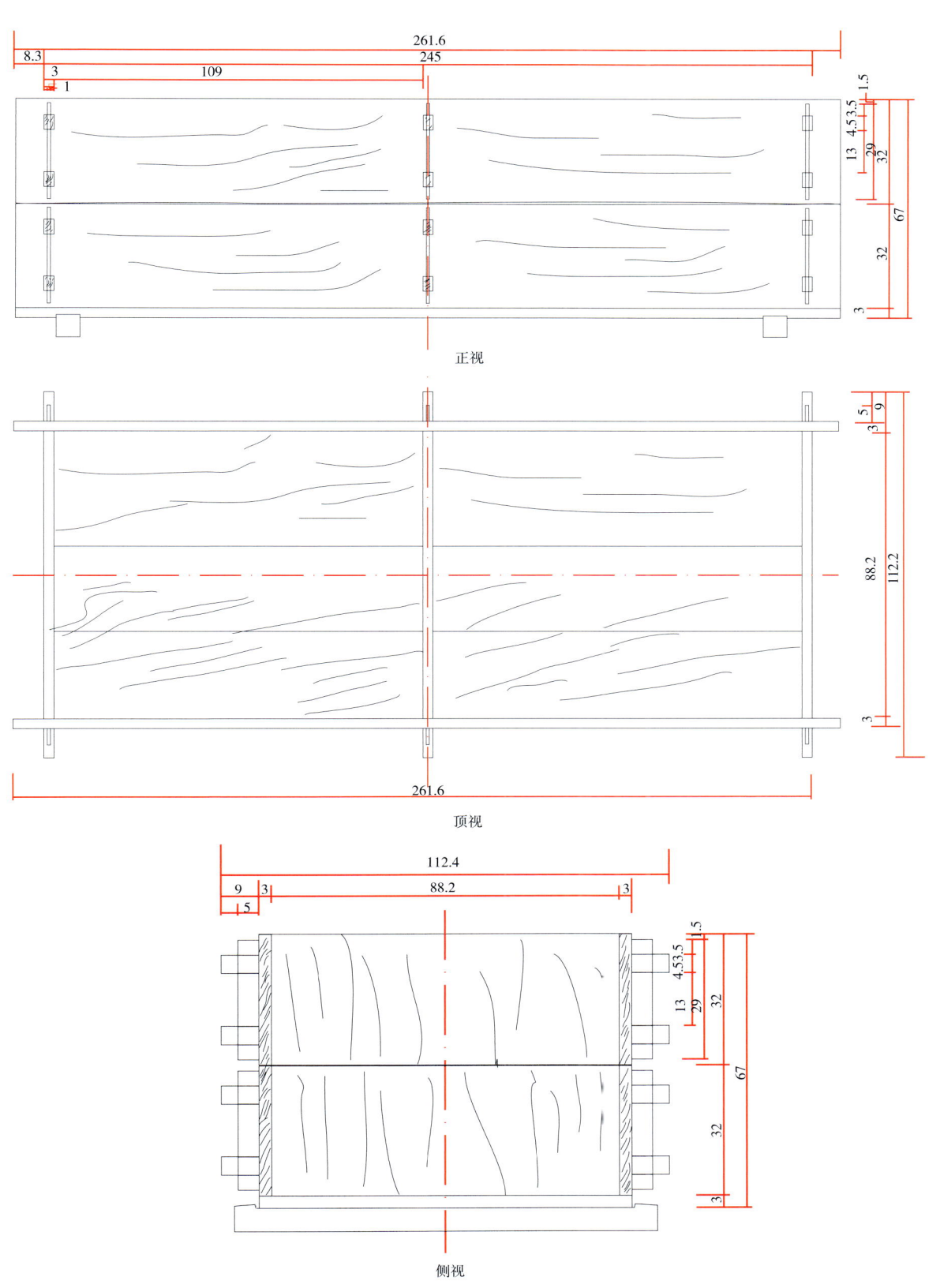

图二 傈僳族垛仓三视、尺寸图（单位：cm）

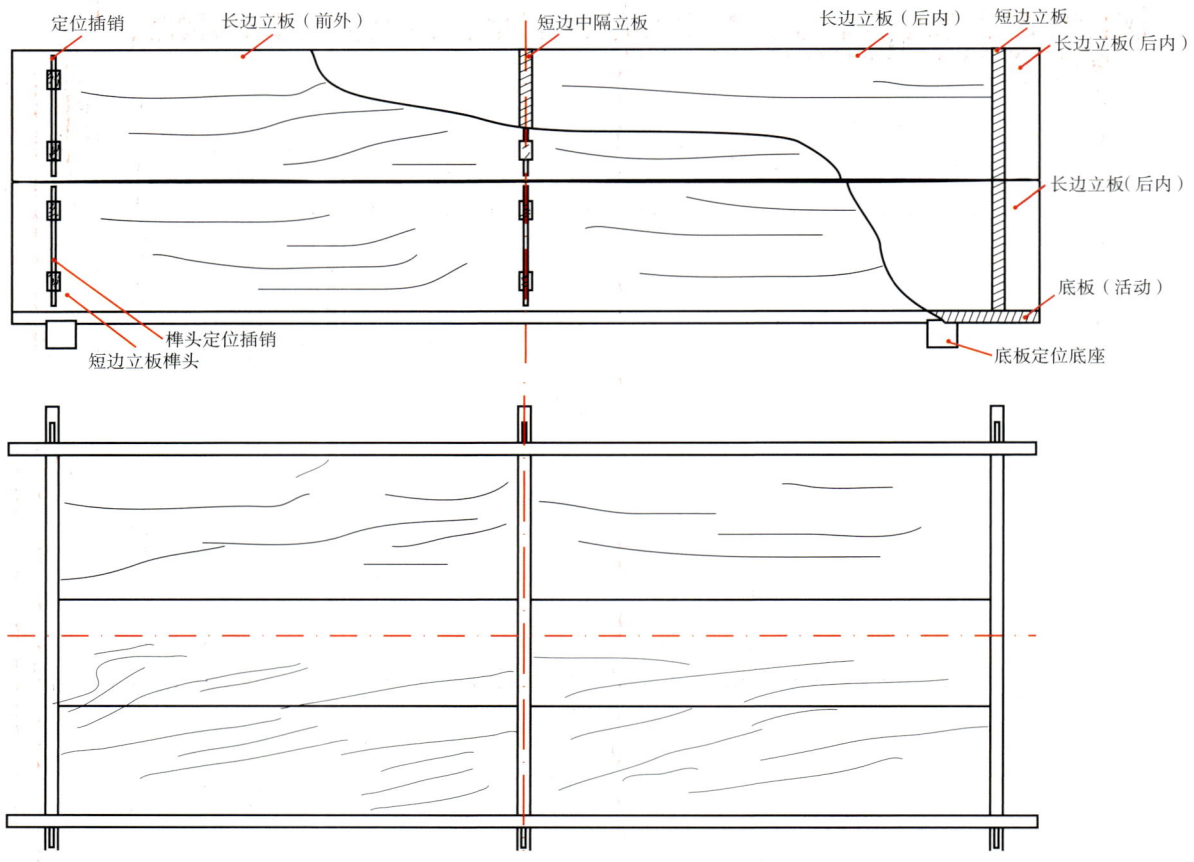
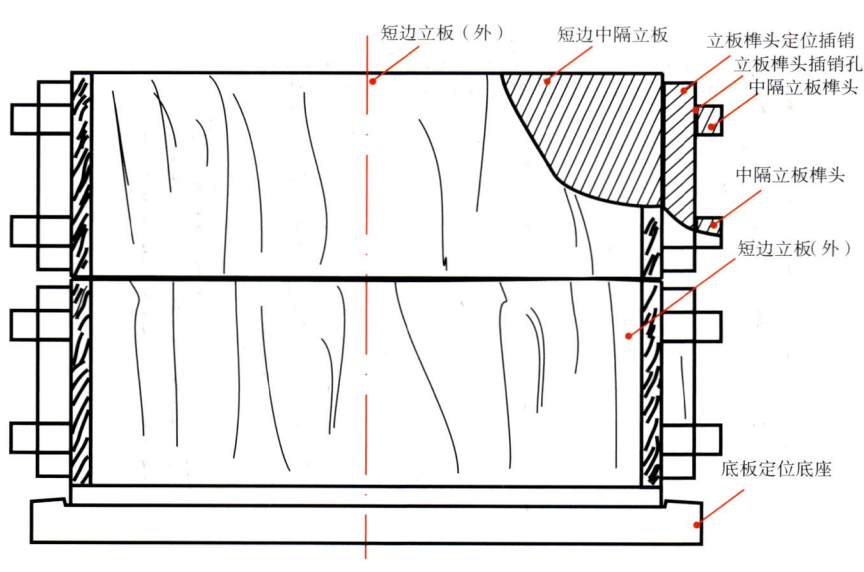

图三 傈僳族垛仓结构名称图

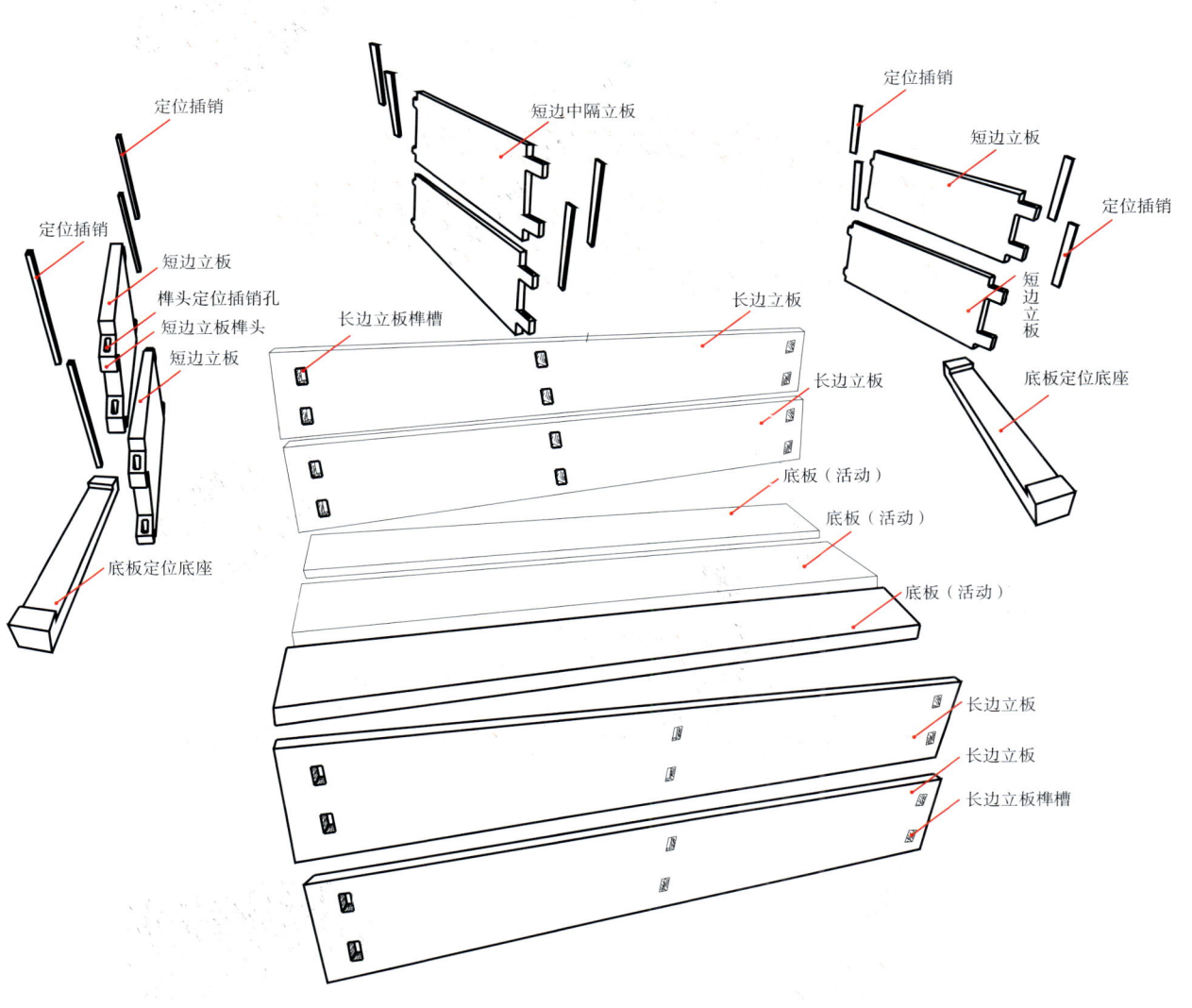

图四 傈僳族垛仓解析图

1. 将木材按需锯开，做好所有面板

2. 将榫卯部件中需要凿孔的部分和榫结构做好

3. 将制作好的部件组装在一起

图五　傈僳族垛仓制作流程图

傈僳族石磨

图一　傈僳族石磨主图

　　傈僳族石磨也称手磨，是用手将米、麦、豆等粮食去皮或研磨成粉末、浆的一种石制工具。通常由两块尺寸相同的短圆柱形石块和磨盘构成。一般是架在石头或原木等搭成的台子上。此案例采集于云南丽江永胜县东风乡东乐村，磨盘直径36厘米，上扇高15厘米，下扇高11厘米，一个人就能拉动，用于磨花椒面、豆腐汁和煎饼糊子等。

　　在接面粉用的石制或木制的磨盘上，摞着磨的下扇（不动盘）和上扇（转动盘）。两扇磨的接触面上都錾有排列整齐的磨齿，用以磨碎粮食。上扇有两个（小磨一个）磨眼（4×4厘米），其中一个位于磨槽内，供漏下粮食用。两扇磨之间有磨脐（铁轴），以防止上扇在转动时从下扇上掉下来。石磨的磨柄是木制削成，35.5厘米，使用时一般由单人推或双人推。下扇静止不动，而上扇沿轴承逆时针旋转，粮食从磨眼流进磨心被磨碎，并从出料口流淌出来。在单调重复的旋转中，磨牙会被磨平。经过石匠再次的锻磨，磨牙又会恢复如初。经过数次的修复磨牙，石磨会变得愈来愈薄。

傈僳族石磨的选材十分讲究，所选石材具有硬度强、韧性高、耐磨性好等几个特点。制作石磨，除了选材外，还要由手艺精湛的石匠来做。设计时，石匠会先到山上劈两大块石坯，大石坯经过铁锤无数次的精细雕琢，变成两扇厚重的圆磨盘坯子，粗糙又不失精细。磨盘的上下扇都是圆柱体，正当中是磨脐，底部是个更大的边沿上翘的圆盘形，边上留着外凸的磨嘴。磨盘上扇正中偏外钻个拳头大小的磨眼，边上打两个插磨柄的石眼。下扇中间安一个铁箍磨脐。上扇下面和下扇上面分别打制道道倾斜的磨齿，上下两扇扣在一起默契合窝，整个磨再用几根粗石柱撑起来。石眼里插上短木橛，系上结实的绳套，磨柄套上绳套即可使用。

图片来源
图一　梁婷　摄影　程琼博　制图
图二至图七　程琼博　制图

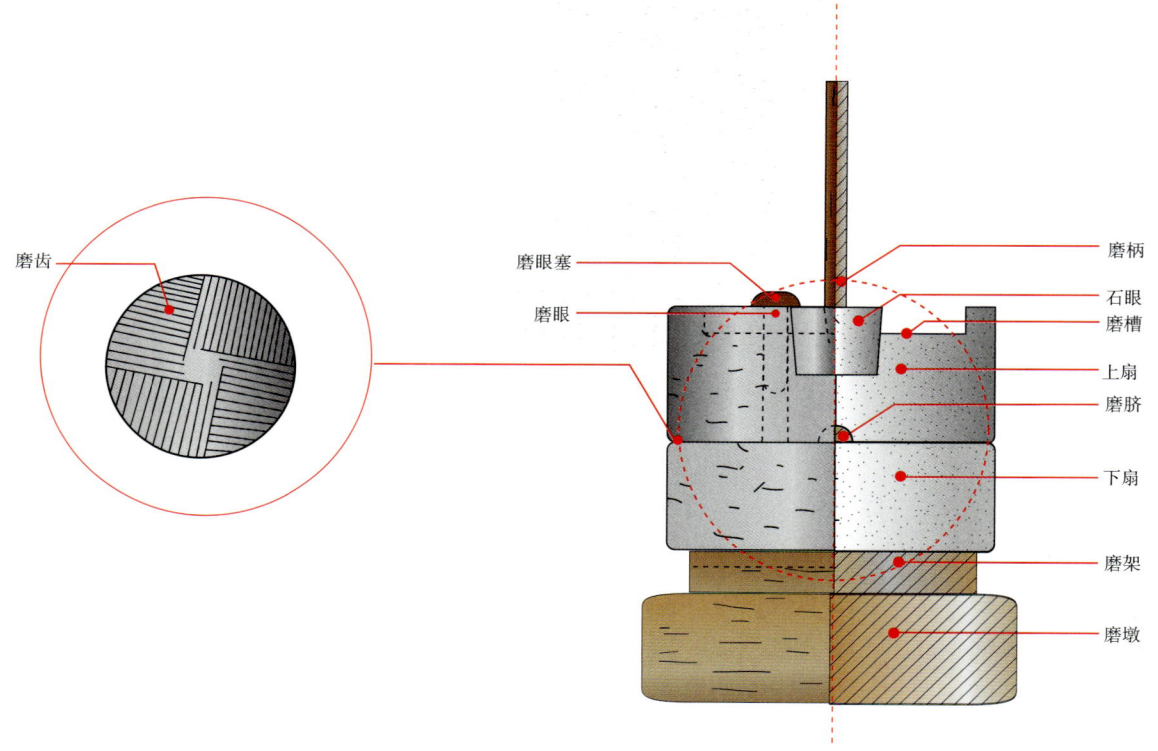

图三　傈僳族石磨结构名称图

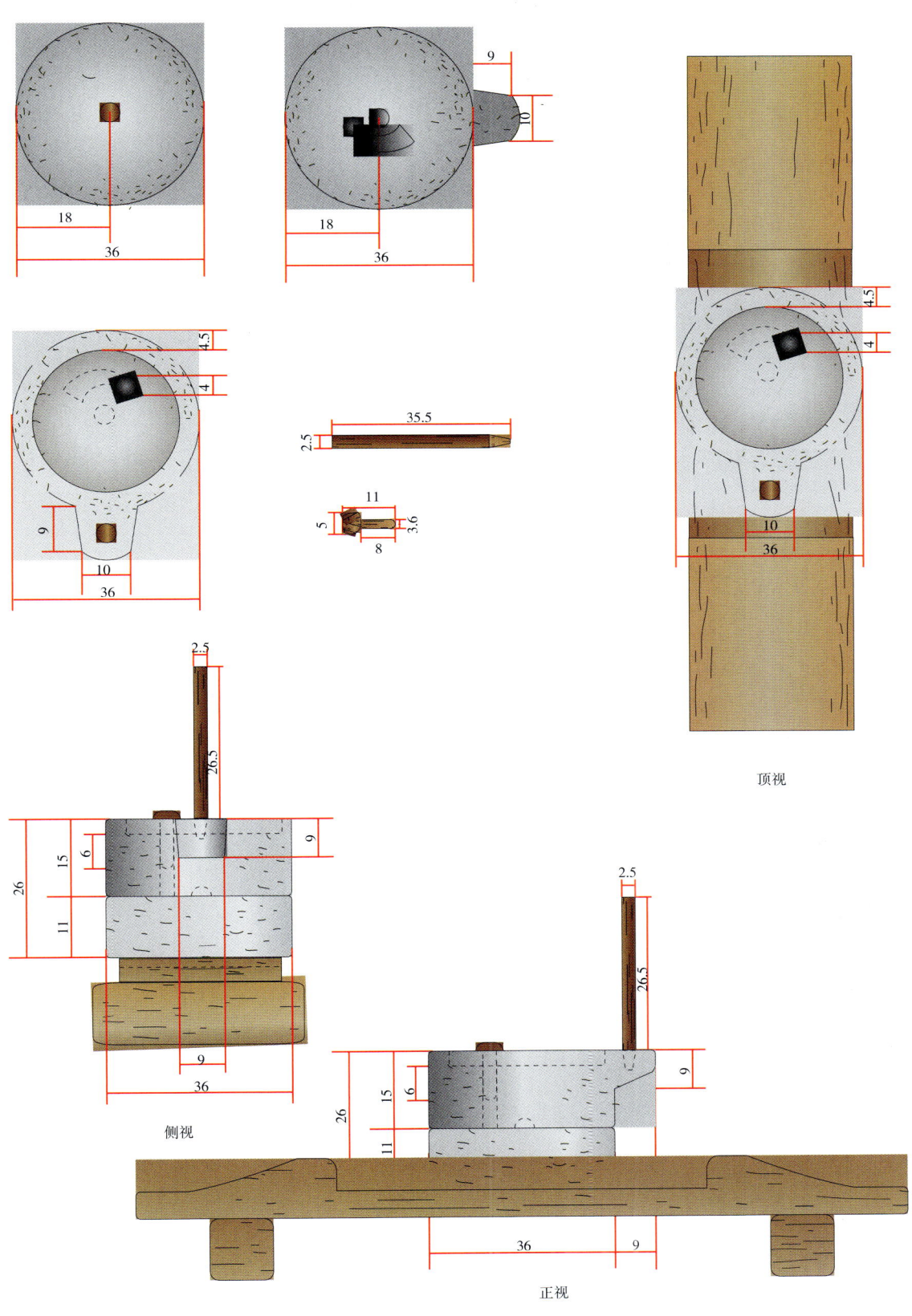

图二 傈僳族石磨三视、尺寸图（单位：cm）

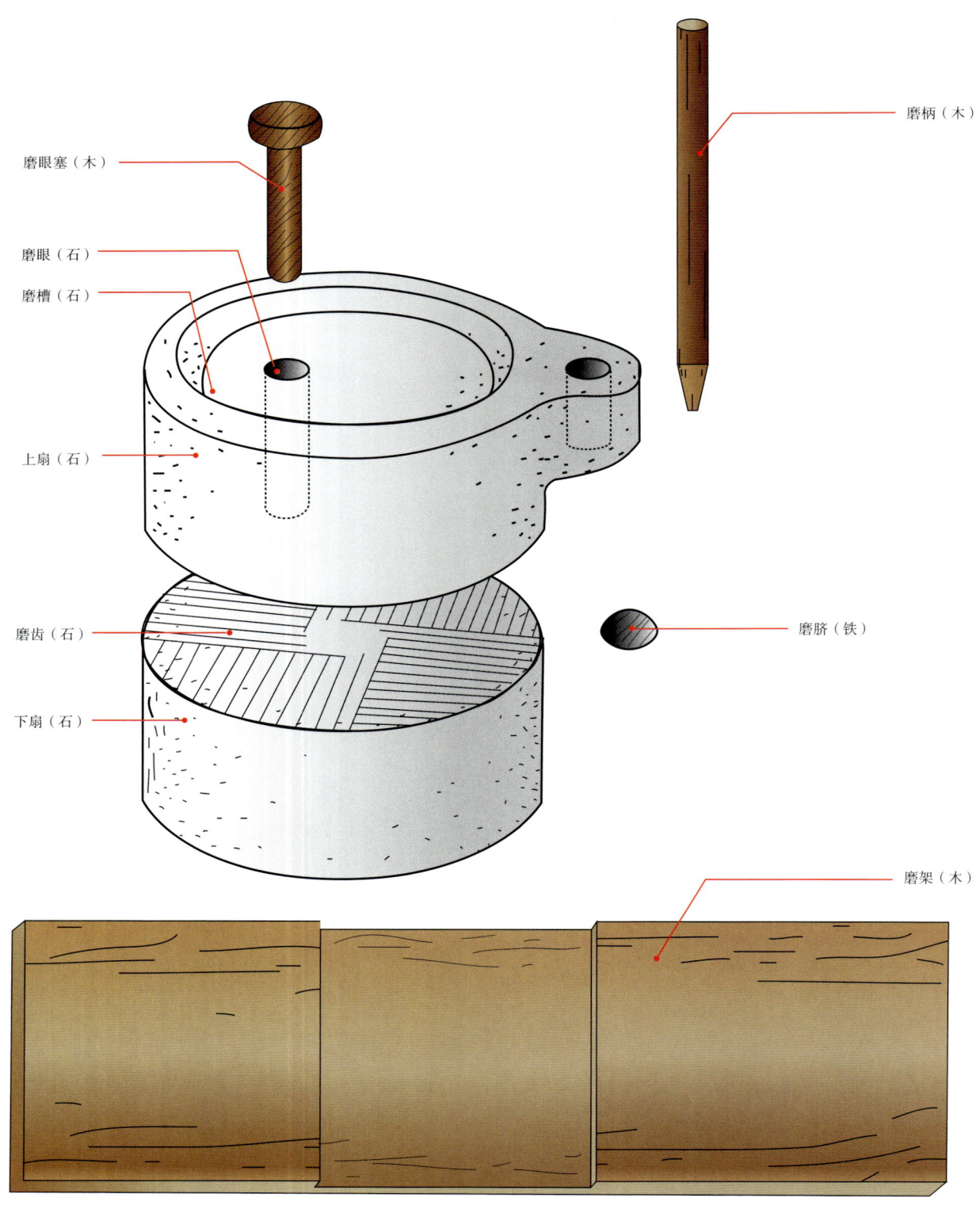

图四 傈僳族石磨解析图

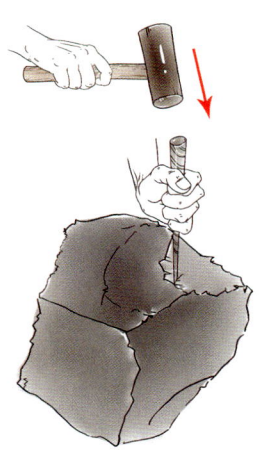
1. 选取较适合制作石磨的石头

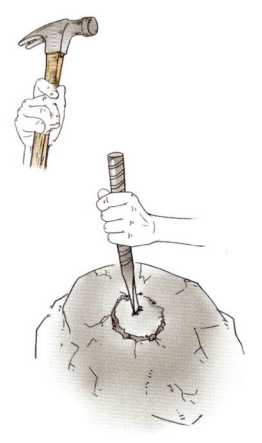
2. 用凿子修整选好的石头

3. 在修好的石磨上凿眼

4. 在下扇的表面凿磨牙

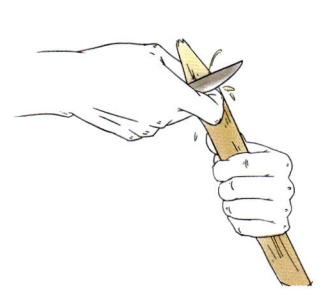
5. 削磨柄

6. 组装并安装完成

图五　傈僳族石磨制作流程图

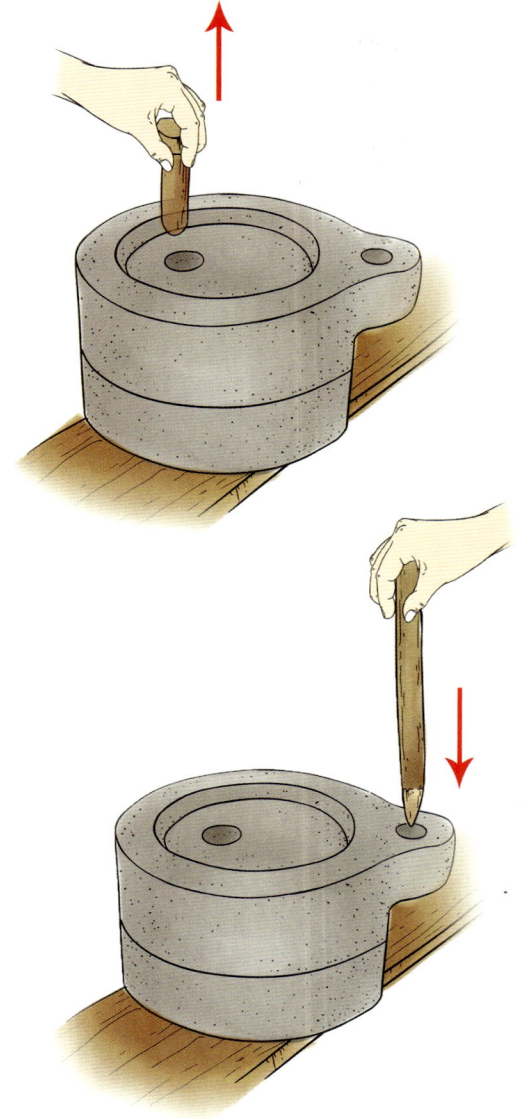

1. 把磨眼塞拿下来，即可看到磨眼

2. 把磨柄安装到石磨上，方便转动石磨

3. 左手把粮食缓缓放入磨眼，右手逆时针转动磨柄

图六　傈僳族石磨操作示意图

图七　傈僳族石磨使用情境图

傈僳族削竹刀

图一　傈僳族削竹刀主图

傈僳族削竹刀是手工艺人不可缺少的加工工具，可用来加工筷子、竹箭等。其形似镰刀，但又远远小于镰刀，刃口的部位也与之相反。整体由刀叶和手柄组成。刀叶最宽处与手柄接口处1.8厘米，长7.8厘米；手柄长6.3厘米，成椭圆柱状，便于手握。刀背与手柄成135度。此案例采集于云南迪庆维西县保和镇龙爪箐村。

傈僳族削竹刀的手柄可选用桑岩树、楸木、刺桑等木材，其中以刺桑为佳，一方面刺桑具有一定的花纹，可起到美观的效果；另一方面材质较硬，不易开裂。该木材刚开始呈黄白色，随着使用时间的变长，颜色会慢慢地向红色过渡。傈僳族削竹刀的制作方法有两种：一种是把烧红的刀叶用力敲进已经加工好的手柄里，另一种是把已加工好的手柄放入沸腾的水里煮3～4个小时，待其发软，再把刀叶直接插进去。工匠一般会采用第二种方法，因这种加工方式使得刀叶与手柄契合得相当紧。同时，木头经过水煮之后，其中的水分达到饱和产生质变，起到去除杂质、脱脂等作用，不易开裂。傈僳族削竹刀的角度和刀刃位置设计特别，其刃口与镰刀的刃口之所以相反，与其使力的方向相关。众所周知，镰刀向内使力，故而刀刃在弧度的内侧，而削竹刀主要是向外用力，故而刀刃在弧度外侧，刀背在内侧，方便大拇指抵着慢慢使力，以免用力过度受伤。这就解释了刀背与手柄成135度的缘由，符合人体工程学的原理，便于手稳健地使力。

一个简朴的工具蕴含着如此多的巧思，该工具沿用至今也就不足为奇。

图片来源
图一、图五　梁婷　摄影　毛宸霞　制图
图二至图四　毛宸霞　制图

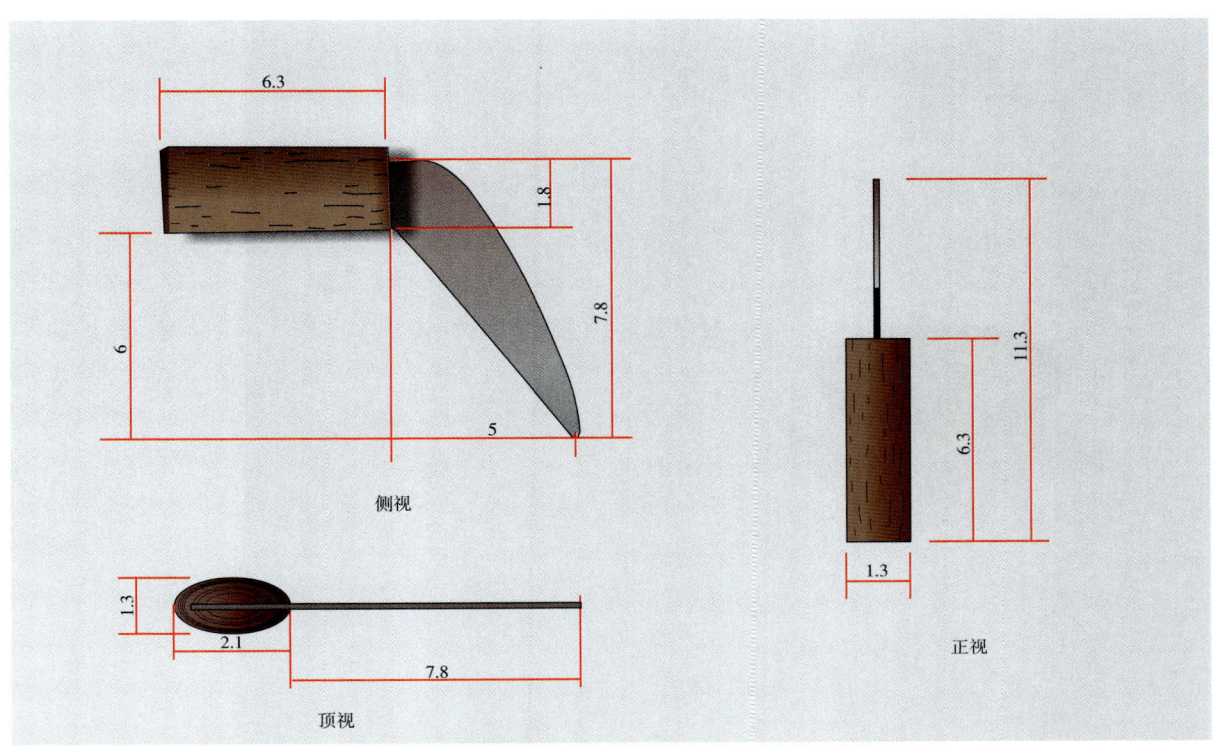

图二　傈僳族削竹刀三视、尺寸图（单位：cm）

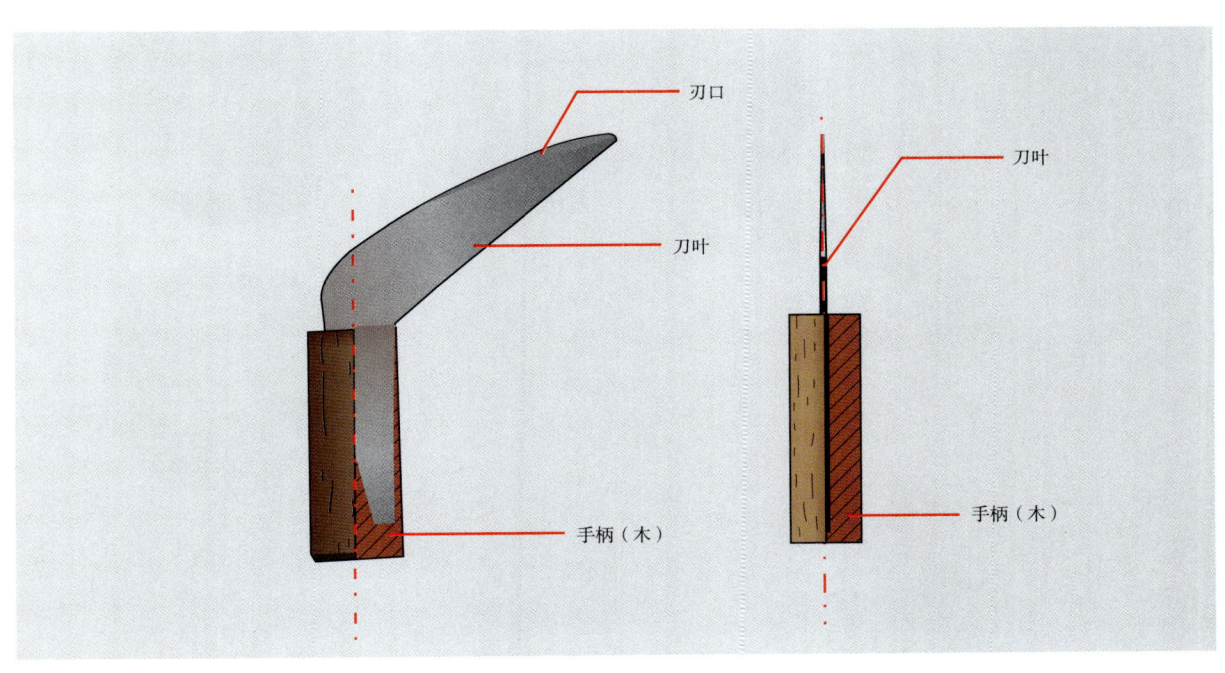

图三　傈僳族削竹刀结构名称图

图四　傈僳族削竹刀制作流程图

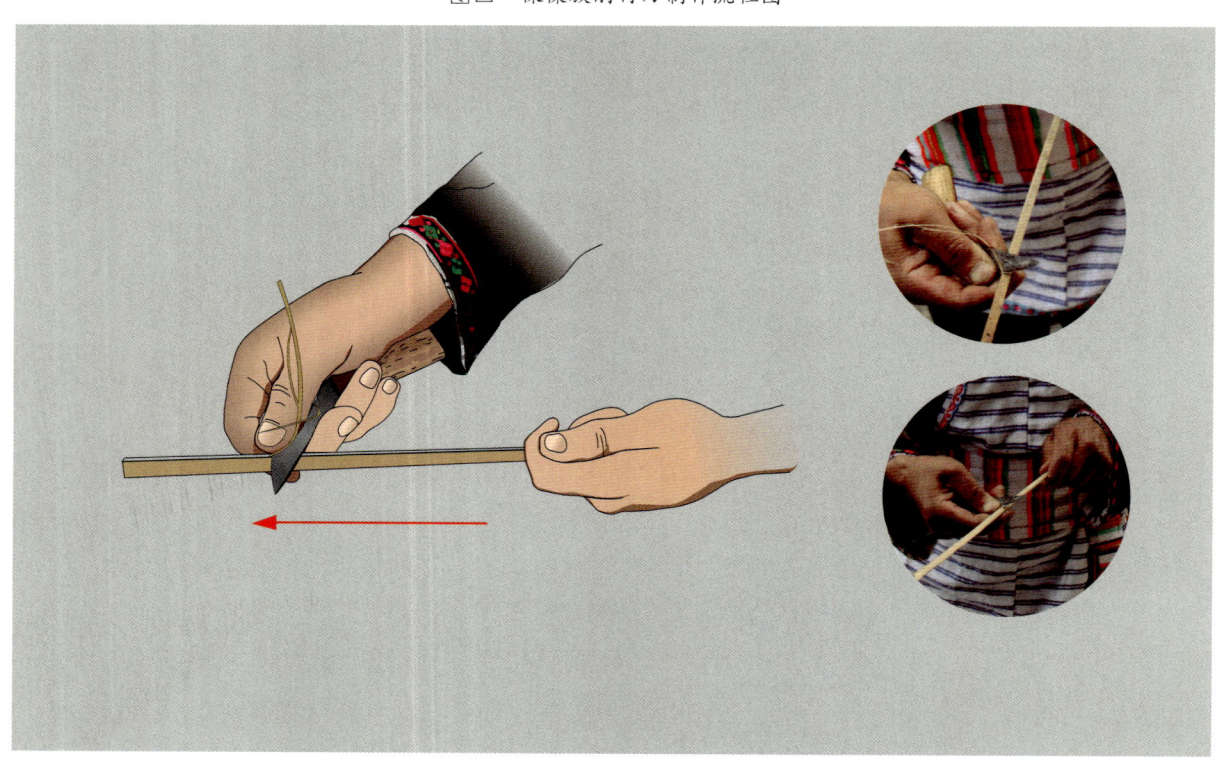

图五　傈僳族削竹刀操作示意图

傈僳族蜂桶

图一 傈僳族蜂桶主图

傈僳族蜂桶，傈僳语称"别阿起"，长116厘米，桶口长距35～45厘米，短距30厘米左右，壁厚5.3厘米，用原木架上放置在向阳的山坡上，是傈僳族较为原始的养蜂方式，并一直沿用至今。此案例采集于云南迪庆维西县叶枝镇同乐村附近的山坡上。

傈僳族蜂桶是用直径30～50厘米的树干制成段，将其掏空堵严而成。壁厚多为3～5厘米。树桶中央开巢门小孔3～5个，每个孔径1.5厘米。蜂巢整体呈球形或椭圆形，故适合养殖蜜蜂。

傈僳族起源于怒江流域一个共同女始祖为"茂充英"的民族。据传第一世祖就已经会用圆木凿制蜂巢，饲养中蜂。这个传说，反映了傈僳族在远古时候就以蜜蜂作为图腾崇拜，一直流传至今。"蜂氏族"以擅长采集黑大蜜蜂的蜜、蜡和饲养中蜂及制蜂蜡而闻名。傈僳族养蜂对场地的选择十分讲究，场地周围2.5公里半径范围内应有充足的主要蜜粉源和辅助蜜粉源，且主辅蜜粉源应搭配适宜。场地选择南向近山坡地，阳光充足，背有高山为屏，上有自然遮阴，夏季通南风，冬季阻北风，且土质肥沃，蜜源植物生长旺盛，花期长，水量充足，交通较便利。取蜜一般是通过棉布点燃后产生的烟，揭开蜂桶盖子，使用烟熏驱赶蜂桶内的蜜蜂。然后是割蜜盖，将蜂巢用刀从蜂桶中切割，直接倒出，取完蜂蜜，蜂巢还可反复使用。

这种传统养殖方式虽然有一定的缺陷，但优点是能采集到自然野生蜂蜜。这种蜂蜜由于养殖环境的原因，十年不腐，营养价值极高。

图片来源
图一、图四　梁婷　摄影　蓝玉佳　制图
图二至图三　蓝玉佳　制图
图五　梁婷　摄影

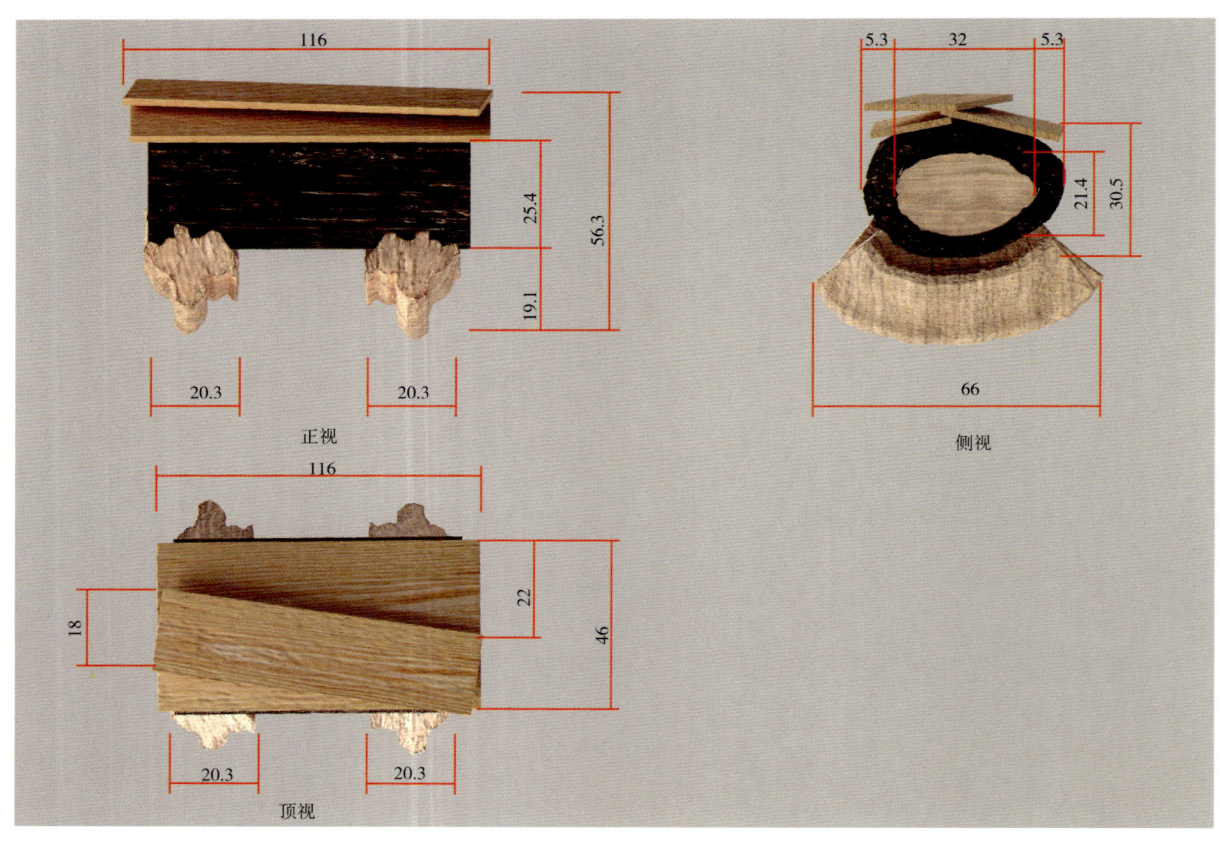

图二　傈僳族蜂桶三视、尺寸图（单位：cm）

1. 从树桩部分砍树，树干做桶身，中等粗的树枝做蜂桶底部支撑木条

2. 将制作桶身的木材锯成所需长度，较粗树干锯成扁木板，将中等粗树干贴合桶身的部分切割下来

3. 左边使用斧头，右边使用挖铲加工，先用挖铲挖去桶身中的大部分木材，再挖去斧头不方便使用的细节部位

4. 将所有制作好的部件组装在一起，最后放置压板

图四 傈僳族蜂桶制作流程图

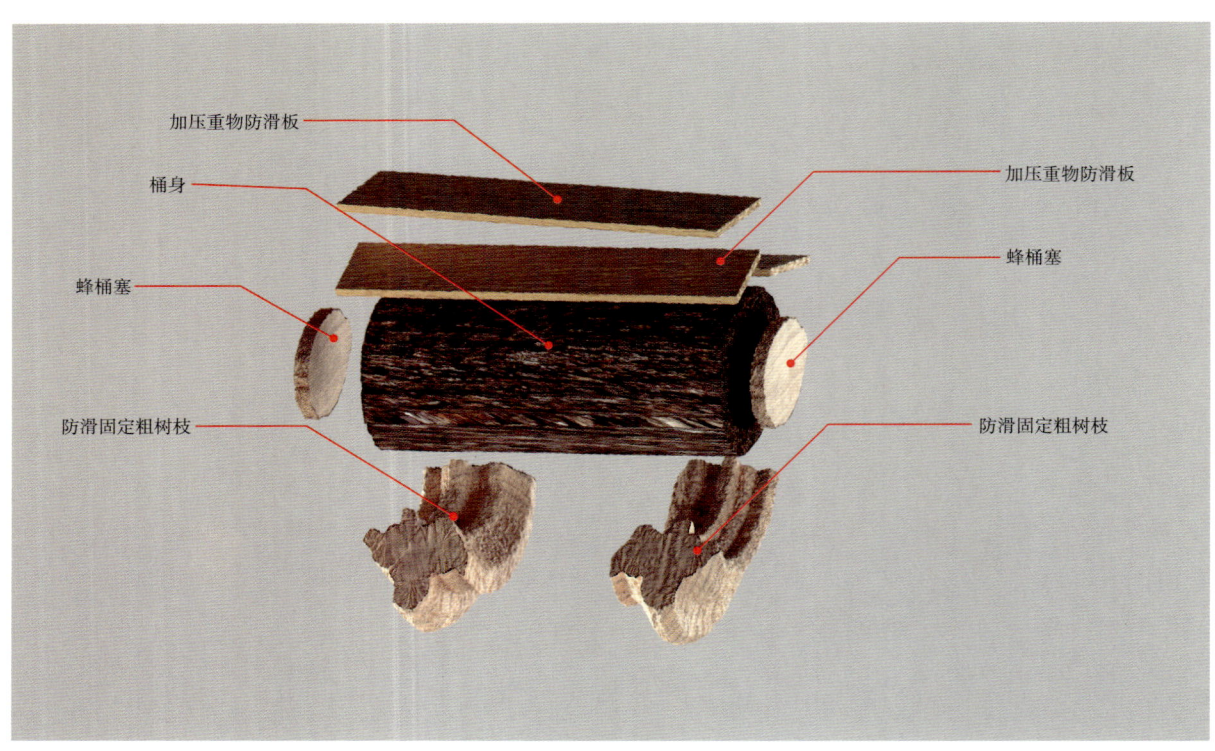

图三　傈僳族蜂桶解析图

图五　傈僳族蜂桶使用情境图

傈僳族捕鱼网

图一　傈僳族捕鱼网主图

　　捕鱼网是怒江地区傈僳族不可缺少的捕捞工具，因其生活在怒江沿岸和附近的山区，捕鱼成为傈僳族生产生活中重要的环节。此案例采集于云南怒江福贡县。

　　傈僳族捕鱼网由两根竹竿支撑，形似围栏。汉族人称之为棍网，竹竿全长467厘米。两根竹竿之间稍弯曲围合成宽为42厘米，端头部分交汇捆绑在一起的椭圆形状，而在两根竹竿底部人手操作部分，用一根根据人体肚腹形状进行弯曲的竹竿连接支撑，捕鱼时支撑的竹竿就可以靠在肚腹或颈项间，以防止因水流而稳不住鱼网。鱼网397厘米长，深84厘米左右。顶部和两根竹竿连接在一起，两边分别用尼龙绳捆绑在两侧的竹竿上。中间自然形成网兜，在靠近网后部的地方用一根尼龙绳连接到弯曲的支撑杆上，以防止被网住的鱼溜掉。渔民最早是用简单的网具在河边捕捞，之后出现了棍网等浅河捕捞网具。捕鱼时，两手分别握住两根竹竿，将鱼网沉入河道或湖荡中，使鱼网在水下自然形成一个"兜"，把鱼全部兜在里面，使鱼自动或被拉上网。这种渔具若使用得法，可将进入围栏内的大部分鱼类捕起。

　　傈僳族捕鱼网的优势在于制作简单，方

便省事，可以一个人操作，移动捕捞，不伤鱼等，并可以捕捞各个层次水域的淡水鱼。

图片来源
图一、图三至四、图七　梁婷　摄影　蓝玉佳　制图
图二、图五至图六　蓝玉佳　制图

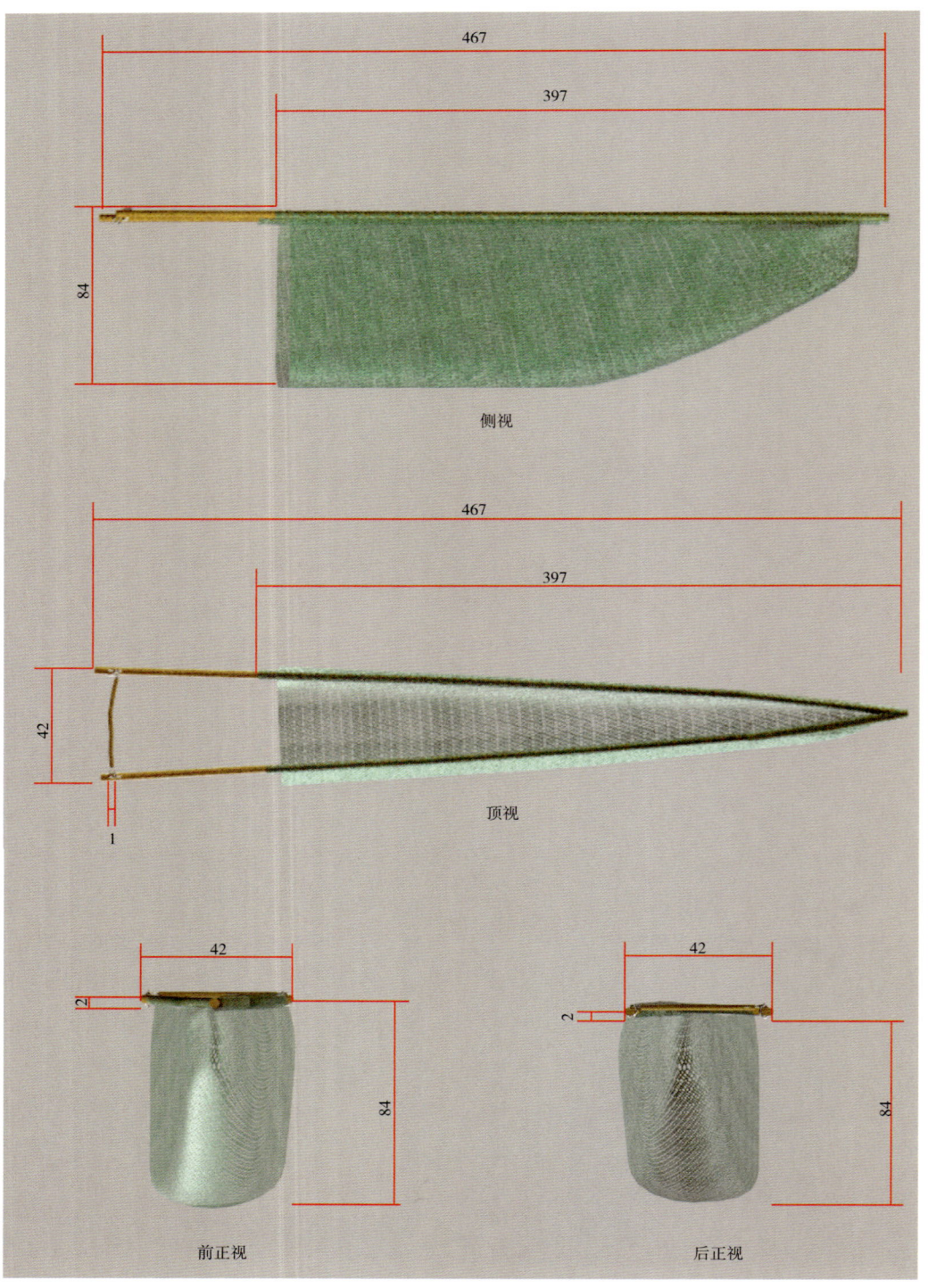

图二　傈僳族捕鱼网四视、尺寸图（单位：cm）

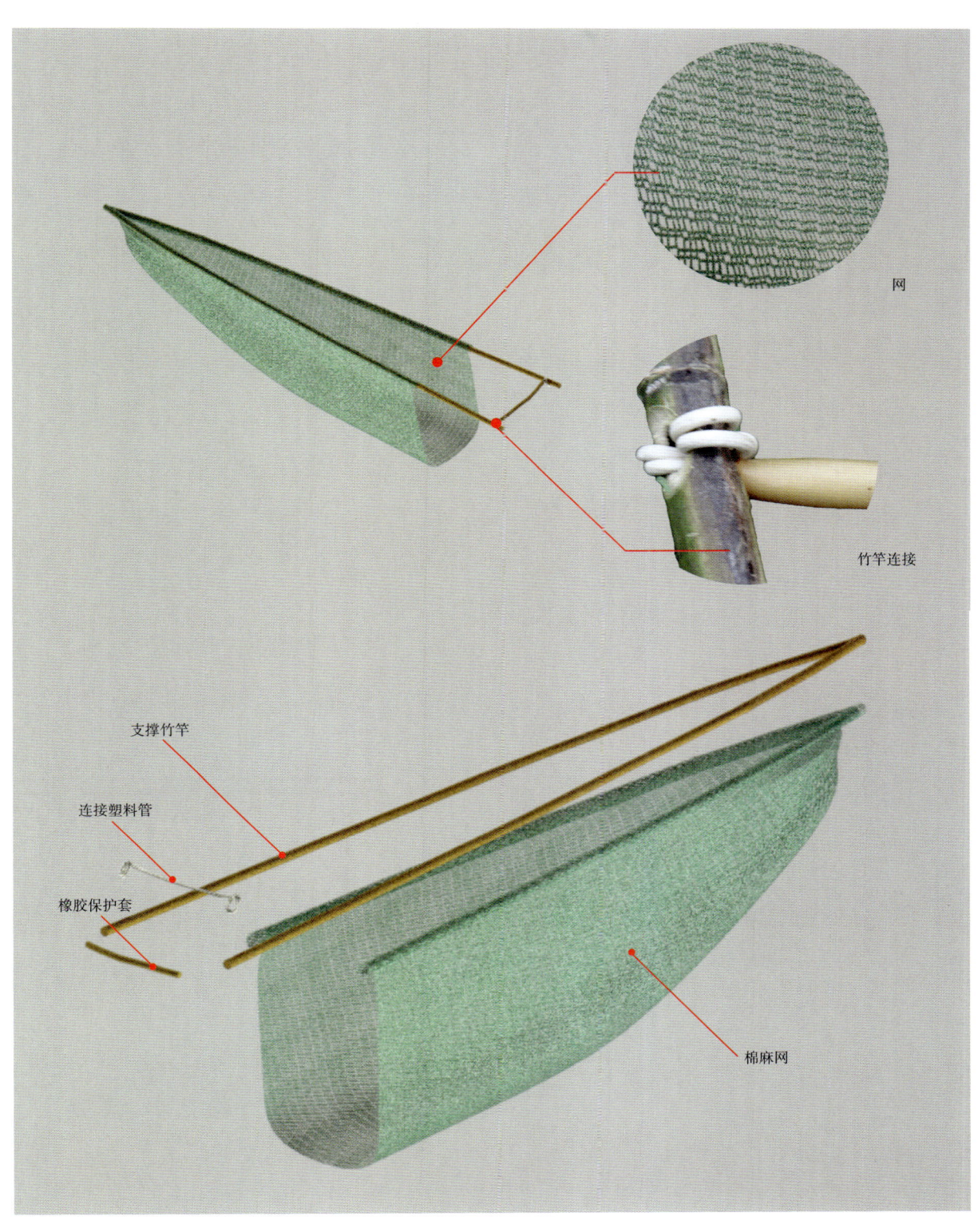

图三　傈僳族浦鱼网解析图

1. 绕线

2. 将线挑入上面一排的孔中

3. 将梭子从孔中穿下去

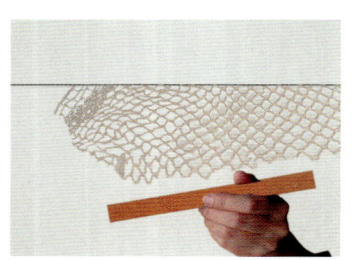
4. 将木条从绕好的孔中取出，编织下一排

图四　傈僳族捕鱼网制作流程图

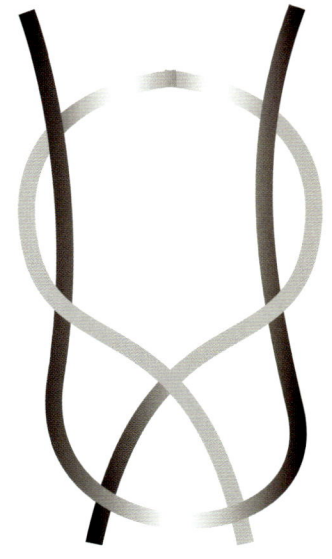

图五　傈僳族捕鱼网编织穿插示意图

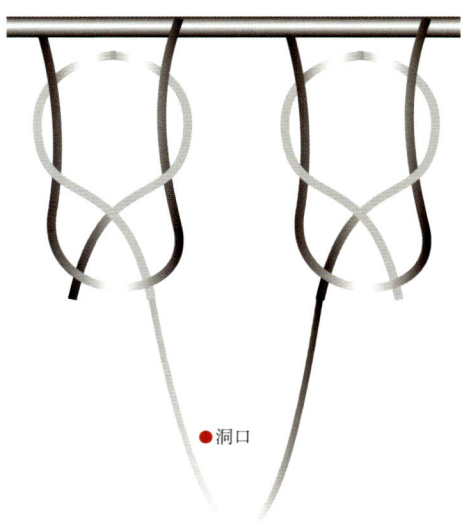

● 洞口

图六　傈僳族捕鱼网打结示意图

1. 撑开捕鱼网

2. 将捕鱼网沉入水底

3. 收网

4. 查看是否有鱼

图七　傈僳族捕鱼网操作示意图

傈僳族弩弓

图一　傈僳族弩弓主图

在傈僳族传统文化中，狩猎是男性的一项基本生存技能。弩弓则是傈僳族的狩猎工具之一，也是傈僳族男子的标志物，搭配长刀和箭包使用。射弩也被国家相关部门列为体育竞技项目。

弩弓由弩身、弩担、弩弦、箭槽、弩牙、扳机、竹箭这几个部分构成。弩身由质地较硬且有一定重量的木材制作而成，弩担则由韧性和弹力较强的竹或桑木等制成，弩弦用四股粗细适当的精细麻线扭制而成，扳机、弩牙用骨头制成。弩箭由竹削制而成，头尖可套铁镞。尾部安有用竹皮折成的可增加飞行稳定性的三角形尾翼。竹箭分无毒和有毒两种。无毒箭一般用来射杀一些小动物,对付凶猛动物才会使用毒箭。随着社会的变迁,弩弓的功能发生了转换,从维持生存的工具演变为体育竞技和娱乐活动的器具。如今每年农历正月初一至初三,傈僳族男子都要举行射弩比赛。傈僳族弩弓的使用方法与其他弓弩的使用原理近似,先把弩弦用力地拉至弩牙,竹箭装在箭槽上,瞄准后扣动扳机,弩弦从弩牙上弹出,将竹箭用力地往前推出射中目标。射击从姿态上可以分为立射、跪射、卧射等几种。

弩弓是在弓的基础上创造出来的,节省了体力,克服了人在拉弓时不能长时间保持同一种姿势的弱点,从而射得更准、更远、更稳。

图片来源
图一　石永欣　制图
图二至图三　刘晓蓉　制图
图五至图六　向海涛　制图
图四　程琼博　制图

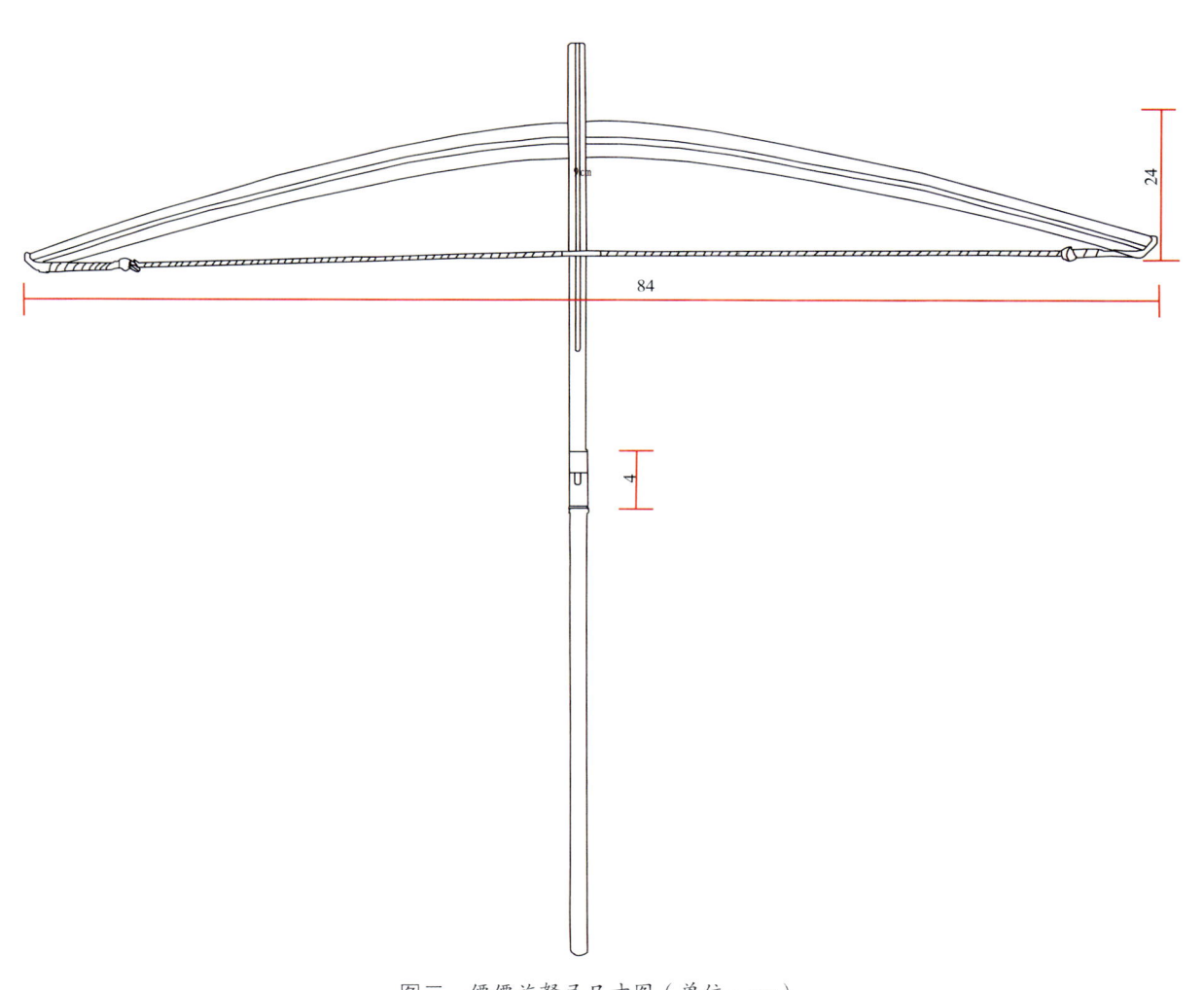

图二　傈僳族弩弓尺寸图(单位:cm)

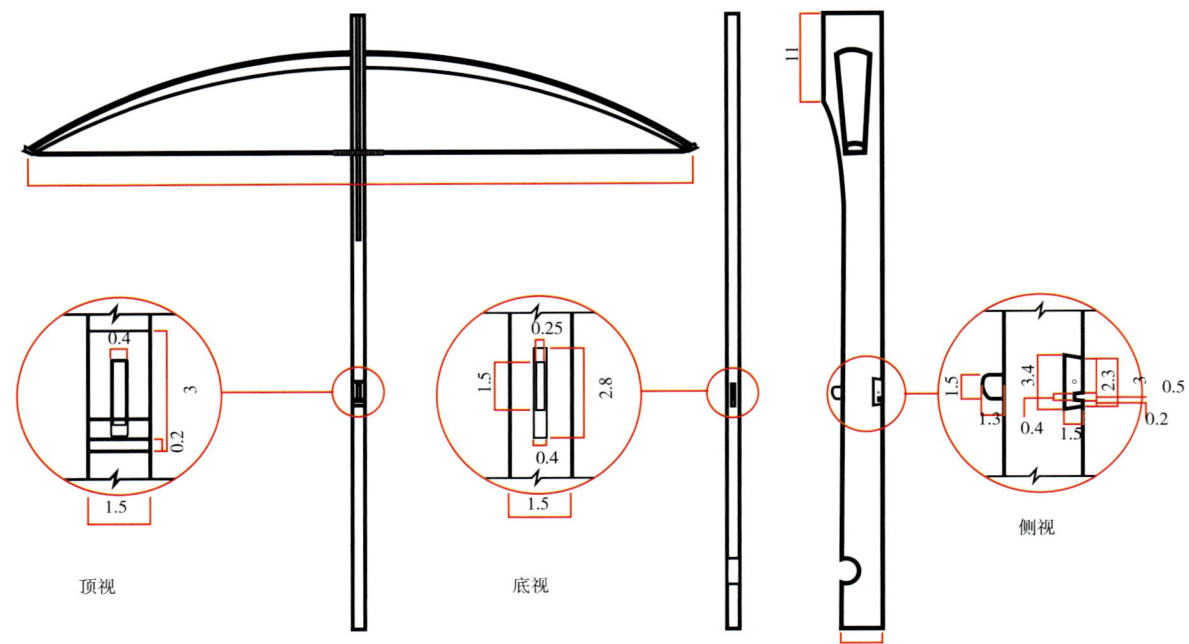

图三 傈僳族弩弓三视、尺寸图（单位：cm）

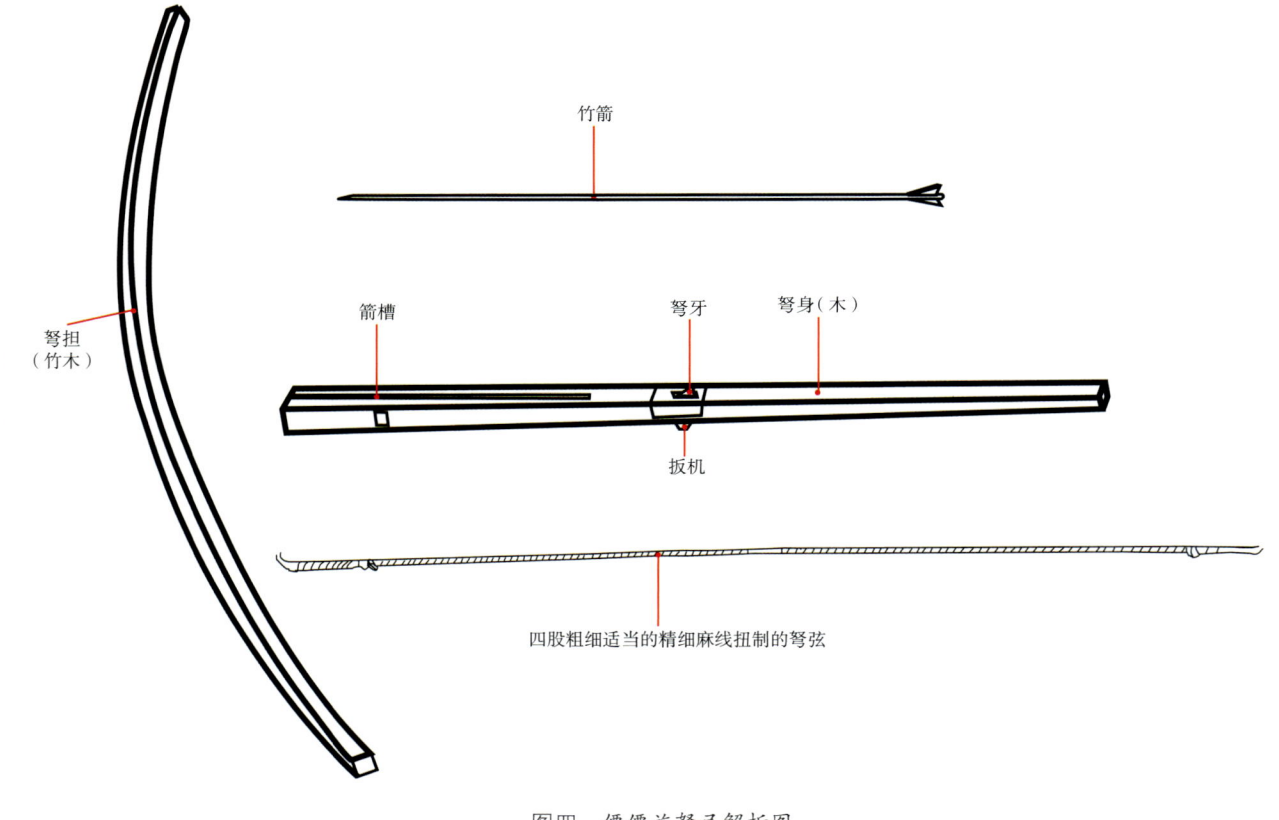

图四 傈僳族弩弓解析图

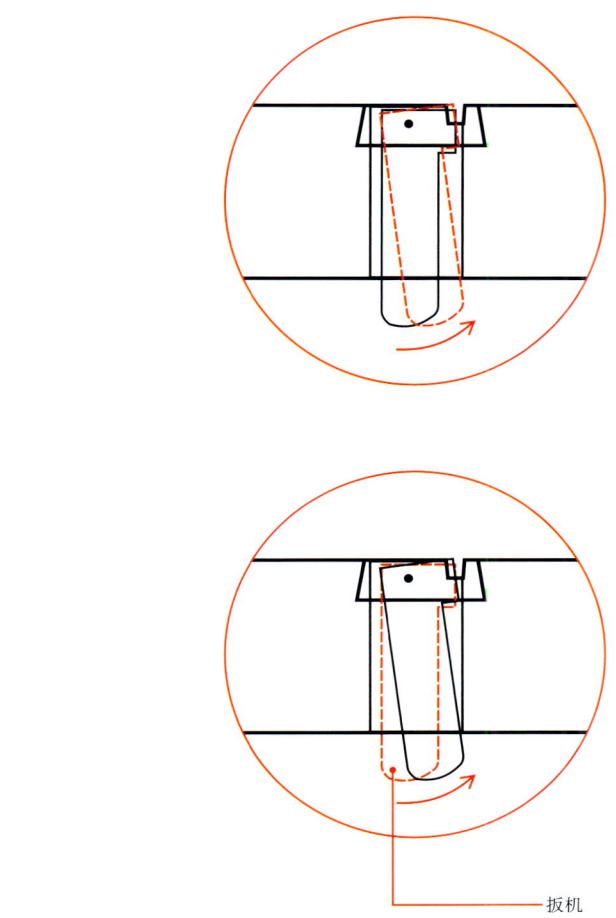

图五　傈僳族弩弓操作示意图

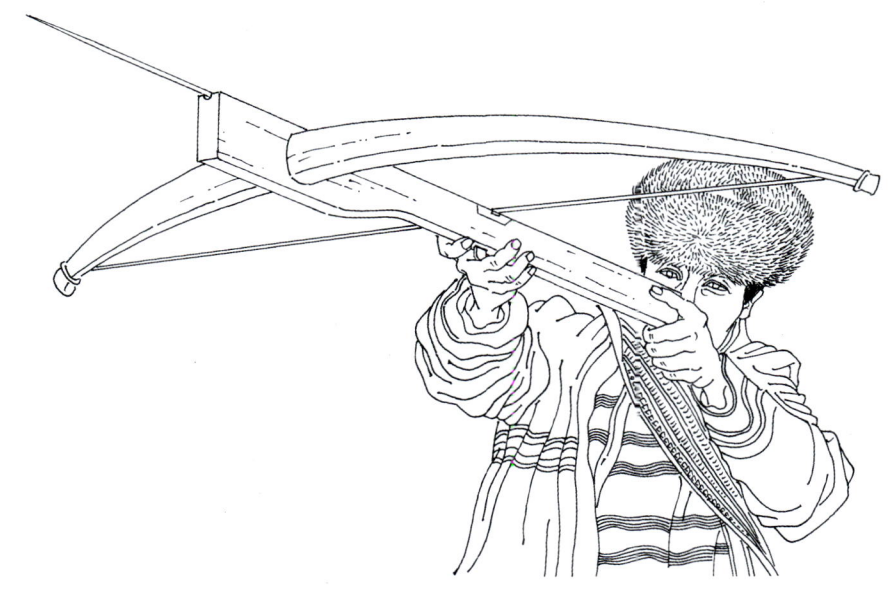

图六　傈僳族弩弓使用情境图

傈僳族鼠弓

图一　傈僳族鼠弓主图

鼠弓是傈僳族人的捕鼠工具，傈僳语称"害欠"。鼠弓外形酷似一把小型弩弓，弓身长50.5厘米，弓身最前端部分是一个大小为8.5×11.8厘米的小木盒子，深度3.6厘米，作为诱捕老鼠的空间。诱饵则放在这个小盒子的前端，由细绳绑住并穿过木盒连接到弓身另一端一个1厘米长短的竹机关上，两支箭杆长23厘米，用木棍削成，穿过弓身前端小木盒上的两个小眼。后端被弓身上弯曲的铁丝固定住。弓柄长65.5厘米，宽1.8厘米，两端渐窄，在距离柄尾1.25厘米处刻上凹槽，以便固定麻绳（弓弦）。麻绳则用来连接竹弓、机关和整个工具。

制造弓柄是先上山觅得一段大小适中，具有一定柔韧性的竹子，将其砍伐下来，去掉枝叶，慢慢弯成一弓形，为了防止其伸直复原，用柴火燎一燎。弓身的制作更为简单，选用一截木条，用工具削制成前端较大后端较小，用铁丝弯曲焊接在弓身上以便设定机关，最后绑上麻绳。鼠弓对老鼠有着致命的杀伤力，设计原理简单，有两处关键部位，小木棍和细麻绳好比橡皮筋，被安装在铁丝弯曲的部位，成为一个小型机关触发器，而"弦"则扣在其中两支"箭"缺口处，好比一个加速器。老鼠经过，身体碰到诱饵，触动由细绳和小木棍安装的如同弹簧功能的触发器，则弹起两支箭杆。整个工具就像一把自动弹弓一样，老鼠经过，立刻发射，把老鼠的脖子或上身夹住截断，瞬间毙命。

千百年来，为对付鼠患，人们发明了老鼠胶、捕鼠器等工具，而傈僳族人使用鼠弓捕鼠，比使用胶粘、捕鼠器等其他方式捕鼠更加简单有效，命中率高且安全环保。另外，鼠弓的发明和使用从某一方面体现出傈僳族人在和大自然接触中的聪明才智。

图片来源

图一　梁婷　摄影
图二至图六　郑伊晏　制图

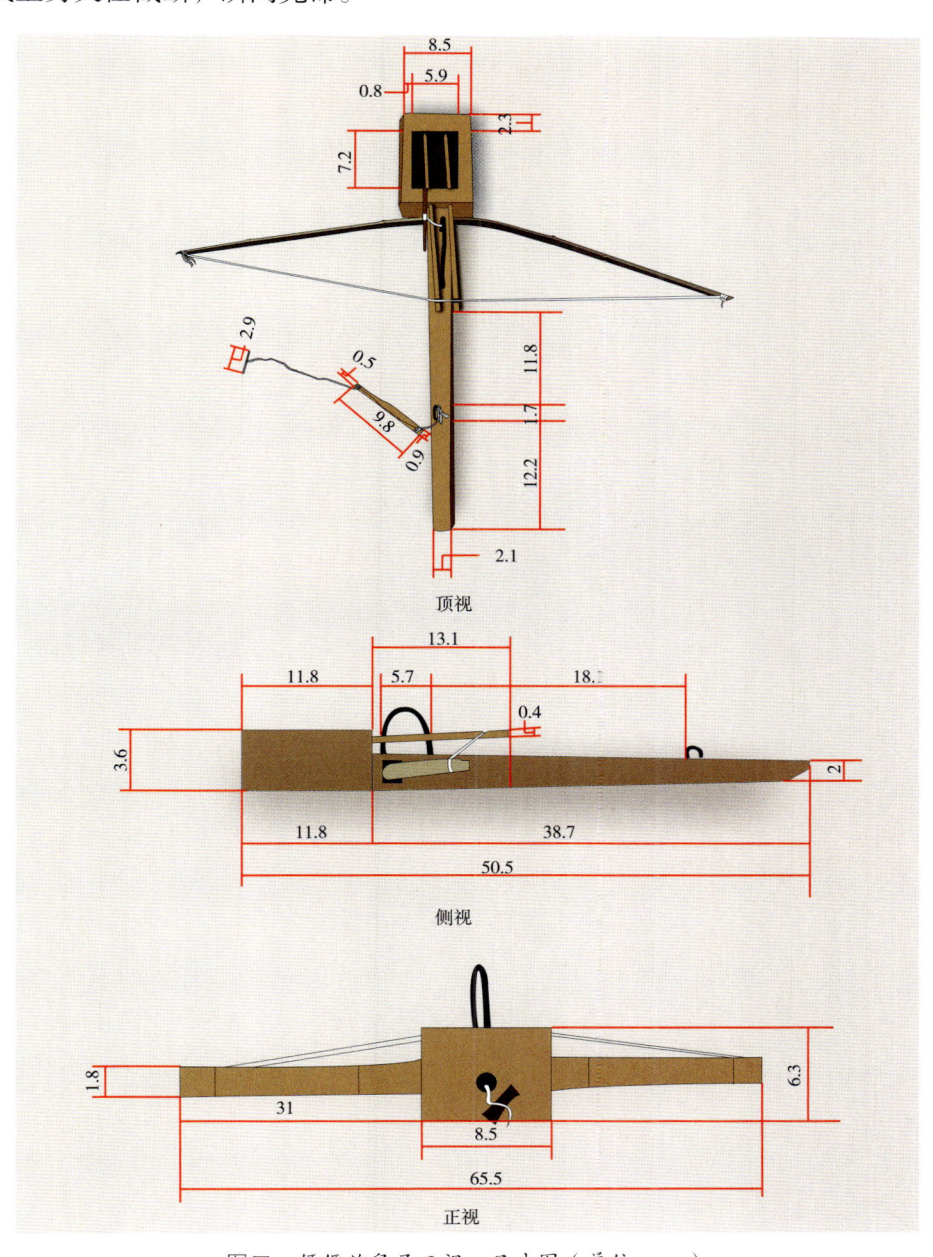

图二　傈僳族鼠弓三视、尺寸图（单位：cm）

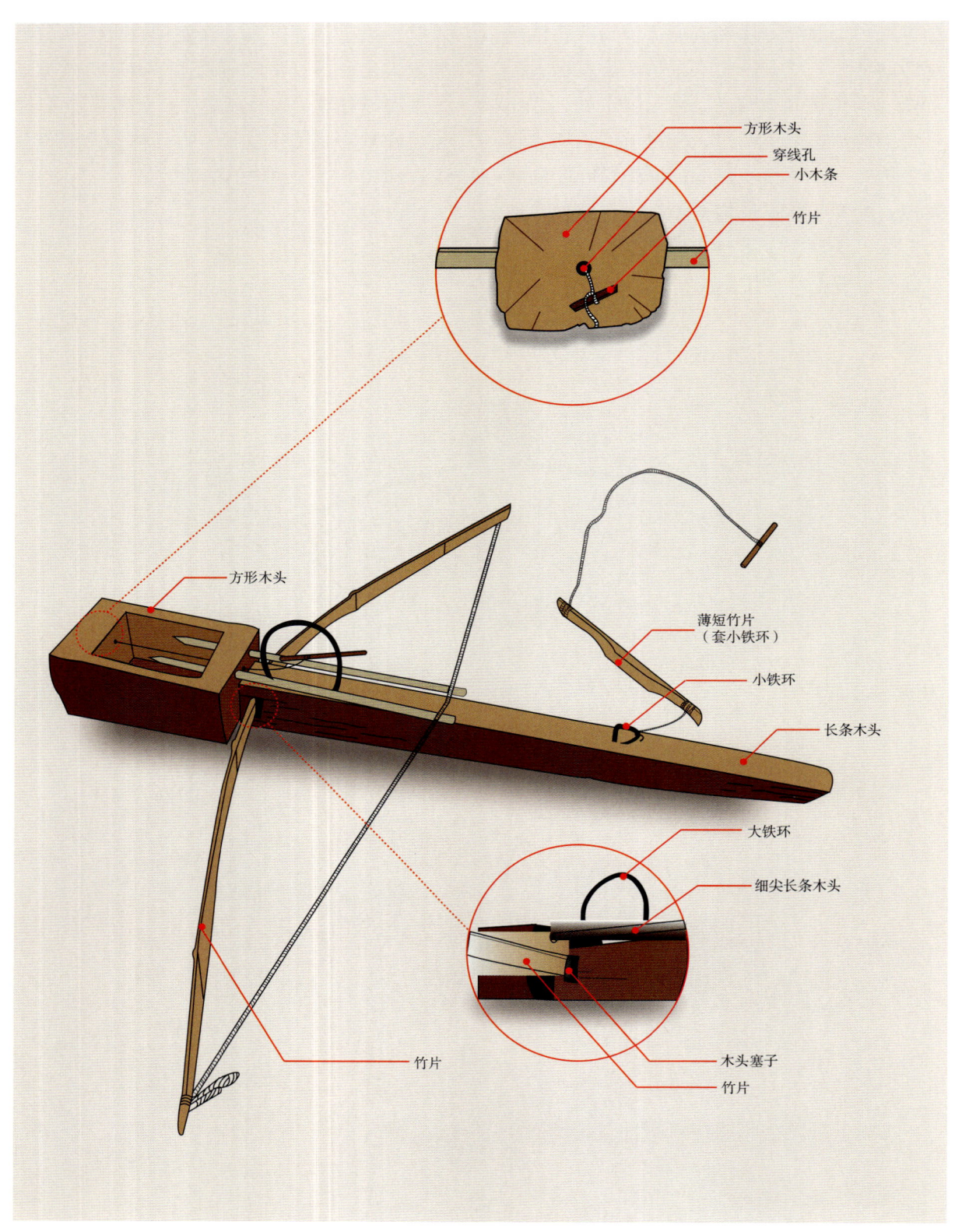

图三　傈僳族鼠弓结构名称图

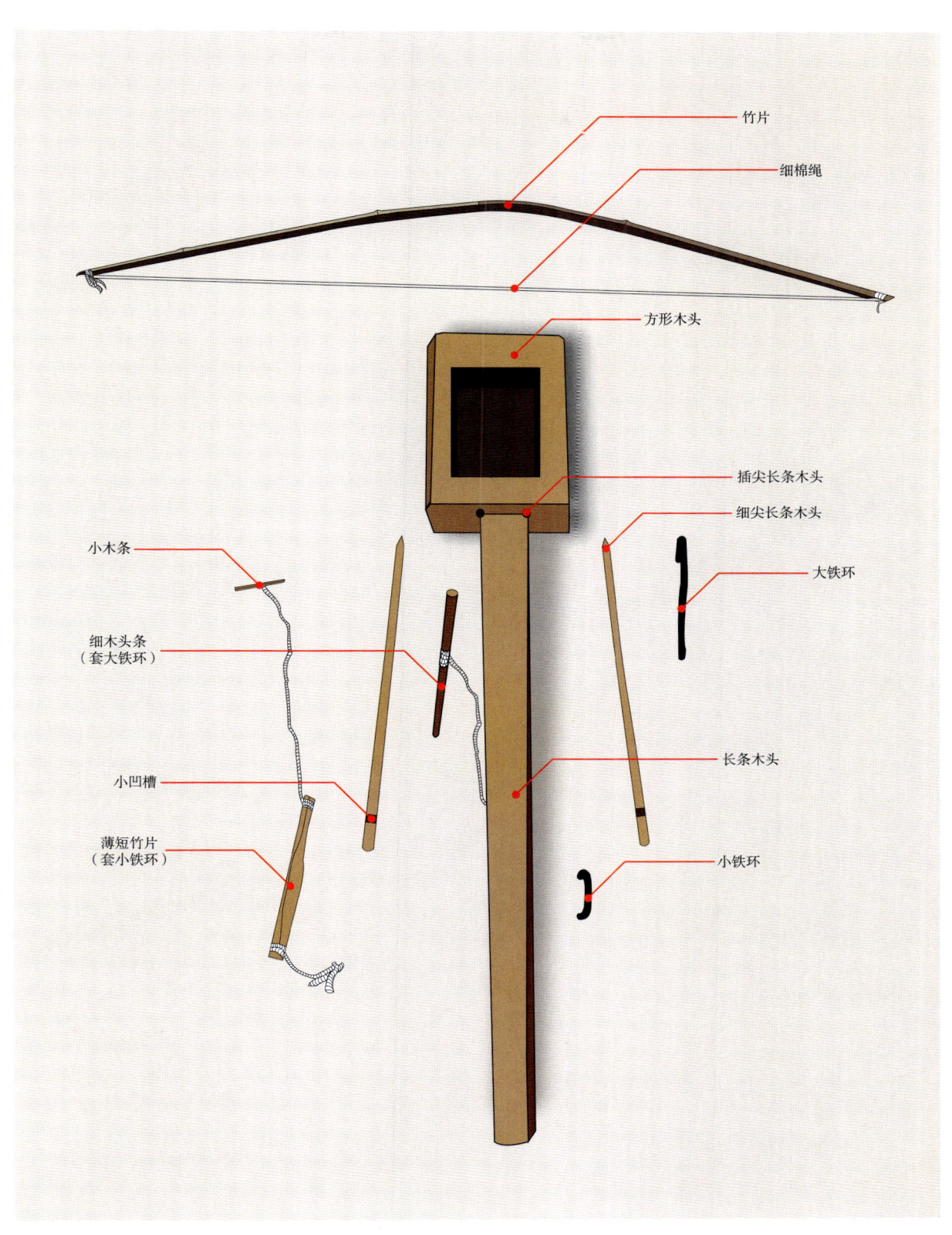

图四 傈僳族鼠弓解析图

435

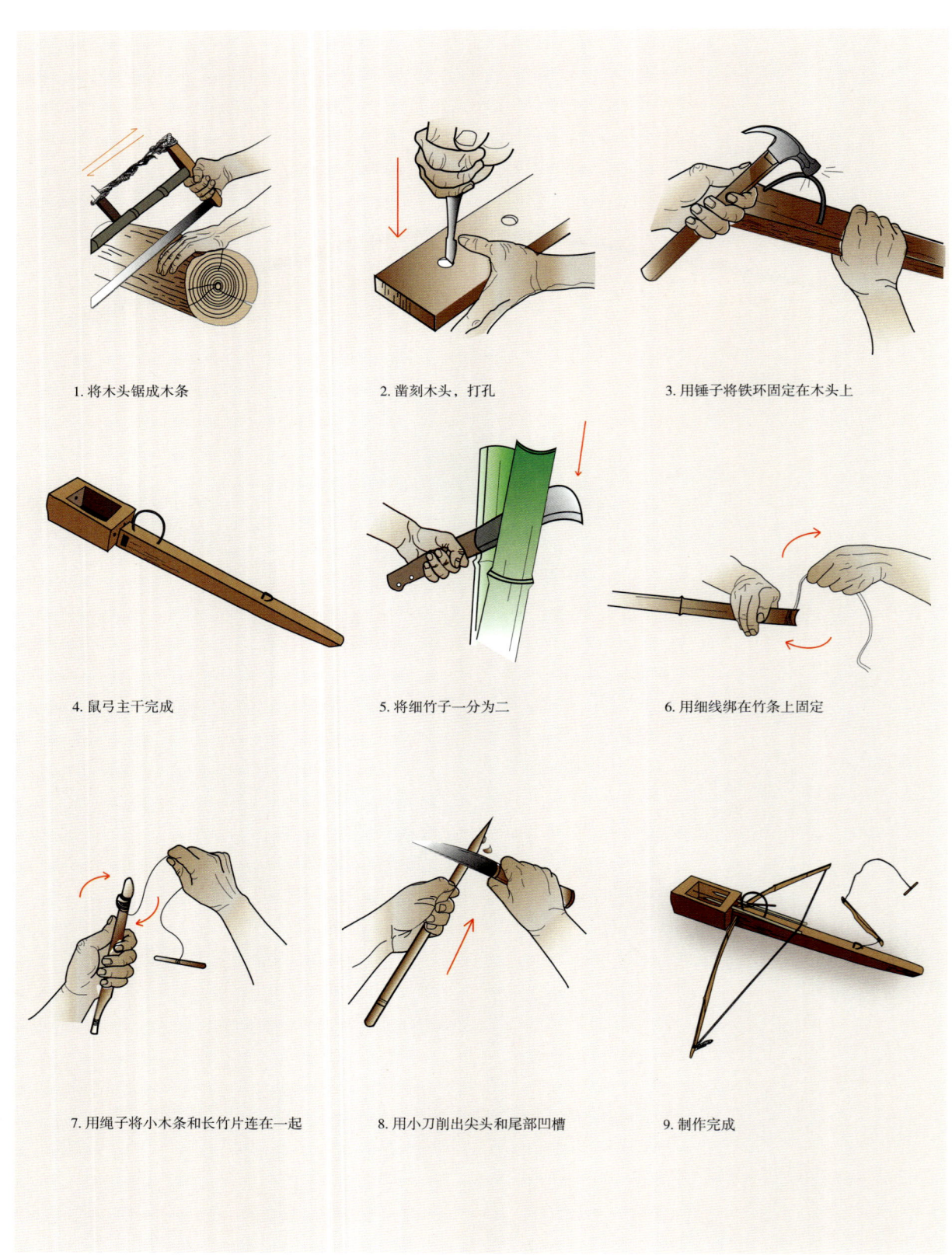

图五　傈僳族鼠弓制作流程图

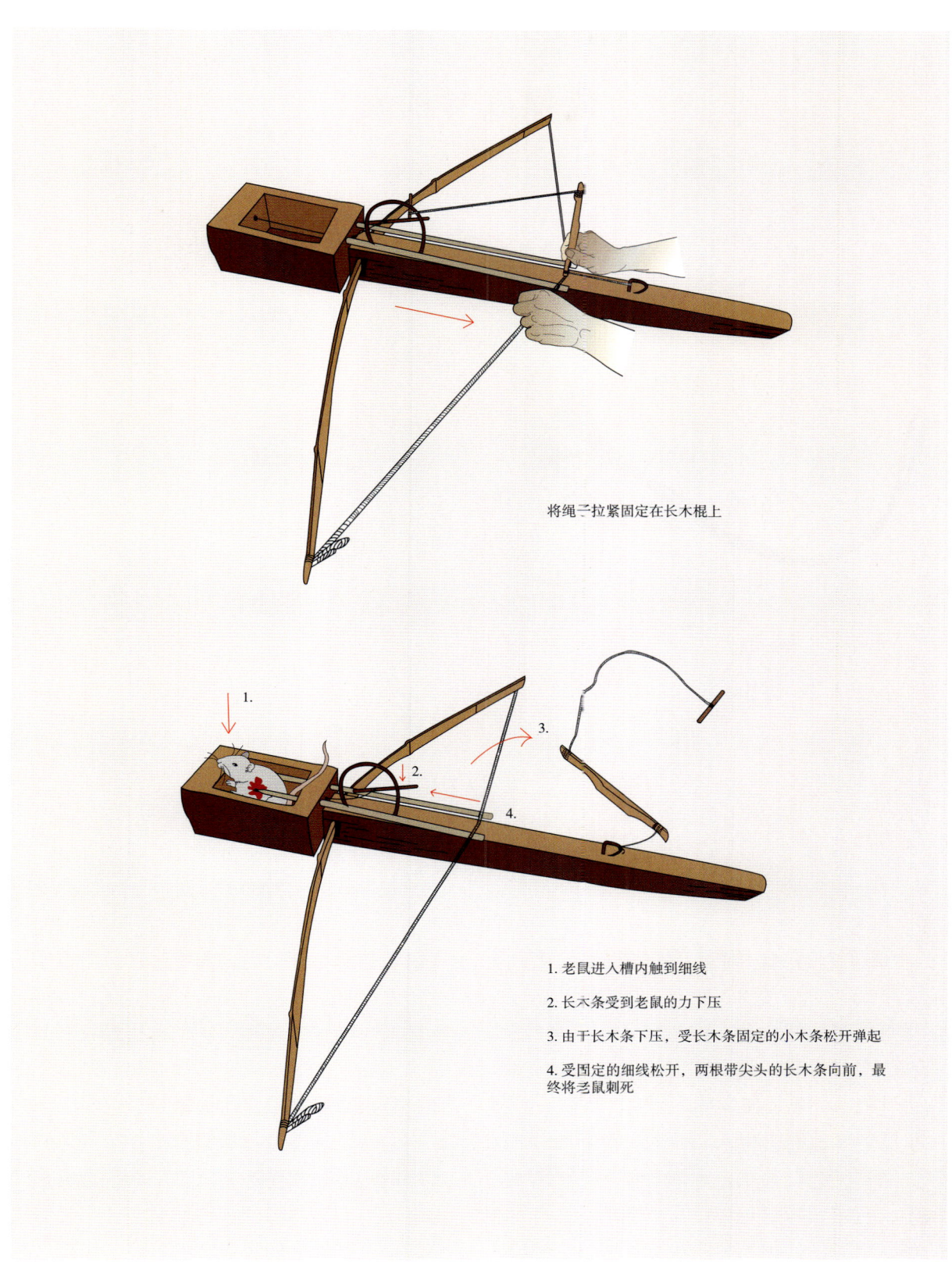

图六 傈僳族鼠弓操作示意图

傈僳族竹箭盒

图一　傈僳族竹箭盒主图

傈僳族竹箭盒，傈僳语称"玛当欠补"，通长27.2厘米，宽8.5厘米，呈半圆形，主要随身携带放置竹箭，是和弩弓配套用于狩猎或战争的工具。此案例采集于云南迪庆维西县叶枝镇同乐村傈僳族陈列室。

傈僳族竹箭盒由木和竹两种材料制作而成，制作工艺较简单，选取竹筒一节，劈成两半，只留其中的一半，有竹节的一头作为底部，当盒底使用；另一头则无竹节，做盒口用。这时再选取一定的木材削平，保证宽度能盖住那半截竹筒，其中间部位略宽于半截竹筒即可。该部位用来打孔穿绳，方可挂于身上。半截竹筒和一块木板拼接在一起之后，用加工过的棕皮在箭盒底部和箭盒中间部分分别系紧。棕皮用火微烤过之后，因热胀冷缩的原理待冷却后能牢牢把半截竹筒和木片紧密地扣接在一起，打结处因微火烘烤类似于同心扣的形状。竹箭盒是长期随身携带并挂于腰间之物，完整的竹筒是圆形，不利于贴身，在行走过程中会不断地晃荡，因此不能将完整的竹筒直接当箭盒使用。

傈僳族竹箭盒的设计除了充分考虑其使用的功能性之外，半圆的处理并不只是形式上的美感，而是使其更服帖地佩戴于人的身上。在细节处理上，傈僳族人也非常注重，用微火烘烤之后的棕皮绑系，通过热胀冷缩的原理来使其牢固。

图片来源

图一　蓝佳玉　摄影　郑伊晏　制图

图二至图三　郑伊晏　制图

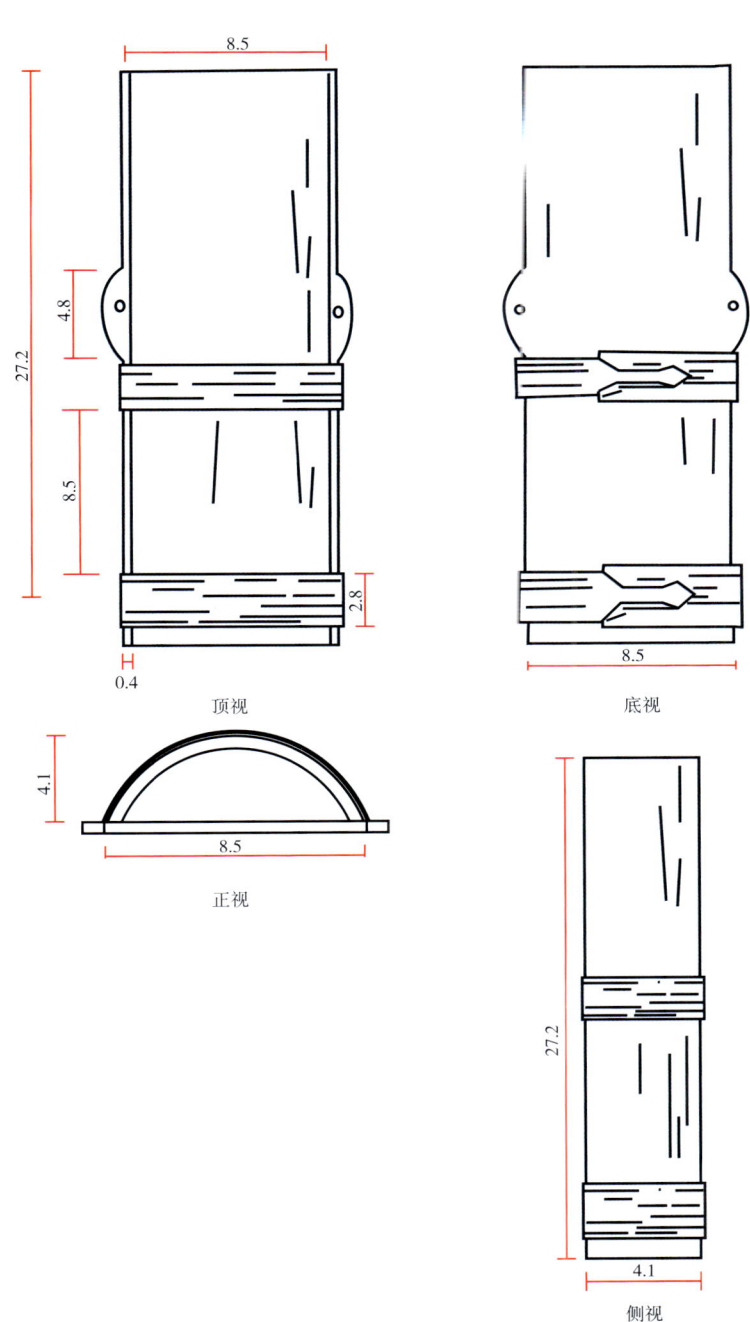

图二　傈僳族竹箭盒四视、尺寸图（单位：cm）

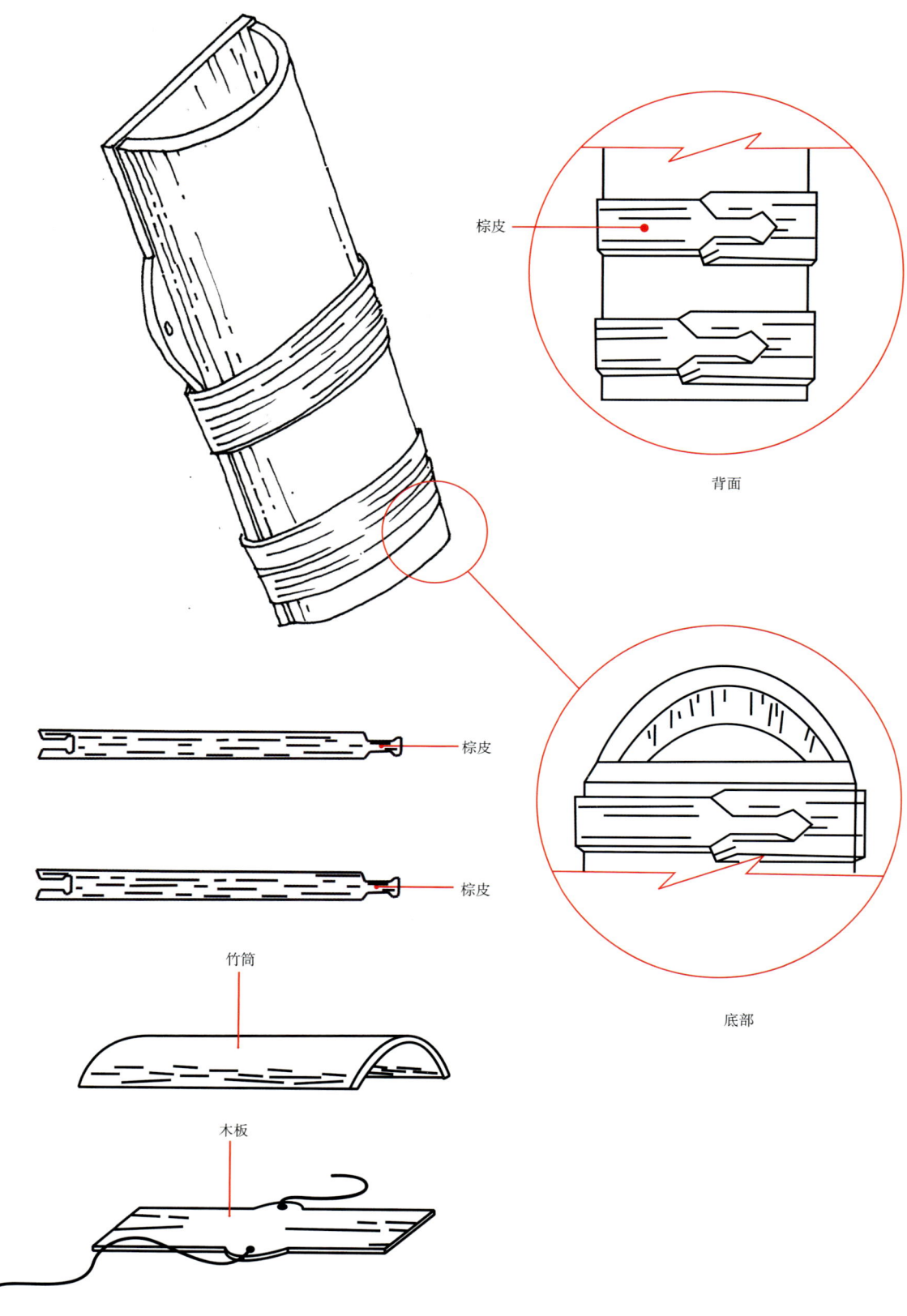

图三　傈僳族竹箭盒解析图

傈僳族平锄和尖锄

图一 傈僳族平锄主图　　　　图二 傈僳族尖锄主图

　　锄头是傈僳族的一种长柄农具，具有明显的地域和民族特色，主要有平锄和尖锄两种。平锄锄柄长 105 厘米，锄叶较一般条锄宽而薄，长 11.7 厘米，锄肩宽 12.5 厘米。锄銎为短筒銎，高 4.3 厘米。锄刃平而锋利，锄肩宽平成向上翘曲。尖锄锄柄长 84.6 厘米，锄叶长 17.7 厘米，锄肩宽 13 厘米。锄銎亦为短筒銎，锄刃尖而锋利，锄肩宽平成向上翘曲。

　　傈僳族平锄和尖锄专用于耕种、除草、疏松土壤，使用场合为水田、旱田，收获、挖穴、做垄、耕垦、盖土、碎土、中耕、培土作业时皆可使用，属于万能农具。平锄锄柄较长，使用起来较轻松，但工作效率较低，适合挖掘石头较多的山地；尖锄锄柄较短，以两手握锄柄，做回转冲击运动。

农史学家认为，人类最早的耕作方式是刀耕，由于长期生产实践丰富了对土壤和栽培农作物的知识，促使耕作技术发生变化，所以才从刀耕进化而为农耕。傈僳族平锄和尖锄形制古朴粗犷，颇富民族和地方特色。又因傈僳族生活的地方山高谷深、地势险峻，其旱地耕作被当地人形象地比喻为"陡坡壁耕"，耕作条件险恶，使用平锄和尖锄自在情理之中，尖锄和平锄成为傈僳族使用最为普遍的农耕工具。

图片来源

图一　梁婷　摄影　郑伊晏　制图
图二至图八　郑伊晏　制图

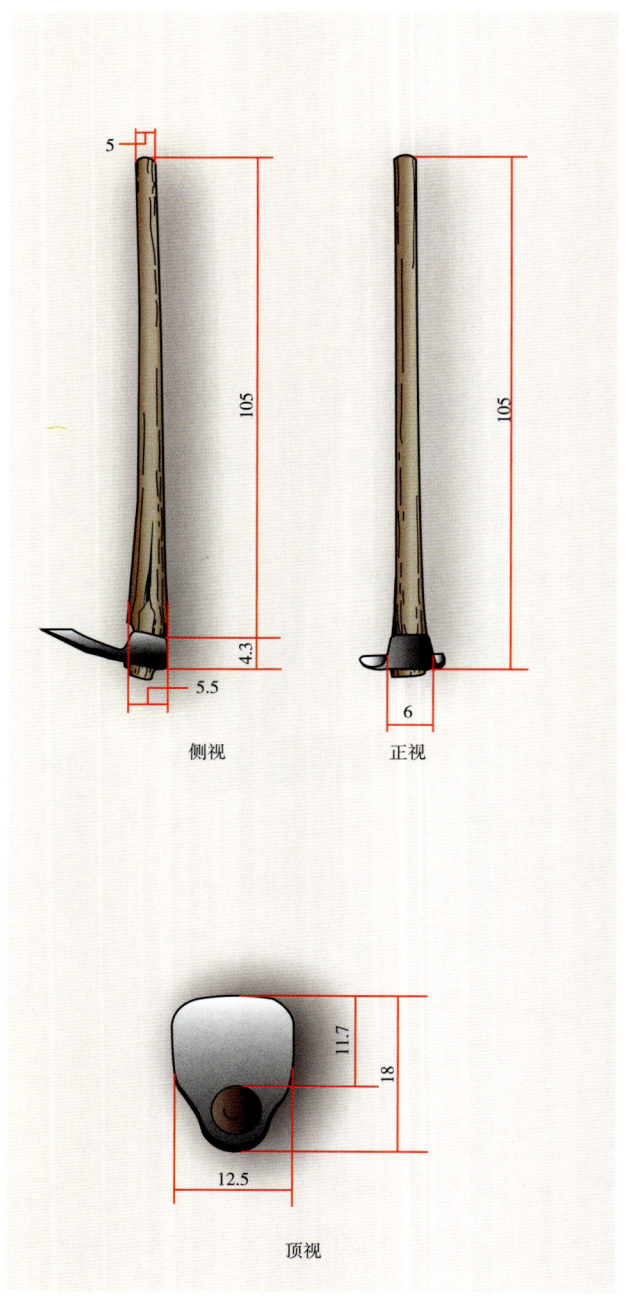

图三　傈僳族平锄三视、尺寸图（单位：cm）

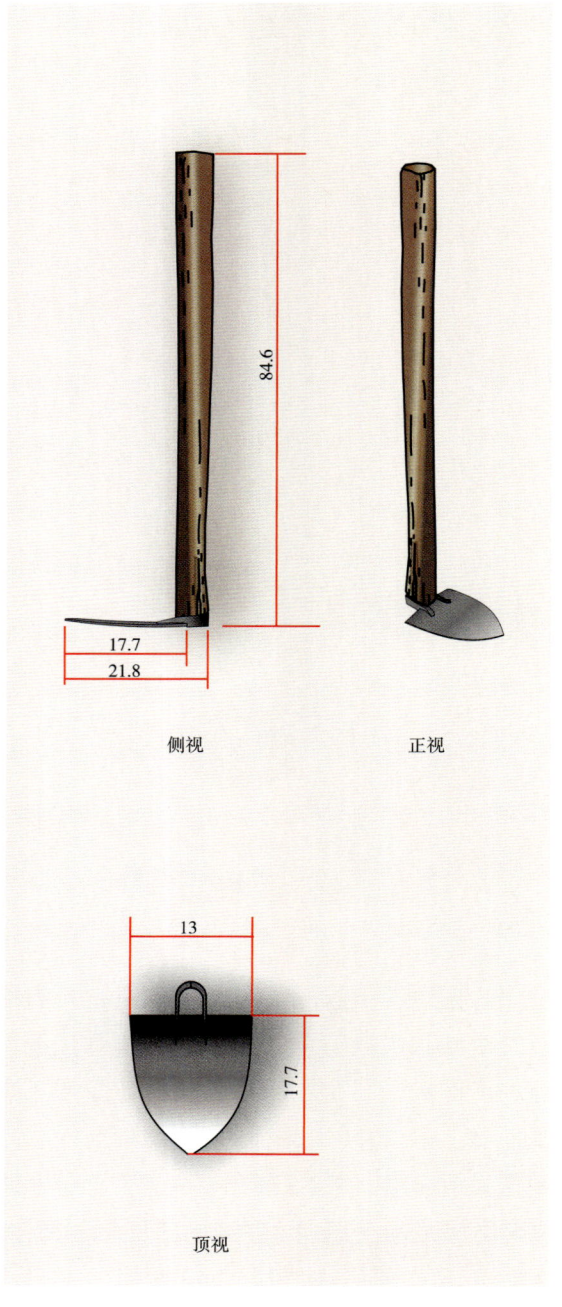

图四　傈僳族尖锄三视、尺寸图（单位：cm）

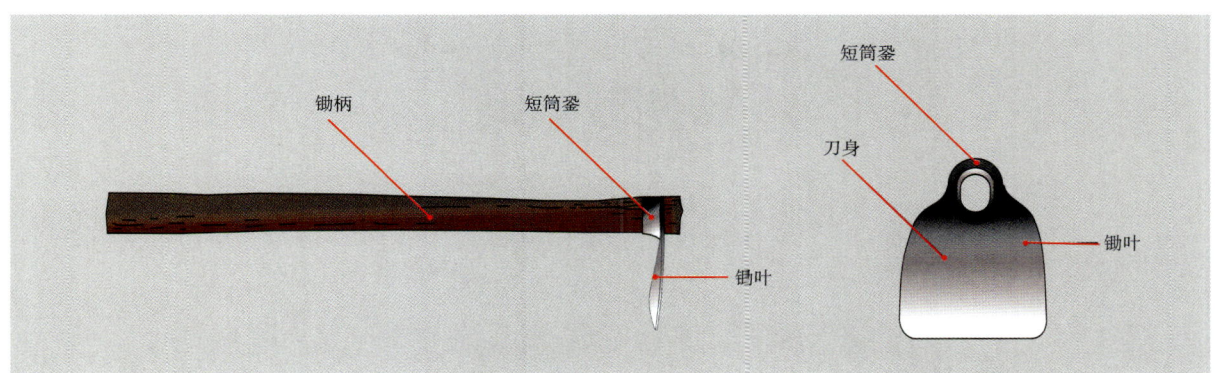

图五　傈僳族平锄结构名称图

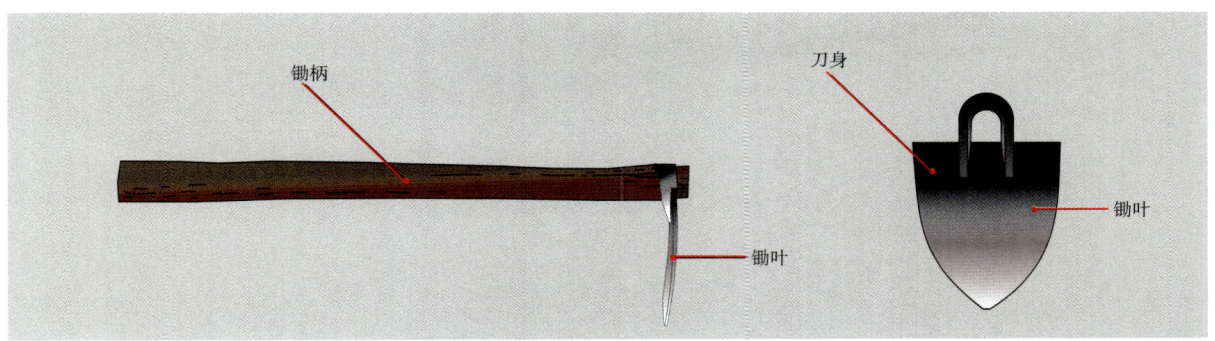

图六　傈僳族尖锄结构名称图

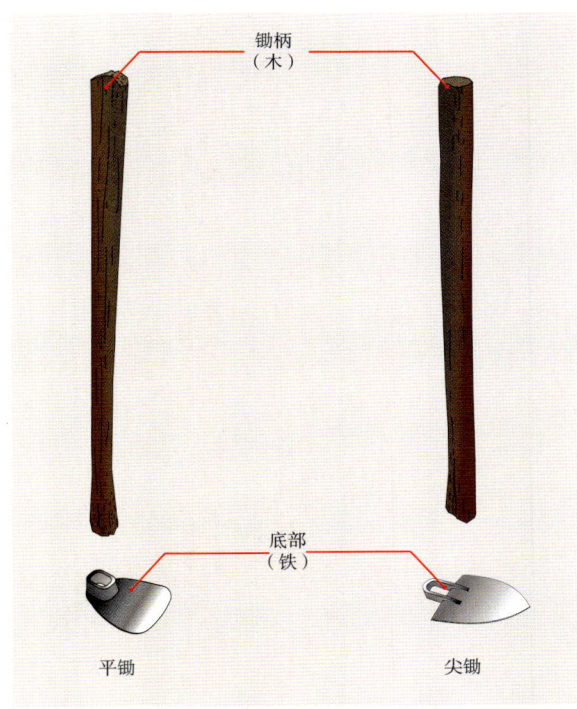

图七　傈僳族平锄、尖锄解析图

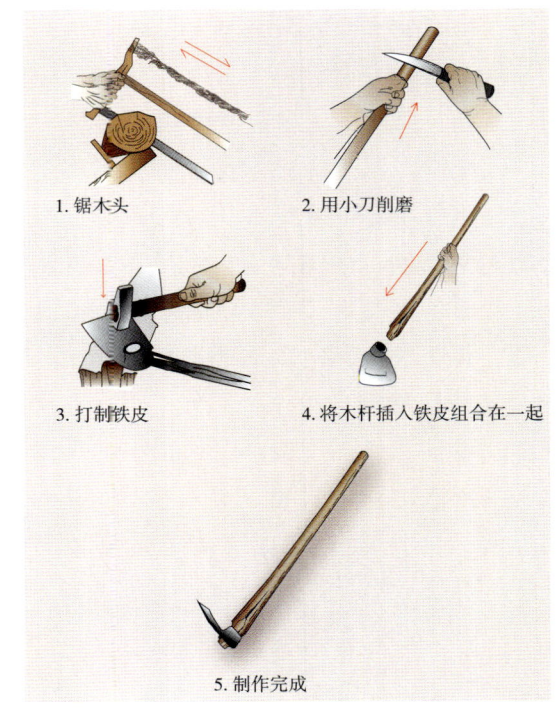

图八　傈僳族平锄制作流程图

傈僳族木锄

图一　傈僳族木锄主图

傈僳族木锄，傈僳语俗称"阿呆"，通长107.5厘米，主要由锄柄和鹤嘴构成，适用于在坡地除草和播种。此案例采集于云南迪庆维西县叶枝镇同乐村傈僳族陈列室。

傈僳族木锄是原始木锄的进化形态，它与原始木锄的不同之处在于原始木锄通身材质为木头所制，而傈僳族木锄鹤嘴是铁制。这样设计不但提高了劳作的效率，也使其磨损期变得更长。同时，木锄形制较短小，锄柄多采用自然树木的分叉部分，取材方便和快捷。锄柄和鹤嘴连接部分呈很小的夹角，这和汉族铁锄呈几乎90度夹角是不一样的。这样的工具形态与当地自然环境有着紧密的关联，傈僳族人所居住的地方地势险峻，耕作条件险恶，比起大铁锄，除了木锄分量轻，便于携带之外，锄柄与鹤嘴较小的夹角更有利于在陡坡劳作，使得劳动者在使用木锄时省力。

总而言之，傈僳族木锄是一种农耕用途广泛、使用灵巧的工具。从设计角度来看，傈僳族人在很早以前就已经能充分考虑到人在使用工具过程中的力学原理以及使用体验。同时，傈僳族木锄还体现了就地取材的原则，利用现有的树形，减少了不必要的加工成本，体现了以人为本的设计理念，充分展示了适度设计的原则。

图片来源
图一　梁婷　摄影　蓝玉佳　制图
图二至图三　郑伊晏　制图

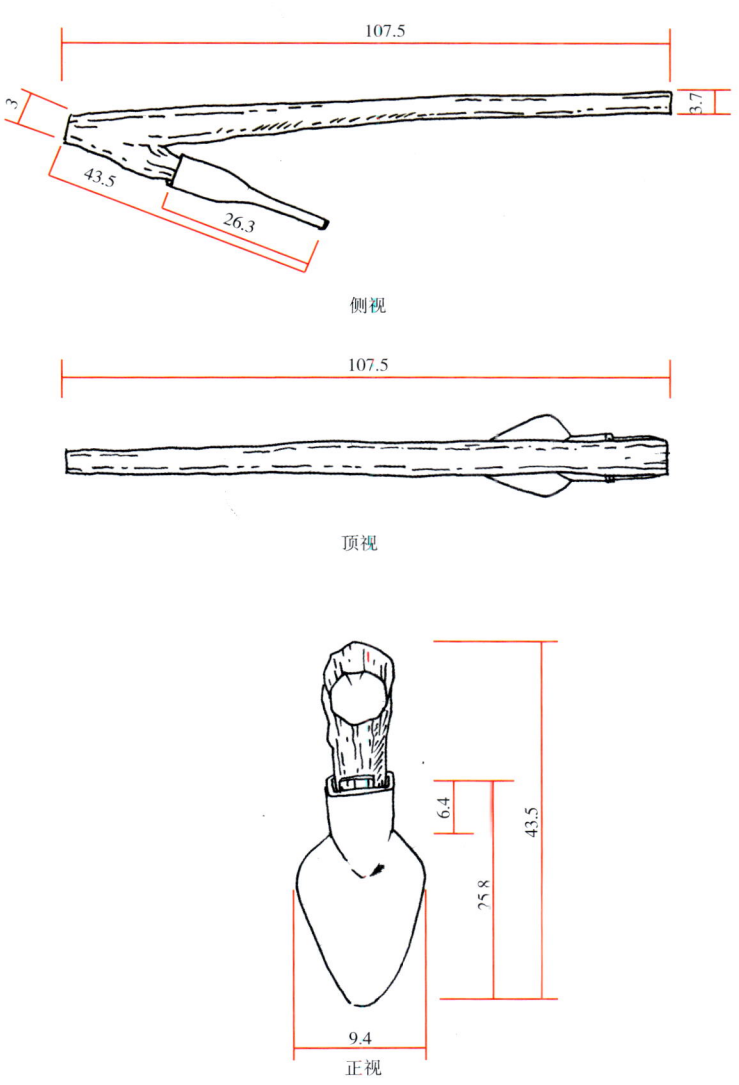

图二 傈僳族木锄三视、尺寸图（单位：cm）

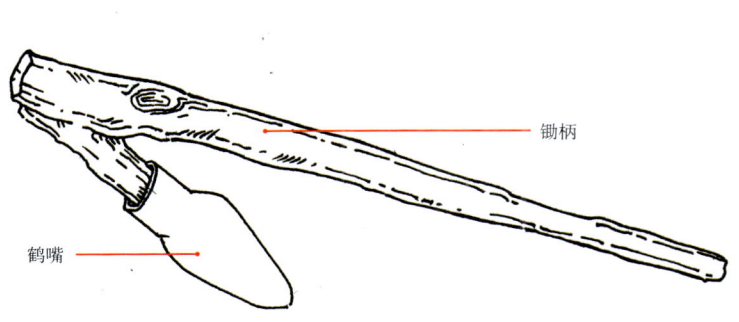

图三 傈僳族木锄结构名称图

傈僳族四齿耙

图一　傈僳族四齿耙主图

傈僳族四齿耙，形如丁字，通长84.8厘米，木耙处宽43厘米。形制较简单，取一段带枝的树木，削枝为柄，齿为竹所制，齿部分由四根形同牙的竹棍通过榫斗和耙紧密连接，形成四齿耙。它主要是用来垒田坎、抓牛屎粪、掘土、碎土、松土、除草等，用途广泛，是傈僳族最为常见的农具之一。此案例采集于云南丽江永胜县撒坝子村。

从四齿耙的设计形状上看，和土家族使用的钉耙没有太大的区别，但从制作材料上看就完全不同了，土家族使用的钉耙齿的部分是用毛铁打造而成，而傈僳族的四齿耙的齿则是由竹制作而成。傈僳族人善于就地取材来制作他们的农耕工具，从四齿耙的选材就能看出来。竹这一材料在傈僳族看来是取之不尽用之不竭的资源。相比铁来说，四齿耙无论是从重量还是制作的复杂性上，都较之于铁钉耙更易携带和制作。只要有竹子和树木，傈僳族人就可以用随身携带的砍刀，随时随地制作出称手的四齿耙。

傈僳族四齿耙设计看似平淡无奇却蕴含着物以致用的思想。从这一点来看，傈僳族人很早就懂得利用可再生资源，并且通过自然法则夹完善他们的设计。

图片来源

图一　梁婷　摄影　蓝玉佳　制图

图二至图五　程琼博　制图

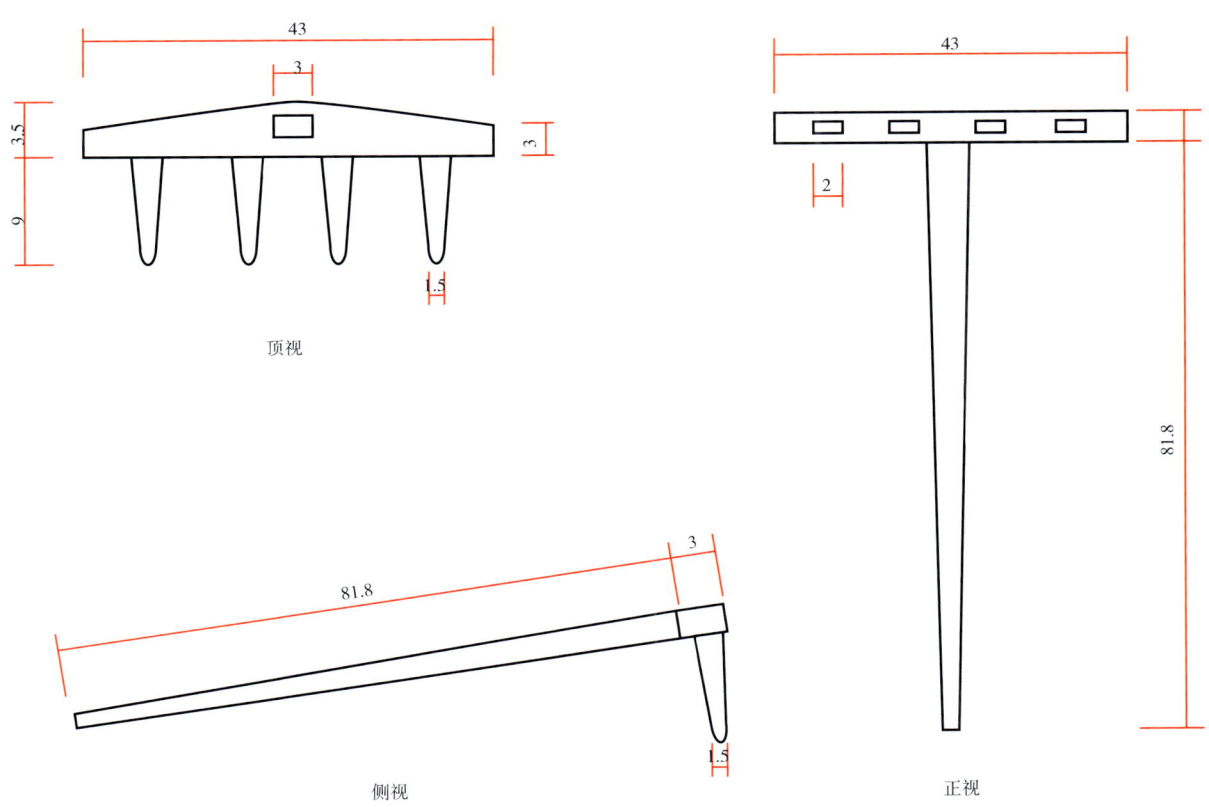

图二　傈僳族四齿耙三视、尺寸图（单位：cm）

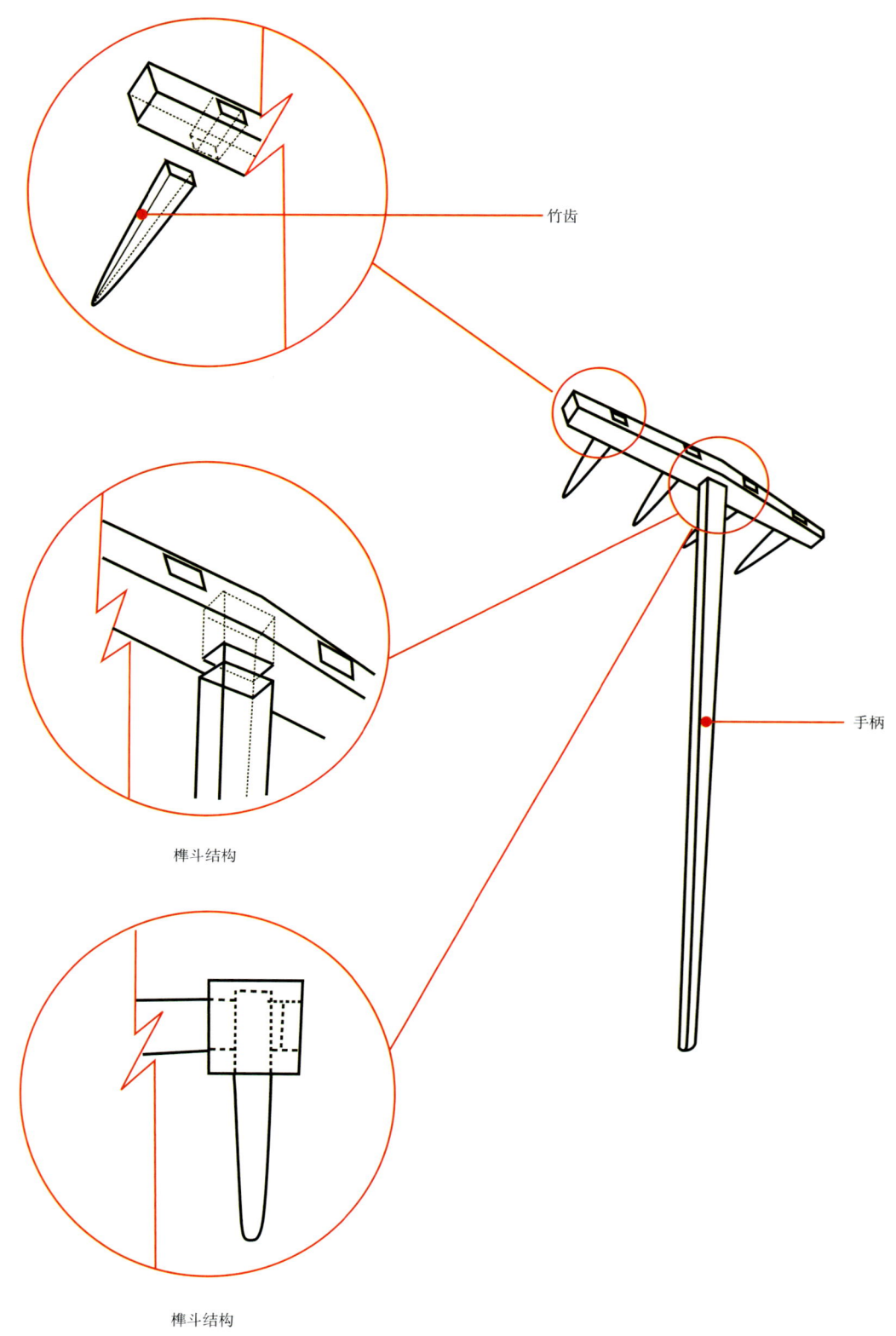

图三　傈僳族四齿耙结构名称图

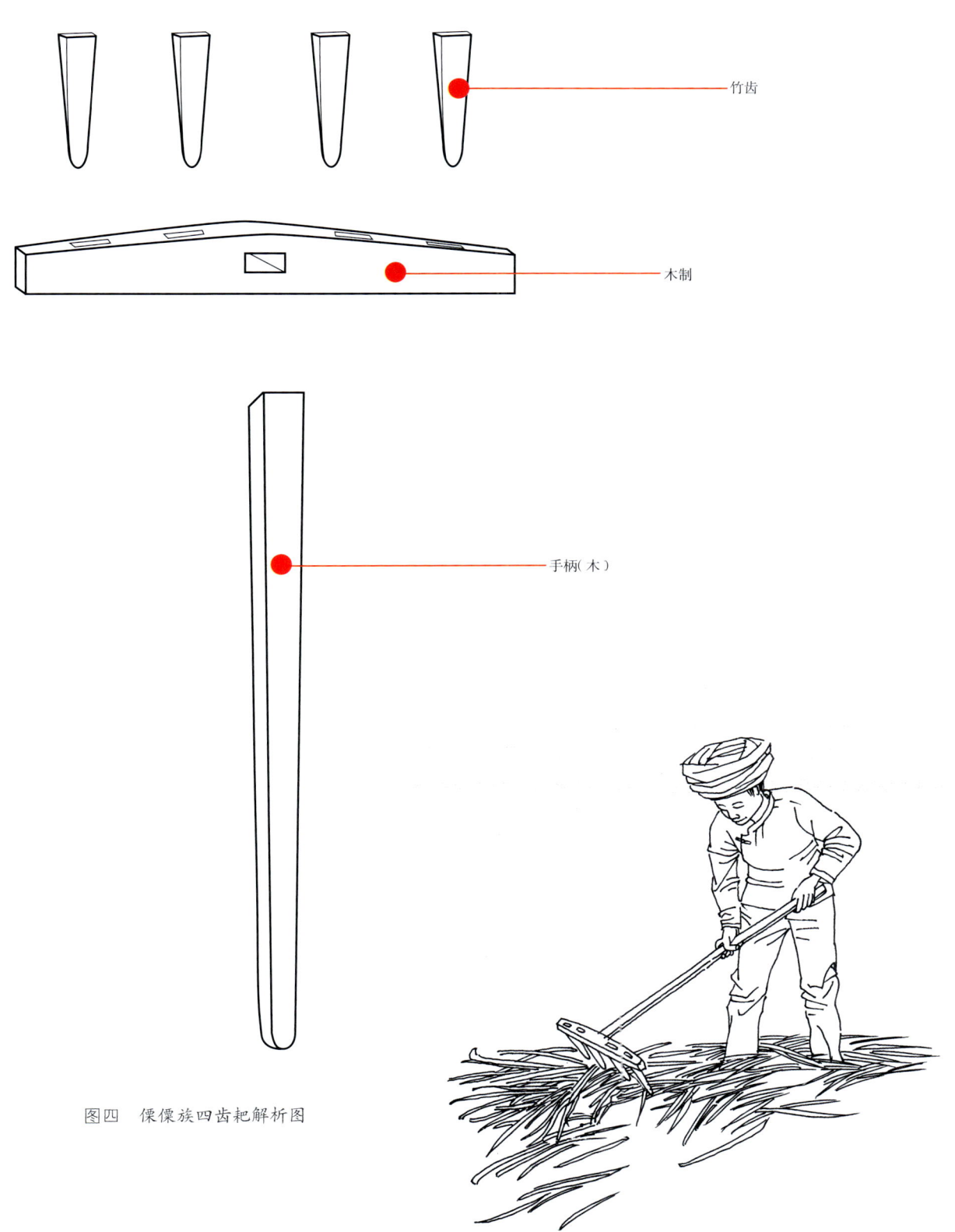

图四 傈僳族四齿耙解析图

图五 傈僳族四齿耙使用情境图

第五章 傈僳族传统生产工具

449

傈僳族木扒

图一　傈僳族木扒主图

傈僳族木扒，是无齿之耙，以木板制作。手柄长140厘米，宽68厘米。主要用于荡田泥（因为只有土壤荡地熟透了，才利于秧苗生长），此外还可以起垄、整地、平土。秋收之后，木扒还是场圃晒粮不可缺少的扒粮工具。可见，傈僳族木扒在农活中扮演着不可缺少的角色。此案例采集于云南丽江永胜县东风乡东乐村。

傈僳族木扒与汉族木扒相比较，明显的差别在于傈僳族木扒手柄短于汉族的，这与当地的生活环境息息相关。众所周知，傈僳族村寨大都分布在山区和半山区，从事山地农业。水田资源极为稀缺,面积也很小。根据实际情况,自然手柄的长度也就无须像汉族的那样长,完全是为了人在山地劳作时更方便和轻松。

傈僳族木扒的外观一目了然,就和其他工具一样,取材于自然,将木头稍加处理而成。傈僳族人在和自然的相处中学会了根据农耕实际来设计和制作相应的工具,并常常就地取材,以人适用为最佳设计原则而不是外形的美观。

图片来源

图一　梁婷　摄影　蓝玉佳　制图

图二至图四　郑伊晏　制图

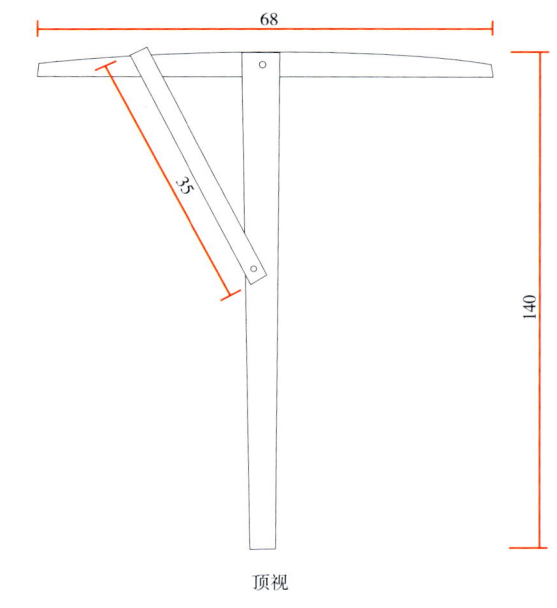

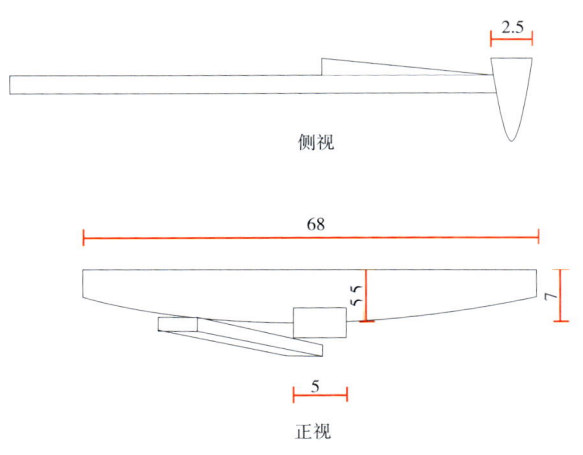

图二　傈僳族木扒三视、尺寸图(单位:cm)

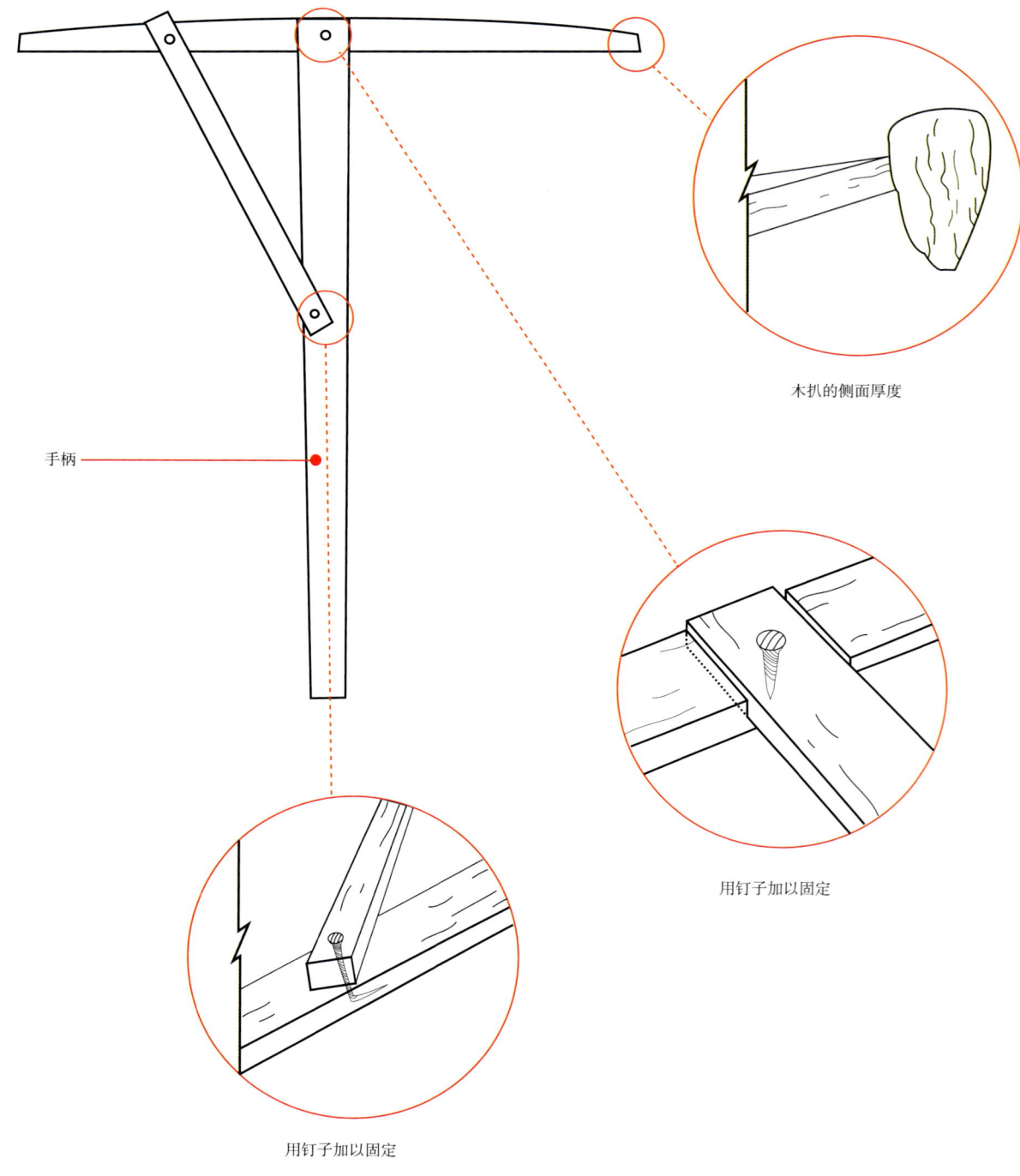

图三 傈僳族木扒结构名称图

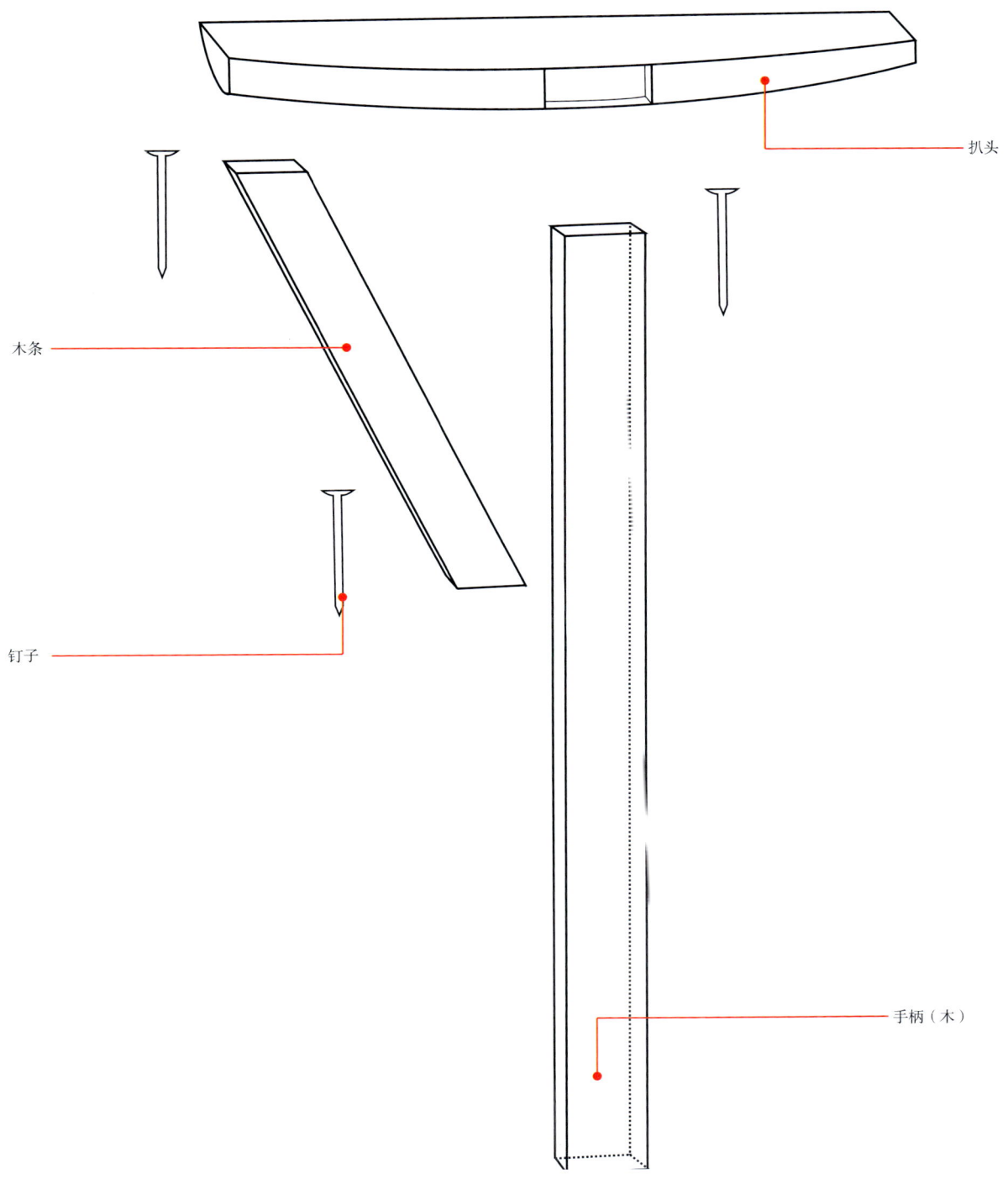

图四 傈僳族木扒解析图

傈僳族竹扁担

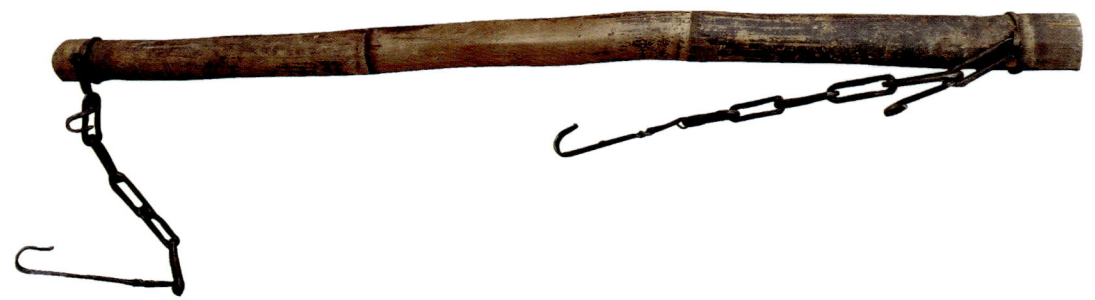

图一　傈僳族竹扁担主图

傈僳族扁担和其他民族的扁担在制作材料和使用功能上区别甚小。多采用木或竹制成，呈长而扁，中间宽、两端窄的造型。傈僳族生活的地方竹子较多，因此傈僳族扁担一般采用竹制。本案例全长1.1米，宽6厘米。

竹扁担的制作简单，只需要上山砍一根三年生的成年毛竹，去掉竹枝丫，用锯将竹身截成大约1米长，从中间剖开，剖成两根宽度一样的竹片。取一根竹片，将两端削成半月形，半月形下再削出可以将担子安置在里面的耳槽。削好的扁担用砂纸打磨平滑就可以用了，也可以涂一层桐油晾干后再用——桐油能使涂上它的器物光泽可鉴，又能杀掉寄生其间的虫子，防止那些肉眼看不到的小东西造成破坏。

使用时，可将所担物件系上绳子挂在扁担两端，或在扁担两端挂上两个筐，将物品置于筐中。扁担利用了杠杆原理，以肩膀为支点，挑东西时省力。扁担比较扁，是为了在压力一定时，增大受力面积来减小对肩膀的压强，使肩膀感到比较舒服。傈僳族长期生活在山地，走在崎岖山路上，挑东西都离不开扁担，因而被广泛使用。

傈僳族竹扁担，相较于硬木头做的扁担，可减小冲击力，起到缓冲作用，减轻肩部负荷。另外竹子的纤维排列紧密，轻便耐用、圆滑。木扁担容易腐蚀，且自身的重量较大；竹扁担轻巧，材料易得，制作简单，方便更新。

图片来源
图一　梁婷　摄影　郑伊晏　制图
图二至图五　郑伊晏　制图

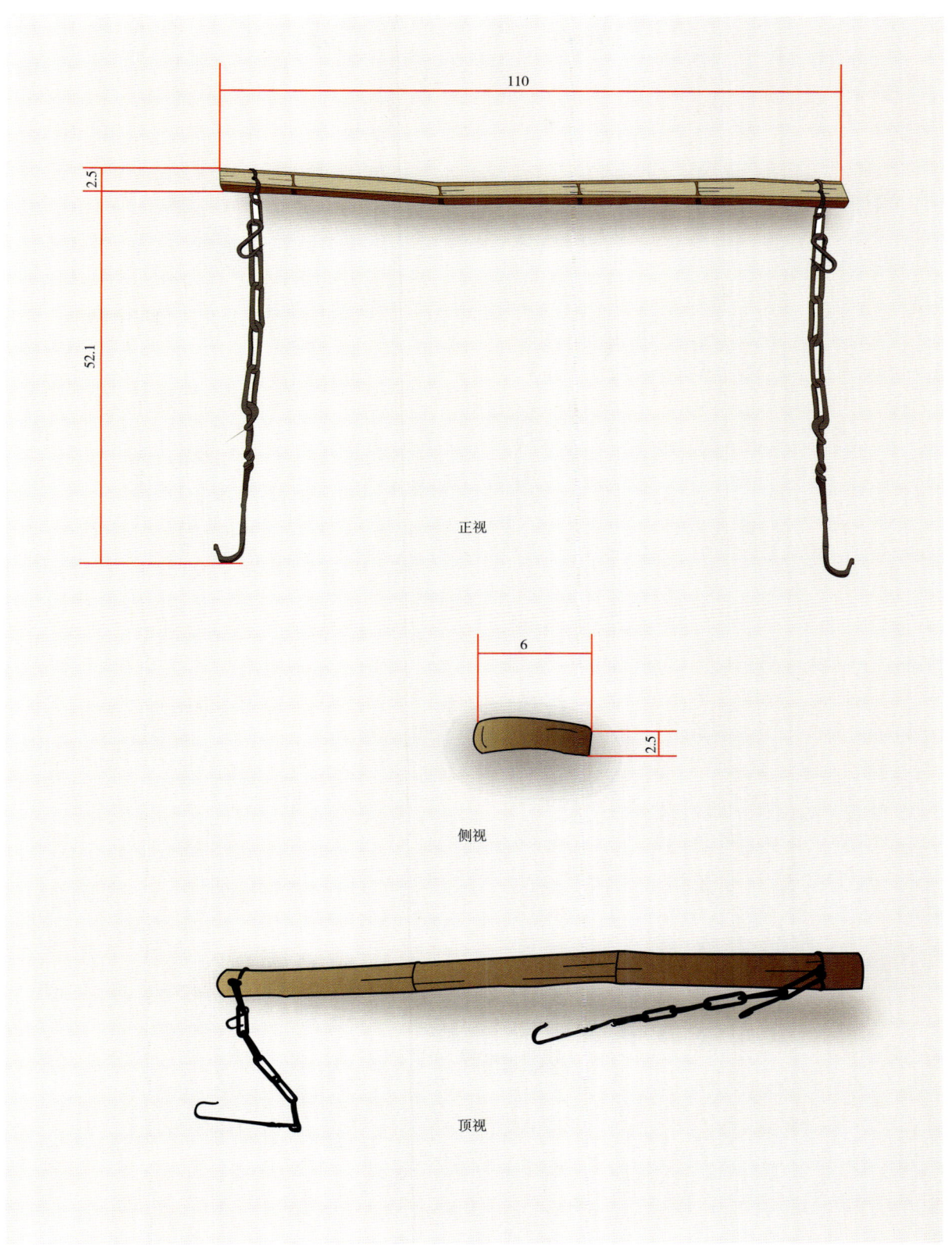

图二　傈僳族竹扁担三视、尺寸图（单位：cm）

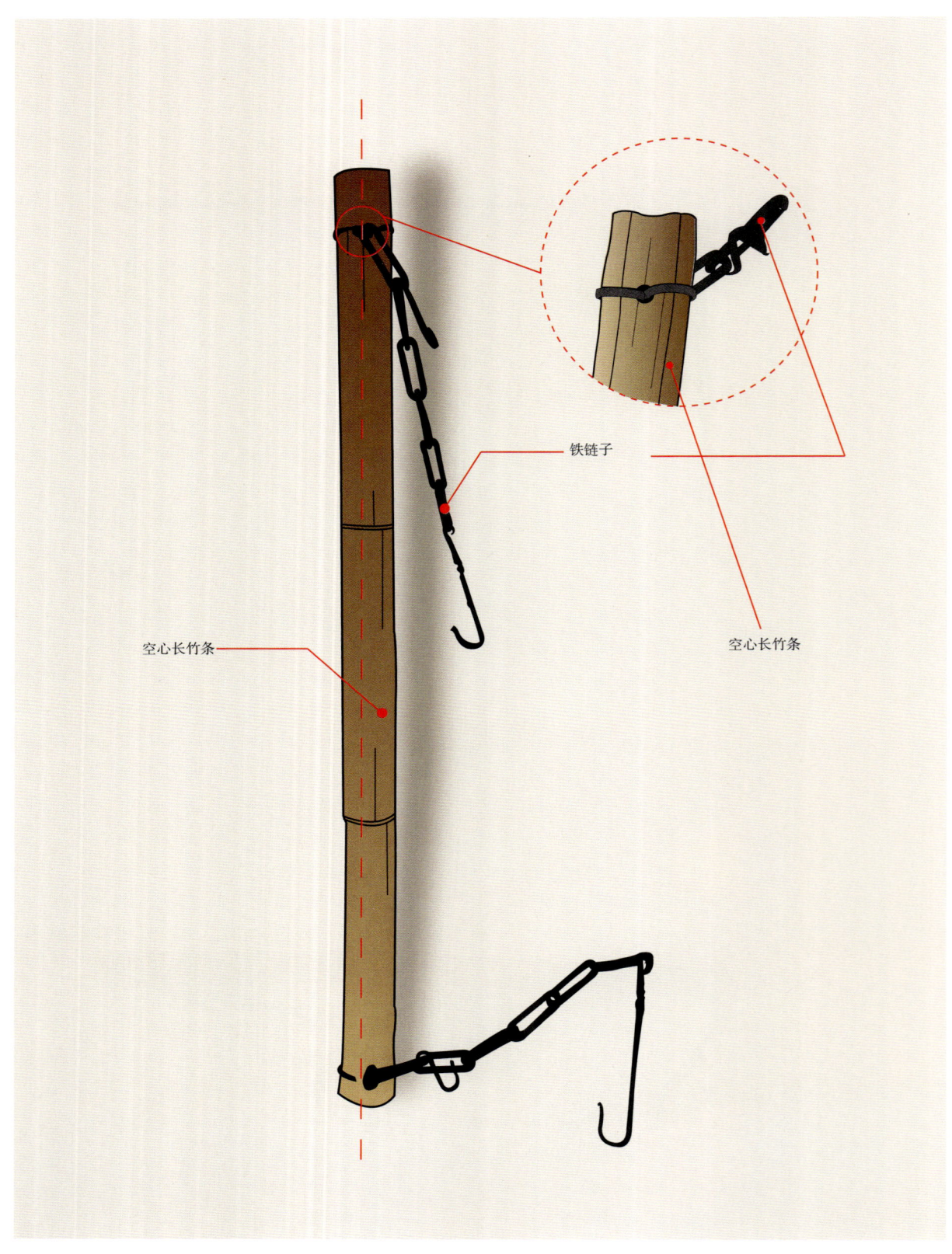

图三 傈僳族竹扁担结构名称图

图四　傈僳族竹扁担制作流程图

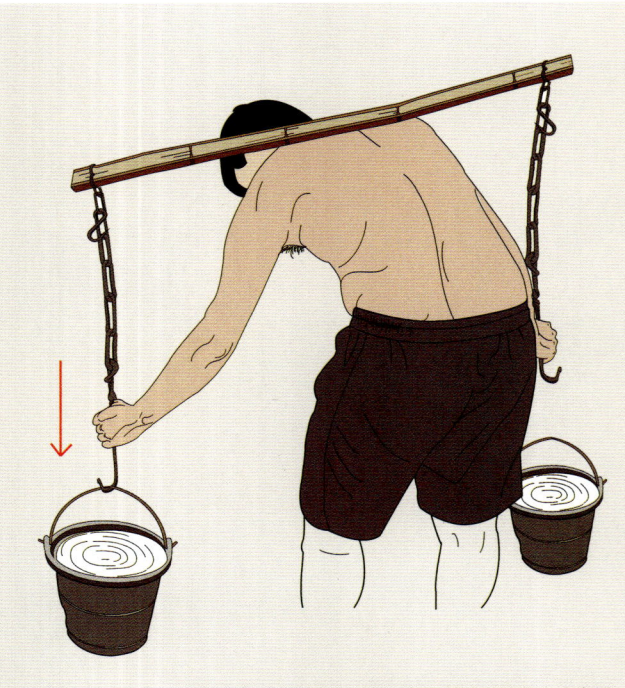

1. 挑起扁担，低下左肩，用手握住铁链子钩住左边水桶

2. 在挑起左边水桶后，低下右肩，钩起右边水桶

图五　傈僳族竹扁担操作示意图

傈僳族棉花机

图一　傈僳族棉花机主图

傈僳族棉花机和汉族轧棉机类似，由木制摇杆、木制压辊、木支架等几部分组成。总高36.2厘米，宽约50厘米，踏板长65.5厘米。与汉族轧棉机不同的是压辊之间使用斜齿轮，使压辊回转均匀。这种棉花机的轧棉效率比手工大大提高了。

据史载，棉在宋代以后逐渐取代麻成为最为廉价的纺织原料。傈僳族和汉族一样，也大量使用棉。因棉无须脱胶处理，相对麻来说更为省事。棉虽无须脱胶，却有棉籽，需经去籽并弹松之后，才能成为可用的纺织原料。中国古代称轧棉为赶棉。原始手工轧棉是将籽棉铺在托板上，用一压辊搓滚，使纤维被压在压辊和托板之间并借助摩擦力留在两者扞口线的前方。棉籽被挡在压辊和托板的接触扞口线后方，并随压辊的搓滚运动向后移动。傈僳族棉花机工作原理是用一对压辊来代替手工托板和压辊，当用手摇动转动轴时，上辊和下辊之间一对齿轮相互咬合转动。由于上辊转速较慢，下辊转速较快，当两辊做反向回转时，棉纤维就因压辊的摩擦牵引而和棉籽分离。被轧下的棉纤维称为原棉或皮棉，是傈僳族人纺纱织布的重要原料。

傈僳族棉花机设计精巧，一人即可独立操作，特别是上辊和下辊之间齿轮运动，使压辊回转更为均匀。棉花机在傈僳族已经沿用了好几个世纪，成为傈僳族最常见的生产工具之一。

图片来源

图一　梁婷　摄影　程琼博　制图
图二至图四　赵卫东　制图
图五至图七　程琼博　制图

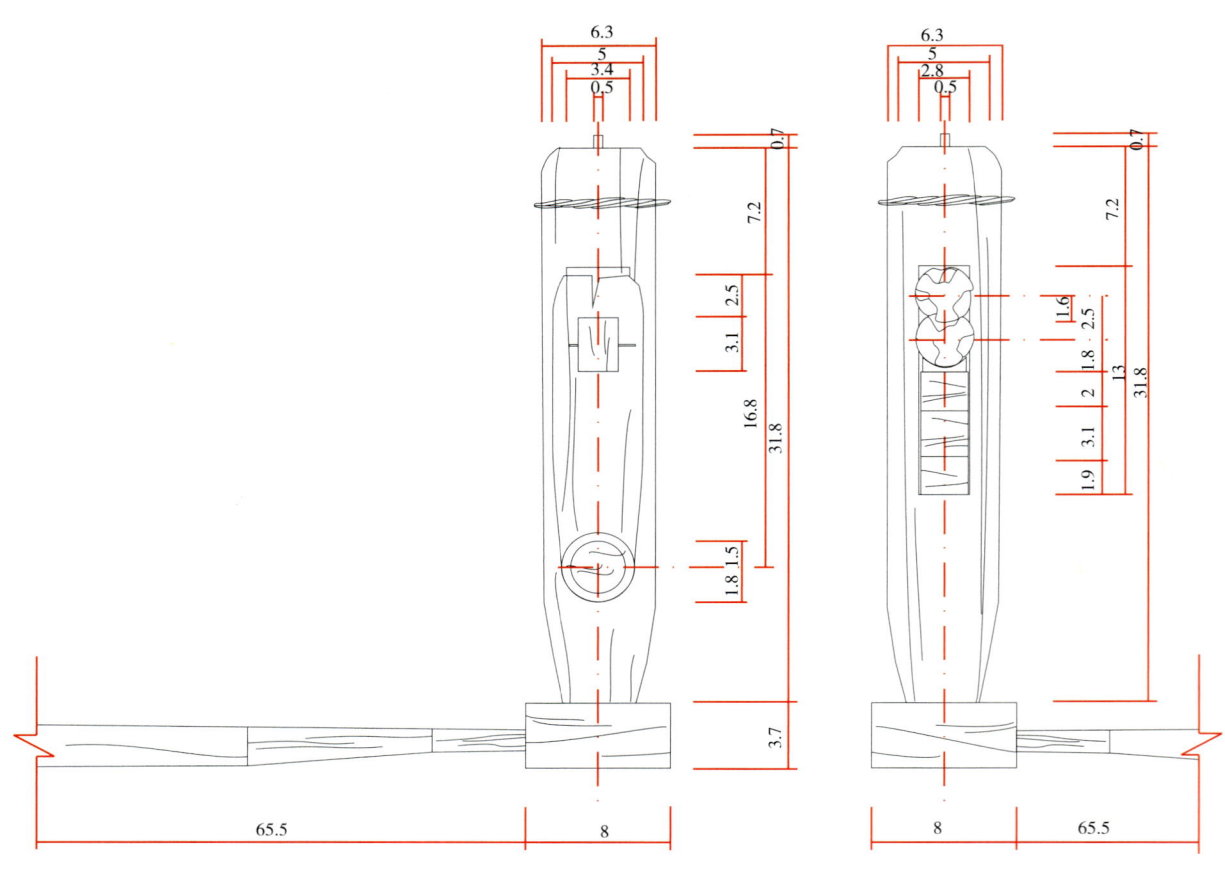

侧视

图二　傈僳族棉花机三视、尺寸图（单位：cm）

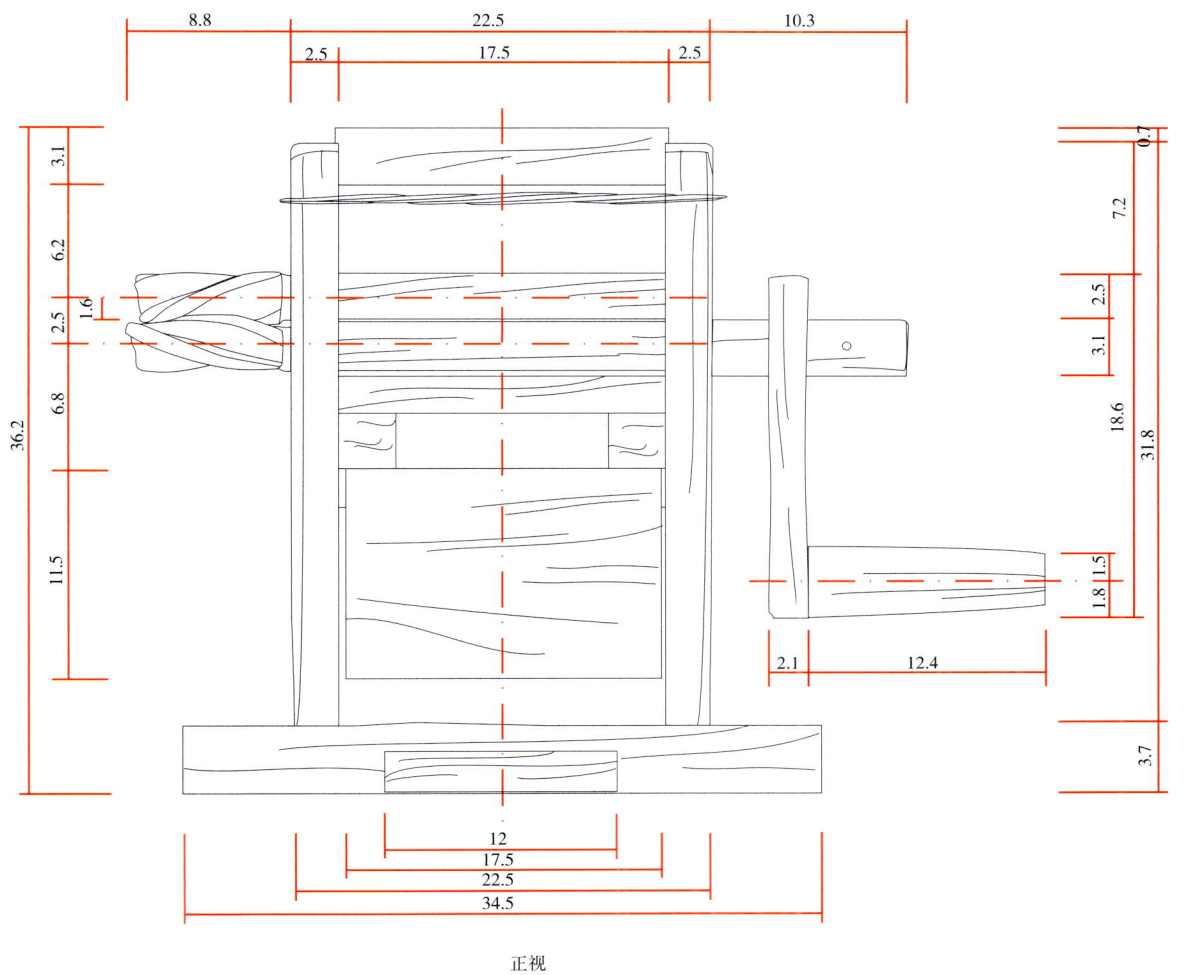

正视

图二（续） 傈僳族棉花机三视、尺寸图（单位：cm）

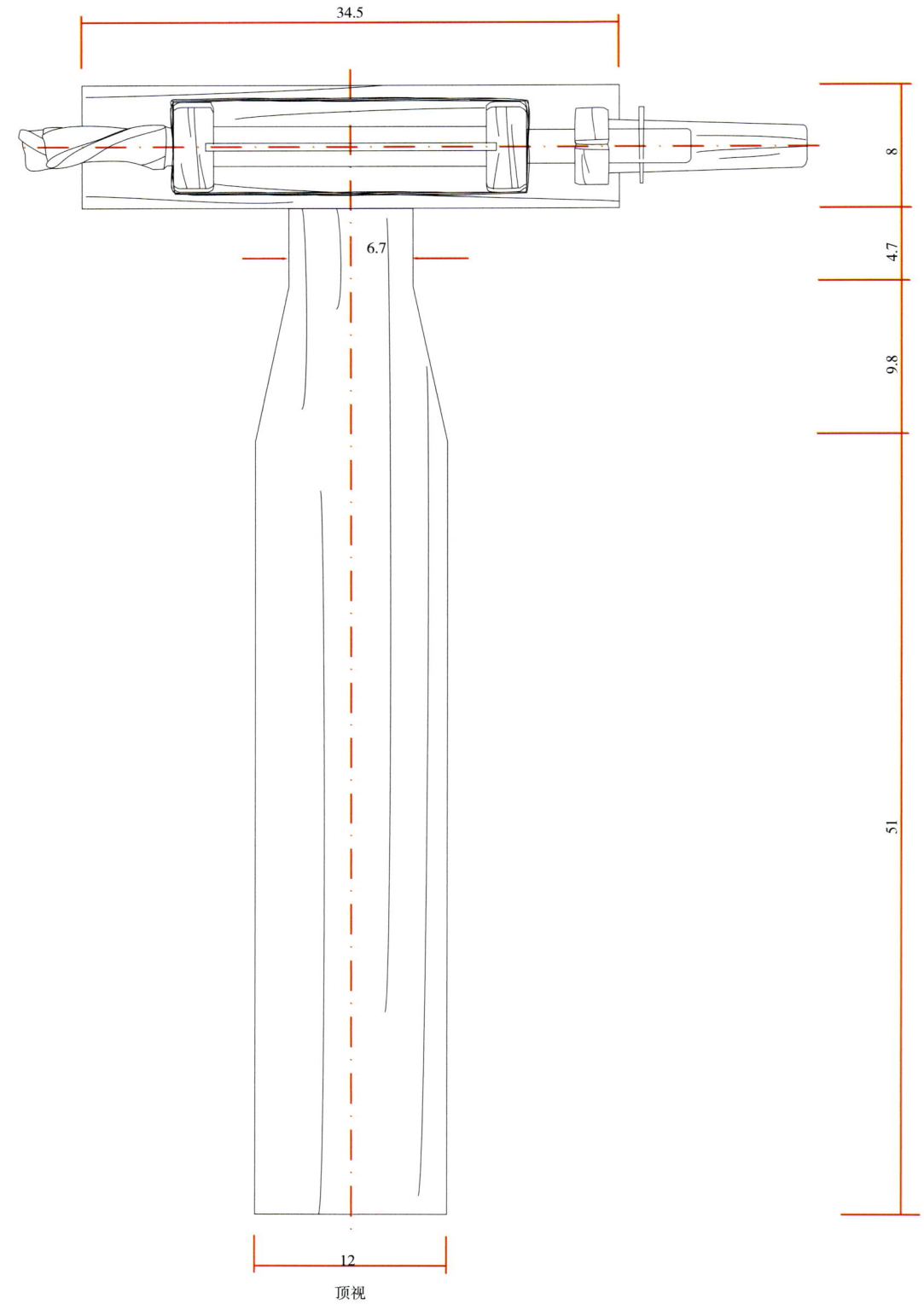

图二(续) 傈僳族棉花机三视、尺寸图(单位:cm)

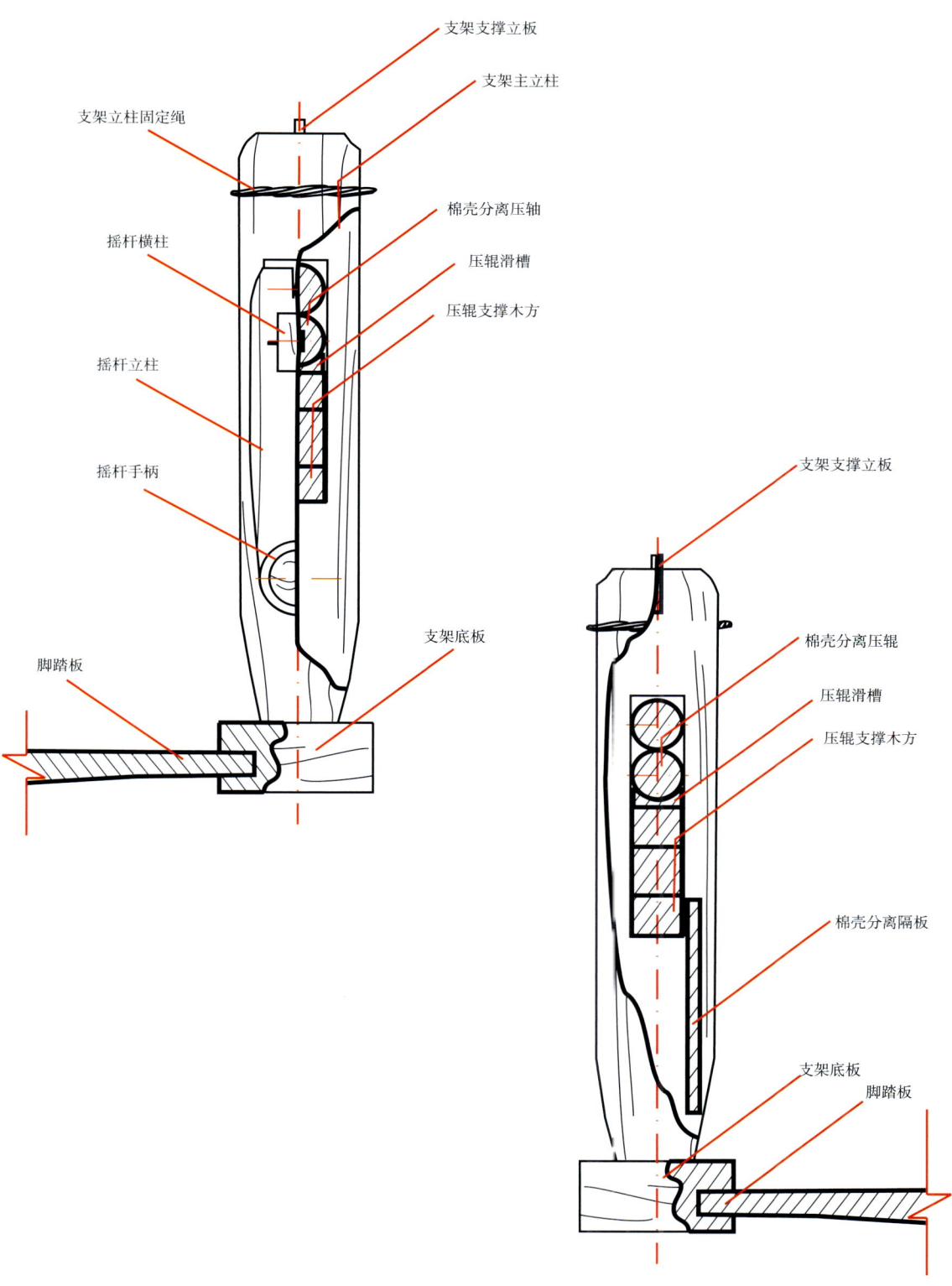

图三 傈僳族棉花机结构名称图

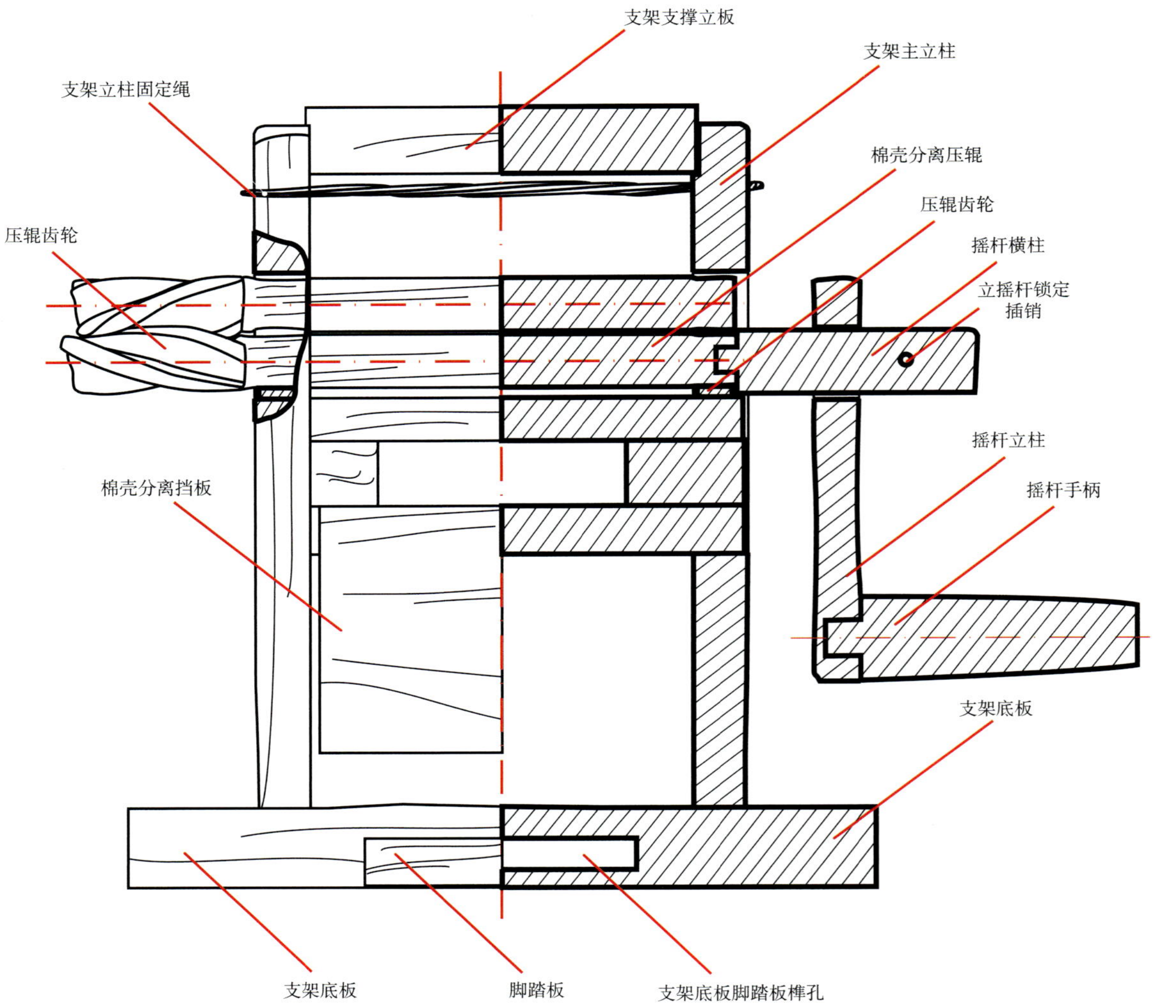

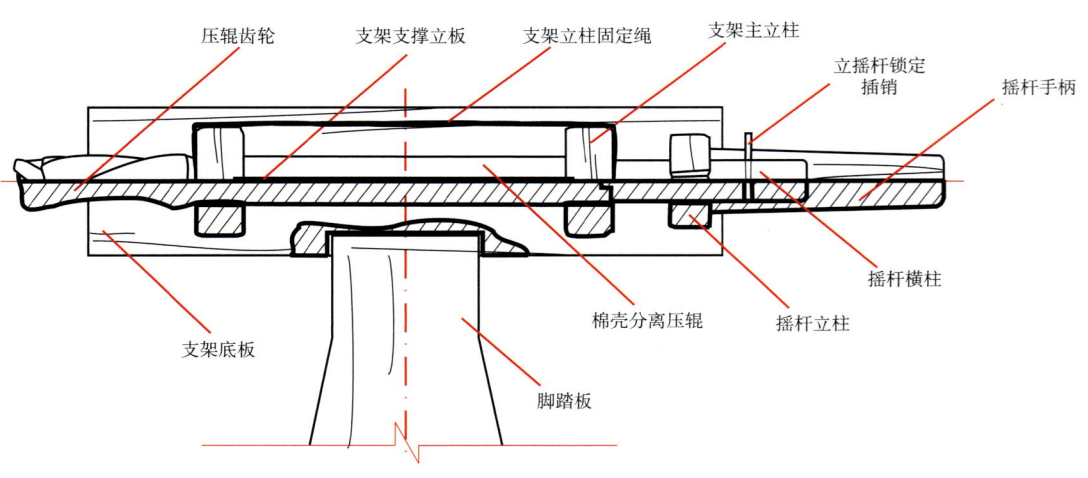

图三（续） 傈僳族棉花机结构名称图

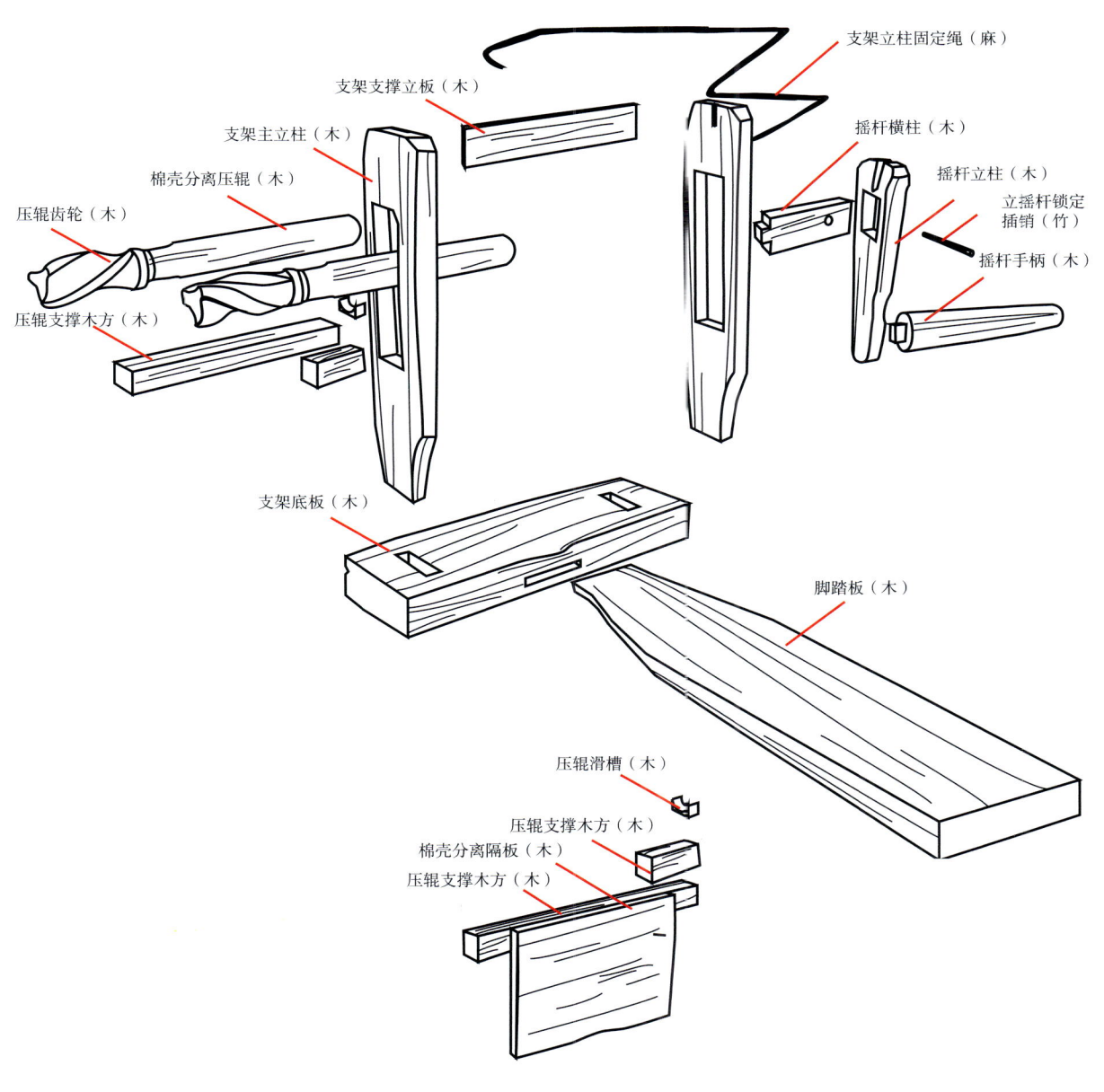

图四　傈僳族棉花机解析图

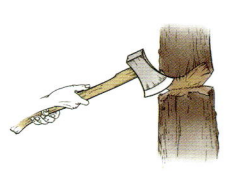  

1. 伐树，准备制作的木材　　2. 锯木头，选取合适的优质木头　　3. 劈木头

   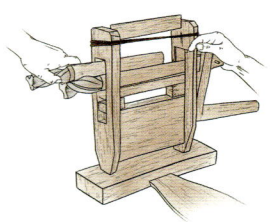

4. 刨平木头　　5. 用凿子给木条凿孔　　6. 用凿子给木条刻螺纹　　7. 将制作好的配件拼装完成

图五　傈僳族棉花机制作流程图

 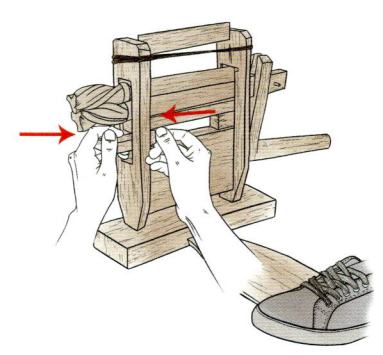 

1. 踩住脚踏板固定棉花机　　2. 将销子插到销口里面，起到稳固棉花机转轮的作用　　3. 左手将棉花放在两转轮中间，右手逆时针转动摇杆启动棉花机

图六　傈僳族棉花机操作示意图

图七　傈僳族棉花机使用情境图

傈僳族挽麻架

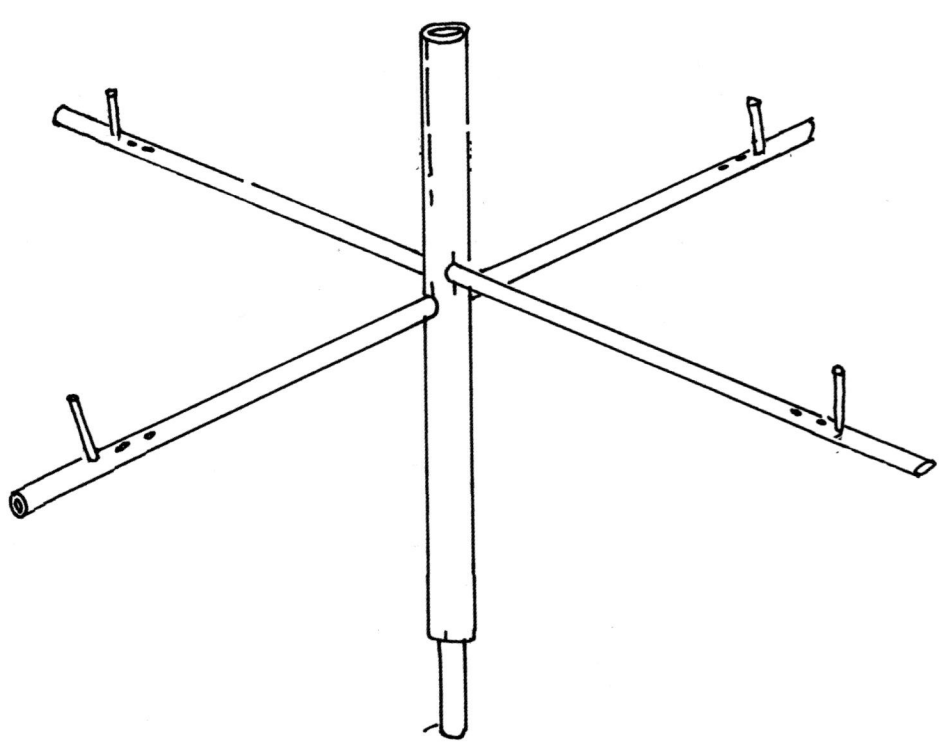

图一　傈僳族挽麻架主图

傈僳族挽麻架，傈僳语俗称"拍杂机"。主要由一根空心竹节筒、两根等长的麻秆和一根细木棍组合而成。其中空心竹节筒长43厘米，直径3.2厘米，两根麻秆同长78厘米，细木棍长35厘米，直径只有1.5厘米，主要用来把麻线绕成麻坨。此案例采集于云南丽江华坪县丁王村傈僳族传承坊。

众所周知，在过去一段相当长的时间里，傈僳族人所穿衣服的材质均由麻布剪裁而成，而麻布也都是由心灵手巧的傈僳族妇女们自己所织。挽麻架则是把麻线绕成麻坨的一种辅助工具，麻坨便于存放，不像麻线那样会互相缠绕，方便之后的织造。挽麻架的制作工艺较简单，首先准备两根等长的麻秆、一根竹节筒（竹节位于整个竹筒的4/5处，两头为空）和一根细木棍。在麻秆两端打上细小的孔，刚好可以卡住牙签大小的细竹签，然后在竹节筒的不同面各打上一个孔，两个孔的位置需在竹节的略上方，其大小刚好可以穿进麻秆，将两根麻秆垂直摆放形成对角线。再把直径小于竹节筒的细木棍插进地里面直立，露在地面上的细木棍其长度需略长于空心竹节筒的4/5处。最后，把竹节筒套在细木棍上面，略高于地面，即可以顺畅地旋转。

傈僳族挽麻架可以随时在空地上搭建起来，具有空间的随意性，同时只要一个人就可以完成绕麻坨的操作，节约了人力。这一造物充分体现了傈僳人在生活中的巧思与智慧。

图片来源
图一　壶玉佳　制图
图二至图五　程琼博　制图

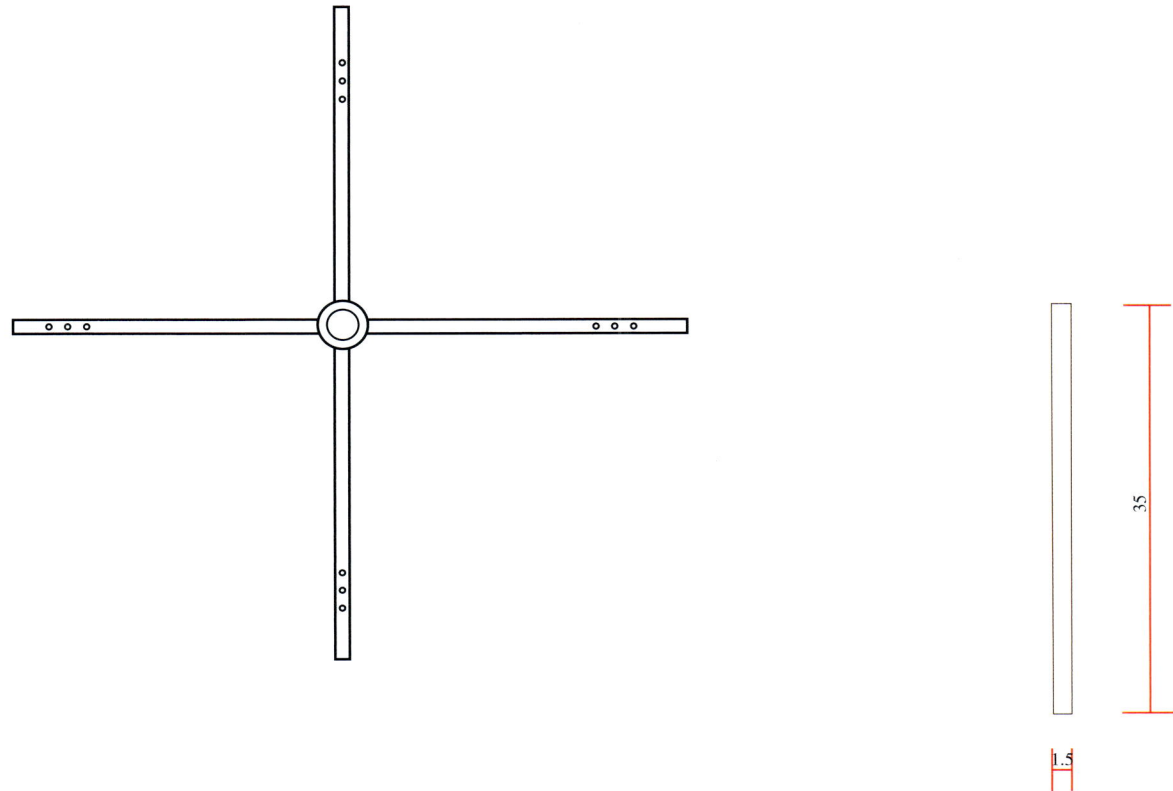

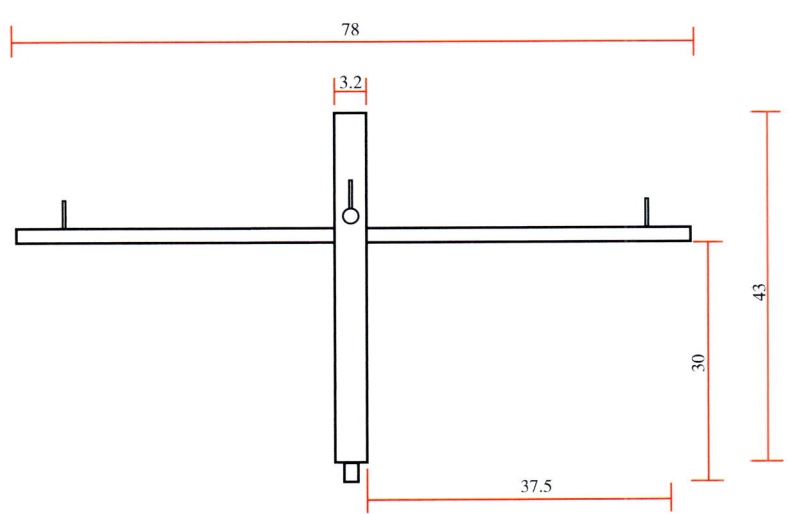

图二　傈僳族挽麻架尺寸图（单位　cm）

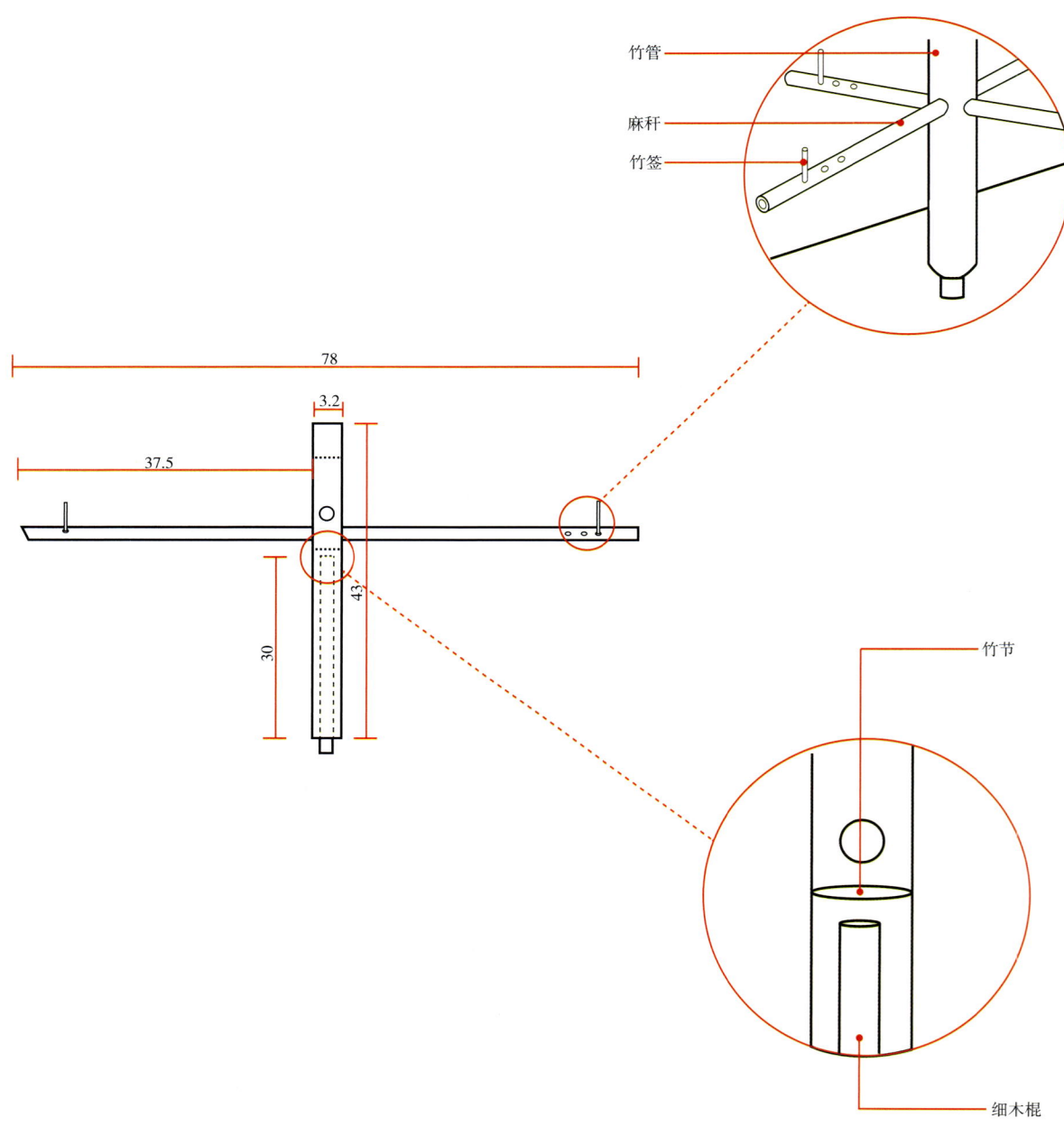

图三 傈僳族挽麻架结构名称、尺寸图（单位：cm）

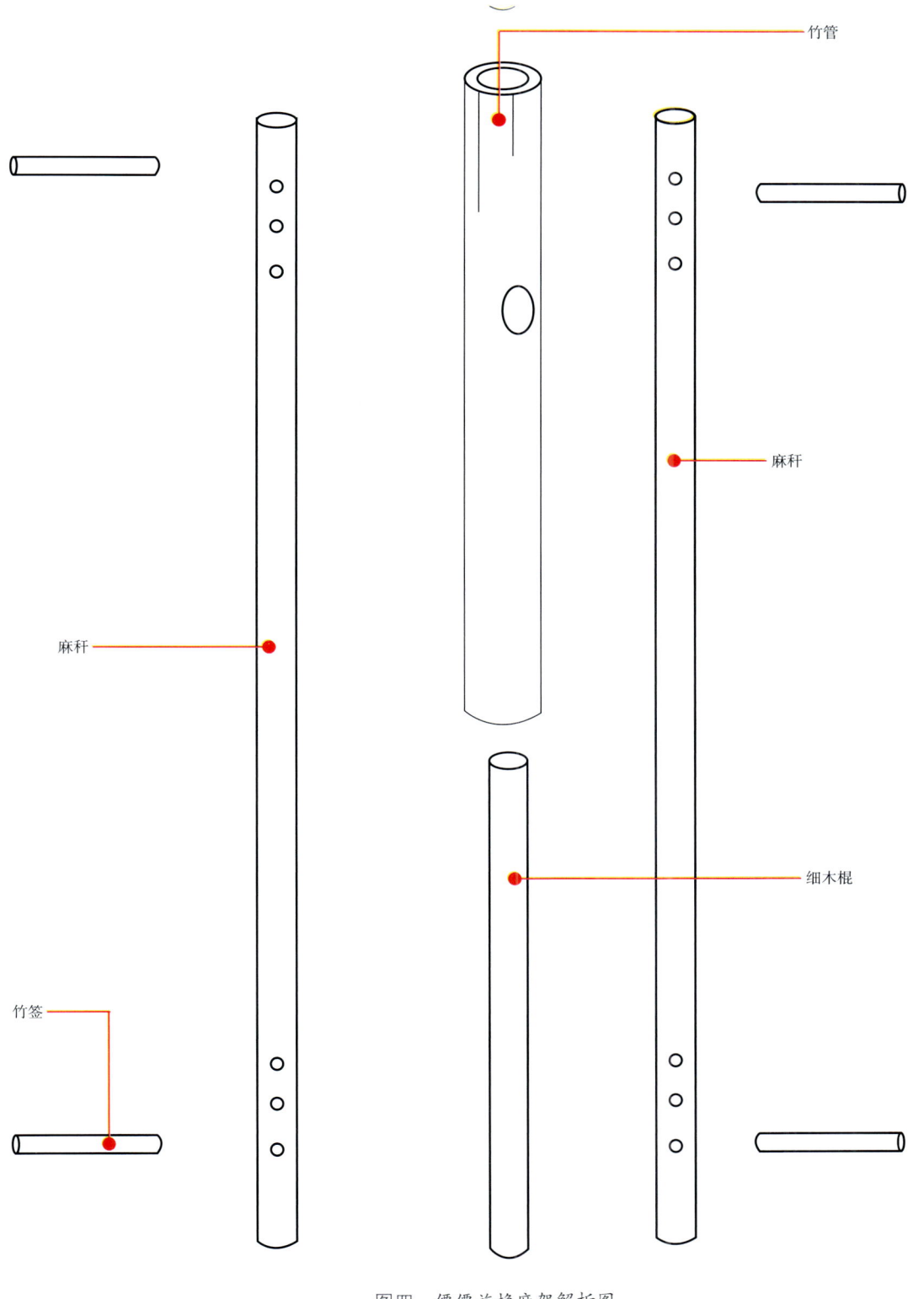

图四　傈僳族挽麻架解析图

图五　傈僳族挽麻架使用情境图

傈僳族火草织布机

图一　傈僳族火草织布机主图

傈僳族火草织布机整体为木架结构，形似一个长方体，用几根木棍即可搭建而成。其主要部件有综框：傈僳族火草织布机配有两片综框，其上端分别被吊于纺织架上方的一根横梁上，横梁可移动。其下端分别与脚蹑（脚踏板）相连。配合脚蹑使用，可以把经线整齐分成上下两层，方便木梭的左右穿梭。脚蹑　木质，用脚踩的两个踏板，与两片综框下端分别相连。木梭：木质，船形状，两头尖，中间挖空成槽，装置锭子。筘：木质，外围为长方形，中间密排竹丝，形似算盘。竹丝之间正好可以穿过一股经线，把拉好的经线一根一根从竹丝缝隙中穿过,起到梳理经线和控制经线密度的作用。同时,还起到压纬线使其紧密的作用。

在织布前要做好准备,先把麻线上机,火草线绕成锭放置木梭中。一般以麻线为经线,火草线为纬线,也有用麻线和火草线同时作为纬线的,这样就需要两个木梭子来回交替使用。准备工作就绪之后,织者可采用侧织法(即坐在织布机的右侧)或者是正织法(即面对经线),上机后,织者依次脚踩左右脚蹬,两片综框一上一下(因脚蹬和综框下端相连),使得经线即麻线分成上下两层。每分开一次,在两层线之间从左至右或从右到左依次穿引木梭子,每穿引木梭子一次,并用筘压一次纬线即火草线使其变得紧密。依次不停替换,直到整块火草布织完。

火草织布机是在踞织机(又称腰机)基础上进行改良的。它具有稳定的构架,织者可以坐着操作,使用上更为科学。

图片来源

图一　刘晓蓉　摄影、制图
图二至图四　刘晓蓉　制图
图五　刘晓蓉　摄影

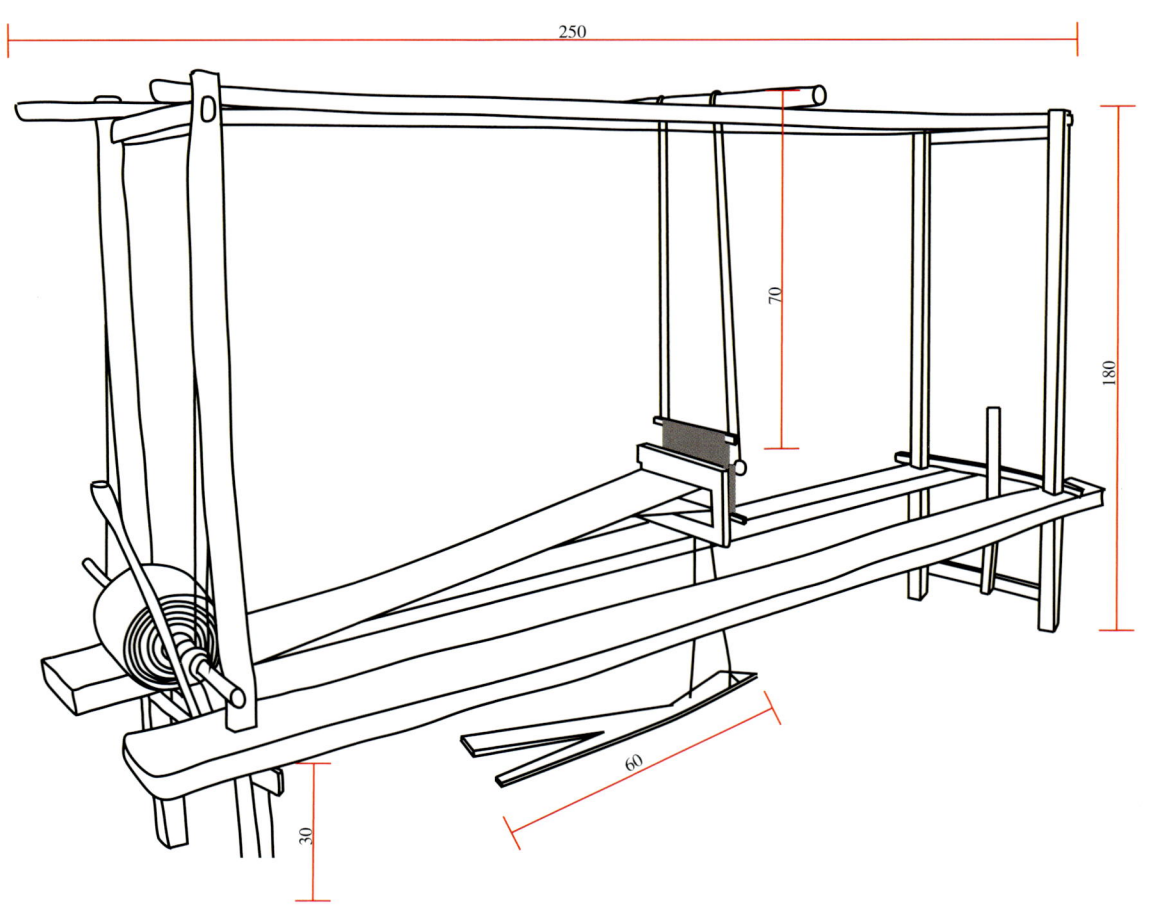

图二　傈僳族火草织布机尺寸图(单位:cm)

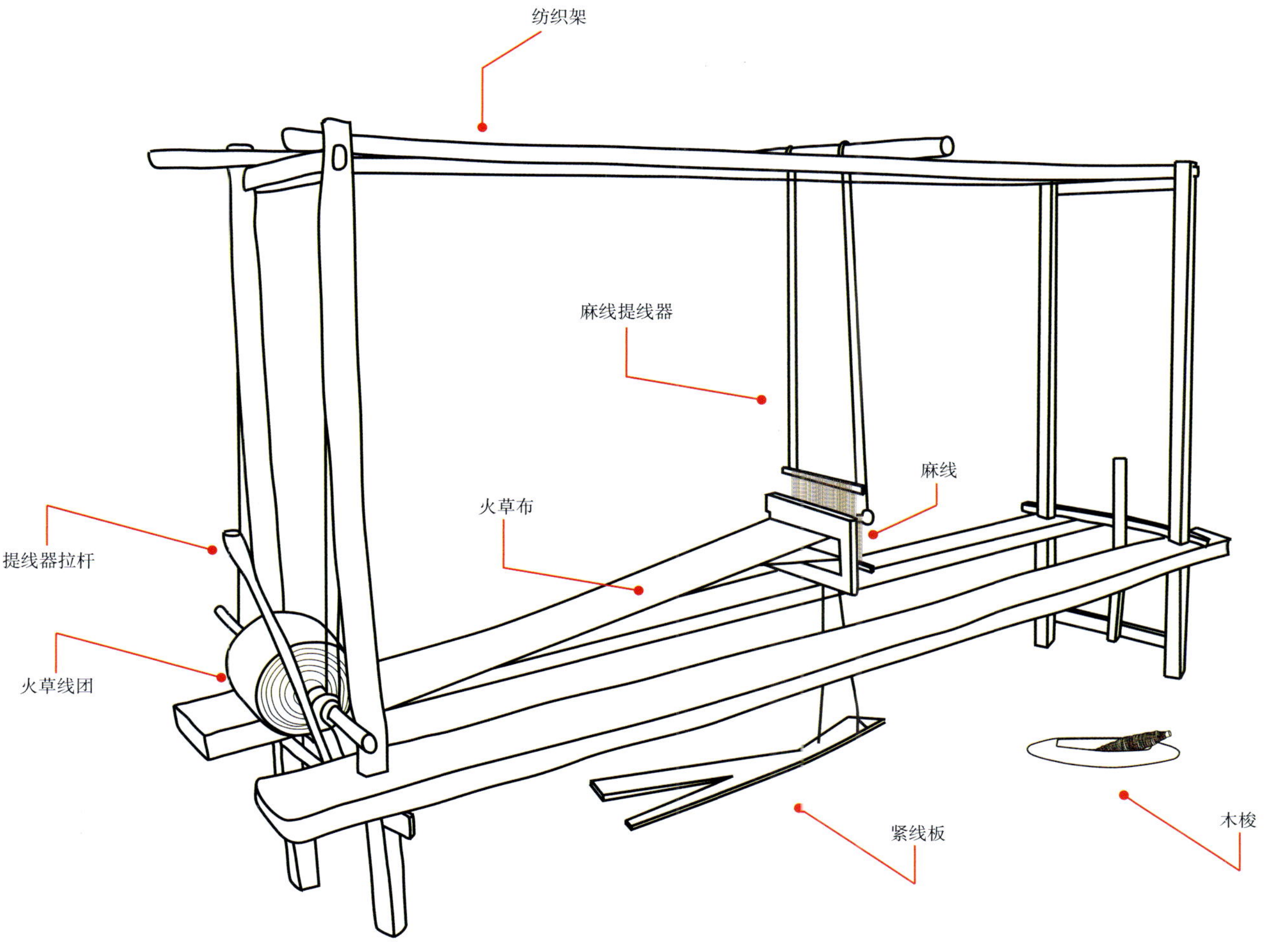

图三 傈僳族火草织布机结构名称图

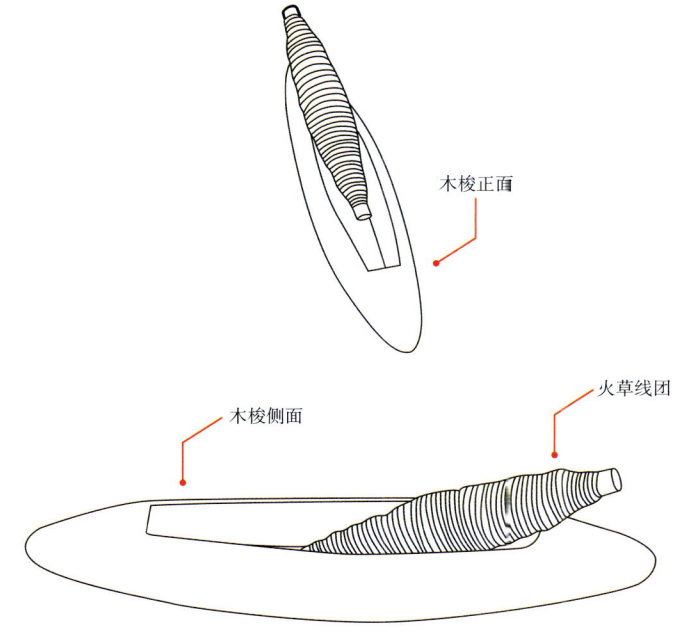

图四 傈僳族火草织布机木梭解析图

图五 傈僳族火草织布机使用情境图

傈僳族酿酒器

图一 傈僳族酿酒器主图

酿酒器是傈僳族设计的酿造工具，傈僳语称"几倍不依俄"，由酒甑子（形似圆柱体，总高60厘米，口部直径35厘米，底部直径约40厘米，壁厚2厘米）、汤瓢（总长36厘米，柄长17厘米，整体形制类似于乒乓球拍）、铁锅（大口鼓腹尖底，大口直径38厘米，其腹部的大小与酒甑口部直径吻合，内深30厘米左右）、导酒管（由一种当地采下来就是空心的植物做成，傈僳语称yimatu）、土制酒壶等部件组成。此案例采集于云南迪庆维西县叶枝镇同乐村傈僳族陈列室。

酒甑子底部上至9厘米处，壁略厚于其他部位，用来搁置竹子编制而成的蒸架，这是其内在的玄机，其外形非常质朴，无装饰，仅在高40厘米处对称分布有两个凹槽，以便于人们提拿。与木甑子所不同的是酒甑子还多了一个小口，用来插入导酒管。汤瓢浅腹，手柄为空心，作为导酒管的一部分，并在汤瓢左右前段分别挖个小洞系上一定长度的绳子，绳子末端各系一小块木头，利用重力原理，便于固定汤瓢的位置。

酿酒的过程是：先把酒甑子放入大锅内，水位低于蒸架，蒸架上放大麦或其他谷物制成的酒糟，然后将铁锅放置在酒甑子顶部，汤瓢搁置在铁锅尖底的正下方，其手柄插入酒甑子的小口连接导酒管，导酒管对着酒壶口。利用水蒸气原理，热遇冷，铁锅底凝结的水蒸气滴入汤瓢里，再通过手柄和导酒管滴入酒壶。因此，铁锅里需不断地更换冷水以确保低温。这种酒微浊，呈乳白色，酒精含量不高，醇香微甜，有健脾开胃、提神解乏之功效。因此，酒对能歌善舞的傈僳族来说是生活中不可或缺的一部分，劳作辛苦、宾朋相聚、欢歌热舞时，都少不了自家酿制的美酒。

图片来源

图一　梁婷　摄影　胡越　制图

图二至图六　胡越　制图

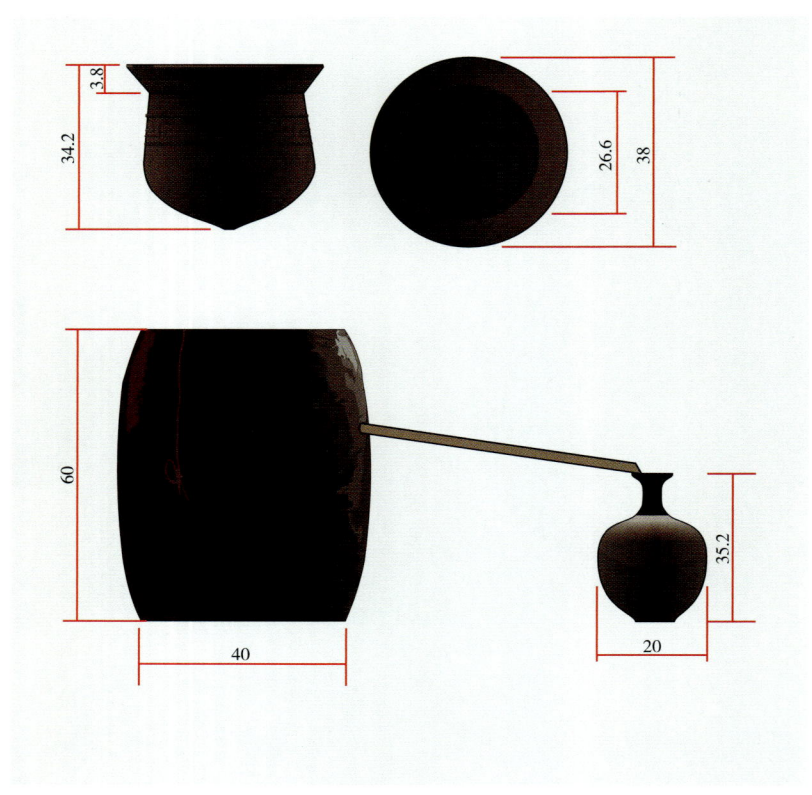

图二　傈僳族酿酒器尺寸图（单位：cm）

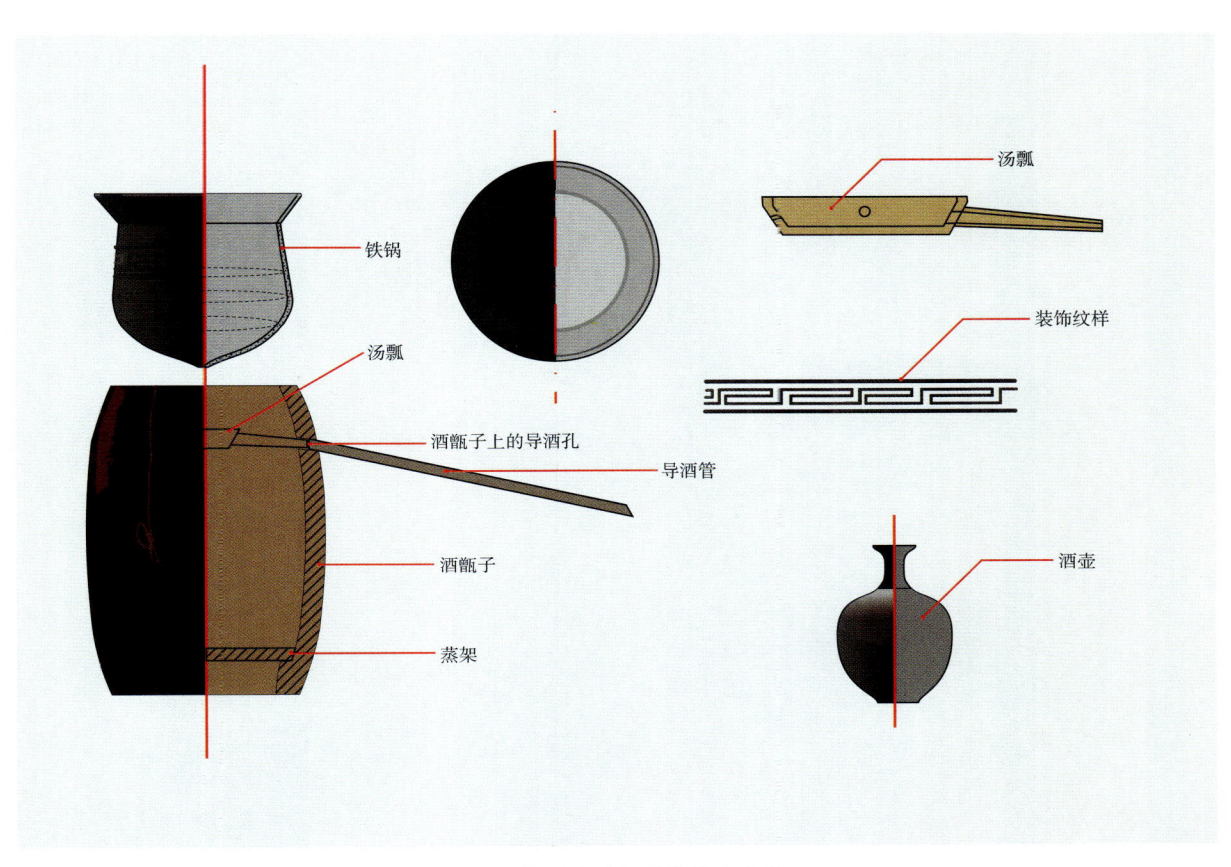

图三 傈僳族酿酒器结构名称图

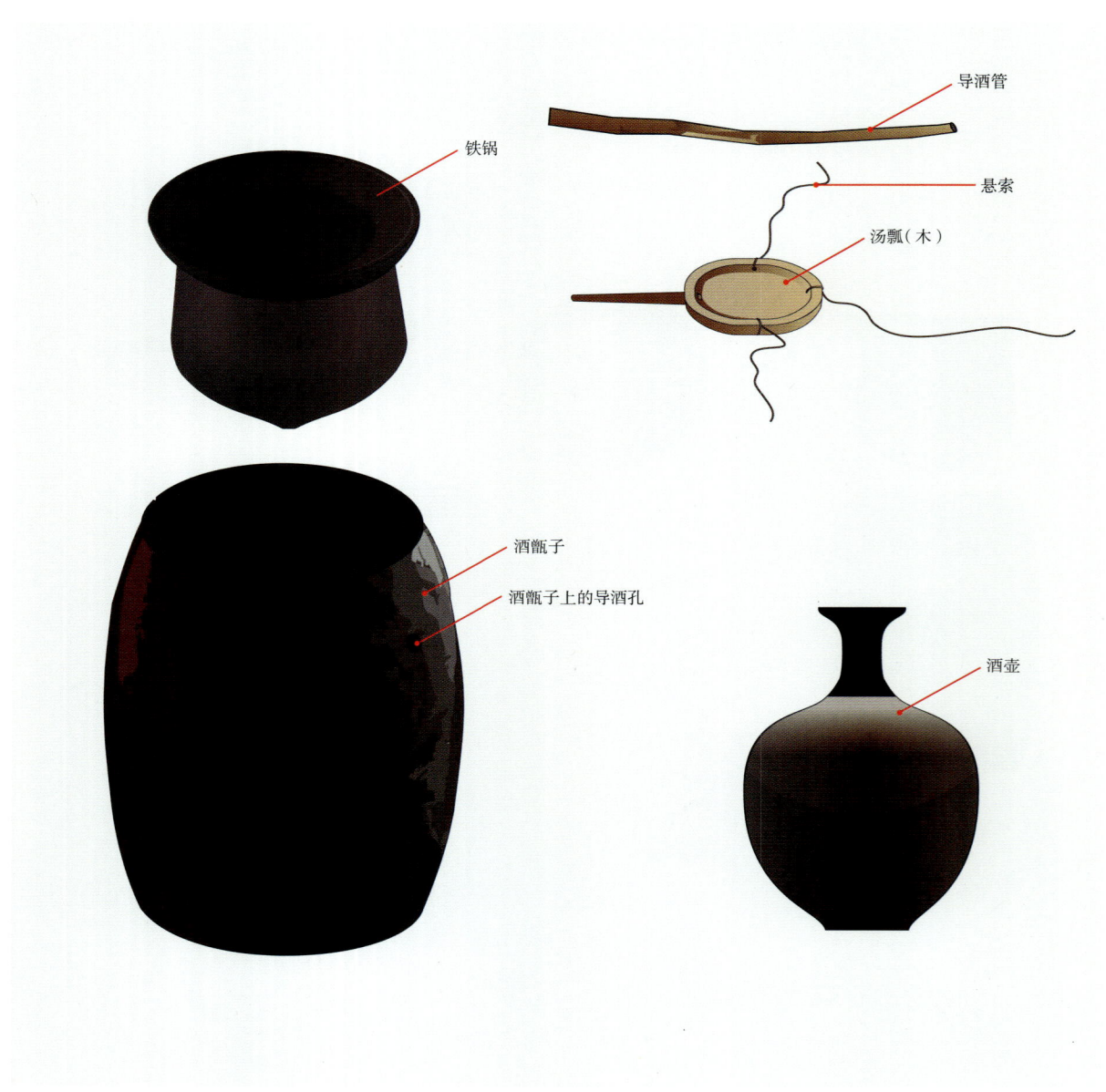

图四 傈僳族酿酒器解析图

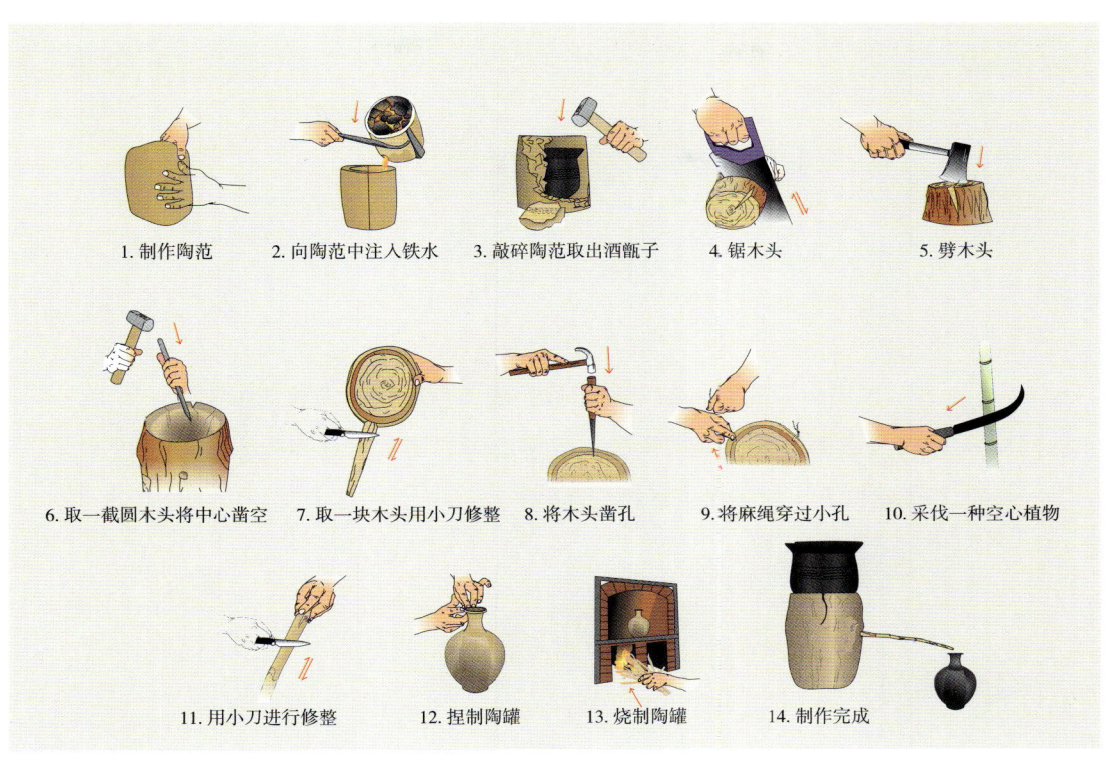

图五　傈僳族酿酒器制作流程图

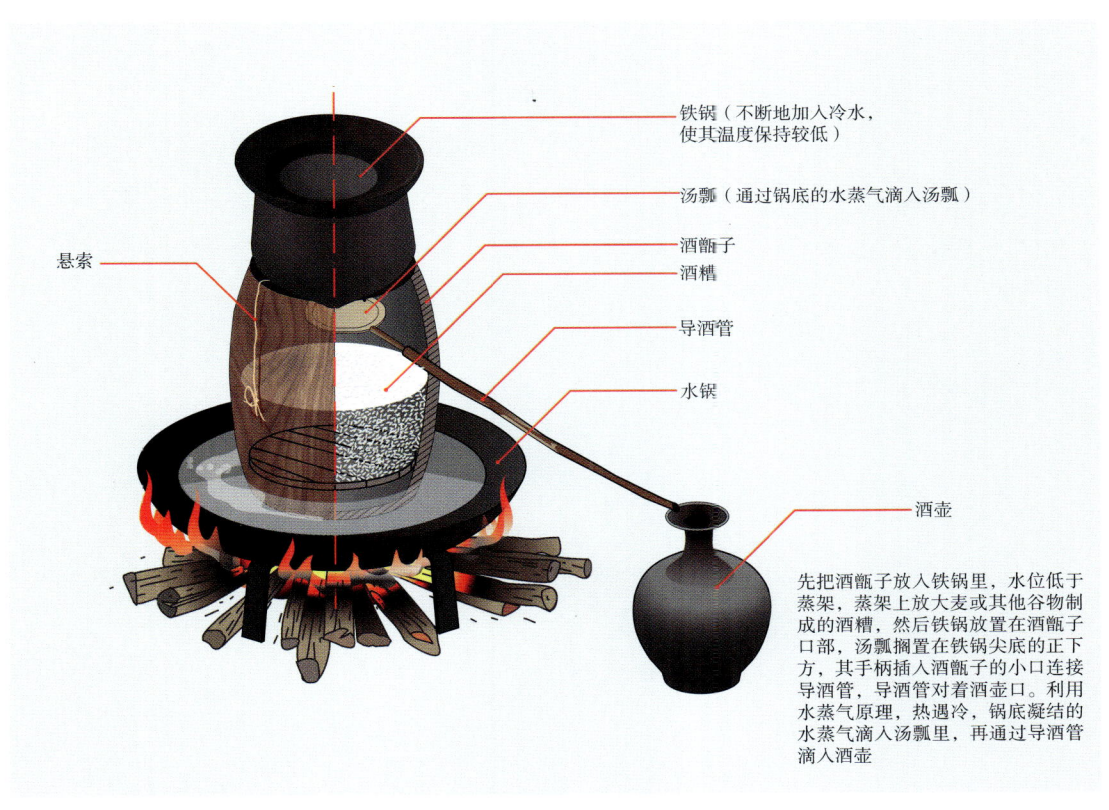

图六　傈僳族酿酒器操作示意图

声　明

　　本书编写时收入的个别图片，因条件所限，未能同相关著作权人取得联系，获得授权，敬请谅解。请相关著作权人及时与编者联系，以便奉上稿酬。谢谢！